児童福祉施設における暴力問題の理解と対応

続・現実に介入しつつ心に関わる

TAJIMA Seiichi
田嶌誠一

金剛出版

はしがき

　薄氷を踏む思いで，この問題に取り組んできた。その思いは今なお消えない。
　本書は，児童福祉施設における暴力問題に関するものである。前著『現実に介入しつつ心に関わる』では，私のこれまでの心理臨床のおおよその全体像を述べた。そして，本書は，いわば私の心理臨床の到達点を書き下ろしで詳しく述べたものである。
　心理臨床家としての私の人生の黄昏に，まさかこういう深刻な問題に遭遇するとは想像もしていなかった。いずれも過酷な状況を潜(くぐ)って児童福祉施設に保護され，本来もっとも手厚く保護され養育されるべき子どもたちが，またさらに深刻な暴力にさらされながら日々の生活を送らなければならないことには，やりきれない思いである。たまたまそういう現実を知り，臨床心理学を専門とする者としてはもちろんのこと，なによりもひとりの大人として子どもたちの切実なこの問題を放置しておくわけにはいかないと私は思った。
　児童福祉施設の暴力問題は，最優先で取り組まれるべき問題であったが，長い間そういう捉え方がされてこなかった。たとえば，職員による暴力はあくまでもその職員個人の資質の問題とされてきたし，また子どもたちが起こす暴力問題は，この領域における知る人ぞ知る大きな問題ではあったものの，あくまでも子どもたちの問題行動のひとつであると見られてきたように思われる。そうではなく，暴力問題は，ほんとうは子どもたちの成長の基盤としての安心・安全という最優先で取り組まれるべき問題なのである。
　私はこうした認識から，児童福祉施設の暴力問題にその後密かにそして慎重に取り組んできたが，その一方で公の場で書くことをあえて控えてきた。不用意に騒ぎ立てることで，施設現場を混乱させ，結果として子どもたちにかえって被害をもたらすことを危惧したからである。しかし，もはやある程度は語る時期にき

ていると考え，最近では少しずつ発表し始めることにした。ひとつには，私たちの取り組みがすでに複数の施設で一定の成果をあげてきたこと，いまひとつは児童福祉法が改正され，施設内虐待の防止（正確には，「被措置児童等虐待の防止等」）が盛り込まれ，2009年4月から施行されたからである。また，私たちの活動を誤解または曲解している批判がいくつか出ているからでもある。

　この問題の闇は深く，しかも濃い。しかし，私たちはなんとかこの問題を解決に向けて前進させることができつつある。私たちの活動の意義は，なによりもまず児童福祉施設に入所している子どもたちが長年苦しめられてきたこの暴力問題が取り組み可能な問題であることを実証してみせたことにある。しかもそれを複数の施設で実践できる形にして，「共有可能な知恵」として提示できているということである。本書の目的は，これまでおおまかにしか知られていなかった私たちの活動の実際とその基礎となる理論について，現時点で可能な限り詳しい全貌を述べることである。

　その意味では，本書は深い闇を示すものであると同時にそれを解決に向かう光で照らそうとするものでもある。

　児童福祉法が改正されたとはいえ，その具体的取り組みはこれからである。児童福祉法改正の何年か前から取り組んできた私たちの実践が，今後の取り組みの参考になることを願っている。

　私は，取り組みの当初から「社会的問題を発見し，さらにその解決をはかるための活動のモデルと具体的な実践例を示したい」ということを考えていた。

　この問題に取り組み始めた頃，私の恩師である成瀬悟策先生に報告したところ，「きっと，君はこれまでの仕事の集大成としてこの暴力問題に取り組むのだろうと思う。大変だろうが，がんばりなさい」といった内容のお手紙をいただいた。師とはありがたいものである。私としては集大成などというつもりはなかったので，それは師の「美しい誤解」である。しかし，結果としては師の予言通りとなったように思う。あまりにも困難な問題であったため，私のこれまでの経験をまさに総動員して取り組まざるを得なかったからである。それこそ，一歩進みながら同時に次の可能性を考えいくつかの布石を打つということを続けた。乏しい知恵を必死で搾り出すような時期が続いた。集大成とまで言えるかどうかは疑問だが，到達点であるとは言えると思う。

　そういうわけで，結果としては，学問的には社会的問題を発見し，さらにその解決をはかるためのシステム形成型アプローチとその背景にある（大げさに言えば）臨床心理学のパラダイムの転換を提言するものとなっている。また，この暴力問題への取り組みの経験から「子どもの権利擁護のパラダイム」「処遇のパラダ

イム」の転換や今後私たちが目指すべき方向についても見解を述べることとなった。したがって，本書の成果は，暴力問題だけではなく心理臨床のさまざまな領域で活用できるものであり，また心理臨床だけでなく児童福祉領域や教育領域などさまざまな領域に参考になるものであると考えられる。

　この問題の壁は厚く，強固であった。ここでいちいちあげることは控えるが，無理解というだけではなく，根拠なき批判や信じられないような壁にいくつもぶつかった（その一部は第11章で述べているので，参照していただきたい）。そしてそれは，今なおなくなってはいない。それでも，ここまで来ることができたのは，全国の各所にそれぞれ少ないながらも，この問題に心を痛めている人たちの存在があったからである。総勢となるとひとりひとりお名前をここであげることはできない数の方々であるが，そういう人たちと知り合い，一緒に活動を展開してきた。

　したがって，この活動は，学問と現場の協働によるものである。それこそ，まさに現場の皆さんと一緒に創り上げてきた成果である。現場との協働は私を大いに励ましたが，最近では，彼らが相互に知り合い，助け合っていくようになってきたのは，さらにうれしいことである。

　本書で述べている安全委員会方式を導入すれば，児童相談所にも学校にも自分たちの施設の実情を詳細に知られてしまう。それでも施設をあげてこの問題に取り組むことを決め，実行してこられた施設関係者に敬意を表したい。それらの施設は児童福祉に新たなページを開くことに貢献したのだと言える。

　これらの方々に，特別の感謝を捧げたい。さらには公表の許可をいただいたことに深く感謝致します。

　臨床心理士や精神科医などの専門家には，ごく一部の例外を除けば，驚くほど理解者・応援者は少なかった。そうした中で，取り組みの当初から現在に至るまで一緒に取り組んでくれたのが，発達心理学者の當眞千賀子氏と文化人類学者の飯嶋秀治氏である。このお二人に深く感謝している。したがって，この取り組みは，学問的には，臨床心理学と発達心理学と文化人類学との学際的協働によるものである。ただし，この三つの学問領域が揃いさえすればよいということでは決してない。私たち三名のいずれも本流からは大きくはずれた学問的立場にあることは，この協働におそらく必要な条件であったものと私は考えている。

　なんと言っても，この問題への取り組みを後押ししてくれたのは，痛ましいことだが，全国で悲惨な事件が相次いだことである。事件は起こり続け，報道され続けてきているのである。報道に至らなかった事件もたくさんあることは間違いないだろう。ある施設で事件が起こる，その施設内部で安全委員会方式導入の提

案がなされるが反対にあう，そのさなかにまたしても事件が起こる，その結果安全委員会方式の導入にふみ切るというのが初期の施設の導入のパターンであった。そして，現在ではかなり落ち着いている施設や先進的取り組みを行ってきた施設でも導入されるようになっている。

　したがって，子どもたちの置かれている状況の悲惨さが，実はなによりも私たちの活動を後押ししてくれたのである。私としては，被害にあってきた子どもたちが後押ししてくれたのだと思っている。また，私たちのこの方式は，子どもたちの協力と積極的参加がなければ成功しない方式である。したがって，子どもたちこそがこの活動の主役である。その意味で，私たちの活動がここまでくることができたことに，子どもたちに深い敬意と感謝を表したい。

　今後深刻な暴力被害がなくなることを願いつつ，本書をこれまで被害にあってきた子どもたちに，そして今後被害から守られるべき子どもたちに捧げる。

　　　　　　　　　　　　　　　　　　　　　　還暦を迎えて
　　　　　　　　　　　　　　　　　　　　　　2011年2月1日
　　　　　　　　　　　　　　　　　　　　　田嶌　誠一

児童福祉施設における
暴力問題の理解と対応

続・現実に介入しつつ心に関わる

目次

はしがき 3

第1章　現実に介入しつつ心に関わる ……………………………………… 21

Ⅰ　現場に入る … 21
1. 一周年記念集会 21／2. 子どもたちの意識と行動の変化 22／3. 成長のエネルギーを引き出す 23／4. 現場に入る 24／5. 志は高く，腰は低く 24／6. 現場のニーズを汲み取る，引き出す，応える 25／7. どういう体験が必要か：体験支援的アプローチ 25／8.「共感」と「関係」27／9. 精神健康に悪い 28／10. 子ども虐待と施設内虐待・施設内暴力 29／11. 構造的な問題である：パラダイムの転換の必要性 30

Ⅱ　三種のアプローチ … 31
1. 現場のニーズを「汲み取る，引き出す，応える」31／2. 内面探求型アプローチ 32／3.「安全弁」という視点 32

Ⅲ　ネットワーク活用型アプローチ … 33
1. 学生相談，スクールカウンセリングでは病院のようにはいかない 33／2. ネットワークで支えた暴力を振るう男子学生 34／3. ストーカーにつきまとわれた女子学生 35／4. 問題を問題として把握する力が必要 35／5. スクールカウンセラーで経験したこと 36／6. 本人自身には相談意欲がない場合が多い 37／7. ネットワーク活用型の援助――母親だけが相談にくる場合の例 37／8. 原因探しの落とし穴 38／9. 現実に介入しつつ，心に関わる 39／10. 変わるべきは主体と環境との関係 40／11. 現実が過酷な場合 40／12. 密室型援助からネットワーク活用型援助へ 40

Ⅳ　システム形成型アプローチ … 41
1. 児童養護施設 41／2. 施設内暴力・施設内虐待の深刻さ 41／3. 施設内暴力・施設内虐待の実態とその適切な理解 42／4. 成長の基盤としての安心・安全 42／5. 被虐待児だけではない 43／6. 個別対応では困難：仕組みづくりが必要 43／7. システム形成型アプローチとは 43

Ⅴ　施設に関わる心理士の仕事 … 45
1. 心理士の仕事 45

Ⅵ　三種のアプローチの意義 … 49
1. 現場のニーズに応えようとした過程 49／2. 学問の積み上げということ 50／3. 現場を支援する学問の役割 50／4. 三種のアプローチに共通したもの：「安心・安全」というテーマ 50

第2章　希望を引き出し応援する ……………………………………………………… 53

Ⅰ　希望を引き出し応援する … 53
1. 児童養護施設の子どもの希望　53／2.「お母さんと暮らせたら幸せ」53／3. 元気になることが大事　54／4. 希望を引き出し，応援する　55／5. 希望をテコに生きる力を育む　55／6.「家族再統合」という視点の危うさ　56

Ⅱ　関わりの基本 … 56
1. 職員は子どもとどう関わったらよいか　56／2.「生活に寄り添う」「希望を引き出し応援する」57／3. 成長のエネルギーを引き出す　58／4.「夢のような希望」から「現実的な希望へ」58／5. 職員は応援する人　59／6.「被虐待モデル」による理解と対応　60／7.「応援面接用シート」の概要　61

Ⅲ　現場で役立つケース会議（事例検討会議）の実際 … 72
1. 応援ケース会議　72／2. 通常のケース会議　72／3. 応援ケース会議の進め方：私のお勧め　74

第3章　かくも長き放置（ネグレクト） ……………………………………………… 79
──1. 特に子ども間暴力の実態とその理解

Ⅰ　暴力の実態の理解のために … 79
1. 暴力の広範な拡がりと深刻さ　79／2. 児童養護施設における暴力とは　80／3. 児童福祉施設とは　82

Ⅱ　子ども間暴力（児童間暴力）の実態とその理解 … 83
1. 子ども間暴力の実態──私の経験から　83／2. 子ども間暴力の実態──報道された事件から　89／3. 子どもたちは訴えてきた　96／4. 児童養護施設以外でも起こっている同様の身体暴力（含性暴力）103／5. かくも長き放置（ネグレクト）111

第4章　かくも長き放置（ネグレクト） 119
　　——2. 2レベル三種の暴力とその理解

Ⅰ　児童福祉施設における三種の暴力 ... 119
　1. 職員から子どもへの暴力としての施設内虐待への注目 120／2. 報道から見た三種の暴力の概観 123

Ⅱ　施設内暴力の存在から見えてくるもの ... 126
　1. 児童福祉施設だけではない 126／2.「社会的養護内暴力・虐待」という語の提案 127／3.「被措置児童等虐待」と「社会的養護内虐待」129／4. 虐待からの保護さえ終わらない 129／5. 二重犠牲者化（revictimisation）130／6. 現在の状況への反応としての問題行動 130

Ⅲ　2レベル三種の暴力（含性暴力）をどう理解するか ... 134
　1. 2レベル三種の暴力（含性暴力）134／2. 暴力の性質 135／3. 2レベル三種の暴力という理解 141／4. 施設内暴力の類型——2レベル三種の暴力という視点から 147／5. 暴力の連鎖 151／6. 2レベル三種の暴力の歴史的変遷とその理解 160／7. 現在の2レベル三種の暴力をどう理解するか 168／8. 加害児にならなかった被害児が多数いる 173／9. 私たちの活動と最近の動向 176／10. かくも長き放置（ネグレクト）181

第5章　施設内暴力はどう対応されてきたか 192

Ⅰ　通常どう対応されているか ... 194
　1. 子ども間暴力への指導 194／2. 職員暴力・虐待の発覚とその後の対応 195／3. 福祉の枠が守る犯罪 196

Ⅱ　子どもの権利ノートの意義と限界 ... 197
　1. 子どもの権利ノートの内容 197／2. 子どもの権利ノートの意義 198／3. 子どもの権利ノートの限界 199／4. 方法論とプロセス論のなさ：どうやって実現するのかが不明 201／5.「子ども主体」と暴力 202／6. 真の子どもの権利擁護に向けて 203

Ⅲ　児童福祉施設におけるケアとその理論 ... 204
　1.「被虐待モデル」による理解と対応 204
　　a. トラウマ（心的外傷）と愛着（アタッチメント）205／b. 愛着（アタッチメント）を重視した養育：「乳幼児ホーム」の実践 205／c. トラウマやアタッチメント（愛着）と暴力 208／d. 個別モデル 210／e. 基礎に安心・安全が必要 210／f. 施設におけるアタッチメント（愛着）理論の適用 211／g. 愛着と安心・安全：愛着のもとは「安全基地」212／h.「アタッチメント（愛着）環境」を整える必要性 214／i. 暖かい人間関係 215／j. 理解と対応の優先順位 215
　2. 心理教育的アプローチおよび啓発的アプローチ 215
　　a. 心理教育的アプローチ 216／b. 啓発的アプローチ 218／c. 子どもたちは訴えてきた 219／d. 欧米の知見が役に立たない：欧米との違い 220／e. 欧米の技法を取り入れる際の注意点 222

3. 児童福祉施設における子ども間の性暴力・性虐待 222
      a. 子ども間の性暴力・性虐待 222／b. 暴力と性教育 223／c. ケアキットプログラムによる性教育 223／d. 児童養護施設における性教育の実践 224／e.「嫌がらなかったから仕方ない」という問題ではない 226／f. 優先順位を間違えないこと 227／g. CAPと性教育の共通点：一般社会で一定の成果をあげてきた 227／h. 手段がしばしば目的化する 227／i.「それしか見ようとしない姿勢」：自分が見たいものしか見えない 228／j. 応援していただきたい 229／k.「個と集団」という視点 229／l. 日常的に子どもを守る仕組みが必要 230
   4. 「施設内暴力・施設内虐待」231
   5. 今後に向けて 237
      a. 共有可能な知恵の蓄積 237／b. 取り組みに必要な条件 237／c. 2レベル三種の暴力への包括的対応：見落とされやすい潜在的暴力 238／d. 研修と被害児の心のケア 239

第6章　暴力問題解決のための視点 …………………………………………………… 247

Ⅰ　暴力問題解決のための視点 … 249
   1. 最低基準の過酷さ 249／2. 実態の理解：深刻さと拡がり 251／3. 対応即予防という視点 251／4. 共有可能な知恵 252／5. 成長の基盤としての安心・安全 252／6. 安心・安全のアセスメント 261／7. 2レベル三種の暴力への包括的対応 268／8.「集団と個」「個と集団」という視点 271／9. まとめ 279

Ⅱ　パラダイムの転換 … 280
   1. 心理臨床のパラダイムの転換 280
      a. 現実に介入しつつ心に関わる 280／b.「生活における体験」を基本と考える：「体験の蓄積」と「体験準備のための構造化」281／c.「育てなおし」または「育ち直り」284／d. 生き抜いてきたという事実の重み 285／e. 持ち味を生かす 286／f. 哀しみを引き受ける 286／g.「育てなおし」「育ち直り」と「愛着（アタッチメント）」286／h. 場面の識別が重要 288／i.「発生過程（生成過程）」と「解決過程（修正過程）」は異なる 288／j. 到達目標と到達過程とは異なる 289／k. 生活おける「体験の蓄積」290／l. どのような経験・体験の蓄積が必要か 292
   2. 処遇（養育）のパラダイムの転換 297
      a. 養育という営み 297／b. フォローしあう処遇（養育）：「個人の力量」から「施設全体の力量へ」299／c. 開かれた処遇 300
   3. まとめ：パラダイムの包含的転換 301

Ⅲ　取り組みのための必須条件：施設をあげた取り組み等 … 303

第7章 モニターしつつ支援する ……………………………………… 309
――安全委員会方式の概要

I 安全委員会方式における暴力への対応の基本的視点 … 311
1. 現実に介入しつつ心に関わる 311／2. 暴力の背後にあるのは成長のエネルギー 311／3. 生活の基本ルールを守らせること 312／4. まず暴力を使わないで抑えること 312／5. 十分な理解を待っておさまるのではない 314／6. 暴力への対応の基本 315／7.「じっくり聴きつつ，振り回されない」315／8.「自助他害活動」という理解と対応 316／9. 被虐待モデルによる現場の対応例 317／10.「叱ること」と「愛着（アタッチメント）」318／11.「虐待関係の再現」という言説 318／12. 叱らなくても効果があるのは 319／13. 体罰で禁止すれば？ 319／14. 被虐待児の暴力対応に必要なこと ――「関係の脱虐待化」320／15. 被虐待児だけでなく 321／16. 愛情をもって叱る：叱ってはいけないのではない 322

II 安全委員会方式の概要
個別対応をモニターしつつ応援する仕組みづくりの一例 … 322
1. 安全委員会方式とは 322／2. 安全委員会方式の具体的取り組み 339／3. 取り組みの留意点 378／4. 成長のエネルギーを引き出す：子どもたちを励ます仕組みと活動 380／5. システムを維持するためのシステム 382／6. 児童相談所へのさらなる役割の期待 383

III 安全委員会活動を支える重要な事柄 … 383
1. 身体暴力はどこで起こりやすいか 383／2. ユニット制や小舎制は安全か 383／3. 年長児による年少児の世話の功罪 384／4. 新たな入所児への対応：暴力禁止を強調した入所オリエンテーション 384／5. 心理士との連携 387／6. 子どもも職員も楽になる 388

IV 安全委員会方式の特徴 … 388

V おわりに … 391

第8章　安全委員会活動の実際 ……………………………………… 394

Ⅰ　安全委員会活動の開始まで … 394

Ⅱ　突破口を開いてくれた児童養護施設Ａ園 … 398

1. 第1号の取り組み施設がなければはじまらない 398／2. 施設長の覚悟 399／3.「助っ人」を投入 399／4. 三つの死角 402／5. 遊びの種類と工夫 402／6.「立ち上げ集会」の直前に暴力事件 403／7. いずれの暴力もある 404／8. 立ち上げ集会 404／9. 安全委員会活動の流れ 404／10. 聞き取り調査で 405／11. 安全委員会方式導入前後の変化 405／12. 全体的変化 408／13. 弱い子がはじける 409／14. 成長のエネルギーを引き出す：年長児たちとの話し合い等 410／15. 性暴力の防止 411／16. 職員によるキャッチ 411／17. 意見が出るようになった 411／18. その後の展開 412

Ⅲ　第2号導入施設のＢ園 … 412

1. Ｂ園の状況 412／2. 何事も悪いことばかりではない：「転んでもただでは起きない」 413

Ⅳ　安全委員会活動の概要：Ｙ園 … 414

1. 導入までの経過 414／2. 導入にあたっての検討 419／3. 導入後の経過 420／4. まとめ（Ｙ園）435

Ⅴ　中途半端な導入の例 … 436

Ⅵ　安全委員会活動の過程 … 438

1. 暴力の質の変化 438／2.「やっと我慢」から「余裕を持って我慢」へ 438／3. 一時的に訴えが増える 439／4. 弱い子がはじける 439／5. 意見が言えるようになる 439／6. 被害体験の想起 440／7. 新たな施設文化の創造 440／8. 初期には強い子・年長児に嫌われる 440／9. 弱い子には頼りにされる 440／10. 安全委員会があるから大丈夫 441／11. 加害児の変化 441／12. 退所にならずにすんだ子も 441／13. 子ども主体の基盤：意見をいうように 442／14. 年長児たちの感想 442／15. 職員の感想 442／16. 安心・安全が実現すると 442／17. システムを維持するためのシステム 443

第9章　職員による
　　　　安全委員会と連動した活動（「連動活動」） 452
　　　　──1. 基本的連動活動

Ⅰ　連動活動のために ... 452
　　1. 連動活動とは　452／2. 暴力への対応の総論　453／3. 安全委員会方式は学びの方式：学びの場としての四つの対応　454

Ⅱ　安全委員会活動の過程と「連動活動」 ... 455
　　1. 暴力の質の変化　455／2. 理由なき暴力　455／3. 緊急対応と事件対応　456／4. 生活の基本ルール（＝グランドルール）を選定し、守らせること　456／5. 他にも緊急対応が必要なこと　457／6. 厳重注意　457／7. 訴えが増える　463／8. 理由なき暴力から理由のある暴力へ　464／9. 弱い子や年少児がはじける　464／10.「やっと我慢」から「余裕を持って我慢」へ　466／11. 職員が暴力から守り抜く：日常の関わりの重要性　466／12. 暴力（含，性暴力）事件への対応　467／13. 被害体験の想起：フラッシュバック様の想起　469／14. 性暴力への対応　471／15. ケース会議と職員の関わり　472／16. それでも暴力を繰り返す場合　473／17. グランドルール（基本ルール）　473／18. 社会的技能の学びへ　474／19. 声かけの工夫：言葉が鍛えられる　474／20. 目標を見つけて努力するという学びへ　475／21. 学習援助へ　476／22. フォローし合う処遇（養育）へ　476

第10章　発達障害・学級崩壊・解離・
　　　　反抗性集団化への対応 477
　　　　──2. さらなる連動活動

Ⅰ　さらなる連動活動の基本的視点 ... 477
　　1. 重要なトピック　477／2. 対応の前提　478／3. 重要な二つの視点　478

Ⅱ　発達障害の疑いのある子への対応 ... 483
　　1. 発達障害と解離という概念の意義と弊害　483／2. 発達障害児および発達障害サスペクト児への対応　484／3. 発達障害サスペクト児への「個と集団アプローチ」の実際　489

Ⅲ　学級崩壊への対応 ... 501
　　1. 学級崩壊とは　501／2. 学級崩壊への対応　506

Ⅳ　解離への対応 ... 509
　　解離への対応：「解離は解離として対応しない」　509

Ⅴ　反抗性集団化への対応 ... 510
　　1. 反抗性集団化とは　510／2. 対応の原則　510／3. 対応の実際　511

第11章　安全委員会方式の意義と課題と限界 ……………………… 516
── 批判にも答えつつ

- I　疑問・批判に答える … 517
  1. 「懲戒権の濫用」という批判　517／2. そういう施設があること自体が問題？　524／3. 荒れた時期に導入するのはやむをえない？　526／4. なるべく早くなくなるのがよい？　527／5. どうせ、暴力はなくならない？　527／6. 対症療法である：予防が大事　528／7. 運用次第では危うい　529／8. 地元でやれていない　529

- II　学問の基本的作法を考える … 531
  1. オープンな議論が必要：専門家の批判と当事者の支持　531／2. 学問の基本的作法　533／3. かくも激しい批判（というよりバッシング）　540

- III　安全委員会方式の意義と課題と限界 … 542
  1. 安全委員会方式（または活動）の意義　542／2. 経営体質を改善する方式ではない　543／3. 児童相談所の理解と対応　544／4. 安全委員会は権限をもっていない　547／5. 二種の限界　548／6. システムを維持するためのシステム　548／7. 安全委員会の形骸化　549／8. アリバイ的導入の危惧　550／9. システムをつぶすためのシステム　551／10. 今後の安全委員会活動　551／11. 「安心・安全」という土台の上に　553／12. さまざまな場における安心・安全　554／13. システム形成型アプローチの限界　554

第12章　児童相談所との連携 ……………………………………… 557

- I　連携にあたって ── 子どもが見せる姿の違い … 557
  1. 鑑別所で仰天したこと　557／2. 機関同士の連携　558／3. 児童相談所と児童養護施設での姿の違い　558／4. ある児童相談所の所長の感想　558

- II　児童相談所と連携したサポート（連携サポート）：
  一時保護を中心に … 559
  1. 児童相談所の課題　559／2. 児童相談所と施設が連携して取り組む必要性の確認：暴力（含性暴力）が深刻　562／3. 児童福祉施設は早めに児相に相談すること　562／4. 児相は施設の暴力問題への支援を従来よりも積極的に行うこと　563／5. 振り返りと反省のための一時保護　564／6. 「振り返りと言語化のための一時保護」の考え方と留意点　567／7. 一時保護における見立ての重要なポイント　570／8. 施設側に必要な対応：帰園時面接等の実施　571／9. 警察との連携　572／10. 相手に要望・説得をしていただきたい　573／11. 一時保護以外の児相による施設への支援　573／12. 安全委員会方式と組み合わせることでより有効に：併用も一部導入も有効　574／13. 「多層連携サポートシステム」の構築　574／14. 有効な連携を維持するために：システムを維持するためのシステム　574／15. 職員から子どもへの暴力にも注意　575／16. 暴力以外の問題行動への活用　575／17. 児童自立支援施設からの措置変更への応用　575

第13章　社会的養護のさまざまな場で ……………………………………………… 577

Ⅰ　わが国の社会的養護 ... 577
1. どんな養育にもリスクがある　578／2. 里親さんとのつながり　578／3. ファミリーホーム　580／4. 児童養護施設の小規模化　581／5. 施設は家庭ではない　582

Ⅱ　あらゆる社会的養護の場で留意すべきこと ... 583
1. もっとも重要な課題：「安心・安全」　583／2.「子どもの福祉」「最善の利益」　583／3. 被虐待児に必要なこと　583／4. 困難な子どもへの対応の原則　584／5. 連携の原則　584／6. 具体的に支援を要望すること　585／7. 安心・安全の実現　585／8. 子ども間暴力に注意　585／9. 暴力への対応　586／10. 自分だけは大丈夫と考えないこと，自分を例外としない姿勢　586／11. 子どもが外部に訴えるかもしれない　586／12. モニターしながら支援する　586／13. ファミリーホームでの取り組み例　587／14. 社会的養護の場における安心・安全　589／15. 暴力に絞った入所オリエンテーション　589／16. モニターしつつ支援する仕組み　590／17. 養育と援助の基本　590／18.「社会的養護研究会」または「社会的養護学会」の提案　591

第14章　何処へ ……………………………………………………………………… 594
　　　――施設内暴力がつきつけるもの

Ⅰ　施設内暴力がつきつけるもの ... 594

Ⅱ　諸領域における暴力問題の顕在化 ... 594
1. 家庭における虐待・暴力　594／2. 福祉・医療・教育における暴力　595

Ⅲ　「子どもの権利擁護」のパラダイムの転換 ... 602
1. 子どもの権利擁護の暗黙の前提　603／2.「子ども主体」と「子どもの権利」　605

Ⅳ　大人と子どもの新たな関係の構築 ... 611
1.「子ども主体」のための大人の責任　611／2. 安心・安全を基盤とした大人と子どもの関係の構築：大人と子どもの両方の権利擁護　611／3. かくも激しい批判となったのは　612

Ⅴ　モニターしつつ支援する ... 613
1. モニターしつつ支援する仕組みの必要性　613／2. 外部評価，第三者評価の問題点　614／3. 暴力の実態調査と退所後の調査を　615／4. 法律の制定と「安心・安全社会の構築」　616

Ⅳ　暴力についてオープンな議論を ... 617

Ⅴ　おわりに――さらに何処へ ... 618

資料　621　　あとがき　733　　索引　739

資　料

資料1	安全委員会方式導入にあたっての留意点	622
資料2	職員の皆さんへ ―― 安全委員会活動開始初期の暴力問題対応の留意点 ――	624
資料3	安全委員会からのお知らせ	626
資料4	応援面接用シート	627
資料5	「希望を引き出す応援面接」の留意点	628
資料6	応援ケース会議用資料	631
資料7	暴力問題聞き取り調査表	632
資料8	聞き取り調査後対応報告書（スタッフ会議用・安全委員会用）	633
資料9	事件概要・フォローアップ報告書（スタッフ会議用・安全委員会用）	634
資料10	キーパーソン用概要報告書（スタッフ会議用・安全委員会用）	635
資料11	身体暴力への緊急対応マニュアル（例）	637
資料12	「厳重注意」の手順と留意点	640
資料13	厳重注意等フォローアップ報告書（スタッフ会議用・安全委員会用）	642
資料14	新入所児童聞取り調査及び対応報告書	643
資料15	○○園　安全委員会　設置要綱（例）	645
資料16	○○園『安全委員会』立ち上げ集会	647
資料17	○○園安全委員会立ち上げ集会用進行と文言（例）	648
資料18	安全委員会のしおり（例）	651
資料19	○○○（施設名）安全委員会だより（例）	652
資料20	○○園「安全委員会」立上げについてのご報告（例）	654
資料21	○○園「安全委員会」の発足について（例）	655
資料22	第　回　○○園安全委員会（例）	657
資料23	指導の通る関係づくり 基本ルールの違反への一貫した対応：「フォローし合う処遇」	658

資料24	児相と施設の「連携サポート」	659
	〜特に一時保護の有効な活用を中心に〜（簡略版）	
資料25	一時保護関連報告書（施設用・児相用）	661
資料26-1	西澤哲氏「田嶌先生の批判に応えて」（2008）への反論	
	――事実関係における虚偽の指摘	663
資料26-2	全国児童養護施設協議会の会長（当時）からの返信の手紙	667
	（2005年7月27日付）	
資料27	安全委員会に関するアンケート調査	668
	静岡県立吉原林間学園	
資料28	新潟県若草寮安全委員会1年半の取り組み	678
資料29	新任職員の皆様へ	687
	「新潟県若草寮安全委員会」について	
資料30	岩手県和光学園 2010	
	「施設内暴力の解決に向けた安全委員会の取り組み	
	――子どもが安心・安全な生活を送るために」より第1章〜3章を抜粋	691
資料31	（安全委員会方式の申し送り用）	718
	児童福祉施設における施設内暴力の解決に向けて	
	個別対応を応援する「仕組みづくり」の必要性とその一例としての	
	「安全委員会方式」の紹介	
資料32	児童養護施設における愛着（アタッチメント）と暴力	727
資料33	児童福祉法　第六節	730

児童福祉施設における暴力問題の理解と対応

続・現実に介入しつつ心に関わる

第1章
現実に介入しつつ心に関わる

Ⅰ　現場に入る

1．一周年記念集会

　ある児童養護施設でのことである。大勢の子どもと大人が集まっての集会で，高校3年生の女子が，子ども代表として挨拶をした。

　『去年の6月に安全委員会が発足された時，最初はどんなことをするのだろう，○○園がどのように変わっていくのだろうと思っていました。今，1年経ってみて思うことは聞き取りをするようになって，自分自身が暴力や暴言に対して意識するようになりました。
　暴力や暴言が悪いことだと頭ではわかっていても，意識しながら行動に移すことはとても難しいことだと感じました。
　他にも，聞き取りは担当の先生と一対一で話をすることができるので，みんなが自分の思いを言える場になりました。今までなかなか思いが言えなかった人も，安心して話をすることができているようです。
　安全委員会が出来てから，以前より暴力で誰かを傷つけることは減ってきたと思います。しかし，暴言で人を傷つけることはまだあるので，これから少しずつなくしていければと思います。
　私はこの○○園が，みんなが安心して生活できて，力関係や上下関係が無く，言いたいことが言える学園になれば良いなと思います。そして，笑顔の絶えない，みんなが早く帰ってきたいなあと思うような場所になればいいなと願っています。
　私は，安全委員会があったからこそ暴力や暴言に怯えることなく生活

できるのだと思います。今後も，○○園の安心と安全のためにご協力よろしくお願いします。
　最後に，この安全委員会が出来たことに感謝し，あいさつを終えさせていただきます。
　ありがとうございました』

　これは，ある児童養護施設に入所して生活している高3の女子が安全委員会方式の導入一周年記念集会で子ども代表として挨拶した時のものである。その内容がすばらしいものだったので，本人の許可をいただき紹介させてもらった。当然，職員の手はまったく入っておらず，自分ひとりで考えたものである。

2．子どもたちの意識と行動の変化

　児童養護施設とは児童福祉施設のひとつであり，事情があって保護者が育てられない2歳からおおむね18歳までの子どもたちが保護され，養育されている施設である。そして，児童養護施設では暴力問題が起こりやすく，安全委員会方式とは，児童養護施設の暴力問題を解決するために，私たちが実践している取り組みである。職員による暴力も子どもによる暴力もなくしていく活動である。

　通常，施設では暴力についてはもっぱら職員が目を配り対応している。しかし，この施設では子どもたちにも同意を得て安全委員会方式を導入し，暴力のない施設作りに取り組んだ結果，職員のみならず，子どもたちの暴力に対する意識が高まってきており，暴力を職員に報告したり，あれも暴力ではないかと疑問の声をあげる等の変化が生まれてきている。

　実際，この児童代表の高3女子は，安全委員会方式の導入後は子ども間の暴力に際して他児の暴力を職員が制止している際，抑える側に回ったり，職員を呼びに行ったりしてくれるようになった。また，それだけでなく，職員の処遇に対しても，疑問を感じた時は「あれは暴力ではないか，やりすぎではないか」と意見を述べるようになった。そして，施設側もそうした意見を，処遇の改善に生かしている。ある指導員は，「暴力に対する『職員の目』だけでなく『子どもの目』の成長も感じさせる」と語っている。また，暴力問題についてだけでなく，食事等の時間に他児に声かけをしたりするなどリーダーとして，周囲に適切な目配りをしてくれるようになった。

3. 成長のエネルギーを引き出す

　もうひとつ別の施設の例をあげておこう。安全委員会方式を導入している別の児童養護施設の報告から一部を抜粋したものである。

　『K男は、小学校5年生の時は、突然キレて爆発し興奮したり、職員の指導に対して興奮して暴力に及ぶことが見られたが、小学校6年生になると、相手を嘲笑したり揶揄するかたちでの暴力へ変化してきた。K男は、被害者的立場から加害者へ転化していった結果、暴力行為も変化していった様子が感じられた。K男は幼児期から園に入所しており、明らかにこれまで施設の生活の中で暴力を受けてきた存在であることを考慮しなければならない。K男と暴力の振り返りを行ったり、安全委員会から厳重注意を受けた後のフォローアップとしての面接を行っていくうちに「俺は、昔エアガンの玩具で撃たれて遊ばれたり、プロレスごっこをさせられたりして叩かれた。だから、暴力をふるうようになった」と話した。暴力は連鎖することを改めて実感した。

　K男は、担当者との信頼関係を基本にして安全委員会での厳重注意や作文指導を通し指導する中で少しずつではあるが暴力はいけないことを認識してきた。K男が安全委員会で読み上げた作文の中で「自分は職員の顔を叩き心に傷をつけてしまった」という内容の文章を書いた。内省が深まっていることを実感した。また、もう一つ大切なポイントは、安全委員会方式の包括的なシステムアプローチによって暴力を集団化させなかったという点であった。

　また、暴力を我慢した時や生活の中で学習やスポーツ活動を通して頑張っている時にきちんと褒めてあげることが自己肯定感につながり成長のエネルギーへと変化していった。K男は2学期頃から大嫌いな学校の宿題を行なうようになった、これには職員もみな驚いた。また、小学校のマラソン大会で9位に入賞し目標であった10位以内入賞を果たすことができた。暴力のない安定的な生活がどれほど成長のエネルギーにつながるのかを実感させられた。さらにK男が慕っている退園生の子どもが来園した時に「園は変わったんだよ、暴力がなくなったんだよ」と一生懸命に教えていたのが印象的であった』

　安全委員会方式について、誤解されやすい点が2つある。ひとつは、暴力をただ抑えるだけの方式だという誤解である。また、こうした誤解に関連しているのが、安全委員会の審議と対応だけが安全委員会活動だといういまひとつの

誤解である。

安全委員会方式の詳細は，第7～10章で述べるが，この短い記述からだけでも，この方式が単に暴力を抑えるだけの方式ではなく，暴力に代わる行動の学習を援助し，さらには成長のエネルギーを引き出す方式であることがおわかりいただけよう。そしてそのために，安全委員会と連動して，職員が日々の熱心な関わりを行う方式なのである。

4. 現場に入る

児童福祉施設の暴力問題は，第3章と4章で詳しく述べるように，特定の地域の特定の施設の問題ではなく，全国的な問題である。そして，本書は，児童福祉施設における暴力問題の理解とそれを解決するための取り組みとして私たちが実践している「安全委員会方式」について述べることを目的としている。

しかし，私はいきなりこういう活動を始めたわけではない。

私は九州大学で臨床心理学を教えているが，同時に臨床心理士で，心理療法，カウンセリングと言われるものが専門である。心理療法家，カウンセラーといえば，読者はどんなイメージをもたれるだろうか。この領域に詳しい人ほど，面接室で一対一で心の深いところを扱うというイメージが強いのではないだろうか。むろん，それは有力なやり方であり，多くの臨床心理士が実践していることで，私もそうしたやり方をとることも多い。

しかし，同時に，私は自分自身が面接室から出て，学校や施設といった現場に入ることも結構多い。

5. 志は高く，腰は低く

ここで，現場に入る際の心構えとしては，「志は高く，腰は低く」を心がけている。その現場の事情がわからないうちに専門家然として偉そうな態度で助言するなどすると，いっぺんではじかれる。むろん，相手は大人だからいわば「敬して（ホントは敬してもいないのだが）遠ざけられる」ということになる。

たとえば，学校にスクールカウンセラーとして入る。その学校の校則やきまりが厳しすぎるように感じたとしても，うかつなことを言ってはいけない。そういう場合，何か事情があるのかもしれないと考えてみることが有益である。たとえば，以前はその学校がひどく荒れていて，それを必死で建て直したのであり，気を抜くとまた荒れるのではないかという緊迫感が学校側にあるのかも

しれない。そういうふうにいろんな可能性を思い浮かべながら，現場に関わっていく。

6．現場のニーズを汲み取る，引き出す，応える

　現場に関わる際，私が心がけているのは現場のニーズを「**汲み取る，引き出す，応える**」（田嶌，2002a）ということである。そのために，私が持っているレパートリーから活用できるものを選ぶことになる。しかし，私の手持ちのレパートリーに役立つものがなければ，役立てそうな人につなぐことを心がける。しかし，それも無理なら，新たに手立てを創るという努力をする。少ないながら私が考案した方法は，そうして生まれたものである。

　とりわけ重要なのは，当事者の**もっとも切実なニーズを汲み取る**（田嶌，2003）ということ，そしてできればそれに応えることである。むろん，それは大変困難であり，しばしば①ひとりで抱え込まない，②丸投げしない，という原則でさまざまなネットワークを活用することが必要となる。しかし，それでも切実なニーズに応えることは，現実にはできないことが多い。それでも，当事者のもっとも切実なニーズに援助者が気づいておくことが大事であると私は考えている（田嶌，2009）。

7．どういう体験が必要か：体験支援的アプローチ

　現場の大人や子どもたちを援助するにあたって，当事者のニーズに応えるためには，この人たちに「どういう体験が必要か」ということ，さらには，「そのために専門家がどういう役割を取ることが必要か」というふうに私は考えることにしている。とりあえずの活動をしながら，それを見立てるのである。現場のニーズを汲み取り，「**どのような体験が必要か**」「**今後，どういう体験を積んでいくことが必要か**」という視点から関わるアプローチを本書では「**体験支援的アプローチ**」と呼んでおこう。

　ここでいう「体験」には，「面接における体験」と「日常生活における体験」（「現実の体験」）とがある（表1-1）。日常生活と面接の両方について「どのような体験が必要か」という視点から検討し，援助を行うのである。両方が必要なこともあれば，どちらか一方の場合もある。なお，「生活における体験」の援助にあたっては，生活場面で私が直接関わることもあるが，さまざまなネットワークを活用することが多い。つまり，臨床心理士などの専門家がみずからが

関わることもあるが，関係者に助言して関わってもらうことが多いのである。

また，居場所づくりや家庭訪問なども行ってきた。この「体験支援的アプローチ」では，極論を言えば，受容・共感・傾聴といった臨床心理士の有力な手段がいつも有効であるとは限らない。また現場で面接室を設けてもらい，もっぱらそこで一対一の面接を行うことであるとも限らない。なお，さらなる理論的検討は，第6章でさらに詳しく述べる。

表1-1　体験支援的アプローチ

```
今，どのような体験が必要か
今後どのような体験を積んでいくことが必要か

    ①面接における体験
        ⬇   ⬆
    ②日常生活における体験
```

伝統的なこわもての教師や児童指導員はなおいるが，その一方で最近では，学校も児童福祉施設も「できの悪いカウンセラー」のような人たちが増えているというのが私の印象である。そのため，「きちんと叱る」「厳しく指導する」といった必要な機能が欠けていることが少なくない。私自身がそういう人たちから，私がしばしば「もっと受容と共感をしていただかないと」などと論されることがあるのは困ったものである。

<u>体罰はむろん許されることではないが，「きちんと叱る」「厳しく指導する」といったことは生徒指導や教育や養育（子育て）の重要な側面である。</u>逆に，そういう指導をできる人が他にいる場合は，カウンセラーの受容・共感といったことが役立つことになる。

ここで重要なポイントは，学校現場であれば，「きちんと叱る」「厳しく指導する」生徒指導ができる教師に，そういう観点を自分が持っているということを何らかの形で早めに伝えることである。

カウンセリングでいう本来の「受容」は，厳しさも含むものであることを知っておられる人からは，以上の説明はひんしゅくを買うものであるかもしれない。

あえてこういう表現をとったのは，学校現場や施設現場では，「受容」は「許容」とほとんど同義であるという現実があるからである。まずは，現場に入る心理士や精神科医は，この現実を厳しく受け止めることが必要であると私は考えている。

8.「共感」と「関係」

「どういう体験が必要か」を考えるにあたって重要なことは，「共感」と「関係」ということである。ただし，この心理臨床を学ぶ者なら誰しも教わる「共感」と「関係」(人間関係あるいはセラピスト－クライエント関係) を**「生活という視点」**から活用することである（田嶌，2010a）。

共感をもっと拡げて活用することにしよう。

どの学派でも共感は重要なものとされている。この共感を個人面接の中でのことに限定しないことが重要である。共感と言えば，個人面接でセラピストの前にいるクライエントに共感するために有用であるのは，言うまでもないことだが，それだけに終わるのは，いかにももったいないことである。クライエントや周囲の人たちが，日々どのような生活をどのような気持ちで送っているかということを「共感的理解」することが重要である。いわば**「生活における共感」**を働かせることとでもいえよう。

例をあげよう。担任から，スクールカウンセラーである私のもとに寄せられた相談である。小学生の子ども2人を抱えた母親がどうやら状態が悪いらしく，家事もせず，また電気もガスも止められ，ろうそくの火で暮らしているらしい。子どもたちは風呂にも入っていないらしく，いつしか登校しなくなったという。担任がなんどか家庭訪問をしたが，まったく反応がなく，「極論を言えば，生きているのかどうかさえわからない」のだと言う。さて，こういう場合，どうしたらいいのだろうか。

母親や子どもたちの身になって考えてみよう。現在の母親と子どもたちのニーズはなんだろうか。どんな援助ないし介入が必要だろうか。それを考えるにあたって，重要なのが，当事者の生活をありありとイメージできること，それに基づき，「生活における共感」を働かせることである。

そのお母さんと子どもが日々どんな生活をしていて，どんな気持ちでいることだろうか。風呂にも入れず，不自由な生活を送っていることだろう。さまざまな点で不自由を感じてはいるだろうが，もっとも切実なニーズはなにかと考えるのがよいだろう。おそらく一番困っているのは食べ物のことだろう。だか

ら，一番喜びそうなものは食べ物であろう。そう考えて，私は，パンなどの食べ物をもって訪問することにした。会えれば，直接渡すつもりだったが，チャイムを押してもやはり誰もでてこない。そこで，簡単なメモをそえて，ドアにつるして帰った。そして，2日後に様子を見に行ったところ，ドアにつるした食べ物はなくなっていた。こういうことを数回繰り返したところ，母親は私の訪問に際して，ドアを開けてくれるようになった。

「関係」をもっと拡げて活用するようにしよう。

「人間関係」と言えば，どの学派でも，面接者との関係，すなわち「セラピストークライエント関係」（または治療者－患者関係）が，特別に重要なものとされている。しかし，それに限らず，**生活におけるさまざまな人間関係が重要**であり，それを活用することが援助に役立つというふうに考えてみよう。家族はもちろん，教師やボランティア，半専門家や非専門家などさまざまな人間関係が重要で活用可能なのである。本書では，そうした視点が基本となっている。

「共感」や「関係」といった個人心理療法の概念が**「生活という視点」**から捉えなおすことでいかに臨床的に拡がりのあるものとなるかということを述べてきた。後に述べるように，「生活という視点」からこれらの概念を生かすことが，多面的な援助活動には，非常に有用なのである。

9. 精神健康に悪い

「志は高く，腰は低く」という姿勢で，「今，どのような体験が必要か」「今後，どういう体験を積んでいくことが必要か」という視点から関わる「体験支援的アプローチ」というのは，名人ならいざしらず，私たちふつうの臨床家にとっては，実は大変ストレスフルであり，精神健康にすこぶるよくない。精神健康によくないということは，身体にもよくない。つまりは，心身の健康によくないのである。

そもそも心理療法家やカウンセラーを目指す人たちは心の深いところに関心がある一方で，日常の対人関係には不器用さを抱えている人が多いという印象がある。かくいう私もそうであり，したがってとりわけ無理がたたってストレスがたまりやすい。

相手の心身の健康に貢献しようとする活動が逆にそれを実践することが大変健康に悪いというのは皮肉なことであるが，このことも覚悟しておかなければならない。そもそもやればやるほど心身の健康にいいなどという仕事が，そう

そうあるはずがない。基本的には，そういうものだという「健全なあきらめ」（田嶌，2002b，2009）を持つことである。

とはいえ，ある程度はその対策も考えておくことも必要である。それぞれが工夫するしかないが，もっとも着実な道は，仲間を創ること，そして仕事以外の息抜きの時間を確保しておくことであると私は考えている。

10. 子ども虐待と施設内虐待・施設内暴力

子ども虐待（児童虐待）についての社会的関心は高まり，講演会や研修会は多くの人々が参加し，虐待防止運動は以前では考えられないほどの大きな盛り上がりを見せている。

よく知られているように，わが国では「子ども虐待（児童虐待）」の件数は，増加の一途をたどり，社会的にも大きな注目を集めている。たとえば，厚生労働省の調査結果によると，児童相談所における虐待の相談件数は，1990（平成2）年度には1,101件だったものが，その後急速に増え続け2010（平成22）年度には55,152件となっている。

そして虐待から保護された子どもの圧倒的多数は，児童養護施設をはじめとする児童福祉施設に措置される。ここで多くの人たちは，虐待からの保護は終わった，次は被虐待児の心のケアが必要というふうに考えがちである。しかし，実は，まだ虐待からの保護さえ終わっていないことが多いのである。それは児童福祉施設では深刻な暴力があるからである。しかも従来から問題にされてきた，①職員（含．施設長）から子どもへの暴力（職員暴力）だけでなく，②子ども間暴力（児童間暴力），③子どもから職員への暴力（対職員暴力）がある。したがって，この問題の解決なしには，ケアはおろか「虐待からの保護さえ終わっていない」ことになる。しかも，それは特定の地域の特定の施設だけで起こっている問題ではなく，全国的な問題である。

全国的な問題であるという点については，説明が必要であろう。むろん，どの施設も暴力が吹き荒れているということではない。しかし，都道府県単位でみれば，大まかに言えば優良とされている施設が二，三ヵ所あり，あそこは荒れているらしいと言われている施設がこれまた同じくらいあり，その中間くらいの施設では深刻な暴力問題が時々起こっているという具合である。つまり，ここだけは大丈夫という都道府県はひとつもないであろうと思われるという意味で，全国的な問題であると言ってよいだろうと，私は考えている。

11. 構造的な問題である：パラダイムの転換の必要性

　この児童福祉施設の暴力問題の解決のためには，従来の考え方を大きく変える必要がある。暴力問題は数ある問題または問題行動のひとつとしてみられてきたが，これは，実は大きな誤りである。暴力問題は，子どもたちの**「成長の基盤としての安心・安全」**という最優先で取り組まれるべき課題なのである。それは，子どもたちの**もっとも切実なニーズ**である。また，これはいわば構造的な問題であり，個々の職員の力量をあげることで乗り切るのには無理がある。そして，このような認識の変化だけでなく，さらには，心理臨床のパラダイムや子どもの権利擁護の視点にも大きな転換が必要である（第6, 14章参照）。

　このような視点から，私が考案し，仲間や施設の方々と一緒に創りあげてきた**「児童福祉施設版安全委員会方式」**（以下，単に**「安全委員会方式」**と呼ぶ）は，一定の成果をあげ，現在全国十数ヵ所の児童福祉施設で取り入れられている。また，すでに第1回の「児童福祉施設安全委員会全国大会」が2009年に山口県山口市で，第2回大会が2010年に広島県広島市で開催された。さらに，2011年には第3回大会が岩手県盛岡市で，そして2012年には第4回大会が新潟県で開催予定である。

　本書では，児童福祉施設における暴力を解決するために，私たちが実践してきたこの安全委員会活動の取り組みとその理論について述べることを目的としている。また，第14章では，この暴力問題が教育領域や医療領域でも大きな問題となっていることにも言及しつつ，この問題から示唆される今後の社会のあり方についても論じるつもりである。

　最初に強調しておきたいのは，心理臨床家が施設の暴力問題に取り組むケースはまだ非常に少ないし，またその取り組みはこれまでの心理臨床から言えば，非常に変わったものであるということである。しかし，本書で述べるアプローチやその背景となる理論は，心理臨床の様々な領域で極めて有用なものであると私は考えている。

　むろん，いきなり本書で述べる取り組みが始まったわけではない。この活動が成果をあげることができたのは，関係者の尽力に加え，私のそれまでのさまざまな臨床現場での経験とそれに基づく理論的思索の積み上げがあったからである。本章では，現在のこの活動の理解に役立てるために，私がこのような活動に至るまでの流れと背景にある理論的思索を説明することにしたい。

Ⅱ 三種のアプローチ

1. 現場のニーズを「汲み取る,引き出す,応える」

「現場は学問のはるか先を行っている」というのが,私の実感である。現場に鍛えられているうちに私の臨床もいろいろ変化してきた。私は,さまざまな臨床現場で,現場のニーズを**「汲み取る,引き出す,応える」**(田嶌,2002a)ということを心がけてきた。しかし,本書で述べるアプローチやその背景となる理論は,心理臨床の様々な領域で極めて有用なものであると私は考えている。その結果,現場や対象に応じて,私の臨床やその背景となる視点も変化してきた。個人の内面や深いところを扱う臨床から出発し,それだけでなく,ネットワークを活用した援助を行うようになり,さらには個別対応を超えた仕組みづくり(システム形成)に至るようになった。具体的には,①**「内面探求型アプローチ」**,②**「ネットワーク活用型アプローチ」**,③**「システム形成型アプローチ」**,私がやってきた臨床をだいたいそういうふうに総括できる(田嶌,2009)。現場の心理臨床では,このいずれのアプローチも必要であると,私は考えている。

現場のニーズを「汲み取る,引き出す,応える」ためには,心理臨床家が従来のようにもっぱら心の内面や深層に関わるという姿勢(それも必要であるが)のみでは不十分で,**「現実に介入しつつ心に関わる」**という姿勢とそれに基づく多面的援助アプローチが重要になるということである。これは,心理臨床が生き残れるかどうか,換言すれば心理臨床が社会に真に貢献できるかどうかに関わる重要なことだと私は考えている。もっとも,現状では,こうした考え方やアプローチは臨床心理学では,ごく少数派である。

心理療法に関心を持つ者は,私も含め,どうしても二人関係が大好きなのである。心の深いところが大好きなのである。いわばそういう「病理」を持っているといってもよいと思う。そのため,どうしても二人関係とか,心の奥底とか,それはそれで大事なのであるが,もっぱらそれに終始しようとする傾向がある。したがって,よほど私たち自身が気をつけておかないといけない。ネットワークやコミュニティという視点は,そういう偏った傾向を和らげるのに非常に重要な役割を果たすのではないかと私は考えている。

2. 内面探求型アプローチ
a. 壺イメージ法のなりたち

　まず私が最初に実践したのは，心の深いところを扱うアプローチである。

　最初は病院心理臨床，それから外来の心理相談室，そういうところで私は臨床に携わってきた。そこでは，イメージ療法を熱心に実践した。イメージ療法というのは，箱庭療法や描画療法と同様にイメージに注目したものであるが，それらと違って道具を使わないで，ただ目の前に浮かんだイメージを味わうというやり方である。そして，それを実践していくうちに，以下のような経験から，**壺イメージ法**という新たな技法を考案した。

　精神科病院で，ある患者さんにイメージ療法を実施したところ，洞窟の中に壺がずらーっと並んでいるというイメージが浮かんだ。〈壺の中に何が入っているでしょうね？〉と言うと，患者さんが「中に入っているものを出すと消えちゃう」と言うので，私は〈じゃあ，壺の中に入ってみたらどうでしょう〉と提案した。すると，「手前の方のには入れるけども，奥の方のには入れない」と答えた。今にして思うと，その人は実にうまいことを言ってくれたのである。そこで，私は，〈手前と奥の方は何が違うんでしょうかね？〉と聞いた。すると，「手前の方は整理されているやつだけど，奥の方は未整理なやつだ」と，答えた。つまり，自分にとって危険な壺，きつい壺には入れないというわけである。

　「手前の方にあるやつなら入れそうだ，大丈夫だ」と言うので，〈じゃあ手前の壺に入ってみましょう〉というふうに進めていった。何回か入れる壺に入っていると，「今日は調子がいいから，もうちょっと奥の方の壺に入ってみます」と言って奥の壺に入れるようになった。そういうことを繰り返したところ，急速に症状が消失したのである。そこで，これはうまく工夫すれば使えるかもしれないと考えて，「壺イメージ法」という技法を考案したのである。

3.「安全弁」という視点

　ここでは詳細は省くが，私がそれまで勉強したそれなりの理論的背景がその基礎にあって，「壺の中に出たり入ったりする，都合が悪いものはフタをしてしっかりしまいこむ」という技法を作ったわけである。これが「壺イメージ法」のごく荒っぽい紹介である。これは時に，劇的効果があがる。精神科領域の患者さんは，心が繊細なガラス細工のようなところがあって，ちょっと刺激的なことがあるとすごく状態が悪くなることがしばしばある。そこで，患者さんの

心に安全にアプローチするための方法ということで,**「安全弁」**という視点・発想を持ったわけである。

この技法は心の深いところを安全に取り扱おうとする技法で,そのため,わが国では,私だけでなく何人かのセラピストが臨床現場で使っており,成果もいくつか報告されている(田嶌,1987,1992；冨永,1987；松木 1987,1991,2001,2010；福留,1991,2000；山中,1992；松下,2002 他)。最近の発展としては,トラウマ(心的外傷)等の治療への有効性(中島,2004,2006；松下,2011)やコミュニケーションツールという視点からの研究(松木,2010)などがある。また,描画法と組み合わせた技法も考案され報告されている(蒲生,1998,2001)。

なお,このようなイメージの心理臨床については,私の著書「心の営みとしての病むこと――イメージの心理臨床」(田嶌,2011)を参照していただきたい。

また,アメリカで2002年に「Handbook of Therapeutic Imagery Techniques」(Sheikh, A. A., ed.)という本が出ていて,その中にさまざまなイメージ技法が紹介されているが,この本のなかの第19章は「Tsubo imagery psychotherapy」である。これは,私が成瀬悟策先生と共著で書いたもので,日本からは私が考案したこの壺イメージ療法が掲載されている。この本の翻訳がわが国で2003年に出ているが,この章の翻訳担当も私で,自分が書いたものを日本語に翻訳するという珍しい経験をした。

このように,病院心理臨床や外来の心理相談をやっているときには,密室の中で,心の深いところを慎重に扱うということで,それなりにやれていたわけである。

III　ネットワーク活用型アプローチ

1. 学生相談,スクールカウンセリングでは病院のようにはいかない

ところが,その後,私は約6,000人規模の大学の学生相談室の常勤カウンセラーとなった。学生相談を担当し,その後さらにスクールカウンセリングを始めたところ,それまでのように,心の内面を扱うアプローチだけではやっていけなくなってきた。イメージ療法に限らず,内面をもっぱら扱うアプローチの

限界を感じるようになってきたのである。相談意欲の乏しい人や現実の生活が過酷である場合には，内面だけを扱うというわけにはいかないのである。

　統計的にみても当然だが，毎年必ず統合失調症などの精神病を発病する学生がいる。病院での心理臨床と違うのは，大学内で発症しているのだから，精神科の病院への受診・入院のお世話もしなければならなくなるということである。私がそれまでやってきた病院心理臨床では，患者さんはすでに入院になって，急性期を過ぎて，ある程度状態が安定している人あるいは外来で通ってきている人対象であった。つまりいわゆる相談とか治療とかいう体制にすでにある程度のっている人たちだったのである。

2．ネットワークで支えた暴力を振るう男子学生

　たとえば，学生がキャンパスの中で通りがかりの別の学生に飛びかかって，二,三十発殴って逃げたという事件が起こった。殴られた学生は，なぜ殴られたのかまったく心当たりがないとのことだった。学生部の職員が「先生どうしましょう」と言ってきたのである。

　どうしましょうと言われても，これには困った。〈じゃあ，その殴った方の学生は？〉と問うと，「バスに乗って帰りました」というのである。〈バスに乗って帰ったって，あなたねえ。車に飛び乗って逃げたとかならわかるけど，バスに乗って帰ったって……。バス停にいたのならどうして連れてこないの？〉と私が責めるようにいうと，その職員が「先生，怖かったです」と答えたのである。それもそのはずである。体重約110キロの巨漢だったのである。

　こういう場合に〈君は何か悩みがあるんだろうから，来週の金曜日相談に来なさい。待っているから〉と呼びかけたところ来てくれるはずがない。そこで，学生部の職員と二人で，その学生の家に出かけた。母親と本人が在宅で，父親は出張で留守とのことであった。

　母親に〈これまでも，暴力を振るうということはありませんでしたか？〉と尋ねたら，「うちの子は至っておとなしい子で，これまで暴力を振るうなんてまったくありませんでした」とのことである。しかし，家の中の壁にはあちこちにボコボコと穴があいているのである。明らかにひどい状況のように思われた。

　そこで，学生部の職員が「自分たちは学生を処罰する仕事をしているのではない。いかに学生のことを考えているか」と熱弁をふるったのである。すると，母親が泣き崩れ，そして語った。「実は，3ヵ月前に本人に蹴られて肋骨を5本

折った」とのことであった。なんと，肋骨を5本もである。父親は夜中に飛びかかられて一緒に暮らせなくなって，1年前からよそで暮らしているとのことであった。

　母親と下の部屋でこういう話をして，それから本人を呼んでもらったが，2階の自室にこもったまま出てこない。〈じゃあ，私が行きましょう〉ということで部屋に行くことにした。出会い頭のひと言というのは，心理臨床ではいつでも重要であるが，こういうときはひときわ大事である。階段を上りながら考えた。体重は110キロあるし，母親の肋骨を5本折っている。私は非常に怖い。しかし，私も怖いが，むこうはもっと怖いだろうなあと思った。そこで考えたのが，「3分だけ話そう。3分たったら帰る」ということである。これは実は**「関係における安全弁」**なのである。

　要するに，3分という枠の中でより安心して話そうよというわけである。それから，「相談にのる」と話しかけた。すると，「誰にでも相談できるわけじゃない」とある先生を指定したので，その先生を連れて翌日も行った。その後の経過は略すが，結局，いろいろな人間関係のネットワークで支えるという形をとったのである。こういうときには「1週間に1回お会いしましょう」「面接室でしかお会いしません」などといっていたのでは，どうにもならない。ネットワークでその人を支えていくということで，病院とも連携し，何とか状態が安定し，その学生は無事卒業できたのである。

3．ストーカーにつきまとわれた女子学生

　また，別の例であるが，女子学生が知り合いの男性にしつこくつきまとわれ，脅されたあげく困って相談に来たことがある。このときは警察にも相談に行ったが，当時は民事不介入ということで，相手にしてもらえなかった。今はストーカー規制法もでき，ずいぶん事情は変わったものと考えられる。今にして思うと，ストーカーという問題なのである。ストーカーは，全然知らない人がつきまとうということももちろんあるが，かつての恋人や知人との関係がもつれて，ストーカー行為の被害にあうこともあるのである。

4．問題を問題として把握する力が必要

　ここで強調しておきたいのは，問題を問題として把握する力が必要だということである。臨床心理学や精神医学が最近になって取り組んでいる問題の多く

は，いずれも以前は問題として認知されていなかった問題である。たとえば，いじめ，児童虐待，DV，犯罪被害，いずれもかつては問題として認知されていなかった。後に述べる施設の暴力問題もそうである。これまで各種の専門家がたくさん関わってきたにもかかわらず，適切に問題として把握されてこなかったのである。したがって，問題を問題として適切に捉えるということが，非常に大事なのだということである。

5．スクールカウンセラーで経験したこと

　そういうことを経験した後に，平成7年から「スクールカウンセラー委託研究事業」が始まったので，スクールカウンセラーとして非常勤で勤務した。当時，大学の教員でスクールカウンセラーというのは少なかったように思う。私は，割合くじ運が悪く，有名校，荒れているので有名な中学校に配置されたのである。

　非常によく知られた学校で，7人の教師が生徒2人を砂浜まで連れていき首から下を埋めたという事件で以前新聞にも載った学校である。砂浜に埋めるとどうなるかといえば，波が寄せてくるわけである。そのままほっとくと溺れ死ぬ。むろん，脅しであるが，この事件は，「教師の体罰がここまできた」という論調で新聞に叩かれて裁判になった。

　私はこの事件は新聞等で知っていたが，実は疑問に思っていた。一人の教師がそういうことをやったのなら，その人個人の問題である可能性もあるかもしれないが，この場合7人もの教師がそれをやったのである。もっぱら教師がひどい体罰をしたという報道しかされなかったが，私は背景には学校が相当荒れていたということがあるのではないかと考えていた。

　勤務してみると，やはり実際には，当時は学校が非常に荒れているということが背景にあったことがわかった。生徒を砂浜に埋めるのはもちろん，体罰は許されることではない。しかし，この問題はそう言っただけですむ問題ではない。

　私がスクールカウンセラーとして勤務したのは，その事件から何年も経ってからであり，ずいぶん落ち着いてきたといわれている時期だったが，それでも他の学校に比べるとなかなかのものであった。最初の出勤日からして大変であった。

　校長先生と教頭先生がバタバタしていて，スクールカウンセラーの私と打ち合わせするどころではない。どうしたのかといえば，なんと親が子どもを捨てて逃げてしまったというのである。中学生と小学生の3人の子どもを残して，

両親がどこかに逃げてしまったのである。それはもう，カウンセリングがどうのというレベルの問題ではない。仕方がないので，生徒指導の先生と一緒にその子たちの家に行き，荷物をまとめる手伝いをして，児童相談所に付き添って行った。

6. 本人自身には相談意欲がない場合が多い

　こういう経験をしているうちに，本人は困ってないように見えるが，周りがすごく困っているとか，相談意欲なんて全然ないように見える人たちと接することが非常に多くなってきた。たとえば，不登校にしても，「学校には行ってない，行けていない。しかし，定期的にきちんと相談室には通ってくる」という子は，これはまだ力のある子である。それができず，家の中にじっとひきこもっている場合はどうしたらいいのか。あるいは，生徒が学校に来ないで，髪を染めて遊びまわっている。(心の奥底では困っているのかもしれないが) 本人は全然困っているようには見えないけれども，周りはものすごく困っているというような人たちと接するようになってきた。

7. ネットワーク活用型の援助 ── 母親だけが相談にくる場合の例

　そういう人たちには，定期的に密室でお会いしてカウンセリングを行うというわけにはいかない。そこで，ネットワークを活用した援助 (**ネットワーク活用型援助**) を行ってきた。

　相談に来ない不登校生徒のネットワーク活用型援助の例をあげておこう。たとえば，相談室に，小学校4年生の女の子が不登校になったということで，母親だけが相談に来られた。実は，こういう例は大変多い。こういう場合，残念なことにしばしば「本人がこないとどうしようもありませんね」などと言われたりするのである。相談意欲のない人たちの援助ではそういうことを言っていたのでは，どうしようもないと私は考えているが，実際にはこういう対応をされることが多いのである。

　大事なことは，こういうときに初回に何をいうかということである。不登校が長期化した子については，私は〈学校に行く行かないよりも，あなたが元気になることが大事なんだよ〉(あるいは〈これ以上元気をなくさないことが大事だ〉)〈そのために，学校が何をしたらいいか，親御さんが何をしたらいいか，それを一緒に考えましょう〉と言うのである。この場合も，「娘さんに，カウン

セラーがそういっていたと伝えてください」とお願いした。母親が家に戻って、本人にその通りに言ったところ、それを聞いた途端本人の表情がぱーっと明るくなったそうである。

8. 原因探しの落とし穴

　しばしば間違えるのは、学校の先生と保護者とが「原因は何でしょう」と話し合うことである。

　しばしばどういうことが起こるかと言えば、たとえば、担任教師は「原因は何だろう」と考える。そして、35人の学級だとしたら、「35人の生徒のうち34人は学校にきている。この子だけ来ることができない」。すると、「やっぱり原因は家庭だよな」と考える。

　ところが、家庭のほうはどう考えるかと言えば、「うちでは、子どもを3人育てた。上の2人は学校に行ったのにこの子だけ学校に行かない、行けない。原因は何だろう。やっぱり原因は学校だ。そういえばあの担任はちょっと頼りないし……」というふうに考える。お互い、相手側が原因だと考えるわけである。

　その2人が会って、「原因は何でしょうね」と話し合う。すると、お互い内心では「こいつだな」と思っているわけである。そうすると、連携がちっともうまくいかなくなるのである。

　そうではなく、この子が元気になるために学校に何ができるか、保護者に何ができるか、それを一緒に話し合うという形で話し合うと、お互いに原因を押し付けあうこともなく、連携した対応ができるようになる。

　先にあげた、小学校4年生の女の子は、あのひと言で元気になったものの、それで登校するようになったわけではない。そこで私は、その後担任教師に家庭訪問の要領を教えて家庭訪問をしてもらった。

　最初は本人が担任と会うのを嫌がって、会えなかったが、私が教えたように、週に1回程度放課後訪問し、決して登校するようにとは言わないで、「元気にしてる、どうしてる」という感じで様子を見に行くことを続けてもらったところ、そのうち会えるようになった。家庭訪問は、無理やり引っ張り出すということはしないようだとわかれば、ほとんどの場合、本人と会えるようになるものである。会えるようになったので、その教師は、本人と少し遊んで帰るようになった。これでまたさらに元気になってきたわけである。

　次に母親に休みの日にこの子を外に連れ出してもらうようにお願いした。連

れ出して，公園とかで遊んでいると，土曜日や日曜日には，同じ学校の子たちがその辺に来ていた。それで，だんだん一緒に遊ぶようになった。これでまた相当元気になってきた。そうこうしているうちに，今度は日曜日に学校に友だちと遊びに行こうという約束をして，実際に行くようになった。

　基本的にはこんな形で，保健室登校をするようになり，さらに保健室からクラスに戻ることができた。ここまでに至るには，保護者の力，担任教師の力，生徒たちの力，そして相談にのったカウンセラーである私と，いろいろな人がネットワークを活用してその子の援助をしていくという形になったわけである。これが「ネットワーク活用型援助」（田嶌，2005a，2010）の例である。このように，心の内面だけでなく，現実に介入していくわけである。

9．現実に介入しつつ心に関わる

　カウンセラーがもっぱら心の内面だけを扱うのではなく，**「現実に介入しつつ心に関わる」**（田嶌，2001，2008，2009）ということが重要になるのである。たとえばいじめの場合もそうである。いじめの場合はしばしば，内面に関わるだけではどうにもならないことが多い。

　最近学校に行きたがらないというので，両親が相談にみえた。チックも出ているとのことだった。こういうときは事実関係を調べるというのが大事である。両親に「まずは，きちんと観察をしてみてください」とお願いした。

　経過の詳細は省くが，集団登校をしていて，登校の途中で完全に仲間はずれにされているということがわかったのである。ちょっと荒っぽいやり方ではあるが，結局父親が子どもたちにどなりつけるという形でいじめそのものはなくなった。

　いじめそのものはなくなったが，ところがチックがなくならない。ここは私の出番であり，本人と会い，プレイセラピーを実施した。するとその子は，ものすごい攻撃性を出した。1時間くらい汗だくになって，プレイクッションを投げつけたり，壁を蹴るなどした。さらに，父親にその要領を教えて，同様のことを自宅で毎日少し時間をとって一緒にやってもらうこととした。その結果，それから2週間でチックも完全に消滅した。

　このような場合は，いじめという現実がなくならないといけない。完全な解決かどうかはともかく，とりあえずいじめがなくなることが必要である。その後，本人の心を扱うという形をとるのである。これが**「現実に介入しつつ心に**

関わる」ということの例のひとつである。

10. 変わるべきは主体と環境との関係

このように、いじめなどがそうであるが、必ずしもその人自身が変わるべきなのではなく、周囲が変わるべきである場合もあると私は考えるようになった。こうした経験から、「変わるべきは個人」というふうに考えすぎていたと反省したのである。問題は、「個人と環境との関係」であるというふうに考えるようになった。しかし、その後、それもちょっとすっきりしなくなって、現在は、**「主体と環境との関係」**(田嶌, 2003)だと考えている。主体と環境、そして環境には内的環境と外的環境があって、内面の問題は内的環境というふうに考えるようになった。

11. 現実が過酷な場合

もっとも、いじめの場合、程度も深刻さもさまざまであり、いつも必ずこういう形の介入でなければならないというわけではない。しかし、現実が過酷な場合は、まずはその現実がある程度変わらなければならない。たとえば、虐待では、心のケアの前に、まずは虐待から救い出すことが必要である。稀ではあるが、登校すれば、学校でひどい暴力を受けるので、不登校になっている子がいる。そういう場合は、まずはその事態そのものが変わらなければならない。心理士にもまずそのための関わりが、必要とされるのである。

12. 密室型援助からネットワーク活用型援助へ

結局、私は、大学生の学生相談やスクールカウンセリングで、密室モデルの限界ということを感じたのである。そして、**「生活という視点」**(田嶌, 2001)とか、**「多面的援助アプローチ」**が必要だと考えるようになった。ここでいう「多面的援助アプローチ」とは、面接室内でのカウンセリング（心理療法）だけでなく、クライエントをとりまく生活空間全体に注目して、ネットワーキングと居場所づくり、家庭訪問などの非密室的手法も用いて、その人に合った幅広い援助を行おうとする方式である（田嶌, 2009）。

つまり、私のアプローチは、密室型援助からネットワーク活用型の援助へと変化していったのである。基本的には、「ネットワークによる援助」→「状態の安定」→「目標の共有」→「自助努力や工夫を引き出す」ということになる。

もう少し専門的に言えば，初期対応と見立てが必要で，大事なのは**「個人の心理や病理」**だけではなく，**「ネットワークの見立て」**だということを強調しておきたい。

　ただし，私は個人面接や個人心理療法を否定しているわけではない。私の言うネットワーク活用型援助では，それはネットワークのひとつであり，有用なものであるが必ずしもいつも必要というわけではないということなのである。

　要するに，イメージ療法などの内面を探求する方法だけではどうにもならないことから，**「コミュニティという発想」**，**「生活という視点」**（田嶌，2001）が非常に重要だというふうに考えるようになったわけである。

Ⅳ　システム形成型アプローチ

1．児童養護施設
　そして，現在取り組んでいるのが，児童養護施設での援助活動である。

2．施設内暴力・施設内虐待の深刻さ
　児童養護施設では，近年，入所児童の心のケアの必要性が認められ，心理職が配置されるようになってきた。私もここ数年，いくつかの児童養護施設で入所児童の成長・発達のための関わりをあれこれ実践してきたが，それなりの成果はあったものの，どれも今ひとつの観があった。そして，やっとわかってきたのは，すでに述べてきたように，児童養護施設では深刻な暴力があるということである。

　そこで私はその後，児童福祉施設の暴力問題に密かにそして慎重に取り組んできたが，その一方でこういう場で書くことをあえて控えてきた。しかし，もはやある程度は語る時期にきているように思う。ひとつには，私たちの取り組みがすでに複数の施設で一定の成果をあげてきたこと，いまひとつは児童福祉法が改正され，施設内虐待の防止（**「被措置児童等の虐待の防止等」**）が盛り込まれ，2009年4月から施行されたからである（田嶌，2010b）。また，私たちの活動を誤解または曲解している批判がいくつか出てきたからでもある。

3. 施設内暴力・施設内虐待の実態とその適切な理解

「施設内虐待」や「施設内暴力」と言えば，長い間施設職員による入所者への暴力（職員暴力）がもっぱら注目を浴びてきた。

しかし，それだけでなく，施設には「**２レベル三種の暴力（含性暴力）**」がある（田嶌, 2005b, 2008, 2009）。２レベルとは潜在的暴力と顕在的暴力であり，三種の暴力とは，①職員から入所児童への暴力（職員暴力），②子ども間暴力（児童間暴力），③子どもから職員への暴力（対職員暴力），の三つである。これらの施設内暴力（含性暴力）は，いずれも深刻であり，またいずれも子どもたちの安心・安全を脅かすものである。しかもそれらはしばしば相互に関連しており，いずれか一つの暴力だけを取り扱うのでは他の暴力が激化することがあるので注意を要する。したがって，職員暴力だけがもっぱら注目され問題とされていることには大きな問題がある。

施設職員（含．施設長）による入所者への暴力（職員暴力）については，すでにいろいろな報告があるので，私もある程度は承知していたが，驚いたのは，入所児童たちの間で非常にしばしば予想をはるかに超えた暴力があるということだった。また，子どもから職員への暴力も少なくないということであった。

4. 成長の基盤としての安心・安全

これまで施設の子どもたちの暴力は，あくまでも問題行動の一つとして捉えられてきた。困った問題であり，大きな問題ではあるが，あくまでも問題行動のひとつであるというふうに捉えられてきたように思われる。私が安全委員会方式を施設に提案した際，いくつもの施設で何度も「施設では取り組むべき問題はたくさんあるのに，なぜ暴力だけを取り上げるのか」という意見が出てきたことは，問題行動のひとつであると捉えられてきたことを示している。

暴力問題を，重要な問題ではあるが，問題のひとつとしてしか見てこなかったことが，従来の大きな誤りであると私は考えている。これは問題行動のひとつなのではなく，子どもたちの成長の基盤に関わるものなのである。暴力があるということは，子どもたちが**「成長の基盤としての安心・安全な生活」**を送れていないということなのである。したがって，この問題への取り組みなしには子どもたちへの成長・発達への援助はありえないと言える。

5. 被虐待児だけではない

　このことは児童福祉領域におけるこれまでの関わりの基本的な考え方に大きな疑問を投げかけるものである。現在児童福祉施設関係の研修会では被虐待児のトラウマのケアや反応性愛着障害児の愛着の（再）形成や発達障害への対応，解離への対応といったテーマがもっぱら取り上げられている。しかし，発達障害児であれ，被虐待児であれ，すべての子どもの養育に共通して必要な事柄が取り上げられていないのである。それを飛び越して，極めて特化したテーマが取り上げられていることを私は危惧している。

　また，強調しておきたいのは，被虐待児の入所が増えているとはいえ，施設には被虐待児ではない多くの子どもたちも入所しているということである。にもかかわらず，まるで施設には被虐待児しかいないかのような論調であるのは，大変気になるところである。この集団は，被虐待児だけが集まった集団では決してない。

　したがって，被虐待児であろうが発達障害児であろうがすべての子どもたちに共通して必要な養育の基礎をまず優先的に考えていく必要がある。その基礎こそが「安心・安全」であり「安心・安全な生活の実現」は，最優先で取り組まれるべき課題である。

6. 個別対応では困難：仕組みづくりが必要

　いまひとつ重要なことは，この問題は集団の中で起こる連鎖によるものであるため，ある特定の子どもを対象にした個別対応だけでは取り組み困難または取り組み不可能であるということである。たとえば，その子だけが暴力を止めても，次に自分がやられるかもしれない中で生きているのであるから，個別対応だけでは解決困難である。「個と集団」または「集団と個」という視点からのアプローチ（田嶌，2007，2008，2009）が必要であると言えよう。

7. システム形成型アプローチとは

　つまり，変わるべき現実があり，しかもそれが個別対応だけでは困難である場合，仕組みづくりによる対応，すなわちシステム形成型アプローチが必要になるのである。これは従来の内面探求型アプローチでもネットワーク活用型援助でもなく，さらに仕組みを創っていくという「**システム形成型アプローチ**」が必要となるわけである。

システムとは,『大辞林第三版』（松村明, 2006）によれば,「個々の要素が有機的に組み合わされた, まとまりをもつ全体。体系。系」のことを言う。また,「ウィキペディア」（http://ja.wikipedia.org/wiki/）の説明がわかりやすいので紹介しておくと,「『結合する』を意味する　ギリシア語：σύστημα (systema) を語源」にもち,「相互に影響を及ぼしあう要素から構成される, まとまりや仕組みの全体。系」であり,「一般性の高い概念であるため, 文脈に応じて系, 体系, 制度, 方式, 機構, 組織といった多種の言葉に該当する」とされている。
　ここで私の言うシステムとは「仕組み」のことを言い, システム形成型アプローチとは問題解決のためのより有効な「仕組みづくり」をめざすアプローチをさすものである。したがって, 施設の暴力問題について言えば, 施設全体で暴力に対処する仕組み（システム）を創っていく必要があるということになる。安全委員会方式は, 私が考案したシステム形成型アプローチのひとつの具体的実践例である。そして, それは「社会的問題を発見し, さらにその解決をはかるための活動のひとつのモデルにしたい」ということでもあった。
　この施設の暴力問題への介入は, これまでの臨床心理学や精神医学が対象としてきたものとはきわだって異なる特徴を持っている。通常, 犯罪被害であれ, 災害被害であれ, 臨床心理士や精神科医がこころのケアに乗り出すのは, 客観的には過酷な現実が終わった後のことである。しかし, この施設の暴力問題は, 過酷な現実が現在もなお続いている, あるいは続いている可能性が高い事態への介入である。
　すでに述べたように, システム形成型アプローチとは問題解決のためのより有効な「仕組みづくり」をめざすアプローチであり, 必ずしも現在進行中の過酷な現実だけに対応するものではないが, 施設の暴力問題では, 事後対応だけではなく, 現在進行中の過酷な現実に介入していくシステム形成型アプローチであると言える。
　この問題は, 特定の地域の特定の施設の問題ではなく, 全国的な問題である。したがって, ある施設だけで有効な取り組みが行われればそれだけで済むというわけにはいかない。したがって, ある施設でシステムを形成するだけに留まらず, 他の施設でも取り入れ可能なものにして全国的展開を図る必要があるということになる。そのため, 個々の施設での活動だけでなく, こうした活動の展開過程そのものを「システム形成型アプローチ」による臨床活動であると捉えることが必要だったのである。

暴力への取組みの方法だけでなく，（全国への）「活動の展開過程」という発想を持つことができたのは，動作法（成瀬，2004 他）が考案され，全国へ拡がっていく展開過程を私がつぶさに見ることに恵まれたことがおそらく関係しているものと考えられる。動作法とは，特定の動作課題を提示することを介して心に働きかけるという，わが国で生まれた独創的な心理臨床の技法である。そして，それを考案したのが，私の師である成瀬であり，そのため動作法が考案され，さらにそれが全国へ広まる展開過程を目の当たりにすることができたのである。

　具体的にどのように取り組んだのかは第9章で述べることにするが，このような展開を図る時，まずは「現場に入る」「現場に入れてもらう」という難しさがある。私たちは臨床家であり，「告発者」としてではなく，外部から援助者として現場にうまく入らないといけない。そのためには，大変なエネルギーと技術が必要である。しばしば，「志は高く，腰は低く」という姿勢が必要である。そして問題を発見して，解決システムを模索して考案していくという順番になる。

　要するにシステム形成型アプローチというのは，**「システム模索」「システム提案」「システム形成」「システム実践」「システム改善」「システム維持」**，あるいは**「システム普及」**というふうに進めていくことが必要であるということになる（田嶌，2008，2009）。

　なお，システム形成と言うと，本書で述べるようないかにも大掛かりなものだけをイメージしがちだが，必ずしもそういうものだけを言うのではなく，既成のシステム内のささやかな変化をもたらすようなアプローチも含むものである。たとえば，私はこれまで中学校や学生相談室や外来相談室などさまざまな場で居場所づくりを行ってきた（田嶌，2010a）が，これもささやかながら特殊な形のシステム形成型アプローチであると言えよう。

V　施設に関わる心理士の仕事

1.　心理士の仕事

　最近ではようやく福祉領域の心理士の活動も注目されるようになり，施設や児童相談所の心理士による論文がかなり出るようになってきた。さらには，施設や児童相談所など児童福祉領域で長年活躍してきたベテランの臨床心理士や

児童精神科医や児童福祉司による著書が次々と出版されるようになってきた。あまり注目されてこなかったこの領域が社会的にも専門的にも注目されるようになってきていることは，大変意義あることであり，このこと自体は歓迎すべきことである。しかし，こんなことを言うと嫌がられそうだが，その一方で大変残念なことは，ベテランの施設心理士や児相心理士の手になる著書においてさえ，暴力問題をハイライトしたものはないようだということである。

　私は本書で述べるような施設の暴力問題への取り組みを将来は多くの心理士が助言できるようになってほしいと願っている。しかし，当面は残念ながらそれはまだ困難であるように思われる。そこで，とりあえず，施設心理士に私が望むことをごく簡単に述べておきたい。

a．心理士の仕事

　児童養護施設に心理職の配置を認めた厚労省の通達（1999）では，心理士の業務を，次のような内容としている。

　①心理療法，②生活場面面接，③児童養護施設職員等への助言及び指導，④処遇検討会議への出席，⑤その他

である。このうち，生活場面面接とは，面接を出前するような印象を持ってしまうが，要は生活場面での子どもへの心理的援助と考えた方がよいだろう。実際の勤務としては，生活場面に入らない方がよいと考える立場と入った方がよいと考える立場がある。私は，基本的には心理士が生活場面に積極的に入る方がよいと考えている。子どもたちの生活場面をまったく知らずして，施設職員に適切な助言ができるとは思えないからである。

　ただし，ここで注意すべきは，心理士が職員とほとんど区別がつかない勤務形態とならないようにすべきだということである。あくまでも職員とは違う立場で入ることが重要であると私は考えている。

b．施設に関わる心理士に必要なこと

　施設に関わる心理士にもっとも必要なのは，現実生活のアセスメントであると私は考えている。そして，それに基づいて，子どもにどのような**体験の蓄積**が必要かというアセスメントをすることである。むろん，それにあたってはこれまで述べてきたように，**安心・安全のアセスメント**がもっとも重要である。つまり，その子が暴力から守られ続けているか，そしてその子が暴力を振るって

いないかというアセスメントが重要である。そしてその子が暴力を振るいそうになったり，あるいは振るってしまった時，確実に非暴力で抑え，自分の気持ちや考えを言語化できるように，子どもと職員を支援していくことである。施設の心理士だけでなく，児相の心理士もそれを応援していただきたい。

c．プレイセラピーや箱庭療法の前に

　最近では，学会誌や専門誌などでも，児童養護施設をはじめとする児童福祉施設においてプレイセラピーや箱庭療法などの個人心理療法を行った事例論文が報告されるようになってきた。そこで気になるのは，それらの論文にその施設で子どもたちが安心・安全に暮らせているのかということに言及している論文が全くないということである。中には，子ども自身が「いじめられている」と訴えているにもかかわらず，「この子はいじめられやすい」ということで，プレイセラピーや箱庭療法を行っているものまである。いじめは，非現実的空間で起こっているのではない，現実生活で起こっているのである。いじめられている子に，プレイセラピーや箱庭療法を行うといじめられなくなるであろうという根拠はいったい何なのだろうかと私は疑問に思う。

　もし，それでその子へのいじめがおさまったとしたら，プレイセラピーや箱庭療法の効果であると考える前に，生活場面での何か他の要因がないかを検討すべきである。もっとも憂慮すべきは，その子に代わって他の子がいじめられるようになった可能性である。

　もしその子が，生活場面で暴力にさらされているとすれば，そのことに関心を向けさえしないでもっぱら心理療法を行う心理士とは，その子にとっていったい何者なのだろうか。

d．心理士が立ち会う

　新入児童の入所にあたっては，原則として心理士が立ち会い，相談に乗る人であると子どもに紹介するというのが私のお勧めである。心理士が立ち会えなかった場合でも，できるだけ早いうちに会っておくことである。つまり，子どもがもっとも不安な思いをしているであろう時期に会っておくというのが，ここでの重要なポイントである。最初の1ヵ月程度はルーティーンとして週1回程度の心理士による聞きとり面接を必ず受けてもらうこととする。その面接では，近況聞き取りを聞き，何か困ったことはないか，暴力を振るったり，振る

われたりしていないかについて聞き取りを行う。もし暴力の事実があれば，被害児を守ることを最優先に対応する。

e．暴力はその場で止める

生活場面で目の前で起こっている暴力は，職員はもちろんのこと，心理士であれ，きちんと止めるべきである。目前にいる大人が止めもしないし，叱りもしないのであれば，加害児にとっては「暴力が許されるのだという体験」になるし，被害児にとっては「自分は守られていないという体験」や「見捨てられたという体験」になるものと考えられる。こういう場面で，「中立性」などと言って，何もしないでいてはいけないのである。

f．現場に入る：「受容と共感」とは限らない

冒頭で述べたように，私が現場に入っていく時，もっとも気をつけるのが，「志は高く，腰は低く」ということである。偉そうな態度で入っていくと，「敬して遠ざけられる」のがオチである。そうやって，現場に入って，考えるのは，「必要な役割はなにか」「この現場に必要でありながら，欠けているのは何か」ということである。ここで，強調しておきたいのは，心理士が得意とする**「受容と共感」**が必ずしもとるべき役割とは限らないということである。その場に欠けている役割，不十分である役割を現場の誰かが取れるように助言することもあれば，とりあえずは，私自身がその役割をとる場合もある。

たとえば，児童養護施設では，しばしば職員が子どもの気持ちに共感することは割合できているのに，悪いことをした際に，「きちんと叱る」ことができない場合がある。この場合，私に言わせれば，**「きちんと叱る」**役割をとれるように援助するのが，心理士の取るべき役割であるということになる。

g．何者かということが問われる

もしその子が，生活場面で暴力にさらされているとすれば，そのことに関心を向けさえしないでもっぱら心理療法を行う心理士とは，その子にとっていったい何者なのだろうか。目の前で暴力を振るわれているのに，止めさえしないで佇んでいる心理士とは，その子にとっていったい何者なのだろうか。

自戒を込めて言えば，現場に入るということは，それが難しい現場であればあるほど，当事者から何者かということを厳しく問われるのだということを心

しておきたいものである。

VI 三種のアプローチの意義

1. 現場のニーズに応えようとした過程

　私が実践してきた心理臨床について，①「内面探求型アプローチ」，②「ネットワーク活用型アプローチ」，③「システム形成型アプローチ」というふうに，三種のアプローチ（田嶌，2008）にまとめて述べてきた（表1-2）。私は，現場の心理臨床では，この三種のいずれのアプローチも必要であると考えている。

　私があれこれ手を出していろんなことをやっているように見えるかもしれないが，結局**「現場のニーズを汲み取る，引き出す，応える」**，そしてそれを普及させていく，個から一般にもっていくという発想に立っているということなのである。したがって，取り組みがひどく違ってきているように見えるかもしれないが，結局，そのときそのときの現場のニーズにできるだけ応えようとした結果として，こういう動きになってきたのだということなのである。

表1-2　心理臨床における三種のアプローチ

| ①「内面探求型アプローチ」 |
| ②「ネットワーク活用型アプローチ」 |
| ③「システム形成型アプローチ」 |

　私の心理臨床は，「内面探求型アプローチ」から「ネットワーク活用型アプローチ」へ，さらには「システム形成型アプローチ」へと展開していった。しかし，「内面探求型アプローチ」を否定して「ネットワーク活用型アプローチ」へと移ったわけでも，「ネットワーク活用型アプローチ」を否定して「システム形成型アプローチ」へと移ったわけでもない。ネットワーク活用型アプローチでは，内面探求型アプローチも活用ネットワークのひとつであることになるし，さまざまなネットワーク活用を仕組みとして継続性のある形に現実化した

ものが，システム形成型アプローチということになる。

　つまり，「システム形成型アプローチ」は「ネットワーク活用型アプローチ」を含むものであり，同様に「ネットワーク活用型アプローチ」は「内面探求型アプローチ」を含むものである。決して前を否定して次に進むということではなく，否定ではなく包含していくものである。

2. 学問の積み上げということ

　暴力問題に対処するために，システム形成型アプローチで，一定の成果をあげることができたのは，おそらくこれまでの内面探求型アプローチとネットワーク活用型アプローチの経験があったからであると考えられる。私が内面探求型アプローチをもっぱら実践している時期にこの問題にぶつかったとしたら，私にはとても歯がたたなかったであろう。私自身がつぶれていたか，この問題への取り組みから逃げ出すしかなかったのではないかと思う。

　つまり，臨床経験と思索の積み上げがあったからこそ，やっとのことではあるが，なんとかやれているものと考えている。その意味で，学問を積み上げていくことの意義を，積み上げた学問の力を私自身は実感している。その意味で，学問を続けてきてよかったとつくづく思うことである。

3. 現場を支援する学問の役割

　また，この問題に取り組みながら，現場を支援する学問の役割ということを考えさせられた。現場だけではできないことを現場と協同して実現すること，そしてできればさらにそれをよそでも活用できるような**「共有可能な知恵」**としてまとめあげること，それが現場を支援する学問の役割というものなのであろう。

4. 三種のアプローチに共通したもの：「安心・安全」というテーマ

　実は，これら三種のアプローチに共通しているのは**「安心・安全」**というテーマである。壺イメージ法では内的安心・安全ということから生まれ，ネットワーク活用型アプローチでは**「関係における安心・安全」**，そしてシステム形成型アプローチでは**「現実生活での日々の安心・安全」**の実現ということを目指したわけである。私自身が自覚的にこのことを目指して活動してきたわけではないが，図らずも結果として**「内的安心・安全」**から**「外的安心・安全」**という動きになったというわけである（田嶌，2008，2009）。

[文　献]

福留瑠美（1991）壺イメージを適用した吃音治療過程――イメージ技法についての若干の考察　心理臨床学研究, 9（3）; 56-69.

福留瑠美（2000）イメージ体験が繋ぐからだと主体の世界　心理臨床学研究, 18（3）; 276-287.

蒲生紀子（1998）こころの整理応急法としての「こころの壺」について　人間性心理学研究, 16（2）; 159-169.

蒲生紀子（2001）産業カウンセリングにおける「こころの壺」の利用　伊藤研一, 阿世賀浩一郎編著：治療者にとってのフォーカシング　現代のエスプリ410; 85-95　至文堂.

松木繁（1987）壺イメージ療法を適用した登校拒否児の事例　田嶌誠一編著：壺イメージ療法――その生いたちと事例研究　pp.209-227　創元社.

松木繁（1991）「悩み」の解決と「悩み方」の解決――「悩み方」の解決に焦点を合わせた二つの事例とその考察　心理臨床学研究, 9（2）; 4-16.

松木繁（2001）開業心理臨床から見た壺イメージ法とフォーカシングの臨床適用の実際と治療的効用の検証　伊藤研一・阿世賀浩一郎編著：治療者にとってのフォーカシング　現代のエスプリ410; 134-143.

松木繁（2010）コミュニケーションツールとしてのイメージ機能――壺イメージ療法の経験から　心理臨床の広場, 2（2）; 18-19.

松村明（編）（2006）大辞林第三版　三省堂.

松下幸治（2002）「居場所」と「弁証法的二人称性」の臨床的意味――「安らぎがほしい」「居場所がない」と訴えた女性の一事例　心理相談研究紀要創刊号, pp.11-19　神戸親和女子大学大学院心理・教育相談室.

松下智子（2011）心的外傷事例におけるネガティブな感情の取り扱いについて――非言語的な媒体を援用して　心理臨床学研究, 28（6）; 775-786.

中島暢美（2004）壺イメージ法としての夢を語る過程――トラウマの治癒　心理臨床学研究, 22（2）; 117-127.

中島暢美（2006）就職活動ができない男子学生への壺イメージ療法についての一考察――トラウマの治癒　心理臨床学研究, 24（2）; 166-176.

田嶌誠一（編著）（1987）壺イメージ療法――その生いたちと事例研究　創元社.

田嶌誠一（1992）イメージ体験の心理学　講談社.

田嶌誠一（2001）事例研究の視点――ネットワークとコミュニティ　臨床心理学, 1（1）; 67-75.

田嶌誠一（2002a）現場のニーズを汲み取る, 引き出す, 応える　臨床心理学, 2（1）; 24-28.

田嶌誠一（2002b）臨床心理学キーワード第11回　臨床心理学, 2（6）; 822-824.

田嶌誠一（2003）心理援助と心理アセスメントの基本的視点　臨床心理学, 3（4）; 70-81.

田嶌誠一（2005a）不登校の心理臨床の基本的視点　臨床心理学, 5（1）; 3-14.

田嶌誠一（2005b）児童養護施設における児童間暴力問題の解決に向けて　その3.

「事件」等に関する資料からみた児童間暴力　1-19　心理臨床研究会．

田嶌誠一（2007）児童養護施設における施設内暴力への包括的対応──児相と連携して施設全体で取り組む「安全委員会」方式　日本心理臨床学会26回大会発表抄録集　p.99　東京国際フォーラム．

田嶌誠一（2008）現実に介入しつつ心に関わる──「内面探求型アプローチ」「ネットワーク活用型アプローチ」「システム形成型アプローチ」コミュニティ心理学研究, pp.1-22.

田嶌誠一（2009）現実に介入しつつ心に関わる──多面的援助アプローチと臨床の知恵　金剛出版．

田嶌誠一（編著）（2010a）不登校──ネットワークを生かした多面的援助の実際　金剛出版．

田嶌誠一（2010b）児童福祉施設の子どもたちの体験と「日常型心の傷」現代のエスプリ511　丸野俊一・小田部貴子編：「日常型心の傷」に悩む人々　pp.86-95　ぎょうせい．

田嶌誠一（2011）心の営みとしての病むこと──イメージの心理臨床　岩波書店．

Tajima, S & Naruse, G.(2002) Tsubo imagery psychotherapy. In Sheikh, A.A., ed Handbook of Therapeutic Imagery Techniques, 124-137, New York : Baywood Publishing.（成瀬悟策監訳（2003）イメージ療法ハンドブック　誠信書房）

冨永良喜（1987）壺イメージ療法を適用した夜尿児の事例　田嶌誠一編著：壺イメージ療法──その生いたちと事例研究　pp.238-260　創元社．

山中寛（1992）構えと体験──スポーツ選手と心身症の事例をめぐって　フォーカシング・フォーラム7, pp.8-11.

http://ja.wikipedia.org/wiki/ ウィキペディア

第2章
希望を引き出し応援する

I 希望を引き出し応援する

1. 児童養護施設の子どもの希望

　もうずいぶん前のことだが，ある児童養護施設に入所している小学校6年生の子が不登校になったということで，職員に連れられ，私のところにやってきた。学校で友達もあまりいないらしく，最近学校を休みがちで，学校は面白くないと言っているとのことであった。家庭でひどい虐待を受けて，小2で入所したとのことである。

　前章で述べたように，児童養護施設とは児童福祉施設のひとつであり，事情があって保護者が育てられない2歳からおおむね18歳までの子どもたちが保護され，養育されている施設である。近年では，虐待を受けた子どもの入所が増えている。

2.「お母さんと暮らせたら幸せ」

　無理やり連れてこられたというほどではないにせよ，緊張した面持ちだった。私はその子に，〈将来，どんなふうになりたい？〉と聞いた。その子は，即座に「幸せになりたい」と答えた。小学生からすぐにこういう答えが返ってくるとは思っていなかったので，私は軽いショックを受けながら，なおも尋ねた。〈どんなふうになれたら，幸せかねえ？〉。すると，その子はまたも即座に答えた。「お母さんと一緒に暮らせたら幸せ」。そこで私は〈ああ，そうかあ。よし，幸せになろう，私は応援するから〉と励ました。

　この子の表情が，少し和んできた。

母を慕う子どもの気持ちは，あまりにも切ない。子どもたちは，それぞれ事情があって施設に入所しているわけだが，その事情は通常過酷なものである。この子もまたそうであった。この子は将来，お母さんと暮らせるようになるだろうか。その見込みは，正直言って，難しい。そもそも，この子が将来お母さんと一緒に暮らすことがほんとうに，この子にとって幸せなのかもはなはだ疑問である。それでも，私は，〈応援する〉と言ったのである。
　次いで，私は言った。〈いつかお母さんと暮らせるようになるにはね，君が力をつけないといけない。大きくなって，仕事してちゃんとお金を稼げるようになれば，将来お母さんと一緒に暮らせるかもしれない〉〈そうなるためには，高校くらいはぜひ卒業した方がいい。とりあえずは，すぐにじゃなくてもいいから，そのうち休まないで学校に行けるようになろうよ〉

3．元気になることが大事
　さらに，私は不登校の子たちや保護者にいつも言っていることを伝えた。〈とりあえずは，学校に行く行かないよりも元気になることが大事。元気になるための工夫をいろいろやってみよう〉
　ここで重要なのは，学校，特に担任の先生の関わりである。
　私は次の週に，学校を訪問し，担任の先生にお会いした。担任は若い女性の先生で，まだ教師3年目とのことで，不登校の子を担当するのは初めてとのことで，とまどっておられた。私は2つのことをお願いした。
　ひとつは，定期的に放課後施設を訪問してもらうこと。ただし，学校に来るようにとは言わないこと。また，二つ目は，たとえば，同じ班に友だちができるなど，この子が学校で居心地よくなるような配慮をしていただきたいとお願いした。
　このように，私は担任の先生や職員に助言をして，ネットワーク活用型援助（田嶌，2005，2009，2010）を行い，この子は元気になっていった。詳細は省くが，この子はまもなく学校に登校するようになった。
　その後も，面接という形ではなく，折にふれ，この子と関わりを持ち続けた。暴力や窃盗など何度も非行系の問題行動を繰り返したので，何度かこの子のもとにかけつけ，私は言った。〈幸せになろう，お母さんと暮らせるようになろうや，そう言ってたじゃないか〉と。「あ！……忘れてた……あきらめかけてた」。こういう会話を何度か繰り返した。この子は結局，高校をなんとか卒業し，現

在は暴力を振るうこともなく，窃盗もせずになんとか働いて自立している。この間，こうした関わりの過程で，家庭や施設でいかに悲惨な目にあってきたかも，かなり語るようになった。

4. 希望を引き出し，応援する

　私は，心理臨床を専門としてきた。なかでも心理療法やカウンセリングが専門である。長年の経験から，心理臨床の基本は本人の**「希望を引き出し応援する」**ことであると，私は考えている（田嶌，2009）。言い換えれば，それはアメリカの著名な心理学者マズローの言う「自己実現」（Maslow, 1954）を目指す具体的な過程を言い表していると言えよう。自己実現とは，「自分がもって生まれた可能性，資質を十分に発揮して手ごたえのある人生を生きたい」ということである。このことは，心理臨床に限らず，養育においても同様であろう。そして，その子どもがどのような特徴や障害を抱えていても，同じである。また，「希望を引き出し応援する」ためには，その基礎にはその人の傍らに**寄り添う関係と育成的態度**で見守ることが必要である。

5. 希望をテコに生きる力を育む

　ところで，この子は，事情があって現在お母さんとは暮らせてはいない。また，お母さんと暮らすのが，本当に幸せなのかどうかもわからない。それでも，希望を引き出し，応援していくことが，この子が自立する力をつけるのに，助けとなったと言えよう。この子は，お母さんと一緒に暮らせてはいないものの，時々お母さんとは会っている。生きる力をつけていく過程で，この子の「お母さんと一緒に暮らしたい」という夢は，難しい現実にぶつかり，「時々会う」という形で折り合いをつけたのである。

　「希望をテコにする」とはいっても，遠い将来の希望だけで前向きの生き方ができるわけでは決してない。当面の希望・目標を引き出すことも重要である。この子は，女の子にもてたいというわかりやすい動機でギターを始めた。欲がからむと上達が早い。めきめき上達し，仲間とバンドを結成し，将来は東京に出て歌手になりたいと語るようになった。別の子はケンカが強くなりたいということで，ボクシングを始めた。かなりのレベルに達し，さらに将来はライセンスをとってプロボクサーになりたいと語るようになった。残念ながら，現在二人とも，歌手にもプロボクサーにもなれなかった。しかし，それがその子た

ちの現在を支え，近い将来を支え，生きる力を育むことに役立ったのである。

　ごく簡単に述べたが，私は，このように，希望をテコにして生きる力を育むことが施設の子どもたちへの援助の基本であると考えている。また，一般の家庭では，「生きていくのに必要な力」は，日々の家族との暮らしの中で，自然に身につくものが多いし，また多少それがかけていても家族の応援が期待できるが，施設の子たちではそういうわけにはいかないことが多い。したがって，施設では，ある程度計画的に進めることが必要である。

6.「家族再統合」という視点の危うさ

　ところで，厚生労働省は，被虐待児の家庭の「家族再統合」を推し進めている。そのために児童養護施設に平成16年から，家族再統合等を推進するためにファミリーソーシャルワーカー（FSW）の配置を認めた。しかし，誤解のないように言えば，ここで私がとった関わりは，必ずしも厚労省のいう「家族再統合」という流れに沿おうとするものではない。それどころか，被虐待児については，その家族再統合はかなり困難であると私は考えている。したがって，子どもを家庭に戻した後に，子どもの安心・安全をよほどきちんとモニターする仕組みがないところで，安易に「家族再統合」を言うのは危ういと私は考えている。虐待リスクの高い家庭においては，施設と同様に，第6章で述べる「安心・安全のアセスメント」が必要であり，それに基づき子どもを保護できる体制が必要である。むろん，虐待ではない理由による入所児童については，この限りではない。

Ⅱ　関わりの基本

1．職員は子どもとどう関わったらよいか

　人が生きていくためには，世界が信頼に足るものであること，<u>自分はその世界に存在する価値が十分にあること</u>，さらには<u>世界は自分の努力がある程度及ぶものであることを体験的に知る</u>ことが必要である。劣悪な養育と自分の意思がまったく反映されない不本意な扱いを受け続けて施設に入所となる子たちには，そのどれにも困難がつきまとうが，とりわけ世界は働きかけようがあるという**「体験を重ねること（体験の蓄積）」**（第6章参照）が必要である。具体的に

は養育者や仲間との関係や趣味や学業などの諸領域での小さな成功の積み上げが必要である。それを通して，いわば世界に対する主体性，世界に対する効力感が育まれることになる。

　そのために，職員はどう関わっていったらよいのであろうか。

　児童養護施設の子どもたちに私たち臨床心理士が関わるのは，通常は心理療法などの特別な時間であるが，心理療法に限らず，「希望を引き出し応援する」というのが，大人の側の子どもたちへの関わりの基本である。

　私が職員にお勧めしたいのは，これまで述べたことに準じた対応である。児童養護施設に入所している子どもたちについて言えば，子どもの希望を引き出し，それを職員が応援するということになろう。これは，里親であれ，ファミリーホームであれ，社会的養護のあらゆる場で，共通して重要なことであると，私は考えている。一般家庭でも同様であるが，社会的養護の場では，より自覚的意識的にこのことを心がけてもらうことが必要であると考えている。

2．「生活に寄り添う」「希望を引き出し応援する」

　一緒に生活を共にする人が子どもたちの「希望を引き出し応援する」には，まずはその子の現在を支えることが大切である。そのためには，その子の**「生活に寄り添う」**ということが必要である。具体的には，なによりも丁寧な養育ということ，そしてその子の気持ちを理解し応援しようとする姿勢を持っているということである。それこそが，子ども自身を支え，さらには発達を促すものだからである。したがって，日々の丁寧な養育と理解と応援の姿勢がひどく不十分なままで，心のケアを言うのは，ほとんど食事を与えずして，ビタミン剤を勧めるようなものである。

　丁寧な養育の中で，「関係を育む」「欲求を育む」「表現を育む」「社会的スキルを育む」ことが，「希望を引き出し応援する」ことにつながるものであるし，また逆に「希望を引き出し応援する」ことでそれらが育まれるものである。また，とりわけ養育者との暖かい情緒的関係，すなわちいわゆる愛着がその基盤には必要である。ただし，施設において愛着というのは一筋縄ではいかないものであり，それについては第5章で述べる。

　「希望は？」と問われると，多くの子どもたちが，そして虐待を受けてきた子どもたちまでもが，しばしば「お母さんのところに帰りたい」と語る。

　子どもたちは，それぞれ事情があって施設に入所しているわけだが，その事

情は通常過酷なものである。したがって，親と暮らすことがこの子たちにとってほんとうに幸せかどうかわからないし，明らかにそうしない方が幸せに違いないと思える境遇の子も多い。

3．成長のエネルギーを引き出す

　その希望が実現するとは限らないし，実現するのが本人にとってほんとうにいいことなのかどうかもわからない。それでも，私たちの役割は，こうした子どもたちの切実な希望をテコにして，**成長のエネルギー**を引き出し，「生きる力」をつける支援をしていくことにあると私は考えている。ここで言う「生きる力」には，ほんとうはどうするのが自分にとっていいことかを「選択できる力」をつけることも含まれている。

　「希望をテコにする」とは言っても，遠い将来の希望だけで前向きの生き方ができるわけでは決してない。先にも述べたように，近い将来の希望や意欲を育むことや当面の楽しみや好きなこと得意なことを育むことも重要である。

4．「夢のような希望」から「現実的な希望へ」

　希望は最初から，「現実的な希望」であることはない。希望は，夢または「夢のような希望」から始まる。このような幼い頃に抱く夢や夢のような希望がそのまま実現することは通常はない。ほとんどの場合，現実にぶつかって壊れる。現実との折り合いをどこかでつける**「健全なあきらめ」**（田嶌，2002，2009）が重要になる。

　夢が「現実」にぶつかり，形を変えて，徐々に現実的な希望になってゆく。私たちの役割は，「生きる力」をつけるべく応援しつつその過程に寄り添うことに他ならない，と私は考えている。

　なお，「健全なあきらめ」については，今少し説明が必要であろう。

　私が好きな言葉に，「変わるものを変えようとする勇気，変わらないものを受け容れる寛容さ，このふたつを取り違えない叡智」というのがある。

　自己や外界の現実に対して余りにも高い要求や願望を持っていて，そのことがその人を苦しめている場合が少なくないように思われる。あるいはそうではないにせよ，変えるにはあまりにも困難な状況であったりする。そのような場合，自分の資質や心性にせよ，あるいは外界の現実にせよ，変わらない場合にはそれをあきらめ，受け容れることでしばしば道が開けるものである。このこ

とは，従来の語では「（現実や自己の）受容」とか「あるがまま」というのが関係の深い語であろう。しかし，この語はあまりにもりっぱすぎるし，なによりも体験している本人の実感にそぐわない場合が多いのではないかと思われる。

　代わって，私があげておきたいのが「健全なあきらめ」という語だというわけである。「健全な絶望」というものはありえないにせよ，「健全なあきらめ」ならありうるであろう。これが実現された時，その人の内面にはある種の安堵感やこころの安らぎが生じるが，同時にそこにはしばしば哀しみや切なさのようなものが内包されているものである。「受容」や「あるがまま」という語では，この哀しみや切なさのニュアンスが抜け落ちでしまうように思われる。また「健全なあきらめ」は，非現実的誇大的な願望ではなく，ささやかではあっても現実をふまえた希望を伴うものである。

　『広辞苑』によれば，「あきらむ（明らむ）」とは，「明らかに見究める」ことであり，その意から「あきらむ（諦める）」とは，「思い切る，断念する」ことであるとされている。すなわち，「明らかに見究める」が「あきらめる」になったものと考えられる。

　「明らかに見究める」という心の作業を十分に行うことを通して，私たちは「健全なあきらめ」に達することができるのである。

5．職員は応援する人

　以上を要約すれば，まずは，職員が児童養護施設に入所している子どもの生活に寄り添うこと，そして，さらには希望を引き出し，それを職員が応援するということである。

　そして，職員の皆さんに，私がとても重要だと考えている言葉を覚えていただきたい。それは，「応援してるからね」という言葉である。将来の希望や目標を話合う際に，この言葉を語りかけてほしいのである。また，折にふれて，この言葉をかけていただきたい。そう，施設職員は，生活を共にするというのがもっとも重要な役割だが，さらには一緒に生活するだけでなく，子どもの将来を応援している人であるという認識を子ども本人にもってほしいのである。

　しかし，残念ながら，現在，児童養護施設における援助では，必ずしも私が述べたような形にはなっていない。

6.「被虐待モデル」による理解と対応

　児童養護施設の子どもたちの理解と援助については、現在主流となっているのが、私の理解では、①トラウマのケア、②反応性愛着障害という視点からの愛着の（再）形成、③発達障害という視点からの発達援助、の三つである。これらは相互に関係しているが、一応こういうふうに分けることができよう。この他に、ソーシャルスキルトレーニング（SST）や性教育などもあげられる。それらについては第5章でも論じているので参照していただきたい。

　ごく大雑把にいえば、いわば**「被虐待モデル」**による理解と対応が主となっていると言えよう。「発達障害」については、むろんすべて虐待と関係したものとは言い難いが、最近では虐待と関係した議論が盛んになっている。

　私は、これらのどれについても、否定するものではない。しかし、それらは、先に私が述べた**「希望を引き出し応援する」**という大枠（「土台」といってもよい）の中で取り扱うべきものであると考えている。その子がさまざまな障害特性や病理的兆候を示しているとしても、やはり「希望を引き出し応援する」という大枠の過程の中で取り扱うべきものであると考えている。別のいい方をすれば、「希望を引き出し応援する」ということが優先されるべきである、と言ってもよい。

　この「希望を引き出し応援する」ということは、「生活に寄り添う」うちに自然な形で進行するのが理想である。しかし、理想的に進むことを期待するばかりではなく、より自覚的に進めることが必要であると私は考えている。

　以上が、私が考える基本である。「希望を引き出し応援する」ことを、スムーズに行えるように、私が作成したのが、**「応援面接」**（**巻末資料4.**「応援面接用シート」、**巻末資料5.**「［希望を引き出す応援面接］の留意点」参照）である。このシートと参考資料を用いて、担当職員が個々の子どもに「応援面接」を行うのである。私が関わっている施設では、これを活用することをお勧めしている。ここでは、中高生用について述べる。

7.「応援面接用シート」の概要
a. 項目概要
項目は,次の図の通りである。

---

1)将来の希望・目標

　家族についての希望・目標

　仕事・進路の希望・目標

　施設や学校での当面の希望・目標

2)上記希望達成にむけて何ができることが必要か

　(重要な順に,具体的に:例,欠席しないで登校,等)

3)職員はどう応援していくか(なるべく具体的に),
　職員の思い

4)得意なもの,好きなもの,ストレス解消法,
　担当からみた「ここがいいところ」

　これらについて,順に説明していくことにしたい。

「将来の希望・目標」と言えば,どの子にとっても重要なことは,①家族についての希望目標:家族,特に母親・父親と将来一緒に住みたいかどうかということ,②進路仕事についての希望・目標:進路・仕事についてどうしたいか,③施設や学校での当面の希望・目標:当面,施設や学校でなにができるようになりたいかの三つである。担当職員(ケアワーカー)としては,このことを1回だけでなく,小学校時代,中学生になる前後や高校生になる前後などの節目節目で,子ども本人ときちんと話す時間を持っていただきたい。

b．職員は応援する人

①〜③の内容に立ち入る前に，大変重要なことなので，再度強調しておきたい。私がとても重要だと考えている言葉が「応援しているからね」という言葉である。将来の希望や目標を話合う前と後とに，この言葉を語りかけてほしいのである。また，折にふれて，この言葉をかけていただきたい。

そう，施設職員は，生活を共にするというのがもっとも重要な役割だが，さらには一緒に生活するだけでなく，子どもの将来を応援している人であるという認識を子ども本人にもってほしいのである。

c．将来の希望・目標
1） 家族についての希望・目標

家族についての希望を問うと，反応は二通りある。①「イエス」，すなわちお母さん，お父さんと一緒に暮らしたいと答える場合と，②「ノー」，すなわちお母さん，お父さんと一緒に暮らしたくない，である。

どちらの意向であれ，〈親御さんからの応援は期待できない，だから君が力をつけていく（＝生活力をつける，働いてけっこう稼げるようになる）ことが大事〉ということを伝える。そして，そのためには，なんとか高校を卒業することが大事だということを話す。たとえば，以下はやり取りの例である。

「イエス」，すなわちお母さん，お父さんと一緒に暮らしたいと答えた場合
「将来親と同居したい」〈ああ，それができるといいね。そのためには，親御さんは経済力がないから，君が働いて稼げるようにならないといけない。それさえできれば，親御さんさえOKすれば，将来一緒に暮らせるようになるよ。頑張ろう!!〉〈そのためには，高校を卒業しよう〉

「ノー」，すなわちお母さん，お父さんと一緒に暮らしたくないと答えた場合
「同居したくない」〈ああ，そうなんだ。それなら，君自身が力をつけておくことが大事。働いてちゃんと稼げるようになろう!!〉〈そのためには，高校を卒業しよう〉

もっとも多いのは，「お母さんと一緒に暮らしたい」「お母さんのところに帰りたい」という答えである。虐待を受けた子の多くも，こう答える子が多い。虐待を受けた子が親を慕うさまは痛ましい。

また，「わからない」と答える場合もある。その場合は，〈これから，一緒に考えていこう〉と応じる。

なお，兄弟姉妹がいる場合は，保護者とだけではなく，兄弟姉妹とどうかということも聞いた方がよい。

2）　入所理由について知る
　このことを本人が考えるにあたって，重要なのは，「入所理由」をできるだけ本人が知るようになることである。希望が現実を踏まえたものになるためにもこのことは，必要である。にもかかわらず，非常に多くの児童養護施設では，入所理由を多くの子どもがよく知らない。むろん，やみくもに教えればいいというものではないが，どのように知らせていくかを，考えていくことが必要である。本人に知らせることを躊躇せざるをえないような深刻な事情がからんでいる場合は，児童相談所と協議しつつ慎重に進めることが必要である。児童相談所から本人に説明してもらうというやり方もある。ただし，児相側から何か言ってくるということは通常ないので，施設側から積極的に相談を持ちかけることが必要である。いずれにせよ，本人が自身の過酷な運命を知らされることなく，保護者との今後のつきあい方を判断することは無理があるし，社会に出てやっていくのも難しいものと思う。

3）　入所理由が話題にされにくい背景
　自分自身の入所理由は，当の子どもたちにとって重大なことだと思われるが，意外なほど，担当職員と子どもの間で語られることは少ない。それにはいくつかの理由があるように思われる。まず，職員側では，過酷な事情を抱えている子どもが多いため，うかつに話題にできないという思いがあって，この話題を避ける傾向がある。
　子ども側は，小さい子はともかく，ある程度の年齢になると，内心はともかく，入所理由をあまり聞かない。その理由としては，①聞いてはいけないという雰囲気――このことに触れてはいけないという雰囲気を，子ども自身が察知している，②施設に適応することに精一杯で，本人が入所理由にまで思いをはせる余裕がない，③親のことを忘れるしかないということが考えられる。
　実際，入所理由を知らされて，不安定になったり，問題行動が噴出することがあるので，確かに慎重に取り扱うべきではある。しかし，卒園までには，基本的には入所理由はある程度知らされておくべきである。自分の親との今後の関係の持ち方を考えるにあたって，それが重要だからである。

4） 仕事・進路の希望・目標

「**家族についての希望**」に次いで重要なのは，「**仕事や進路についての希望**」である。すなわち，将来の仕事や進路をどうしたいかということである。保護者からの支援がまったく得られないことが多いこの子たちに，（職人になるなどの場合は別にして，通常は）高校を出ておく方が有利である。にもかかわらず，高校を中退する子が多い。したがって，このことを本人が考えるにあたって，早いうちから社会的な現実を教えておくこともまた，重要である。

○情報免疫：将来のために教えておきたいこと

一般の家庭では，日々の家族との暮らしの中で，自然に身につくことが多いが，施設では，ある程度計画的に進めることが必要である。

インターネットや携帯のサイトの発達によって，最近の子どもたちを取り巻く情報の膨大さには，驚くばかりである。中には有害な情報やいい加減な情報や誤った情報もあふれている。そのため，子どもたちは，自分にとって都合のいい誤った情報にすぐに飛びつくことがある。

児童養護施設出身の子たちは，この傾向が，より顕著であるように思われる。たとえば，「ホストクラブで働けば，月300万稼げるそうだ」といった話に，すぐにそれにのってしまう。通常であれば，働く警戒心が働かない。そして，それが現実には違うということを知るまでには，さらに本人を惑わす情報が入ってくる。私はこのような状態を，有害情報に対する免疫がないという意味で，「情報免疫がない」と呼んでいる。つまり，有害情報に惑わされない力を「**情報免疫**」と呼んでいるのである。

したがって，あふれる情報に対して，①情報選択能力，と②健全な警戒心を育成することが必要である。そのために，もっとも必要なことは，有害情報が入る前に，早めに正しい情報を教えておくことである。

○仕事についての社会の現実を教える

保護者からの支援がほとんど期待できないこの子らが，せめて高卒の学歴を取得しておくことは，とても大事である。ここでも，将来の進路・職業選択との関係でも，高校を卒業することが重要と伝える。そしてさらに，高校卒業と中学卒業とでは，どういう点で違ってくるかを早めに教えておくことが重要である。たとえば，以下のようなことがあげられる。

①高校進学をしない場合は，施設を出ないといけない。
②高卒と中卒では給料が違う場合がある。

③高卒と中卒では職業選択の選択肢の幅が違う。
フリーターと常勤の違い
　中卒ならば，なにか得意技術を身に着けておくほうがよいし，高卒でもこのことは重要である。
　また，フリーターでなく常勤で長く勤めることの重要性を教えておくことも重要である。そのためには，フリーターと常勤との違いを具体的に教えておくこともまた重要である。若いうちは，フリーターでも常勤でも手取りの月収は同じに見える。いや，それどころか，常勤よりもはるかに多くの月収を稼ぐこともも可能でさえある。しかし，見かけは変わらないように見えるが，フリーターと常勤とでは実は以下のように大きく違う。

①健康保険と年金が支払われている。
②定期昇給とボーナスがある。最初のうちは手取り額は同じくらいでも，数年後は大きく差がつく。フリーターは10年20年勤めても，昨日入った新人と給料はほとんど同じである。それに対して，常勤は数年勤めれば，新人とは大きく給料が差がついている。
③年金は，将来はどうなるかわからないが，かけておいた方がよいと思われる。

　このようなことは，若いうちには理解できにくいので，早いうちからくり返し丁寧に教えておくことが必要である。
　こうした説明に際しては，参考資料として，インターネットからとった「フリーザ様に学ぶフリーター問題」を読ませるなどして活用することを私は勧めている。
　参考資料 「フリーザ様に学ぶフリーター問題」(www.geocities.jp/sakusyu2006/index5.html)

○優先順位ということ
　児童養護施設では，自立支援のために教えておきたいことをまとめた冊子を作って，卒園していく子どもたちに説明し渡していることは承知している。その冊子の内容は，私がこれまで述べたことよりもはるかに詳しく多岐にわたるものである。それでも，私がわざわざここで述べたのは，重要なことだけに絞って，早いうちにくり返し教えておくことが大事だと考えているからである。
　児童福祉では，しなければならないこと，した方がいいことは数え切れない

くらいある。だからこそ，なにから教えるか，なにから手をつけるかという優先順位を考えることが大事である。にもかかわらず，児童福祉領域では，優先順位という発想があまりにも欠けているように思われる。これは極めて重要なことなので，後にも改めて詳しく触れることとしたい。

d．施設や学校での当面の希望・目標
　　（当面，なにができるようになりたいか）

　将来の希望・目標といっても，家族や進路・仕事等については，ごく一部の例外的に短い入所の子どもたちを除けば，かなり先の希望であり，目標である。それに対して，施設や学校での**当面の希望・目標**というのは，「当面，なにができるようになりたいか」ということであり，すぐ先の希望・目標である。目標と言えば，りっぱなものを思い浮かべがちだが，そういうものではなく，「欲求を育む」ようなつもりでいるのがよい。勉学よりも，好きなことについて優先的に話し合う。「テレビゲームがうまくなりたい」「サッカーが上手になりたい」「自転車に乗れるようになりたい」「泳げるようになりたい」「ギターが弾けるようになりたい」「バイクの免許が取りたい」など，本人自身が楽しみにできるような，それに向けて努力できそうなことを見つけるのがポイントである。

e．「希望達成に必要なこと」

　これらの希望・目標の達成のためには，本人が**何ができることが必要か**，そのために**本人はどういう努力をしたらいいか**，などを話し合う。

　身も蓋もない話に思われるかもしれないが，たとえば，「高校を卒業する」ということが目標ならば，まずは中学と高校の違いを説明する。子どもがその違いを案外理解していないからである。義務教育である中学では，極論すれば，なにをやっても卒業ができる。それに対して，高校では，義務教育ではないので退学処分というのがある。また，出席日数が足りないと留年になる。したがって，①なるべく欠席しないで登校すること，②退学処分になるような違反をしないことが必要条件である。このことを，本人が高校をやめるなどと言い出すずっと前に，中学生のうちに，早めに教えておき，しっかり自覚しておいてもらう。

f．「職員はどう応援したらいいか」ということ

　さらには，職員が，どう応援したらいいかを話し合っておく。具体的に「〜してもらうと，助かる（かもしれない）」といったことをきいておくとよい。「時々，がんばって言って欲しい」，「朝，早めに起こしてほしい」「時々，グチをきいてほしい」「見守ってくれるだけでいい」などといった「注文」を引き出す。「自助のための注文をつける能力」（田嶌，1987, 1992, 2011）を育むのである。

g．希望を引き出すには

　自ら望んで施設に来た子どもはいない。なるほど，酷い親から逃れるために自ら望んで児童相談所に逃げ込み，そして施設入所となった子どもたちも確かにいる。しかし，そうした事態は子ども自身が望んだものではなく，その意味では，子ども自身が施設入所を望んだと理解するのは表面的な理解である。

　この子たちは，自ら望んでそうした境遇に生まれたわけではない。にもかかわらず，過酷な事態に翻弄され，「お母さんと暮らしたい」という本人の切実な願いは無視され，不本意な生活を強いられている。いわば人生の側から，一方的に「やられっぱなし」の状態なのである。したがって，自分にとって重要なことはなにを望んでもダメという体験を積み重ねてきている。いわば「あきらめじょうず」になってしまっている。

　そういう子どもに，自分が人生の主体であり，主人公なのだということを体得してもらうには，どうしたらいいのだろうか。

　「自分の希望が通じない」という体験を重ねてきたのであるから，その事実自体は今から打ち消すことはできない。しかし，「自分の希望が通じる」という体験を重ねることはできる。より正確に言えば，「やりようによっては自分の希望が通じる」という体験を重ねること（**「体験の蓄積」**，第6章参照）を応援していくのである。このことを通じて，世界への手ごたえを取り戻すことがこの子たちの今後の人生にとって，なによりも重要である。そして，希望を引き出すには，職員にどうのように応援してほしいのかという「自助のための注文」（田嶌，1987, 2010, 2011）を引き出すことが役立つ。

1) 今ここにいることを納得すること

　また重要なのは，自ら望んで施設に入所したのではないにせよ，まずは施設で暮らすことがやむをえないということを納得することである。このことは，

入所理由や生い立ちの整理や家族についての情報を本人が知ることと関係している。そうした情報を知っているかどうか，知りたいかどうかを，問うことが，「希望」を引き出すのに役立つ。担当職員にしてほしいことを聴くのである。どうしてほしいのかを問うのである。

2） 自立に必須の生い立ちの整理

　現状では，児童養護施設側も児童相談所側もお互いに譲り合い，この生い立ちの整理がされていないことが多い。しかし，児童養護施設を巣立つにあたって，この生い立ちの整理は必須であると私は考えている。生い立ちが悲惨であればあるほど，この子たちがみずからの困難な境遇を知らずして，社会でやっていくのは難しいと思うからである。また，親から虐待を受けてきた子の場合，親が自分にどういう仕打ちをしたのかを知らずして，将来親とどうつきあっていくのかを判断するようにというのは無理があると考えられる。

　ただし，それは慎重でなければならない。特に難しいと考えられる場合は，児童相談所と相談し，進めるべきである。また，保護時の状況は，本来児童相談所が本人に説明すべきことであるので，時にはそれを施設側から児童相談所に要請することが必要なこともある。

　例をあげよう。

　母親に殺されかけた小2の女の子が，保護され，ある施設に入所した。その子が高校2年生になり，事実関係をきちんと教えることが必要と考え，本人の意思を確認し，保護時の状況を児童相談所で児童福祉司から本人に伝えてもらうこととした。本人の自覚は，小2の時に，いきなり児童相談所の人がどやどやとやってきて一時保護所に連れて行かれ，わけがわからないまま施設入所となったというものであった。事実を知らされ，この子は当然ながらひどくショックを受け，その後自暴自棄気味になり，問題行動が見られるようになった。

　担当職員がそのたびに丁寧に対応し，その子の気持ちに寄り添う努力をした。しかし，それだけではこの子の問題行動は収まらなかった。さらにある時その子と関係が良好であった主任児童指導員が怒って，「親は親，あんたは，あんたやろうが‼」と怒鳴った。この子は，号泣し，それを機に以後問題行動は激減した。

　担当職員の寄り添う対応と主任児童指導員の愛情をもってきちんと叱ることの両方が必要だったものと考えられる。

3）　自助のための注文をつける力を引き出す

　赤ちゃんは空腹で泣く。それが，大人に向かって，「お腹すいた」と言えるようになれば，自分の空腹状態を訴えているわけで，言語的コミュニケーションがある程度成立していると言えよう。さらには，「お腹すいた」だけでなく，「なんか，ちょうだい」と言えれば，単に状態をいうだけでなく，なにをしてほしいかを言えていることになる。

　このように，自分を助けるために相手に向かってなにをしてもらいたか注文をつける力を，私は**「自助のための注文をつける能力」**（田嶌，1987，2001）と呼んでいる。自分の将来の希望を考えるにあたって，単なるわがままの注文ではなく，あくまでも「自助のための注文」であるというのがポイントである。

4）「職員の思い」を伝える

　この応援面接では，**「職員の思いを伝える」**ことが重要である。担当職員は一緒に，生活を共にしているだけに，私たち臨床心理士とは比較にならないほど，担当の子どもたちに対して深い思いを抱いているものである。にもかかわらず，その思いを伝える場というのは意外に少ない，というよりほとんどないように思われる。そこで，せめて，この応援面接を担当職員が子どもへの思いを伝える場としても活用してほしいのである。

5）　期待を伝えること

　現代社会では，大人が子どもにある方向を期待することは，近頃非常に評判が悪い。子どもの自主性をそこない，さらには過剰な期待で押しつぶしてしまいかねないからであろう。しかし，児童養護施設に入所している子どもたちは，期待をされることなど，まったくといってなかった子たちである。担当職員が，その子自身の将来のために，将来の幸せのために，こうあってほしいと願うことは，その子の成長にとって望ましいことであり，忌避されるべきことでは決してない。

6）　将来家族を持つために

　親と暮らすという希望がついえた時，将来自分の家族を持ちたいという気持ちが強くなる。また，孤独感が強く，ひとりでいることのさみしさからか，早くに異性関係を持ち，そのため準備が整わないうちに結婚や同棲に至る子が多

い。しかし、それは（経済的能力も含めて）養育能力の低いうちに子どもを持つことになり、その結果わが子を施設に預けざるをえないことになってしまうことも少なくない。

そうした事態をいささかでも防ぐために、「早すぎる出産」が破綻する可能性が高いという問題点をはらんでいることを、社会的な現実として、教えておくことが大事である。むろん、早すぎる結婚や出産が必ず破綻するというわけでは決してないが、リスクが高いことは、教えておきたいものである。

参考資料として、『「14歳の母」の現実』という新聞記事を活用することを私は勧めている。

参考資料 『「14歳の母」の現実』（毎日新聞2007.1.27. 夕刊「風に吹かれて」國枝すみれ）

この資料では、米国におけるいわゆる「14歳の母」の現実が、数のデータをあげて説得力をもって語られている。この記事によれば、「10代の母の17％は3年以内に次の子を産む。18歳未満で出産した少女の6割が高校を中退する。未婚の母の75％が最初の出産から5年以内に生活保護に頼るようになる。少女の3人にひとりが胎児の父親と結婚できると信じているが、出産から1年後の結婚率は8％。たとえ結婚できても、18歳前の早婚の場合、5年以内に3分の1、10年後には半分が離婚している。高校中退の未婚の母が生んだ子どもが8〜12歳になったとき、貧困生活に陥っている確率は通常の10倍。その子が学校を中退し、10代で親になる率も高い」。

このように、早すぎる出産は、困難な状況が待ち受けている可能性が高い。とりわけ、女の子の側が、いっそうの苦労を強いられることが多いものと思われる。

女子児童にはこの記事を読みあげて、<u>「早すぎる出産は女性側がとても苦労する可能性が高い」ことを伝える</u>ことが必要である。むろん、そうした知識を提供するだけで、こうした問題が防げるとは思えないが、それでも、早いうちに知識を提供しておくことが必要であると思う。

7) したいこと、好きなこと、ストレス解消法、
　　担当からみた「ここがいいところ」

希望を引き出し応援するにあたって、重要なことは、自分のしたいことを表現できること、言語化できることである。「希望をテコにする」とはいっても、

遠い将来の希望だけで前向きの生き方ができるわけでは決してない。遠い将来のことではなく，今したいこと，近いうちにしたいことも自覚し，それを表現できることが大事である。その積み上げが，希望を引き出すことにつながるのである。

また，希望を引き出し応援するにあたって，いまひとつ重要なことは，**「持ち味を生かす」**ということである。ひとつは，その子がその境遇の中で育んできた力を伸ばすことである。たとえば，保護者があてにならない状況で兄弟姉妹が助けあったり，世話をしたりする中で育まれた能力や技能は将来に向けたその子の貴重な財産である。また，できるようになりたいこと，得意なもの，好きなもの，ストレス解消法を聞いたり，担当から見た「ここがいいところ」を指摘するのである。「得意なもの」と「好きなもの」とは必ずしも一致しないが，職員から見れば，また違う見方もありうる。しかし，子ども自身がどう思っているかを知っておくことが重要であるし，また子どもと担当職員がそれを共有しておくこともまた重要である。子ども自身になんらかのストレス解消法を持っておいて欲しいものである。さらには，**職員が気づいていることや感心しているところ，本人のいいところなどを指摘する**。担当職員が，「ここがいいところ」を伝えてあげることは，子どもを励ますものである。さらに言えば，長じて，自分の境遇からくる悲しみを引き受けることで生まれる持ち味もある。

8) 応援面接の二側面：教えることと一緒に考えること

この応援面接は，社会の現実を教えるという側面と，本人に将来について考えさせる，あるいは一緒に考えるという側面がある。小学生や中学生には，考えさせる面もありつつも，どちらかといえば教えるという側面が優位となり，高校生では，教えるという面もありつつも考えさせるという面が優位となる。

Ⅲ 現場で役立つケース会議（事例検討会議）の実際

1. 応援ケース会議

　以上が，基本である。担当職員が「応援面接」を行うだけでなく，さらに関わりを検討するためには，「ケース会議」を行う。そのケース会議では，先の「応援面接用シート」にさらにいくつかの項目を追加した**応援ケース会議用シート**（巻末資料6.「応援ケース会議用資料」参照）を用いることにしている。

　児童養護施設では，通常程度の差はあれ，実に多彩な問題行動が頻繁に起こる。発達障害や反応性愛着障害などの兆候を示す子どもたちも少なくない。そこで全国の多くの児童養護施設で行われているのが，個々の子どもの理解と対応の方針を話し合うケース会議（「事例検討会議」，「処遇会議」，「援助方針会議」など施設によってさまざまに呼ばれている）である。

　臨床心理士や児童精神科医や発達心理学者などのいわゆる外部の専門家の指導を受ける場合もあれば，内部の者だけによる場合もある。それ以前も，一部の臨床心理士や精神科医が児童養護施設に関わってきたが，1999年から心理士の配置が認められたこともあって，最近では，いわゆる専門家も参加の場でのケース会議が飛躍的に増えているように思われる。また，児童福祉関係の研修会でも同様のケース会議が行われているようである。

　私のお勧めのケース会議は，この通常のものとはかなり異なっている。まずは，通常のやり方を述べ，次いで私たちのやり方を説明することにしよう。

2. 通常のケース会議

　児童福祉関係のケース会議で，通常とられているのは，多くの場合，臨床心理士や児童精神科医が外来の相談で行っているケース会議に準じたものである。そのスタイルがそのまま，あるいは多少簡略化したものである。したがって，そこで使われる報告資料もそれに準じたものである。私は実は，そうしたやり方は，少なくとも児童養護施設という現場向きではないと考えている。

　そこに記載されているのは，おおよそ次のようなものである。

　まず，子どもの名前と年齢・学年，担当者などが書いてあるのはもちろんであるが，次いで「家族構成」，「生い立ち（生育歴，生活史）」，「入所の経緯」と続く。ちょっと勉強している施設だとこれに「生育歴から推測される施設で

の問題」といった項目があがっていることもある。これらを詳しく述べて、やっと次に「施設でのこれまでの問題」がきて、さらに「現在の問題行動」の順に通常なっている。

　こうした形式による問題は二つある。ひとつには、最初に、家族歴や生い立ち（生育歴）について見ていくということである。いまひとつは、しかもそれが詳しすぎるということである。

　最初に、家族歴や生い立ち（生育歴）について見ていくことの難点は、その子の問題行動を生育歴との関連で見ていくという構えが職員の側に強くなりすぎるということである。また、「ああ、この子がすぐ暴力に訴えるのは、家庭でひどい虐待を受けてきたからなのね」とか「こんなに酷い目にあってきたのなら、こんなになるのは仕方ないわね」といった気持ちが膨らんでケース会議が終わることも珍しくない。ここで重要なのは、**「生育歴に逃げない」**（＊静岡県の研修会で聞いた表現）ということである。そういう理解が必要ないということでは決してない。そうではなく、もっと先に理解すべきことがあるということである。

　それは、実際には、現在の状況すなわち施設での生活状況との関連で見ていくことの方が重要であり、それが優先されるべきであるということである。なぜならば、施設の状況が影響している可能性が大いにあるからである。後に述べる暴力問題についての記述を読んでいただければ、そのことがよくわかっていただけるはずである。また、「過去に起こったことは変えられないが、現在の対応は変えられる」からでもある。

　さらに、ひとつの事例に時間をかけすぎているという難点もある。

　生育歴を詳しく見ていくというやり方で、特定のひとりの子どもについて、2時間とか3時間もかけて検討していく施設もある。数十人から100人前後いる児童養護施設の子たちの検討である。それでは、（施設にもよるが）月1〜2回程度しかできないケース会議で、ひとりの検討で終わっていたのでは、一度検討したら、次にその子についての検討がまわってくるはいつのことやらと思われる。つまり、このことは、ごく一部の子どもについてしか検討できないし、ケース会議がやりっぱなしで終わってしまうことを意味している。

　施設職員には、子どもたちが示す問題行動を、自分たちの現在の処遇の影響として見るよりも、過去にその子が家庭で受けた虐待の結果であると理解する方が気持ちは楽だという面がある。したがって、かたよった理解にならにように、よほど気をつけておくことが必要である。少なくとも、「こんなに酷い目に

あってきたのだから，こうなってしまうのは仕方ないわね」といった理解だけで終わることは避けたいものである。

3．応援ケース会議の進め方：私のお勧め
a．応援面接用シート

先述のように，担当職員が，「希望を引き出し応援する」ための助けになるように，私が作成したのが**「応援面接用シート」**である。このシートを使って，担当職員が「応援面接」を行い，さらにこれにいくつかの項目を追加した「応援ケース会議用シート」を用いて，ケース会議を行うというのが，私のお勧めである。

1枚目は，以下の項目である。

1）将来の希望・目標

　　家族についての希望・目標
　　仕事・進路の希望・目標
　　施設や学校での当面の希望・目標

【保護者の意向】
2）上記希望達成にむけて何ができることが必要か

　　(重要な順に，具体的に：例．欠席しないで登校，等)
　　職員はどう応援していくか（なるべく具体的に）
　　職員の思い

3）問題行動

　　①暴言・暴力行為（または被害）
　　②暴言・暴力以外の問題行動，およびそれへの対応
　　（＊具体的に記述，別紙に添付も可）

【今後の方針】
4）得意なもの，好きなもの，ストレス解消法，
　　担当からみた「ここがほめどころ」

次に，2枚目（マル秘）は，以下の項目である。

5）家族調整と生い立ちの整理に向けて

①入所の経緯（別紙に添付も可）
　　入所日　　年　　月　　日
②両親の消息
③本人は入所理由や両親についてどの程度知っているか，入所後関わりをもっているか
④家族調整と生い立ちの整理に向けての方針
　（およびその後の経過）

なお，この2枚目のシートは，子どもに見られては困る内容が含まれていることが多いので，取り扱いに特に注意すべきであるのは，言うまでもない。

b．生育歴から入らない

「応援面接用シート」は，先に説明した通常のケース会議の様式にくらべ，いくつかの際立った特徴がある。まず，家族歴や生育歴から入らないということである。過去からはじめるのではなく，将来や現在から入るのである。家族歴や生育歴は取り上げないのではなく，優先順位としては後にもってきている。しかも短い記述に留めることにしている。したがって，A4判2枚におさまる簡単なものであり，この様式だと慣れれば，1時間で2〜4例の検討ができる。

c．問題から入らない

さらには，「問題」から入らないということが特徴である。希望や目標や好きなこと，得意なこと等を担当職員だけでなく，職員全体が知ることに意義がある。将来の希望・目標については，応援面接用シートに追加する項目としては，【保護者の意向】がある。本人の希望だけでなく，保護者の意向もメモしておく。それをいずれは本人に知らせることが必要になるし，本人自身の希望をはっきりさせるために，保護者の意向を伝えた方がよい場合もある。

d．問題行動は二つに分ける

　問題行動は暴言・暴力行為とそれ以外の問題行動の二つに分けて書いておく。①暴言・暴力行為（または被害），②暴言・暴力以外の問題行動，およびそれへの対応および【今後の方針】について記入しておく。集団生活という視点から見れば，暴言・暴力行為が優先的に扱うべき事柄だからである。

e．「よってたかってほめる」：「得意」や「いいところ」を引き出す

　先に，応援面接で，得意なもの，好きなもの，ストレス解消法について聞く，あるいは職員が気づいていることや感心しているところ，本人のいいところなどを指摘することを述べた。それを職員全体が知ることにも意義がある。児童養護施設では何人もの大人がいる。成長のエネルギーを引き出すために，これを活用する。

　ここでお勧めしているのは，「**よってたかってほめる**」ということである。担当職員を中心に，「ここがほめどころ」といったエピソードをこの会議で見つけ出し，それを少なくとも3人の職員が別々に同じことでほめるということを実行する。ここで重要なことは，具体的に同じことをほめるということである。たとえば，「数学で90点をとった」とか，「マラソンで1着や上位で走った」とか，「こういういいことをした」など，具体的エピソードを見つけるのである。

　大人3人以上に同じことをほめられると，これは社会的体験になる。なお，大人3人以上に同じことを叱られると，これもまた社会的体験になる。

　なお，以上述べてきた「応援ケース会議」のやり方は，第7章（p.344）および第9章（p.472）で述べる「キーパーソンのケース会議」でも同様なので，その参考にしていただきたい。

f．心理療法概念の安易な適用

　心理療法や心理療法から得られる示唆によって，児童養護施設の現場でしばしば見られる混乱があるので，それについて触れておきたい。心理療法というのは，通常密室で一対一で，時間を区切って行うものである。そこで展開される関わりは，あくまでも時間と空間などいくつかのかなり限定された条件下で有用とされるものであり，日常生活にそうした概念を持ち込む際には，よほど慎重であることが必要である。もっともありふれた間違いは，にもかかわらず，安易に生活場面に持ち込んでしまうことである。たとえば，「受容」や「カウン

セリングマインド」などがその代表である。

　児童養護施設や学校現場に入ると,「できの悪いカウンセラー」のようなことをいう人たちがとても多くなっているのに, 驚かされる。臨床心理士や精神科医による児童養護施設の子どもたちへの心理療法の本や事例報告などを読んで参考にしているためにそうなっていることもあれば, 臨床心理士や精神科医が現場向きでないその種の助言を直接行っているためにそうなっていることもある。その結果,「愛着（アタッチメント）」や「受容」を職員が日常の子どもへの関わりに, 安易に持ち込んで, ますます混乱してしまうといったことがしばしば起こっている。子どもが悪いことをしてもきちんと叱ることができないというのが, その共通した特徴である。専門的な理論が現場で役に立たないのはまだしも, 逆に混乱を引き起こしてしまっていることがあるのは, 困ったことである。

g．暖かい情緒的交流という基盤：愛着を育む

　希望を引き出し応援するにあたって重要なことは, それが暖かい情緒的交流, またはある程度の良好な人間関係を基礎にして行うということである（＊正しくは「温かい」と記すべきところだが, 私は「暖かい」の方が語感が好きなので, 本稿ではあえてこの語を用いる）。あるいは希望を引き出し応援する過程で暖かい情緒的な絆または愛着の絆が育まれることになるように心がけることが重要である。しかし,「愛着を育む」というのは一筋縄ではいかないという印象がある。私があえて強調しておきたいのは,**「希望を引き出し応援する」**ことと**「愛着を育む」**こととの両方を念頭に置いておくということである。

　養育にあたっては暖かい情緒的交流が基盤に必要であるが, その一方で暴力等の問題行動の指導にあたっては, 毅然として叱ることが必要である。また, 他の場面では暖かい養育がなされていることが重要である。

　なお,「愛着（アタッチメント）」については, 第5章で論じるので参照していただきたい。

h．必須の条件

　以上が, 私自身が実践し, また職員の方々にも実践してもらうことをお勧めしている関わりの基本である。施設職員の労働条件は過酷である。せめて子どもを育む仕事を選んだことが報われるには, 養育により手ごたえが持てるよう

になることが役立つものと思う。こうした「希望を引き出し応援する」ことで，子どもたちが将来展望をより持てるようになり，生きる力を育みやすくなること，さらには職員自身も養育により手ごたえが持てるようになることが期待される。そしてそのことが，子どもにさらにいい影響を及ぼすというふうにいきたいものである。

　しかし，こうした関わりが効果をあげるためには，条件が必要である。その条件を整えることは，実は大変なことである。それが暴力から守られる**「安心・安全な生活」**である。それは，子どもたちの**「もっとも切実なニーズ」**である。それについては，次章から述べていくこととしよう。

［文　献］

フリーザ様に学ぶフリーター問題　www.geocities.jp/sakusyu2006/index5.html
國枝すみれ（2007）風に吹かれて　毎日新聞（2007.1.27.夕刊）
Maslow, A.H.(1954) Motivation and Personality. Harper & Row.（小口忠彦監訳（1971）人間性の心理学　産業能率短期大学）
新村出編（1977）広辞苑（第二版補訂版）　岩波書店.
田嶌誠一（編著）（1987）壺イメージ療法——その生いたちと事例研究　創元社.
田嶌誠一（1992）イメージ体験の心理学　講談社.
田嶌誠一（2001）不登校・引きこもり生徒への家庭訪問の実際と留意点　臨床心理学, 1(2); 202-214.
田嶌誠一（2002）臨床心理学キーワード第11回　臨床心理学, 2(6); 822-824.
田嶌誠一（2009）現実に介入しつつ心に関わる——多面的援助アプローチと臨床の知恵　金剛出版.
田嶌誠一（編著）（2010）不登校——ネットワークを生かした多面的援助の実際　金剛出版.
田嶌誠一（2011）心の営みとしての病むこと——イメージの心理臨床　岩波書店.

第3章
かくも長き放置（ネグレクト）
── 1. 特に子ども間暴力の実態とその理解

I　暴力の実態の理解のために

1.　暴力の広範な拡がりと深刻さ

　県内でも優良として知られたある児童養護施設でのことである。中学2年生男子がアゴを骨折した。その子は，風呂場で自分が転んで水道管にアゴをぶつけて骨折したのだと，最後まで言い張った。施設を出て数年後にその子は，あの時はほんとうはある高校生男子から殴られて骨折したのだと告白したのである。それを聞いた児童指導員が，「どうしてあの時，言わなかったんだ？」と問うと，あとの仕返しが怖くて言えなかったのだと語った。

　この例は，児童養護施設での暴力の深刻さの一端を示すだけでなく，優良施設でも深刻な暴力が存在することがあるということ，さらにはそれをキャッチすることがいかに難しいかということを示している。

　本章と次章の目的は，児童福祉施設における暴力が深刻であり，また広範な拡がりを持つものであることを理解していただくことである。しかし，児童福祉施設や児童相談所や管轄課をいたずらに非難することを意図したものではない。児童福祉施設や児童相談所や管轄課に対して，暴力問題を解決しろと外部からただ声高に要求するだけでは解決はできないと，私は考えている。この問題の解決のカギは児童福祉施設の職員の方々の取り組みとそれを支援する児童相談所や管轄課の活動如何にかかっている。したがって，この問題を解決しうる有効な対応策や予防策を提示し，この問題に取り組む職員の方々を支援していくことこそが必要なのだと思う。本稿は，そのために関係者がこの問題の解

決に向けて理解を深める一助となることを目的としているということを特に強調しておきたい。

前章では，児童養護施設の子どもたちへの，私の実践と職員の関わり方について述べた。そこでは，とりわけ，「生活に寄り添う」，「希望を引き出し応援する」ことが重要であることを述べた。しかし，なにごとも無条件に効果を上げることができるわけではない。こうした関わりが，子どもたちの成長のエネルギーを引き出すことにつながるには，児童福祉施設において子どもたちの安心・安全な生活が保障されていなければならない。しかし，残念ながら，この条件が整っている施設は少ないと考えざるを得ない。これから述べていくように，児童福祉施設では，さまざまな暴力があるからである。

本章では，児童養護施設をはじめとする児童福祉施設における暴力・虐待がどれほどのものであるかを理解してもらうためにその実態の一端を述べることにしたい。

2. 児童養護施設における暴力とは

児童養護施設とは，児童福祉施設のひとつであり，事情があって保護者が育てられない2歳からおおむね18歳までの子どもたちが保護され，養育されている施設である。2歳未満の子は乳児院に措置される。児童養護施設は全国に575ヵ所（平成21年7月現在）あり，約3万人の子どもたちが入所している。以前は，保護者がいない子どもが多かったが，近年では虐待による入所が増えている。

この児童養護施設では，近年になってようやく入所児の心のケアの必要性が強調されるようになってきた。平成11年度から虐待を受けるなど心理的ケアが必要な子どもが10人以上入所していることを基準に，心理療法担当の常勤職員1人を配置することが認められるようになり，全国の多くの児童養護施設で，心理士によるケアが行われるようになったのはその現れである。

心理士の関わりとして現在，もっともよく行われているのは，被虐待児への心のケアを主な目的として，個人面接という形態による心理療法等の関わりを行うことである。私も最初の数年間にわたって，いくつかの児童養護施設で入所児童の成長・発達のための関わりをあれこれ実践したが，それなりの成果はあったものの，どれも今ひとつの観があった。そして，やっとわかってきたのは，児童福祉施設で非常にしばしば予想をはるかに超えた深刻な暴力があるということである。

児童養護施設における暴力または虐待と言えば，「児童養護施設の男性職員　入所の女子と性的関係」とか「児童養護施設の職員　入所の子どもに体罰」といった記事が，よく報道されている。児童養護施設の暴力・虐待と言えば，つい最近に至るまで長い間もっぱらこの種の報道であり，児童福祉施設における「施設内虐待」と言えば，もっぱら職員（含．施設長）による入所者への暴力（以下「職員暴力」と記すことにする）が注目されてきた。後に述べるように，それも深刻であり，むろん許されることではなく，なくしていかなければならない。しかし，私が衝撃を受けたのは，「子ども間暴力（児童間暴力）」や「子どもから職員への暴力（対職員暴力）」もまた非常に深刻であるということであった。

　入所児たちは，いずれも過酷な状況を潜って児童養護施設へ保護された子たちである。本来もっとも手厚く保護され癒されるべきその子どもたちが，またさらに暴力にさらされながら日々の生活を送らなければならない状況には，やりきれない思いである。

　そこで私はその後，児童福祉施設の暴力問題に密かにそして慎重に取り組んできたが，その一方でこういう形で書くことをあえて控えてきた。不用意に騒ぎ立てることで，施設現場を混乱させ，結果として子どもたちにかえって被害をもたらすことを恐れたからである。しかし，もはやある程度は語る時期にきているように思う。ひとつには，後に述べるように私たちの取り組みがすでに十数ヵ所の施設で一定の成果をあげてきたこと，いまひとつは児童福祉法が改正され，施設内虐待の防止（正確には「被措置児童等虐待の防止」）が盛り込まれ，2009年4月から施行されたからである。さらには，私たちの活動が誤解され，いわれなき非難や批判を受けているからでもある（それについては，第11章を参照）。

　私の経験から言えば，児童養護施設での生活は入所している子どもたちにとっては，しばしば激烈なサバイバルの場であり，深刻な「心身の傷」となる被害を受けることが少なくない。また，それが単発では終わらず，しばしば繰り返され，持続的な被害となるのである。未だきちんとした調査さえされていないが，その影響は，深刻なものであるに違いないと考えられる。

3. 児童福祉施設とは

　ここで，児童福祉施設について，簡単にみておこう。児童福祉施設とは児童福祉法に基づく施設で，さまざまなものがあるが，大きく分けて児童自身のなんらかの障害に対するもの，児童の健全な発育を促進するもの，養育環境上問題があり，保護者に代わって保護するもの，の三つに分けられる（池上，1992）。このうち本書のテーマである要保護児童に関係が深い施設には，以下のものがある。<u>なお，本書で「児童福祉施設」と言う場合，もっぱら下記の施設を指していることをお断りしておきたい。</u>

　①乳児院　保護者のもとで養育が困難な場合，0歳から2歳未満までの子を入所させ養育を行う。最近では，2歳未満という年齢が緩和されている。

　②児童養護施設　同じく，保護者のものとで養育が困難な場合，おおむね2歳から18歳くらいまでの子を入所させ養育を行う。

　③情緒障害児短期治療施設　年齢はおおむね12歳未満の軽度の情緒障害を有する児童を短期間入所または通所で指導する。

　④児童自立支援施設　都道府県に設置が義務付けられている施設で，不良行為を行い，または行うおそれのある子どもを入所させ，養育・教育を行う。

　このうち，もっとも多くの子どもが入所しているのが児童養護施設である。先述のように，全国575ヵ所で約3万人の子どもたちが措置されている。情緒障害児短期治療施設と児童自立支援施設でも暴力問題は深刻であり，大きな問題となっている。そして，最近では，以前ならこれらの施設に措置されていたような子どもたちも，児童養護施設に多数措置されているのが現状である。

II　子ども間暴力（児童間暴力）の実態とその理解

1．子ども間暴力の実態 ── 私の経験から

　私の児童福祉施設の暴力問題への直接の関わりは，この「子ども間暴力（児童間暴力）」から始まった。まず，この「子ども間暴力」について，私の経験を中心に述べてみたい。

a．入所の子ども間の暴力の深刻さ
【事例1】
　ある児童養護施設のことである。
　中学3年生の男子Aが，同室の小学生2人の顔や上半身にライターで焼いた針金を押しつけやけどをさせたことが発覚した。それを発見した職員が叱ると「ブッ殺してやる!!」などと叫び，キレて暴れ，手がつけられない状態となり，児童相談所に一時保護となった。この男子Aはそれ以前にも，他児童に再三にわたって，暴力を振るっており，以前にも一時保護になったことがある。

【事例2】
　また別の児童養護施設での事件である。
　小5の男子児童Cが腹痛を訴えたことから，次の暴力の実態が明らかになった。かねてから施設内のボス格であった中2の男子生徒Bが他の児童10名を集合させた。Cに向かって「調子に乗ってる」という理由で，まずBがCを20発ぐらい続けて腹部の同じ箇所を殴った。その際，他児童に両脇を押さえさせ，さらに声を出さないように口も押さえさせるという周到なものであった。
　その後Bは他の児童にもCを「殴れ」と強要した。Bへの恐怖心から，それぞれがCを殴った。それで終わりではなかった。ひととおり殴り終わると，Bは今度は「殴り方が弱かったのは誰か」とCに聞き，CがD（中1）の名をだすと，まずBがDを殴り，さらに他の児童にもDを殴るように強要した。他の児童もDを殴り，Dは計30発以上も殴られている。次いで，同じように，Dに「痛くなかったのは誰か」と聞き，DがE（小4）の名を出すと今度は集中的にEを殴り，さらに他の児童にもEに集団で暴力を振るわせた。
　この強制的に殴らされた児童の中には，被害児童Dの弟も含まれている。兄を殴らされたのである。後に「怖いので仕方なく殴ったが，兄ちゃんを殴るの

はつらかった」と心情を述べている。
　この加害男子Bも児童相談所に一時保護となった。

b．性暴力も起こっている
　こうした児童養護施設における子ども間暴力は，さらに痛ましいことに，同性あるいは異性間の性暴力を伴うことがある。

【事例3】
　また別の児童養護施設でのことである。
　小学校1年生の男子児童Fが中学2年生の男子Gから，「いいこと教えてやる」と言われ，ついていくと人気のないところでGが性器を出し，「なめろ」と言われた。嫌だと言うと，何度も殴られたので，嫌で嫌でたまらなかったが，仕方なくなめた。その後，それは約1年にわたって続いた。

　このような例は稀なものではない。以下に述べるように，先述の加害男子AもBも下記のように小さい頃年長男子から性暴力を受けていたことが後に明らかになった。このようなことから，性暴力は当事者の口からは極めて語られにくいが，実際には少なからず起こっているものと思われる。

【事例4】
　先述の事例1の加害児Aもまた，年少児のうちはいじめられ続けていた。
　小4から中2までいじめられ続けた。嫌なことは死ぬほどあった。たとえば，回数がわからないくらい殴られた。態度が悪い，言葉使いが悪いと殴られたり蹴られたりした。小便が入ったコップを飲めと言われたり，他の子どもたちが囲んだ中で年長児とのタイマンを強要され，ボコボコにされたりした。
　さらには，性暴力も受けていた。小学校時代，夜寝ていると，時々ふとんに中学生が潜り込んでくることがあった。服を脱がされてさわられたり，時には痛くて目を覚ますと，肛門に性器を挿入されていたこともあった。

【事例5】
　加害児Bもまた，年少児のうちはさまざまな暴力にさらされていた。
　熱湯をかけられたり，浴槽のお湯を飲まされたり，気を失いそうになるまで

お湯にからだを沈められたりした。痰の入ったコップや洗面器に入った小便を飲まされたこともある。

　加害児Bはこれまた性暴力も受けている。たとえば，小学校時代に，風呂場で上級生が並び，順番に何人もの性器をくわえさせられたという。

c．子ども間暴力（含．性暴力）は連鎖する：被害者が加害者になっていく

　以上のような事例から，子ども間暴力（児童間暴力）には，痛ましいことに，性暴力がしばしば伴うし，また被害児が長じて力をつけ加害児となっていくのがわかる。すなわち子ども間で暴力の連鎖が見られるのである。そのような暴力は特定の地域や特に荒れた児童福祉施設での話ではなく，県単位でみればどの県でも起こっていることであり，かなりの数の児童福祉施設で全国的に起こっているものと思われるということを強調しておきたい。

　子ども間暴力（含性暴力）がたまたま発見された事例はまだしも幸運なのであり，多くの場合は加害者または被害者が卒園するまで続く。加害者がいなくなると，しばらくは平穏であるかもしれないが，早晩別の児童が暴力を振るいはじめる。加害児がいる間はおとなしくしていたり，加害児の暴力の手伝いをさせられたりしていた，いわばナンバー2やナンバー3の児童が「頭角をあらわす」ことになる。加害児と入れ替わりに入所してきた児童が，しばしの様子見の時期を過ぎ，さっそく暴力を振るいはじめることもある。被害児童はそうした中で耐え忍ぶしかなく，長期間にわたって極めてつらい時期を過ごす。

　そして，長じて力をつけると，今度は同じことをより弱い児童に対して行うようになる者が出てくるのである。たとえば，加害児Aは「いつか大きくなったら，ムカついたら下のやつらに同じことをしてやろう」と思ったというし，実際自分が「以前されていた嫌なことを，他の子にやった」のだという。

d．性暴力も連鎖する

　殴る蹴るといった身体暴力だけが連鎖するのではない。性暴力もまた連鎖している。たとえば，夜寝ていると，服を脱がされたり，肛門に性器を挿入されたりしていたAは，その後同じ行為を年下の児童に行うようになっていたのである。

　さらに痛ましいことは，そうした性暴力は「嫌で嫌でたまらなかった」と述べる被害児童がいる一方で，「それほど嫌だとは思わなかった」という被害児童

もいることである。少なくとも，性的行為の最中は殴られなくてすむし，また加害児も優しくなるからだという。

これは，まさに惨い事態である。

e．通常の対応では不十分：「何もしてくれんかった」

加害児Aは，先に述べたように弱かった頃，何年にもわたって，数え切れないくらい殴られてきた。年長者のいうことを聞かないと，殴られるし，機嫌が悪いとAがなにもしてなくても殴られてきた。思い切って，一度担当職員に訴えたが，あとで仕返しをされた。その後は担当職員にも誰にも訴えなくなった。担当の先生は「なにもしてくれんかった」とAは言う。

むろん，実際には担当職員はなにもしてこなかったわけではない。ただ，相手の加害児に口頭でとおり一遍の注意をしただけであり，それは暴力を止めるのにまったく役に立たなかったのである。いや，それどころか，かえってよりひどい仕返しの暴力にさらされる結果となったのである。この職員は，児童養護施設でとられる通常の対応をしたにすぎない。しかし，それで事態は改善しなかったばかりか，子ども間暴力を潜在化させる結果となったのである。

f．子ども間暴力（児童間暴力）は通常どう対応されているか

ここでいう「通常の対応」とは，事件が起こると，加害者を注意したり，叱責したりして被害者に対して謝らせるといった程度の個別対応をいう。それでも暴力が続いていることが判明すれば，同様の対応を続けた後，児童相談所へ一時保護の要請をすることとなる。たいていの場合，数日〜数週間の一時保護の後に施設に戻されるのが普通である。児童養護施設や児童相談所によって若干の違いはあるだろうが，おおむねこのような対応がとられることが多いようである。

こうした対応そのものをいちがいに否定するつもりはない。しかし，加害児AもBもその後暴力はおさまっていない。このことは，このような通常の対応だけでは不十分であることを示している。児童Aの加害への対応と被害への対応がどちらも不十分であったのは，その職員個人の責任というより，児童養護施設と児童相談所が子ども間暴力についての十分な認識とそれへの有効な対応システムをもっていないことが問題なのであると言えよう。

g．「やって何が悪い」:「俺もやられた」

　この連鎖を断ち切ることは容易ではない。加害児はいう。「俺は先輩たちからもっとひどいことされてきた」。その先輩も「俺たちのときはもっと酷かった」と言っていたという。このようにして連鎖していく。

　そのため，彼ら加害児もまたかつては被害児童であり，暴力行為が発覚し，注意されたり叱られたりすると一応は謝ってみせるものの，本音のところでは「俺はもっとやられてきた。だから今度は俺がやっていいはずだ。俺はもっとひどい目にあってきた。俺がやった程度のことは，まだまだたいしたことじゃない」「俺だけがどうしてやってはいけないのか」と思っている。

h．徹底した逃げ場のなさ

　児童養護施設で起こる子ども間暴力の痛ましい特徴のひとつは，その「徹底した逃げ場のなさ」である。学校等で起こった暴力やいじめなどであれば（これはこれで深刻であるが），不登校という逃げ道もありえるだろうが，生活の場で起こっているものは，逃げ場がなく，また通常長期にわたる。

i．発見が難しい子ども間暴力（児童間暴力）:職員からは見えにくい

　子ども間暴力（含性暴力）には2種類ある。明らかに職員に発見されやすい形の子ども間暴力（「顕在的暴力」）と発見されにくい潜在化した子ども間暴力（「潜在的暴力」）である。顕在的暴力はたいていその場で，あるいはせいぜいその日のうちに職員に把握されるが，潜在的暴力は職員の目が届かないところで巧妙に行われ，同時に周到に「口止め」の脅しがなされる。そのため，多くの場合は加害者または被害者が卒園するまで続く。すなわちそれは通常長期にわたって続くのである。子ども間の潜在的暴力（含性暴力）がたまたま発見された事例はまだしも幸運なのであり，おそらく，顕在的暴力にくらべ，潜在的暴力の方が起こっている回数は圧倒的に多いことが予想される。

　たとえば，年少児が職員の言うことよりも年長児の言うことをよくきくというのは，例外はあるにせよ，危ういサインである可能性がある。年長児童とよほど関係がよい場合もあろうが，すでにどこかで暴力を振るわれたことがある可能性も疑ってみるべきである。

　先に述べた事例はいずれも特にひどい児童養護施設で起こったことではなく，ごく普通の児童養護施設で実際に起こったことである。しかも何年もたってか

ら明らかになったことなのである。そして，これらの事例では，個々の子どもへの何年にもわたる心理臨床的関わりがあったからこそ被害児から暴力の実態を聞き出すことができたのである。

このように，子ども間暴力は職員の側からは極めて見えにくいということは，いくら強調しても強調しすぎることはないと思う。

j. 声なき声の叫び

暴力は出るべきところに出るのではなく，出やすいところに出る（田嶌, 2008a, b）。したがって，児童養護施設では暴力はより弱い児童に向けられることとなるが，弱い児童の多くは訴えることができない。また，ごく小さい頃から施設にいる子は，そんなものだと諦めてしまっている。たまに訴える子も，一度訴えて，仕返しをされれば，あきらめてしまう。過酷な境遇を生きてきたこの子らは，ある意味では「諦めじょうず」になってしまっている。そういう状態にまで追い込んでいるのは，加害児だけではなく，私たち大人でもある。しかしこの子らは声なき声で叫んでいる。私たちは彼らの声なき声，切実な願いに耳を傾けなければいけない。

k. 発見されてからでは遅い

さらに強調しておきたいのは，多くの場合，子ども間暴力は発見された時はすでに深刻なものとなっており，当該の加害児だけでなく，複数の児童による暴力がはびこってしまっているということである。たとえば，先の加害児Bの事件の場合は，すぐに施設全体で聞き取り調査を行ったところ，他の複数の児童による暴力も日常的に発生していたことが明らかになった。

したがって，発見されてから個別に対応することはむろん必要であるが，それだけでは，極めて不十分であると言わざるを得ない。発見された事件そのものへの対応はむろん重要であるが，それだけではなく，何らかの形の有効な予防的システム，**日常的に子どもを守るシステム**の構築が必要である。

また，この施設の場合は念入りに聞き取り調査が行われたからこそ，他の暴力も明らかになったわけだが，たいていの場合起こった事件そのものへの対応に追われ，そのような調査が行われることは稀であると思われる。そのため，表に出てきていない，把握されていない暴力が，実際にはかなり存在している可能性が高い。

1. 加害児にならなかった被害児が多数いる

　児童養護施設における暴力では被害者が後に加害者になっていくという連鎖があるが，その一方ですべての被害児が加害者になるのではない。加害児にならなかった被害児も多数いるのである。後に述べるように，自らの攻撃的衝動に苦しみながらも，加害児にならずにりっぱに踏みとどまった人たちがいるのである。しかも，自分たちの間で支え合い，さらには自分たちが受けたような被害を後に続く子どもたちが受けないですむように，真剣に考えている人々がいる。

　このことは，子どもたちの未来に，そして私たちの未来に大いに希望をつなぐものである。そうであればこそ，彼らが加害児とならず踏みとどまった努力と想いに応えるためにも，なおさら私たち大人は，その解決のための取り組みをしっかりと行っていかなければならない。

2. 子ども間暴力の実態 ── 報道された事件から

　児童養護施設における子ども間暴力（含性暴力）の存在とその連鎖について私自身の臨床経験をもとに報告した。児童養護施設では深刻な子ども間暴力（含性暴力）が存在すること，それは発見が難しく，また発見されてからでは遅いこと，連鎖していくこと，被害児が加害児になっていくことなどを述べた。

　ここでは，子ども間暴力（児童間暴力）の深刻な実態のさらなる理解を深めるために，私の臨床経験の他に，その後の調べでわかってきた子ども間暴力の実態の一端を報告する。

a. 死亡事件も起こっている

　まず，はじめに強調しておきたいことは，児童養護施設における子ども間暴力では傷害事件だけではなく，すでに死亡事件が複数起きているということである。私が調べたところでは少なくとも3件の死亡事件が起こっている。子ども間暴力による死亡事件ということは，単なる死亡事件ではなく傷害致死または殺人事件だということである。

　それは以下の通りである。（なお，1997年［平成9年］の児童福祉法の改正によって，「養護施設」は「児童養護施設」と名称が変更になったため，①②では「養護施設」と記されている。）

① 1982年（昭和57年）岡山の養護施設で，入所児からのリンチにより少女（6歳）が死亡。
② 1986年（昭和61年）大阪の養護施設で，小1女児が上級生の男子6人からリンチを受け死亡。
③ 2000年（平成12年）大阪の児童養護施設で，当時17歳の少女が，3歳の女の子を5階から投げ捨て，死亡。

このうち，①，②は「児童養護施設の子どもたち……児童と福祉に関連するできごと http://homepage3.nifty.com/koseki-t/yougo2.html」によった。さらにこれらの事件についての詳細を調べたが，①については『和子6才いじめで死んだ』（倉岡小夜著）から，②と③については他の資料からわかったことをさらに，述べておきたい。

1） 入所児のリンチにより6歳少女が死亡
　この事件は，『和子6才いじめで死んだ―― 養護施設と子どもの人権』（倉岡，1992）によれば，以下のような事件である。
　1982年（昭和57年）8月7日　岡山の養護施設で，6歳女児が小6〜中3の女児5名（さらに小3の子もその場にいたが暴行に加わったかどうかは不明）から暴行を受け，死亡した。
　子どもたちが朝食を終わり自由時間に入った直後の午前8時30分頃に事件が発生した。警察調書によると，2階4号室の和子（仮名）の部屋で和子に対し，中学2年女児2名，小6女児2名の計4名が中心になり，交互に激しい集団暴行を加え，最後に小6女子が，かろうじて座っている和子の右肩の辺りを蹴り上げたところ，のけぞるように後方にあったベビーダンスの取っ手に後頭部をぶつけ，意識不明となり倒れた。それをたまたま2階へきた保母（保育士）が発見，救急車で近くの病院を経て大学の医学部付属病院へ入院，手術を受けたが，8月12日死亡した。その他に頬・顎・耳下・上・下肢などに皮下出血を認めている。
　入所以来，当初は数人の男児に，「パンツを脱がされて泣く」などのいじめを受け，やがて，先の中学2年女児2名，小6女児2名の計4名から執拗な「いじめ」を受けるようになった。その内容は，担当保母（保育士）が記入した「児童育成記録」によると，絶えず和子の私物を隠して困らせる（傘，館内用上ば

き片方，文庫から借りた本，鉛筆，夏用制帽，水着などで，いずれも後日，屋根の上，ごみ箱，他児の本箱，他児のロッカーから発見される），罵倒する，顔面・頭部の殴打，箒による殴打，足蹴り，又裂き，手足をもち放り投げる，髪の毛を掴み壁に打ち付ける等々などの激烈な暴行を，ときに1人の子どもから，しかし大体は集団的に約4ヵ月に渡り受けていた。

　さらに，『日本の児童養護』（グッドマン，2006）によれば，当夜はわずか2名が夜勤にあたっていたが，両者とも福祉の専門資格取得者ではなく，50名ほどの施設児の監督責任を負っていた。女児の母親は岡山市と施設長を裁判に訴えた。訴えの第一理由は施設長が女児の負傷を発見してから迅速に対応しなかったことだった。自分の判断で女児を病院に連れて行くことをせず，施設長はまず母親に連絡をとろうとしたのであった。第二の理由は，施設職員に専門性がなかったので，女児に起こっているいじめを認識することができなかったことであった。しかし，裁判官は，事件は職員には防止不可能な事故にすぎない（偶発的事故），ゆえに市と施設長には責任はないとの判決を出し，訴えを認めなかったとのことである。

2）　男子6人からのリンチで小1女児死亡

　1986年4月18日午前6時ごろ，大阪市にある養護施設「X学園」4階のYホームで寝ていた小学校1年生のD子ちゃんの様子がおかしいのを同室の子どもがみつけ，職員に知らせた。D子ちゃんは直ちに近くの病院に運ばれたが，すでに死亡していた。

　D子ちゃんは全身に多数の打撲傷があり，調べが進むとともに，D子ちゃんが同ホーム入所児の中学3年生の男子A（14歳）を含む少年6人から，17日午後7時半ごろ殴る蹴るの暴行をうけたことが判明した。D子ちゃんは顔の部分を除いて全身あざだらけで，後頭部に打撲の跡があった。

　暴行を受けた理由は，D子ちゃんがふだんから「はしゃぎすぎて生意気なのでやきを入れよう」ということであったという。

　少年らが向かいの女部屋からD子ちゃんを呼び出して殴ったりけったりしたところ，D子ちゃんが転んでカセットデッキの角に頭をぶっつけた。そのときはまだ元気で，頭にセロハンテープを貼ってD子ちゃんを女部屋に連れていき，17日午後9時ごろ寝かせたということである。

　その後の調査によると，AがD子ちゃんに「Bの靴下をはいたやろ」と問い

かけたが，D子ちゃんは「はいていない」と答えて，ニタッと笑った。このためAが「ばかにされた」と怒り，D子ちゃんを数回ひざでけり，ほかの男子5人に「1人50発殴れ」と命じ，約15分間殴ったりけったりしたと言う。D子ちゃんは途中で夕食に食べたものを吐いたが，Aはその後もD子ちゃんに暴行を加えている。

阪大法医学教室の司法解剖では，直接の死因は頭を強く打ったことによる脳内出血だが，内蔵破裂も起こしていたことが判明した。

AはYホームの最年長でリーダー格であり，ふだんからD子ちゃんや同室の男子に暴力を振るうため，子どもたちに恐れられていたという。

今回のリンチに加わったC（8歳）が昨年末，Aから小水を飲まされるなどひどいいじめを受けたと保母（保育士）らに訴えていたが，うやむやにされていた。

また「X学園」では1981年から1983年にかけて男子指導員による殴る蹴るの体罰事件が頻発していた。

「X学園」は2歳から高校生までが，4～5階建ての複数の園舎に約20ホームに分かれて生活している。定員250名，実員（事件当時）199名である。各ホームには保母（保育士）が1人ずつ配置されている。また，各階には指導員が配置されているが，日常子どもたちの生活を直接指導しているのは保母（保育士）であったという。（竹中，1986）。

この事件には，児童養護施設で起こる暴力事件に共通して見られる特徴がよくあらわれている。まず，①暴力を振るうきっかけが実にささいなものであるということである。したがってこの暴力は単発的なものではなく日常的継続的なものであったに違いない。②その際，加害児が吐いた「はしゃぎすぎて（る）」，「生意気」というセリフは「調子にのってる」というセリフと並んで，よく見られるものである。これらは，圧倒的強者がさしたる理由もなく弱者をいたぶる際の常套句である。③外見からの発覚を恐れてのことと思われるが，顔はまったく殴っていないこと。④自分が殴るだけでなく，他児に命令して殴らせていること。⑤加害児の中にも被害児がいること。

この少女にとって，この施設は地獄だったことだろう。

なお，以上の特徴は，本章や先に私が報告した「児童養護施設における子ども間暴力問題の解決に向けて　その1.児童間暴力の実態とその連鎖」（田嶌，2005a，2009，2010）で述べた事例②の事件といずれも共通したものである。このように，全国で起こっている暴力事件は，驚くほど似ているのである。別々

の施設で起こっている暴力事件であるにもかかわらず，深刻度に差はあるものの，全国的にほとんど共通したパターンがあることは驚くべきことである。

さらには，『日本の児童養護』（グッドマン，2006）によれば，「大阪市の内部調査は，いじめを命じた男児個人の精神疾患が原因であり，施設運営を監査し直す必要はなく，事件調査をそれ以上進める必要はないとの結論を出した」とのことである。

3）　17歳の少女，3歳の女の子を5階から投げ捨て，死亡

2000年8月18日，大阪の児童養護施設「Z園」で，当時17歳の少女が，3歳の女の子を5階から投げ捨て，殺すという痛ましい事件が起こった。少女は少年院に送致された。

当初，その原因は不明だったが，幼児の母親がZ園に対する損害賠償請求訴訟をおこし，少年審判の記録から事情が明らかになってきた。

週刊新潮　2002.6.6号およびそれを引用・紹介した「子どもたちの声　http://foster-family.jp/bbs/satogo_bbs/cf.cgi?mode=all&number=121&rev=0」では，以下のように，より具体的に述べられている。

審判記録で分かった「19歳少女」の殺人動機

〈私は，前から学園を出たいと思っていました。そしてこの日，幼児さんを殺したいという気持ちを抑えられなくなりました〉

2年前の8月18日，大阪にある児童養護施設「Z園」で，施設に入所していた少女A（19歳）が，Bちゃん（3歳）＝当時＝を寮の5階から投げ落として死亡させるという殺人事件が起こった。逮捕されたAはBちゃんを殺した理由を聞かれて，冒頭のように供述していた。

事件後，Bちゃんの母親（30歳）は施設を経営する社会福祉法人に損害賠償を求めて提訴。訴訟の過程で，Aの供述書を含む少年審判記録が開示されたのだ。母親の担当弁護士が言う。「以前の少年法では，少年審判は完全に非公開。しかし，昨年4月の法改正後は，被害者の声をくみ取り，事件記録を閲覧できるようになったのです。そのおかげで今回，少女の殺人事件を起こすまでの背景を浮き彫りにすることができました。少年法改正がなかったら，この事件で学園の責任を立証することはできなかったでしょう」。

開示された審判記録は膨大なもので、積み上げれば厚さ20センチにもなる。それらが物語るのは、「先生」と呼ばれる保育士たちによる虐待やいじめなど、学園の異常な実態だった。

「刑務所はいいところやろな」
　現在も学園には、家庭環境などの理由で保護が必要な子どもが40名弱入所している。母親の病死をきっかけに、Aが施設に入ったのは2歳の時。軽い知的遅れがあったAは小学生時からいじめの標的となっていた。

〈B先生は平手でホホを叩く、つねる、木やプラスチックの物差しで背中やお尻をアザがつく程叩くという体罰をしてきました。学園の中で一番ひどい目にあっていたのがAでした〉　　　　　　（卒園者の供述書）

　別の卒園者は、虐待内容を記したノートを警察に提出している。

〈先生の虐待がすごい。殴る蹴るを平気でする。出て行けって言われて外で裸で立たされた。お尻をたたかれすぎておしっこのとき血が出た。死ね、とかいう〉

　そんな学園の生活のせいでAは自傷行為に走る。

〈自分自身の身体を鉛筆等で突き刺したりし傷つけ、自分の髪の毛を自分で引き抜き、壁に頭を強く打ち付けたりしていました。A自身の口から、死にたい、どうやったら死ねる等ときかれた〉　　　　　　　　（卒園者）

　さらに、本来保育士たちが行うべき幼児の世話や清掃作業などを押し付けられたことでAの学園に対する不満は溜まる一方。そして、〈何かすごい悪いことをすれば学園から出られるのではないか〉（Aの供述調書）と考えるに至るのだ。

〈私は面会にきたお父さんから刑務所の話を聞きました。お父さんは私に、刑務所は食事も出してくれるしお風呂も入れるし、学園の先生みたいにきついことを言う人がいないと言っていました。私はお父さんの話を聞いて、刑務所はいいとこやなと思いました。私は、人を殺せば学園を出られると思いました〉（同）

以上が週刊新潮の記事である。刑務所に憧れ、行くことを切望しなければならなかったこの少女にとっても、また投げ捨てられた子にとっても、この施設は地獄であったことだろう。

b. 子ども間暴力（児童間暴力）で裁判も起こっている
1） 傷害による裁判も

また、死亡事件だけではない。子ども間暴力（児童間暴力）による傷害で裁判も起こっている。施設や県が訴えられてもいるのである。この領域では優良として極めて評価が高い愛知県のある児童養護施設で、1998年1月、当時施設で養育監護を受けていた12〜14歳の少年4人が、約30分間にわたって9歳男児の頭や腹を殴ったりけったりして外傷性脳梗塞（こうそく）などのけがを負わせた集団暴行事件で裁判となり、2007年1月に県に計約3,300万円の支払いの判決が確定した。判決の経過は以下の通りである。

被害者の少年（15歳）＝名古屋市＝が、入所中の少年から集団暴行され、障害が残ったのは事件発生を防ぐための安全配慮義務を怠ったためとして、施設側と県を相手に約5,600万円の損害賠償を求めた訴訟で、2004年11月12日、名古屋地裁は県に約3,400万円の支払いを命じ、施設に対する請求は棄却した。

その後、2005年9月30日、名古屋高裁は、県にだけ約3,400万円の支払いを命じ、施設側の責任を認めなかった名古屋地裁判決の一部を取り消し、県と施設に連帯して同額を支払うように命じ、県と同様に施設側の責任も認めた。

さらに、2007年1月26日25日、最高裁第一小法廷は、県と施設側に計約3,300万円の支払いを命じた二審判決を破棄し、県のみに支払いを命じ、県側の敗訴が確定した。同小法廷は「県から養護業務の委託を受けた施設職員の行為は、国家賠償法上の公権力の行使に当たる。公務員個人は損害賠償責任を負わないとする同法の趣旨からすれば、職員だけでなく、施設側も賠償責任を負わない」と述べた。

この事件で注目すべきことは、この事件が起こった児童養護施設はこの領域では優良として極めて評価が高い施設であるということである。このことは、子ども間暴力をなくすのがいかに困難であるか、また子ども間暴力をなくしていくための特別な具体的システムがいかに必要であるかを示している。また、施設側の責任が問われず、もっぱら県の責任とされたのも注目すべきことであ

る。なお、ここではこの裁判のみの紹介に留めるが、子ども間暴力で裁判になっているのは、この施設だけではないということを付け加えておきたい。

3. 子どもたちは訴えてきた

こうした事実だけではない。田嶌（2005b）は、入所中の子どもや卒園者（施設生活経験者）などの当事者も声をあげてきたこと、にもかかわらず、子ども間暴力（児童間暴力）がまったく取り上げられてこなかったことを指摘した。

a. 施設生活経験者は声をあげている

ここで、児童養護施設の生活経験者（卒園生）たちの声に耳を傾けてみよう。いずれもインターネットのブログからとったものである。ここでこれらを取り上げるのは、それらが私が指摘した事柄とあまりにも一致しており、いずれも信頼に足るものであると私は考えているからである。なお、当然ながら現在世間の注目を集めている職員暴力についてもいくつもの言及があったが、ここでは子ども間暴力（児童間暴力）に関係したものに絞ってご紹介する。

まず、以下は、「児童養護施設を考える　大きい子が小さい子をいじめる『伝統』 http://yougosisetu.seesaa.net/article/4089739.html#trackback」からのものである。

> 大きい子が小さい子をいじめる伝統
> 　施設には大きな負の伝統があります。大きい子が小さい子をいじめる伝統です。おおよそどの施設にもあると思われるこの伝統。これについてある施設職員が語ってたことを今でもよく覚えています。「そういう伝統って絶対になくならないからね。しょうがないよ。」そりゃそうでしょう。あなたのような「しょうがない」の一言で何もする気のない人がいるのだから。この負の伝統を断ち切ることはコムの一つの目標です。とても大きなとても困難な目標ですが。　　　　　　　　　（コム，2005/06/02）

> 児童養護施設と共に
> 　「大きい子が小さい子をいじめる伝統は、おおよそどの施設にもあると思われる」との事ですが、できれば、きちんとした実証研究があれば説得力がある問題提起ができるのになあ〜と思います。

私が生活していた児童養護施設では，この伝統があり，年長の子どもは，「昔は，俺達だってやられてきたんだ」と言いつつ，年少の子どもに対して暴力を振るっていました。
　しかし，その実体験は，あくまで，私が生活していた児童養護施設ではそのような悪しき伝統があったという事を示しているに過ぎず，おおよそどの施設でもそのような伝統があると示している訳では無いんですよね……。
　ただ，「大きい子が小さい子をいじめる」という話は，いろいろな所で数多く聞くので，私も「大きい子が小さい子をいじめる伝統は，おおよそどの施設にもある」と思います。どこかの大学の先生が，「児童養護施設における大きい子が小さい子をいじめる伝統」の実証研究をやってくれないかな〜（他力本願）　　　　　　　　（masa, 2005/06/02）

　そうなんですよね。実証的な研究どころかデータすらないと思われます。コムは「いじめる」と一言で書いてしまったのですがその内容もさまざまですし，施設によっては「いじめ」を「いじめ」と捉えないとところもあると思います。
　また，このような汚点を公開する施設は少ないと思いますし，外部に介入されたくないというのが施設の考え方なのではないかと思います。このような理由で実証研究は難しい気がします。でも経験的・感覚的に知っているだけでは甘い部分も出てきてしまうんですよね。
　　　　　　　　　　　　　　　　　　　　（コム，2005/06/03）

　社会では，小さな女の子に性的なことをしたら，新聞にのるほど大問題になるのに，施設では，なぜ問題にならないのかしら。施設の小さな女の子は，何されてもいい存在なのよね，きっと。
　　　　　　　　　　　　　　　　　　　（Maria, 2005/01/16）

　先に，私は「子ども間暴力（児童間暴力）と職員暴力とは関連している」こと，また「担当職員がいうことを聞かない年少児に対して，年長児による抑えを暗に期待しているようだと，暴力を誘い出しやすい」（田嶌，2005c）ことを指摘したが，次のブログではこの職員暴力と子ども間暴力との関係についてもっと踏み込んだ指摘がなされている。

職員の子どもの管理手段として使われる黙認（「Maria の独り言（養護施設は子どもの生き地獄）http://blog.livedoor.jp/maria_magdalena/tb.cgi/24072668」から）

　伝統という一見もっともらしい言葉で施設の暴力や性暴力をごまかす職員にはうんざり。「犯罪」や「虐待」が伝統ですって。

　あたしは，誤解をしていないの。養護施設では，江戸時代の牢名主のように，囚人に囚人を支配させる暗黙の制度があるの。職員は，子どもを支配する手段として，大きい子の暴力を見逃し，小さい子を支配させているの。

　そうすれば，大きい子に指示を出すことにより，暴力による支配体系を確立できるから。それは，「伝統」ではないの。施設を支配する手段でしかないの。少ない職員で，効率的に子どもを支配する手段なの。

　子どもたちは，「オレは殴られたから，大きくなったら殴る」と言っているのではないの。「暴力によって支配されたから，暴力によって支配する」と言っているの。

　そして，性暴力を受けた子も同じ。自分がされた性行為を，小さい子に行うの。それは，同性でも頻繁にあるの。施設によっては，男女を厳密に分け，交流をさせないところもある。男の子が男の子をレイプする。そのトラウマを抱えた子が，中学生になって，小学生に同じことをする。女の子どうしも例外じゃないの。

　同性による性暴力が「伝統的」に多いのも，養護施設なの。こんなの，本当は「伝統」といわないのよ。「伝統」といった時点で，すでに犯罪や虐待を容認しているも同然なのよ。理解できるのかしら？

　養護施設と職員には，なにも期待していないの。戦後 55 年経つのに，いまだに，子どもの権利が守られずに，虐待や暴力，性暴力も無くならずに，百年河清を待つのんびりとした意見交換。あと，50 年経っても，こんな議論をしているのでしょうね。もし，里親制度に取って代わられなければ……。
　　　　　　　　　　　　　　　　　　　　　（Maria, 2005/06/04）

　私が調べただけでもこれらの他にも，インターネット上にはいくつもの言及があったが割愛する。

b．施設生活経験者は声をあげている ── その２．それでも顧みられていない

　次に，これまで出版された卒園者の体験記が掲載された児童養護関係の本をみてみよう。

　これらには，たとえば「施設は，多くの人が思っているような，暗くて寂しくてイヤなところじゃない。自由な時間もあるし，いろいろな子がいて楽しいこともいっぱいある」「施設に来て，本当に生活環境がよくなったんです。来てよかったと思っています」（『子どもが語る施設の暮らし』，「子どもが語る施設の暮らし」編集委員会編，1999）

　といったように施設で平穏に楽しく暮らせたことが述べられている体験記もある。

　これもまた児童養護施設の一面の真実を示すものであろう。

　しかし，その一方で，インターネットのブログだけではなく，他児童から深刻な暴力を振るわれた経験がはっきりと語られているものも少なくない。先述の本の中でも，施設の中で集団リンチにあうなど，暴力やいじめにあった経験もまた控え目にではあるが述べられているし，他の本の中でも，随所で子ども間暴力の経験が語られている。

　また，これに関連して大変気になるのは，そうした本の中には，はっきりと卒園者が声をあげているにもかかわらず，児童養護の専門家がさしてそれに注目していないように思われるということである。私がかつてそのことに触れた論文（田嶌，2005c）から，その例をあげておこう。

　『児童養護施設と子どもの生活問題』（長谷川眞人・堀場純夫編著　三学出版，2005）という本の中で，4人の卒園者へのインタビューが行われた結果が掲載されている。あらかじめ質問項目が決められているのだが，私がまず驚いたのは，その質問項目に，「体罰はありましたか」という項目はあるのに，子ども間暴力に関する質問項目がないことである。

　そして，「入所中，体罰はありましたか？」という質問に対して，その4人の卒園者から実際に次のような回答が寄せられている。

　　　A子 ── いいえ，叱られて殴られたことはあるが，自分たちがしてはい
　　　　　　けないことをして殴られたので納得はしていた。
　　　B男 ── はい，一部の先生からあった。友達同士でもあった。他の人が

　　　　　悪いことをして巻き込まれて自分も悪いことをしたことにされ
　　　　　たこともある。
　　　C子──いいえ，友達同士や上級生からのいじめはあった。いじめは先
　　　　　生のいないところで行い，上級生がやるから，下級生もまねを
　　　　　する。
　　　D男──はい，上級生からは頻繁にあった。先生の中にも体罰をする人
　　　　　がいた。

　どうだろうか。設問は子ども間暴力について直接たずねたものではないにもかかわらず，明らかに，子ども間暴力の存在が明確に語られているのである。にもかかわらず，それに対してさして注目している記述はみられない。あたかも職員暴力だけが問題とされているとしか思えない記述ぶりであり，少なくとも，このことが重要な問題として取り上げられてはいない。
　ここでは長谷川氏の著作をあげたが，つい最近まで，長谷川氏に限らず，もっぱら「職員から入所児への暴力・虐待」だけが注目されていたのである。たとえば，『施設内虐待』と題する本も出版されているが（市川和彦著『施設内虐待』誠信書房，2000；市川和彦著『続・施設内虐待』誠信書房，2002）が，そこでは児童養護施設も含め，さまざまな施設での虐待が取り上げられているが，その内容はもっぱら職員暴力に関するものである。また，「施設内虐待をめぐって」と題した論文（平湯，2004）でも，取り上げられた児童養護施設の虐待事件はすべて施設長または職員によるものだけである。市川氏の著作も平湯氏の論文も，施設内虐待について突破口を開いたという意義がある。しかし，施設内虐待，施設内暴力と言えば，もっぱら職員から入所児への暴力だけが注目されてきたのである。

c. 入所児も本当は声をあげている

　声をあげているのは卒園者だけではない。実は，入所児もちゃんと声をあげているのである。
　たとえば，これまた長谷川氏の著書からで恐縮だが，『子どもの権利ノート』（長谷川眞人編著　三学出版，2005）という本では，子どもの権利ノートについての多数の入所児へのアンケート結果が掲載されている。
　「子どもの権利ノートに書いてあることが，施設の中で守られていると思いま

すか？」ということが項目ごとに問われているのだが，どの項目においても全体的に「わからない」という回答が多いのが目立つ。「守られている」と感じている子どもが過半数を超えるのは，①（＝「あなたはみんなで仲良く暮らすために，施設の約束や友達の権利［幸せであることが保障されていること］を守らなければならない」）53％のみであり，他の設問では50％未満という結果であった。特に，③（＝「あなたは叩かれたり，いじめられたりすることはない」）に関しては28.3％と低いことがわかった。

　このことは，入所児があきらかに子ども間暴力で苦労していることを示しているとしか思われないが，この本ではそのことについて，さしたる考察はされていない。なお，次章で述べるように，長谷川眞人氏が理事長であるNPO法人「こどもサポートネットあいち」は2010年6月に三種の暴力を含むアンケート調査を行っている（中日新聞　2010年10月31日朝刊，結果の概要は次章を参照）。このことからもわかるように，長谷川氏が最近では，従来の職員からこどもへの暴力だけでなく，三種の暴力に注目するようになっているということを付け加えておきたい。

　以上のことから，卒園者も入所児も声をあげているにもかかわらず，そのことがまったくといってよいほど注目されず，子どもたちの声が汲み上げられてこなかったのだということがわかる。関係者の間で少なくとも公には問題とされてこなかった。あたかも，職員暴力だけが問題であるかのような論調であった。子どもたちは，随所で声を上げてきたにもかかわらず，なぜこんなにも顧みられなかったのであろうか。それについては，第14章（最終章）で論じる。

d．暴力に関する調査

　先述のように，報道されているだけでも，死亡事件や裁判が起こっている。その背後には，そこまでは至らないにしても暴力による被害がどれだけあることだろうかということに思いをはせていただきたい。

　少ないながら，最近になってやっと実態調査を行った報告も出てきている。兵庫県児童養護連絡協議会が行った調査では，平成18年（2006年）4月〜12月の間に，14施設で子ども間の暴力は244件と報告されている（藤本，2007）。また，酒井ら（2009）は，同じく兵庫県の児童養護施設14施設における三種の暴力についてアンケート調査を行い，平成19年1月から12月の1年間に，

子から子への暴力は582件であったと報告している。さらに，東京都の社会福祉協議会の児童相談所部会が実施した調査報告では，2007年10月15〜21日の1週間で，入所児童同士の身体的暴力トラブルは24施設で99件あったとのことである（黒田，2009）。この3つの調査は，子ども間暴力（児童間暴力）だけをみたものではなく，さらなる概要は，次章で述べるので，参照していただきたい。

深刻度はさまざまであろうが，把握できたものだけでこれだけである。潜在的暴力を含めれば，実態はこんなものではないであろう。

e．訴えられない被害

たとえば，冒頭であげた次の例は被害児がいかに訴えにくいかを示している。

【事例6】

県内でも優良施設として知られたある児童養護施設でのことである。中学2年生Hがアゴを骨折した。その子は，風呂場で自分が転んで水道管にアゴをぶつけて骨折したのだと，最後まで言い張った。施設を出て数年後になってHは，あの時本当は高校生Iから殴られたのだが，あとの仕返しが怖くて言えなかったのだと告白した。

このように，暴力被害は，なかなか訴えることができないものなのである。いわゆる優良施設でも裏ではこういうことが起こっていることがある。なかでも性暴力はさらに訴えにくいものである。したがって，全国的には潜在的暴力がどれだけあるか思いをはせていただきたい。

f．心のからくり

ここで注意すべきは，私の経験では，潜在的な子ども間暴力に苦しんでいる子どもたちのなかには，なにかあったなということが外からみてキャッチできるような暗い表情の子や落ち着きのなさを示す子もいるが，被害を受けている子の多くは屈託がないように見えるということである。

クリスマス会やお誕生会など，楽しい場面では楽しく過ごすので，一見しただけでは，とてもそんな目にあっているとは思えないのである。私が関わったある子もそうであった。学校で意地悪な子がいるとは語っていたが，施設内でそういう目にあっているとは言ったことがなかった。ところが，何年もたった

後に当時すでに子ども間暴力（含性暴力）にさらされていたことがわかったのである。

彼らの多くは，その境遇から，「その場その場を生きる」といういわば哀しい「生活の知恵」を身につけたと考えられるケースが少なくないのである。だからこそ，ひどい暴力にさらされていても，楽しい会では楽しく過ごすのである。専門家が「解離」と呼ぶものの基礎にはこういう機制も一部関連しているのではないかと私は考えている。したがって，彼らの楽しそうな様子だけをみて，子ども間暴力（児童間暴力）がないと断定しないように注意すべきである。

そして，卒園後何年もたってから，その子たちが施設を訪問し，以前はいかにひどかったかを語ることが，しばしばある。児童養護施設のベテラン職員であれば，かなり多くの人が耳にしているはずである。しかし，それを聞かされた職員の多くは，「ああ，以前はそんなにひどかったのか」と思うだけのことで，現在もなおそうした事態が続いているかもしれないとは考えない。

人は，自分がなんともできそうにない問題や取り組みたくない問題については，①「否認」という心のからくりを発動する。あるいは，②選択的不注意——それを匂わせるサインに鈍くなる，③問題を過少評価する——という心のからくりを発動するのである。

研修会で私の講演を聞いた施設長も，しばしばこう言う。「うちも以前はありましたが，今はありません」。今はないと，自信をもっていい切れる根拠はなんだろうかと，私はいつも疑問に思っている。

4. 児童養護施設以外でも起こっている同様の身体暴力（含性暴力）

すでに述べてきたように，児童福祉施設における暴力の実態は，時に同性や異性間の性暴力も含むものであり，深刻である。しかし，誤解のないように強調しておきたいのは，このようなことが起こるのは，なにも児童福祉施設だけに特有のことでは決してないということである。たとえば，児童養護施設で起こっている子ども間暴力（児童間暴力）のどれひとつをとっても，児童養護施設でのみ起こっている被害などというものはない。

たとえば学校の寮などの他の施設でも，性暴力も含め同様のことが実際に起こっているのである。時に事件となり報道されているのだが，私たちにその詳細が知られることが少ないだけのことである。施設の子たちが特別な子だからこういう問題が起こるのだということでは決してないのである。この問題に取

り組むにあたって今回いろいろ調べてみてとりわけ驚いたのは，学校の寮での事件の多さである．深刻な事件だけでもこれだけあるのだから，そこにまで至らない暴力は膨大なものであうと考えられる．

以下に，事件として報道されたものを，「子どもに関する事件・事故1～3 http://www.jca.apc.org/praca/takeda/list01.html」からいくつか紹介する．

a．学校の寮関係

この種の事件でもっともよく事件が報道されているのは，学校の寮である．なかでも多いのは運動部関係の寮である．

［殺人または死亡事件］
1) 1969年4月25日，神奈川県の私立高校の男子生徒A（高1・15）が，同じ寮に暮らす同級生の男子生徒B君（高1・15）を登山ナイフで刺し，首を切り落とした．日頃B君とは仲が悪くなかったが，中学時代からB君にいつも馬鹿にされたり，いじめられていた．

いじめによるものと考えられる自殺もある．

2) 1986年1月21日，岩手県の高校の男子生徒C君（高1）が自殺．包装紙やマンガの表紙を使って7枚の遺書が見つかった．「しぐ（死ぬ）なんてばかかもしれないけれど，おれはもうたえられない　ねえちゃん，おとうさん，おかあさんを不幸にしないでください　みんなすきだった．バイバイ」などと書いてあった．C君は学生寮で同級生7人から「態度が大きい」「掃除当番をさぼる」などといって暴行を受けていた．
3) 1986年7月1日，東京都のX大学の体育寮で，空手道部の2年生部員13名が1年生部員9名に対して集団リンチ．政経学部のD君（大1・19）が翌日死亡．別の部員E君（大1・19）も内臓破裂の重傷を負った．

　7月1日午後，2年生部員が1年生部員に，4年生部員の空手道着を洗濯して4年生部員に届けるよう指示していたが，していなかったことに腹を立てて，夜，1年生部員を寮の一室に集合させた．午後11時20分頃，寮の部屋の隅に1年生部員9名を一列に並べて正座，黙想をさせ，2年生部員13名が対峙して座った．

F（大2・20）とG（大2・19）が説教を始めたが，それに対してD君（大1）が弁解したことから，Fが激怒。D君の腹部に足蹴りを加えた。

それをきっかけに，2年生6人による暴行が始まった。

D君は，FとGを含む4人に腹部，頭部などを足蹴りにされるなどの暴行を受け意識を失い，救急車で市内の病院に運ばれた。頭部，顔面，胸部，四肢等に捻挫，肋骨骨折等の傷害を負っていた。

4）1995年5月13日，Y島の都立高校の島外出身者の寄宿舎で生活していた生徒12人が，上級生3人（高3）に命じられて島内の漁港付近の堤防から10メートル下の荒海に飛び込み，H君（高1・15），I君（高1・15），J君（高1・15）の3人が溺れて死亡。K君（高1・15）が行方不明となった。

飛び込む直前，サメが泳いでいるのを目撃。1年生が，「サメがいますけど」「波が荒いですよ」と再三，3年生に中止を促したが，「これくらい大丈夫」と言って取り合わなかった。「寮生の気合いを見せろ」と言われ，寮生たちは後が恐くて断れず，指示に従った。

この寄宿舎では，寮を1隻の船に見立て，「上の言うことは絶対」という船内を再現するように，3年生に1年生4人が入室する部屋の指導をさせていた。上下関係は伝統的に厳しかった。

寄宿舎の1年生には「日記」が義務づけられていた。日記は3年生が毎日，チェックしていた。「就寝中に目にムースをかけられる」「深夜に冷たい海で泳がされる」などの3年生による暴力やシゴキが恒常化していた。

5）2003年2月26日，ニュージーランド・オークランド西部郊外にある不登校生らを集めた施設の寮で，日本人の学生らに暴行され，日本人の男性Lさん（22）が死亡。

施設は日本人が運営し，日本での学校生活などになじめない10代から20代前半の生徒約30人が寮生活を送りながら学んでいる。現在，15歳から25歳の日本人の男女計約30人が家事などを分担して5棟の寮で共同生活を続け，それぞれの事情に応じて，高校や大学にも通っていた。

こうした出来事は施設や学校の寮に限らず，ストレスが溜まりやすく閉鎖的になりがちな集団生活の場において起こりやすい。たとえば，長期にわたる漁に出た船の船内でも事件が起こっている。

6) 1985年9月21日，秋田県の県立高校で，漁業実習船「Z丸」がインド洋・インドネシア・バリ島沖付近で外洋漁業実習中に，少年M（高3）が，同級生のN（高3）を脅して仲間に引き入れ，同級生のO君（高3・17）を海中に投げ込んで殺害。

O君は，Nとともに，Mから執拗ないじめを受けていた。Nは，Mから連日のように暴力を受けながら反発できず，Mにあごで使われていた。実習船でも，NはMと同室になり，いじめられていた。O君は，Mに対して反発する姿勢を見せていた。

NはMから，O君殺害を拒否すれば海中に突き落とすと脅されて，犯行に加担した。

[暴行（含性暴力）・傷害]
1) 1991年9月，埼玉県の私立高校の相撲部の寮で，P君（高2・16）が同級生の部員Q（高2）らにいじめを繰り返し受けて，登校拒否になり退学。

5月頃から，いじめられていた別の部員をかばったことをきっかけにいじめられる。7月頃から，ほかの部員にトランプや花札などの賭博行為の仲間に入れられ多額の現金をとられた。また，就寝中にライターで手足に火をつけられる，急所を蹴られるなどのいじめを繰り返し受けた。9月から登校拒否をするようになり，12月末に退学。

2) 1992年4月，広島県の自衛隊学校（自衛隊の幹部候補生学校）で，上級生がこの4月に入学したばかりの新入生に，"指導"の名のもと，"ハッパ"と称して殴る蹴るの暴行加え，R君が頸髄不全損傷の重傷で入院。

学校寮でも，児童養護施設の場合と同様に，同性による性暴力も含まれている。こうしたことはなかなか当事者からは語られにくいが，次に述べるのはそれが語られた数少ない一例である。

3) 1993年9月，岡山県の私立高校の学校寮で1年生のときに連日，上級生らから集団暴行や性暴力を受けるなどした男子生徒S君が，加害生徒らが処分を受けた後も，「Tが退学になったのはお前のせいだ」として，暴力やいじめを受け続けた。2年生時に不登校となっ

て，3年生に進級できず転校。腕に身体障害4級認定の後遺症が残り，PTSDから自殺未遂を繰り返した。

　S君は同室のTやUから連日，「正座をさせ，目をつぶらせ，手を後ろに回させる」体勢（「シバキの体勢」）で，腹部，みぞおちを何発も殴られた。殴る，蹴る，腕をねじる。鉛筆を指に挟んで手を絞る。水を入れた1リットルのペットボトルで腕を殴る。S君の悲鳴が外に漏れないよう，押入れに閉じ込めて殴り続けたり，他の生徒が見張りをすることもあった。

　また，同室のTからS君は夜中に起こされ，性器を舐めるよう強要されるなどの性暴力を受けるようになった。暴行が原因と思われる左腕の後遺症に対して，手術や治療を続けるが改善しない。左腕の脱きゅう，靱帯（じんたい）断裂。左ひじが動かなくなり，4級（左橈骨頭脱臼・左肘機能の全廃）の身体障害者の認定を受ける。

　寮を出た直後から，悪夢や不安感など心的外傷後ストレス障害（PTSD）の症状に悩まされた。集団暴行を受ける夢をみる，狭い室内で大勢の人といると寮の室内でリンチを受けた際の状況と重なって耐えられない，大勢の人といるといらいらしてきたり，その場から逃げ出したくなる，暴れたり自傷行為に及ぶ，睡眠薬がなければ眠れなくなるなどの症状を覚えるようになった。また，自殺未遂も繰り返した。

　この寮では，S君が入学する以前から，いじめによる寮生の自殺未遂や，先輩が後輩に暴力を振るう，いじめる等のトラブルが頻発しており，退寮・退学希望者が後を絶たなかったという。

4）1996年6月11日，愛知県の全寮制の私塾の塾内で，塾生のV君（15）が，塾生2人に殴られて頭に大けが。

　1996年4月，V君が入塾。V君の行動がゆっくりしていること，内向的なこと，仲間に迷惑をかけてもなかなか謝らないことから，入塾当初から，いじめが始まり，塾生から繰り返し暴行を受けていた。6月11日，V君が仲間のギターを壊しても謝らないことから，塾生2人に殴られ，頭に大けがをした。一時，意識不明の重体になる。病院で，全身に打撲跡があったことから，事件が発覚。

　また，この寮では1996年4月15日，午前1時頃，別の寮生W君（高2・17）が，同学年の寮生3人から暴行を受け，全治1ヵ月のけがを負っていた。

5）1997年7月，大阪府の私立高校の野球部寮で，2年生男子部員

約15人が，1年生部員全員に集団暴行。内1人に後遺症が残った。

　野球部寮内の乾燥室で2年生男子部員約15人が，1年生部員全員に殴る蹴るなどの集団暴行。2年生のXが，男子生徒Y君（高1）の左ひじ付近を蹴り上げた。結果，利き腕の靭帯（じんたい）断裂などのけがを負い，左腕のひじが伸びないなどの後遺症が残り，野球が十分続けられなくなった。この男子生徒は2度手術を受けたが，握力低下などの後遺症が残った。

　上級生が下級生を「付け人」にして，身の回りの世話をさせる。気に入らないことがあると，バットで殴ったり，バリカンで頭髪を虎刈りにした。新入生のノートに上級生を天皇や神にたとえる言葉を書かせて，上下関係を強調。

　この寮では，2000年6月には，2年生部員が，上級生（3年生）にバットで頭を殴られ，7針を縫うけが，2001年1月には，1年生部員が，上級生からバットのグリップで頭を小突かれ，4針を縫うけがをした。

　以上の事件は氷山のほんの一角であると思われるが，性暴力も含め，深刻な身体暴力があることがわかる。このように，児童養護施設だけでなく，ストレスが溜まりやすく閉鎖的になりがちな集団生活の場において同様のことが起こっているのである。また，学校の部活でも児童養護施設で紹介した事例と同様の性暴力，身体暴力が起こっている。

b．軍隊

　さらに言えば，子どもだけに起こることではない。ここではその一例として，報道された韓国の軍隊について見てみよう。以下は2003年7月14日の「朝鮮日報」の報道である。

　「軍隊内の性暴力は人格殺人」
　　先日，部下の兵士に対し常習的に性的ないたずらをしたという疑いで大隊長が拘束され，軍隊で先輩兵士に性的いたずらを受けたショックで京畿（キョンギ）道・議政府（ウイジョンブ）で陸軍兵士が自殺するなど，軍隊内の隠れた性暴力の被害が明るみになり，韓国社会に衝撃を与えている。

　　国家人権委員会が昨年9月から12月までの3ヵ月間，現役兵士およ

び除隊者を対象に実施した調査によると，大韓民国の軍人10人中1人が性的ないたずらを受けたことがあることがわかった。調査対象372人中34人（9.12％）が性的ないたずらを受けたと答えた。

そうであるにもかかわらず，軍隊の性暴力の全体的な様相は依然，ベールに包まれたままだ。階級社会の垂直的な上下関係のために被害者が不利であるほかなく，保安を重視する軍の特徴のため，外部には伝わりにくいためだ。

取材陣と接触した被害者の中には現在，軍を除隊し，民間人の立場であるにもかかわらず，羞恥心と不利益を被るのではないかという不安で，詳しい被害内容を明らかにしたがらなかった。

忠清（チュンチョン）南道・陸軍の某訓練所に入隊してから1週間後，訓練担当者に性的ないたずらを受けたK（27）さんは，取材陣の前で涙まで見せた。午前2時頃，共に歩哨所の勤務をすることになった訓練担当者が「お前，女とアレやったことあるか」と聞いた後，Kさんの口に強制的にキスをした。

Kさんが大声を出すと，「静かにしないと殺すぞ」と脅しながらKさんの性器を触り，その後で自分の性器にも触らせた。訓練担当者はさらに「（憲兵隊などに）通報したら除隊してからも不利益を被ることになる」とKさんを脅迫した。

2000年冬，京畿（キョンギ）道・烏山（オサン）の空軍の某部隊内では，もっとも古株の兵士2人が，新しく転入してきた兵士2人に「新部隊配置申告式」という名目で性行為の様子を描写するよう強要した。当時，現場にいた金某（24）さんは「本当に獣のような真似だけれど，軍の綱紀のためという名分でこのような悪習が数年間続いた」とし，「不利益を被ることを恐れ，誰も反抗できなかった」と打ち明けた。

「男性の電話」の李オク所長は，「軍内の性暴力の背後には，一種のストレス解消の次元で部下を性的に虐め，楽しもうとする心理もあるはず」とした。

実際に1999年，京畿（キョンギ）道・抱川（ポチョン）の某軍部隊の炊事兵の内務班（兵営内で起居する際の最低単位）では，先任兵のオーラル・セックスの強要を拒否した兵士が，下水道の穴に性器を出し入れする"罰"を受けた事件があった。この事件は噂になって上官の耳にまで入り，当該の先任兵は結局軍法会議に付託された。

専門家らは，軍内の性暴力問題をこれまでの密閉された兵営から外部へ引き出し，社会的に公論化することで，正確な実態把握やそれに伴う

実効性のある対策を立てるべきだと口を揃える。
　性暴力相談センターのクォン・チュヒ幹事は、「軍内の性暴力問題は、最近ある兵士の自殺など極端な事件としてマスコミに暫し取上げられたが、以前から頻繁に起きていた」とし「軍内の性暴力問題は、物理的な被害より精神的な被害にフォーカスを当てるべきであり、一種の人格的な殺人行為」と述べた。
　ソウル大学の金恵蘭（キム・ヘラン／社会福祉学）教授は、「軍内の性暴力問題のもっとも大きな理由は家父長的な要因や閉鎖的で上位下達式の軍隊文化の特殊性にある」とし「兵営内に社会福祉士資格のある軍人か民間人を雇用する専門相談制度などを採択すべき」と述べた。
　洪源祥（ホン・ウォンサン）記者・張凖城（チャン・スンソン）記者
（記事入力：2003/7/14　20:13）

　むろん、このような暴力の実態が存在するのは韓国の軍隊だけではないだろう。たまたま問題として取り上げられ、報道されたためここで紹介できただけのことである。わが国では、『自衛隊という密室』（三宅，2009）という本が出版され、その中で自衛隊での暴力事件がいくつも報告されているし、数年前には米国の海兵隊での暴力現場が撮影されたものが報道されたことがある。
　先述の韓国の軍隊の性暴力事件の報道では、見出しに「人格殺人」という語が使われていることに注意していただきたい。トラウマ体験は、発達途上の子どもたちが被害に遭った場合、その影響はさらに深刻であるとされている（Herman, J., 1992）。発達途上にある児童福祉施設の子どもたちには、どれだけ深刻な影響を残すことだろうか。

c．家庭での被虐待児だから起こるのではない

　施設内の子どもの暴力が問題として語られる時、家庭で虐待を受けた被虐待児だからと説明されることが多いが、以上のことから、必ずしも家庭での被虐待児だからそのような暴力が起こるのではないことがおわかりいただけよう。つまり、家庭で虐待を受けた子でなくとも、暴力的集団に入れられれば、暴力を振るうようになりやすいのである。換言すれば、「家庭で虐待を受けたという要因」は、暴力の必須要因ではない。集団内の暴力（含性暴力）は児童福祉施設に限ったことではなく、大人であれ子どもであれ、ある程度の数の人間が閉鎖性の高い空間でストレスに満ちた生活を共にする時、極めて起こりやすい性

質のものであるといえよう。いわば構造的問題から起こっているのであり，個人の力量だけで対処しうるものではない。

　児童福祉施設では，子どもたちは自ら望んでこの場に集って生活しているわけではない。不本意な集団生活を強いられた集団（「**不本意集団**」，第6章参照）では，なおさらそのリスクは高くなるものと考えられる。

　したがって，入所以前に受けた虐待は促進要因のひとつではあるにせよ，少なくとも主たる要因であるとは考えられない。換言すれば，家庭であれ，施設であれ，暴力・虐待にさらされれば，そして，その後力をつければ容易に暴力を振るうようになりやすいのだと言えよう。

　ただし，児童養護施設で起こる子ども間暴力の痛ましい特徴ひとつは，その「徹底した逃げ場のなさ」である。学校等で起こった暴力やいじめなどであれば（これはこれで深刻であり，容易ではないにせよ）家庭に逃げ込むという道もありえるだろうが，生活の場で起こっているものは，徹底して逃げ場がなく，また通常長期にわたる。

　この子たちは逃げ帰る家がないのである。

5．かくも長き放置（ネグレクト）
a．暴力というものの性質

　偉そうな言い方で恐縮だが，いわゆる専門家と言われる人たちでも，暴力というものの性質をわかっていないように感じることが多い。まるでプレイセラピーなどで小学校低学年くらいまでの年齢の子がセラピストに攻撃性をぶつけるような程度の暴力への対応をイメージしているかのように私には感じられるのである。

　児童福祉施設の子どもたちがさらされているのは，そういう軽い暴力も含むが，これまで述べてきたように，はるかに深刻な暴力までもが含まれるのである。児童福祉施設の子どもたちの暴力は，効果を上げるために，いわば実に「磨き抜かれた」ものである。相手に苦痛を与え，従わせるために，効果的な手法がとられる。それは何代にもわたって，上の子から下の子に受け継がれてきた分だけ，いわば「洗練」されている。

　例をあげよう。みぞおちを拳で殴られると，息ができなくなる。痛みと呼吸ができないつらさで，立っていられず，のたうちまわるのである。しばらくのたうちまわった後に，やっと一息つけるが，それも一息だけである。すぐにま

たしばらくは呼吸ができなくなり，苦痛でのたうちまわる。これを幾度か繰り返した末，やっとなんとか呼吸ができるようになるのである。たった一発のパンチでそうなのである。これをさけるためには，殴られないようにするか，腹筋をきたえ，パンチを受ける際に，おなかに力を入れるしかない。しかし，力関係に差がある暴力では，そんなことはあまり役に立たない。

　ふつうにみぞおちを一発殴られても，このようにのたうちまわるようなものすごい苦痛が続くのに，施設での暴力はさらに効果的に行われる。たとえば，「あー」と声を出し続けるように命令される。声が出なくなったところで，みぞおちを殴るのである。要するに，息を吐き切らせてから殴るのである。あるいは，同じ場所を繰り返しなんども殴る。どちらのやり方も，ものすごい苦痛である（＊注意：危険!!　試しにやってみるなんて決してしないで下さい）。地獄の苦しみと言っていいだろう。まして，息を吐き切らせたところで，何度もみぞおちを殴られれば，これはもうなんと言っていいだろうか。

　一度でもこんな目にあえば，もう相手のどんな命令であれ，言うことを聞くだろう。もはや暴力を振るう必要さえなくなる。命令は多岐にわたる。いわゆるパシリはもちろん，「今日は寝るな」という命令をされた子もいる。誰かを殴れと命令された子もいる。必死で殴り合いをしろと命令された子もいる。性暴力を振るわれる子もいる。たいていの子は，また同じような目にあわないですむなら，どんなことでもするだろう。そして，加害児のご機嫌をうかがって，内心びくびくしながら生活を送ることとなる。それでも加害児の機嫌が悪ければやられるのである。

　直接被害を受けた子だけではない。こうした光景を目撃した子やそういう暴力があったことを聞かされた子はどうだろう。当然ながら，この子たちも恐い。自分がそういう目には会いたくないと思うはずだ。ある子は，別の子がやられていると，その時は自分はやられないからよかったと思うと語った。

　またやられるのではないかという恐怖，さらにはそれ以上のことをされるのではないかという恐怖。それは，想像上の恐怖であるが，いわゆる恐怖症者が抱く想像上の恐怖とは異なり，現実的根拠のある想像上の恐怖である。

　暴力を振るわれ続けている子の場合，少しくらいやられても，ひどく殴られなかっただけ，今日は運がよかったと思うようになる。さらには，このくらいですんだのは，暴力を振るう相手の「おかげだ」「ありがたい」とさえ思うようになることもある。

以上のような状況に、私たちは思いをはせなければならない。

b．訴えられない被害
　先に、殴られてアゴの骨を骨折したにもかかわらず、被害を訴えることができなかった子の例を述べた。それは特殊な例では決してない。

【事例7】
　それとは別の施設でのことである。私が安全委員会活動をやる前のことである。暴力行為を繰り返し、2回一時保護になった子が、またまた何人もの子に暴力を振るっていることがわかり、3度目の一時保護となった。その間、児童相談所は入所の子どもたち全員に聞き取り調査を行った。その際、いかなる意図からかはわからないが、聞き取り調査を行った児相の児童心理司は「あの子がこの施設に戻ってきてもいいか」と尋ねたのである。
　誰一人として、「戻さないでほしい」と言った子はいなかった。いや、言えた子はいなかったのである。一番被害にあっていた子は、「はい、戻ってきてもいいです。嫌と言えなかった僕も悪かったんです。今度から、嫌なときは嫌とちゃんと言うようにしますから、戻ってきてもいいです」と答えた。これほどに完璧な答えをしてみせるのである。「戻さないでほしい」などと、児相の職員に言ったことがバレたら、戻ってきた時にどんな目にあわされるかわからないので、こう言ってみせたのである。その後にかけつけた私の前で、「もうどうしていいのか、わからない」とこの子は泣いた。
　最近では、自治体によっては児童相談所が年1回程度入所児全員に個別面接を行っているところが多くなってきている。そのこと自体は、むろん望ましいことである。しかし、それだけで十分なわけではない。ある県の暴力が吹き荒れた施設でのことである。管轄の児童相談所による聞き取り調査でも、子どもたちは「暴力はない」と言っただけではない。「楽しいよ」とまで言ってのけた子までいるのである。
　もうひとつ例をあげておこう。

【事例8】
　比較的落ち着いていると言われているある児童養護施設でのことである。
　食事の時、高校生がチーンと箸で茶碗を叩いた。すると、それを合図に、弱

い子が「先生，僕もうお腹いっぱいになって食べられないから，○○君（その高校生）に食べてもらいたいんですけど」と言う。すると，強い子が「俺もうほんとは腹いっぱいなんだけど，お前に頼まれたら断れんなあ。しょうがない，無理して食べてやろう」と言って食べたのである。その高校生が怖いから差し出したのではないかと，職員が聞いても，「そんなことはない」と言い張るのである。

ここまでくると，もはや，暴力を振るう必要さえなくなる。しかし，強い子の言うことを聞いてさえいれば，暴力を振るわれないかと言えば，そんなことはない。強い子の機嫌が悪いとやられるのである。

c.「愛着の障害」の修復や「心の傷のケア」の前に

児童養護施設をはじめ，さまざまな福祉施設における「施設内虐待」といえば，これまでもっぱら職員による入所者への暴力（以下「職員暴力」と記すことにする）が注目されてきた。後に述べるように，それは深刻であり，むろん許されることではなく，なくしていかなければならない。しかし，実際には「子ども間での暴力」もまた深刻である。それは職員の側からは見えにくく，長年にわたって続く。自分たちの施設ではそんなことはないと思われる施設関係者の方もおられるかもしれない。しかし，子ども間暴力（児童間暴力）は特別荒れた施設だけでなく，ごく普通の施設でも，気づかれていないだけで，かなり広く起こっているものと私は考えている。さらには，「子どもから職員への暴力」もまた大変深刻なものである。

このことは子どもたちに安全で安心できる生活を実現するのが，いかに困難であるかということを示している。

にもかかわらず，現在の動向ではまず子どもたちが過去に受けた虐待による「愛着（アタッチメント）の障害」や「心の傷（トラウマ）」という視点からのケアということにもっぱら関心が向けられているように思われる。しかし，このような暴力の存在は，そのことに大きな警鐘を鳴らすものである。なお，この点については，第5章でさらに論じるので，参照していただきたい。

d．職員からの暴力（職員暴力）と子ども間暴力

「施設内虐待」や「施設内暴力」と言えば，もっぱら注目を浴びてきたのは施設職員による入所者への暴力である。以前はまったく注目されていなかった施

設内のこうした問題が取り上げられるようになったことには意義がある。しかしその一方で、もっぱら職員暴力だけが社会的に注目を浴びていることには大きな問題がある。

　第一の問題は、実際には子ども間暴力や子どもから職員への暴力など、施設内ではさまざまな形の暴力が存在するにもかかわらず、職員暴力だけがクローズアップされたことである。むろん、職員からの入所児への暴力はいっさいなくさなければならない。そして、職員暴力がこれだけ社会的に注目を浴びたため、「懲戒権の濫用」にならないように、施設側もよりいっそうの注意を払うようになってきたようである。そのため、入所児が職員からの暴力にさらされる可能性が、以前にくらべある程度少なくなってきたということは言えるだろう。

　しかし、その一方で「懲戒権の濫用」を戒めるあまり、職員が暴力や問題行動を繰り返す子どもたちに対して、どう対応したらよいのかわからなくなり、いわば腰がひけ気味になっている場合もあるようにも思われる。こうした状況下で、子ども間暴力（児童間暴力）や年長児による職員への暴力がより起こりやすくなってきているように、私には思われる。このように、職員暴力と子ども間暴力（児童間暴力）は関連しているのである。にもかかわらず、「施設内暴力」といえば、もっぱら職員暴力だけがクローズアップされ、強調されてきたことは著しくバランスを欠くものである。無論、職員による子どもへの暴力はあってはならないことである。しかし、職員暴力だけが問題なのではない。入所児の安全・安心を脅かすすべての暴力が問題なのである。しかも、職員暴力と子ども間暴力（児童間暴力）とは関連しているのであり、どちらか一方だけをなくせばいいという問題ではない。

　第二は、職員暴力も子ども間暴力も単に言葉で禁止しさえすればそれですむという問題ではないということである。それを実現するためのシステム（仕組み）が必要なのである。このことには若干の説明が必要だろう。これまで公になった職員暴力には、長期にわたる性暴力や重大な傷害事件までもが含まれている。したがって、施設職員の中には、福祉の場から断固排除するしかない者がいることは否定のしようがない。しかしその一方で、適切なサポート体制があれば、暴力など振るわなくてもすむ職員も少なくないものと考えられる。

　そのような職員が子どもへ暴力を振るってしまう背景はいろいろあるだろうが、そのひとつには職員が何度注意しても問題行動がおさまらないなど、通常の指導ではどうにもならないことが多く、そのような子どもの問題行動に対し

て有効な指導法・対処法が職員に提供されていないことがあると考えられる。したがって，単に，職員暴力を禁止するだけでなく，同時に職員が子どもへ暴力を振るわないでもやっていける方法を提示することが必要なのである。

すなわち，職員暴力，子ども間暴力，子どもからの職員への暴力などのいずれかにのみ対応するシステムではなく，施設におけるすべての暴力を同時になくしていくのに有効な対応システムを創っていくことが必要なのである。

そのためには，「懲戒権の濫用」を戒めるだけではなく，暴力をなくすために有効かつ適切な「懲戒権の使用」もまた必要である。

e．かくも長き放置（ネグレクト）

以上見てきたように，子どもたちは訴えてきたにもかかわらず，「安心・安全」という子どもたちの**もっとも切実なニーズ**は汲み取られてこなかった。これは，**「かくも長き放置（ネグレクト）」**である。専門家によるネグレクト，大人によるネグレクト，そして社会によるネグレクトである（田嶌，2008a）。長年暴力にさらされてきた子どもたちの苦しみを思うと，こう言わざるをえない。

安全で安心な生活：弱い子にも実感できるように

暴力による直接の被害はそれこそ本人にとって深刻な被害であるが，被害はそれだけではない。いつやられるかわからない雰囲気の中で，おびえて卑屈になって暮らしていかなければならいこと自体が，子どもの成長に甚大な被害を与えるのである。

また暴力は直接それを受けた被害児だけが被害者なのではない。他児が殴られるのを目撃するだけで，弱い子どもや幼い子どもには十分に脅威であり，おびえて暮らさなければならなくなる。直接暴力を振るわれなくとも，暴力的雰囲気の中で暮らすこと自体が子どもたちには十分に脅威である。さらにいえば，大人からみて，たいした暴力に見えない程度の暴力でも，年少の弱い子どもたちにとっては十分な脅威であることにも留意しておきたい。すなわち，<u>安全で安心できる生活というのは，年少の弱い子どもの目線に立って実現していくことが必要なのである</u>。つまり，年少の弱い子どもたちまでもが，心から安全で安心して暮らせていると実感できるような施設にしなければならない。

[文　献]

藤本政則（2007）子どもの権利と施設ケアのあり方について──子育て支援基準を中心とする兵庫県の取り組み　第61回全国児童養護施設長研究協議会報告書，pp.86-90.

長谷川眞人・堀場純夫編著（2005）児童養護施設と子どもの生活問題　三学出版.

長谷川眞人（編著）（2005）全国の児童相談所＋児童養護施設で利用されている子どもの権利ノート──子どもの権利擁護の現状と課題　三学出版.

Herman, J. L., (1992) Trauma and Recovery.（中井久夫訳（1996）心的外傷と回復　みすず書房）

平湯真人（2004）施設内虐待をめぐって　子どもの虐待とネグレクト，6(3)；297-301.

池上栄一郎（1992）社会福祉施設　氏原・小川・東山・村瀬・山中編　心理臨床大事典，1148-1151　培風館.

市川和彦（2000）施設内虐待　誠信書房.

市川和彦著（2002）続施設内虐待　誠信書房.

『子どもが語る施設の暮らし』編集委員会（1999）子どもが語る施設の暮らし　明石書店.

倉岡小夜（1992）和子6才いじめで死んだ──養護施設と子どもの人権　ひとなる書房.

黒田邦夫（2009）児童の暴力問題に関する調査について　児童福祉研究，24.

ロジャー・グッドマン（津崎哲雄訳）（2006）日本の児童養護　明石書店.

三宅勝久（2009）自衛隊という密室　高文研.

酒井佐枝子・樋口耕一・稲垣由子・良原誠崇・加藤寛（2009）児童養護施設内における暴力内容に関する調査研究──暴力の全体的傾向　心的トラウマ研究，5；19-27.

週刊新潮　2002.6.6号.

田嶌誠一（2005a）児童養護施設における児童間暴力問題の解決に向けて　その1. 児童間暴力の実態とその連鎖，pp.1-11　心理臨床研究会.

田嶌誠一（2005b）児童養護施設における児童間暴力問題の解決に向けて　その2. 施設全体で取り組む「安全委員会」方式　pp.1-25　心理臨床研究会.

田嶌誠一（2005c）児童養護施設における児童間暴力問題の解決に向けて　その3.「事件」等に関する資料からみた児童間暴力　pp.1-19　心理臨床研究会.

田嶌誠一（2008a）現実に介入しつつ心に関わる──「内面探求型アプローチ」「ネットワーク活用型アプローチ」「システム形成型アプローチ」　コミュニティ心理学研究，1-22.

田嶌誠一（2008b）安全委員会活動の実際──立ち上げ準備から運営まで　平成20年度児童養護施設等における暴力防止に関する研修会第1回講演（平成20年6月10日）抄録，pp.2-19　吉原林間学園.

田嶌誠一（2009）現実に介入しつつ心に関わる──多面的援助アプローチと臨床の知恵　金剛出版.

田嶌誠一（2010）児童福祉施設の子どもたちの体験と「日常型心の傷」　丸野俊一・小田部貴子編：現代のエスプリ511「日常型心の傷」に悩む人々　pp.86-95.

竹中哲夫（1986）大阪・養護施設「H学園」における「小1女児リンチ死亡事件」をめぐって　日本の児童問題　創刊号，pp.31-34.

朝鮮日報　2003年7月14日

中日新聞　2010年10月31日朝刊
http://homepage3.nifty.com/koseki-t/yougo2.html
　「児童養護施設の子どもたち……児童と福祉に関連するできごと」
http://foster-family.jp/bbs/satogo_bbs/cf.cgi?mode=all&namber=121&rev=0
　「子どもたちの声」
http://yougosisetu.seesaa.net/article/4089739.html#trackback
　「児童養護施設を考える　大きい子が小さい子をいじめる『伝統』」
http://blog.livedoor.jp/maria_magdalena/tb.cgi/24072668
　「Mariaの独り言：養護施設は子どもの生き地獄」
http://www.jca.apc.org/praca/takeda/list01.html
　「子どもに関する事件・事故1〜3」

第4章
かくも長き放置（ネグレクト）
—— 2．2レベル三種の暴力とその理解

I　児童福祉施設における三種の暴力

　「地獄攻めと往復ビンタ50発のどちらかを選べ！」。
　これは，ある児童養護施設でかつて行われていた体罰である。地獄攻めとは下半身の関節をねじったまま長時間仰向けに寝かせる体罰である。
　また，別の児童養護施設でのことである。ボスである男子高校生が，小中学生が見ている中で男性職員をボコボコにした後，言い放った。「おまえ，来週までに辞めろ，まだおったらぶっ殺すぞ!!」。
　前章では児童養護施設をはじめとする児童福祉施設において，子ども間暴力（児童間暴力）が深刻なものであり，しばしば性暴力もあり，さらには被害者が加害者になるという連鎖があることを述べてきた。また，それらが「かくも長き放置」であり，いかに長年顧みられることがなかったかを指摘した。しかし，児童福祉施設における暴力（含，性暴力）は子ども間だけではない。従来から，注目されてきた「職員（含，施設長）から子どもへの虐待・暴力」も深刻であり，また従来ほとんど取り上げられていないが「子どもから職員への暴力」もまた深刻である。ここでは，この三種の暴力について見てみよう。
　前章では，子ども間の暴力（児童間暴力）に絞って見てきたが，特に強調しておきたいのは，三種の暴力全体を見渡すことで初めて明らかになることがあるということである。
　（なお，本書では，児童福祉施設で働く施設職員を「ケアワーカー」ではなく，あえて「職員」と呼ぶことにする。暴力問題では直接処遇の職員だけでな

く，食堂の調理員や事務職もまた被害にあうことがあり，ケアワーカーという表記ではそれらの人々を除外して受け取られかねないと考えたからである）。

1. 職員から子どもへの暴力としての施設内虐待への注目
a．職員（含．施設長）による暴力の深刻さ

児童養護施設等の児童福祉施設における施設内暴力・施設内虐待と言えば，従来はこの「職員（含．施設長）から子どもへの暴力・虐待」を指していた。実際以下に示すように，職員から子どもへの暴力（職員暴力）も深刻なものである。なお，ここでいう職員から子どもへの暴力（職員暴力）とは，いわゆる直接処遇の職員（ケアワーカー）によるものだけでなく，施設長も含め，施設に勤務するすべての大人からの暴力を言う。この職員暴力として施設内虐待について，有名な事件は，何といっても恩寵園の事件である。

b．恩寵園事件

子どもを手厚く養育養護すべき児童養護施設の「恩寵園」では，長い間児童虐待が行われていたことが明らかになった。事件当時の園長（以下，「園長」と表記）は，「体罰は，創立以来の伝統」と公言し，子どもたちの証言によれば，「ビンタ，ケリは当たり前」と日常的に暴力にさらされていた。さらに，「子どもを乾燥機に入れ回した」「子どもを裸にして池に浸けた」「子どもが手に持っているティッシュに火をつけた」「死んだ鶏をベッドに入れ，一緒に寝かせた」「子どものペニスにハサミをあて，血を流した」「24時間正座させ，トイレに行かせなかった」「子どもに首輪をつけ，鎖につなぎ，床においたどんぶりからご飯を食べさせた」「熱いお風呂に，子どもを無理矢理浸からせた」「園児全員が見ている前で，子どもの足首に包丁をあて，血を流させた」「高校生の女子の園児を，下着だけの姿で立たせた」「子どもを麻袋に入れ吊した」など，数々の虐待を行ってきたとのことである。

これだけではない。さらには，指導員として勤務していたこの園長の次男が，入所していた少女に性暴力を行っていたのである。県警は，2000年にこの元園長次男の元指導員を，入所していた少女への強制わいせつの容疑で逮捕した。

子どもを保護し，適切な養育を行うべき児童養護施設で，逆にこのような酷いことが行われてきたことは驚くべきことである。

なお，この事件の詳細については，『養護施設の児童虐待——たちあがった子

どもたち』(恩寵園の子どもたちを支える会　2001)に詳しい。

c．発覚後も解決を遅らせるもの

　こうした事態が，長年続いてきたことは驚きであるが，さらに衝撃的なのは，こうした事実が発覚した後も，解決がすんなりとはいかないという事実である。管轄課(児童家庭課)や児童相談所が，信じられない対応をしているのである。
　そのいくつかについて述べておきたい。1995年8月，児童相談所に「恩寵園で児童虐待が行われている」という内容の匿名の電話があった。県及び児童相談所は，調査の結果，虐待の事実を確認し，同年10月に恩寵園に対し，児童相談所及び県児童家庭課が指導を行ったものの，園長に対する処罰はなかった。その後，それでも虐待はなくならず，子どもたちを守ろうとしていた職員が，園長への抗議として，一斉に辞表を提出するという異常な事態となった(実際には，この時は，園長が体罰をしないと約束したため，一斉辞職には至らなかった)。
　そうしたさなかの，1996年4月，子どもたち13名が集団で恩寵園から児童相談所に逃げ込み，園長の長年の虐待の事実を訴えた。ところが，なんとこの児童相談所は，園長を解職するように県に要請することもせず，園長に子どもたちに体罰をしないと約束させたのみで，子どもたちを他の児童養護施設に措置変更することもせず，もとの施設に戻してしまったのである。
　児童相談所だけではない。県の対応もまた信じ難いものである。
　県は，過去の児童虐待の事実を知りながら，園長の責任を追及せず，恩寵園に対する指導を行うことで，問題を解決しようとした。県の度重なる指導にもかかわらず，虐待は続き，子どもたちは「助けて欲しい」と当時の県知事に手紙を書いた。子どもたちは「子ども自治会」を設立し，子ども自治会名でも，県知事に「園長を辞めさせて欲しい」と懇請した。
　ところが，県知事からの返事は，「明るく豊かな県を作るためにお力添えいただき厚くお礼申し上げます。皆さんも健康に気をつけて頑張って下さい」と，虐待の訴えとは，まったく無関係な回答であったという。また，恩寵園の女の子が県庁にも足を運び，虐待の事実を訴え，「園長をやめさせて欲しい」とお願いもした。しかし，県は，改善命令を出すべき立場であるにもかかわらず，虐待した園長を解職しようとしなかった。
　1996年10月，再度元園長の子どもに対する暴力があったことから，1996年

の年末から翌年1月にかけて次々と退職願いを出し，1997年の3月には，主任保母と園長の息子である指導員を除く全職員が退職した。こうした事態を憂慮した市民は1996年4月，千葉地方法務局と県弁護士会に「子どもの人権救済申し立て」を行ったが，県は，現在虐待は行われていないとの見解で，申し立てを無視した。さらに，署名運動を行い，1996年10月に1,049人分，1997年6月に862人分の署名と，知事あての要請書を提出したが，それでも県は改善命令を出さなかった。

そして，1997年10月，「恩寵園の子どもたちを支える会」が「元園長の給与相当分の措置費を返還せよ」と住民訴訟を起こした。これは，子どもたちは未成年者であるため，虐待を受けても訴訟を起こす権利が無く，市民たちは子どもたちの代理人になることができず，窮余の策としての住民訴訟であった。

2000年1月，地裁の判決が出た。主文では敗訴し，措置費の返還は認められなかったが，裁判所は虐待の事実を17件認定し，子どもが児童相談所に逃げ込んだ後に行われた施設への県の指導後にも，4件の虐待の事実を認め，「県の指導は効果がなかった」と認定した。さらに，「園長の解職を含めた指導体制の改善勧告をすべき状態は，1996年4月以降も継続していたものと認められるのであるから，県知事が解職を含めた改善勧告をしなかったことは違法であった」と，現在も違法状態であることも認めた。

ところが，県は判決の主文ではないから判決文には拘束力はないとの見解で，ここに至ってもなお，園長を解職しようとしなかったのである。

さらに，1999年（平成11年）3月，恩寵園の卒園生11人が，「社会福祉法人恩寵園」と元園長と県を相手取り，総額1億1千万円の損害賠償訴訟を起した。

この民事訴訟では一審（地裁）・二審（高裁）とも，原告11人のうち4人については「時効」として棄却されたものの，残る7人に対しての虐待が認定された。一方で　元園長については「県から公的権限を委譲された公務員にあたる」と判断して個人の賠償責任は認めず，一審（2007年12月20日）では県に270万円，二審（2009年2月26日）では430万円の賠償を命じる判決となった。原告は控訴したが，最高裁は2010年11月5日付で元園生側の上告を棄却し，二審（高裁）判決が確定した。

なお，1999年12月の日本テレビの放送によると，恩寵園から高校に進学した子どもは，男の子は過去20年間，ゼロであった。女の子もほんの数人に留まっていた。全国の養護施設の高校進学率が約70%になるにもかかわらずであ

る。このこと自体，尋常ではない事態であるといえる。

　ここまで県が動かない要因のひとつとしては，園長の責任を問うと，そこまで放置した県の責任も問われるとの判断からではないかと言われている。それでも，県がここまで園長の解職に動かないのは不可解としか言いようがない。このような，尋常ではない事態にある児童養護施設の実態を知りながら放置した，県児童家庭課および児童相談所の責任は，大変重いと言わざるを得ない。

　この施設以外でも似たことが起こっている。津山二葉園の施設内虐待事件である。その詳細は，ここではふれないが，テレビ報道によれば，この施設でも長年にわたって，施設長による虐待が続いていて，しかも内職の作業までさせられていたのだが，子どもたちが何年にもわたって県に訴えてきたにもかかわらず，県がまったく対応しなかったことが報告されている。

2. 報道から見た三種の暴力の概観

　他にも多数の事件が報道されている。三種の暴力を以下に，概観しておこう。

a．職員から子どもへの暴力・虐待

［死亡事件］

- 1947年　寿産院が，もらい子の養育費，配給品を着服して，103人の乳児を餓死させる。
- 1987年　鹿児島の教護院（現「児童自立支援施設」）で，職員の体罰により入所児が死亡。

［暴力事件（含性暴力）］

- 1991年　奈良県の教護院（現「児童自立支援施設」）で，職員と女児の性関係が暴露され，2名の職員が懲戒免職処分。
- 1995年　全国養護施設高校生交流集会で，福岡の児童養護施設での日常的な体罰が発覚。
- 1996年　東京都の養護施設の元園生が在籍中に受けた職員の体罰を受けたとして提訴，1998年勝訴。
- 1996年　神奈川県の（児童）養護施設の職員が少女（14歳）にみだらな行為をした疑いで逮捕。
- 1996年　千葉県の児童養護施設から，小中学生13人が施設長の体罰にたえかねて集団脱走。
- 1999年　神奈川県の児童養護施設で日常的に体罰が行われていたことが発覚。県の指導で園長解職。
- 2000年　千葉県の児童養護施設元園長次男で元指導員を，入所していた少女

2000年　への強制わいせつの容疑で逮捕。
2000年　京都の児童養護施設で，主任指導員の男性が10ヵ月にわたり入所女児の体にさわるなどのわいせつ行為を繰り返し，園長が事実を知りながら何も処分していなかったことが発覚。
2000年　宮城県の児童相談所内で，同相談所主任主査が，一時保護していた中学3年生の女子生徒（当時15歳）にわいせつ行為。
2002年　茨城県つくば市の児童養護施設で職員が体罰を繰り返していたことが発覚。
2005年　長崎県は，同県の児童養護施設に入所していた少女（当時19歳）の体を触ったなどとして，前施設長（71歳）を強制わいせつ容疑で逮捕した。
2005年　福島県の児童養護施設の男性指導員（22歳）が，入所中の10代後半の少女と性的な関係を持ったとして，県が児童福祉法に基づき施設を経営する社会福祉法人に改善勧告していたことがわかった。

その後も相次いでいるが，省略し，最近の注目すべき事件をあげておこう。下記のように，なんと国立の児童自立支援施設でも職員による暴力事件が起こっているのである。

2009年　国立の児童自立支援施設で男性寮長が入所している10代の少女の顔をけるなどし，けがをさせていたことがわかり，懲戒処分。

b．子どもから職員への暴力

　児童福祉施設における暴力は，子ども間暴力（児童間暴力）と職員から子どもへの暴力（職員暴力）だけではない。さらには「子どもから職員への暴力（対職員暴力）」もあるのである。そして，これもまた痛ましいものである。

［死亡事件］
2002年　愛知県の児童自立支援施設で，職員殺害事件。入所の少年4人（14歳3名，13歳3名）が，職員室に「仲間が喧嘩をしている」と報告して職員をだまして絞殺し，6万円相当を盗んで逃走，ほどなく全員逮捕。

［殺人未遂］
2006年　神奈川県警は同県の児童養護施設入所の高校1年生男子（16歳）を殺人未遂で逮捕。宿直室で，就寝中だった男性職員（31歳）の近くに重さ約20キロの岩を投げつけた。さらに，目を覚ましたこの職員

の顔を，用意していた文化包丁（刃渡り約17センチ）で切りつけて殺害しようとした疑い。職員は約3週間の軽傷を負った。

［暴　行］
2006年　愛知県の児童自立支援施設に入所中の少女9人が職員への暴行で逮捕。

c．子ども間暴力（児童間暴力）
前章で詳しく紹介したが，ここでもごく簡単に述べておきたい。

［死亡事件］
1982年　岡山の養護施設で，入所児からのリンチにより少女（6歳）が死亡。
1986年　大阪の養護施設で，小1女児が上級生の男子6人からリンチを受け死亡。
2000年　大阪の児童養護施設で，当時17歳の少女が，3歳の女の子を5階から投げ捨て，死亡。

また，裁判も起こっている。

［裁判（暴行とその後遺症）］
　この領域では優良として評価が高い愛知県のある児童養護施設で，1998年1月，当時施設で養育監護を受けていた12～14歳の少年4人が，約30分間にわたって9歳男児の頭や腹を殴ったりけったりして外傷性脳梗塞（こうそく）などのけがを負わせた集団暴行事件で裁判となり，2007年1月に県に計約3,300万円の支払いの判決が確定した。

d．子ども間暴力の報道が少ないのは
　報道されているだけでも，以上のようなことが起こっている。このように見てみると，三種の暴力のいずれも死亡者まで出ており，深刻であることがわかる。しかし，これは，巨大な氷山のごく小さな一角に過ぎないと思われる。三種のいずれの虐待・暴力事件も，表面化していないものが，実際にはもっとあるはずである。さらには，その背後には，そこまでは至らないにしても暴力による被害がどれだけあることだろうか。ただし，この資料だけ見ると，いかにも職員暴力が圧倒的に多いように見えることだろう。しかし，私の経験からみ

て，これは実態を反映したものではない。職員暴力がこれだけダントツに多いのは，繰り返し述べているように，これまで，子ども間暴力や対職員暴力は注目を浴びていなかったからであると私は考えている。

また，死亡事件といった重大な事件は報道されるが，そこに至らないものは通常外部の者が知ることはできない。施設外での事件であれば，警察に被害届が出されて当然の事件でも施設長や児童相談所の判断で，まったく表沙汰にならないことも少なくないと思われる。死亡には至らないまでも深刻な事件が数多く起こっているにもかかわらず，児童福祉という枠組が結果として子ども間の暴力事件を覆い隠してきたとさえ言えるのではないかと思う。

II 施設内暴力の存在から見えてくるもの

1. 児童福祉施設だけではない

ここでは児童福祉施設における暴力・虐待を見てきた。しかし，同様の暴力は児童福祉施設だけで起こるものではない。施設だけでなく，児童相談所の一時保護所や里親のもとでも起こる可能性がある（田嶌，2005c）し，実際そうした事件が起こっている。たとえば，2002年に宇都宮市で里親による虐待死，2009年10月には，傷害容疑で里親が逮捕されるなどの事件が起こっている。さらには，東京都で2010年8月に里子として養育していた3歳児に暴行を加えて死なせたとして里親が傷害致死容疑で2011年8月20日に逮捕された。

また，2008年には北九州市児童相談所の一時保護所で，問題行動を示す子どもをカギをかけて別室に隔離したことが問題となった。北九州市児童相談所は，興奮状態を落ち着かせたり，ほかの子どもや職員への暴力行為を避けるためなどの措置として行ったが，厚労省の運営指針に反していたとして謝罪した（産経ニュース　2008.6.12）。さらには，最近では児童相談所の一時保護所でもさまざまな暴力がかなりあることが報告されている（安部，2009）。

このように，児童福祉施設だけでなく，社会的養護のさまざまな場で，暴力・虐待が起こっているし，また起こる可能性があるわけであるから，「施設内虐待」「施設内暴力」という語だけでは不十分である。欧米でいう「施設内虐待」(institutional abuse) とは，里親などを含むものとされているのであり，別の語が必要であると考える。

2. 「社会的養護内暴力・虐待」という語の提案

　そこで，要保護児童に対する社会的養護の過程で生起する暴力・虐待を「**社会的養護内暴力**」「**社会的養護内虐待**」と呼ぶことを提案したい。つまり，施設内暴力・虐待はその一部であり，「社会的養護内暴力・虐待」は児童福祉施設だけでなく，里親，一時保護所等さまざまな社会的養護の場で暴力・虐待を含むものであるということになる。すなわち，どんな養育でもリスクがあるということを肝に銘じておくべきであろう。

　実際，2008年に改正され，2009年から施行された改正児童福祉法では，「被措置児童等虐待の防止等」（**巻末資料33**）の項が設けられ，施設内虐待の防止が盛り込まれたが，児童福祉施設だけでなく，社会的養護のさまざまな場での虐待の防止を含むものとなっている。この児童福祉法でいう「被措置児童等虐待」は，職員から子どもへの虐待だけでなく，職員が子ども間の虐待を放置したらネグレクトと見なすというものである。具体的には以下の通りである。

1. 被措置児童等とは次の者に委託され，又は施設に入所している児童
   - 小規模住居型児童養育事業者
   - 里親
   - 乳児院，児童養護施設，情緒障害児短期治療施設，児童自立支援施設，知的障害児，施設等
   - 指定医療機関（準ずるもの）
   - 自立生活援助事業（自立援助ホーム）や母子生活支援施設
2. 以下の施設に保護（委託）された児童
   - 一時保護施設
   - 一時保護委託を受けた者

被措置児童等虐待とは以下の行為をいう。
　①被措置児童等の身体に外傷が生じ，又は生じるおそれのある暴行を加えること。
　②被措置児童等にわいせつな行為をすること又は被措置児童等をしてわいせつな行為をさせること。
　③被措置児童等の心身の正常な発達を妨げるような著しい減食又は長時間の放置，同居人もしくは生活を共にする他の児童による前2項目又は次の事項に掲げる行為の放置その他の施設職員等としての養育又は業務を著しく怠ること。

④被措置児童等に対する著しい暴言又は著しく拒絶的な対応その他の被措置児童等に著しい心理的外傷を与える言動を行うこと。

　このように，従来のように職員から子どもへの暴力・虐待だけでなく，子ども間暴力（児童間暴力）を放置すれば職員によるネグレクトとみなすという点では，施設内暴力・虐待問題の解決に記念すべき大きな前進である。しかも，**第33条の17では，「国は，被措置児童等虐待の事例の分析を行うとともに，被措置児童等虐待の予防及び早期発見のための方策並びに被措置児童等虐待があつた場合の適切な対応方法に資する事項についての調査及び研究を行うものとする」**とされている。つまり，国がこの問題について事例の分析を行い，さらに早期発見と適切な対応方法に役立つ調査研究を行うことになっているのも特筆すべきことである。この条項は，国がこの問題に本気で取り組む姿勢を感じさせる。後に述べるように問題がないわけではないが，この児童福祉法の改正は児童福祉における歴史的快挙といっていいだろう。関係者の功績は讃えられるべきである。

　2009年1月には国から施設内虐待対応ガイドラインが都道府県および児童相談所設置市向けに出され，今後はそれに基づき，取り組みが具体化していくものと考えられる。なかでも，被措置児童等虐待への対応については，「都道府県（担当部署）はその内容等を速やかに都道府県児童福祉審議会へ報告すること」とされていることから，児童福祉審議会が重要な役割を担うものと考えられる。各地の児童福祉審議会の委員の方々には，この問題が誤解されやすいことを認識していただき，ぜひともこの問題の適切な理解と対応をお願いしたい。

　この問題が児童福祉法にきちんと取り上げられたことは，これまでにない大きな前進であるが，ここにはさらに三つの問題があると私は考えている。第一には，大きな前進とはいえ，やはり職員からの暴力・虐待が主であるということである。たとえば，子ども間暴力（児童間暴力）は職員によるネグレクトということにしか該当しないのであり，三種の暴力すべてが暴力・虐待として，さらにきちんと位置づけられるべきであると私は考えている。ここで必要なのは，子どもにとって被害を受けるだけでなく，加害体験を重ねさせてしまうこともまた，「被害」であるという視点である。第二は，児童福祉法は改正されたものの，現場が具体的にどう取り組んだらよいのかという点についてはこれからであるということである。今後，複数の施設で有効な共有可能な現場の知恵，

学問の知恵を結集する必要がある。
　第三には，施設や児童相談所に大きな負担を強いる形になることが危惧されるということである。児童相談所は（家庭における）虐待対応に追われている。施設は，もともと最低設置基準が過酷であり，人手の足りなさは深刻である。したがって，本来なら，児童福祉法改正に伴って，人員の加配が行われるべきであったと私は考えている。とりわけ，施設だけに大きな負担を強いることだけになりはしないか心配である。

3．「被措置児童等虐待」と「社会的養護内虐待」

　ただし，「被措置児童等虐待」（あるいは「被措置児童等への暴力」）と「社会的養護内虐待」（あるいは「社会的養護内暴力」）とは同じではない。
　「被措置児童等虐待」は「子どもから職員への暴力（対職員暴力）」を含んでいないが，私の言う<u>「社会的養護内虐待」は「子どもから職員への暴力（対職員暴力）」も含んでいる</u>ということである。児童福祉法という法の性質上，子どもの被害だけを問題とするのはやむをえないことなのかもしれない。しかし，後に述べるように，この違いは，現場での取り組みにとって重要な事柄を含んでいる。
　施設には2レベル三種の暴力があり，それらは相互に関連しているため，施設の暴力問題解決のためには，それらを同時に包括的に扱うことが必要だからである。たとえば，子どもたちの問題行動が噴出している施設ほど，この「子どもから職員への暴力（対職員暴力）」を適切に対処することが大変重要となる。したがって，施設現場での「被措置児童等虐待」「被措置児童等への暴力」への取り組みには，対職員暴力を含んでいる概念である「社会的養護内虐待」「社会的養護内暴力」という理解が有用なのである。この点については，さらに第7章を参照されたい。

4．虐待からの保護さえ終わらない

　このように，施設内暴力・施設内虐待の解決なしには，さらには社会的養護の過程での虐待・暴力の解決なしには，**虐待からの保護さえ終わったことにはならない**のである。このことを私たち関係者は強く認識すべきである。家庭で虐待を受けた子どもが再度施設等で虐待を受けることは許されない。欧米では**「施設内虐待はどのようなすぐれた施設でも起こりうる」**という前提のもとで，防

止に努力している（津崎, 2001）とのことである。なお，ここでいう施設内虐待とは施設にかぎらず，里親などの社会的養護のさまざまな場を含むものである。

5. 二重犠牲者化（revictimisation）

　家庭で虐待を受けた子どもが再度施設等で虐待を受けることは，欧米では「二重犠牲者化」と言い，もっとも深刻な犯罪として扱われている。では，「もっとも深刻」とは，どれくらい深刻な犯罪として扱われるのだろうか。

　そのことを具体的に示す事件として，「フランク・ベック事件」というのがある。これは，英国で児童ホームの施設長（フランク・ベック）が13年間にわたって，何人ものホームの子どもたちにレイプ，暴力等を行っていたことが判明した事件である（Mark D'Arcy, 1997）。死刑のない英国では，この事件では，1991年，五つの終身刑と懲役24年の刑が確定したとのことである（ウエストコット著『子どもの施設内虐待を防止するために』1991年，NSPCC（全国児童虐待防止協会）津崎哲雄・山川宏和訳から）。なんと，五つの終身刑に加え，懲役24年の刑なのである。

　また，先に述べたように，欧米では，「どのような優れた施設でも施設内虐待は起こりうるという前提のもとで努力している」とのことである。ところが残念ながら，わが国では，施設をあげてこの暴力問題に取り組むと，他施設から「おたくの施設はそんなに荒れてるの？」とか「そんなに大変なの？」と言われかねない雰囲気がある。このことは，大変残念なことである。児童福祉施法の改正を機に，こういう雰囲気こそ，変えていくことが必要である。逆に，「えーっ！　おたくの施設は，まだその程度しか取り組んでいないの？」というふうになっていくべきである。「取り組むのが当然」という雰囲気を創っていきたいものである。欧米では，施設内虐待の実態把握や対応の研究が行われているが，わが国では実態把握も不十分なままである（上鹿渡, 2009）。国にはぜひとも全国の実態の把握を早急に行い，それを公表していただきたい。

6. 現在の状況への反応としての問題行動

a. 児童福祉施設内暴力が広汎に存在するという事実から見えてくるもの

　ここで，関係者にぜひとも考慮していただきたい極めて重要な可能性を指摘しておきたい。

現在，児童養護施設の入所児のさまざまな問題行動や気になる兆候が注目されている。それらの問題行動や気になる兆候は，入所前に受けた虐待や過酷な養育環境への反応として，あるいは発達障害の兆候としてもっぱら理解されてきたように思われる。被虐待児への心のケアや発達援助を主な目的として，多くは被害児童の個人面接等のケアが盛んであるように思う。そして，事例検討会や研修会などでも，もっぱら「心の傷（トラウマ）のケア」や「アタッチメント（愛着）の（再）形成」といったことに関心が向けられ，そうした視点から議論されているように思われる。

　しかし，後に述べるように，発見が困難な子ども間暴力（児童間暴力）をはじめ，2レベル三種の暴力があるかもしれないことを考慮すれば，入所児たちに安全で安心な生活を保障するのが容易ではないと言わざるを得ない。とりわけ，子ども間暴力は潜在的にかなり広く存在するかもしれない。このことを顧みるとき，<u>それらの問題行動は，子ども間暴力や職員暴力等のその子が現在置かれている状況への反応である可能性がある</u>。控え目に見ても，家庭での虐待や過酷な養育環境への反応だけでなく，現在の状況への反応が大いに含まれている可能性がある。

b．発達障害

　児童養護施設で発達障害の兆候が見られた子どもが，入院治療を行ったところ，発達障害ではなく反応性愛着障害であるということがわかったという報告がある（杉山，2007）。この場合，家庭での虐待だけでなく，さらには発達障害と見える行動も，施設の現在の状況への反応であるという可能性があることを示唆している。また，発達障害のひとつに，ADHD（注意欠陥多動性障害──なんという訳だろうと私は思う。もっと適切な訳はないのだろうか）がある。注意の集中が難しかったり，落ち着きがないという特徴がある。たとえば，何度も暴力にさらされ，いつ殴られるかわからないで警戒している子どもたちは，落ち着きがないように見えても無理からぬことであろう。こういう状態は，鑑別が非常に難しいものと考えられる。

c．反応性愛着障害（反応性アタッチメント障害）

　虐待を受けた子どもが示す反応としてよく知られているのが，「反応性愛着障害」（「反応性アタッチメント障害」）である。抑制型と脱抑制型という代表的

な二つのタイプがある。抑制型は，関わる大人に対して，警戒的で素直に甘えることができないのが特徴で，やさしく接していても腹を立てたり嫌がって泣いたりなどする。もうひとつの脱抑制型は相手を警戒することなく，初対面のひとにもなれなれしく接する，いわゆる「無差別的愛着」を示すのが特徴であるとされている。

　反応性愛着障害は虐待を受けた子どもが示す特徴のひとつに，大人にベタベタしてきたかと思えば，別の場面では打って変わってよそよそしい態度を取るということがあげられている。しかし，児童養護施設では，小さい子が職員や実習生に甘えていくと，あとで年長の子から裏で「おまえだけの職員じゃねえ」などと言って暴力を振るわれたり，脅されることがある。そういう現在の状況を知らないと，この子は「反応性愛着障害」と診断されかねない。

　このように，現在の状況が安心・安全でなければ，発達障害であれ，反応性愛着障害であれ，診断も難しければ，また適切な対応も難しいということになる。

　したがって，その子が現在暴力にさらされている可能性，日々の生活で安心・安全に暮らせていない可能性をまず疑うべきである。また，子どもの問題行動や気になる兆候がなかなか改善されない場合，それらの問題行動を維持・持続させてしまう要因が現在の状況にあるという可能性を疑ってみるべきである。<u>児童福祉施設に関わる者は，まず最優先にその可能性を考えてほしいと私は切に願っている。</u>

　入所児たちは，いずれも過酷な状況を潜って児童養護施設に保護された子たちである。その子たちがまたさらに暴力にさらされながら日々の生活を送らなければならない事態は，とうてい見過ごされてよいことではない。

　被虐待児の心のケアにはまずなによりも「安全の確保」が重要であり，心理療法等の心のケアや発達援助は子どもたちがすでに安心して安全な生活が送れていることを大前提として行われているはずのものである。

　もし安全・安心が保障されていないとしたら，それらは砂上に楼閣をたてようとするに等しい。砂の上に小屋を建てようとすれば，運がよければ建つかもしれない。しかし，それは運がいいときであり，大抵はうまくいかないものである。まして，立派な建物を建てるのは無理である。安全で安心な生活は，心のケアに必要であるというに留まらず，子どもたちの健全な成長の基盤であり，それなくしては，健全な成長はありえないと言える。

　愛着（アタッチメント）やトラウマ関係のどの本にも，安心・安全が重要と

書かれている。しかし，その安心・安全な生活を児童福祉施設をはじめとする児童福祉施設で実現することがいかに大変なことか，どうやって実現していったらよいのかということがまったくといっていいほど言及されていない。このことこそが児童福祉施設におけるもっとも重要な課題であり，また本書のテーマでもある。

d．「愛着（アタッチメント）の障害」の修復や「心の傷（トラウマ）のケア」の前に

　長い間，児童養護施設における暴力または虐待といえば，職員から子どもへの暴力や虐待がもっぱら注目されてきた。しかし，上記のように，実際には「子ども間での暴力」もまた深刻である。それは職員の側からは見えにくく，長年にわたって続く。自分たちの施設ではそんなことはないと思われる方もおられるかもしれない。しかし，子ども間暴力（児童間暴力）は特別荒れた施設だけでなく，ごく普通の施設でも，気づかれていないだけで，かなり広く起こっているものと私は考えている。さらには，「子どもから職員への暴力」もまた大変深刻なものである。

　このことは子どもたちに安全で安心できる生活を実現するのが，いかに困難であるかということを示している。

　にもかかわらず，現在の動向ではまず子どもたちが過去に受けた「愛着の障害」の修復や「心の傷（トラウマ）のケア」ということにもっぱら関心が向けられているように思われる。しかし，このような暴力の存在は，そのことに大きな警鐘を鳴らすものである。

　愛着（アタッチメント）は，子どもの成長・発達に重要なものである。養子縁組による養育や里親養育とは異なり，児童福祉施設における愛着の取り組みとは，どうあるべきなのだろうか。社会的養護における愛着という問題は，一筋縄ではいかないものであると考えられる。

e．成長の基盤としての安心・安全

　ここまで見てきたところから，言えるのは児童福祉施設において，三種の暴力があるということは，子どもたちは安心・安全な生活を送ることができていないということである。

　言うまでもなく，<u>安心・安全な生活は，子どもたちの成長の基盤</u>である。

Ⅲ 2レベル三種の暴力（含性暴力）を どう理解するか

1．2レベル三種の暴力（含性暴力）

　ここで整理すれば，児童福祉施設には，「2レベル三種の暴力（含性暴力）」があるということである（表4-1）。2レベルとは潜在的暴力と顕在的暴力であり，三種の暴力とは，①職員から子どもへの暴力（職員暴力），②子ども間暴力（児童間暴力），③子どもから職員への暴力（対職員暴力），の三つである（2005c, 2007b）。ここで言う「暴力」とは，より正確に言えば，「力関係に明らかな差がある暴力」である。さらに言えば，それに加えて，外部からの暴力として，保護者からの職員・入所児への暴力がある。特に，児童相談所では，深刻である。しかし，外部からのものであるので，今回は論じない。

　顕在的暴力とは比較的間をおかず，職員や外部の者に把握される暴力であり，潜在的暴力とは被害者や目撃者からも報告がされにくく，容易に把握されにくい暴力である。三種（保護者からの暴力を加えると四種類）のどの暴力にも顕在的暴力と潜在的暴力の可能性があるものと思われる。

　これらの暴力はいずれも対応が難しいが，とりわけ難しいのが子ども間暴力であり，なかでももっとも取り組みが困難なのは潜在的な子ども間暴力であるというのが私の印象である。

　また，組み合わせから言えば，理論的には職員から職員への暴力（含，施設長から職員への暴力，職員から施設長への暴力）もありえなくはない。しかし，現段階では大きな問題とはなっていないようなので，現段階では論じない。将来これらも含めて問題とすることが必要になれば，「2レベル五種の暴力」ということになろう。

　これまで見てきたように，児童養護施設をはじめとする児童福祉施設には，2レベル三種の暴力が存在するし，どの暴力も深刻な場合も少なくない。これらの児童福祉施設における施設内暴力・施設内虐待（含性暴力）は，いずれも深刻であり，いずれも子どもたちの安心・安全を脅かすものであり，むろん施設におけるどのような暴力もなくしていかなければならない。にもかかわらず，この問題は，適切に理解されてきたとはいい難い。ここでは，児童福祉施設における2レベル三種の暴力の解決のための理解の視点をあげておきたい。

表4-1　児童福祉施設における2レベル三種の暴力（田嶌, 2005c, 2007c）

> **2レベル三種の暴力**
>
> 1）2レベル
>
> 　①顕在的暴力　　②潜在的暴力
>
> 2）三種の暴力
>
> 　①職員から子どもへの暴力（職員暴力）
>
> 　②子ども間暴力（児童間暴力）
>
> 　③子どもから職員への暴力（対職員暴力）

2．暴力の性質
a．攻撃性の法則

　暴力というのは，攻撃性の具体的現われである。児童福祉施設における2レベル三種の暴力を理解するために，ここで私が創った**「攻撃性の法則」**（田嶌，2008a, 2009a）を紹介しておきたい。第一法則は「攻撃性は出るべきところに出るわけではなくて，出やすいところに出る」。第二法則，「出るべきところが出やすいところなら，より出やすく，また激しくなる」。第三法則，「集団の中では容易に連鎖する」（表4-2）。

表4-2　攻撃性の法則（田嶌, 2007b, 2008a, 2009a）

> 第一法則：攻撃性は出るべきところに出るわけで
> 　　　　　はなくて，出やすいところに出る
>
> 第二法則：出るべきところが出やすいところなら，
> 　　　　　より出やすく，また激しくなる
>
> 第三法則：集団の中では容易に連鎖する

この法則は，もともとは私がいじめ問題の理解のために創ったもので，以前から講演等では紹介してきたが，2008年になって，論文の中に書いたものである。この法則はいじめだけでなく，暴力の理解にも非常に有用である。第一法則と第二法則でいう「出やすいところ」というのは，通常は「弱い者」である。児童福祉施設では，弱い子であることもあれば，新人職員や弱い職員であることもある。いじめや暴力は必ずしも，それを受ける対象に落ち度や責任があるわけではない。何もしていないのに，いじめや暴力の標的にされることは少なくない。

　だいぶ前のいじめの調査（施設内のいじめについての調査ではない）であるが，加害児にいじめる理由を聞いたところ，「わからない」というのが15％もあった（毎日新聞によるアンケート調査の結果，日付不明）というのは，それを示しているものと思われる。要するに，本当に攻撃したい相手が，自分より強い場合，あるいはやっつけるのが簡単ではない場合，弱いところに出やすいのである。あるいは単にむしゃくしゃしている時，弱い者に当たりやすくなるのである。

　この攻撃性の法則は，攻撃性を「権力」に置き換えても有用であると思う。
　　第1法則：「権力は行使すべきところで行使されるのではなく，行使しやすいところで行使されやすい」
　　第2法則：「行使すべきところが行使しやすいところなら，より行使されやすい」
　　第3法則：「集団の中では権力の行使は容易に連鎖する」

　攻撃性も権力も，使っているうちに**「行使すること自体が快感になる」**という傾向がある。たとえば，児童福祉施設のいじめで，強い子が「今日は寝るな（眠るな）」と命令することがある。また，あるホーム制の児童養護施設ではそのホームのボスの子の許可がないと休日に外出できなかったそうである。職員が知らないところでそうなっていたのである。これらはいずれも，「権力は行使すること自体が快感になる」という例であると言えよう。

b．暴力の嗜癖性

　暴力には**嗜癖性**がある。嗜癖とはかつて中毒と呼ばれていた状態のことである。嗜癖性があるということは，加害者は暴力を振るうことで快感や満足を得るが，さらにはだんだんエスカレートするということである。最初は，ある程度の理由から振るわれていた暴力が実にささいなことで，発動するようになる。

十分な理由はいらないのである。前章で見たように,「調子にのってる」「はしゃいでる」「生意気だ」でも集団リンチの理由になるのであるから,実にテキトーなのである。理由などいらないに等しい。

さて,その場合,理由がなくても攻撃されるのだから,その子どもになんらかの責められるべき落ち度や責任がある場合には,なおさらであり,より堂々と攻撃できることになり,攻撃されやすく,またその程度もひどいものになりやすい(攻撃性の法則の第2法則)。

たとえば,学校などでも,しばしばいじめられている子どもが,「掃除をさぼった」とか「誤ってなにかを壊した」といったことがあると,他の子が同じことをした時よりも余計にひどく攻撃されるといった具合である。こういう場合,いじめる側は,しばしばいじめているという自覚さえなく,相手を「教育してやっている」とか「しつけている」といった意識であったり,「正義の罰を下している」とさえ思っていたりする。児童養護施設や家庭でも同様である。

そうした弱い者への習慣化した暴力は,麻薬中毒などの深刻な嗜癖がそうであるように,本人ひとりの力でやめるのはほとんど不可能である。ましてや施設内での暴力の連鎖がある場合は,なおさらである。児童福祉施設で暴力を繰り返していた子どもが,後年,「暴力を止めてもらってよかった」「止めてもらっていなければ,ひとりでは暴力を止めることはできなかった」と語ることがある。また,施設では暴力を振るい続けた子が,社会に出てからも,軌道修正できず,犯罪などに手を染め,かつての担当職員に「施設にいた時に,ちゃんと止めてほしかった」と語ることがある。これらのことは,加害児自身が独力で暴力加害から抜け脱すことがいかに難しいかを物語っている。

c. 暴力の呪縛性

暴力は振るわれたその時だけでなく,被害者を脅かし続ける。暴力がすでに無くなっていてもそうなのだから,ましてや被害にあう状況が続いているであればなおさらである。暴力がいかに怯えさせるか,第3章で述べた「暴力というものの性質(p.111)」と「訴えられない被害」(p.113)の項を思い起していただきたい。児童福祉施設では被害状況が続き,またそれが集団の中で連鎖しているのだから,その影響は大変なものである。これらのことは,被害者が,いかに怯えているか,いかに訴えにくいかということに,私たちは思いを馳せる必要があることを示している。

社会の注目を集めた事件で，しばしばひどい暴力を受け続けた被害者が，保護された後に，第三者から見れば物理的には逃げることが可能な事態がいくつもあったにもかかわらず，逃げていないことを不思議がられることがある。しかし，第三者から可能であるように見えても，実際には極めて困難なことである。また，DV（ドメスティックバイオレンス）や深刻ないじめや児童福祉施設内での暴力でも同様である。ただ，怯えるだけではない。目に見えないつよい魔術的な力が働いているかのような縛りとなる。それは，暴力に呪縛されているとでも表現するのがぴったりであるように思われる。ちなみに，呪縛とは，「まじないをかけて動けなくすること。転じて，心理的に人の心の自由を失わせること」（広辞苑第二版）とされている。繰り返される暴力には**呪縛性**があるのだと言えよう。

　加害者を怖がるだけではない。抗うことができない暴力の中では，被害者の中には，加害者に親愛の情や愛着を示すこともある。たとえば，虐待された子が，虐待した親を慕ったり，親から離されることに激しい抵抗を示すこともしばしば起こることである。また，殴打系の暴力事件ではないが，1973年にストックホルムで銀行強盗が人質をとって立てこもった事件では，犯人が人質を解放した後，意外なことに人質が犯人をかばい，警察に対して非協力であったという。このことから命名されたのが，いわゆる「ストックホルム症候群」である。これらもまた，暴力の呪縛性の一面であると考えられる。

　すなわち，<u>暴力は加害者には嗜癖性があり，被害者には呪縛性がある</u>ということになる。児童福祉施設では，それが連鎖しているのである。連鎖の渦中では，加害児も気を抜けばいつやられるかわからないので，なめられないように，時々他児に暴力を振ったあり威圧しておかなければならなくなる。また，加害児のほとんどは，被害を受けているのであり，その意味では，加害児も暴力に呪縛されていると言えよう。暴力を振るう，振るわれる，威圧する，威圧されるという連鎖の渦中にあると，自分だけ降りるということはできないのである。降りるに降りられないのである。後に第6章，第7章で述べるように，「**施設をあげた取り組み**」が必要になるのはこのためである。

d．養育という営みに内在するもの

　では，養育の場でなぜこのような酷い虐待や暴力が起こるのであろうか。まずは，養育という営みについて考えてみよう。

　まず，子どもは愛情を注ぎさえすればすくすく育つというのは幻想であると私は考えている。そういう場合もあるだろうが，いつもそうであるわけではない。大人もそうであるように，子どもは無邪気で可愛いが，その一方で間違えるし，知らないし，時に残酷でさえある。

　この子の「すべてをありのままを受け容れる」などといった，美しい言説がしばしば信奉されている。この語に意味がないとまでは思わないが，実際にどう関わるのかという具体性抜きに，こうした言説が語られるのは危ういと私は考えている。というのは，養育には子どもを受け容れ優しく暖かく包み込む側面と厳しく規制し教えるという側面の両方が必要だからである。論者によっては，前者を「母性的なもの」，後者を「父性的なもの」というであろう。後者には，叱ったりするといった厳しさが内在しているが，前者もまた保護という強烈な強制力を持つものである。したがって，養育には子どもを受け容れ優しく暖かく包み込む側面と厳しく規制し教えるという側面の両方が必要なのである。

　つまり，養育という営みでは，厳しさや強制力がどうしても必要になるものである。その意味では，体罰や暴力は許されるものではないにせよ，養育という営みには厳しさや強制力が内在しているのだと言えよう。そして，この厳しさや強制力を発揮するのに手っ取り早いのが暴力であり，したがって，容易に暴力と結びつきやすい。そして，さらに，いくつかの条件が備わってしまうと，先に述べた攻撃性の法則が発動しやすくなるものと考えられる。このように，強制や厳しさはよほど注意しておかないと理不尽な暴力につながりやすいのである。**「愛情をもって叱る」**ことは，養育においては，特に必要なことである。それと対極にあるのが，「憎しみをもって叱る」「怒りを発散するために叱る」ということであり，そこではしばしば攻撃性の法則が発動するのである。

　養育という営みの場では，家庭であれ，施設であれ，ファミリーホームであれ，さらには里親家庭であれ，そこが養育の場である以上，常に攻撃性の法則が発動してしまうリスクがあるのである。

e．集団の質と文化と仕組み

　第三法則で，「集団の中では容易に連鎖する」と述べた。

先に，学校の寮などでも同様のことが少なからず起こっていることを述べてきた。このように，集団内の暴力（含性暴力）は児童養護施設に限ったことではなく，大人であれ子どもであれ，ある程度の数の人間が閉鎖性の高い空間でストレスに満ちた生活を共にする時，極めて起こりやすい性質のものであると言えると述べた（第3章参照）。いわば構造的問題によって起こっているのである。そして，実際に2レベル三種の暴力のうちどのような方向での暴力が発生するかは，対職員関係，子ども間の関係によることになる。

　この領域の不幸は，構造的問題にもかかわらず，主に職員個人の処遇力（養育力）で乗り切ろうとしてきたことにある。

　より正確に言えば，「容易に連鎖する」か「連鎖を食い止める」かは，集団の質によるものと考えられる。重要なのは，この集団の質である。質に影響する代表的要因としては，①「参加動機」と，②「出入り性」があげられる。不本意ながら集められた集団は，望んで集まった集団より暴力のリスクが高く，また出入り性の自由度が低い（またはない）集団は，出入りの自由度が高い集団に比べ，深刻化の連鎖のリスクも高いものと考えられる。

　児童福祉施設の子どもたちはみな自分から望んで入所してきたわけでは決してなく，しかも逃げ帰る家もないということを思い出していただきたい。メンバーである子どもたちが望んで形成された集団ではないため，しかも抜けることもできないため，暴力の発生と連鎖のリスクは非常に高くなるものと考えられる。ここで，不本意ながら参加させられ，さらには出入りの自由度の低い集団を**不本意集団**と呼んでおきたい。不本意集団は，その性質上，外部との風通しが悪く閉鎖的になる傾向が出てきやすい。**不本意集団では，筆者の言う「攻撃性の法則」（表4-2）が発動しやすい。**子どもたちはできることなら家庭で暮らしたかったのである。児童福祉施設は，まさにこの不本意集団であると言えよう。

　逆に言えば，だからこそ，集団の質，もっといえば，集団と個の質をよりよいものにするための仕組みを，よほど意識的に考えておく必要があることを示している。

　たとえば安全委員会方式を導入した児童養護施設で代表として挨拶を行ったある女子高校生は，暴力事件について，次のように述べている。「暴力を振るう人を許せないと思いました。（中略）みんな自分から園にきて生活しているわけではないけど，私はB園で楽しく生活したいと思っています。今後暴力を完全になくしてほしいと思います」。

ここでは，すでに集団の質が暴力をなくす方向に動き始めていることを感じさせる。このように，不本意集団でも，集団の中でより強い者がより弱い者を力で支配する集団もあれば，共存と自立という目標を持ち，それに向かって暖かい人間関係と納得できる集団規範がある集団にもなりうるのである。

3．2レベル三種の暴力という理解
a．「2レベル三種の暴力」という理解が重要である
　全国の別々の児童福祉施設で起こったことでありながら，三種の暴力のいずれも，その内容を見てみると，驚くほど類似している。長い間，もっぱら職員から子どもへの暴力が注目されてきたが，個々の種類の暴力に注目するだけでなく，「2レベル三種の暴力」という理解がまずは重要なのである。
　「2レベル三種の暴力」という理解は，関係者には極めて当り前だと思われるかもしれない。確かに，これらの暴力があることは，ひとつひとつについてはよく知られているといってよいのではないかと思う。しかし，これらの相互の関連という視点がなく，バラバラに把握されていたことが問題なのである。

b．2レベル三種の暴力は関連している
　なぜならば，2レベル三種の暴力は相互に関連していると考えられるからである。また，顕在的暴力だけでなく，潜在的暴力をキャッチする努力が必要だからである。いずれか一つの暴力だけを取り扱うのでは他の暴力が激化することがあるので注意を要する。
　職員から子どもへの暴力・虐待への注目は，これまで顧みられなかった施設内暴力・虐待への突破口を開いたという点で意義がある。しかしその一方で，もっぱら職員暴力だけが社会的に注目を浴びていることには大きな問題がある。たとえば，職員暴力だけを問題にすれば，かえって子ども間暴力（児童間暴力）や子どもから職員への暴力（対職員暴力）がひどくなる可能性が高い（2005a, c, 2007b）からである。
　ある施設で職員暴力が発覚する。すると，県や児童相談所の指導が入り，施設は脱暴力の取り組みを始める。ところが，問題行動の指導にあたっても子どもたちは，すぐに「あ，暴力だ！」などと言うようになる。暴れる子どもを抑えようとして，腕をつかむと「セクハラだ！」と言われる。かくして，職員は指導の腰が引ける。その結果，強い子のやりたい放題が始まる。強い子から弱

表4-3　三種の暴力の関連の例

```
「職員暴力が発覚」,「暴力職員が退職」,
 (＊「職員の不祥事が発覚」も同様)
            ⬇ ⬇
   「職員の指導が通らなくなる」
      または「職員の腰が引ける」
            ⬇ ⬇
 「子ども間暴力や対職員暴力が激化する」
     「基本ルール破りが日常化」
```

い子への子どもの間暴力が激しくなり，また強い子から職員への暴力も起こるようになる。基本ルール破りが日常化する。

　このようなことが起こるのは，施設現場が脱暴力の取り組みを行っていくのに際して，子どもの間暴力や対職員暴力が激化し，しかもそれに対して専門家による適切な助言が得られていないことがうかがえる。

　なお，こうした流れが起るのは，職員暴力の発覚だけでなく，暴力的職員が退職したり，職員の不祥事が発覚するなどの場合でも同様のことが起こりやすい。

　このような流れをまとめると，表4-3のようになる。

　むろん，職員から子どもへの暴力はあってはならない。しかし，このように三種の暴力はしばしば関連しているので，そうした事件が起こった後には，三種の暴力を包括的に扱うことが重要なのである。

　したがって，このように三種の暴力が関連しているという認識が非常に重要である。私が関わった施設のうちのいくつかの施設では，実際そういう事態が見られた。第8章で言及するY園がそうであったし，岩手県和光学園の報告（**巻末資料30**）でもそれがうかがえる。また，特にこうした事件が起った施設でなくとも，「懲戒権の濫用」を戒めるあまり，職員が暴力や問題行動を繰り返

す子どもに対して，どう対応したらよいのかわからなくなり，いわば腰がひけ気味になっている場合が非常に多い。こうした状況下で，子ども間暴力（児童間暴力）や年長児童による職員への暴力がより起こりやすくなってきているように，私には思われる。

c. 三種の暴力に関する調査

先に，2レベル三種の暴力という理解が重要であると述べた。従来は，その理解がないため，三種の暴力を同時に調査するということ自体も行われていなかった。私は2005年から2レベル三種の暴力という理解が重要ということを各地の講演等で主張してきた。その結果，やっと近年，子ども間暴力（児童間暴力）も含めて児童福祉施設内の暴力を調査する研究が出てきた。

2006年3月14日の兵庫県児童養護連絡協議会で「子どもたちの安心，安全を育む――施設内暴力への対応」と題して講演を行ったが，その後兵庫県児童養護連絡協議会が三種の暴力について調査を行ったのである。その結果は，第61回全国児童養護施設研究協議会で報告されている（藤本，2007）。それによれば，平成18年（2006年）4月〜12月の間を対象期間として調査したところ，「職員から57件，職員へ70件，子ども間244件」であり，「14施設から報告数は総数371件という予想以上の報告数であった」とのことである。なお，この報告には，子どもへの直接の聞き取り調査の項目が資料「施設内暴力聞き取り調査表」として紹介されているが，これはわれわれが安全委員会方式で使っている聞き取り調査票（第7章および**巻末資料7.**「暴力問題聞き取り調査表」参照）である。先述の講演の直後に，兵庫県児童養護連絡協議会から聞き取り調査に使わせてもらいたいとの依頼を受け，了承したといういきさつがある。なお，この聞き取り調査票については，第7章で詳しく述べる。

私の知る限り，この兵庫県の調査報告が，三種の暴力について調査した最初のものである。その後，三種の暴力についての調査がされるようになってきている。

たとえば，酒井ら（2009）は，同じく兵庫県の児童養護施設14施設における三種の暴力についてアンケート調査を行い，平成19年1月から12月の1年間に，子から子582件，子から職員167件，職員から子45件であったと報告している。さらに酒井ら（2011）はこの調査から，子ども間暴力に絞って，その内容と対応を報告している。

また，東京都の社会福祉協議会の児童部会が平成19年（2007年）10月に，59施設を対象に実施し，48施設，保育士・児童指導員919人（有効回答916人）が回答した調査がある。同月15～21日の1週間で，入所児童同士の身体的暴力トラブルは24施設で99件あったとのことである。過去に児童から暴力（身体，脅し，器物損壊など）を受けた職員は62％（569人）に上り，1年以内に限っても39％（356人）が経験していた対職員暴力の発生率を施設形態別にみると，無回答を除いた比率は，大舎68.6％，中舎70.2％，小舎70.4％，G・H 71.5％であった（黒田，2009）。ここからは，少なくとも対職員暴力では大舎で多いわけでなく，むしろ逆の結果となっているのが注目される。

　容易に把握できる暴力だけとっても，わずか1週間でこの数字である。しかも，子ども間暴力（児童間暴力）はその実態を把握するのが難しいので，深刻な潜在的暴力が確実に存在することを思えば，実態はそれよりもはるかにひどいものと思われる。

　さらには，NPO法人「こどもサポートネットあいち」（長谷川眞人理事長）が2010年6月にアンケート調査を行った（中日新聞　2010年10月31日朝刊）。全国約570ヵ所の施設に郵送で実施。高校生440人，職員211人から回答を得た。進学問題もテーマにしたため，子どもは高校生に限定している。

　高校生の回答では，111人（25％）が「職員からとても嫌な思いをさせられたことがある」と答えた。うち104人は「ひどいことを言われた」「たたかれた」「ひどく殴られた」などの被害を受けていた。

　施設の他の子どもから嫌な思いをさせられたのは，107人（24％）。そのうち延べ97人が「殴られた」「蹴（け）られた」「体を傷つけられた」など身体への暴力を受けた。「怒鳴る」「無視」などの精神的な暴力は延べ119人だった。「施設の中で他の子どもからいじめられている」は13％，「いじめた経験がある」は17％だった。

　一方，職員向けの調査では，124人（59％）が殴られる，蹴られるなどの暴力を子どもから受けたと申告した。

　前章や本章でこれまで述べてきたことから全国的に，<u>児童福祉施設に入所している子どもたちの日常には，暴力と威圧があふれているのだ</u>と言えよう。

　児童福祉施設ではないが，一時保護所でも三種の暴力等に関する調査が出てきている。2007年5月から7月までの3ヵ月間に全国の児童相談所のうち67ヵ所で起こった暴力事件を，「叩く」，「蹴る」，「首を絞める」，「性的接触」等の

暴力の内容別に,「職員→子ども」「子ども→職員」「子ども→子ども」の三種に分けて,調査している。

その一部を紹介しておくと,「叩く」については,「職員→子ども」0回,「子ども→職員」65回,「子ども→子ども」107回となっている。「蹴る」については,「職員→子ども」1回,「子ども→職員」53回,「子ども→子ども」56回,「性的接触」については,「職員→子ども」0回,「子ども→職員」4回,「子ども→子ども」7回となっている(安部,2009)。

また,野津(2009)によれば,インターネット等で確認された全国の児童福祉施設における施設内虐待の発生状況を調査したところ,1993年(平成5年)1月から2007年(平成19年)9月までに,児童養護施設78施設,児童自立支援施設6施設,計84施設において人権侵害等の不適切な対応が行われていることが確認されたとのことである。また,この数字は,2007年4月現在の児童養護施設総数558施設中の14.0％,児童自立支援施設58施設中の10.3％で何らかの人権侵害が発生しているということであり,看過できない状況であると述べている。

このように,どれかひとつの暴力だけを取り上げるのではなく三種の暴力を調査するようになってきているのは,確実にこの問題の前進であるといえる。

従来かえりみられなかったこの問題に,三種の暴力についての調査を実施されたことに敬意を表したい。とりわけ,兵庫県児童養護連絡協議会および東京都社会福祉協議会児童部会による調査は,児童福祉施設関係者が自ら調査に取り組んだという点で,大変意義深いことである。

ただし,子ども間暴力も含めた形で三種の暴力の調査が行われるようになってきたとはいえ,まだごく一部の地域に留まっているのは,残念なことである。今後,他の地域でも見習って,このような調査をしていただきたいと私は願っている。このような動きがますます広がることを期待したい。さらには,もっと重要なことは,単に調査のみに留まっていてはいけないということである。把握できているだけでもこれだけの現状がある以上,なんらかの対応策を実施し,さらにその後にも調査を行っていくことが必要である。

d.学校における2レベル三種の暴力

実は,児童福祉領域以外でも,そういう理解が必要にもかかわらず,いまだに,2レベル三種の暴力とその関連という理解が十分にはされていない場がある。

表4-4　学校における2レベル三種の暴力

```
2レベル三種の暴力

  1) 2レベルの暴力
       ①顕在的暴力　②潜在的暴力
  2) 三種の暴力：校内暴力
       ①教師から児童・生徒への暴力←体罰
       ②児童・生徒から教師への暴力←対教師暴力
       ③児童・生徒間暴力←いじめ
```

それは学校である。

　私は，児童養護施設に関わり，ようやく暴力問題に気づき始めた頃，これはどこかで見た光景だと感じていた。まもなく思い当たったのは，学校である。私はスクールカウンセラーの経験があるのだが，そこで感じていた学校での事態とよく似ているのである（田嶌，2008b）。学校でも，児童福祉施設と同様に，三種の暴力がある（田嶌，2007a）。

　すなわち，「校内暴力」には，「教師から児童・生徒への暴力」，「児童・生徒間暴力」，「児童・生徒から教師への暴力」がある（さらには，近年注目されている「保護者からの無理難題」もある）。しかし，学校現場では，この三種の暴力は通常別々の名称で呼ばれている。「教師から児童・生徒への暴力」は「体罰」，「児童・生徒から教師への暴力」は「対教師暴力」，「児童・生徒間暴力」は「いじめ」と呼ばれている。以上を整理したのが，表4-4である。

　しかも，学校ではどの暴力もあったにもかかわらず，これまた，社会的注目を浴びてきたのは，長い間もっぱら「教師の体罰」であったということも児童福祉領域の場合とそっくりである。

　私は「教師の体罰」報道がされた学校にスクールカウンセラーとして勤務したことがある。むろん，体罰はあってはならないが，その背景には，生徒の暴力をはじめ種々の問題行動が噴出しているという事情があった。これも，一部の児童養護施設で，問題行動を頻発している養育困難な子どもへの職員の暴力

と事情が似ている面があるように思われる。むろん，すべての職員暴力がそうだとは言えないのは明らかであるが。

ここでは，学校の問題にこれ以上立ち入ることは控えるが，学校でも，2レベル三種の暴力とその関連という視点，さらには後に第6章，7章で述べるように**「モニターしつつ支援する仕組み」**が必要となるのではないということを指摘しておきたい。

4. 施設内暴力の類型 ── 2レベル三種の暴力という視点から

施設内暴力には，以下に述べるようにいくつかの典型的な類型（パターン）がある（表4-5）。この2レベル三種の暴力という視点と私の経験から，施設内暴力の類型をあげている（和光学園，2010；田嶌，2010c）が，それをもとに，以下に述べることにしたい。なお，ここで言う暴力とは，これまで述べてきたように，力関係に明らかな差がある関係での暴力を言う。

表4-5 施設内暴力の類型（パターン）

①暴力的管理型（または強圧的管理型）
②無統制型
③（管理・無統制）混合型
④潜在型
⑤偽りの平穏型
⑥ひとときの平穏型
⑦その他の型

①暴力的管理型または強圧的管理型：非民主的管理的強圧的な運営が行われている施設であり，職員（含.施設長）による体罰等による強圧的な統制・管理がある。すなわち，「職員から子どもへの暴力（職員暴力）」がある。表立っては，子ども間暴力は見られないが，職員に見えないところで，強い子から弱い子への暴力がある。あからさまに殴る蹴るといった暴力がある施設だけでな

く，そうした暴力は見られないものの強圧的な統制・管理がある施設もある。前者を暴力的管理型，後者を強圧的管理型と呼んでおきたい。いずれも「管理」に重きがある点で同様の施設文化であると言えよう。

　しばしば，行われるのが，年長児に子ども集団を管理させることである。その部屋の年長児を「部屋長」などとし，その部屋の管理をまかせる。たとえば，部屋が散らかっている，あるいはその部屋の子がなにか問題を起こしたなどということがあると，部屋長の責任ということで，部屋長が殴る蹴るなどの体罰を受ける。部屋長はやられるだけでは面白くないので，部屋の弱い子にあたる，といった具合である。

　また，ある施設では，暴力的職員にやられてきた子どもたちが，長じて力をつけ，弱い子に暴力を振るうようになったが，殴り方がその職員にそっくりだったという。このように，職員の暴力を強い子が模倣しているという側面がある。パシリが多いのも特徴である。

　この型では，「顕在的潜在的職員暴力」と「潜在的子ども間暴力」がある。

　施設内虐待と言えば，従来もっぱらこの暴力的管理型または強圧的管理型だけが注目されてきた。ここで重要なことは，<u>強圧的管理的暴力的な運営の施設だけが暴力問題が起こるわけではなく，さらにいくつかの別の型（パターン）があるということ</u>である。しかも，私の経験ではそれらの型が少なくないということである。それらは以下のような型である。

　②**無統制型**：生活の基本ルールが守られていない。「無秩序型」とも言えよう。ここで言う生活の基本ルールとは，細かいルールなどではなく，たとえば深夜の外出や無断外泊はいけないとか，夜中に異性の部屋に出入りしてはいけないといった，とにかくこのルールが守られていないようではお話にならないといった水準のルールである。この無統制型ではこのような基本ルールでさえ守られていない状態にあるのが特徴である。これはとりもなおさず，職員が生活の基本ルールを守らせることができていないことを意味する。

　職員と子どもの間に，「指導が通る関係」ができていない。強い子たちのやりたい放題であり，強い子のご機嫌を損ねると，弱い子だけでなく，時には職員でさえも暴力を振るわれる。そのため，弱い子たちは職員よりも強い子の顔色を伺い，言うことに従う。パシリが多い。ごきげんとりの「ご注進（告げ口）」や「自発的（と見せかけた）」おやつの上納などが見られることもある。

　この型では「顕在的潜在的対職員暴力」，「顕在的潜在的子ども間暴力」がある。

③混合型：「暴力的管理型（または強圧的管理型）」と「無統制型」の混合した型である。職員と子どもの組み合わせ次第で、ルール違反に対する対応が変わってしまう。たとえば、職員の側では、強い子には甘く対応し、弱い子には強圧的に対応する、時に暴力的でもあるといった具合である。子どもの側もベテラン職員や強そうな職員の注意には比較的素直に従い、それに対して、新米職員や弱そうに見える職員の場合には、注意されても無視したり反抗したりする。時には、職員に対して暴力を振るうことさえある。

　もっとも、鮮やかにその差が出るのは、夜の当直の時間帯である。ベテラン職員や強そうな職員が当直の際は、暴力事件や深夜徘徊などの問題行動がないか、あっても少ないが、新米職員や弱そうな職員が当直の際は、問題行動が頻発する。また、極端な場合、ボスである強い子に、子ども集団の統制・管理をさせている場合さえある。

　この型では、子どもと職員との組み合わせパターン次第で、「顕在的潜在的職員暴力」、「顕在的潜在的対職員暴力」、「顕在的潜在的子ども間暴力」のあらゆる種類の暴力がありうる。

④潜在型：職員にキャッチできないレベルの暴力がある。まったく職員にキャッチされないこともあれば、時々、職員にキャッチされることがある場合もある。発覚しても、たいていの場合は、偶発的な暴力事件として扱われる。発覚を恐れて、あるいは発覚すると面倒なので顔は殴らないのが特徴である。またパシリが多く、子どもたちは職員よりも強い子の言うことに従う。この型では、時に「職員暴力」が起こる施設もあれば、ない施設もある。後者の場合、児童福祉領域で、いわゆる優良施設とされていることもある。

　この型では、「潜在的子ども間暴力」がある。

⑤偽りの平穏型：暴力は見られないが、職員にせよ、子どもにせよ、弱い側が、強い側に暴力を振るわれないように、至れりつくせりの気づかいをしているため、暴力が出ないで済んでいるにすぎない。これは、実際には、暴力があるのと同じであるといってよい。

⑥ひとときの平穏型：それまで暴力を振るっていた子どもが退所になり、ひとときの平穏が訪れる。職員はこれでひどい暴力はなくなると安心するが、実はいずれ水面下で、ナンバー2やナンバー3の子どもが次のボスの座をめぐって主導権争いが起こり、そのうち顕在的潜在的な各種の暴力が起こるようになる。あるいは、暴力的職員や抑えのきく職員が退職し、ひととき平穏な時期が

訪れる。この場合も，それまでの反動から，いずれ子どもたちが職員の注意に従わないようになり，そのうち顕在的潜在的な各種の暴力が起こるようになる。どちらの場合も，上記のいずれかの型に移行する。

⑦その他の型：上記いずれにも属さないか，どの型かが特定不能または困難で，暴力が発生する型。これまで述べてきた型にあてはまらないものが将来出てきたときのためにも，念のためこういうものを設けておく。

殴打系暴力と性暴力：両方あることが多い

　上記の類型を述べるにあたって，あえて殴打系暴力と性暴力の区別をしなかった。そこで，ここでは，殴打系暴力と性暴力との関係を述べておきたい。わざわざ区別して述べなかったのは，私自身の経験から施設全体についていえば，殴打系暴力と性暴力のいずれか一方がある施設は，もう一方の暴力もある可能性が高いからである。最初は，殴打系暴力あるということで入った施設でも，その後性暴力もあることがわかったし，性暴力があるということで入った施設でも後に殴打系暴力があることがわかった。

　ある施設では，年長の子どもたちの暴力が吹き荒れていたが，数ヵ月にわたる施設をあげての安全委員会活動の結果，大きな暴力がなくなったのだが，そうなってはじめて，男子の間で長年にわたる広範な性暴力があったことが判明した。職員の誰も，予測だにしていなかったにもかかわらず，それだけの性暴力があったのである。例外はあろうが，いずれかの暴力がある施設では，「殴打系暴力優位の施設」というものと「性暴力優位の施設」という違いはあるにせよ，両方の暴力があると考えておくのが無難である。

容易に別の型に移行する

　施設内暴力の代表的なタイプとして七つの型をあげた。しかし，ここで重要なことは，たとえば暴力的管理型（または強圧的管理型）から無統制型へ移行する（表4-3参照）など，**ある型から別の型へと容易に移行する**ということである。そのため，現在どの型であるかを知っておくのは重要なことであるが，たとえ他の型に移行しても対応できるようにしておくことが重要である。つまり，どの型にでも対応できるようにしておく必要がある。2レベル三種の暴力のいずれにも対応できるようにしておくことが必要なのである。

5. 暴力の連鎖
a. 暴力は連鎖する
　ここで，先に述べた攻撃性の法則のうち第三法則「集団の中では容易に連鎖する」を思い出していただきたい。連鎖とは「鎖のようにつながること」(『広辞苑』)を言う。さらには，一つの出来事がきっかけとなり，同種のことが次々に起こることを言い，暴力についていえば，ある人間関係において起こった暴力が別の人間関係においても持ち込まれ，次々と引き継がれていくことを言う。暴力が厄介なのは，この連鎖するという点にある。

　暴力の連鎖と言えば，しばしば言及されてきたのが，子ども虐待（児童虐待）における世代間連鎖である。虐待や不適切養育を行う親自身がやはり虐待や不適切養育を受けた経験があることが多いことが指摘されてきた（Cicchetti, D. et. al., 2006；久保田，2010）。

　ここでは，連鎖という視点から児童福祉施設における暴力・虐待について見ていくことにする。

　連鎖の基本は，強い者がより弱い者に暴力を振るい，暴力を受けたより弱い者がもっと弱い者に暴力を振るうという形が基本形である。関わる人の数や暴力の深刻度や頻度に違いはあれ，家庭でも施設でも学校でも同様である。

b. 児童福祉施設における暴力の連鎖：被害者が加害者になる
　児童福祉施設における暴力の連鎖では，被害者が加害者になるという形の連鎖が非常に多い。まず，連鎖の基本的パターンをのべておきたい。

1） 児童福祉施設内での連鎖（「施設内連鎖」）
　暴力の連鎖と言えば，家庭から持ち越されたものをもっぱら思い浮かべがちであるが，児童福祉施設内での連鎖が非常に重要である。ここでは，この児童福祉施設内での暴力の連鎖を**「施設内連鎖」**と呼んでおきたい。施設内連鎖には以下の二つがある。

　①**生活空間内連鎖**（現在の連鎖）：児童福祉施設においては，典型的パターンのひとつとしては，以下のように暴力が連鎖していく。まず，たとえば，児童福祉施設では，高校生の子が中学生に暴力を振るい，中学生が小学校高学年の子に暴力を振るい，小学校高学年の子が小学校低学年の子に，小学校低学年の子が幼稚園の子に暴力を振るうといったことが起こる。つまり，より強い者が

表4-6 児童福祉施設における暴力の連鎖

```
(1) 連鎖のパターン

    ①「同型的連鎖」
    ②「逆転的連鎖」

(2) 児童福祉施設内での連鎖（施設内連鎖）

    ①生活空間内連鎖（現在の連鎖）
    ②世代間連鎖（過去からの連鎖）

(3) 2つの場にまたがる連鎖（横断的連鎖）

    ①学校－施設間連鎖
    ②家庭－施設間連鎖
    ③家庭－学校間連鎖
```

より弱い者に暴力を振るうといった具合に，順に暴力が弱い方に伝播していく。

わかりやすいように単純化した例をあげてみたが，むろん，自分より弱い者へ暴力を振るうということなので，高校生は中学生にだけではなく，小学生にも，幼児，さらには弱い職員に至るまであらゆる弱い者にも暴力を振るうこともありうる。また，強い弱いは必ずしも学年によって決まるものではなく，あくまでも力関係によるので，高校生よりも中学生がボスになってしまうこともある。さらには，ボスの強い高校生の上にさらに強い職員が君臨していることもある。

このように，同じ時期に生活空間を同じくする者の間での暴力の連鎖を**「生活空間内連鎖」**と呼んでおきたい。この連鎖は，遠い過去から持ちこされたものではなく，現在の生活の中で起こっている連鎖という意味で，**「現在の連鎖」**と呼ぶのがよいかもしれない。

②世代間連鎖（過去からの連鎖または歴史的連鎖）：いまひとつの連鎖の形がある。たとえば，児童福祉施設では，暴力を振るっている高校生もかつては，以前の高校生・中学生などに暴力を振るわれていたということがほとんどであ

る。ひとつのパターンとしては，小学校低学年くらいまでは，もっぱら暴力被害にあっていたのが，小学校高学年くらいになると，強い子には暴力を振るわれつつも，小学校低学年の子や同学年などの自分よりもっと弱い子に暴力を振るうようになる。そうして，施設で何年もすごすうちに，自分が最年長になり，下の子たちに暴力を振るって君臨する。こうして，暴力が世代を超えて連鎖していくことになる。このように，世代を超えて引き継がれる連鎖を，**「世代間連鎖」** または **「歴史的連鎖」** と呼んでおきたい。この連鎖は，過去からの持ち越されたものという意味で，**「過去からの連鎖」** とでも呼べるかもしれない。

　施設における暴力には，しばしば指摘されているように，家庭からの持ち越されたものもある。家庭で虐待を受けた子や父親が母親に暴力を振るうのを見てきた子が，施設入所後に他児や職員に暴力を振るうというパターンである。この場合，先に述べたように，虐待した親自身がかつては被害者であることがしばしばあるとされている。その場合，家庭における世代間連鎖がさらに重なっていることになる。

2）「同型的連鎖」と「逆転的連鎖」
　また，連鎖の内容面から見れば，場や関係や年代が変わっても被害児が繰り返し被害を受けるというふうに同じパターンを繰り返す連鎖（**「同型的連鎖」**）と，場や関係や年代が変わることで，被害者が加害者になるという連鎖（**「逆転的連鎖」**）とがある。通常この二つはからみあっている。なお，通常は連鎖と言うと，ここでいう後者（逆転的連鎖）のことを指しており，前者は「反復」と呼ぶのがよいかもしれないし，連鎖とするのが適当かどうか疑問もある。しかし，本書では両方とも連鎖としておきたい。というのは，施設内暴力ではこの両者はからみあっていること，そして通常にいう連鎖（「逆転的連鎖」）を断ち切るには，この両方を扱うことが必要だからである。
　同型的連鎖としては，ある強い子どもから暴力被害を受けていた子が，さらに他の子どもからも暴力を受けるようになるということがある。また，家庭で虐待を受けた子が，再び暴力や虐待を受けやすいことも指摘されている。これは被虐待児が他者との虐待的関係しか知らないため，その子に関わる人をイライラさせる言動をとりやすいことが一因とされている。従来はいわゆる，「虐待関係の再現」と呼ばれている。

3)「虐待関係の再現」：本人が求めているわけではない

その代表的なパターンには，たとえば，以下のようなことがあげられる。

①相手が向けてくる怒りや暴力に対してさしたる抵抗を示さない。

②相手に向かって挑発的な態度や言動を示すことで，相手から怒りや暴力を引き出す。

ここで重要なことは，このことは，あくまでも同じようなパターンを繰り返しているということであって，被害者がそれを求めているわけでは決してないということである。ハーマン（Herman, J. L., 1992）は，「被害の反復は疑いなく現実に起こっている」ことを指摘しつつも，「被害者は虐待を求めていたのではない」ということを強調している。

また，同型的連鎖には，被害の反復だけではなく，加害の反復もある。たとえば，施設で加害を重ねた子が学校などで他児に暴力を重ねるようになることもある。

c. 家庭と学校における暴力の連鎖

1) 家庭と学校でも同様の連鎖

基本的連鎖として，**「生活空間内連鎖」**（「現在の連鎖」）と**「世代間連鎖」**（「過去からの連鎖」）の二つをあげた。説明のための記述にあたって，時間軸で切り取らざるをえないので，二つの連鎖に分けて記述したが，実際にはこの二つの連鎖は同時に交じり合って進行しているものである。関わる人の数や暴力の深刻度や頻度に違いはあれ，施設だけではなく，家庭でも学校でも同様の連鎖が起こりうるのである。

ここで，家庭における連鎖にもふれておきたい。たとえば，夫（父親）がギャンブルで給料を使い果たしてしまう。当然，妻（母親）は夫に文句をいう。言い争いが起こる。口では勝てないので，夫が激高して暴力を振るう。仕方なく，妻は黙るしかなくなる。気持ちがおさまらない妻は，子どもに当たる。怒る材料があれば，なおさらひどく当たる。同様のことが，繰り返され，子どもは，母親からも父親からも暴力を受けることとなる。その子は，長じて家庭を持ち，子どもが生まれた際に，しつけと称して暴力振るうようになる。たとえば，このようにして連鎖していくのである。むろん，その一方で虐待や暴力を受けた子が，すべて長じて暴力を振るうようになるわけでは決してないということも付け加えておきたい。

2) 二つの場にまたがる連鎖

　このように，「生活空間内連鎖」と「世代間連鎖」という連鎖の基本パターンは，施設だけでなく，家庭や学校などさまざまな場で生じる。また，連鎖には，二つの場にわたる連鎖もある。この二つの場にわたる連鎖を，場を越えて横断する連鎖という意味から，ここでは「横断的連鎖」と呼んでおきたい。

　①学校－施設間連鎖：同じ学校に，同一施設から何人もの子が通学している場合，学校か施設の一方が荒れてくると，早晩もう一方に波及する。同じ子が施設でも学校でも同じように暴力やいじめの加害者になっていることがある。あるいは同じ子が学校でも施設でも被害にあっているということもある（同型的連鎖）。これはその一方で，学校で暴力やいじめにあっている子が施設で弱い子に暴力やいじめを繰り返すことがある。逆に，施設で暴力やいじめにあっている子が，学校で弱い子をいじめるということもある（逆転的連鎖）。

　②家庭－施設間連鎖：これは，すでによく言われていることだが，家庭で保護者から虐待を受けた子が，施設で暴力を振るうようになる。あるいは，父親が母親を殴るのを見て，暴力的行動を身につけたと思われる場合もある。従来は子どもが施設で暴力を振う場合，もっぱらこの型の連鎖の視点から理解されてきたように思われる。しかし，施設の暴力をこの連鎖の影響は考慮する必要はあるものの，その一方で子どもたちの暴力をもっぱらこの「家庭－施設間連鎖」のみから説明するのは誤りである。すでに述べたように，特に虐待とは関係がないと思われる学校寮などでも多くの暴力事件が起こっているからである。また，0歳から乳児院に入所し，その後に児童養護施設に入所している子が，児童養護施設でボスとなり，深刻な暴力を振るっていることも少なからずある。これらのことから，私自身は，施設内連鎖への対応なしに，この家庭――施設間連鎖だけを過剰に重視してきたのではないかとの印象がある。

　③家庭－学校間連鎖：なお，さらに同様に「家庭－学校間連鎖」もあることはいうまでもない。

　④重なり合う連鎖：以上見てきたように，児童福祉施設内の暴力の連鎖にもいろいろあり，それをまとめたのが，表4-6である。これらの連鎖が二重三重に重なり合い，絡み合っているわけである。たとえば，子どもの暴力だけみても，「施設内連鎖」（「生活空間内連鎖（現在の連鎖）」，「世代間連鎖（過去からの連鎖）」）と「家庭－施設間連鎖」が重なっているものと思われる。そのため，連鎖がより強固なものになっていると考えられる。その一方で，児童福祉施

には，被虐待児だけが入所しているわけではないということにも注意しておく必要がある。児童養護施設の被虐待児は，約5～6割と言われているが，残りの約4割，5割は虐待が理由の入所ではない。したがって，連鎖のうち家庭－施設連鎖は被虐待児にはあてはまるものの，それ以外の子らは家庭－施設間連鎖によって暴力を振るうようになるわけではないと考えられる。

　連鎖をその性質に応じて，細かく分類して述べたので，ひどくわかりにくくなったかもしれない。もっとも重要な点は，これまで連鎖と言えば家庭での虐待による影響が施設に持ち込まれたものという理解がもっぱらであったが，それだけではなく，施設における連鎖をもっと重視して対応を考えていくべきであるということである。

d．暴力の質的側面からみた種類

1）「連鎖系暴力」と「非連鎖系暴力」

　児童福祉施設における暴力が集団の中で連鎖していくことを述べた。ここで重要なのは，連鎖という視点からの①**連鎖系暴力**と②**非連鎖系暴力**（単発系暴力），の区別である。連鎖といえば，家庭から持ち越された連鎖（「横断的連鎖：家庭－施設間連鎖」）をもっぱら思い浮かべがちであるが，ここでいう連鎖系暴力には先述のように児童福祉施設内での連鎖（「施設内連鎖」）もある。すなわち，連鎖系暴力には「施設内連鎖系暴力」と「横断的連鎖系暴力」とがあるということになる。この両方が重なり合っていることが多いものと考えられる。そのため，児童福祉施設における暴力問題の解決には，まずは施設内連鎖系暴力への対応が必要である。

　また，最初は非連鎖系暴力（単発系暴力）であったものが繰り返されると，容易に連鎖系暴力に転化するので注意が必要である。

2）「習慣化している暴力」と「単発系暴力」

　いまひとつ重要なのは，習慣化という視点からの，①「**習慣化している暴力（習慣化暴力）**」，②**単発系暴力**（非連鎖系暴力）という区別である。習慣化している暴力は，いわば，身にしみついた暴力であり，単発系暴力とは偶発性の高い暴力を言う。以上をまとめると，表4-7になる。

　児童福祉施設で対応を迫られる暴力の多くは，習慣化暴力と連鎖系暴力，それも施設内連鎖がある連鎖系暴力である。児童福祉施設における暴力の中心に

あるのは，習慣化暴力と連鎖系暴力，それも施設内連鎖がある連鎖系暴力なのである。このことは非常に重要である。なお，連鎖系暴力でしかも習慣化暴力というのがもっとも改善が難しいと考えられる。

表4-7　暴力の質的側面からみた種類

```
1. 連鎖という視点から
    ①「連鎖系暴力」
            施設内連鎖系暴力，横断的連鎖系暴力
    ②「非連鎖系暴力」

2. 習慣化という視点から
    ①「習慣化暴力」
    ②「単発系暴力」

3. 計画性という視点から
    ①「計画性暴力」
    ②「衝動性暴力」
```

3)「計画性暴力」と「衝動性暴力」

さらには，計画的に行われる**「計画性暴力」**と衝動的に出てしまう**「衝動性暴力」**とがある。「計画性暴力」は年長児に多く，「衝動性暴力」は年少児や発達障害や発達障害サスペクト児に多い。

e．暴力の連鎖が続くのは

児童福祉施設のような集団で，暴力が続くのは連鎖するからである。さらにその背景に，いくつかの要因が考えられる。ここでは私が特に重要だが見落とされやすいと考えている要因について述べておきたい。

1) 被害から加害への転換の意味：「自助他害活動」

　暴力の連鎖という点では，まずは被害者が非常にしばしば加害に転じるということが大きな要因である。ここで，誤解を招く表現かもしれないが，大事なことなのであえて述べておきたい。被害児の加害行為は，自分の「被害体験を克服しようとする試み」でもあると考えられる。いわば「とりあえずの自助活動」という面がある。だからこそ，児童福祉施設であれ家庭であれ，連鎖が続くという側面があるのではないか，と私は考えているのである。

　しかし，大急ぎでそして大声で言っておかなければならないのは，だからといってそれが決して許されることではないということである。「攻撃性を出せるようになった」などといって済ませてはいけないのである。とりあえずの自助活動という側面はあるにせよ，それは明らかに適切なものではなく，他者を害するものであり，いわば**「自助他害活動」**だからである。しかもそれは，本人の将来を開く関係の成立を妨げるものであり，本人のためにもならないのである。したがって，本質的には**「自害他害活動」**であると言えよう。

2) 観察学習

　また，自分が直接被害にあわなくとも，身近で観察するだけで暴力行動は容易に学習される。自分よりも弱い者へ暴力を振るうことを学習するのである。自分が殴られなくとも，たとえば母親が殴られるのを見て育った子は，容易に暴力を振るう側に回りやすいものと考えられる。

　このことに関連して重要な知見を二つあげておきたい。ひとつは，乳幼児の模倣が生後驚くほど早いうちから出現するということである。米国のメルツォフとムーアは，新生児が生後まもなくから舌出しを模倣することを報告し，ヒトは生まれながらに，自動的に模倣できる能力を持つ可能性を強く示唆した（Meltzoff, A., N. & Moor, M.K., 1977；明石，2005；當眞，2008）。

　いまひとつは，イタリアのジャコーモ・リッツォラッティ（Giacomo Rizzolatti）らによって，1996年にミラーニューロンが発見されたことである。観察した他者の動作と同じ動作をつかさどるニューロンが，まるで鏡に写したかのように反応することからミラーニューロンという名前がつけられた。サルの実験で発見され，ヒトではミラーニューロンの存在そのものは計測されていないが，同様のシステムがあることは脳機能イメージング研究からわかっている（乾，2009）。このミラーニューロンとは，他者の行為を観察すると，観察者の脳の

中に，あたかもその行為を自分が行っているかのように知覚し，脳内にその表象（記憶痕跡）をつくる前運動ニューロンである（丸野・小田部，2010）と考えられ，近年大きな注目を集めている。

これらのことは，暴力の連鎖を支える強力な基礎が人に備わっていることを示している。しかし，同時に暴力の連鎖を断ち切り，思いやりの連鎖を形成する基礎にもなりうることもまた示している（第5章を参照）。

3） 連鎖によらない暴力：「創発性暴力」

その一方で，暴力は暴力被害を受けたり，身近で目撃したものだけが示す行動ではないと思われる。たとえば，いわば「至れりつくせり」に甘やかされ，暴力など振るわれたことがないと思われる子どもが，家庭内でかなりの深刻な暴力を振るうようになる事例がある。このことは，連鎖によるものではなくとも，暴力を振るうようになることを示している。いわば，暴力が創発するとでも言うべき現象であり，このような暴力を**「創発性暴力」**と呼んでおきたい。このようなことが起こるのは，暴力がヒトにとって，もっとも手近で安易なストレス解消や不満感情発散の手段だからではないかと思われる。先に第3章で，全国で起こっている暴力事件が，驚くほど似ていることを指摘したが，それは身体への暴力は生物としてのヒトに備わった機制がその基礎にあるからではないかと考えられる。

f．理解と対応の優先順位

これまで述べてきたように，児童福祉施設における暴力は，①施設内の世代間連鎖と生活空間内連鎖と，②学校－施設連鎖さらには，③家庭－施設連鎖，から理解していくことが必要である。このように見てみると，（もしそれがあったとしても）家庭での虐待は，連鎖の一部を形成しているに過ぎないことがわかるであろう。

私は先に「施設内の暴力は虐待が主たる要因とは考えられない」と述べたが，誤解を招く表現であったかもしれない。もっぱら被虐待という視点から施設の子どもの暴力問題を理解しようとすることに私は反対しているのであり，虐待という要因が，まったく影響していないとか，考慮する必要がないということを主張しているわけでは決してない。そうではなく，対応の優先順位は，現在の連鎖への対応が最優先であり，それを決して過少評価してはいけないということを主張しているのである。

6. 2レベル三種の暴力の歴史的変遷とその理解

　全国各地の児童養護施設の歴史をひもとくと，その創設期をみれば，創立者の活動を知れば，わが国にもりっぱな人たちがたくさんおられたのだなあと，思わずエリを正される思いがする。古くは百数十年の施設があり，そんな時代から活動されていたことに驚く。また，児童養護施設の創立者たちの中には，敗戦直後，まだ福祉制度ができるあてもない頃に，戦災孤児を放っておけず，引き取って風呂に入れ，食事をさせ，養育してきた人が全国各地に何人もおられたことには，感動を覚える。

a. 長い間放置されてきた施設内暴力

　その一方で，児童福祉施設内の暴力が，ここまで取り組みが遅れたことは，信じがたいことである。

　戦後すぐは，皆が大変だった時代である。食事と風呂，住まいの提供だけで，大変賞賛される時代だった。しかし，国が豊かになり，社会情勢がこれだけ変化していく中で，極めて深刻なこの問題がこれだけ長きにわたって放置されてきたこと，あるいはピントのはずれた理解や対応が少なくなかったということは，認識されるべきである。近年取り組みが始まったものの，私から見れば，その理解は偏ったものである。せめて，より適切な理解を提示して，この問題への取り組みの基盤としたいというのが筆者の願いである。そこで児童養護施設の経験から，施設内暴力の歴史的変遷について，私なりの理解を述べておきたい。

　この歴史的変遷の理解に有用なのは，これまで述べてきた，「**2レベル三種の暴力**」と「**攻撃性の法則**」と「**連鎖**」という視点である。ただし，ここでは，あくまでも児童養護施設に絞って述べることにしたい。情緒障害児短期治療施設や児童自立支援施設については，ここで述べることがあてはまるかどうかは，私にはわからない（たとえば，情緒障害児短期治療施設は，かつては不登校児童の入所が多かったという歴史がある）。なお，児童自立支援施設については岩田（2002）の論文があり，情緒障害児短期治療施設については，堀（2007）の論文があるが，いずれも深刻なものとなるということがうかがえる。

b．被虐待児の入所の増加

　関係者から，「被虐待児の入所が増えたので，暴力問題が，特に子ども間暴力や子どもから職員への暴力が起こってきた」という意見をしばしば聞くことがある。

　たとえば，児童養護施設で長期にわたって養育されてきた若者による「女子大生暴行殺人事件」の背景をルポした横川（1985）の『荒廃のカルテ』の中で，ある施設長は次のように述べている。

　「昔は戦災孤児や貧困家庭の子を預かっていればすんでいたのですが，ここ10年くらいの間に，性的非行や心身症など，単なる孤児ではなく，情緒障害を持つ問題児，それも被虐待児が急激に増えてきているのです。養護指導上，困難度が高いだけに，従来の養護の考え方では対応しきれなくなってきているんです。こうしたことが論議されはじめたのが昭和50年代に入ってからですから，まだまだ施設としても未熟なんです」。

　このような見解は，現在でもしばしば耳にするもので，これはおそらく施設関係者の多くに支持されている見解であると思われる。長年，児童養護施設にそれこそ献身的に携わってこられた方々には，私はその尽力に敬意を表したい。しかし，私はこの見解には，重要な点で賛同しかねる面がある。被虐待児の入所が急激に増加してきたことは，施設における養育を困難なものにしていると思われる。しかし，被虐待児の入所が増えてきたことで施設の暴力問題のすべてを説明することにはかなり無理があると私は考えている。

c．昔からあった児童福祉施設内の暴力

　おそらく，被虐待児の入所が増えてきたことで，暴力問題も対応が難しくなったという面はあるものと思われる。しかし，すでに40代，50代の施設生活経験者も，その暴力のすさまじさを証言している。おそらく，こうした暴力はすでに児童養護施設の創設後まもなくから始まったものであると考えられる。

d．職員からの暴力の激しさ，深刻さ

　わが国で最初の孤児院（＊かつて児童養護施設はこう呼ばれていた）を創設し，「児童福祉の父」と言われる石井十次は岡山孤児院12則（明治41年［1908年］，孤児院新報に発表）のなかに，「非体罰主義」を掲げて養育にあたった（岡山石井十次顕彰会準備会，http://ishii-jyuji.com/jyuji/jyuji.html）という歴

史がある。明治時代に石井がこのような方針で臨んだことは，特筆すべきことである。

　しかし，それがこの領域全体に受け継がれなかったのは非常に残念なことである。

　私がいくつもの施設で複数の古参職員や退職職員や40代の施設生活経験者から聞いたところでは，数十年前の児童養護施設では，どの施設もそうであったとまでは言えないが，職員からの暴力や体罰はかなりありふれたもので，非常に多かったようである。『荒廃のカルテ』（横川，1985）や『少年棄民』（菊田，1978）などの著作からもそれがうかがわれる。石井十次が「非体罰主義」をあげていたにもかかわらず，このような状況となってしまったのは，大変残念なことである。

　かつては施設に限らず，社会でも大人が「しつけ」ということで子どもを叩くことがさほど問題視されていなかった時期でもある。学校でも，体罰は非常に多かった。しかし，施設の体罰は，学校の比ではなかったようである。竹刀や木刀を持って見回りをする職員がいたとも聞く。かつては，問題行動への安易な対応として，しばしば体罰が用いられていたようである。あるいは「しつけ」と称して，暴力が振るわれてきた。言うことをきかない子どもを殴ったところ，耳の鼓膜を破ってしまったことがあるという話を，私は複数の年配の退職職員から聞いたことがある。

　たとえ，どのような問題行動があったとしても体罰は許されることではないし，また「しつけ」と称して，暴力を振るうことも許されることではない。

　職員からの暴力は，子どもたちの問題行動に対する体罰や「しつけ」という名目で暴力が振るわれてきただけではない。問題行動への体罰というに留まらず，体罰で自分の憂さを晴らしたり，さらには職員自身の欲求（含．性的欲求）を満たすという者も出ている。しかも，暴力には嗜癖性がある。そうなってくれば，「暴力による支配」というのが適切であるように思われる。現在であれば，どれだけ新聞報道となっているかわからないほどであったであろうと思われる。たとえば，施設生活経験者の佐々木朗氏による著書『自分が自分であるために』（佐々木，2000）には，職員からの暴力がいかに過酷なものであったかという経験談が述べられている。

e．昔からあった子ども間暴力

　このように，職員が暴力を振るい，子どもたちを抑えている施設では，子ども間暴力はないかといえば，そんなことはない。職員暴力がある一方で，職員に見つからないような形で，子ども間暴力があるものである。職員が日常的に暴力を振るえば，子どもがそれを模倣するという側面があったものと思われる。潜在的暴力だからといって，軽いということでは決してない。時に，それが度を越して，発覚した際，それがどれほど酷いものかが伺い知れる。かつては「顕在的潜在的職員暴力」がある一方で，「潜在的子ども間暴力（児童間暴力）」があったということである。その一方で，子どもから職員への暴力（対職員暴力）はほとんどないか，あっても少なかったものと思われる。

　以上のことは，私自身も体験者や関係者から直接間接に確認できたことであるが，さらには文献上からも，確認することができる。『荒廃のカルテ』（横川，1985）を参照されたい。この本は，1983年に起こった女子学生レイプ殺人事件についてのドキュメントで，犯人は刑務所で生まれ，乳児院・児童養護施設で育った。本書にはすさまじい施設内暴力の実態が報告されているし，中3の部屋長の暴力で3歳児が死亡した事件も述べられている。また，児童養護施設生活体験者の手記『児童養護施設内暴力を根絶するために —— 児童養護施設で暮らした体験より』（一施設生活経験者，2009）にも詳しい。

f．職員からの暴力としての施設内虐待への注目

　1995年12月，福岡の福岡育児院の子どもたちが体罰を訴えたのを，マスコミが取り上げ児童養護施設における職員による虐待が注目されるようになった。それ以前も，職員からの暴力（含．性暴力）を訴える子どもたちはいたが，なかなか信じてもらえず，社会的な注目を浴びるには至らなかったようである。

　さらに1996年の千葉の恩寵園事件は，児童養護施設における悪質な虐待事件として，注目された。この事件は，小中学生が施設長の体罰に耐えかねて集団で施設を逃げ出したことから，マスコミに報道されたものである。

　報道によれば，施設長が子どもを麻袋に入れて庭の木につるした，罰として24時間正座させ，食事もさせず，トイレにも行かせず，他の子の前でズボンのまま放尿させた，などの体罰があったとされている。さらには，施設長の次男である指導員が強制わいせつで逮捕されている。なお，この恩寵園事件については，『養護施設の児童虐待 —— たちあがった子どもたち』（恩寵園の子どもた

ちを支える会，2001）に詳しい。関係者らは，傷害・強制わいせつ・強姦など の罪で，1999年～2000年にかけて逮捕された。園長は傷害で懲役8ヵ月，園 長の息子は強制わいせつで懲役4年の実刑判決を受けた。

なお，「恩寵園の子どもたちを支える会」は，その後「施設内虐待を許さない 会」として発展し，さまざまな活動を行っているとのことである。施設内虐待 事件については，この会のサイトに詳しい（http://gyakutai.yogo-shisetsu.info/ 「Stop !!　施設内虐待」）。

1997年の児童福祉法改正にあたって，この恩寵園事件が問題となり，1998年 に厚生省令第15号で児童福祉施設全体に[注1]「懲戒権の濫用の禁止」という新た な規定が新設され[注2]，同時に，厚生省（現.厚生労働省）児童家庭局障害福祉 課長，企画課長通知で，「懲戒に係る濫用禁止について」という通知が出され， その中で濫用についてより具体的に述べられた。

ここに至って，ようやく児童福祉施設関係者の間で，「懲戒権の濫用」という 問題がハイライトされることとなってきたものと考えられる。

こうした施設職員（含.施設長）による暴力的管理や体罰や暴力を肯定する 状況に問題を感じていた人たちもいた。外部の人たちもいれば，施設関係者も いた。

外部の人たちは，施設の子どもたちの告発を支援し，児童福祉施設において 子どもの権利が尊重されるべきであることを主張し，また「子どもの権利ノー ト」の作成と活用の動きを推進してきた。

また，施設関係者のなかにも改善の努力をしてきた人たちがいる。子どもの 権利を尊重した施設運営を実践したのである。現在，先進的といわれる取り組 みを行ってきている施設が全国にいくつもあるが，それらの施設はいずれも「子

注1）　高橋（2000）によれば，かつては，児童福祉施設のうち児童自立支援施設にのみ禁止規 定があった。戦後児童福祉法の制定，児童福祉最低基準が制定され，児童自立支援施設 （旧教護院）について「児童の生活の場所の制限」第86条「教護院の長は，児童を教護 するためやむを得ないときは，一定の期間を限り，児童の生活の場所を制限することが できる。ただし，児童の肉体に苦痛を与える等過酷にわたってはならない」とし，児童 福祉施設のうち，児童自立支援施設で子どもの生活の場所を制限する場合にのみ体罰 が禁止されていた。

注2）　「児童福祉施設の長は，入所中の児童に対し法第47条第1項本文の規定により親権を行 う場合であって懲戒するとき又は同条第2項の規定により懲戒に関しその児童の福祉 のために必要な措置を採るときは，身体的苦痛を与え，人格を辱める等その権限を濫用 してはならない」（平成10年厚生省令第15号，第9条の2）

どもの権利擁護」をその運営の中心に据えたものである。

　個々の施設がそういう運営を行っただけではない。施設全体が子どもの権利を尊重した運営になるように尽力してきた人たちもいた。全国児童養護施設協議会（全養協）が主催する全国児童養護施設長研究協議会等でも再三にわたって，「子どもの権利擁護」がテーマとして取り上げられているのはそのあらわれであろう。それは，児童養護施設における「戦後の収容保護パラダイム」から「子ども発達権保障を基盤とする子ども養育の場」へのパラダイム転換（加賀美，2008）を目指すものである。いわば，「管理型」から「権利擁護型」への転換と言ってもよいと思われる。

　また，特筆すべきは，1994 年に北海道養護施設協議会が，「北海道養護施設ケア基準」を全国に先駆けて策定し発表したことである（千葉，1997）。これは「児童は，一切の体罰から護られる」など子どもの権利擁護を中心に据えたものである点で注目すべきものである。また，神奈川県は 2000 年 4 月から児童福祉施設の処遇評価を実施するなどの取り組みを開始している（高橋，2000）。

　以上はほんの一部を紹介したに過ぎないが，このように，施設外部にも施設関係者にも，児童福祉施設において「子どもの権利擁護」を推進してきた人たちがいたのである。

　ただ，残念なことは，それによって，多くの施設で子どもたちが暴力から守られるようになったかと言えば，そうではないということである。これらの活動のほとんどが「子ども間暴力」にも注目したものではなかったからである。実際，「子どもの権利擁護」「子ども主体」の運営を行ってきたことで知られる施設でも暴力事件が起こったことが報道されている。報道されたもの以外に，私の知る限りでも，「子どもの権利擁護」も「子ども主体」の運営を行ってきたことで知られる複数の施設で，さまざまな暴力事件が起こっているのである。むろん，「子どもの権利擁護」「子ども主体」という理念は重要である。しかし，私が言いたいのは，それに力を注ぐだけでは，施設の暴力はなくならないということである。このことを，きちんと受け止めるべきである（この点については，さらに第 5 章および第 14 章を参照されたい）。

　またこうした活動にもかかわらず，体罰ではなくしつけだと言い換え，体罰を行う児童養護施設が依然としてある。子どもたち自身が，体罰を当然のことと受け止め，それを疑問にすら思わない場合さえある。そして，「体罰による管理」「暴力による支配」で子どもたちは職員が恐くて，訴えることができない。

何度も新聞報道されているように，児童養護施設では職員による体罰や人権侵害があとを絶たないことからうかがい知ることができる。文献としては，先述のように，横川（1985），佐々木（2000）からもうかがい知ることができる。

したがって，今なお，体罰や重大な人権侵害を行う施設が見受けられるということがあるだろう。しかしその一方で，別の変化も起こってきている。

g．増えてきた対職員暴力

私から見て明らかに変わってきたと思われるのは，なんといっても子どもから職員への暴力（対職員暴力）の増加である。職員による暴力や虐待が多数報告されている一方で，現場を知らない人には信じがたいかもしれないが，子どもからの暴力や威圧に怖い思いをしながら勤務している職員は驚くほど多いというのが私の素直な印象である。2レベル三種の暴力のうち暴力が出る方向に変化が見られるのである。

このことと関連して，関係者からは「被虐待児が増えてきたので，暴力事件の内容が変わってきた」という意見もしばしば耳にする。実際，対職員暴力は増加しているし，あるいは昔からあったとはいえ，子ども間暴力も増加しているのかもしれない。

h．出やすいところに出ている暴力

しかし，もしそうであったとしても，対職員暴力の増加や子ども間暴力の増加を被虐待児の入所の増加という視点のみから理解するのには無理がある。ここはいまひとつ，踏み込んで考えてみたい。ここで，先にあげた攻撃性の法則の第一法則を思い出していただきたい。「攻撃性は出るべきところに出るのではなく，出やすいところに出る」である。そう，出やすいところに出ているという点では，昔も今もなんら変わっていないのである。子どもから職員への暴力が以前よりもはるかに出やすくなっているのである。

かつては，職員による体罰がさして問題とされていなかった時期には，子どもから職員への暴力はそうそうありえなかった。現在では，相対的に，職員と子どもの力関係が変わってきたのであり，それが対職員暴力の増加につながっているというのが私の見解である。それは，以下のような事情からである。ただし，暴力が起こる内容や文脈などに何らかの質的変化があるのかどうかについては，さらに慎重に見ていくことが必要であろう。

学校でも，小中高の校内暴力件数は増加している。文部科学省の平成21年

度「児童生徒の問題行動等生徒指導上の諸問題に関する調査」によれば，2009年度の小中高の暴力行為は約61,000件（前年度比約1,000件増）で過去最高を更新した。かつては，教師の体罰は多くとも，生徒が先生を殴るなどということは，ゼロではないにせよ，なかなかありえなかった。現在では，教師と生徒の関係性が変わってきたためであろう。いとも簡単に先生への暴力が出るようになってきている。また，近年では，小学校での，教師への暴力が増加していることが注目されている。

　むろん，施設では徹底した逃げ場のない状況での暴力であるため，学校と施設では，暴力の深刻度がひどく違っていることは言うまでもないが，傾向として共通したものがあることは注目されてよい。このことからわかるのは，子どもから職員，生徒から教師への暴力が出やすくなっている要因のひとつには，私たちの社会全体における大人と子どもの関係性の変化が反映しているものと考えられる。

　しかし，児童養護施設で子どもから職員への暴力が出やすくなっているのは，それだけではない。職員暴力や「暴力による支配」が世間に知られるようになり，逮捕者が出るなどしたことから，施設が痛烈に批判されるようになり，以前のように職員が自らの暴力に対して無自覚ではいられなくなったものと思われる。これは，一面では児童養護施設内の暴力を告発してきた人たちと「子どもの権利擁護」に尽力してきた人たちの長年の活動の成果であると言えよう。

　その一方で，児童養護施設において子どもたちの安心・安全は守られるようになったかと言えば，残念ながら事態はそれほど簡単ではない。児童養護施設内の虐待・暴力の告発や「子どもの権利擁護」の啓発活動にもかかわらず，今なお体罰や虐待が横行している施設がある。さらに，ここで強調しておきたいのは，暴力的管理的であるとは言えないような施設では，職員の指導が通らなくなってきているということである。施設が痛烈に批判されるようになり，以前のように職員が自らの暴力に対して無自覚ではいられなくなっただけではなく，当然注意すべき問題行動の指導にも腰が引けてきている。そういう施設が非常に多くなっているというのが，私の実感である。

　児童福祉施設における養育が大変になってきたというベテラン職員の実感は確かなものであろう。被虐待児の入所の増加はその要因のひとつではあるだろう。しかし，それは被虐待児の入所の増加という要因のみに帰されるべきことではなく，職員配置の設置最低基準の過酷さに加え，このような子どもたちか

ら職員への暴力の増加という側面も大きいものと考えられる。これは，大人への暴力が出やすくなったという側面があり，大人と子どもとの関係の変化を示唆するものである。

なお，以上の点については，第14章でさらに論じる。

7. 現在の2レベル三種の暴力をどう理解するか
a. 被虐待児の増加以前の問題の無視または軽視

先に『荒廃のカルテ』（横川，1985）から，ある施設長の見解を紹介し，さらに私の見解を述べてきた。ここで，その見解の違いを要約すれば，しばしば耳にする「被虐待児の入所が増えたから」というのは，現在の施設の大変さを一部説明しているものの，それ以前の重要な側面を見落とすことになっているということである。

その重要な側面とは，被虐待児の入所の増加以前にすでに，職員暴力や子ども間暴力は深刻な状況にあったという事実である。そこに目を向けないのは，「被虐待児の増加以前の問題の無視または軽視」があるものと考えられる。すなわち，集団生活で起こりやすい問題をきちんと認識することなく，被虐待児の入所の増加という側面ばかりが強調されてきたため，処遇についてももっぱら被虐待モデルによる対応が重要とされてしまったところに大きな問題がある。

再三述べているように，暴力問題は，大人であれ子どもであれ，ある程度の数の人間が閉鎖性の高い空間でストレスに満ちた生活を共にする時，極めて起こりやすい性質のものだからである。そういう基盤にさらに家庭での被虐待などの要因が重なってより起こりやすく深刻化しやすくなっているものと考えられる。

被虐待児の入所の増加以前にもあった深刻な事態への対応をきちんと行い，さらには被虐待児への対応についても行うことが必要なのである。換言すれば，<u>被虐待児であろうがなかろうが，どの子の養育にも共通して必要な条件を整えることこそが重要</u>なのである。

b. 職員からの暴力（職員暴力）と子ども間暴力と子どもから職員への暴力

むろん，職員からの入所児への暴力はいっさいなくならなければならない。そして，職員暴力がこれだけ社会的に注目を浴びたため，「懲戒権の濫用」にならないように，施設側もよりいっそうの注意を払うようになってきた。

しかし，その一方で，先述のように職員からの暴力が発覚した施設では，その後職員から子どもへの暴力や子どもの間暴力が激化することが起こりやすい（表4-3参照）。

　このことは，一面では，施設現場が脱暴力の取り組みを行うに際して専門家からの適切な助言・指導が得られていないということを意味している。また，「懲戒権の濫用」を戒めるあまり，職員が暴力や問題行動を繰り返す子どもに対して，どう対応したらよいのかわからなくなり，いわば腰がひけ気味になっている場合が非常に多い。こうした状況下で，子ども間暴力（児童間暴力）や年長児童による職員への暴力がより起こりやすくなってきているように，私には思われる。私が関わった施設のうちのいくつかの施設では，実際そういう事態が見られた。

　このように，職員暴力と子ども間暴力（児童間暴力と子どもから職員への暴力（対職員暴力）は関連しているのである。にもかかわらず，「施設内暴力」と言えば，もっぱら職員暴力だけがクローズアップされ，強調されてきたことは著しくバランスを欠くものである。むろん，職員による子どもへの暴力はあってはならないことである。しかし，職員からの暴力だけが問題なのではない。入所児の安全・安心を脅かすすべての暴力が問題なのである。しかも，職員暴力と子ども間暴力（児童間暴力），子どもから職員への暴力とは関連しているのであり，どれか一つだけをなくせばいいという問題ではない。

　または，職員暴力も子ども間暴力も子どもから職員への暴力も単に言葉で禁止しさえすればそれですむという問題ではない。それを実現するための仕組み（システム）が必要なのである。

　これまで公になった職員暴力には，長期にわたる性暴力や重大な傷害事件までもが含まれている。したがって，施設職員の中には，福祉の場から断固排除するしかない者がいることは否定のしようがない。しかしその一方で，適切なサポート体制があれば，暴力など振るわなくてもすむ職員も少なくないものと考えられる。そのような職員が子どもへ暴力を振るってしまう背景はいろいろあるだろうが，そのひとつには職員が何度注意しても問題行動がおさまらないなど，通常の指導ではどうにもならないことが多く，そのような子どもの問題行動に対して有効な指導法・対処法が職員に提供されていないことがあると考えられる。したがって，単に，職員暴力を禁止するだけでなく，同時に職員が子どもへ暴力を振るわなくてもやっていける方法を提示することが必要なのである。

c. 児童養護施設の多様な現実

　児童養護施設と言えば，これまではもっぱら暴力的管理型すなわち職員からの「体罰による管理」「暴力による支配」がある施設というイメージが強すぎるのではないかと思う。

　「体罰による管理」「暴力による支配」で子どもたちは職員が恐くて，訴えることができないような施設がある一方で，職員が当然注意すべき問題行動の指導にも腰が引けている施設もある。暴れる子を止めようとして，腕をつかめば，「体罰だ」「セクハラだ」と訴える子がいるのもまた児童養護施設の実態の一側面である。さらには，その一方で，非常に多くの施設で見られる暴力として，子ども間暴力がある。このように，児童養護施設には，多様な現実があるということ，そして三種の暴力は関連しているということを対応の出発点として認識しておくことが重要である。

　児童養護施設としては，こうした事態を，「懲戒権の濫用」にならないようにして解決しなければならないのである。

d. 包括的対応が必要

　しかもこの現実は，しばしば変化するということを理解しておくことが重要である。三種の暴力のうちどれかひとつだけを中心的に対応していくと，しばしば他の種類の暴力が激化する可能性がある。たとえば，職員からの暴力が報道された施設では，ほとんどの場合，職員から子どもへの暴力は激減または消失するが，それと同時に子どもから職員への暴力や子ども間暴力が激化する。

　したがって，施設内暴力の解決には，2レベル三種の**暴力への包括的対応が必**要なのである。すなわち職員暴力，子ども間暴力，子どもからの職員への暴力などのいずれかにのみ対応するのではなく，施設におけるすべての暴力を同時になくしていくのに有効な包括的な対応システムを創っていくことが必要なのである。

e. 「適正な懲戒」と「適切な学びの機会」の提供

　そのためには，「懲戒権の濫用」を戒めるだけではなく，暴力をなくすために**「懲戒権の有効かつ適正な使用」**もまた必要である。懲戒だけで暴力をなくすことができるとは考えられないが，かといってそれが必要であることには違いないからである。つまり，暴力をなくしていくには，**適正な懲戒**に加え，**適切な学びの機会が必要**であると考えられる。

f．順番にやればよいというものではない

　これまで，あまりにも，職員暴力だけが強調されてきたことが問題であると指摘すると，関係者の中には，「子ども間暴力があることはわかっていました。まずは，職員暴力です。その次に子ども間暴力や対職員暴力への対応を順にしていけばいいじゃないか」と主張されることがある。先述のように，児童養護施設には2レベル三種の暴力があること，いずれの暴力も子どもたちの安心・安全を脅かすものであるということ，さらには，どれかひとつの暴力だけに対応していくと，しばしば他の種類の暴力が激化するということから，そのように順番にやっていけばよいというものではないことがおわかりいただけよう。2レベル三種の暴力に包括的に対応することが必要なのである。

g．三種の断絶とその連鎖

　また，2レベル三種の暴力とその連鎖は，三種の断絶とその連鎖を引き起こすことを，飯嶋（2010）は指摘している。
　一つは，職員と子どもの間の断絶である。
　暴力事件の被害児は本来は頼りとなるべき職員に守ってもらえないことから，職員への信頼を失う。加害児は，多くの場合かつて自分が被害を受けてきたにもかかわらず，守ってもらえなかったことから，すでに職員への信頼を失っているうえに，さらに叱られることでそれがさらに確固たるものとなる。職員の側は，繰り返される暴力事件や問題行動への対応と指導に疲れ，加害児への怒りの感情が起ってくるし，さらには無力感に陥る。子どもから職員への暴力に至る場合も出てくる。かくして，職員と子どもの関係は断絶し連鎖する。
　二つには，職員間の断絶が起る。
　ある子どもが暴力事件や問題行動を繰り返すと，担当職員がしっかりしていないと責めたくなる雰囲気が職員間に生まれる。さらには，ある職員の時には子どもは暴力事件を起こすが，別の職員がいる時には起こさないということが非常にしばしば起こる。そうすると，その職員の力量がないという雰囲気が生まれる。中には，子どもに暴力を振るわれる職員も出てくる。暴力を振るった子どもを責めるだけでなく，それを抑えられない職員を責めたくなってくる。かくして，職員間の断絶とその連鎖が起こる。
　三つには，施設と児童相談所や県の管轄課との間の断絶である。
　暴力事件が繰り返されると，児童相談所はその施設に子どもを措置できない

と判断する。施設側は，そうした事態を回避するために小さな事件は報告しなくなる。すると，児童相談所にその子の問題が報告される時には，すでに深刻な事態になっている。また，施設が児童相談所にいきなり一時保護を要請しても，急な話に児童相談所側はとまどう。そのため，一時保護はされないことも多い。仮に，一時保護になったとすると，一時保護所でのおとなしくなった子どもの姿を見て，「どうしてこんないい子なのに施設は対応できていないのか」と考え，施設職員に力量がないのだと考えてしまう（第12章を参照）。かくして，施設と児童相談所や県の管轄課との間に断絶が起る。

ただし，ここで強調しておきたいのは，暴力の連鎖にせよ飯嶋の言う断絶とその連鎖にせよ，いきなり起こるわけでは決してないということである。暴力の連鎖はまず様子見として始まり，断絶は理解のずれや信頼関係の傷つき（亀裂）という形ではじまる。したがって，早期にキャッチして対応していくことで暴力の連鎖は思いやりの連鎖に，断絶は協同に転換できる。また，いまひとつ強調しておきたいのは，暴力の連鎖や断絶がすでに強固なものとなっていたとしても，施設をあげた取り組みによって改善が可能であるということである。後に述べるように，私たちの活動の実践はそのことを実証している。

h. 暴力の基本的要因はなにか

この暴力問題の原因または主たる要因は，もっぱら入所以前に子どもたちが受けた「（家庭における）虐待」によるものと理解されてきたように思われる。近年，児童養護施設には，被虐待児の入所が増加している。約5割とも6割とも言われている。そのため，施設の暴力問題は，「虐待関係の再現」またはその影響という視点から，もっぱら理解される。「加害児は施設に入所する前の虐待体験による深い心の傷があり，それが彼らに暴力を振るわせる原因になっている」，あるいは「被害児は虐待を受けてきたため，虐待関係を再現しやすく，いじめられても嫌と言えず，いじめられやすい」などといった具合である。そして，加害児・被害児いずれも心に深い傷を負っていて，その心の傷を心理療法で癒せば，暴力はなくなるのではないかといった理解がなされる。

彼らに「深い心の傷（トラウマ）がある」ことはもちろんのことである。しかし，児童福祉施設における施設内暴力はそんな単純なモデルだけでは，通常解決できない。この暴力問題の理解について，集団内の暴力（含性暴力）は児童養護施設に限ったことではなく，大人であれ子どもであれ，ある程度の数の

人間が閉鎖性の高い空間でストレスに満ちた生活を共にする時，極めて起こりやすい性質のものだからである．

　そういう基盤にさらに家庭での被虐待などの要因が重なってより起こりやすく深刻化しやすくなっているものと考えられる．したがって，児童養護施設だけでなく，児童自立支援施設や情緒障害児短期治療施設などの児童福祉施設，ファミリーホーム（「小規模住居型児童養育事業」）さらには児童相談所の一時保護所なども同様に暴力の連鎖が起こりやすいものと思われる．

　しかし，ここで指摘しておきたいのは，学校寮などでも同様のことが起こってはいても，児童養護施設の場合，①それ以前にすでに心身に深刻な傷を負っていて，②逃げ帰る家がない，③発達途上にある子どもたちが，児童養護施設という徹底した逃げ場のないところでこういう目にあっているという点で，さらに深刻なものであるということである．

　その一方で，注意すべきは，学校寮での暴力は「本人が自宅に逃げ帰ればよい」と言い放つことで済まされる問題では決してないということである．先述のように，暴力には呪縛性があるので，いったん暴力に支配された者にとっては，その支配－被支配関係から自分ひとりの力で逃れるのは大変困難なことなのである．また，長期にわたる監禁事件などでも同様である．このことも十分に認識されるべきである．学校寮で幾多の深刻な事件がこれだけ起こっているということ自体がそのことをなによりも雄弁に示しているものと考えられる．

　また，児童養護施設や学校寮，軍隊などのような閉鎖的場などで起こっていることは，私たちの日常に無縁なものでは決してない．たとえば，学校で起こっているいじめなどでも，それが寮や施設ほどストレスフルな閉鎖的空間ではないため，そこまでエスカレートしていない場合が多いということであり，その意味では実は連続線上にある出来事なのであると思われる．学校でも，時に性暴力を含めかなり類似の身体暴力がみられるし，なかには深刻な事態に至るものも見られるのは，このことをよく示しているものと考えられる．

8. 加害児にならなかった被害児が多数いる

　児童養護施設における子ども間暴力（児童間暴力）について，その連鎖と被害児が加害児となっていくことを述べてきた．しかし，ここで私たちが忘れてはならないのは，<u>被害児が必ず加害児になるわけではない</u>ということである．被害を受け続けながらも加害児の側になることがなかった子どもたちが多数い

るのである。その中には,自らの攻撃的衝動に苦しみながらも,加害児にならずにりっぱに踏みとどまったものも少なくないものと思われる。さらに,自分たちが受けたような被害を,後に続く子どもたちが受けないですむように,真剣に考えている者もいる。

　この点について,再び,「児童養護施設を考える　大きい子が小さい子をいじめる『伝統』」http://yougosisetu.seesaa.net/article/4089739.html#trackback から見てみよう。

　　施設で大きい子に小さい子の世話をさせるのは,とても危険だと思ってる。施設で怖いのは,職員の次に大きい子なの。小さい子は,何をされても黙っているしかないの。　　　　　　　　　　　（レイ,2005/1/16）

　　高校生の頃の記憶の断片があります。幼児の女の子を屋上に誘って連れてゆき,何か確かめたくて心臓が早鐘のように打ち,その時だけは神さまの目を隠してしまいたく感じていました。怒りもとてもあったような気がします。トイレ,うんちの世話,歯磨き,添い寝,小さな服を一生懸命たたむ。でも服を破きたくなったりして,汗だくになりながらたたんでいた……。
　　優しい声音なんか施設では聞こえないのに優しそうな声で話しかけてあげてと職員から注意されます。「自分の感覚」と「ちゃんとすること」と「してはいけないこと」の基準がわからず,とてもイライラとしていました。保母を真似て子どもを扱うと他の保母から叱られたりします。その上個人的な感じ方ですが,わたしは小学低学年の頃から,何故か「お前は大人なんだ,子どもじゃない」と自分に言い聞かせて生きてきたし,幼児だからといって世話をすることが理不尽のような気もしてました。
　　だからこの女の子も悪いんだ,ここまで付いてきて,この子も悪いんだと思いこもうとしました。でも,最終的にはその子に対して何もしませんでした。その子はわたしから守られました。でも,それらの怒りと誘惑のようなものは絶えず続きました。幼児さんの数は多いし,人手の足りない保母よりは,わたしの方が近づきやすいようだし。
　　でも彼らから遠く離れることでしか彼らを守れないような気持ちがして,必要以上には近づかないようにしてたようです。部活動などもやっていたので必然的に幼児さんと関わる時間は少なくなっていったような気がします。　　　　　　　　　　　　　　　　（姫,2005/1/16）

まあ〜ホントに施設での体験は思い出したくないこと嫌な部分ありますね。無意識に封じ込めてたことが自分の生活や子育てでいやと言うほど見せつけられる。
　語ることで受け入れてくれる場所や人がいることはとてもありがたいこと。
　私も施設では同性からのアビューズありましたよ。いつかどこかで会うのではないかと不安で一杯です。未だに女性とは近くに居ても体が緊張するし握手すらできません。それと，施設ではよく年下の子に怒りをぶつけ暴力を繰り返していました。
　小さい子を破壊したくなるあたしたちを責めるなら，同じ環境を体験してからにしてほしい。幼児のときに，大人の，大きい子の相手を経験してから，その上で非難できるならしてほしい。あたしもレイちゃんも，小さい子を壊さないようにがんばってきた。納得できない気持ちを力ずくで抑え，自分を傷つけることで小さい子を守ってきた。
　ただ，この衝動に耐え切れず，実行する子もいた。施設は，弱肉強食の世界だから，力がつけば，中学生になれば，子どもたちだけの中ではやりたい放題。そんななか，あたしもレイちゃんも，記憶がないにもかかわらず，衝動に身を任せずに戦った。　　　　　（姫，2005/1/16）

　レイさん大丈夫ですよ。過去の経験を語ることはとても勇気のいること。そして次の子どもたちへの幸せへのメッセージでもあるのです。自分で自分の身辺を整理し新たな人生観を持つこともできるのです。同じような辛い体験をしたものだからレイさんの想いが切実に伝わってきます。確かに引きずられる感覚や感情を拒否したい卒園者も居るでしょうがこころを開く時期に来ていない。あるいは自分で受け止められるだけの状況にないというところではないでしょうか。ともあれ閉鎖的な養護施設の実体験を語ることはとても意義のあることだと私は思っています。なぜなら本当の意味での子どもたちへの処遇の改善が成されないからです。もっと多くの人々へ理解への糸口にきっとたどり着くことと思います。一緒に乗り越えて生きましょう。自分のために……そして同じ過ちを繰り返さないために……子どもたちの幸せのために……
　　　　　　　　　　　　　　　　　　　　　（姫，2005/1/16）

このように，被害者が後に加害者になっていくという連鎖がある一方で，自らの攻撃的衝動に苦しみながらも，加害児にならずにりっぱに踏みとどまった人たちがいる。しかも，自分たちの間で支え合い，さらには自分たちが受けたような被害を，後に続く子どもたちが受けないですむように，真剣に考えているのである。

9. 私たちの活動と最近の動向

　この児童福祉施設内の暴力・虐待という問題は，もっぱら「職員から子どもへの暴力・虐待」という側面だけが注目され，子ども間暴力（児童間暴力）は共通の取り組み課題としてはまったく顧みられることなく，実際には「子どもの安心・安全」には程遠い現実のまま長い間放置されてきた。

　このことに気づいた私は取り組みを開始し，さらに論文（田嶌，2005a, b, c）を書き，関係者に取り組みを呼びかけた。全国に仲間を求める「呼びかけ方式」をとったわけである。その具体的なやり方については，第8章を参照していただきたい。しかし，当時は児童福祉施設における「施設内虐待」「施設内暴力」といえば，「職員から子どもへの暴力・虐待」だけが社会的にはもっぱら注目され，問題とされてきていた。たとえば『施設内虐待』と題された市川和彦の著作（市川，2000，2002）は知的障害者施設を中心としながらも多様な施設における虐待を取り上げた労作であるが，残念なのは，取り上げられているのはすべて援助者（職員）からの暴力・虐待であるということである。また，平湯真人（2004）の「施設内虐待について」と題する論文でも，取り上げられた児童養護施設の虐待事件はすべて施設長または職員によるものだけであった。

　また，当時は使われる語も「施設内虐待」という語がもっぱらで，「施設内暴力」という語はほとんど使われていなかった。

　その後，『月刊少年育成』2008年12月号では，「施設内児童虐待」の特集（前橋，2008；桑原，2008；草間，2008；平湯，2008）を組んでいる。そこでは，おおよそはもっぱら職員からの虐待・権利侵害を論じているものが多く，桑原（2008）のみが子ども間暴力にまで言及するに留まっている。

　私たちの活動が軌道に乗った後に私は知ったが，こうした動向の中でほとんど唯一と言ってよいのではないかと思われるのが，佛教大学の紀要に掲載された津崎哲雄の「Abuse In Care 防止への視点：児童福祉施設を素材に」という論文（津崎，2000）である。この時期に，施設内虐待を子ども間暴力も含めて

論じていることは注目すべきことである。

　私は「施設内虐待」「施設内暴力」といえば、「職員から子どもへの暴力・虐待」だけがもっぱら社会的に注目されるという事態は早急に改善しなければならないと考え、児童間暴力（子ども間暴力）の深刻さを報告し、さらに児童間暴力（子ども間暴力）をはじめとする2レベル三種の暴力すべてを扱うべきであることを主張し、そのような対応の報告を行った（田嶌，2005c，2006，2007c）。また，海野・杉山（2006），杉山（2007）は子ども間の施設内性虐待への対応について報告を行っている。

　そして、2006年12月11〜13日「第3回西日本児童養護施設職員セミナー」が開催され、私が基調講演を行い、さらに私と安全委員会活動に取り組んできた施設関係者と一緒に、「子どもたちの成長の基盤としての安心・安全を育む〜施設内暴力（児童間・職員から子ども・子どもから職員）への包括的対応」と題して分科会を行った（田嶌，2007a，b）。山口県の児童養護施設関係者の尽力でやっと実現したもので、これが、わが国の児童福祉領域で、子ども間暴力（児童間暴力）を初めて本格的に取り上げた大きな会であると同時に、2レベル三種の暴力を含めた形で児童福祉施設における施設内暴力を包括的に正面から取り上げた最初の会であったと考えられる。

　その後、「第7回西日本児童養護施設職員セミナー」では、『自立を希求しながら成長していく子どもたちの夢を育み、共に歩むために——児童の安心・安全を保障する養護』を大会テーマに掲げ、九州大学當眞千賀子氏が「子どもたちの安心で安全な生活という土壌づくり——子どもが大地に根を張って成長し、花を咲かせ、実を結ぶことを願って」と題して基調講演を行った（當眞，2010，2011）。そこでは、安全委員会方式を例にとって、児童養護施設の暴力問題の解決のための条件が整理して述べている。

　また、2005年に結成された日本ファミリーホーム協議会（当初は「里親ファミリーホーム全国連絡会」という名称であったが、ファミリーホームの制度化に伴って、2009年に改称された）では、2006年から毎年研究協議会を開催しているが、たとえば、第2回大会（2007年）は、「子どもの安心・安全、里親の安心・安全」という分科会を行うなど、私たちは子どもの安心・安全や暴力問題を再三とりあげてきた（土井・菅野・田嶌，2008；飯嶋2010；當眞，2010他）。そして、第5回大会（2010年）では大会テーマに「子どもの安心・安全をどう保障するのか」を掲げ、私が「子どもの安全は成長のエネルギー」と題

して特別講演を行い，分科会では「FHの今と明日を考える――子どもの安全を保障する上でFHが密室にならない為にはなにがどう必要かを考える」（佐藤・赤塚・入江・村田・田嶌，2010）を行った（『社会的養護とファミリーホーム』第2号，2011に掲載）。

その一方で，私が考案した児童福祉施設版安全委員会方式は，2006年1月に山口県のある児童養護施設ではじめて導入され，現在九州から北海道に至る全国14の施設で実践されるに至っている。そして，2009年には，山口市で，1泊2日で児童福祉施設安全委員会の第1回全国大会が開催され，約80名の参加者の間で熱い議論が展開された。2010年には第2回が広島市で開催され，さらには2011年には第3回を岩手県で，2012年には第4回を新潟県で開催予定である。なお，第1回と第2回は安全委員会方式導入施設とその関係者によるクローズの会であったが，第3回からは児童福祉関係者であればどなたでも参加できるオープンな会となっている。

そうした経過を経て，ようやくつい最近になって，子ども間暴力（児童間暴力）や職員から子どもへの暴力を含めた形で「施設内虐待」「施設内暴力」についての研修会や学会発表がいくつも行われるようになってきた。たとえば，2008年4月20日に開催された日本トラウマティックストレス学会第7回大会では「施設内虐待」のシンポジウムが行われた。また，2009年には，第50回児童青年精神医学会で，施設内虐待をも念頭に置きつつ「児童養護施設に対して日本の専門家は何をしてきたか？ 何をしていくべきか？」というシンポジウムが開かれ，筆者もシンポジストの一人として「現場を支援する立場から」と題して施設内暴力についての取り組みの発表を行った（田嶌，2009b，2010e）。

なお，日本子ども虐待防止学会では，関係者の尽力で2004年の福岡大会で初めて「施設内虐待」の分科会が設けられ，翌2005年の札幌大会で引き継がれたが，内容は職員から子どもへの虐待が主であった。そして，私たちが西日本セミナーで施設内暴力を正面から取り上げた2006年，皮肉なことに2006年日本子ども虐待防止学会（仙台大会）ではこの分科会そのものがなくなった。幸い，その後，2008年，2009年と今度は子ども間暴力も含めた形で，施設内の暴力・虐待が取り上げられるようになってきた。日本子ども虐待防止学会の機関誌『子どもの虐待とネグレクト』第11巻第2号（2009年）では，「社会的養護における不適切な養育」という特集が組まれている。また，『子どもと福祉』（明石書店）第2号（2009）では，「児童福祉法と虐待対応」という特集が組まれ，

施設内虐待についても取り上げられている。

なお，後に加賀美論文（2008）から知ったことだが，2004年に高橋重宏らの「児童養護施設における子ども同士の権利侵害に関する意識調査」という論文（高橋ら，2004）が「日本子ども家庭総合研究所紀要」に掲載されているとのことである。この論文は，子ども同士の権利侵害について児童養護施設にアンケート調査を行ったもので，2004年という早い時期に「子ども同士の権利侵害」に注目したことは高く評価できる。しかし，この論文で取り上げられた権利侵害は，身体的な権利侵害5件，心理的な権利侵害7件，性的な権利侵害6件で，全部合わせても18件であり，回答施設数も述べられていない。死亡事件などへの言及はなく，事態の深刻さが伝わってこないし，「子ども同士の権利侵害」と「職員による子どもへの権利侵害」等との関連に目を向けるという視点もないのは残念なことである。

施設内暴力のうち，子ども間暴力の問題について，死亡事件も含めある程度まとまった言及をしている論文は非常に少ない。筆者の知る限り，津崎哲雄（2000, 2009），田嶌（2005c, 2010），ロジャー・グッドマン（2006），くらいのものである。なお，竹中哲夫（1986）は大阪の死亡事件について，倉岡小夜（1992）は岡山の死亡事件について，かなり詳しく論じている。数少ないひとつが，欧米の人類学者の労作であるのは，特筆すべきことであると，私は考えている。

このような経過を経て，2008年この問題で画期的なことが起こった。厚生労働省は2007年8月に社会保障審議会児童部会に社会的養護専門委員会（委員長：柏女霊峰）を発足させ，具体的な方向性等について論議し報告をまとめることになったが，その中で，施設内虐待がテーマとして取り上げられることになったのである。しかし，ここで私が危惧したのは，施設内虐待がテーマとして取り上げられるにしても，従来の職員から子どもへの暴力だけが問題とされるのでは，子ども間暴力（児童間暴力）や子どもから職員への暴力（対職員暴力）が激化しかねないということであった。つまり，施設現場は混乱し，施設内暴力・施設内虐待の真の解決にはつながらないということである。

そうしたさなか，私たちは密かに活動していたのだが，2007年8月に思いがけず，「施設内虐待を許さない会」から，私たちの施設内暴力についての資料を至急送付して欲しいとの連絡が，私に入ったのである。そこで施設内暴力・虐待の適切な理解に役立ちそうな資料（田嶌2005a, b, 2006, 2007c）を送付した。それを参考にして，2007年9月に「施設内虐待を許さない会」（http://gyakutai.yogo-shisetsu.info/ 代表浦島佐登志）から厚労省の社会的養護専門委員会へ意見書（「社会的養護専門委員会への意見書」）が提出された。そこでは，私の論文（田嶌，2005a, b）を引用しつつ，職員から子どもへの暴力だけでなく，児童間暴力・性暴力も解決すべきであること，施設内暴力・性暴力には三種があり，それらを総合的に解決していくべきであることなどが主張されている。なお，その内容は，http//gyakutai.yogo-shisetsu.info/.../20070922shakaitekiyogo-senmoniinkai-ikensho.pdf に公開されている。

そして，社会的養護専門委員会の議論と報告を受け2008年に改正され，2009年から施行された改正児童福祉法では，「被措置児童等虐待の防止等」の項が設けられ，施設内虐待の防止が盛り込まれた。職員から子どもへの虐待だけでなく，子ども間の虐待を放置した場合は，職員によるネグレクトとみなすとされている。このように，従来の職員から子どもへの虐待だけでなく子ども間の虐待も取り上げられているという点ではかねてからの私の主張に沿うものであり，両方が盛り込まれたという点で画期的なものであると言えよう。それを受けて2009年1月には，国から施設内虐待対応ガイドラインが都道府県および児童相談所設置市向けに出された。

事態は大きく動き始めた。

また，先に述べたように，児童福祉施設における暴力の調査も，職員から子どもへの暴力だけでなく，兵庫県や東京都のように三種の暴力を調べるという動向もでてきている（藤本，2007；黒田，2009）。

さらには，公的組織によるものとしては全国社会福祉協議会による『子どもの育みの本質と実践——社会的養護を必要とする児童の発達・養育過程におけるケアと自立支援の拡充のための調査研究事業』という報告書がある（全国社会福祉協議会，2009）。その中には，「児童養護施設における権利侵害の検証調査」として，過去に権利侵害で問題となった三つの児童養護施設について，その取り組みが調査され報告されている。従来の職員から子どもへの暴力・虐待だけでなく，子どもの間暴力による傷害致死事件が起こった施設も対象となっている。

私がこの暴力問題に気づき，取り組みを始め，さらに論文（田嶌，2005, a, b, c 他）を書いた2005年当時は，施設内虐待・暴力を正面から取り上げた論文・著作そのものが非常に少なかったが，最近では，ようやく「職員から子どもへの虐待・暴力」だけではなく，子ども間暴力（児童間暴力）や子どもから職員への暴力（対職員暴力）も注目されるようになり，それらを論じた論文が

出るようになってきた。それらについては，第5章でさらに紹介するので，ご参照いただきたい。

また，当時は使われる語も「施設内虐待」という語がもっぱらで，「施設内暴力」という語はほとんど使われていなかった。子ども間暴力（児童間暴力）が認識されるようになるのに伴って，「施設内虐待」という語だけでなく，「施設内暴力」という語もしばしば用いられるようになってきたように思われる。

このように，従来の職員による暴力・虐待だけを取り上げるのではなくなりつつあり，その意味で取り組みは前進しつつあると言ってよい。したがって，いまこそ，真に有効な取り組みに向けて全力をあげるときである。本書がその参考になることを願っている。

10. かくも長き放置（ネグレクト）
a. もっとも切実なニーズ

私はこの問題に他の多くの専門家よりもわずかに早く気づいて取り組みを開始してきたにすぎない。また，私は（心理療法の専門家として30年以上活動してはきたが），長年児童福祉に携わってきた者ではない。そういう立場の者が，こういう言い方をするのはどうかとも思うが，しかし自戒もこめてあえて述べておきたい。これは，**「かくも長き放置（ネグレクト）」**である。専門家によるネグレクト，大人によるネグレクト，そして社会によるネグレクトである（田嶌，2008a）。

とはいえ，もっとも手厚く養育されるべきこの子たちが受けてきた苦しみを思えば，本質的には，わが国の要保護児童の児童福祉の現状そのものがネグレクトであると言ってよいと私は考えている。改善すべき点は多々あるからである。しかし，現実的にはそう言うだけでは不十分である。そのすべてが一度に改善されるのであればともかく，そうでないなら，とりあえず何を最優先で取り組むのかが重要である。私はこの暴力問題ないし安心・安全な生活の実現こそがそれであると考えているのである。

子どもたちの**もっとも切実なニーズ**は，長い間汲み取られてこなかったのである。これだけ厳しい深刻な現実があるにもかかわらず，「暴力問題の解決」，「安心・安全の実現」は，この領域の共通の取り組み課題とはなっていなかった。この領域で多種多様な人たちが関わってきているにもかかわらず，なぜこんなにも長い間放置されてきたのだろうか。同様のことを繰り返さないために，このことは今後検討していく必要がある（田嶌，2005c）。

ネグレクトの対象は,「子ども間暴力」であるだけではない。「安心・安全」という子どもたちのもっとも切実なニーズのネグレクトである。このことをどうしても強調しておきたくなるのは,次章で述べるように,三種の暴力はしばしば相互に関連しており,たとえば,職員暴力だけを問題にすれば,かえって子ども間暴力(児童間暴力)がひどくなる可能性が高いからである。その意味では,児童福祉法では,職員からの虐待だけでなく,子ども間の虐待を放置した場合は,職員によるネグレクトとみなすとされたのは,画期的である。

b. 安全で安心な生活：弱い子にも実感できるように
　暴力による直接の被害はそれこそ本人にとって深刻な被害であるが,被害はそれだけではない。いつやられるかわからない雰囲気の中で,おびえて卑屈になって暮らしていかなければならないこと自体が,子どもの成長に甚大な被害を与えるのである。
　また暴力は直接それを受けた被害児童だけが被害者なのではない。他児が殴られるのを目撃するだけで,弱い子どもや幼い子には十分に脅威であり,おびえて暮らさなければならなくなる。強い子に職員が殴られているのを見るのも,これまた特別な脅威である。弱い子にとっては,職員は本来自分を守ってくれるべき存在として頼りにしたい存在である。その職員が殴られるのを見聞きしている子が感じる脅威はいかばかりであろう。

c. 子どもの体験に共感する
　子どもたちが,いかに不安に満ちた生活を送っているかに思いをはせて欲しい。たとえば,ある施設でのことである。男子高校生が外で電話の子機を使って誰かと話していた。そこで,昼間幼児の部屋で子どもたちの相手をしていた保育士が,窓から「部屋の中で話したら」とやんわり注意したところ,「うるせえ,ババア!!」と暴言を吐いた。その場はそれで終わり,それから,子どもたちはなにごともなかったように普通に過ごした。そして同じ日の夜,その保育士が子どもたちに本を読み聞かせていたところ,荒っぽくドアが開くバーンという音がした。途端に,子どもたちがいっせいに「来た!!」と叫んだのである。実際,昼間の高校生が「このババア!!　電話の邪魔しやがって!!」とどなり散らしたのである。
　ここで注目すべきは,それまで子どもたちは昼間の出来事は,もう忘れてい

るかのようであった，表向きにはなんでもないそぶりをしていたということである。しかし，ドアのバーンという音だけで，この子たちは皆すぐに反応した。子どもたちは皆，内心怯えていたのだとしか考えられない。しかし，そのことは，なかなか大人にはキャッチされにくい。

この場合，実際に殴ったわけでもない。しかしそれは結果にすぎない。暴力的雰囲気がいかに子どもを脅かすかに思いをはせていただきたい。まして，自分が直接殴る蹴るされなくとも，誰かがやられているのを目撃するのもまた脅かすものとなる。見せられるだけで傷になるのである。他の子が殴られているのを目撃するだけでも怖いし，また本来守ってくれるはずの職員が年長の子に暴力を振るわれたり圧倒されているのを目撃することは，さらに怖いことであると考えられる。

d. 虐待と脳研究

虐待が脳に影響を与えるとされている（たとえば，Teicher, 2006；杉山，2007）が，さらには，近年では見せられるだけでも脳に影響がでると報告されている。

たとえば，新聞では次のように報じられている。

> 「子どもの頃に両親の家庭内暴力（DV）を見て育つと，脳の発達に悪影響を及ぼすことが，熊本大の友田明美准教授（小児発達学）らの研究でわかった。児童虐待防止法では暴力を目撃することも心的外傷を与えるとして児童虐待に当たるとされており，医学的に裏付けられた形だ。2010年4月23日から盛岡市で行われた日本小児科学会（第113回学術集会）で発表された。研究は米ハーバード大と共同で米国人を対象に実施された。3〜17歳時に自身は虐待を受けず，日常的に父親が母親に殴るけるなどの激しい暴力をふるう姿を目撃した18〜25歳の男女15人と，虐待のない家庭で育った33人を選び，MRI（磁気共鳴画像装置）で比較した。その結果，目撃経験者は目からの情報を処理する右脳の「視覚野」の容積が，目撃したことのない人に比べ平均20.5％も小さいことがわかった。視覚野の血流量を調べると，目撃経験者の方が8.1％も多く，これは神経活動が過敏になっている特徴だという。学力や記憶力も調べたところ，目撃経験者の方が低い傾向が出たとのことである」　　　　　　　　（2010年4月23日　読売新聞）

このように，虐待やトラウマが脳に深刻な影響を与えるという研究があるが，その一方で，別の見解もある。PTSD者では脳の海馬が小さいことがわかっていたが，従来はそれはトラウマによるものと考えられていた。しかし，その後一卵性双生児による研究で，PTSDによって海馬が小さくなったのではなく，逆に海馬が小さい人がPTSDになるのだという研究が報告されている（Gilbertson MW, et al., 2002）。

　したがって，脳の変化と虐待やトラウマ体験との因果関係については，今後さらに検討が必要である。

e．見せられるだけで怖い

　いずれにせよ，先に述べた例からもわかるように，直接暴力を振るわれなくとも，暴力的雰囲気の中で暮らすこと自体子どもには十分に脅威である。さらに言えば，大人から見て，たいした暴力に見えない程度の暴力でも，年少の弱い子どもにとっては十分な脅威であることにも留意しておきたい。すなわち，**安全で安心できる生活というのは，年少の弱い子どもの目線に立って実現していくことが必要なのである。**つまり，年少の弱い子どもたちまでもが，心から安全で安心して暮らせていると実感できるような施設にしなければならない。そのことを思う時，それを実現するのはなかなか大変なことである。

　本稿を読んで，「かなりの暴力事件がしばしばある」という施設の方々だけでなく，「暴力事件は，時々は起こっているが，さして深刻なものではない」とか「そのたびに対応はきちんとやっている」と思われた方々も，ぜひともこのような視点から改めて考えてみていただきたい。

　すでに述べてきたように，集団内の暴力（含性暴力）は児童養護施設に限ったことではなく，大人であれ子どもであれ，ある程度の数の人間が閉鎖性の高い空間でストレスに満ちた生活を共にする時，極めて起こりやすい性質のものである。暴力は施設における現実の生活の中で連鎖していくのであり，したがって内面に働きかけるといった心理療法だけでは困難である。施設内での現実の生活の中で働きかけて，解決していくことが必要なのである。そのためには，「現実に介入しつつ心に関わる」ことが必要なのである。換言すれば，日々の生活の中で当事者を暴力から守る日常的システムこそが必要なのである。

　誤解のないように言えば，だからといって，私は加害児や被害児に個人心理療法を行うことを否定しているわけでも，対立するものと見ているわけでも決

してない。個人心理療法だけで子ども間暴力（児童間暴力）をなくそうというのは無理があるし，場合によっては逆効果となりうると主張しているのである。むしろ，現実の生活の中での暴力をなくしていく働きかけを行いつつ，並行して個人心理療法を実施するのならば，大いに効果が期待できよう。子どもたちを暴力から守る日常的システム，子どもに振るうことも振るわれることもさせないシステムが土台として必要なのである。

　児童養護施設における暴力では被害者が後に加害者になっていくという連鎖があるが，その一方で先述のように，自らの攻撃的衝動に苦しみながらも，加害児にならずにりっぱに踏みとどまった人たちがいるのである。しかも，自分たちの間で支え合い，さらには自分たちが受けたような被害を，後に続く子どもたちが受けないですむように，真剣に考えている。

　このことは，子どもたちの未来に，そして私たちの未来に大いに希望をつなぐものである。

　そうであればこそ，彼らが加害児とならず踏みとどまった努力と想いに応えるためにも，なおさら私たち大人は，その解決のための取り組みをしっかりと行っていかなければならない。

　また，このことは，児童養護施設だけの問題ではない。これまで見てきたように，大人であれ子どもであれ，性暴力も含め身体暴力の連鎖はある程度の数の人間が閉鎖性の高い空間でストレスに満ちた生活を共にする時，極めて起こりやすい性質のものである。したがって，児童養護施設に限らず，その可能性がある場では，より弱い者を守るためのなんらかの日常的システムが必要である。

　この問題の解決のカギは，児童養護施設の職員の方々の取り組みとそれを支援する児童相談所の活動如何にかかっている。しかし，だからといって，児童養護施設や児童相談所に対して，子ども間暴力（児童間暴力）や職員暴力を解決しろと外部からただ声高に要求するだけでは解決は難しいと，私は考えている。同時に，この問題を解決しうる有効な対応策や予防策を提示し，この問題に取り組む職員の皆さんを支援していくことこそが必要なのだと思う。

f．最優先課題：安全で安心な生活

　施設職員を対象とした講演会や研修会で，このような主張をすると，「施設はいっぱい問題があるんです。やらなければいけないことはいっぱいあるのです」とやんわりと反論されることがある。それはその通りであり，やらなければい

けないことを数え上げていけば，きりがないくらいである。施設の最低設置基準が過酷であるということに加えて，いろいろな問題が次々に起こってくる。そのため，それらの対応に追われるというのはよくわかる。

しかし，たくさんあるからこそ，なにからやらないといけないか，どこからやっていかないといけないかということ，すなわち優先順位が非常に重要なのである。後のマズローの図式（p.253）で見れば，何から手をつけていくべきかということが明らかになる。そう，それこそが，「安心・安全」の実現である。換言すれば，子どもの安心・安全というのは，何はさておき，他のことを放ったらかにしてでも取り組まなければならない問題だということである。

しかも，安心・安全は，食事や空気と同様に，継続して供給されないといけない性質のものである。昨日ご飯を食べたから，今日はご飯はなくていいというわけにはいかない。安心・安全も同じである。今日は安心・安全が保障されたから来週はいいだろうというわけにはいかない。つまり，継続して取り組まなければいけない問題なのである。

安全で安心な生活は，心のケアや問題行動の解決に必要であるというに留まらず，子どもたちの健全な**成長の基盤**であり，それなくしては，健全な成長はありえないとさえ言えよう。それは子どもたちの**もっとも切実なニーズ**であり，食事の次にもっとも重要な，人としての成長のすべての基盤である。

2005年（平成17年）3月には厚生労働省から「福祉種別の福祉サービス第三者評価基準ガイドライン」が出され，児童養護施設でも第三者評価が始まった。その評価内容は，多岐にわたっており，それがいずれも実現できればすばらしいことである。しかし，子どもたちのもっとも切実な願いは，言うまでもなく「安全で安心な生活」である。したがって，児童養護施設はたくさんの課題を抱えているが，この暴力問題の解決はとりわけどの課題よりも最優先で確実に取り組まれるべき重要な問題なのである。

それが実現できた時，それまで暴力を振るったり，それに耐え抜いたりすることに費やされていた子どもたちの壮大なエネルギーは，成長へのエネルギーとなる。また，そこで働く職員も子どもの成長の楽しみが格段に増大するので，仕事の手応えがそれまでよりもずっと得られるようになるはずである。

[文　献]

安部計彦 (2009) 入所児童の権利保障と安全の確保　安部計彦編著：一時保護所の子どもと支援　pp.133-140　明石書店.

千葉智正 (1997) 子どもの権利を守る施設運営をめざして——北海道養護施設ケア基準を導入して　社会福祉研究，10月号；p.165.

Cicchetti, D., Rogosch, F. A., & Toth, S, T. (2006) "Fostering secure attachment in infants in maltreating families through preventive interventions." Development and Psychopathology, 18 ; 623-649.

D'arcy, M. (1997) Abuse of Trust: Frank Beck and the Leicestershire Children's Homes Scandal Bowerdean Pub Co Ltd.

D'arcy, M. & Gosling, P. (1998) Abuse of Trust : Frank Beck and The Leicestershire Children's Home Scandal. Bowerdean Pub.

土井高徳・菅野恵子・田嶌誠一 (2008) 第2回里親ファミリーホーム全国研究協議会 (2007年) 報告書　第2分科会「子どもの安心・安全，里親の安心・安全」里親ファミリーホーム全国連絡会.

藤本政則 (2007) 子どもの権利と施設ケアのあり方について——子育て支援基準を中心とする兵庫県の取り組み　第61回全国児童養護施設長研究協議会報告書　86-90.

ロジャー・グッドマン (津崎哲雄訳) (2006) 日本の児童養護　明石書店.

Gilbertson M.W, et al. (2002) Smaller hippocampal volume oredicts pathologic vulnerability to psychological trauma. Nature Neuroscience, 5 (11) ; 1242-1247.

Herman, J.L. (1992) Trauma and Recovery. (中井久夫訳 [1996] 心的外傷と回復　みすず書房)

堀健一 (2007) あゆみの丘「生活の構造化」　心理治療と治療教育——全国情緒障害児短期治療施設研究紀要, 18, p.150-162.

平湯真人 (2004) 施設内虐待をめぐって　子どもの虐待とネグレクト, 6 (3) ; 297-301.

市川和彦 (2000) 施設内虐待　誠信書房.

市川和彦 (2002) 続施設内虐待　誠信書房.

一施設生活経験者 (2009) 児童養護施設内暴力を根絶するために——児童養護施設で暮らした体験より (児童養護施設生活体験者の手記).

飯嶋秀治 (2010) 子どもの暴力の問題とどう向き合うか　社会的養護とファミリーホーム創刊号；50-54　福村出版.

乾敏郎 (2009) イメージ脳　岩波書店.

岩田雅之 (2002) 子どもを一人の尊厳ある存在として受け止めること——児童自立支援施設の現場から　鯨岡峻編著：〈共に生きる場〉の発達臨床　pp.221-240　ミネルヴァ書房.

加賀美尤祥 (2008) 社会的養護の担い手の課題と展望——養育論形成の序に向けて　社会福祉研究，10月号；38-46.

上鹿渡和宏 (2009) 社会的養護における児童精神医学役割考　第50回日本児童青年精神医学会総会抄録集, 200.

菊田幸一 (1978) 少年棄民 —— 施設収容少年の人権　評論社.
子どもの虐待とネグレクト 11 (2) (2009) 特集　社会的養護における不適切な養育.
子どもと福祉　第2号 (2009) 特集　児童福祉法と虐待対応.
子どもと福祉　第4号 (2011)　特集　施設内暴力問題 —— 現場からの報告と児童相談所との連携をめぐって．
久保田まり (2010) 児童虐待における世代間連鎖の問題と援助的介入の方略：発達臨床心理学的視点から　季刊・社会保障研究, 45 (4)；373-384.
倉岡小夜 (1992) 和子6才いじめで死んだ —— 養護施設と子どもの人権　ひとなる書房.
黒田邦夫 (2009) 児童の暴力問題に関する調査について　児童福祉研究, 24.
草間吉夫 (2008) 施設内虐待の発生抑制を考える　月刊少年育成12月号（通巻633号）20-26.
桑原教修 (2008) 施設内児童虐待（施設内権利侵害）に思う　月刊少年育成12月号（通巻633号）14-19.
前橋信和 (2008) 施設内児童虐待の今　月刊少年育成12月号（通巻633号）8-13.
丸野俊一・小田部貴子 (2010)「日常型心の傷」とは　丸野俊一・小田部貴子編：現代のエスプリ511「日常型心の傷」に悩む人々　pp.5-26.
明和政子 (2005) 模倣はいかに進化してきたの —— 比較認知科学からのアプローチ　バイオメカニズム学会誌, 29 (1)；9-13.
Meltzoff, A., N. & Moor, M.K. (1977) Imitation of facial manual gestures by newborn infants Science, 198；75-78.
文部科学省 (2010) 平成21年度　児童生徒の問題行動等生徒指導上の諸問題に関する調査.
新村出編 (1977) 広辞苑（第二版補訂版）　岩波書店.
恩寵園の子どもたちを支える会編 (2001) 養護施設の児童虐待 —— たちあがった子どもたち　明石書店.
酒井佐枝子・樋口耕一・稲垣由子・良原誠崇・加藤寛 (2009) 児童養護施設内における暴力内容に関する調査研究 —— 暴力の全体的傾向　心的トラウマ研究, 5；19-27.
酒井佐枝子・稲垣由子・樋口耕一・加藤寛 (2011) 児童養護施設内における子ども間暴力の内容と対応の分析　子どもの虐待とネグレクト, 13 (1)；115-124.
佐々木朗 (2000) 自分が自分であるために　文芸社.
佐藤哲造・赤塚睦子・入江拓・村田和木・田嶌誠一 (2010) 第4分科会「FHの今と明日を考える —— 子どもの安全を保障する上でFHが密室にならない為にはなにがどう必要かを考える　第5回ファミリーホーム研究全国大会 —— 子どもの安心・安全をどう保障するのか　福岡市.
杉山登志郎 (2007) 子ども虐待という第四の発達障害　学習研究社.
社会的養護とファミリーホーム　第2号 (2011)　特集子どもの安全と安心をどう保障するのか —— 第三の道・ファミリーホームの挑戦．
Teicher, M.H. (2006) いやされない傷 —— 児童虐待と傷ついていく脳　友田明美訳　診断と治療社.
田嶌誠一 (2005a) 児童養護施設における児童間暴力問題の解決に向けて　その1. 児

童間の暴力の実態とその連鎖, 1-11.

田嶌誠一（2005b）児童養護施設における児童間暴力問題の解決に向けて　その2. 施設全体で取り組む「安全委員会」方式, 1-25.

田嶌誠一（2005c）児童養護施設における児童間暴力問題の解決に向けて　その3.「事件」等に関する資料からみた児童間暴力, 1-19.

田嶌誠一（2006）児童養護施設における児童間暴力――子どもたちに「成長の基盤としての安心・安全」を　日本心理臨床学会25回大会発表抄録集, p.44.

田嶌誠一（2007a）いじめ問題が臨床心理士につきつけるもの　臨床心理士報, 32；18-20.

田嶌誠一（2007b）児童養護福祉施設における施設内暴力の解決に向けて――施設全体で取り組む「安全委員会方式」平成18年度児童養護施設等における暴力防止に関する研修会第1回講演（平成19年2月22日）抄録；6-30　吉原林間学園.

田嶌誠一（2007c）児童養護施設における施設内暴力への包括的対応――児相と連携して施設全体で取り組む「安全委員会」方式　日本心理臨床学会26回大会発表抄録集, p.99.

田嶌誠一（2008a）現実に介入しつつ心に関わる――「内面探求型アプローチ」「ネットワーク活用型アプローチ」「システム形成型アプローチ」コミュニティ心理学研究, pp.1-22.

田嶌誠一（2008b）児童養護施設における施設内暴力の解決に向けて――個別対応を応援「仕組みづくり」と「臨床の知恵の集積」の必要性　臨床心理学, 8（5）；694-705.

田嶌誠一（2009a）現実に介入しつつ心に関わる――多面的援助アプローチと臨床の知恵　金剛出版.

田嶌誠一（2009b）現場を支援する立場から（シンポジウム「児童養護施設に対して日本の専門家は何をしてきたか？　何をしていくべきか？」）第50回日本児童青年精神医学会総会抄録集　124.

田嶌誠一（2010a）児童福祉施設の子どもたちの体験と「日常型心の傷」丸野俊一・小田部貴子編：現代のエスプリ511「日常型心の傷」に悩む人々, pp.86-95　ぎょうせい.

田嶌誠一（2010b）成長の基盤としての「安心・安全」の実現――社会的養護の場でもっとも重要な課題　社会的養護とファミリーホーム, 1；55-58.

田嶌誠一（2010c）児童養護施設における暴力問題の理解と対応　平成21年度研究報告集～児童養護施設, pp.65-84　東京都社会福祉事業団.

田嶌誠一（2010d）子どもの安全は成長のエネルギー　第5回ファミリーホーム研究全国大会――子どもの安心・安全をどう保障するのか　福岡市.

田嶌誠一（2010e）現場を支援する立場から――「モニターしつつ支援する」仕組みとしての「安全委員会方式」（シンポジウム「児童養護施設に対して日本の専門家は何をしてきたか？　何をしていくべきか？」）児童青年精神医学とその近接領域 51（4）；453-460.

高橋重宏, 他（2004）児童養護施設における権利擁護の実態に関する研究――児童養護施設における子ども同士の権利侵害に関する意識調査　日本子ども家庭総合研究所紀要.

高橋重宏編著（2000）子どもの権利擁護――神奈川県の新しいとりくみ　中央法規出版.

竹中哲夫 (1986) 大阪・養護施設「H学園」における「小1女児リンチ死亡事件」をめぐって　日本の児童問題創刊号, pp.31-34.
當眞千賀子 (2008) 理不尽な体験を重ねた子どもの成長を願い共に暮らす──虐待や不適切な養育を受けた子どもとのかかわりの工夫　第2回里親ファミリーホーム全国研究協議会報告書, pp.6-31.
當眞千賀子 (2010) 子どもたちの安心で安全な生活という土壌づくり──子どもが大地に根を張って成長し，花を咲かせ，実を結ぶことを願って　第7回西日本児童養護施設職員セミナー抄録集　広島県児童養護施設協議会第7回西日本児童養護施設職員セミナー実行委員会.
當眞千賀子 (2011) 子どもたちの安心で安全な生活という土壌づくり──子どもが大地に根を張って成長し，花を咲かせ，実を結ぶことを願って　第7回西日本児童養護施設職員セミナー報告書　3-10　広島県児童養護施設協議会第7回西日本児童養護施設職員セミナー実行委員会.
津崎哲雄 (2000) Abuse In Care 防止への視点：児童福祉施設を素材に　佛教大学社会学部論集, 33 ; 73-90.
津崎哲雄 (2001) 訳者あとがき　(津崎哲雄・山川宏和訳：子どもの施設内虐待を防止するために　英国ソーシャルワーク研究会) Westcott, H. (1991) Institutional Abuse of Children-From Research to Policy-A Review NSPCC ［全国児童虐待防止協会］).
津崎哲雄 (2009) この国の子どもたち　要保護児童社会的養護の日本的構築──大人の既得権益と子どもの福祉　日本加除出版.
中日新聞　2010年10月31日朝刊.
海野千畝子・杉山登志郎 (2006) 分担研究：性的虐待のケアと介入に関する研究──その2　児童養護施設の施設内性的虐待への対応　平成18年度厚生労働科学研究費補助金 (子ども家庭総合研究事業) 児童虐待等の子どもの被害，及び子どもの問題行動の予防・介入・ケアに関する研究, pp.591-597.
和光学園 (岩手県) (2010) 施設内暴力の解決に向けた安全委員会の取り組み──子どもが安心・安全な生活を送るために.
Westcott, H. (1991) Institutional Abuse of Children-From Research to Policy-A Review NSPCC ［全国児童虐待防止協会］（津崎哲雄・山川宏和訳 (2001) 子どもの施設内虐待を防止するために［新改訂版］英国ソーシャルワーク研究会.
横川和夫 (1985) 荒廃のカルテ──少年鑑別番号1589　共同通信社.
全国社会福祉協議会 (2009) 子どもの育みの本質と実践──社会的養護を必要とする児童の発達・養育過程におけるケアと自立支援の拡充のための調査研究事業調査研究報告書.
http://ishii-jyuji.com/jyuji/jyuji.html
　　岡山石井十次顕彰会準備会
http://gyakutai.yogo-shisetsu.info/
Stop!! 施設内虐待 (施設内虐待を許さない会)
http://yougosisetu.seesaa.net/article/4089739.html#trackback
　　児童養護施設を考える　大きい子が小さい子をいじめる『伝統』

http//gyakutai.yogo-shisetsu.info/…/20070922shakaitekiyogo-senmoniinkai-ikensho.pdf
社会保障審議会児童部会社会的養護専門委員会への意見書　施設内虐待を許さない会

第5章
施設内暴力はどう対応されてきたか

　若い頃のことだが，ある物理学者の講演を聞いた時「目からうろこがおちる」思いがしたことがある。物理学理論の発展について話がおよび，物理学では古い理論から新しい理論にとって代わられる際，前の理論は否定されない，そうではなくて包含されるのだということを知った。たとえば，ニュートン物理学は後に相対性理論にとって代わられたわけであるが，相対性理論ではニュートン物理学は誤りだったのではなく，特定の条件下では正しいというにすぎないというふうに変わったのである。

　この話を聴いた時，心理療法やその他の専門的援助についても同様のことが言えるであろうと思ったのである。あまたあるすべての心理療法やその他の援助法は「正しい（効果がある）」から生き残っているのであり，しかしただある条件下でなんらかの効果をあげるにすぎないのであろう。こうした観点にたてば，単純にどの学派が正しいかとかどの技法がどういう症状や問題により効果があるかということだけでなく，有効ならしめる条件がいかなるものであるかということこそが重要なのではないかと思われる（田嶌，2002）。

　たとえば，外来のクリニックや有料の相談室などで経験を積んだ後，スクールカウンセラーとして学校現場に入ると，それまでの外来での相談活動がいかに恵まれた条件のもとでやってきたのかがよくわかる。まず誰かが悩んでいる，ある程度相談意欲がある，お金が払える，時間の約束が守れるなどの条件がなかなかそろわないのである。逆に言えば，内面探求型のアプローチは，少なくともそういう条件下ではじめて実施可能な方法であるということになる。

　そうであるにもかかわらず，その条件はしばしば忘れられやすい。したがって，その条件に敏感になっておくことこそが必要である。そうでないと，それ

が有効となる条件が整っていないにもかかわらず，信奉する援助技法をやみくもに適用することになりかねない。本章を読み進めるにあたって，まずこのことを念頭に置いておいていただきたい。

　さて，これまで，児童福祉施設内には2レベル三種の暴力とその連鎖があり，その暴力の実態は深刻であり，またひとくちに施設内暴力・虐待といっても，さまざまな型があることを見てきた。さらに，児童福祉施設において，2レベル三種の暴力が歴史的にどのように推移してきたかを述べた。本章ではそれを踏まえて，児童福祉領域で暴力問題にこれまでどういうアプローチと考え方がとられてきたを概観し，さらに次章でその解決のための援助の視点を述べることにしたい。

　今後の取り組みのためには，これまでの取り組みの意義を述べるだけでなく，その不十分な点を指摘し，課題を明らかにしていくことが必要である。そのため，あとから来た者が好き勝手なことを言っているように受け取られるかもしれないが，この問題を解決に向けて先に進めるには，批判的検討がどうしても必要であることをご理解いただき，ご容赦いただきたい。また，ここで紹介する取り組みについて私の誤解等があれば，ご指摘いただきたい。これまで施設の暴力問題に取り組んできた人たちは，子どもたちの苦境をほおっておけず，活動してこられたのだと思う。その善意も熱意も私は疑っているわけでは決してない。ただ，そうした取り組みが無条件で有効なのではなく，それが真に効果をあげるためには，条件が必要なのである。そのことを自らに問うて欲しいのである。

　現場に入る時，私たちは自分の専門家としての立ち位置を問う姿勢が必要である。

I 通常どう対応されているか

1. 子ども間暴力への指導

まずは，子ども間暴力について，通常はどう対応されているかを見てみよう。

a. 職員による個別の指導と仕返し

1） 個別の指導と仕返し

暴力が連鎖していく過程についてはすでに述べたので，ここでは施設側の対応との関係で子どもの暴力が持続するあるいはエスカレートする過程について述べる。事件が起こると，加害者を注意したり，叱責したりして被害者に対して謝らせるといった程度の個別対応を行うのが普通である。

被害にあった子どもたちが被害をまったく訴えたことがないのかと言えば，そんなことはない。職員に一度は訴えたと語る子が少なからずいるのである。ある子どもは，「思い切って，職員に言ったけど，何もしてくれなかった」と語った。むろん，実際には職員はなにもしてこなかったわけではない。ただ，相手の加害児童に口頭で注意しただけであり，それは暴力を止めるのにまったく役に立たなかったのである。いや，それどころか，かえってよりひどい仕返しの暴力にさらされる結果となり，二度と訴えることがなくなったのである。

多くの子どもが，職員に訴えたら「チクったなと言われて，ボコボコにされた。それで二度と言わなくなった」と語る。そして，「俺が大きくなったらやる側に回ってやるぞ」と思って辛抱するのである。このように通常の対応では，事態は改善しなかったばかりか，子ども間暴力を潜在化させ，連鎖を準備する結果となっているのである。これは，全国の児童養護施設でしばしば起こっていることであると思われる。児童養護施設でとられる通常の対応の結果はこうである。

暴力問題は，特に子どもが振るう暴力への対応は，職員個人の力量の問題とされてきたことこそが問題なのである。また，職員が子どもに振るう暴力はその職員個人の資質の問題とされてきた。いずれももっぱら個々の職員の問題とされてきたのである。

2） 暴力が持続するあるいはエスカレートする過程：口先だけの指導の危険性

それでも暴力が続いていることが判明すれば，大人は一時保護や退所だとか

「児童自立支援施設行きだ」とか脅しながら，しかしなかなかそれを実行しない。いよいよ一時保護が実行された頃には，すっかり度胸がついている。1週間〜数週間の一時保護の後に施設に戻されるのが普通である。言葉だけの反省をしてみせれば，まもなく施設に戻れるとたかをくくる。次は「児童自立支援施設行きだ」とか言われたが，なかなか実行されないで，再度の一時保護どまり。やはりこれまたよその施設から一時保護になった児童は自分よりももっと何度も一時保護になり，そのたびに「児童自立支援施設行き」だと脅されてきたが，実際には施設に戻れていることを知る。ますます安心して，施設で暴力を振るい，他児童から恐れられるといった具合である。こうして，りっぱな暴力児ができあがり，その末に自立支援施設行きとなるか，加害児が卒園していくまで他児童がひたすら耐えるかのいずれかとなる。施設や児童相談所によって若干の違いはあるだろうが，おおむねこのような対応がとられる。

　つまり，加害児に対して実効性のない口先だけの指導が繰り返される時，暴力は持続あるいはエスカレートしていくのである。

2. 職員暴力・虐待の発覚とその後の対応
子どもたちの告発と市民団体の活動

　これまで多くの施設内暴力・施設内虐待が発覚しているが，これについては，主に市民運動団体がキャッチし，告発の役割を果たしてきた。告発から，すぐに対応が取られることもあるが，その一方で，信じられないことだが，問題の告発後もなかなか事態が動かないことには驚かされる。たとえば，第4章で述べたように，恩寵園事件では，児童相談所に逃げ込んだ子どもたちを，児相が説得して施設に戻すという対応をしているし，津山二葉園事件では，長年にわたる入所中の子どもたちや卒園生たちによる県への再三にわたる通報にもかかわらず，県も児相もまったく動いていないのは，驚くべきことである。そういう場合，市民団体の粘り強いあの手この手の活動が必要となる。

　ともかくも問題ありと確認されると，どういう対応がとられてきたのであろうか。問題がある程度認識された後の対応として，①児童相談所は子どもたちや職員への聞き取り調査を行い，②基本的には外部からの第三者委員会を作り，そこが事実関係の調査とその評価（虐待にあたるかどうか）を行い，報告書を管轄の行政に提出する。虐待があったと認定されたら，③虐待した職員になんらかの処分（懲戒解雇が多い）を行い，④職員全体への子どもの権利について

の研修を行う。⑤同時に，子どもたちには，「子どもの権利ノート」を使って，自分たちの権利について教え，さらになにかあったら訴えるようにと教える，というものである。

　ここでは，もっぱら「子どもの権利擁護」という人権感覚の欠如がこのような事件を発生させるという認識から対応されているように思われる。暴力問題の解決には，土台に人権感覚，子どもの権利擁護の理念が必要であると私は考えている。しかし，その一方で，暴力問題をもっぱら「人権感覚の欠如または不足」という視点から見るだけではこの問題はいつまでたっても解決しないと考えている。

3. 福祉の枠が守る犯罪

　死亡事件といった重大な事件は報道されるが，そこに至らないものは通常外部の者がうかがい知ることはできない。児童福祉施設では世間一般の感覚でいえば，全国的に見れば多くの犯罪が起こっている。それも深刻なものも少なくないと考えられる。そして，施設外での事件であれば，警察に被害届が出されて当然の事件でも施設長や児童相談所の判断で，全く表沙汰にならないことも少なくないと思われる。

　私の経験でも，施設側が被害届を出そうとしたら，児童相談所から被害届を出すなんてとんでもないという強い圧力がかかって，断念したという例がある。児童相談所としては，加害児のためにならないということから反対したとのことのようだが，果たしてほんとうに加害児のためにならないのであろうか。「施設は家庭だ」「家庭のようなものだ」「家庭内で起こったことを警察に届けるのか」というのがその主な理由である。

　わが国が，未成年の犯罪については，「保護主義」をとっていることを私は承知しているつもりである。しかし，施設の外の社会では犯罪として扱われることが，施設内では簡単に許されてしまうということは，被害児にとってはもちろんのこと，加害児のためにもならないと私は考えている。第7章で述べるように，「正当な罪悪感」が育まれないし，「暴力はいけないという学び」につながらないからである（第8章ではその実例をあげているし，また第13章でもさらに論じているので，参照していただきたい）。一般社会では犯罪になることを児童福祉施設で不問にすることは，子どもの成長を阻害するものであると言えよう。

加害者への罰や被害者への責任が一般社会における同様の事件とは，著しく対応が異なってしまうことは問題である。罪は罪としてきちんと対応し，それだけでなくフォローはフォローとしてきちんと対応していくことこそが必要なのであると私は考えている。

Ⅱ　子どもの権利ノートの意義と限界

1．子どもの権利ノートの内容

　児童福祉施設における「子どもの権利擁護」の実現のための有力な方策として考案され，実施されているものに「子どもの権利ノート」がある。ここでは，この「子どもの権利ノート」について考えてみたい。多くの都道府県で作成され，児童福祉施設に入所に際して，子どもに説明されて渡されるのが，この「子どもの権利ノート」である。また，先述のように，施設内虐待・暴力事件が発覚した際にも改めてその活用が推奨されている。

　この「子どもの権利ノート」は「子どもの権利条約」を参考にして，作成されたものである。通常，Q＆A形式で，児童福祉施設では，いろいろな権利が守られるかが説明されている。表紙には本人の名前を記入し，終わりの方には，担当の児童福祉司の名前が記入され，なにかあれば県に投函できるように，はがきをつけてある。

　どの県のものも同様のものであるが，たとえばある県の「子どもの権利ノート」（2002年［平成14年］発行）では，以下の項目があげられている。

　　①児童養護施設ってどんなところ？
　　②どうして施設で生活するの？　いつまで施設にいるの？
　　③何を持っていけばいいの？
　　④時間のきまりはあるの？　遊びに行ってもいいの？
　　⑤おやつはあるの？　おこづかいはもらえる？
　　⑥学校はどうなるの？
　　⑦いじめられたり差別されたりしないかな？
　　⑧しかられることはあるの？
　　⑨家族のことは教えてくれるの？
　　⑩家族と会いたいときは？

⑪ひみつは守ってもらえるの？
　⑫ケガや病気のときはどうしたらいいの？
　⑬こまったときはどうしたらいいの？
　⑭自分の思ったことはきちんと言おう！
　⑮約束・決まりごとは守ってね！

　たとえば，「いじめられたり差別されたりしないかな？」という問いでは，以下のように説明されている。

　　⑦いじめられたり差別されたりしないかな？
　　　あなたは世界にたったひとりしかいない大切な人です。そして，あなたはあなたが大切な人であるように，みんなもそれぞれ世界にたったひとりしかいない大切な人です。
　　　だからどんな理由があっても人をたたいたり，けったり，いじめたりすることはゆるされません。また，男の子か女の子かの違いや髪の色・はだの色のちがいなどで，差別されることはありません。
　　　いじめや差別が起きないよう，みんなでおたがいに思いやりの気持ちを持って生活しましょう。
　　　あなたがいじめられたり差別されたと思ったときは，施設や児童相談所の職員に話してください。あなたのことを必ず守ります。

　もうひとつあげておこう。「自分の思ったことはきちんと言おう！」という項目で，「意見表明権」があることが，述べられている。

　　⑭自分の思ったことはきちんと言おう！
　　　あなたは，自分の考えや思ったことを自由に発言することができます。同じように，まわりのみんなも意見をいうことができます。
　　　施設での生活のこと，学校のこと，いろんな意見があるので，おたがいの意見や考えを大事にしながらみんなで話し合ってみましょう。
　　　自分の意見や考えに対して，責任を持つことも大切なことです。

2．子どもの権利ノートの意義

　このように，児童福祉施設では，これらすべての権利が守られるということが説明されている。暴力について言えば，いじめから守られる権利があること，

もしいじめられたりいじめを見たりした時は大人に相談して助けてもらえることが共通して書かれている（長谷川，2005）。子どもたちに，どのような権利があるのかを，子どもたち自身に，そして施設や児童福祉関係者に，さらには世間に明言したという点で，意義がある。

しかし，その一方で，児童福祉施設の実態を知るもので，これらすべての権利が適正に守られていると断言できる者はどれだけいるであろうか。これらすべての権利が適正に守られているのであれば，すばらしいことであると思う。しかし，それは残念ながら夢物語である。非常に多くの施設でそれが守られていないことは，子どもの権利ノートについての長谷川（2005）の調査からも明らかである。また，第3章，第4章で述べてきたことからも明らかであろう。したがって，子どもの権利ノートは，到達目標を示すものとしての意義はあるものの，それだけでは極めて不十分であると考えられる。

3．子どもの権利ノートの限界
a．際立つ酷さ

なるほど子どもの権利ノートでは，連絡先を教えたり，はがきをつけるなどして，子どもが訴えてきやすいように配慮している。

しかし，訴えてきさえすればその子は確実に守り抜かれるのだろうか。権利は，権利があると教えさえすれば自動的に実現するというものではない。権利がある，訴えてきなさいといくら教えられても，訴えた後にその子を確実に暴力から守ることを実現する有効な仕組みがなければ権利は守られないのである。暴力で言えば，日常的に守る仕組みがないところでは，どうにもならないのである。いや，どうにもならないどころか，さらにもっとひどい目にあうのである。ここでの問題は，到達目標を提示しながら，それをどうやって実現するのかという実現過程が考慮されていないことである。

私の経験から言えば，日常的に暴力から守られる仕組みを持っていると言える施設は全国的に非常に少ないと思う。日常的に暴力から守られる仕組みを持っていない施設で，ここで説明された内容を信じた子たちはどうなったのだろう。本当は守られてもいないのに，守ります，訴えてきなさい，あなたにはその権利があると教えられた子たちはどんな目にあったのであろうか。しかも，被害は被害側に留まらない。退所ということがありうることも教えられず，ただ権利があるとだけ教えられ，暴力などの深刻な問題を起こして退所になった

子たちに対しても,「被害」を与えているのである。

　しかも,被害にあった子が訴えることも大変なことである。「はがきをつけるなどして訴えることができるようにしているではないか」と反論されるかもしれない。しかし,先にあげた例を思いおこしていただきたい。アゴの骨を折られた子が訴えることができなかったのである。かくも訴えることは難しいのである。そこまでの深刻な暴力被害ではない場合,潜在的暴力をキャッチするのはなおさら難しい。私の経験では,潜在的暴力をキャッチするには,後に述べるように,施設を挙げて暴力問題に取り組みながら,定期的に聞き取り調査を丁寧に行うことがもっとも有効な方法である(この点については,第6章を参照)。

　「子どもの権利ノート」に書かれている内容が,すばらしいものであるだけに,そして「あなたは世界でたったひとりしかいない大切なひとです」,などという美しい言葉でかざられているだけに,実態の一端を知るものにとっては,その酷さが際立つ思いがする。「あなたは,この地球に生まれた,なにものにもかえることのできない一人の大切な人です」と書いてあるものもある。

　ここで,先述の子どもの権利ノートについての多数の入所児へのアンケート調査の結果(長谷川,2005)を思い出していただきたい。

　「子どもの権利ノートに書いてあることが守られている」と感じている子どもが過半数を超える項目は(1)(＝あなたはみんなで仲良く暮らすために,施設の約束や友達の権利[幸せであることが保障されていること]を守らなければならない) 53％のみであり,他の設問では50％未満という結果であった。特に,(3)(＝あなたは叩かれたり,いじめられたりすることはない)に関しては28.3％と低く,守られていないとういう結果である。実態は,もっと低いものと私は考えている。さらには,第4章で述べたように,子ども間暴力(児童間暴力)だけみても,兵庫県児童養護連絡協議会が行った調査報告(藤本,2007)では,14施設で8ヵ月間で244件,東京都の社会福祉協議会の児童部会の調査(黒田,2009a)では24施設で1週間で99件という結果である。

　このように,施設内の暴力ひとつとっても,それが実現にほど遠い実情にあることは,明らかである。にもかかわらず,こうした約束を子どもたちにするのであれば,国をあげて,施設をあげて,全力をあげて実現のための努力を行うべきである。せめて,同時に暴力から守られる仕組みだけは創ってから,子どもの権利ノートを配布すべきであったと思う。

　それができないなら,子どもの権利ノートを作成して配布すること自体が,

否定的影響をもたらすことがあると言わざるを得ない。潜在的暴力がある施設で，ここに書いてあることを信じた子はひどい目にあい，信じなかった子は社会や大人への不信をさらに強めることになるだろう。これまでの関係者の苦労を知らず，なにをいうかと思われるかもしれない。しかし，第3章で述べたように，子どもたちはこれまでも声をあげてきたのである。今からでも，せめて，暴力から日常的に守られる仕組みだけは早急に創るべきである。

　先に述べたように，わが国の子どもの権利ノートでは，いじめから守られる権利があること，もしいじめられたりいじめを見たりした時は大人に相談して助けてもらえることが共通して書かれている。それだけでなく，なかには東京都や島根県のように，他人を傷つけないように心がけ，互いに思いやりの心を持って生活することも必要であることを説明している権利ノートもある。東京都のものには，他人の権利を侵害した時は職員は子どもを叱ることが書かれている（長谷川，2005）。また，神奈川県の子どもの権利ノートは「子どもの権利・責任ノート」と名づけられており，「あなたもいじめや暴力で他の人を傷つけないようにしましょう」という一文が加えられている（高橋，2000）。

　権利があるというに留まらず，責任や他者の権利も述べているという点でよりバランスの取れた内容になっていると言っていいだろう。しかしそれとても，子どもたちにそう言ったからといって自動的に実現するわけではない。「義務がある」「責任がある」と言いさえすれば，弱い子が自動的に守られるというわけではないのである。潜在的暴力をキャッチすることも含め，それを実効化するための日常的仕組みが，やはり必要であることに変わりはないのである。

4．方法論とプロセス論のなさ：どうやって実現するのかが不明

　このように見てみると，「子どもの権利ノート」とはいったい誰のためのものなのかと言いたくなる。「子どもの権利ノート」の理念はすばらしいものである。しかし実態がそれについていっていない。それは少々の違いどころではないことはこれまで述べてきたことから明らかであろう。では，なにが問題なのだろうか。再度言おう。権利は，権利があると教えさえすれば自動的に実現するというものではないのである。責任や義務もそれがあると言いさえすれば自動的に責任ある行動がとれるようになるわけではないのである。<u>「子どもの権利ノート」の問題点は，理念はすばらしいが，それをどうやって実現するのかという方法論とプロセス論を決定的に欠いている点にあると私は思う</u>。

子どもの権利ノートは子どもの権利という理念の普及という点では意義がある。しかし児童福祉施設でそれを実現することがどれだけ大変かということの理解が希薄であるように思われる。さらには，訴えてきなさいと推奨しておきながら，どうやって子どもを守り抜くのかという仕組みがないことが，どれだけ子どもたちを傷つけるかという認識が欠けていると私は考えている。つまり到達目標はすばらしいが，その実現過程（または到達過程）の検討が極めて甘いのである（なお，これについては第6章でさらに論じるので，参照していただきたい）。

　どの権利も，全国の施設で一気に実現できるのであれば，そんな魔法のような方法があるのなら別だが，そうでないなら，どの権利から，どういう方法で実現していくかが具体的に検討されるべきである。私は，「殴られないで暮らせる権利」と「自分の意見を表明できる権利」とは同等ではないと思う。明らかに，「殴られないで暮らせる権利」または「安心・安全に暮らせる権利」の方が重要であるはずである。いろいろな権利を総花的に口先だけで保障する前に，どの権利からどうやって実現していくかを具体的に検討すべきである。むろん，私はなによりもまず，暴力にさらされないで「安心・安全に暮らせる権利」から実現していきたい。それを実現していくための有効な仕組みが必要なのである。

5.「子ども主体」と暴力

　「子どもの権利擁護」や「子ども主体」という理念はすばらしいものである。しかし，そうした理念で先進的に取り組んできたことで知られる施設でも，残念ながら子ども間の暴力や施設長による暴力が起こっている。

　新聞報道された事件だけでも，たとえば，優良として評価が高い愛知県のある児童養護施設で，1998年1月，当時施設で養育監査を受けていた12～14歳の少年4人が，約30分間にわたって9歳男児の頭や腹を殴ったりけったりして外傷性脳梗塞（こうそく）などのけがを負わせている（第3章参照）。この施設については，「子どもの権利擁護」「子ども主体」の運営を行っていることで全国的に知られた施設である。また1993年には，滋賀県の児童養護施設で理事長兼施設長が2人の子どもを罰として丸刈りにして，さらに殴ったことが報道されている。この施設も，当の理事長兼施設長が，施設内のルールを大幅に減らすなど，「子ども主体」「子どもの権利擁護」の運営を行ってきたことで知られる施設であった。

こうした報道されたもの以外にも，私の知る限りでも，「子どもの権利擁護」「子ども主体」の運営を行ってきたことで知られる複数の施設で，さまざまな暴力事件が起っているのである。むろん，「子どもの権利擁護」「子ども主体」も重要である。しかし，私が言いたいのは，それに力を注ぐだけでは，施設の暴力は決してなくなりはしないということである。
　このように，「子どもの権利擁護」「子ども主体」の運営を熱心に行ってきた施設でも，暴力事件はなくならないということを，きちんと受け止めるべきであると思う。

6. 真の子どもの権利擁護に向けて
a. 実現のための具体的仕組みの必要性

　その点では，2009年に児童福祉法が改正され，職員による暴力だけでなく子どもの間暴力も含めた形で施設内虐待の防止が盛り込まれたことは，画期的なことであった。しかし，それはやっとスタート地点に立ったに過ぎない。2009年1月には国から施設内虐待対応ガイドラインが都道府県および児童相談所設置市向けに出されたが，具体的に有効な対応の構築はこれからである。それ次第で，子どもの権利ノートは真に有効なものとなる可能性がある。後の章で述べる安全委員会方式は，そういう仕組みのひとつとして，児童福祉法が改正される何年も前から私たちが考案し十数ヵ所の児童福祉施設で実践している方式である。関係者に参考にしてもらえればと願っている。
　子どもの権利ノートの関係者にぜひともお願いしたいのは，子どもの権利ノートについての入所中の子どもへの調査ではなく，退園生・卒園生への調査である。その際には，職員からの暴力だけでなく，子ども間暴力について子どもの権利ノートが有効であったかどうかをぜひとも聞いていただきたい。その結果に基づいて，今後の取り組みを考えていただきたい。
　この領域に，あとから来た者が好き勝手なことを主張しているように思われるかもしれない。これまで児童福祉施設における子どもの権利擁護や子どもの権利ノートの作成に携わってこられた方々の善意と熱意を，私は疑っているわけでは決してない。「子どもの権利」という理念の提示と普及には大きな成果をあげてきたという意義も，私は認めている。しかし，いくら善意と熱意があっても，いくらすばらしい理念であっても，その適切な具体的実現方略や仕組みを欠いたのでは，結果として子どもたちを苦しめることがありうるということ

を理解していただきたいのである。真の「子どもの権利擁護」のためには，このことは避けて通れないと私は考えている。この点については，第14章で，さらに論じるので，ご参照いただきたい。

逆に言えば，たとえば後に紹介する安全委員会方式のような施設をあげた取り組みがあるところでは，子どもの権利ノートは有用なものとなると考えられる。

では，そういう方法というのは，他にもあるのだろうか。以下に，見てみよう。

III 児童福祉施設におけるケアとその理論

児童養護施設では被虐待児の入所の増加に伴って，さまざまな専門的なケアや治療について盛んに研修会が行われるようになってきた。現場でどれだけそれが活用されているかは疑問だが，ともかくも研修会が多数実施されている。児童養護施設の子どもたちの養育のスキルとして語られることもあれば，特定の問題行動への対応として推奨されることもある。それらは実に多岐にわたるものであり，本書はその紹介を主たる目的としているわけではないので，簡単にふれ，暴力問題の解決という視点から論じるに留めたい。したがって，読者には関連の文献や研修会（インターネットの案内が出ているものが多い）でさらに理解を深めていただきたい。そのうえで，本書で述べている私たちの主張と比較していただきたい。

なお，児童福祉領域では，子どもへの関わりをめぐっては，「処遇」という語が用いられる。筆者はこの言葉にはなじめないので，本書では，なるべく「処遇」ではなく，「養育」という語を用いることにしたい。

1．「被虐待モデル」による理解と対応

被虐待児がさまざまな問題を示すことはよく知られており，その理解とケアは，主にトラウマ（心的外傷）と愛着（アタッチメント）と発達障害いう視点から理解されている（たとえば，Herman, 1992；西澤，1994；杉山，2007 他）。つまり，被虐待児への心のケアで，現在主流となっているのが，私の理解では，①トラウマ（心的外傷）のケア，②反応性愛着障害という視点からの愛着（アタッチメント）の（再）形成，③発達障害という視点からの発達援助，の三つである。これらは相互に関係しているが，一応こういうふうに分けることがで

きよう。発達障害も最近では虐待との関係が議論されているので，これらは，いわば「被虐待モデルによる理解と対応」であると言えよう。児童養護施設には，被虐待児が多いことから，子どもたちの示す暴力問題についてもこのような理解と対応が広まっているものと考えられる。

a．トラウマ（心的外傷）と愛着（アタッチメント）

　西澤（2002）は，ギル（Gil, E., 1991）がトラウマを受けた子どもの心理療法的アプローチを，修正的接近法と回復的接近法とに分けて提案しているのを紹介している。修正的接近法とは，トラウマ（心的外傷）による感情の歪みや対人関係の歪みなどへの働きかけ，その修正を目的とするものであり，回復的接近法とはトラウマの消去を目的として，トラウマそのものに働きかける臨床的接近法である（木村，2009）。

　また，最近とみに注目されているのが「愛着（アタッチメント）理論」である。愛着理論で言う愛着またはアタッチメントとは，主たる養育者との間の絆やつながりのことを言う。木村（2009）によれば，虐待がもたらす子どもへの心理的影響については，トラウマという観点から理解されてきたが，近年では虐待の影響によるアタッチメント（愛着）の形成不全という視点の重要性（数井，2007）が指摘されるようになった。

　トラウマの治療では，ハーマン（Herman, J., 1992）が「第1段階の中心課題は安全の確立である」と述べているように，どの本でもまずは安心・安全が必要と述べられている。先に述べたように，欧米には日本の児童養護施設のように大人数が集団で暮らす施設はないのであるから，少なくともわが国の児童福祉施設では，生活の中でこの「安心・安全の確保」を実現することがいかに大変なことか，そしてどのようにすれば実現できるかということが論じられるべきであるが，残念ながら論じられていない。愛着という視点からのアプローチでも同じことが言えよう。

b．愛着（アタッチメント）を重視した養育：「乳幼児ホーム」の実践

　子どもの育ちと養育において，「愛着（アタッチメント）」が極めて重要であることは広く認められていると言っていいだろう。その重要性については私も異論はない。しかし，ここで問題なのは，愛着（アタッチメント）を重視した養育を行えば，暴力は自然になくなると考えている専門家が非常に多いという

ことである。しかし，以下に述べるように，児童福祉施設において暴力への取り組みなしに「アタッチメント（愛着）」という視点を重視した養育で暴力問題が解決するとはとても考えられない。児童福祉施設だけでなく，児童相談所やその関係者にもこのことをしっかり知っておいていただきたい。

　わが国では，乳児院が123ヵ所（平成22年4月現在），児童養護施設は575ヵ所（2009［平成21］年7月現在）ある。通常は，0～2歳未満までの子は乳児院で養育され，2歳になると児童養護施設に措置される（＊ただし，2004年の児童福祉法改正で，乳児院の入所期限が0～6歳まで延長可能となった。もっともこれはあくまでも延長可能ということであって，実態は長くても3歳くらいまでというケースが多いようである）。そのため，施設や担当職員が代わることになり，関係が中断するのである。その問題性についてはこれまで多くの専門家からの指摘がある。にもかかわらず，この問題は放置されてきたと言える。この問題に，施設という制約の中でではあるが，取り組んできた施設がわずかながらある。

　なかでも長年注目すべき取り組みを行ってきたのが，広島市で乳児院と児童養護施設を併設している広島修道院という施設である。1889年に創立され，創立120年以上になるわが国でも有数の歴史ある施設である。ただ歴史があるというに留まらず，この広島修道院は乳児院と児童養護施設のあり方を問い続け，先進的に取り組んできた施設でもある。この広島修道院は，昨今のように児童福祉領域で愛着，愛着といわれるようになるはるか以前から，愛着を重視した養育を行ってきたのである。

　乳児院と児童養護施設において愛着関係を重視し，「応答的な養育者による継続的関わり」が重要との視点から，1987年（昭和62年）施設総合移転事業に際して，乳児院と児童養護施設が相互乗り入れし，0歳～幼稚園年中児まで暮らせる「乳幼児ホーム」を作り，一人の職員が2～3人の子どもを担当する持ち上がりの養育担当制（最長は5年間となる）を採用し，職員と担当児との一対一の愛着関係（アタッチメント）の形成に力を入れてきたのである（「乳児院と児童養護施設のページ」http://www10.ocn.ne.jp/~shudoin/nyuyou/nyuyou.htm）。そこでは，養育基本方針として「家庭的処遇の充実」をあげ，具体的には「乳幼児一貫養育」「小グループ養育」「家庭的雰囲気づくり」という方針による養育を行っているのである（広島修道院，1988；金子，2004）。

　さらに，広島修道院では，幼稚園年長児から同じ敷地内にある「児童ホー

ム」に移ることになる。児童ホームでは，10のホームに分かれていて，各ホームには台所，食堂，居間，居室が備わっており，トイレと入浴以外はすべてホームでできるようになっている。基本方針に「ホーム型養護の中で家庭的雰囲気をつくり，個別的処遇の充実を図る」を挙げ，1ホーム7名前後の児童の縦割り編成となっている。どのホームも各自の誕生日のお祝い，ゴールデンウィークや夏の施設外活動など，ホーム単位での行事が多く，担当職員のホーム担当児への思いも強くなり，また子どもたちも担当に対し，「自分の先生」という意識が高くなってくるとのことである（広島修道院，2002）。

　むろん，施設という制約の中ではあるが，広島修道院は，このように家庭的雰囲気や愛着（アタッチメント）を重視した関わりを乳児院と児童養護施設とで最大限行ってきた施設であるといって良いだろう。しかし，ここで強調しておきたい重要なことは，それでも子どもたちの暴力という問題はなくなりはしなかったということである。たとえば，平成7年度には当時14～15歳の男子児童を中心に，いじめ，暴力等のさまざまな問題が噴出したのである。しかも，注目すべきは，自分たちよりも年少の児童を傷つけたときに加害児がよく口にしたのが，「おれたちは，上の者からもっとひどい目にあわされた」とか「先生たちはおれたちがいじめられていても見て見ぬふりをしていた」ということである（広島修道院，2002）。このことからも，残念ながら広島修道院で暴力の連鎖が続いていたことがうかがえる。

　結局，広島修道院ではその後も暴力問題が一定の周期で起こり，そのため2006年に安全委員会方式を導入し，その成果から暴力が激減している（山根，2007）。このことは，後にも述べるように，<u>愛着理論では，少なくとも児童福祉施設の暴力問題の解決はできないことを示している</u>と考えられる。愛着（アタッチメント）の重要性を否定するものでは決してないが，その基盤には暴力への施設をあげた取り組みが必要であることを如実に示していると考えられる。児童福祉施設だけでなく，児童相談所などの関係者にもこのことをしっかり知っておいていただきたい。

　後にも述べるように，児童福祉領域では，愛着（アタッチメント）や愛着理論についての研修会が現在では大流行りである。だからこそ，以上のことは強調しておきたい。

　乳幼児期におけるアタッチメント（愛着）形成の重要性は言うまでもない。しかし，<u>乳幼児期にしっかり愛着（アタッチメント）を育んでおけば，暴力は</u>

<u>なくなるということでは決してない</u>。その後乳児院の後，児童養護施設に措置される子が多いことを思えば，乳児院関係者，児童相談所，管轄課の方々には，アタッチメント（愛着）形成だけでなく，児童養護施設における安心・安全の実現にも十分な関心を向けていただきたい。

c. トラウマやアタッチメント（愛着）と暴力

　最近では長年にわたって児童福祉施設に関わってきた児童精神科医や臨床心理士などの専門家が被虐待児のケアについて書いた著作が多数出ている。筆者の知る限りでは，もっぱらトラウマのケアとアタッチメント（愛着）の形成または再形成が強調されている（たとえば，杉山，2007；西澤，2010 他）。その一方で，暴力問題がきちんと取り上げられている本は皆無である。また，専門誌でも児童福祉施設における心理士の役割といった特集もいくつか組まれているが，そこでも暴力問題はまったくといってよいほど取り上げられていない。こうした事態を，私は大変危惧している。第3章，4章で児童福祉施設の暴力問題の深刻さと拡がり述べてきたが，そうした状況と児童養護施設では入所の6割以上が被虐待児であると言われている現実を考慮すると，暴力問題にどう対応するかを論じずして，被虐待児のケアは語れないと考えているからである。もっと言えば，被虐待児のケアだけではなく，すべての入所児の発達援助は語れないと考えているからである。

　このことを，私がわざわざ強調しているのは，いわゆる先進的な施設で児童福祉施設におけるこの暴力についてよく見られる誤解があるように私には思われるからである。こうした著作やそれに基づいた研修会の影響から，施設で暴力を振るう子たちは過去の家庭での虐待体験によって心に深い傷（トラウマ）や愛着関係の障害があり，それを心理療法や受容的関わりによる日常的ケアで癒すことで暴力問題も自然に解決がつくというふうに考えられているようである。

　彼らに「深い心の傷（トラウマ）がある」「愛着（アタッチメント）の問題がある」ことはもちろんのことである。しかし，子どもたちの暴力はそのような理解だけでは，通常解決しない。すでにこれまで見てきたように，暴力は施設における現実の生活の中で連鎖していくのであり，したがって現実の生活の中で働きかけて，解決していく，すなわち**「現実に介入しつつ心に関わる」**（田嶌，2009）ことが最優先で必要なのである。被虐待児の多くは，児童養護施設という集団養育の場に措置されるのである。そのことに思いを馳せていただきたい。

また，岩手県盛岡市の児童養護施設和光学園は，「"加害児童は過去の虐待体験による深い心の傷があり，それが暴力を振るわせる原因になっているのだから，その傷を心理療法で癒すことにより他児に暴力を振るわなくなる"との見解に立ち，心理療法や受容的関わりを日常的ケアの柱に据え，トラウマや愛着に焦点をあてたプレイセラピーや箱庭療法に力を入れた時期もあった。しかし，児童の問題行動や気になる兆候は改善されず，施設内暴力は助長され，エスカレートした」（和光学園，2010）と述べている。ちなみに，この和光学園も2008年から安全委員会方式を取り入れ，効果をあげている（**巻末資料30**を参照）。

　誤解のないようにいえば，だからと言って，被虐待の影響がないと主張しているわけでは決してない。そして，私は加害児や被害児に個人心理療法を行うことを否定しているわけでも，対立するものと見ているわけでもない。ただ個人心理療法や受容的関わりによる日常的ケアだけで子どもたちの暴力をなくそうというのは無理があるし，場合によっては逆効果となりうると主張しているにすぎない。暴力にどう対応するかという明確な指針とその実行が土台に必要である。それなしにアタッチメント（愛着）だけが強調された施設で逆に暴力が激化した例は少なくないというのが私の印象である。したがって，後に述べるような施設をあげた対応を行いつつ，並行して個人心理療法や受容的関わりによる日常的ケアを実施するのならば，効果が期待できよう。

　アタッチメント（愛着）を育みさえすれば，暴力は自然になくなると考えている専門家は非常に多い。暴力だけではない。被虐待児が示す問題行動の多くは解決がつくと考えている専門家は多いと思われる。アタッチメント（愛着）は子どもたちが示すさまざまな問題行動解決のいわばマスターキーのように受け取られている観がある。しかし，これまで述べてきたように実際はそうではない。換言すれば，暴力への対応を行い，安心・安全な生活を実現することなしに，真の愛着を育むことはできようがないのである。トラウマや愛着という視点からの関わりだけでは解決がつかないのは，前章で述べたように，児童福祉施設における暴力の中心にあるのは，**習慣化暴力**と**連鎖系暴力**，それも施設内連鎖がある連鎖系暴力だからであると考えられる。また，いくら愛着を育んでも，暴力がある施設に入所すれば，暴力の加害被害の連鎖に巻き込まれ，被害者や加害者になる可能性が極めて高いからでもある。ただし，これらの知見があくまでも施設という条件（制約）下でのものであることにも留意すべきである。

なお，以上のことは，特に重要なことなので，まとめたものを巻末にあげておく（**巻末資料32.**「児童養護施設における愛着［アタッチメント］と暴力」）。

d. 個別モデル

　これらの被虐待モデルによるアプローチでは，基本的に個別モデルであり，集団場面についての考察はされていない。つまり，「個と集団」という視点はとられていないのも私としては気になるところである。子どもは集団の中で生活しているのであり，集団における関係性を生きているのである。また，ある特定の子への関わりは，他児にも影響を及ぼすものである。また，被虐待モデルによるケアの研修を受けた職員が施設現場で陥りやすい誤りがあるが，その具体例と適切な対応については第7章で述べる。

e. 基礎に安心・安全が必要

　トラウマもアタッチメント（愛着）も被虐待児の理解には大変有用かつ重要な概念である。しかし，トラウマやアタッチメント（愛着）という視点からの関わりの基礎には，安心・安全な生活というものが必須である。

　少なくとも，施設においては，安心・安全は自明ではない。安心・安全な生活が実現できていることをある程度確認したうえで，それらの視点からの関わりを行うべきである。したがって，日常生活で暴力にさらされていないかをどのようにキャッチするのか（すなわち，安心・安全のアセスメントをどのように行うのか），暴力を振るわれたり，振るったりしたらどう対応するのかという具体的指針が必要である。

　以上のことは，生活という視点（田嶌，2001，2003）が重要であることを示している。そして，『生活の中の治療』（Trischman et. al., 1969）という翻訳書（1992，西澤哲訳）があるが，それは，心理療法場面ではなく，「生活」に注目したという点では優れた著作である。ただ，暴力について言えば，残念ながらこの中で取り上げられているのは「temper tantrum」，すなわちわが国では「かんしゃく」と訳されるもので，参考になる面はあるものの，本書で言う暴力（力関係に差がある暴力）とはかなり異なる面があるものと考えられる。たとえば，ここでの「かんしゃく」はまだしも大人の側が余裕を持って対応できる水準のものであると考えられる。この著作が，なぜ「かんしゃく」を取り上げるだけですんでいるのか，私には不思議である。

f．施設におけるアタッチメント（愛着）理論の適用

　私自身もアタッチメント（愛着）という概念も現象も，人の成長・発達にはとても重要なものであると考えているが，同時にそこに問題も感じている。

　アタッチメント（愛着）に関する研究を紹介したものとしては，発達心理学の数井・遠藤による『アタッチメント――生涯にわたる絆』というよくまとまった著作がある（数井・遠藤，2005）。これによって，私たちはアタッチメント（愛着）についての基礎的知識を学ぶことができる。

　また，さらには数井・遠藤編著による『アタッチメントと臨床領域』（数井・遠藤，2007）という本も出ており，基礎研究に留まらず臨床領域への適用へと向っているものと考えられる。この本には森田展彰による「児童福祉ケアの子どもが持つアタッチメメントの問題に対する援助」という章（森田，2007）が設けられているが，暴力や安心・安全の実現についての言及はまったくないのは非常に残念なことである。また，そこでは母子自立支援施設でのセラピーの例が述べられており，その経験は貴重なものである。しかし，その一方で児童福祉施設の中でも圧倒的に多数の子どもが入所している児童養護施設でのセラピーの例があげられていないのも，かなり気になるところである。

　児童福祉領域では，愛着（アタッチメント）や愛着理論についての研修会はすでにかなり前から行われており，現在では大流行りである。最近では，反応性愛着障害とその対応について紹介したもの（ヘネシー澄子，2004）や愛着の再形成をはかる「修復的愛着療法」（Levy, T. M. & Orlans, M., 1998）の紹介がある。さらに，藤岡（2008）はその著『愛着臨床と子ども虐待』の中で，「児童福祉施設における養育者と子どもとの愛着形成」という章を設けて記述している。個々の記述には，愛着形成を考えるうえで，示唆に富むものであるが，その一方で，ここでもやはり安心・安全について触れられていないし，また十分な実際例の報告には至っていないようである。

　ひどくうるさいことを言っているように受け取られたかもしれない。しかし，わが国の要保護児童の約9割は児童養護施設等の児童福祉施設に措置されているという現状に思いを馳せていただきたい。

　児童養護施設では，施設崩壊あるいはそこまでは至らないが問題が頻発すると，やはりこの場合もしばしばとられるのが，難しい子のケース検討会議で（事例検討会議）である。たいていは，トラウマを癒し，愛着（アタッチメント）をどう育むかという議論になるようである。そういう場合に，先述のヘネ

シーの著作（2004）や森田（2007），藤岡（2008）の論などが参考にされるものと考えられる。そうした事態で，愛着の（再）形成といった視点での個別の関わりをもっぱら行うのは，結局は子どもたちの問題行動に振り回されることになりかねないので注意を要すると私は考えている。

　もっとも問題なのは施設での現実の生活において暴力をどう扱うのか，いかにして安心・安全を実現するのかということについての具体的指針がないことである。それなしに，少なくとも施設においてアタッチメント（愛着）を中心に処遇（養育）を考えることは危ういと私は考えている。

　私が児童福祉施設におけるアタッチメント（愛着）理論の適用について特に言いたいことは，第一に「アタッチメント（愛着）の基礎は安心・安全である」，第二に「安心・安全という基盤なしに真のアタッチメント（愛着）は育めない」，第三に「したがって，暴力への取り組みなしのアタッチメント（愛着）はあやうい」，第四に「アタッチメント（愛着）環境を整えることこそが重要」ということである。

g．愛着と安心・安全：愛着のもとは「安全基地」

　アタッチメント（愛着）理論の提唱者であるボウルビーの言うアタッチメント（愛着）行動とは，脅威に直面した時に，愛着対象（通常は主たる養育者）を求めることを言う（Prior, V. & Glaser, D., 2006）。すなわち，愛着対象が安全基地として機能することを言う。そして，愛着について少し詳しい人なら，愛着行動の原点は，子どもが脅かされて不安になったとき，安心・安全な対象にしがみつくことであるということを知っておられることだろう。

　したがって，アタッチメント（愛着）理論でいう愛着とは安心・安全への欲求を基盤に育まれるものであり，少なくとも理論的には愛着と安心・安全とは本来は矛盾するものではない。先に述べたように，安心・安全を実現することなしに，真のアタッチメント（愛着）を育むことができるはずがないのである。実際，愛着やトラウマ関係のどの本でも，安心・安全が重要だと必ずといってよいほど書いてある。しかし，問題なのは，その安心・安全を施設で実現することがいかに大変なことか，どうやって実現していったらいいかということがまったくといっていいほど言及されていないことである。外国の翻訳書にそれが触れられていないのは，やむをえないことかもしれない。先にも述べたように，欧米では50人，100人の子どもたちが集団で暮らすわが国の児童養護施設

にあたるものはほとんどないからである。

　しかし，わが国の児童福祉施設に関わる愛着論者（アタッチメント論者）について言えば，アタッチメント（愛着）概念には，すでに安心・安全の欲求を理論的には含むものであるから，アタッチメント（愛着）論者こそがわが国の児童福祉施設では現実の安心・安全の実現がもっとも重要な課題であるといちはやく気づいて取り組んでいるのが自然であると考えられる。しかし問題なのは，わが国では，これだけアタッチメント（愛着）についての研修会が開催され続けていて，アタッチメント（愛着）理論を信奉する多くの専門家や研究者が児童福祉施設に関与しているという現実があるにも関わらず，施設での生活における「安心・安全」の実現が重要な課題であるという指摘も暴力への取り組みもされていないということである。

　このことは，アタッチメント（愛着）論者が，安心・安全は児童福祉施設においては，すでにある程度実現されているという**根拠のない前提**から出発していることを示しているように思われる。このことは，私にとっては不可解であるという他ない。現在，児童福祉施設におけるこの安心・安全の実現こそが，この領域でもっとも重要な課題である。アタッチメント（愛着）やトラウマを重視する人たちにこそ，とりわけいち早くこのことに気づいてもらいたいと私は願っている。もっと言えば，暴力への具体的対応なしに，<u>暴力被害から守り抜くことなしに，アタッチメント（愛着）を言うことの酷さ</u>に思いをはせていただきたい。

　<u>児童福祉施設における暴力への対応の具体的指針を持っていない現在の愛着理論では，少なくとも児童福祉施設の暴力問題の解決はできない</u>。それどころか，逆効果にさえなっている施設もある。愛着を育むのを妨げかねないという理由から，きちんと叱ることができなくなっている施設さえあるのである。児童福祉施設だけでなく，児童相談所などの関係者にもこのことをしっかり知っておいていただきたい。

　トラウマのケアも，アタッチメント（愛着）の（再）形成によるケアも，理論的には安心・安全の確保が必要であるとしてきた。しかし，実際には，児童福祉施設において子どもたちの安心・安全が実現されているのかどうかを見立てることなく，適用が試みられてきたものと考えられる。したがって，「**安心・安全を基盤としたトラウマのケア**」，「**安心・安全を基盤としたアタッチメント（愛着）の（再）形成によるケア**」が必要なのである。すなわち，「**安心・安全を**

基盤とした被虐待モデルによるケア」が必要なのである。

そして,「安心・安全を基盤とした被虐待モデルによるケア」では子どもを暴力から守りぬくために有効な具体的指針が必須である。それについては,第7章でさらに論じる。

h.「アタッチメント（愛着）環境」を整える必要性

「アタッチメント（愛着）」や「愛着療法」がわが国の文化に合ったものにするという視点は重要であるが,このことはわが国の関係者にはある程度は自覚されているものと思われる。しかし,いまひとつ重要なのは,それらが家庭領域に持ち込まれる場合はともかく,少なくとも児童福祉施設に導入する際は,注意が必要であるということである。

養育者と子どもとの関係をめぐる環境を,ここでは**「アタッチメント（愛着）環境」**と呼べば,果たして,その場が適切な愛着の形成ができる環境があるのかどうか,すなわちアタッチメント（愛着）環境が整っているのかどうかが問われなければならない。アタッチメント（愛着）の形成には,これまで述べてきたようにまずは安心・安全は必須であるが,またそれだけでなく,わが国の児童福祉施設に多く見られるように,大舎で養育者が交代勤務であるのは,アタッチメント（愛着）環境が整っているとは言いがたい。このことを,どう考えるのかが重要な課題である。そうした課題の検討を抜きに,施設現場で愛着,愛着と盛んに言われはじめている現状に私は危うさを感じている。また,先に第2章で述べたように,愛着を育むというのは一筋縄ではいかない。安心・安全を基盤としたアタッチメント（愛着）の育成が重要である。それなしに,児童福祉施設で愛着を育むことだけを一直線に目ざすことは,危ういという印象がある。

児童福祉施設でアタッチメント（愛着）やトラウマを重視した関わりを行うにせよ,そうではないにせよ,今の児童福祉現場でまずなによりも必要なのは,**暴力に対して有効な具体的指針**である。にもかかわらず,アタッチメント（愛着）を重視した関わりにおいて,暴力への対応の具体的指針の必要性すら述べられていないのが現状である。

i. 暖かい人間関係

　とはいえ，「アタッチメント（愛着）」や「愛着理論」という語を使うかどうかは置いておくとしても，養育にあたっては，かつてのように体罰を用いた養育やただいたずらに厳しいだけの養育には私はむろん反対である。その一方で，養育においては時に愛情をもって子どもを叱ることは必要である。したがって，必要に応じて叱ることができる暖かい人間関係が養育の基盤には必要である。安心・安全を基盤として，「希望を引き出し応援する」ことと「（必要に応じて叱ることができる）暖かい人間関係を育む」こととの両方を念頭に置いておくということが重要であると，私は考えている。

j. 理解と対応の優先順位

　先に述べたように，児童福祉施設における暴力は，①施設内連鎖（世代間連鎖と生活空間内連鎖），②学校－施設間連鎖，さらには，③家庭－施設間連鎖，から理解していくことが必要である。これは，いわば**「重なり合う連鎖」**と見る立場であるといえよう。この視点から見れば，もっぱら家庭での被虐待という視点からだけで施設の子どもの暴力問題を理解しようとすること（＝「被虐待によるものとする立場」）は誤りである。児童福祉施設の暴力問題をもっぱら「（家庭における）被虐待によるものとして見る立場」と「重なり合う連鎖と見る立場」では，対応が著しく異なってくる。まず，施設の暴力問題解決のためには，対応の優先順位は，**現在の連鎖への対応が最優先**である。また，家庭－施設間連鎖は，すなわち家庭での被虐待については，必ずしも取り扱わなければならないとは限らないが，現在の連鎖は必ず取り扱わなければならないということになる。

2. 心理教育的アプローチおよび啓発的アプローチ

　「被虐待モデルによる対応」は，特に暴力問題について特化したものではなく，被虐待児へのケアを目ざすものであった。しかし，暴力問題に特化したアプローチ，または特化しているとまではいえないかもしれないが暴力問題を主な対象としたアプローチもある。それらのうちで，児童養護施設に取り入れられているものを以下に述べ，論じる。

　アタッチメント（愛着）やトラウマなどの「被虐待モデルによる対応」に加えて，施設の暴力問題にしばしば採用されているのが，暴力などの反社会的言

動は，社会的スキルの欠如から起こるものとして，適切なスキルの学習を目ざす「心理教育的アプローチ」である。その代表的なものとしては，セカンドステップ（NPO法人日本こどものための委員会，2006）や非暴力的危機介入法（Nonviolent Crisis Intervention：NCI；新福，2004，2005）ソーシャルスキルトレーニング（Social Skill Training：SST），コモンセンス・ペアレンティング（野口，2009），ストレスマネージメントプログラム（冨永・養父，2003）などがあげられる。また，性教育やCAP（Child Assault Prevention；CAPセンター・JAPAN，2004）プログラムなど，参加者に新たな知識を教え啓発していく「啓発的アプローチ」も用いられている。あるいは，「エンパワーメント・アプローチ」と呼ぶのがよいかもしれない。いずれも参加者に知識と対処法を教えていくという点で共通している。

a．心理教育的アプローチ
1）　セカンドステップ
　セカンドステップとは
　児童福祉施設で用いられている心理教育的アプローチの代表的なものとしては，セカンドステップがあげられる。「キレない子どもを育てよう」を合言葉に，子どもが幼児期に集団の中で社会的スキルを身につけ，さまざま場面で自分の感情を言葉で表現し，対人関係や問題を解決する能力と怒りや衝動をコントロールできるようレッスンが計画されている（NPO法人日本こどものための委員会　www.cfc-j.org/secondstep/whats.html；NPO法人日本こどものための委員会，2006）。具体的には，劇や絵本のようなものを用いた導入を行い，設定された場面において自分の行動や気持ちを振り返る機会を設けることで，適切な行動の学習を援助する。わが国では，近年，幼稚園や低年齢の子どもを中心に取り組まれている（吉川・田中，2006）。また，児童養護施設でも複数の施設で導入されており，実践報告もいくつかある（河村，2001）。
　施設におけるファーストステップが必要
　しかし，先に私は，「この暴力問題の解決なしには，虐待からの保護さえ終わったことにはならない」と述べた。米国で生まれたこの方法では，セカンドステップの「セカンド」という意味は，虐待対応をファーストステップとして，その後の対応という意味でセカンドと呼んでいるのである。このことからもわかるように，児童福祉施設における暴力が深刻である以上，（山口県の某児

童相談所スタッフの表現を借りれば）言わば「施設におけるファーストステップ」としての対応が必要なはずである。

すなわち，セカンドステップの実施に先立ち，安心・安全の実現，施設の子どもを日常的に守る仕組みが必要なはずである。にもかかわらず，それなしに（あるいはそれがあるかどうかの確認もなしに）もっぱらセカンドステップで暴力問題の解決をはかろうとしているところに無理があると，私は考えている。

また，後に述べるように，安全委員会方式では，わざわざ場面を構成してスキルを教えるよりも，本来日常の中で生活を送る中で自然に身につくように養育される，あるいは日常の中により自然な形で組み込まれるのが基本であると考えている。特に小さなトラブルが起こった際は，その大きなチャンスである。暴力とそれに関係したスキルについては，その実際を第9章の「連動活動」のところで述べているので，参照されたい。

2） 非暴力的危機介入法（NCI）

また，近年わが国の学校で取り入れられつつあるのが，非暴力的危機介入法（Nonviolent Crisis Intervention：NCI）である。米国においては，学校教育で体罰を用いずに効果的に教育できる方法として注目され，多くの州で教師の研修プログラムに取り入れられており，全世界でも200万人がこのプログラムを受講しているとのことである。日本でも京都府八幡市を始め全国各地の教育委員会で導入が進められているとのことである（新福，2004, 2005）。

非暴力的危機介入法（NCI）は，危機的な状況が発生しても指導者は暴力を用いず，且つ相手にも暴力を使わせずに問題を解決させる手法である。①暴力行為に至った時の介入法，②チーム介入法，③危機後の介入などを具体的に場面を想定し，暴力を振るわせない対応についてトレーニングを行うものである。

この非暴力的危機介入法（NCI）については，個々の暴力場面での対応について学ぶべきものがあるものと思われる。しかし，もっとも危惧されるのは，潜在的暴力をどうキャッチして対応するのかが述べられていないことである。また，教師が自分の前でなるべく暴力が出ないように衝突を回避する対応が推奨されている。たとえば，この方法では，生徒とのその場はそれですんだとしても，生徒間の暴力，それも潜在的生徒間暴力を見過ごすことになってしまわないかが心配である。荒れた学校では，このことがとりわけ危惧される。時間をかけて学校全体が沈静化するとしても，その間に，教師のいないところで起

こる暴力が心配である。先に述べたように，学校現場における暴力も，児童福祉施設と同様に，2レベル三種の暴力があるのであり，それへの包括的対応になっているのかどうかが疑問である。

また，この方法が生まれた米国は社会的に許されない行動に対しては，もともと強権を発動する文化である。それが背景にある文化で，強権的ではない非暴力的危機介入法（NCI）のような非暴力的介入が取り入れられる場合と，日本のようにもともと強権をなかなか発動しない文化で取り入れるのとでは，異なるところが出てくるように思われる。結局，他の方法と同様に，非暴力的危機介入法（NCI）も潜在的暴力をキャッチできて，しかも生徒も教師も日常的に守られる仕組みさえあれば，有効であると考えられる。

b．啓発的アプローチ
1） CAPプログラム
CAPプログラムとは

CAP（Child Assault Prevention）プログラムは，1987年に米国で考案され，わが国には1985年に導入されたもので，子どもの権利を中心に子ども自身をエンパワーし，大人がそれを支援するというプログラムである。「子どもの権利」と「エンパワーメント」という概念を主として，参加学習型の研修会を行う。子どもに，「子どもの権利」を教え，エンパワーし，暴力被害に際して，助けを求めることができるように援助するのが基本である。実際に，大声を出す練習も行うとのことである。そしてその前に，大人側が先に「子どもの権利」と「エンパワーメント」について研修を受けることが必要とされている。子どもへのワークショップの前に，大人を対象としたワークショップを行うのが特徴である。各地にCAPセミナーを主催する団体ができており，学校や保育園，幼稚園や地域社会で広く研修会が開催されている（CAPセンター・JAPAN, 2004）。

CAP児童養護施設プログラム

そして，最近では児童養護施設プログラムも考案されている（CAPセンター・JAPAN, 2005）。CAP児童養護施設プログラムならではのオリジナルなプログラムとして，「地域セミナー」を行うことがあげられる。地域セミナーは，施設職員ワークショップ・子どもワークショップの後に，児童養護施設という場で施設のまわりの地域の大人に対して実施するもので，CAPの話を共有した後に，CAPを経験した施設職員の話があり，その後参加者が意見交換を行

うものであるという。このように通常のCAPプログラムだけでなく，児童養護施設向きのやり方を模索しているようである。

このように，児童養護施設向けの工夫もされているものの，残念ながら私からみて児童養護施設版のCAPプログラムは少なくとも児童養護施設の暴力問題に対しては極めて不十分なものであると思われる。

エンパワーメント：助けを求めるように

CAPでは，暴力から守られる権利があると教え，さらには助けを求めることを教える。助けを求めることができるようにエンパワーメントを行うというわけである。しかし，いくら権利があると教えられても，助けを求めることを教えられても，日常的に守る仕組みがないところでは，助けを求めてもどうにもならない。職員暴力であれ，子ども間暴力であれ，子どもが訴えることができるようになることは重要なスキルではあるが，それは日常的に守られる仕組みが前提として必要である。

CAPは暴力にさらされる可能性のある子どもたちに，助けを求めることができるようにエンパワーすることを主眼としてさまざまなワークを行っている。しかし，助けを求めたとき，彼らを確実に守ることができなければならないが，現時点ではたいていの児童養護施設では彼らを守る日常的なシステムがないか，あっても極めて不十分なのである。子どもが訴えることさえできれば，助かる場合もあるかもしれないが，そうはならない可能性が高いのである。

先に述べた子どもの権利ノートもCAPプログラムも，訴えることができるようにしていくという点で共通している。私は，子どもの権利ノートの作成に携わってきた方々やCAPをはじめ子どもへの暴力防止の活動をしてこられた方々の善意や思いを疑っているわけでは決してない。ただ，一般社会とは違って，暴力から日常的に護られる仕組みがないところで，訴えることができるようにしていく活動を行うことの酷さをわかっていただきたいのである。

c．子どもたちは訴えてきた

たとえば，私が先にあげたアゴの骨を折られた中学生の例を思い出していただきたい。訴えることができなかったこの子は，実際には訴えれば助かったのであろうか。私にはとてもそうは思えない。ここまでの例ではないにせよ，被害にあってきた子どもたちは，実際には一度は施設職員に訴えたことがあるという者が少なくない。一度は訴えたがひどく仕返しをされたという子は少なく

ないのである。なかには児童相談所の職員に訴えたが，助けてもらえなかったと語る子さえいるのである。

　訴えても，日常的に子どもを守る仕組みがないために，こっぴどい仕返しを受け，訴えなくなったのである。決して訴えることを一度もしなかったわけではない。第3章でも述べてきたように，子どもたちは —— 入所の子どもたちも，卒園生も —— 訴え続けてきたのである。彼らの訴える力が弱かったわけでも，訴え方が不適切だったわけでもない。恩寵園の子どもたちも津山二葉園の子どもたちも幾度も訴えてきたのである。それでもすぐには救いの手はさしのべられなかったのである。

　もっとはっきり言えば，<u>児童養護施設の暴力問題は，子どもたちが適切に訴えることができないから深刻化しているわけでは決してない。子どもたちに訴える力がないから続いているのでもない</u>。これまでも述べてきたように，子どもたちは訴えてきたのである。入所児童も卒園生も訴えてきたのである。また，職員（含．施設長）の側に，「人権感覚」や「子どもの権利擁護」の感覚が希薄だからという場合もあろうが，それだけで続いているわけではない。子どもを日常的に守る仕組みがないことから続いているのである。施設職員や地域の大人に，「施設の子どもたちにも暴力にさらされない権利がある」と教えても，どうやって子どもを守ったらいいのかを教えなければ極めて不十分なのである。それなしには，仮に施設職員の人権感覚が著しく向上したとしても，子どもたちを守りぬくことは難しい。したがって，CAPプログラムは，一般社会での活動はともかく，少なくとも児童養護施設の暴力問題への対応としては，さして有効なものとは考えられない。CAPプログラムは，いわば虐待されている子に，虐待から助けだすのではなく，訴える力をつけるようにエンパワーするようなものである。

　むろん，日常的に守る仕組みがあるところでは，CAPプログラムは有効なものとなると考えられる。

d．欧米の知見が役に立たない：欧米との違い

　いまひとつ注意すべきなのは，この児童養護施設における子ども間暴力（児童間暴力）に限って言えば，欧米の児童福祉領域にはその解決のモデルはあまり期待できないと思われるということである。虐待や心のケアや反応性愛着障害，発達障害（とその援助）といった問題の先進国である欧米の知見を取り入

れるといった対応のみでは,極めて不十分であると思われる。

　よく知られているように,要保護児童の養育については,欧米諸国と日本では大きな違いがある。欧米諸国では里親養育が主であるのに対して,日本では施設養育が主である。たとえば,米国では施設養育は全体の1～2割に過ぎず,わが国では逆に親が育てられない子どもたちの93%が,児童養護施設や乳児院で暮らしている。しかも,少数ながらあるアメリカの施設は基本的にグループホームの形をとっており,わが国のように50名や100名もの児童が暮らす大舎制・中舎制の施設ではない。したがって,大舎制や中舎制の施設で大人数の児童が生活を共にすることで生じやすい問題について,欧米の知見はほとんど役に立たないものと考えられる(もっとも,欧米の施設等では,実はそのような問題がまったくないのではなく,潜在している可能性や別の形で現れている可能性もある)。

　そのような問題のうち代表的な問題が,まさにこの暴力問題なのである。逆に言えば,この問題がある程度解決されれば,反応性愛着障害,発達障害といった欧米からの知見が十分に生かせるであろうし,また欧米の暴力防止プログラムも有効になると考えられるということである。先に述べたように,児童養護施設における暴力問題は虐待や不適切養育を受けた子たちにのみ発生しやすい問題では決してなく,大人であれ子どもであれ,ある程度の数の人間が閉鎖性の高い空間でストレスに満ちた生活を共にする時,極めて起こりやすい性質の問題だからである。

　被虐待児の心のケアであれ発達障害児の発達援助であれ,まずなによりも「安全の確保」が重要であり,それらは子どもたちがすでに安心して安全な生活が送れていることを大前提として行われているはずのものである。もし安全・安心が保障されていないとしたら,プレイセラピーであれ,生活の中での援助であれ,砂上に楼閣をたてようとするに等しい。

　言うまでもなく,被虐待児や発達障害児に限らず,安全で安心な生活は心のケアに必要であるというに留まらず,すべての子どもたちの健全な成長の基盤であり,それなくしては健全な成長はありえないといえる。

　したがって,わが国の児童養護施設の現状をふまえ,児童養護施設において子どもたちが安全で安心な生活を保障するためには,わが国独自に有効かつ適正なシステムを創りあげていくことこそが必要なのである。

e. 欧米の技法を取り入れる際の注意点

　また，外国で生まれた技法や理論を取り入れる場合でも，混乱をさけるために，その国の文化的背景に注意しておくことが必要である。外国で生まれた臨床心理学や精神医学の技法や理論はその国に優位な文化を補うものであると言える（田嶌，1994）。たとえば，欧米の暴力防止プログラムについて言えば，暴力に対しては，欧米はいざとなれば毅然として強権による対応を発動する文化である。いかに「優しい対応」や「共感」が強調されていても，そういう文化的背景のもとで考案された技法であり，理論なのである。したがって，最後のところでは，それが安全装置ないしセーフティネットとして機能するのだと考えられる。それに対して，わが国は毅然とした対応をなかなかしない（できない）文化である。どちらがいいとか悪いとかいうことではなく，欧米のものを取り入れる際に，そのことを考慮しておくことが重要であると私は考えている。そうしたことに無自覚な導入は，混乱を助長することに終わる危険性がある。

3. 児童福祉施設における子ども間の性暴力・性虐待
a. 子ども間の性暴力・性虐待

　欧米の知見によれば，子ども虐待の中でもっとも対応が遅れるのが性虐待であるという（小林，2005）。最近では，さまざまな現場での，性暴力・性虐待への取り組みが報告されるようになってきた。たとえば，石川（2008）編著の『性虐待をふせぐ――子どもを守る術』という本では，学校，児童相談所，少年センター，専門病院，民間法人の研究所などさまざまな現場に加えて，児童養護施設からの報告も2編報告されている。こうした実践は貴重なものである。また類書にくらべ，児童養護施設からの報告もされているのが優れた点である。しかし，残念ながら，それは家庭で受けた性虐待を児童養護施設でケアするというものに留まっている。むろん，それも重要なことであるが，実際に児童養護施設での子ども間の性暴力・性虐待が少なくない（多いといってもいいと思う）ことを思えば非常に残念であるし，またこの子ども間の性暴力・性虐待への対応なしには，児童養護施設における家庭での性虐待のケアも危ういものと考えられる。

b. 暴力と性教育

　「性暴力・性虐待と性教育」との関係についても，誤解が多い。殴る蹴るなどの殴打系暴力だけでなく，児童福祉施設では性暴力が多い。その対策として，（その程度はいろいろだが）なんらかの形の性教育を導入している施設が多い。しかし，これは明らかに誤りである。性教育が必要ないというのではない。それどころか性教育は大変重要なものであると思う。しかし，児童福祉施設内での性暴力・性虐待への対応として性教育を行うというのは，大きくピントがずれているということである。

　第3章であげた事例3を思い出していただきたい。小学生の男の子が中学生の子から呼び出されて，「あそこをなめろ」と言われた。「嫌だ」といったら，殴られた。それで，嫌だったけど，嫌で嫌でしようがなかったけど，あそこをなめた。それが，1年間続いたとのことである。これは暴力の問題，強い者から弱い者への暴力という問題であり，したがって性教育だけで解決がつく問題ではない。こうした問題は，しばしば「性的いたずら」や「性的問題」などと呼ばれることがあるが，そうではなく，性暴力であるという認識が必要なのである。

　性的な行動というあらわれをしていても，児童福祉施設で起こっている性暴力・性虐待は，しばしばその背後に殴る・蹴るといった殴打系暴力がある。そうでなくとも，殴打系暴力を背景とした力関係による威圧や暴力による脅しがしばしばある。したがって，この問題は子どもたちに性教育を行いさえすれば解決できるという問題では決してない。

　性教育が必要ないというのではなく，<u>性教育だけで済む問題ではない</u>ということである。発達途上の子どもたちにとって，性教育は大変重要である。しかし，それは先に暴力や性暴力をきちんと抑える対応を行い，それから取り組むべきである。少なくとも児童福祉施設における性教育では，その土台として性暴力・性虐待への対応が必要であると言えよう。

c. ケアーキットプログラムによる性教育

　児童養護施設における性暴力についての先駆的研究としては，海野・杉山（2006），杉山（2007）の報告がある。杉山らは，ある児童養護施設で広範な性暴力・性虐待に介入した経験を報告している。その施設では35名の入所児のうち加害にも被害にも遭っていなかったのは2名のみという事態であったという。

それに対して，杉山らは約半数の子どもたちへの個別の外来診療に加え，数回にわたって施設に出向き，子どもたちに対して，ケアーキットプログラムによる性教育と被害防止の心理教育を行い，指導員へのコンサルテーションを行ったとのことである。そして，「パニックなどの頻発や暴力事件はその後も生じていたが，性的な加害被害はなくなり，子どもたちの安全は向上した」とのことで，「この介入は効果を上げたと思う」と報告されている。

深刻な性暴力という困難な現場に熱心に取り組まれた杉山氏らの関わりには，敬意を表したい。また，私は杉山氏の虐待や発達障害についての研究を高く評価している。しかし，率直に言って，この児童養護施設における性暴力・性虐待の研究については私は大変疑問を感じている。

ここで問題としたいのは，この施設で「暴力事件はその後も生じていたが，性的な加害被害はなくなった」とされていることである。なぜ，私が疑問に思うかは，これまで述べてきたことから明らかであろう。<u>暴力をなくす対応なしに，性教育だけで性暴力がすっかりなくなるとは考えられない</u>。にもかかわらず，ここでも，介入が「性暴力には性教育」という方針がとられているからである。私は広範な性暴力が起こった4ヵ所の施設に継続的に関わったことがあるが，その経験からいっても，「暴力事件はあるが，性暴力はなくなった」という事態は考えられない。暴力がなくならない限り，一時的に性暴力がなくなったかのごとく見えることはあっても，いずれはまた性暴力が起こる可能性は極めて高いと考えざるを得ない。その施設で，ほんとうに性暴力がなくなったのか，杉山氏らにはどうか検証していただきたい。私はその施設がどうなっているか大変心配である。

d. 児童養護施設における性教育の実践

近年，太田ら（2005）を中心とする「"人間と性"教育研究協議会 児童養護施設サークル」による児童養護施設における性教育の取り組みとその成果が報告されている。『子どもたちと育みあうセクシュアリティ――児童養護施設での性と生の支援実践』（クリエイツかもがわ）である。この本は，児童養護施設の性教育という点で，貴重な取り組みであり，学ぶべき点が多い。また，性暴力・性虐待についても，ある程度踏み込んだ記述が見られるという点でも優れたものである。

たとえば，この本の中で，木全は「施設内で子ども同士の性暴力場面を発見

した時」について述べ，さらに対応マニュアルを紹介している。木全は，こうした事件が「どこの施設にも起こりうる」と述べており，児童養護施設で性暴力が少なくないことを示唆しており，さらに明確に「性暴力」として認識しているという点で優れたものである。また，児童福祉施設における性暴力・性虐待を発見した際の具体的対応を述べているという点でも，非常に優れたものであると思う。

　また，同じくこの本の中で高山は，Ｑ＆Ａの「おちんちんって，なめるもの？」の項で，こういう質問をする子に性被害の可能性をあげ，さらに男子間の性暴力が施設に蔓延してきたことを指摘しているという点では優れたものである。

　しかし，そうであるだけに非常に残念なのは，少なくとも児童養護施設における性教育はその土台には暴力へのしっかりした対応が必要であり，性教育よりも性暴力への対応が優先されるべきであるということを明確に主張したものとなっていないことである。また，潜在的性暴力をどうキャッチするかということについても，特には触れられていないのも非常に残念である。

　また，性暴力から日常的に子どもを守る仕組みの必要性もふれられておらず，あくまでも顕在化した事件対応が中心となっている。また，性暴力・性虐待を暴力とその連鎖（特に，施設内での連鎖）という視点がいまひとつ明確ではないように思われる。偶発的なものであれば，この本で述べられていることは有用であろう。しかし，児童養護施設で起こっている性暴力は，その多くが連鎖によるものであると考えられる。そのため，潜在的性暴力・性虐待をどうキャッチするかは，非常に重要な問題である。

　たとえば，木全の論文についてさらに付け加えておくと，事件対応においても子ども間の性暴力とその連鎖（特に，施設内での連鎖）という点で，踏み込みが浅いように思われるというのが，私の率直な感想である。特に，事件が発見されたら，すぐにそれがもっと起こっているのではないか，もっと被害・加害がたくさんあるのではないという可能性を疑うべきである。具体的には，早急に当事者以外の子どもたちへも聞き取りを行うことをお勧めしたい。私の経験では，そうした聞き取りで広範な性暴力が発見されたことが，1回ならずあるからである。また，性暴力は直接発見されることも少なくないが，目撃情報から発見できることも少なくない。だからこそ，広範な聞き取り調査が重要なのである。「対応マニュアル」にもぜひそれを加えていただきたい。

無理からぬことではあるが，性暴力が発見されると，職員の側には，「これ以上，起こっていて欲しくない」という気持ちが働くものである。そのため，当事者にのみ，その事件についてのみ聞き取りを行い，さらなる聞き取りの努力をしないことが危惧されるのである。
　また，高山の論文についてさらに付け加えれば，施設内での性暴力の連鎖について，「施設内で性的虐待を受けてしまう子どももいる。特にこの"性器なめ"は年長児から年少児へと多くの施設で，特に男の子の間で，まるで伝統のように受け継がれてきました」と述べている。しかし，そこには，性暴力・性虐待を暴力とその連鎖（特に，施設内での連鎖）をどう断ち切るかという視点がやはり明確ではない。児童養護施設に性暴力が広範に存在することは，「性器なめ」として記述されているので，現象（事件）自体は認識されているにもかかわらず，このような理解ができていないのは残念なことである。なお，「性器なめ」という表現や「まるで伝統のように受け継がれて」という表現にひっかかりを感じるのは私だけであろうか。これは「性器なめ」ではなく，性暴力・性虐待である。「性暴力・性虐待が施設内で連鎖している可能性がある」という理解に基づき，さらにはその連鎖をいかにして断ち切るかということが優先的に取り組まれるべきである。
　とはいえ，性教育で助かっていることもむろんある。たとえば，性教育をある程度行っている施設では，性暴力について説明する際，子どもたちの理解が非常によいのということもまた強調しておきたい。特に，性教育では「プライベートゾーン」という語を使って実施されているので，この語を使って説明すると，非常に理解が早いのである。

e.「嫌がらなかったから仕方ない」という問題ではない

　性暴力に性教育という誤った対応がなされる背景のひとつには，嫌がるのを無理やりという事態だけではなく，本人同士が嫌がらなかった，あるいはお互いが望んでそうなったと場合も含まれているということもその一因かもしれない。そういう場合は，関係者の中には「この子が嫌がらなかったから仕方ない」とか「ほっといても，いいじゃないか」という感想を持っている人がいないだろうか。念のために言えば，そういう問題では決してない。このことは年長児についても言えることだが，年長児からの被害にあっている幼い子らのことを思えば，「この子が嫌がらなかったから仕方ない」というのは，いかに暴論であ

るかは歴然であろう。また，多くの子が最初は非常に嫌がっていたことも，思い出されるべきであろう。

　しかし，さらにもっとも重要な視点は，この子たちはそもそも自分をそして自分の身体を大事にすることを教わってきていないということである。そして，それを教えることは，私たち大人の責任というものであろう。こうした視点に立てば，嫌がっていない場合でも性暴力・性虐待事件であり，加害者は私たち大人であるともいえよう。その責任に思いをはせることなしに，「仕方ない」というのは通らない。専門家であれば，なおさらそういう責任を自覚してしかるべきであろう。そもそも，自分の身体を大事にすることを抜きにして，「自己肯定感を育む」などというのは，絵空事である。

f．優先順位を間違えないこと

　CAPにせよ，性教育にせよ，子どもの権利ノートにせよ，それ以前にまずは「子どもたちを（そして職員を）暴力から日常的に守るシステム」こそが必要なのである。この優先順位を間違えてはいけないのである。

g．CAPと性教育の共通点：一般社会で一定の成果をあげてきた

　CAPも性教育もセカンドステップも，もともと児童福祉施設向けに考案されたものではない。一般社会で一定の成果をあげてきたものである。それが，児童福祉施設にも入ってきたのである。むろん，児童福祉施設向けのプログラムを作るという努力もなされている。しかし，児童福祉施設に持ち込むにあたっては，そこでほんとうに使えるかどうかを吟味しなければならない。そして，もっとも重要な点は児童福祉施設には2レベル三種の暴力とその連鎖があり，成長の基盤としての安心・安全が実現されていない，日常的に子どもを守る仕組みがないという点が考慮に入れられていないというのが問題なのである。

h．手段がしばしば目的化する

　社会である程度成功した活動は，組織が大きくなり，発展のある時期になると，しばしばそれを広めること自体が目的になってしまうことがある。そうなってくると，もともと子どもたちのためにという初期の思いがあっても，自分たちの活動を拡げることが，子どもたちのためであるということになってしまう可能性がある。そうなってくると，ほんとうに子どもたちのためになっている

かという吟味が，しばしば甘くなってしまうのである。手段がしばしば目的化するのである。CAPや性教育やセカンドステップに限ったことではないが，CAPも性教育もセカンドステップ，ストレスマネージメントなど児童福祉施設に関わるあらゆる活動が，そうなってしまわないように私は願っている。

　このことは，後に述べる私たちの児童福祉施設版安全委員会方式でも，今後気をつけなければならないことだと考えている。安全委員会方式というのは，子どもたちの安心・安全を実現していくために考えた方法なのであり，あくまでもそれを実現するための手段である。このことを忘れないようにしたい。

i．「それしか見ようとしない姿勢」：自分が見たいものしか見えない

　以上見てきたように専門家によるアプローチはさまざまになされてきたものの，「（2レベル三種の）暴力問題の解決」または「安心・安全の実現」という点では，大きく的を外してきたものと考えられる。

　人はしばしば「自分が見たいものしか見えない」ということがあるのだと思われる。自戒もこめて言えば，専門家であればなおさらそういう危険性があるように思われる。たとえば，「トラウマ（心的外傷）」や「アタッチメント（愛着）」に関心を持って施設に入っていく人は，しばしばトラウマ（心的外傷）やアタッチメント（愛着）しか目に入らないし，なんでもトラウマ（心的外傷）やアタッチメント（愛着）という視点から理解してしまいがちになってしまう。また，「子どもの権利擁護・権利侵害」を見たい人は子どもの権利侵害しか目に入らないし，子どもの権利侵害という視点からのみ理解してしまいがちになる。

　念のために言えば，「トラウマ（心的外傷）」も「アタッチメント（愛着）」も「子どもの権利擁護」も重要な概念であると，私は考えている。ただ，すべてその視点からしか現実を見ないことの問題性を指摘しているのである。「**それしか見ようとしない姿勢**」（田嶌，2008a, b, 2009）が施設の子どもたちの現実の苦難を見るのを妨げてきたという側面があるのではないかと私は考えている。それしか見ようとしない姿勢が思いがけない道を開くことがあることも，私は理解しているつもりである。しかし，この施設の暴力問題または安心・安全という問題は，そういって済ませてしまうにはあまりにも子どもたちに深刻な犠牲を強いるものである（田嶌，2008a, 2009）。

　代わって必要なのは「**切実なニーズを汲み取る姿勢**」，現場のニーズを，子どもたちのニーズを「汲み取る，引き出す，応える」（田嶌，2002）という姿勢である。

j．応援していただきたい

 とはいえ，ここで述べてきたさまざまなアプローチは，安心・安全という条件さえ整えば，いずれも有用なものであると考えられる。児童福祉施設でCAPや非暴力的危機介入法（NCI），性教育，セカンドステップ，コモンセンス・ペアレンティング，ストレスマネージメント，さらには子どもたちのためにさまざまな活動に取り組んでいる方々に，お願いしたい。子どもたちを日常的に守る仕組みができ，成長の基盤としての安心・安全が実現しさえすれば，それらの活動は，有効なものとなるはずである。したがって，児童福祉施設に関わり続けていかれるつもりなら，安心・安全の実現を応援していただきたい。必ずしも，私たちの活動ではなくともかまわない。施設をあげて暴力問題の解決に取り組むことが大事であることを施設側に訴えて，さらにはそういう取り組みを応援していただきたいのである。

 ひとつの方式が何もかもできなければいけないことはないし，そもそもいかなる事態にでも対応できる方式があるはずがない。児童福祉施設という困難な現場では，そうした現実から考えて，お互いに知恵を分かち合い，助けあっていくことこそが必要である。

k．「個と集団」という視点

 「被虐待モデルによる対応」も「心理教育的アプローチ」も，集団で研修会を行うことがあるにしても，個々のケアや個々のスキルを伸ばすという意味で基本的には個別対応中心であると言えよう。しかし，子どもは集団の中で生活しているのであり，集団における関係性を生きているのである。個々の子どもへの関わりも，それが集団で子どもたちが生活している場で起こっている暴力であることを考慮することが重要である。問題行動への対応にはとりわけそれが重要である。特定の子どもへの指導は，しばしばそこで暮らす子たち全体へのメッセージを伝えるものとなる。したがって，指導するだけでなく，（他児に対して）「指導してみせる」ことになっていることを職員は意識することが必要である。したがって，**「個と集団」という視点**からの関わりが必要なのである。

 前章で，暴力の質的側面から，「連鎖系暴力と非連鎖系暴力（単発系暴力）」，「習慣化している暴力（習慣化暴力）と単発系暴力（非連鎖系暴力）」に区別した。児童福祉施設で対応が迫られる暴力の多くは，集団における連鎖系暴力と習慣化暴力であるという視点が重要である。なお，「個と集団」という視点につ

いては，第6章も参照していただきたい。

「被虐待モデルによる対応」も「心理教育的アプローチ」でも，以上のような視点が弱いように思われる。

1. 日常的に子どもを守る仕組みが必要

またこれらの方法は，安心・安全という土台のうえに初めて有効となるものである。したがって，施設の暴力問題の解決には，施設をあげた安心・安全の実現のための仕組みづくりが必要である。それなしには，こうした方法のみを実施することは，十分な効果が望めないだけでなく，時に有害なことさえありうると考えられる。

セカンドステップもCAPプログラムもコモンセンス・ペアレンティングもストレスマネージメントプログラムも，児童福祉施設ではなく，一般社会でなら十分に有効な方式であると思う。一般社会では，私たち大人も子どもも安心・安全がいちおう守られていると言えるからである。

第3章，第4章で述べた，児童福祉施設の現状を思い起こしていただきたい。いずれの暴力でも死者がでており（第3章 p.89），施設入所時に受けた暴力で裁判（第3章 p.95）も起こっているのである。また，兵庫県児童養護連絡協議会や東京都社会福祉協議会の調査，さらにはNPO法人「こどもサポートネットあいち」の調査結果（第4章 p.143-144）でわかるように多くの施設で子どもたちは暴力事件の中で生活しているのである。アタッチメント（愛着）やトラウマという視点からの関わりやセカンドステップもCAPプログラムもコモンセンス・ペアレンティングもストレスマネージメントプログラムも，いずれの取り組みも，児童福祉施設のこうしたリアルな実状を踏まえたものであるとは考えられない。子どもたちの**もっとも切実なニーズ**を踏まえたものになってないと私は思う。これまで述べてきたどのアプローチも，現在進行している施設内での暴力の連鎖をあまりにも軽視または過少評価していると言わざるをえない。

第4章で述べたように，都道府県単位で言えば，どの地域でも同様のことが起こっている。その意味では，この問題は全国的な問題である。これはいわば構造的な問題である。構造的問題であるにもかかわらず，これまでもっぱら職員個人の力量（処遇力・養育力）をつけるという方向でのみ対策を行ってきていることに無理があるのである。それが無意味というのではない。構造的問題には，少なくとも，土台として施設をあげた取り組みが必要である。さらにい

えば，施設間で共有できる取り組みの知恵が必要である。

　再度強調しておきたい。ここで紹介したどの方式も，私は否定するものではない。それ以前に，安心・安全の実現のための仕組みが必要であると主張しているに過ぎない。「子どもたちを（そして職員を）暴力から日常的に守るシステム」さえできれば，子どもの権利ノートも被虐待モデルによるケアもCAPも性教育も，そしてセカンドステップもコモンセンス・ペアレンティングもストレスマネージメントも有効なものとなると考えられる。つまり，「安心・安全を基盤にした被虐待モデルによるケア」，「安心・安全を基盤にしたCAP」，「安心・安全を基盤にした性教育」，「安心・安全を基盤にしたセカンドステップ」，「安心・安全を基盤にしたストレスマネージメントプログラム」が必要なのである。

　そこで必要なのは，子どもを暴力被害から守りぬくのに有効な具体的指針とそれに基づく施設をあげた取り組みである。にもかかわらず，暴力への対応の具体的指針の必要性すら述べられていないのが現状である。

4.「施設内暴力・施設内虐待」

　私がこの暴力問題に気づき，取り組みを始め，さらに論文（田嶌，2005, a, b, c 他）を書いた2005年当時は，施設内虐待・暴力を正面から取り上げた論文・著作そのものが非常に少なかった。その数少ない論文・著作も，もっぱら「職員から子どもへの虐待」「職員から入所者への虐待」を取り上げて論じたもの（市川，2000, 2002；平湯，2004）であった。津崎（2000）のように種々の暴力を取り上げて論じている論文や高橋ら（2004）のように，子ども間の人権侵害という形で，子ども間暴力を調査したものもあったが，大勢としては，「施設虐待・暴力」と言えば，「職員（含，施設長）から子どもへの虐待・暴力」というのがおおかたの理解であった。

　最近では，施設における個々の暴力への対応についてだけではなく，ようやく「職員から子どもへの虐待・暴力」だけではなく，子ども間暴力や子どもから職員への暴力についても論じた論文が出るようになってきた。したがって，「施設虐待・暴力」と言えば，「職員から子どもへの虐待・暴力」に限定して受け取られることもなくなりつつある。そのような動向に至る流れと私たちの活動や私の論文（田嶌，2005, a, b, c 他）との関連については，すでに第4章（p.176）で述べたので，それをお読みいただくこととして，ここでは，私の論文（田嶌，2005, a, b, c 他）以外のものを簡単に紹介しておきたい。

児童養護施設での施設内暴力・虐待への取り組みの経験を述べて論じたものとしては，北川・田口・塩田（2008），黒田（2006, 2009b），関（2009），海野・杉山（2006），星野（2009）がある。また，児童自立支援施設での取り組みとしては，岩田（2002），情緒障害児短期治療施設における取り組みとしては，堀（2007），滝川ら（2007）がある。いずれも，暴力が吹き荒れ，問題行動が噴出した施設での実践から述べたものである。

　さらには，施設内暴力・施設内虐待の解決について論じたものとしては，延原（1993），平湯（2004），津崎（2000, 2009a, b），前橋（2008），桑原（2008），草間（2008），平湯（2008），野津（2009），北川（2009），西澤（2009），林（2009），海野・杉山（2006），杉山・海野（2009）などがある。

　ここではその内容のほんの一部のみを紹介するので，詳しくは個々の論文を参照していただきたい。なお，本書の脱稿後に出たため，ここではその内容を紹介できないが，雑誌『子どもと福祉』（明石書店）の最新号（20011年 Vol.4）で，「施設内暴力問題——現場からの報告と児童相談所との連携をめぐって」という特集が組まれているし，また雑誌『社会的養護とファミリーホーム』（福村出版）の最新号（2011年 Vol.2）では，「子どもの安全と安心をどう保障するのか——第三の道・ファミリーホームの挑戦」（2011年 Vol.2）という特集が組まれている。

　北川・田口・塩田（2008）は，K園という児童養護施設の再生に向けた取り組みを報告している。その取り組み内容は，第一に，県と児童相談所の指導に基づいて，①施設長の交代，②スーパーバイザーの登用，を行ったことである。そして，さらに第二に施設独自の対応として，①事例検討会の定例化，②「児童養護施設生活等評価委員会」の発足，③「豊かな実務経験を持つソーシャルワーカーを臨時雇用（3ヵ月）」，というものである。また，その取り組みについて施設長を含む6名の職員への聞き取りの結果をさらに行い，それを報告している。

　黒田（2006, 2009b）は，施設内虐待の通告がなされ，改善勧告が出された施設には共通した傾向があり，それは管理主義的，権威主義的な施設運営，施設の私物化であると述べ，自由で創造的な雰囲気の児童養護施設をつくるには，目的意識的な工夫が必要であるとして，施設運営の改善の方向や職員の集団づくりについて述べている。

　星野（2009）は，施設内虐待発覚後の混乱の収拾を「再建」，その後の適切

な養育環境の形成を「予防」とし，自らの経験から施設内虐待発覚後の再建と予防の試みを述べている。そこでは，施設運営上の問題から強制介入に至るケースについても言及している。

　関（2009）は，職員からの暴力について取り組んだ経験を述べている。暴力を振った職員に誓約書を書かせるといった対応も述べられている。そのことからもわかるように，これはもっぱら職員からの暴力への取り組みを述べたものである。

　以上の論文には，行政からの改善勧告や強制介入に至るケースも含まれており，それは私には経験のないものである。ただ，そのためか，どちらかといえばいずれも私のいう「暴力的管理型（または強圧的管理型）」の施設（第4章参照）を念頭に置いた記述であるように思われる。

　海野・杉山（2006）は，性暴力があり，35名中被害も加害も受けていなかったのは2名のみという施設に介入し，子どもたちに対して，ケアーキットプログラムによる性教育と被害防止の心理教育を行い，指導員へのコンサルテーションを行った実践を報告している。この取り組みに対する私の考えはすでには，p.223-224で述べた。

　また，児童自立支援施設での取り組みとしては，岩田（2002），情緒障害児短期治療施設における取り組みとしては，堀（2007）がある。岩田（2002）は児童自立支援施設，堀（2007）は情緒障害児短期治療施設という違いはあるが，暴力が吹き荒れ，問題行動が噴出した施設を立て直した実践を述べたものであり，両者の取り組みには私も共感できるところが多い。私たちの取り組みと共通していると思われる点のひとつは，岩田（2002）では，「一定の行為は一定の結果を伴うことを体罰ではなく社会的枠組みとして体験させる」，堀（2007）では「生活の構造化」という視点からの指導といった具合に，「基本ルールをわかりやすく提示して守らせる」（田嶌，2005b）ことが取り組みの基礎にあるということであると思われる。

　さらには，滝川ら（2007）は，複数の情緒障害児短期治療施設の実際の事例分析から，施設ケアのさまざまな局面，すなわち施設ケアの入り口，治療構造，生活構造，ケアの中でのアセスメント，危機介入，家族との関わり，施設ケアの出口といった事柄について暴力への対応を論じている。また，この研究に先だって，滝川ら（2005）では，全国の情緒障害児短期治療施設における子どものさまざまな問題行動の時系列的変化を分析しており，それによれば暴力性・

攻撃性は改善しているものの，他の問題因子にくらべ改善に2～3年という長期間を要し，また中断事例（中断率8％）の中断理由には「児童の逸脱行動」が一番多いと報告している。

その一方で，情緒障害児短期治療施設におけるケアのあり方についてのごく最近の高田らの研究（高田ら，2011）では，滝川ら（2005）とは異なる結果が出ている。すなわち，全国の情緒障害児短期治療施設に入所した子どもたちについて調査し，攻撃的な問題は他の問題行動と同等に変化しているという結果が出ているのである。同じく全国の情緒障害児短期治療施設における調査でありながら，このように結果が異なっているのは，いかなる要因によるものかを検討することが今後の示唆を得るためには重要であると考えられる。今のところ，調査時期が異なっていることから，その結果として①調査時期が異なることから生じた入所児童の抱える問題の質の違い，②調査時期が異なることから生じた施設側の問題行動への対応の違い，あるいは③調査方法の違い，の3つの要因が考えられよう。

次に，一般論として施設内暴力・施設内虐待の解決について論じたものを以下に紹介しておこう。

延原（1993）が早くも1993年に児童養護施設における虐待について論じ，しかも子ども間暴力にも言及していることは注目に値する。そこでは，子ども間の暴力にも触れているものの，それはもっぱら施設職員の子どもへの暴力が背景にあるとの見解が述べられている。なお，延原論文のこのような見解については，さらに第11章で論じるので，参照していただきたい。

また，津崎（2000，2009a）は，イギリスの取り組みを参考にしつつ，2000年という早い時期に子ども間暴力も含めて施設内虐待として論じていることは注目に値する。そして，施設内虐待への対策として，①入所児（と職員）の無力さへの対策，②独立した実務モニター機構および内部告発職員擁護制度の確立，③要ケア児観の修正と政治的圧力確保，④ケアイズムと福祉従事者性善説の解消，の四点をあげて論じている。さらに津崎（2009b）は，わが国の社会的養護政策という視点から施設内虐待について論じている。

そして，草間（2008）は，施設内虐待の発生要因として，①職員の権利意識の低さ，②援助技術の未成熟，③（大舎制が7割を占めるという）施設形態，④職員配置数，の四つをあげ，さらに解決策として，(1)研修体制の確立（上記①，②に対して），(2)施設形態の変革，(3)職員配置増をはかる，をあげて

いる。

　野津（2009）は，インターネット等で確認された全国の児童福祉施設における施設内虐待を発生状況を調査し，2007年4月現在の児童養護施設総数558施設中の14.0％，児童自立支援施設58施設中の10.3％で何らかの人権侵害が発生しているとしている。さらにその対策として，①施設職員の質と量の確保，②施設運営体制の改革，③職員のチームワークをどのように組むか，④施設規模の問題，を論じている。

　北川（2009）は，ソーシャルワークの立場から，児童養護施設についてケアワーク組織ではなく，ソーシャルワーク組織とする視点から施設内暴力について論じている。

　西澤（2009）は，施設内虐待の類型に関する試論として，①経済的搾取，②人権感覚の麻痺と支配的管理，③歪んだ養育観，④問題行動の抑圧の手段としての暴力，⑤施設内ネグレクト，⑥施設内性虐待，をあげている。これはどうやら，虐待の内容による分類と原因論による分類とが混在した分類のようである。

　林（2009）は，自らが関与した施設の権利侵害からの回復過程の検証を目的に行われた施設長等への聴き取り調査をもとに，施設内虐待の予防のあり方を論じている。「職員・子ども管理型アプローチ」から「職員・子ども権利基盤型アプローチ」をめざすべきと述べている。

　また，杉山・海野（2009）は，あいち小児センター受診の資料から，在宅児童と社会的養護に暮らす児童との比較を行い，性的虐待の割合が，在宅児童では12％であるのに対して，社会的養護児童では39％と圧倒的に多いこと，発達障害については広汎性発達障害は在宅児に多く，ADHDは施設児に多いことなどを指摘している。また，「施設内性的虐待の蔓延は，児童養護施設が抱える構造的な人手不足を背景としている。それでもなお，子どもたちのためにわれわれができることは数多くある」として，「施設文化への介入」が必要であると論じている。そして，施設文化にどのように介入していくかといえば，性教育が非常に重要な意味を持つと述べられている。施設文化への介入が必要であるという杉山の見解には賛成であるが，その手段としてもっぱら性教育を推奨していることについては，私は疑問である。それについてはp.223-224ですでに述べたので，参照していただきたい。

　さらに，公的組織によるものとしては全国社会福祉協議会による『子どもの

育みの本質と実践——社会的養護を必要とする児童の発達・養育過程におけるケアと自立支援の拡充のための調査研究事業』という報告書がある（全国社会福祉協議会，2009）。その中には，「児童養護施設における権利侵害の検証調査」として，過去に権利侵害で問題となった3つの児童養護施設について，その取り組みが調査され報告されている。従来の職員から子どもへの暴力・虐待だけでなく，子どもの間暴力による傷害致死事件が起こった施設も対象となっている。また，特定の施設ではなく，全国社会福祉協議会という公的組織が，この報告者について言えば，実質的には全国児童養護施設協議会（全養協）が行っているものであるという点で大変意義がある。

　ここで，海外のある程度まとまった著作があるので，それについても触れておきたい。それは，Barter, C., Renold, E., Bertridge, D., Cawson, P., (2004) Peer Violence In Children's Residential Care. Palgrave Macmillian: London. （岩崎浩三訳［2009］児童の施設養護における仲間による暴力　筒井書房）という著作である。

　これは子ども間暴力を対象として，主に制度や委員会等による暴力への対応について詳しく述べた著作である。わが国のこの領域では仕組みを創るという発想が弱いように思われるので，施設全体の仕組みを考えるうえで大変参考になるものと考えられる。それだけに，制度等で抑えることに力点があるので，それは確かに優先的に必要な対応ではあるものの，それだけでは不十分であり，続いて臨床心理学や発達心理学等の視点を参考にして個別対応をいかに行うかということが検討されるべきである。個別の暴力防止プログラム等と併用することもひとつの方法であろう。また，私の言う2レベル三種の暴力のうち，子ども間の暴力しか扱っていないのも気になるところである。

　以上のことから，わが国の全体的な動向としては，「施設内虐待」「施設内暴力」として当初はもっぱら職員から子どもへの虐待・暴力が論じられていたが，次第に子ども間暴力などそれ以外の暴力についても論じられるようになってきているといえよう。

　まず指摘しておきたいのは，共有可能な知恵には二つの異なる水準を区別しておくことが必要であるということである。つまり，施設内暴力・施設内虐待に対して施設現場でどうしたらいいのか，何ができるか，どういう展望のもとに何からはじめたらよいかという水準の議論とその根本的解決のためには児童福祉領域に将来的に何が必要か，どういう変革や施策が必要かという議論は相

当に議論の水準が異なるということを認識しておくということである。むろん，両者にまたがる問題はあるにせよである。

　いわば，火事にたとえれば，今燃えている火を消すにはどうしたらいいのかという問題と今後火事が起こらないようにするにはどうしたらいいのかという問題とは議論の水準が異なる。前者は「火消し的対応」，後者は「予防的対応」であると言えよう。火が燃え盛っている最中には，とりあえず火を消すことが最優先である。しかし，この両方の視点からこの問題を考えていくことが重要である。とはいえ，ひとりの人間がなにもかもやれるわけではない。それぞれが役割を果たしつつ，見解を開示して議論していくことで，共有可能な知恵の蓄積を目指していくことが必要である。

5. 今後に向けて
a. 共有可能な知恵の蓄積
　細かいことを言えば，先に紹介した諸論文の論には，私が賛同できる点もあれば，賛同できない点もある。しかし，それよりも重要なことは，「施設内暴力・施設内虐待」を正面から論じようとする論文がこれだけ出始めたということである。子どもたちのために，私はこのことを喜びたいと思う。ただ，今後の課題としては，それぞれの取り組みを共有可能な形にしていくことである。複数の施設で活用できる共有可能な知恵を蓄積していくことである。

　そのために，指摘しておきたいのは，ここであげた論文では，個々にはよく健闘していながらも，相互に引用することが非常に少ないということである（この点については，第11章も参照していただきたい）。学問的にも問題だが，この問題が全国的問題であり，そのため，複数の施設で活用できる共有可能な知恵を創っていくという視点からみれば，これは大きな問題である。**共有可能な知恵を積み上げて行くためにも，なるべく引用を心がけたいものである。**

b. 取り組みに必要な条件
　先にあげた現場での取り組みに言及した論文（北川・田口・塩田，2008；黒田，2006，2009b；関，2009；海野・杉山，2006；星野，2009；岩田，2002；堀，2007；滝川ら，2007）はそれぞれ特徴ある，いずれも貴重な実践であり，非常に困難な課題に取り組んでこられたことに敬意を表したい。それらは，暴力問題で悩む施設関係者が今後参考にされるものと考えられる。しかし，それ

らがいろいろな児童福祉施設で活用しうる共有可能な知恵にしていくためには，さらに検討が必要である。

前章で見てきたように，暴力が吹き荒れる施設現場の状況には多様なタイプがあり，しかもそれは容易に変化していく。そのため，そうした多様な状況に対応できるようにしていくことが必要だからである。

ここで重要なことは，現場での施設内暴力・施設内虐待の取り組みにはどういう条件が必要かということである。それについて，私の見解を述べることとしたい。

まず強調しておきたいことは，施設内暴力・施設内虐待については施設をあげた取り組みが必要であるということである。また，次章で詳しく述べるが，さらに他にも，職員による体罰を禁止すること，2レベル三種の暴力のいずれも取り組みの対象とすること，潜在的暴力もキャッチできる仕組みを持っていること，被害児を守り抜くこと，暴力に代わる行動の学習を援助すること，さらには外部からモニターできる活動であること等が必要な条件であると私は考えている。先にあげた現場での取り組みに言及した論文は，いずれもここで述べた条件をすべて満たしている取り組みはないように思われる。

c．2レベル三種の暴力への包括的対応：見落とされやすい潜在的暴力

ここで述べた条件のうち，特に強調しておきたいのは，第一に暴力問題の解決には，2レベル三種の暴力を包括的に取り扱うことが必要であること，そして第二に，その際見落とされやすいのは特に子ども間での潜在的暴力（含.性暴力）への対応であるということである。このことを強調しておきたくなるのは，子ども間での潜在的暴力をキャッチすることが施設では大変困難であり，しかもこれまでこの2点が関係者や専門家によって，見落とされてきたか過小評価されてきたのではないかという印象があるからである。また，実際，先にあげ現場での取り組みに言及した論文のいずれも2レベル三種の暴力を包括的に扱う仕組みに言及されていないし，またいずれの論文もこの子ども間の潜在的暴力をどのようにキャッチするかということが述べられてもいない。性暴力が吹き荒れた施設に介入した海野・杉山（2006）の実践も，あくまでも事件が発覚してから入ったものである。

しかし，施設内暴力・虐待への取り組みでは，潜在的暴力をキャッチする仕組みを持っておくことが大変重要であると私は考えている。私たちの活動で，

15名以上の規模の性暴力の被害・加害の連鎖を3ヵ所の施設で実際に発見している。単発の事件ではない。同じ子が年長の子からの被害児でもあり，また年少の子への加害児でもあるといった状況で，被害・加害がからみあっていたのである。いずれの施設でも，職員の誰しもが予測さえしていなかった潜在的暴力の発見であったし，また3ヵ所のうち2ヵ所は，長年にわたるものであった。過去の事件を含めれば，どれだけの加害・被害があったかわからない。このことからもわかるように，私は潜在的暴力をどのようにしてキャッチするかが大変重要であると考えている。そのために私たちがどのように考え，どう取り組んでいるかということについては，第6章，第7章でさらに述べるので，参照していただきたい。

　いまひとつ強調しておきたいのは，<u>第三に，どのような良い（と思われる）活動であれ，行きすぎを防ぐためのモニターが必要である</u>。先にあげた現場での取り組みに言及した論文で気になるのは，いずれの論文でも職員から子どもへの暴力をどう扱うのかが述べられていないことである。どのような活動も内部だけでやっているのでは危うい。複数の外部の目が入ることが必要である。

d．研修と被害児の心のケア
1）　研修が必要と言うものの

　児童福祉施設で子どもの間で殴る蹴るといった暴力事件や性暴力事件が起ると，当然ながら管轄課や児童相談所からその施設への指導が入る。その結果，いろいろな研修の取り組みがなされる。それらのうち私の経験から特に気になる点を指摘しておきたい。まず，しばしばなされるのが，専門家などを呼んでの職員（含．施設長）研修である。多くは，講義やロールプレイ，集団討議などが中心のようである。

　ここでの問題は，ではどのような研修内容が有効かということである。本章で述べてきたさまざまな方法の研修が，これまでかなり行われてきたものと考えられる。それらは先述のように，一般社会では有用であるが，施設内での暴力問題への対応としては適切ではないと私は考えている。それと関連して，さらに気になるのは，どう対応すればよいのかということが，多くの専門家や先進的取り組みを行っている施設関係者にはすでに明らかなものであるかのような前提で行われているように私には感じられるということである。

　しかし，実際にはそうではない。

本章で論じてきたように，そもそもどう取り組んだらよいのかということ自体が，いろいろな主張と実践があるものの，まだよくわかっていないのである。本書の主たる目的は，それを明らかにすることである。そういう段階なのである。
　そのことを管轄課や児童相談所は十分に認識していていただきたい。各地で取り組まれてきた研修は，そうした認識がないまま行われてきた可能性が高いのである。
　では，そういう場合にどのような形式の研修が適切なのかと言えば，講義やロールプレイや集団討議なども必要ではあるが，もっと必要なのは講師にあたる人が施設現場に入って一緒に取り組むことで研修を行うことであると私は考えている。専門家が現場で「やってみせる」「一緒に取り組む」ことこそが必要なのである。

2）　心のケアが必要というものの
　いまひとつ，さらに重要な点を述べておきたい。ある施設で暴力事件が起ると，すぐにされるのが児童相談所による被害児への心のケアである。このこと自体は当然のことであると言えよう。
　たいていは児童心理司による個人面接が行われる。児童相談所に通所してもらい，箱庭療法やプレイセラピーなどが行われることもある。被害児の心の傷（トラウマ）と不安・恐怖に配慮してのことである。
　しかし，ここで問題なのは，しばしばあたかもすでに暴力は終ってしまった後であるかのごとき対応になっていることである。多くの場合，児童心理司が取り組むのは，あくまでもその子の内面の不安・恐怖ということになってしまっているのである。
　しかし，ここで重要なことは，被害児の不安・恐怖は現実の不安・恐怖であるということである。この子はまた被害にあう可能性が高い状況で暮らしているのであり，この子の不安・恐怖は現実的根拠のある不安・恐怖である。いわゆる恐怖症のように，現実は安全な状況であるにもかかわらず，不安である，怖いといったものとは事情が著しく異なっているのである。施設全体が安心・安全な場になること，そして，それを本人が実感できることこそが，真に内面の不安・恐怖をやわらげるのである。
　たとえば，性暴力がしばしば起っていたある施設では，児童相談所で被害を受けた子が箱庭療法を受けていた。その子の箱庭が安心・安全を感じさせるも

のに鮮やかに変化したのは，私たちの活動が軌道に乗った後のことである。

　また，被害児の不安・恐怖は現実が本人にとって安全なものなった時初めて扱えるのであるにもかかわらず，この子はいじめられやすいからとか被害に会いやすいからということで，現実への対応はなされないまま箱庭療法やプレイセラピーが行われていることがあるのは，大変困ったことである。それは，専門家の関わりとして役に立たないどころか，被害児を追いつめるものになることさえ危惧される状況である。

　したがって，「現実に介入しつつ心に関わる」（田嶌，2001，2008b，2009）という視点から施設をあげた現実への取り組みを行うことこそが必要なのである。

　なお，私はイメージ療法の専門家でもある。したがって，一般の心理療法での箱庭療法やプレイセラピーの有効性は私も十分に認めるところである。しかし，施設での暴力に際して施設をあげた現実への取り組みなしに箱庭療法やプレイセラピーのみで効果があがるとは考えにくい。もし，変化があった場合は，セラピー以外のなんらかの要因で現実の変化が起っている可能性がある。それも「個と集団」という視点（p.229）から考えてみる必要がある。たとえば，職員のその子への関わりが変わったなど，その子の現実がよい方向に変化した可能性もあるが，もっとも怖いのは，その子に代わって別の子が被害を受けるようになっている可能性である。関係者には，ぜひともこのような視点を持っていただきたい。

　次章では，現場での施設内暴力・施設内虐待の取り組みに必要な条件と，その背景となる視点について，さらに論じることにしたい。

　　注）学校教育法（昭和22年法律第26号）の第11条において，校長および教員は，懲戒として体罰を加えることはできないとされている。

[文　献]

Barter, C., Renold, E., Bertridge, D., Cawson, P. (2004) Peer Violence In Children's Residential Care. Palgrave Macmillian, London. (岩崎浩三訳 [2009] 児童の施設養護における仲間による暴力　筒井書房.)
CAPセンター・JAPAN (2004) CAPへの招待——すべての子どもに「安心・自信・自由」の権利を　解放出版社.
CAPセンター・JAPAN (2005) CAP児童養護施設プログラム——子どもたちの気持ちに寄り添って.
藤本政則 (2007) 子どもの権利と施設ケアのあり方について——子育て支援基準を中心とする兵庫県の取り組み　第61回全国児童養護施設長研究協議会報告書, pp.86-90.
藤岡孝志 (2008) 愛着臨床と子ども虐待　ミネルヴァ書房.
Gil, E. (1991) The Heealing Power of Play, Guilford Press, New York. (西澤哲訳 [1997] 虐待を受けた子どものプレイセラピー　誠信書房.)
長谷川眞人編著 (2005) 全国の児童相談所＋児童養護施設で利用されている子どもの権利ノート——子どもの権利擁護の現状と課題　三学出版.
林浩康 (2009) 児童養護施設職員による子どもへの虐待予防とその課題　子どもの虐待とネグレクト, 11 (2); 194-202.
ヘネシー澄子 (2004) 子を愛せない母　母を拒否する子　学習研究社.
Herman, J.L. (1992) Trauma and Recovery. (中井久夫訳 [1996] 心的外傷と回復　みすず書房.)
平湯真人 (2004) 施設内虐待をめぐって　子どもの虐待とネグレクト, 6 (3); 297-301.
平湯真人 (2008) 施設内児童虐待をどのように防止するか　月刊少年育成2008年12月号　通巻633号, pp.28-33.
広島修道院百年史編集委員会 (1988) 広島修道院百年史　広島修道院.
広島修道院 (2002) 百年に引き継ぐ——十年の歩み　広島修道院.
堀健一 (2007) あゆみの丘「生活の構造化」心理治療と治療教育——全国情緒障害児短期治療施設研究紀要, 18; 150-162.
星野崇啓 (2009) 施設内虐待後の再建と予防　子どもの虐待とネグレクト (特集 社会的養護における不適切な養育), 11 (2); 182-193.
市川和彦 (2000) 施設内虐待　誠信書房.
市川和彦 (2002) 続施設内虐待　誠信書房.
石川瞭子編著 (2008) 性虐待をふせぐ——子どもを守る術　誠信書房.
岩田雅之 (2002) 子どもを一人の尊厳ある存在として受け止めること——児童自立支援施設の現場から　鯨岡峻編著〈共に生きる場〉の発達臨床, 221-240　ミネルヴァ書房.
数井みゆき・遠藤利彦 (2005) アタッチメント——生涯にわたる絆　ミネルヴァ書房.
数井みゆき (2007) 子ども虐待とアタッチメント　数井みゆき・遠藤利彦編著：アタッチメントと臨床領域　ミネルヴァ書房.
金子龍太郎 (2004) 傷ついた生命を育む——虐待の連鎖を防ぐ新たな社会的養護　誠信書房.

河村真理子 (2001) 攻撃性をコントロールする力をどうつけるか　児童心理, 55 (17).
木村恵理 (2009) 日本における児童養護施設の心理療法担当職員の役割——現状と課題に関する文献的検討　PROCEEDINGS 08 Grant-In-Aid Research Awards（公募研究成果論文集　お茶の水女子大学　2008）pp.163-172.
北川清一・田口美和・塩田規子 (2008) 児童養護施設実践の崩壊と再生の過程に関する事例研究——K園の取り組みを手がかりに　ソーシャルワーク研究, 34 (3)；56-66.
小林美智子 (2005) 日本はどこまできて，これからどこへ向かうのか？（国際シンポジウム「子ども虐待防止活動の総括と展望——日英の比較を通して」）日本子ども虐待防止学会第11回学術集会・北海道大会プログラム・抄録集, pp.37-38.
子どもと福祉　第4号 (20011)　特集　施設内暴力問題——現場からの報告と児童相談所との連携をめぐって．
黒田邦夫 (2006) 改善向上をシステム化する施設運営を　日本の児童福祉, 21；179-189.
黒田邦夫 (2009a) 児童の暴力問題に関する調査について　児童福祉研究, 24；30-42.
黒田邦夫 (2009b) 施設内虐待の構造的問題とその克服に向けて（特集　施設内虐待）子どもと福祉, 2；44.
草間吉夫 (2008) 施設内虐待の発生抑制を考える　月刊少年育成2008年12月号　通巻633号, pp.20-26.
桑原教修 (2008) 施設内児童虐待（施設内権利侵害）に思う　月刊少年育成2008年12月号　通巻633号, pp.14-19.
Levy, T.M. & Orlans, M. (1998) Attachment, Trauma, and Healing-Understanding and Treating Attachment Disorder in Children and Families. Child Welfare League of America, Inc.；Washington.（藤岡孝志・ATH研究会 [2005] 愛着障害と修復的愛着療法　ミネルヴァ書房．）
前橋信和 (2008) 施設内児童虐待の今　月刊少年育成2008年12月号　通巻633号, pp.8-13.
森田展彰 (2007) 第7章　児童福祉ケアの子どもが持つアタッチメントの問題に対する援助　pp.186-205　数井みゆき・遠藤利彦編著：アタッチメントと臨床領域　ミネルヴァ書房．
延原正海 (1993) 施設養護における虐待の問題　世界の児童と母性（特集　現代の児童虐待）, 34；48-52.
野津牧 (2009) 児童福祉施設で生活する子どもたちの人権を守るために（特集　施設内虐待），子どもと福祉, 2；49-54.
西澤哲 (1994) 子どもの虐待——子どもと家族への治療的アプローチ　誠信書房．
西澤哲 (2002) 虐待を受けた子どもの心理療法　虐待のタイプとプレイセラピー　子どもの虐待とネグレクト, 4 (1)；87-96.
西澤哲 (2009) 社会的養護における不適切な養育——いわゆる「施設内虐待」の全体像の把握の試み　子どもの虐待とネグレクト（特集　社会的養護における不適切な養育）, 11 (2)；145-153.
西澤哲 (2010) 子ども虐待　講談社．
野口圭二著・のぐちふみこイラスト (2009) むずかしい子を育てるペアレントトレーニング——親子に笑顔がもどる10の方法　明石書店．

NPO法人日本こどものための委員会 (2006) キレない子どもを育てるセカンドステップ　NPO法人日本こどものための委員会.

太田敬志・木全和巳・中井良治・鎧塚理恵・"人間と性"教育研究協議会児童養護施設サークル編著 (2005) 子どもたちと育みあうセクシュアリティ——児童養護施設での性と生の支援実践　かもがわ出版.

Prior, V. & Glaser, D. (2006) Understanding Attachment and Attachment Disorder: Theory, Evidence and Practice. The Royal College of Psychiatrists. (加藤和生監訳 [2008] 愛着と愛着障害　北大路書房.)

関貴教 (2009) 施設内虐待の構造と施設改善——こうして施設内虐待はなくなった (特集. 施設内虐待)　子どもと福祉, 2 ; 55-59.

新福知子 (2004) 危機管理プログラム「非暴力的危機介入法」非暴力的危機介入法 (Nonviolent Crisis Intervention Training Program) J. Natl. Inst. Public Health, 53 (2) ; 103-108.

新福知子 (2005) 学校危機への予防・対応マニュアル　教育出版.

杉山登志郎 (2007) 子ども虐待という第四の発達障害　学習研究社.

杉山登志郎・海野千畝子 (2009) 児童養護施設における施設内性的被害加害の現状と課題 (特集 社会的養護における不適切な養育)　子どもの虐待とネグレクト, 11 (2) ; 172-181.

社会的養護とファミリーホーム　第2号 (2011)　特集子どもの安全と安心をどう保障するのか——第三の道・ファミリーホームの挑戦.

田嶌誠一 (1994) カウンセリングにおける個性と学派　教育と医学, 42 (6) ; 26-32.

田嶌誠一 (2001) 事例研究の視点——ネットワークとコミュニティ　臨床心理学, 1 (1) ; 67-75.

田嶌誠一 (2002) 現場のニーズを汲み取る, 引き出す, 応える　臨床心理学, 2 (1) ; 24-28.

田嶌誠一 (2003) 心理援助と心理アセスメントの基本的視点　臨床心理学, 3 (4) ; 70-81.

田嶌誠一 (2007) 児童養福祉施設における施設内暴力の解決に向けて——施設全体で取り組む「安全委員会方式」　平成18年度児童養護施設等における暴力防止に関する研修会第1回講演 (平成19年2月22日) 抄録, pp.6-30　吉原林間学園.

田嶌誠一 (2008a) 児童養護施設における施設内暴力の解決に向けて——個別対応を応援する「仕組みづくり」と「臨床の知恵の集積」の必要性　臨床心理学, 8 (5) ; 694-705.

田嶌誠一 (2008b) 現実に介入しつつ心に関わる——「内面探求型アプローチ」「ネットワーク活用型アプローチ」「システム形成型アプローチ」コミュニティ心理学研究, 12 (1) ; 1-22.

田嶌誠一 (2009) 現実に介入しつつ心に関わる——多面的援助アプローチと臨床の知恵　金剛出版.

高橋重宏編著 (2000) 子どもの権利擁護——神奈川県の新しいとりくみ　中央法規出版.

高橋重宏他 (2004) 児童養護施設における権利擁護の実態に関する研究——児童養護施設における子ども同士の権利侵害に関する意識調査　日本子ども家庭総合研究所紀要平成16年度.

高田治・谷村雅子・平田美音・辻亨・青木正博・長野真基子・塩見守・宮井研治（2011）情緒障害児短期治療施設におけるケアのあり方に関する調査研究　子ども未来財団　平成22年児童関連サービス調査研究等事業報告書．

滝川一廣・四方燿子・高田治・谷村雅子・大熊加奈子（2005）児童虐待に対する情緒障害児短期治療施設の有効活用に関する縦断研究──2000年から2004年に亘る縦断研究の報告　子どもの虹情報研修センター，平成16年度研究報告書．

滝川一廣・四方燿子・塩見守・大角義之・坂口繁治・高田治・堀健一・山本拓史・上里久美子・増沢高（2007）児童虐待における援助目標と援助の評価に関する研究　被虐待児童の施設ケアにおける攻撃性・暴力性の問題とその対応──情緒障害児短期治療施設での事例分析的研究　子どもの虹情報研修センター，平成18年度報告書研究報告書．

Trischman, A.E., Whittaker, J.K. & Brendtro, L.K.（1969）The Other 23 Houurs : Child-Care Work with Emotionally Disturbed Children in a Therapeutic Milieu. Aldine Publishing Company: Chicago.（西澤哲訳［1992］生活の中の治療──子どもと暮らすチャイルドケアワーカーのために　中央法規出版．）

津崎哲雄（2000）Abuse In Care 防止への視点：児童福祉施設を素材に　佛教大学社会学部論集, 33 ; 73-90.

津崎哲雄（2009a）この国の子どもたち　要保護児童社会的養護の日本的構築──大人の既得権益と子どもの福祉　日本加除出版．

津崎哲雄（2009b）この最後の砦にも：社会的養護施策と被措置児童等虐待防止──里親制度への意味合い（特集　社会的養護における不適切な養育）子どもの虐待とネグレクト, 11（2）; 154-163.

冨永良喜・養父雄一（2003）児童養護施設で生活する子どものためのストレスマネージメントプログラム　女性ライフサイクル研究, 13 ; 133-143.

海野千畝子・杉山登志郎（2006）分担研究：性的虐待のケアと介入に関する研究──その2　児童養護施設の施設内性的虐待への対応　平成18年度厚生労働科学研究費補助金（子ども家庭総合研究事業）児童虐待等の子どもの被害，及び子どもの問題行動の予防・介入・ケアに関する研究, pp.591-597.

和光学園（岩手県）（2010）施設内暴力の解決に向けた安全委員会の取り組み──子どもが安心・安全な生活を送るために．

山根英嗣（2007）広島修道院における安全委員会方式の導入　第3回西日本児童養護施設職員セミナー報告書, pp.17-19.

吉川昌子・田中浩子（2006）保育園へのセカンドステップ導入に向けて　中村学園短期大学紀要, 38 ; 131-144.

全国社会福祉協議会（2009）子どもの育みの本質と実践──社会的養護を必要とする児童の発達・養育過程におけるケアと自立支援の拡充のための調査研究事業調査研究報告書．

http//gyakutai.yogo-shisetsu.info/…/20070922shakaitekiyogo-senmoniinkai-kensho.pdf
　社会保障審議会児童部会社会的養護専門委員会への意見書　施設内虐待を許さない会

http://www10.ocn.ne.jp/~shudoin/nyuyou/nyuyou.htm
　乳児院と児童養護施設のページ．
www.cfc-j.org/secondstep/whats.html
　NPO法人日本こどものための委員会．

第6章
暴力問題解決のための視点

「なんで，もっと早く助けにきてくれなかったんですか!!」

ひと言そう言うと，その男子高校生は号泣した。その声にはやり場のない怒りと悲しみがこもっていた。幼い頃にその施設に入り，以来年長の子たちからひどい暴力を振るわれてきたのだという。腕の骨を折られたこともあった，毎日，毎日，高校生に殴られてきた，今晩寝るな，と命令されたこともあるのだという。

また，私がこの問題に取り組み始めた頃のことである。福祉関係の集会で知り合ったある40代の男性は，私が施設の暴力問題に取り組んでいると話すと，大変驚き，そして涙を流して喜んでくれた。その人は幼い頃からキリスト教系の児童養護施設で長く過ごし，母親の顔も知らないとのことであった。そして，その人はなんと神父から性暴力を受けていたのだという。

難しい現場であればあるほど，そこに関わっていく者は，当事者にとって**何者かということが厳しく問われる**。このことは，現場に入る時，とりわけ心しておきたい。苦しい状況にある当事者ほど，関わってくる者が自分にとって何者であるのかに非常に敏感である。「おまえは何者なのか？」「どういうつもりで関わってきているのか」ということを厳しく問われるのである。

現場に関わる時，決定的に重要なのは，もっとも弱い立場の当事者に思いを馳せることである。「当事者の目を意識すること」，当事者の視点から感じてみる，考えてみることが重要である（田嶌，2004a）。これまで被害を受けてきた子たち，そして今なお被害に脅えて生活している子たちに思いを馳せると，姿勢を正される思いがする。

すでに第3章，第4章で見てきたように，子どもたちは，暴力を振るわれているのだと声をあげてきたのである。子どもたちのそのような状況にもかかわ

らず，たとえば専門家が「面接室での個別の心理療法」や「愛着（アタッチメント）」や「心の傷（トラウマ）のケア」にしか関心を示さないとすれば，その専門家は子どもたちにとっていったい何者なのであろうか。

なんと偉そうな物言いであろうかと思うが，重要なことなので，自戒も込めてこのことを強調しておきたい。

専門家も研究者も臨床家も生身の人間である。欲もあれば，願望も持っている。そして，それはあってよいし，あるのが自然であると私は考えている。しかし，ここで重要なことは，そうした自分のニーズを当事者のニーズよりも優先させてはいけないということである。それが極めて弱い立場にいる当事者のもっとも切実なニーズであればなおさらである。

前章で，現場に入る時，自分の専門家としての立ち位置を問う姿勢が必要であると述べた。たとえば，自分が勉強してきた技法や理論を使ってみたいだけのことなのか，それともほんとうに事態をなんとかしたいという思いがあるのかということをあげられよう。自分が勉強してきた技法や理論が真に役に立つのならばよいが，いつもそうであるとは限らないからである。いや，そうではないことが多いのではないだろうか。その時は，専門家としての自分がゆさぶられる時である。

自分が勉強してきた技法や理論が役に立たない時，そのこと自体をきちんと認識し，そして他に有効な方法がないか探し，見つからなければ新たな技法を創り実践していく姿勢が必要である。

これまで暴力問題がどう扱われてきたかについて概観し，その意義と限界を論じた。これまで見てきたことから，関係者のさまざまな努力にもかかわらず，従来の方法では，この問題の解決にはきわめて不十分であることがおわかりいただけたであろう。それを踏まえて，本章ではさらに踏み込んで，では暴力問題を解決するには，どのような援助の視点が必要なのかを論じ，次章でそうした視点から創りあげた新たな方法の概要を述べることにしたい。

まずはこれまで述べてきたことのうちで，特に重要な点を整理しておきたい。

第一は，全国的に児童福祉施設では，**2レベル三種の暴力とその連鎖**がありいずれの暴力も深刻であること，そして入所している子どもたちの日常には，暴力と威圧があふれているということである。

第二は，この問題は全国的に起こっている構造的問題であるにもかかわらず，もっぱら職員個人の力量をつけることで乗り切ろうとしてきたことに無理があ

るということである。構造的問題には，個人の力量を伸ばすことは必要であるが，少なくともその土台には施設をあげた取り組みが必要である。

　第三は，アタッチメント（愛着）を重視した関わりをしていけば，暴力は自然になくなるというなどということは，少なくとも施設ではありえないであろうということである。この「愛着関係を育む」というのは，いわゆる先進的な取り組みを行っている施設に広く信奉されているように思われる。しかし，施設ではここまでやれているところは他にそうそうなかろうというくらい実践してきた施設でも，この暴力問題は解決しなかったのである（詳細は前章および**巻末資料32**を参照）。むろん，それが必要ないと主張しているわけでは決してない。そうではなく，そうした関わりだけでは暴力問題は解決がつかないということを主張しているのである。

　第四に，いわゆる優良と言われている施設でも暴力事件は，起こっているということである。県内でも優良とされていた施設でも，潜在的暴力が発見されているし，またかつては事件が起きたことがあるものである。

　まずは，これらの点を，施設関係者は深刻にかつ真摯に受け止めるべきである。

　では，どうしたらよいのであろうか。以下にそのための視点を論じることにしたい。

　まず強調しておきたいのは，次のことである。人が示す問題行動や症状には，人が自らを癒やそうとする活動を含んでいるものである。<u>子どもが示す問題行動の背後にあるのは，成長のエネルギーである。</u>したがって，問題行動を抑えるだけでなく，その成長のエネルギーの発揮を援助することが重要である。

I　暴力問題解決のための視点

1．最低基準の過酷さ

　児童養護施設にはさまざまな問題がある。取り組むべき課題は山積している。関係者の間でこうしたことが話題にある際，必ずといってよいほど言及されるのが，職員配置基準の過酷さである。児童福祉施設の職員配置基準は「児童福祉施設最低基準」によって定められているが，児童養護施設の場合は1976年（昭和51年）より30年以上も改訂されておらず，3歳未満児は子ども2人に対して児童指導員または保育士1人，3歳未満児を除く就学前の年少児童が子ど

も4人に同1人，小学校就学以上の子ども6人に同1人である。

　ひょっとしたら，案外職員数は多いのだなあと思われた方があるかもしれない。しかし，注意すべきは，24時間世話をするにもかかわらず，この数字だということである。昼間は，ひとり職員につき十数人の子どもを世話している。夜になると，一棟に1～2名で当直している施設が多い。どう考えても，過酷な配置数である。児童養護施設の子どもたちが置かれている状況を「国家的ネグレクトではないか」(杉山，2007)という意見や最低基準自体がネグレクトであるとする主張（桑原，2008）があるが，私も同感である。

　そのため，暴力問題も，この職員配置の最低基準の過酷さと関係で語られることが少なくない。最低基準の過酷さが，暴力問題への対応が十分にできない主たる原因であると主張する人もいる。しかし，それは一部は当っているが，あくまでも一部に留まると私は考えている。確かに，最低基準は過酷である。早急に大幅に改善されるべきであると私も考えている。実際，どこの施設でも職員はよく働いている。しかし，それでも目が届かないというのが実情である。したがって，職員配置が大幅に改善されれば，目が届きやすくなるだろう。また，職員が1人しかいない場面では対職員暴力が出やすいので，職員が複数いるということが暴力の発生抑制に役立つものと考えられる。

　しかし，<u>顕在的暴力でさえ見ようとしなければ見えてこないし，また潜在的暴力はそれが見えやすくなる仕組みがないとキャッチしようがないのである</u>。したがって，大きな要因は施設がどう取り組んだらいいのかが明らかになっていないことにある。職員が増員になったとしても，それだけで自動的に解決がつく問題では決してないのである。

　ここまで書き進めてきたところで，厚生労働省がこの設置最低基準を改定し，指導員・保育士などの職員数を増やし，心理療法担当職員配置を義務化，さらには子どもたちの部屋の面積基準も見直す方針との報道（毎日新聞　2011年1月18日朝刊）である。最低基準が大幅に改訂されることを，子どもたちのためにも職員のためにも私は願っているが，しかしその一方で，それは施設内暴力がこれだけある現状の言い訳には決してならないということも強調しておきたい。本章で述べる視点からの取り組みを早急に開始していただきたい。

　なお，私は，2009年の児童福祉法の改正で被措置児童等虐待の防止が盛り込まれた時点で，職員数の見直し（すなわち設置最低基準の見直し）を行い，さらに被措置児童等虐待の防止担当の職員の配置を行うべきであったと考えている。

2. 実態の理解：深刻さと拡がり

　まず必要なのは，児童福祉施設における暴力問題の適切な理解である。適切な理解なしには，有効な取り組みはありえない。なかでも，その実態を理解することが，必要である。

　こういうことをわざわざ強調しておきたくなるのは，その深刻さと拡がりが施設関係者にきちんと認識されていないとしばしば私が感じてきたからである。

　私は，これまで，折にふれて，児童養護施設の施設長や職員，それに関わる各種の専門家と暴力問題について話してきた。その結果，暴力（含．性暴力）の実態に関して，しばしば私の理解と相当に違っている印象を持った。はっきり言えば，私から見て，事態の認識が極めて甘いのである。私の理解とは，①いずれの暴力も深刻である，②しかもそれは全国的拡がりを持つものである，③2レベル三種の暴力は相互に関連している，ということである。

　また，これまで繰り返し述べてきたように，暴力を被虐待という視点からだけでなく，もっと幅広い視点から理解することが必要である。また，被虐待という視点からのアプローチも前章で述べたように，「**安心・安全を基盤とした被虐待モデルによるケア**」であるべきである。

3. 対応即予防という視点

　第5章で，対応の視点には「火消し的対応」と「予防的対応」の異なる二つの水準があることを述べた。そして，「予防が大事」とはよく言われることである。しかし，ここではさらにいまひとつの対応の視点があることを述べておきたい。それは，「火消し的対応即予防」という視点である（以下，これを単に**「対応即予防」**と呼ぶ）。

　児童福祉施設では連鎖系暴力（それも施設内での連鎖系暴力）が多いことを考えれば，児童福祉施設における暴力のもっとも確実かつ効果的な予防は，子どもたちを暴力被害から守り抜くことであるという理解が必要である。また，次章で述べるように，暴力事件のたびに暴力をただ抑えるだけでなく，自分の気持ちを言葉で表現できるようにするなどの暴力に代わる行動の学びを援助していくことが重要である（第7章表7-1参照）。その結果，以前であれば，被害にあっていたはずの子どもたちが，高校生になるくらいまで確実に暴力から守られることで初めて連鎖を断ち切ることができるのである。

　したがって，ここで必要なのは，ただ暴力を抑えるだけというのではなく，

暴力への対応を重ねていくことが即予防につながるという視点（対応即予防という視点）が基本であり、それに加えてさらなる予防的対応が必要ということになるのである。そのためには、とりあえずは、潜在的暴力も含め、事件が起きたら深刻化しないうちにキャッチして対応すること、しかもその対応は加害児の学びにつながるものであることが最優先で必要である。その成果を積み上げていくことが、もっとも確実な予防につながるのである。

4. 共有可能な知恵

　児童養護施設だけでも、全国に約570ヵ所もあり、児童福祉施設全体で見れば、3万数千人の子どもたちが保護されている。先に、この問題は深刻であり、また全国的拡がりを持つものであると述べた。したがって、どこか特定の施設での暴力が解決すればそれでよいというわけにはいかない。

　施設にせよ、学校にせよ、荒れていたのを立て直した実践は、これまでも少なからず見受けられる。学校については、それはしばしば感動の記録として報告や出版もされている。児童福祉施設についても、少ないながら書かれたものがある。むろん、それらの実践はすばらしく貴重なものである。しかし、私が思うにここで問題が二つある。

　一つは、それが他の学校や施設に生きていないことである。つまり共有された知恵になっていないことである。多くの施設で取り入れることができる方式が必要である。スーパー指導員やカリスマ施設長がいないとできないようなものでは他施設では役に立たない。「**共有可能な知恵**」が必要である。「共有可能な現場の取り組み方」としてある程度定式化されたものが、必要である。

「システムを維持するためのシステム」

　二つ目に、その実践を主導した人たちがいなくなると、しばしばまたいつの間にか荒れることがあるということである。そのため、それらの取り組みを維持する仕組み、いわば「システムを維持するためのシステム」「形骸化しないための仕組み」が必要である。

5. 成長の基盤としての安心・安全

　これまで暴力という問題は、深刻ではあるが、あくまでも数ある問題行動のひとつとして見られてきた。これが大きな誤りである。暴力の解決なしには、

```
        自己
        実現
        欲求
      ─────────
       承認欲求
     ─────────────
     所属と愛情欲求
    ───────────────
       安全欲求
    ───────────────
       生理的欲求
```

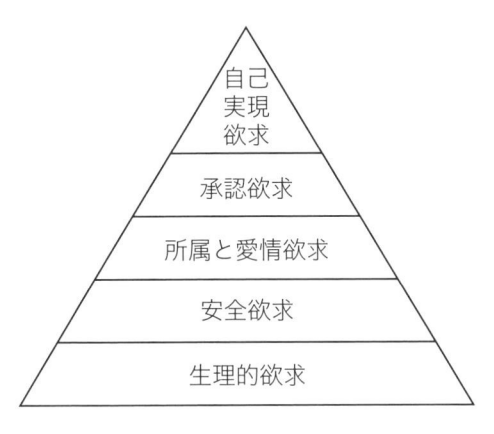

図6-1　マズローの欲求階層

子どもたちの成長の基盤としての安心・安全な生活の実現はありえない。したがって，その意味で，数ある問題行動のひとつではなく，最優先で取り組むべき問題である。

a．安心・安全の意義：マズローの「欲求階層」から

　アメリカの有名な心理学者マズローの提唱した「欲求階層の図式」（図6-1）というものがある（Maslow, 1954）。それは人の欲求が順番に成長していくのだと説明しているものである。マズローは，人の欲求は図のように階層構造になっていて，下の階層の欲求がある程度満たされてはじめて，次の欲求が育まれるのだと述べている。

　一番上にあるのが，「自己実現欲求」である。これは，自分がこの世に持って生まれた可能性を十分に発揮して生きていきたい，手ごたえのある人生を送りたい，そういう欲求である。私たちは，施設の子どもたちにも，そういう人生を送って欲しいと願っている。しかし，この自己実現欲求は，急に出てくるわけではない。ここに至るまでには，いくつもの欲求を順々に満たしていかないと，ここまでには至らないのである。

　まず一番先に出てくる欲求は，生命を維持するための「生理的欲求」である。たとえば，食べたい，飲みたい，眠りたい，排泄したいなど生存のために必要な欲求である。まずは，そういう生理的な欲求が満たされないといけない。そ

して，大事なことは，それがある程度満たされて初めて次の欲求が出てくるということである。そして，生理的欲求がある程度満たされると，次に出てくるのが「安全欲求」である。それがある程度満たされると出てくるのが「所属と愛情欲求」であり，次いで「承認欲求」，そしてやっと自己実現欲求となるのである。今が安心・安全であること，明日のことを考えられること，それがなければ次の「所属と愛情欲求」「自己実現欲求」のような現実的な夢をもつことはできないのである。

では，施設の子どもたちの段階はどこまできているかと言えば，今どき施設でご飯が食べられないとか，そんなことは通常ありえない。しかし，次の安全欲求はどうだろうか。この2番目の欲求になると，とたんに怪しくなる。したがって，今の施設に一番に必要なのは，安心・安全を子どもたちに実感させるということである。ただし，より正確に言えば，児童福祉施設では，暴力によって睡眠が脅かされている子どもたちも少なくない。なかなか寝付けないとか夜中目が覚めるとか恐い夢をよく見るなどがある。こいうことからして，睡眠という「生理的欲求」さえ十分に満たされていない子どもがいるということなのである。

にもかかわらず，児童福祉関係の研修会と言えば，いずれも「愛着（またはアタッチメント）」と「家庭で受けた虐待によるトラウマのケア」が圧倒的に多く，子どもたちの安心・安全をどうやって守ったらいいかというテーマの研修はほとんどないのが現状である。やっと最近になって，ごく少数ではあるが，「施設内虐待・暴力」といったテーマが研修に取り入れられつつあるようである。しかし，それでも，あくまでも「個別モデル」に基づくものが多く，次章以降で展開する施設をあげて仕組みづくりをするといった形のものではないようである。

今の児童福祉施設に一番に必要なのは，子どもたちが安心・安全を実感できるようにするということである。これこそが，施設の子どもたちの**もっとも切実なニーズ**であり，成長の基盤となるものである。次の欲求が育まれるためにもどうしても必要なことである。

「知っている」ということと，それを「活かす」ということ

　心理学や精神医学を学んだ者には，このマズローの理論はおなじみのものである。だから，なあんだこんな誰でも知っていることをわざわざ言い立ててと

思われた人も少なくないだろう。しかし，これは大変重要なことなのである。マズローの理論を誰もが知っていながら，それを施設の子どもたちのための実際の活動に活かすことができていないのである。「知っている」ということと，それを「活かす」ということの間には，大きな差があるのだと考えざるをえない。あるいは，単に知っているということと，真に理解しているということの差なのかもしれない。実際，これだけの多くの心理士や精神科医が現場に入っていながら，そして多くの論文が書かれていながら，安心・安全または暴力問題に取り組んだ論文は，つい最近までまったくといってよいほどなかったし，最近でもごくわずかだからである。

くつろぐ・憩う，楽しむという欲求

　ただし，マズローのこの図式はおおざっぱなものであるため，いくつかの重要なものが欠けている。たとえば，安全欲求の次に所属と愛情欲求となっているが，その前にくつろぐ・憩う，楽しむという欲求を補足しておく必要がある。それぞれに"自分ひとりで"と"他者とともに"という視点を加え，「自分ひとりでくつろぐ・憩う」「他者と一緒にくつろぐ・憩う」，楽しむも「自分ひとりで楽しむ」「他者と一緒に楽しむ」という欲求を挿入しておく（田嶌，2003a）。先に，第2章で「希望を引き出し応援する」「当面の希望・目標を引き出す」ことが重要であると述べたが，その基礎には，この「くつろぐ・憩う，楽しむ」が必要である。

　したがって，生理的欲求の充足や安全の確保が十分になされたならば，次にその人がひとりで，あるいは他者と，「くつろぐ・憩う，楽しむ」場を持っているかどうかということを見立てる必要がある。持っていなければ，そういう場を創ったりつないだりするのには，どうしたらよいかを考えるのである。

b．最優先の課題

　早急に暴力問題に取り組むべきであると研修会などで私が強調すると，よく言われるのが，「児童福祉施設はもうそれこそ，問題がたくさんあるんです」ということである。たびたびそういう発言を耳にすることがあることから推測すると，児童福祉施設における子どもたちの暴力は，これまで入所の子どもたちが示す数ある問題行動のひとつとして捉えられてきたように思われるということである。

　なるほど，児童福祉施設ではやらなければいけないことだけでも，たくさん

ある。ましてやった方がいいことまで数え上げれば，それこそ無数にあるといっていいだろう。児童養護施設設置の最低基準が過酷であるということに加えて，いろいろな問題が起こってくる。その対応に追われるというのは，私でもよくわかる。

　しかし，たくさんあるからこそ，ありすぎるからこそ，「これだけはやらないといけないことは何か」，あるいは「何からやらないといけないか」ということがとても重要である。つまり「優先順位」を考えないといけないわけである。この優先順位を考えるとか，最優先のことから始めるという考え方が，児童福祉領域では，大変不足しているというのが，私の率直な感想である。

c．成長の基盤としての安心・安全：問題行動のひとつではない

　先ほどの図式で見れば，何から手をつけないといけないのかということが明らかである。愛着を育むとかやトラウマのケアと言う前に，最優先で取り組むべき課題は「**安心・安全な生活**」の実現である。それは**子どもたちの成長の基盤**だからである。

　こうした見方は，これまでの暴力問題の理解とは大きく異なっているということを，強調しておきたい。これまで暴力問題は，厄介で大きな問題ではあるにしても，あくまでも数ある問題のひとつとして見られてきたように思われる。しかもそれはもっぱら被虐待によって引き起こされた問題行動または「症状」として理解されてきた。しかし，それは重大な誤りである。児童福祉施設における2レベル三種の暴力の存在は，子どもたちの成長の基盤としての安心・安全を脅かすものであり，最優先で取り組まれるべき課題である。暴力問題は問題行動のひとつではなく，暴力問題の解決は，成長の基盤としての安心・安全な生活を提供するものである。

d．取り組みの優先順位

　この「優先順位」という視点が大事である。児童福祉領域では，子どもの養育について随所でこの優先順位の混乱がみられるので，強調しておきたい。

　最優先の課題であるということは，子どもの安心・安全の実現というのは，他のことを放ったらかしにしてでも取り組まなければならない問題だということである。

e．供給しつづけなければならない

　しかも，安心・安全というのはいったん実現したから，あとはいいということではない。発達心理学者の當眞千賀子氏の表現を借りれば，食事や空気と同じように，供給し続けないといけないことでもある。昨日ご飯を食べさせたから，今日はご飯をあげなくていいというわけにはいかない。同様に，今日は安心・安全を保障したから明日はいいだろうというわけにはいかない性質の事柄である。つまり，**継続して取り組まなければいけない問題**である。安心・安全を供給し続けることができて初めて，「**成長の基盤としての安心・安全の実現**」と言えるである。

　以上のことを簡単にまとめたのが，表6-1である。

表6-1　成長の基盤としての安心・安全

```
暴力問題は単なる問題行動のひとつではなく，
安心・安全な生活を破壊するものである
        ⬇　　⬇
安心・安全な生活の実現は成長の基盤である
        ⬇　　⬇
最優先で取り組むべき問題である
```

f．もっとも痛めつけるもの

　ところで，人を最も痛めつけるのはどういうやり方だろうか。あるいは人を最も混乱に陥れるのはどういう事態であろうか。こういうと，ひどい仕打ちを続けることだと思っている方が多いのではないだろうか。実はそうではない。もっと効果的で酷いやり方がある。

　それが図らずも施設に入所する子どもがしばしば体験している事態なのである。

　現実には，虐待や劣悪な養育環境から救い出された子どもは，やっと暴力（含性暴力）を受けずに済むと希望を持たせられたその後に，しばしば施設でも暴力（含性暴力）に曝されているのである。いったん希望を持たせておいてそ

れをつぶす，あるいはひどい仕打ちをしながら時にやさしくする，これを繰り返すのが人を痛めつけるもっとも効果的な（過酷な）方法である。こうした事態は痛めつけ続けるよりもさらに過酷な事態である。

また，「児童と青年とは，成人に比べ易傷性が高い」「呈する症状のひどさは虐待を受け始めた年齢に反比例する」（Herman, J., 1992）とされており，こうした被害に会うのが，発達途上の子どもたちであるから，事態はさらに深刻なものとなる。

つまり，発達途上にある子どもたちが，はからずも人間をもっとも痛めつけ混乱させる効果的な（過酷な）方法に曝されることになってしまっているのである。子どもたちの成長・発達に及ぼす影響は，甚大なものであると考えざるをえない。このことを私たち大人ははっきりと認識すべきである。

g．自己肯定感や基本的信頼感の基礎も安心・安全

マズローの理論だけではない。同じく著名な精神分析学者であるエリクソンのライフサイクル理論でも，まず乳幼児期の最初の発達課題は「基本的信頼感の獲得」である（Erickson, E.H., 1950）。乳幼児期の母子関係では「基本的信頼感（basic trust）」を形成することが重要であり，この基本的信頼感は，安心・安全な中で，養育者から大事に世話される，大事に扱われることで育まれるものである。

また，精神分析家のサリヴァンは人間の基本的欲求として，「安全への欲求」と「満足への欲求」の二つをあげており，「安全感（security）」が重要なであるとしている（Sullivan, H.S., 1947）。

さらには，ボウルビーは，「特定の人と人との間に形成される時間や空間を超えて持続する心理的な結びつき」をアタッチメント（愛着）とよび，それは子どもが通常は母親が安全基地（secure base）となることで形成されるとしている（Bowlby, J., 1969/1882）。

このように，多くの研究者・臨床家が強調しているように，安心・安全は子どもたちの成長の基盤なのである。児童養護施設では，最近では「自己肯定感を育む」といった言葉もしばしば耳にする。この自己肯定感もまた，安心・安全なくしては獲得されがたいものである。

h. 本来は成長に使われるべきエネルギー

　印象的なのは、子どもたちの暴力のやり方が実に巧妙だということである。非常に効果的なものに磨き抜かれているといってもよい。先の章で紹介したように、たとえば第3章の事例2を思い浮かべていただきたい。暴力のやり方が非常に巧妙である。

　まず、顔は殴らない。順番に殴らせ、さらに殴り方が一番弱かった者の名前をいわせ、今度はその子をターゲットにしている。別の施設での例をあげれば、殴る前に「あーーー」と声を出させる。つまり、そうやって息を吐かせるのである。そして吐き終わった瞬間をねらってみぞおちにパンチを入れるのである。これは、ものすごく苦しい。別の施設では、息を吐かせるまでは同じだが、吐き終わった瞬間心臓を一撃する。すると、気絶する。また、同じ箇所を何度も殴る。これもこたえる。衝撃が分散しないように、壁や畳に頭を押し付けて、殴る。いずれも効果的な手法である（＊非常に危険なので試してみるなど、決してしないようにして下さい）。

　このように暴力のやり方が非常に巧妙であるということから、私たちが汲み取るべきことは、「本来は子どもたちの成長に使われるべき壮大なエネルギーが、こういう暴力という形で浪費されている」のだということである。暴力を振るう方も振るわれる方もそうである。振るう方は、どうやれば相手をより効果的に痛めつけられるかということに一生懸命にエネルギーを使い、振るわれる方はどうすれば暴力を振るわれないで、逃れられるかに必死になる。もっと正確にいえば、暴力だけでなく、威圧関係の中でサバイバルのためにエネルギーが壮大に浪費されているのである。

　ちなみに、私の経験では、暴力、特に子ども間暴力が多い施設では、いわゆる「パシリ」と「チクリ」が多いという印象がある。パシリは、断れば暴力を振るわれるという力関係が背景にあることが多い。また、チクリは、強い子に弱い子が言わば「ご注進」に及ぶわけである。これは、弱い子が自分の身をなんとか守ろうとする悲しい知恵という側面があるものと思われる。つまり、パシリもチクリも弱い子が暴力を振るわれないための努力の現われである。したがって、潜在的には暴力があるのと同じであると見るべきである。

　児童養護施設での経験だが、後に述べる私たちの安全委員会方式による関わりで、暴力が吹き荒れていた施設が落ち着いてきたら、とたんに多くの子どもたちの睡眠が大幅に改善されたことが確認された施設が2ヵ所ある。このこと

は，いかに，暴力が子どもたちの心身を蝕むかを示している。
　逆に言えば，安心・安全な環境が整うと，子どもたちは成長のエネルギーがある程度は自然に発揮されてくるものである。したがって，安心・安全な生活の実現こそが，子どもたちの成長の基盤であり，最優先で取り組まれるべき課題なのである。
　先に，「本来は子どもたちの成長に使われるべき壮大なエネルギーが，こういう暴力という形で浪費されている」と述べた。その意味では，暴力は成長のエネルギーの表れであるとも言えよう。したがって，暴力を抑えるだけでなく，そのエネルギーを成長のエネルギーとなるように援助していくのが基本である。

i．成長の兆しとしての「キレること」
　暴力の背後にあるのは，その子の成長のエネルギーである。したがって，暴力を振るうという見方でなく，「元気になってきた」とか「暴力はエネルギーの現われ」という見方もあるだろう。私自身も，いわゆる「キレる」ことに対して，「成長の兆しとしてのキレること」という見方の有用性を述べたことがある（田嶌，2000）。しかし，そういう観点だけを持って，児童福祉施設に入っていくことは，危うい。こうした視点は，暴力を非暴力できちんと抑えてみせることができ，被害児を守り抜くことができて初めて生きるものであるということをしっかりと認識しておくことが重要である。そうでないと，少なくとも実践的には暴力への対応の甘さを助長するという側面があるということを強調しておきたい。

j．被虐待児だけではない
　児童福祉施設には，被虐待児しか入所していないわけではない。たとえば，児童養護施設では被虐待児の入所は，5割とも6割とも言われている。しかし，逆に言えば，残り4割，5割の子どもは，被虐待以外の理由による入所であるということにも留意する必要がある。被虐待児にもそうでない子どもにも必要な成長の基盤を整えることが必要なのである。児童養護施設の子どもたちについて論じる際，あたかも被虐待児しか入所していないかのごとき論になっていることに私は大変違和感を覚えているので，このことも強調しておきたい。

k. 成長の基盤としての安心・安全の実現のために
　成長の基盤としての安心・安全の実現のためには，①被害児を守り抜く，②加害児が暴力を振るわなくなる（暴力に訴えない行動の学習），③連鎖を断ち切る，④しかも，職員（含．施設長）も暴力を振るわない，ということが実現されなければならない。

　ここで強調しておきたいのは，子どもたちを「守る」ではなく，**「守り抜く」**という覚悟と努力が必要である。子どもたちを守り抜かなければならない。守るだけでは ── それも大変な作業ではあるのだが ── 不十分なのである。

6．安心・安全のアセスメント
a．安心・安全のアセスメントが重要
心のケアと「安心・安全」
　児童養護施設では1999年から心理士の配置が認められるようになった。より正確に言えば，被虐待児が10名以上入所している児童養護施設では心理職の配置が認められるようになったのである。そのため，児童福祉施設では，心理士が入って心のケアということが盛んに言われるようになった。これ自体は大変望ましいことかもしれないが，その一方で，トラウマや愛着ということがあまりにも言われ過ぎているように思う。私は，非常に困ったことだと思っている。もちろん，トラウマや愛着や反応性愛着障害という概念は重要である。反応性愛着障害も，里親が活用する分にはある程度有用であろうが，施設ではトラウマや愛着以前に，安心・安全が実現される必要があるからである。
　まずなによりも必要なのは，**「安心・安全のアセスメント」**である。児童養護施設に心理士が配置され，最近では入所児童を対象にトラウマや愛着に焦点をあてた心理療法を行った事例が学会誌などで報告されるようになってきた。しかし，それらの報告のいずれもその施設でその子の安心・安全がどの程度守られているのかということについてのアセスメントについて触れたものは，筆者の知る限り，今のところ皆無である。施設の実態を考えれば，これは大変困ったことである。さらに問題なのは，子ども本人が施設で「いじめられている」と訴えているにもかかわらず，それにはなんの対応をすることもなく，もっぱら「いじめられやすい」として「心理療法」が行われていることさえあることである。

心理療法や心のケアにあたっては，現実の生活場面での「安心・安全のアセスメント」が重要である。心理療法，心のケア，トラウマの治療，愛着の再形成，発達援助，いずれの援助的関わりも生活場面で子どもの安心・安全が守られているかどうかのアセスメントをしっかり行ったうえで，実施すべきである。とりわけ，施設に関わる臨床心理士や精神科医にこのことを強調しておきたい。
　さらに言えば，児童福祉施設におけるケアでは「（現実の）生活の質のアセスメント」が必要なのであり，安心・安全のアセスメントは，子どもたちの現実の生活の質のもっとも重要な側面なのである。将来は，安心・安全のアセスメントだけでなく，生活の質の重要な側面についてきちんとアセスメントできることを目指したいものである。

b．現実に介入しつつ心に関わる

　児童福祉施設には，臨床心理士や精神科医などのいわゆる専門家が多数関わるようになってきている。しかし，これまでのように，面接室で被害を受けたあとの心の傷のケアを目指してもっぱら心の内面を扱うということだけでは不十分である。前章でも述べたように被害児にとってはもちろんのこと，施設に入所している子たちの不安・恐怖は現実に根拠のある不安・恐怖だからである。被害の可能性はまだ続いているのである。したがって，**「安心・安全のアセスメント」** に基づき，**「現実に介入しつつ，心に関わる」**（田嶌，2001a，2008b，2009）という姿勢が必要である。しかし，それは容易なことではない。第4章で述べたように，暴力には嗜癖性と呪縛性があり，しかもそれが施設内で連鎖しているからである。

c．安心・安全のアセスメント

1）　潜在的暴力をキャッチする

　まず重要なことは潜在的暴力をキャッチすることである。被害を受けた子はしばしば被害を訴えることができない。そのため，**潜在的暴力をキャッチする**ためにどうしたらよいかを検討しておくのは非常に重要である。
　さて，そのためにはどうしたらいいだろうか。もっともよく行われているのが，

　　①「被害にあったら言ってきなさい」と伝えておく

というものである。子どもの権利ノートがそれである。それを伝えつつも，もっ

と有効なのは,

　　②訴えてくるのを待つだけでなく，こちらから聞き取り調査を行う

というものである。多くの都道府県で児童相談所が年1回程度ひとりひとりの子どもに面接を行っている。これは，子どもが訴えてくるのを待つというのにくらべ，より効果的ではある。しかし，私の経験では，それもいくらかましであるという程度に留まる。なかなか潜在的暴力をキャッチできていないのである。年1回というのはいかにも少ない。とりあえずは，児童相談所でも施設側でも第三者委員会でもよいから，もっと頻繁な定期的聞き取り調査を行っていただきたい。

　訴えることができないのは，訴えたら確実に守ってもらえるという実感が乏しいからである。そこで，私がお勧めしているのが,

　　③施設を挙げて活動しながら，定期的聞き取り調査を行う

ということである。つまり，①→②→③の順で，効果的なやり方である。①よりも②はいくらかましな手法であるが，③は①，②よりもずっと効果的な手法である。つまり，私のお勧めは，ダントツに③の「施設を挙げて活動しながら，定期的聞き取り調査を行う」ことである（表6-2）。

　<u>このことは，施設内暴力への取り組みにとっては，もっとも重要な視点のひとつである</u>。にもかかわらず，私の経験では，このことこそが非常に多くの専門家や関係者にさえもっとも理解されにくいことである。

　前章で述べたように，私は，実際にこのような方式をとることで，職員の誰もがまったく気づいていなかった広範囲にわたる性暴力の施設内連鎖を3ヵ所の施設で発見したことがある。その時点だけでも15名以上にわたるもので，3ヵ所のうち2ヵ所は，長年にわたるものであった。過去の加害被害を入れると，どれだけの子たちが被害にあったかわからないくらいである。

　このことからだけでも，潜在的暴力をキャッチできる有効な仕組みを持っておくことが極めて重要であるということがおわかりいただけよう。したがって，このような理解なしには施設内暴力への取り組みは中途半端なものになってしまう可能性が高い。関係者には，このことをぜひとも理解していただき，この視点を生かしていただきたい。施設内暴力・虐待への取り組みには，潜在的暴力をキャッチするための仕組みが必要なのである。

表6-2 潜在的暴力キャッチの方法

① 「被害にあったら言ってきなさい」と伝えておく

② 訴えてくるのを待つだけでなく，聞き取り調査を行う

③ 施設を挙げて活動しながら，定期的聞き取り調査を行う

2） 安心・安全のアセスメントの視点
　安心・安全のアセスメントを，私たちは次の観点から行う（表6-3）。
　　①行動観察
　　②聞き取り調査（定期的聞き取り調査，事件対応時聞き取り調査，等）
　　③事件対応
　　④その他の情報（目撃情報，心理療法からの情報，睡眠等）

表6-3 安心・安全のアセスメントの視点

＊施設をあげて暴力をなくす活動を行いながら，その一部として安心・安全のアセスメントを行うことが重要

1. 行動観察（三つの死角）
2. 聞き取り調査（定期的，事件発覚時）
3. 事件対応
4. その他の情報（目撃情報，心理療法，睡眠等）

d．新しい見立ての方式が必要
1） 活動しながら見立てる
　なかでも，日常の行動観察，定期的な聞き取り調査，および事件対応がその基本となる。しかし，この安心・安全のアセスメントを行うのは，実は容易なことではない。ここで注意すべきは，これらを機械的に行うだけでは，潜在的

暴力はなかなかキャッチできないということである。

　児童福祉施設では子どものプライバシーを尊重することは大事なことだが，その一方で，次章でさらに述べるように，児童福祉施設には潜在的子ども間暴力が起こりやすい三つの死角，①空間的死角，②人間的死角，③時間的死角がある（井生・飯嶋，2007）ということも承知しておくことが重要である。

　また，先述のように，自分が確実に守られるという実感を子どもたちが持つようにならないと，実際に聞き取り調査等で訴えることは難しい。第3章であげた事例6を思い出していただきたい。また，性暴力が訴えにくいことも思い出していただきたい。まして，それが，長年の連鎖の中にあるものであれば，なおさらである。

　たとえば，先にも述べたように，私が関わってきたいくつかの施設では，私たちの方式を導入して初めて長年にわたる男子児童間の性暴力が発見された。それらの施設ではそれまでいずれも，毎年1～2回児童相談所が施設に出向き，聞き取り調査が行われてきた。にもかかわらず，子どもたちはまったく訴えることがなかったし，そのため児童相談所側も私たちの活動が入るまで，まったくキャッチできていなかったのである。

　このことは，聞き取り調査にしても，行動観察にしても，安心・安全のアセスメントというのは，それを機械的に行うだけでは，潜在的暴力はなかなか十分にはキャッチできないということを示している。聞き取り調査にしても，施設をあげて取り組みながら実施しないと，子どもたちはなかなか訴えることができないものなのである。

　つまり，<u>施設をあげて暴力をなくす活動を行いながら，その一部として安心・安全のアセスメントを行う</u>ことが大事なのである。そして，大人の側が，本気であることを子どもたちに感じてもらえるようにしていくことが，大変重要である。子どもたちに，自分がほんとうに守られるということを実感してもらうには，それこそが必要なのである。

　つまり，安心・安全のアセスメントを有効に機能させるには，「暴力をなくす活動の一部として行う」「活動しながら見立てる」ということが必要だということである。

2） アセスメントの方式：「活動しながら見立てる」

　通常，「アセスメント」と言えば，どういうやり方を思い浮かべるだろうか。心理臨床家や精神科医は，アセスメントや診断と言えば，主に面接室でじっくり本人や家族や関係者から情報を聴き，様子を観察したりテストを行うのが常である。心理臨床家や精神科医が従来なじんできたこのようなアセスメントや診断の方式では不十分であり，面接室から出て，**「動きながら見立てる」**「動きながら考える」という新たなアセスメント方式が必要であると述べたことがある（田嶌，1995a, 2001a, 2009）。児童福祉施設における安心・安全のアセスメントでは，暴力防止の「活動しながら見立てる」ことが必要であると言えよう。

　このあたりのことは，発達障害のアセスメントについて，思い浮かべてもらうと，理解してもらいやすいのではないかと思う。発達障害や境界性パーソナリティ障害のアセスメントも，面接室で心理検査などをしながら見立てるというのは難しく，しばしば一定期間関わりながら見立てることが必要である。もっといえば，アセスメントというものは，多かれ少なかれそういうことがもともと必要なのである。発達障害や境界性パーソナリティ障害や安心・安全のアセスメントではそれがとりわけその必要性がきわだっているのだと言えよう。ただし，施設における安心・安全のアセスメントは，個々の子どもへの関わりだけでなく，施設をあげて暴力をなくす活動をしながら行うという点が著しく異なっている。

　行動観察で，重要なのは「威圧関係のアセスメント」である。すなわち，上級生や強い子の命令がどれだけ届くかが，ポイントである。たとえば，職員の前でもパシリや言葉での威圧が行われているとしたら，潜在的暴力の可能性は高いと見るべきである。

　聞き取り調査については，子どもたちが訴えてくるのを待つのではなく，次章で述べるように，職員や大人側が定期的に積極的に聞き取りを行うことである（**巻末資料7.**「暴力問題聞き取り調査表」参照）。

　事件対応でも，行動観察の場合と同様に，「威圧関係のアセスメント」が重要である。また，事件対応にあたっては，事件の内容だけでなく，事件の指導にあたって，「指導が通る」かどうかを見るのが重要である。何が悪かったかということと反省の弁を言葉できちんと言えて，謝罪がきちんとできるかどうかがポイントである。

　その他としては，職員や子どもたちの目撃情報が入ることがある。性暴力な

どは，「二人で倉庫に入っていった」などの目撃情報から発見できることが少なくない。さらに，心理士からの情報も重要である。心理士は，職員とは違う立場から暴力被害をキャッチできる可能性があるので，そういう視点と姿勢を持つことが重要である。子どもから自発的に被害を話すこともあるが，それだけでなく，心理療法の時間に，プレイや箱庭の中で，家庭での被害場面だけでなく施設での被害場面が象徴的に表現される可能性があるので，そういう視点から注意を払うことも必要である。また，心理士から時々，日常生活について問う，暴力被害・加害について問う，睡眠の状況について問うことも必要である。安心・安全が脅かされると，眠りが浅くなる，悪夢にうなされるなど，さまざまな形で睡眠や夢に反映するからである。施設生活によるものであることも，入所前の虐待等の影響である場合もあるが，いずれにしても睡眠や夢に注意を払うことが重要である。

3) 施設アセスメント

施設アセスメントについては，まだまとまったものは作成されていない。当面は，以上のような安心・安全のアセスメントを基礎にして，第4章で述べた施設類型を参考にして大まかな施設アセスメントを行う。将来は，学級集団全体を見立てる「学級風土測定尺度」（伊藤・松井，1998；西田・田嶌，2000）などを参考にして，「施設風土尺度」といったものを作成することも含め，施設風土（施設文化と言ってもよい）をより適確に見立てるための方策が検討されるべきである。

4) 人間環境臨床心理学的アプローチ

施設アセスメントと関係して重要なことは，次章で述べるように，施設には三つの死角があるということである。その中には，「建物の構造や空間の特性からくる死角」である空間的死角が含まれていることに注目しておきたい。このことは，暴力への取り組みにあたってシステム（仕組み）というソフト面だけではなく，建物という物理的側面も非常に重要であることを意味している。暴力問題への取り組みにあたっては，現在の建物の特徴を考慮した対応が必要である。

また，かつて私は，心の問題を抱えているか否かにかかわらず，人の成長や発達を援助したり，人がその人らしさを発揮して生きるのを援助するために「環

境」という視点を重視するアプローチをとりあえず人間環境臨床心理学的アプローチと呼び，そこでは**「心を見据えた外的環境づくり」**を含めた視点が重要であることを論じたことがある（田嶌，2006）。そして，精神科病院や認知症者のグループホームなどいくつかの注目すべき建物の実例を紹介した。暴力問題への対応，安心・安全な生活の実現を見据えたうえで，どのような建物がよいかを慎重に検討したうえで，建て替えにあたっていただきたいものである。

最近では児童福祉施設に入所している子どもたちのプライバシーが尊重されるようになってきた。児童福祉施設の建物もそうした視点から考えるべきである。しかし，その一方で，性暴力も含め暴力が潜在化するリスクもある。したがって，プライバシーの尊重と同時に安心・安全の実現の両立が必要であり，そのためにはプライバシーが尊重されるのと同時に潜在的暴力もキャッチしうる仕組みが必要である。したがって，プライバシーが尊重される建物であればあるほど，安全委員会方式のような潜在的暴力をキャッチする仕組みの必要性・重要性は高くなると言えよう。

5） 家庭に対する安心・安全のアセスメント

この安心・安全のアセスメントは，施設においてのみ重要なものでは決してない。家庭および社会的養護のさまざまな場でも重要である。家庭での虐待対応においては，その決定的重要性は言うまでもないだろう。将来は，家庭での虐待の保護から（施設や里親やファミリーホームなど）すべての社会的養護の場，さらには家庭復帰または自立に至る節目節目で，安心・安全のアセスメントが継続的に行われることを目指すべきである。

7．2レベル三種の暴力への包括的対応
a．2レベル三種の暴力とその連鎖

繰り返し述べてきたように，児童福祉施設には2レベル三種の暴力とその連鎖があるという理解が重要である。

b．重なり合う連鎖

先に見てきたように，児童福祉施設内の暴力の連鎖にもいろいろあり，これらの連鎖が二重三重に重なり合い，絡み合っているわけである。たとえば，子どもの暴力だけみても，「生活空間内連鎖（現在の連鎖）」，「世代間連鎖（過去

からの連鎖)」「家庭-施設間連鎖」が絡み合い重なり合っているものと思われる。そのため，連鎖がより強固なものになっていると考えられる。

現在の連鎖と過去からの連鎖：その優先順位
　施設内で暴力事件や性暴力事件が起こると，すぐに家庭での虐待からの影響によるものではないかと疑うのが，現在の多くの専門家がとる視点である。しかし，暴力そのものはすでに終わっている家庭での虐待からの連鎖よりも，現在まさに進行中の暴力による連鎖をまずは優先的に取り扱うべきである。
　ただし，例外もある。施設から家庭への外泊・外出をしている子どもが，家庭でなお虐待されている場合もある。その場合は，上記の限りではないと言えよう。

c．暴力だけが連鎖するのではない
　第3章で述べたように，ヒトには強力な模倣と観察学習の基礎が備わっている。したがって，暴力といった他者を痛めつける行為だけが連鎖するのではない。他のネガティブな行動も連鎖するが，逆にお互いが支え合う・励まし合うなどの**ポジティブな行動もまた連鎖する**のである。やさしさの連鎖も思いやりの連鎖もあるのである。これが，暴力の連鎖の解決のためにもっとも重要な視点である。先に私は，暴力は本来成長のエネルギーとして使われるものが暴力という表現をとっていると述べた。暴力という連鎖から，成長のエネルギーの連鎖への転換こそが，解決の鍵である。
　ただし，これについては間違えられやすい面がある。それは，暴力の連鎖がある場で，暴力に対して毅然とした対応をすることなしに，やさしさの連鎖や思いやりの連鎖を起こそうとすることである。しかし，ここで強調しておきたいのは，暴力の連鎖がある場では，通常やさしさや思いやりなどのポジティブな連鎖は起こらないということである。暴力を非暴力で抑えることができて初めて，やさしさや思いやりなどのポジティブな連鎖が起こる基盤ができるのである。

d．職員暴力をなくすには
　これまで公になった職員暴力（含．施設長からの暴力）には，長期にわたる性暴力や重大な傷害事件までもが含まれている。したがって，施設職員の中には，福祉の場から断固排除するしかない者がいることは否定のしようがない。

しかしその一方で，適切なサポート体制があれば，暴力など振るわなくてもすむ職員も少なくないものと考えられる。そのような職員が児童へ暴力を振るってしまう背景はいろいろあるだろうが，そのひとつには職員が何度注意しても問題行動がおさまらないなど，通常の指導ではどうにもならないことが多く，そのような児童の問題行動に対して有効な指導法・対処法が職員に提供されていないことがあると考えられる。したがって，職員暴力を禁止するだけでなく，同時に職員が児童へ暴力を振るわなくてもやっていける方法を提示することが必要なのである。

　第4章で，北海道の児童養護施設協議会では，1994年にわが国で初めて体罰をしないという項目を含めたケア基準を策定し，発表したことを述べた。しかし，それで北海道の児童養護施設では体罰がなくなったのかと言えば，残念ながらそうはならなかったのである。たとえば，2004年に道内の児童養護施設の3分の1にあたる8施設で，職員が子どもに対し体罰を加えたり，暴言を吐いたりしていたことが道の調査でわかったのである（asahi.com 5/14/2004）。

　このような事情は，学校教育において，早くも昭和22年に学校教育法の第11条で体罰が禁止されているにもかかわらず，依然として体罰がなくならない事情と非常によく似ている。学校教育においても，生徒の暴力その他の問題行動への体罰を用いない有効な方法が必要である。

　つまり，「人権感覚」はむろん大事だが，同時に，現場で暴力を用いないで難しい子にどう対応したらいいのかという具体的方法について教えるということがなければ，このような事件はなくならないものと考えられる。全国的に体罰を肯定する雰囲気が優位であった時期に，北海道の児童養護施設協議会が体罰をしないという形でケア基準を具体的に明確に示した点は高く評価できる。さらに，それを実現するための具体的方法が共有されれば，それが真に有効なものとなると考えられる。

e．児童福祉施設の暴力についての多様な現実

　また，これまた先に見てきたように，ひとくちに施設内暴力・虐待といっても，さまざまな型（タイプ）があり，その現実は多様である。「体罰による管理」「暴力による支配」で，子どもたちは職員が恐くて，訴えることができないような施設がある一方で，職員自身が怖い思いをしていたり，職員が当然注意すべき問題行動の指導にも腰が引けている施設もある。暴れる子を止めようと

して，腕をつかめば，「体罰だ」「セクハラだ」と訴える子がいるのもまた児童養護施設の実態の一側面である。その一方で，非常に多くの施設で見られる暴力として，子ども間暴力がある。このように，児童福祉施設の暴力問題への適切な対応のためには，児童福祉施設では，暴力について多様な現実があるということを出発点として認識しておくことが重要である。

f．包括的対応が必要

しかもこの現実は，しばしば変化する。<u>三種の暴力のうちどれかひとつだけを中心的に対応していくと，しばしば他の種類の暴力が激化する可能性がある。</u>たとえば，職員からの暴力が報道された施設では，ほとんどの場合，職員から子どもへの暴力は激減または消失すると同時に子どもから職員への暴力や子ども間暴力が激化する。また，たった一人の暴力的な子どもが新たに入所してきただけで，子ども間の力関係や子どもと職員間の力関係が瞬く間にがらりと変わってしまうこともある。

したがって，施設内暴力の解決には，**２レベル三種の暴力への包括的対応**が必要なのである。すなわち職員暴力，子ども間暴力，子どもからの職員への暴力などのいずれかにのみ対応するのではなく，施設におけるすべての暴力を同時になくしていくのに有効な包括的な対応システムを創っていくことが必要なのである。それは，また同時に，先に述べた暴力が吹き荒れるどの型の施設にも役立つものでなければならない。

個別対応と組織全体の取り組みの両方が必要：個と集団という視点

児童福祉施設における暴力の解決を目指すということは，このように施設の多様な現実に対応しうるものでなければならない。そのためには，個別対応と組織全体の取り組みの両方が必要なのである。

8．「集団と個」，「個と集団」という視点
a．「集団と個」，「個と集団」へのアプローチ

すでに述べたように，愛着（アタッチメント）やこころの傷（トラウマ）という視点は重要であるが，安心・安全という基盤なしには，危うい。また，以上述べてきたような暴力への対応は，個別対応を行うとしても，それだけでは不十分である。ここでのアプローチの基本は，暴力を抑えるだけではなく，言

葉で自分の気持ちや考えを表現できるよう援助するということである。しかし，施設の暴力は，先に述べてきたように，さまざまな連鎖がからみあって，複雑かつ強固なものとなっている。したがって，ある特定の子が暴力を振るわなくなるということだけでなく，どの子も暴力を振るわない，振るわれない事態にならないといけない。

　特定のひとりの子どもだけが安心・安全を守られるというのではだめなのである。どの子の安心・安全も守られなければならない。つまり，「（特定の）個の安心・安全」の実現だけでなく，さらには職員の安心・安全も含めて「施設全体の安心・安全」の実現が必要である。そのためには，いわば，「施設風土」ないし「施設文化」を変えていくことが必要である。したがって，**「個と集団」**という視点（田嶌，2007）が必要である。個人だけを切り離して見るのではなく，その集団との関わりで見ていく，「個と集団」という視点からのアプローチが必要である（田嶌，2007, 2008b, 2009）。

　「個と集団」と言えば，臨床心理士や精神科医は個人アプローチ（個人心理療法）とグループアプローチ（集団心理療法）を思い浮かべるかもしれないが，児童福祉施設における暴力問題の解決のために，それよりも優先的に必要なのは**「生活における個と集団」**という視点である。そこでは，個人だけではなく特定の組織全体を1事例と考え，個人もネットワークとコミュニティの一部としてみていく（田嶌，2001a）ことが必要である。

　児童福祉施設にける暴力は，集団で子どもたちが生活している場で起こっている暴力であることを考慮することが重要である。したがって，「個と集団」という視点から生活に介入することが必要なのである。つまり，「生活という視点」から，個別対応だけでなく，施設全体で取り組むことが必要なのである。また，集団における問題行動への対応では，特定の子どもへの指導は，しばしばそこで暮らす子たち全体へのメッセージを伝えるものとなる。したがって，指導するだけでなく，（他児に対して）「指導してみせる」ことになっていることを職員は意識することが必要である。

　なお，施設崩壊や学級崩壊といった深刻な状況では，特にこの「個と集団」という視点がとりわけ重要になる。それについては，第10章で述べる。

「連鎖系暴力」と「習慣化暴力」

　第4章で児童福祉施設における暴力が集団の中で連鎖していくことを述べた。

「個と集団」または「集団と個」という視点との関連で重要なのは，「連鎖系暴力」と「非連鎖系暴力（単発系暴力）」，の区別である。連鎖と言えば，家庭から持ち越された連鎖（「家庭-施設間連鎖」）をもっぱら思い浮かべがちであるが，ここで言う連鎖系暴力には先述のように児童福祉施設内での連鎖（「施設内連鎖」）もある。すなわち，連鎖系暴力には「施設内連鎖系暴力」と「横断的連鎖系暴力」とがある（第4章参照）。ここで重要なことは，すでにこれまで見てきたように，暴力は施設における現実の生活の中で連鎖していくということである。第4章で詳しく述べたように，児童福祉施設における暴力の難しさは，それが**「重なり合う連鎖」**によるものであるという点にある。したがって，児童福祉施設における暴力問題の解決には，まずは「施設内連鎖系暴力」への対応が必要なのである。

また，非連鎖系暴力（単発系暴力）も繰り返されるとき，容易に連鎖系暴力に転化するので注意が必要である。いまひとつ重要なのは，**「習慣化している暴力（習慣化暴力）」**と**「単発系暴力」**という区別である。習慣化暴力は，いわば，身にしみついた暴力であり，単発系暴力とは偶発性の高い暴力を言う。児童福祉施設における暴力は，単発系暴力（非連鎖系暴力）だけではなく，習慣化暴力や連鎖系暴力が多く，しかもそれへの対応が非常に重要である。習慣化暴力でしかも連鎖系暴力でもあるというのがもっとも改善が難しいと考えられる。

児童福祉施設における暴力の中心にあるのは，この連鎖系暴力と習慣化暴力であるということを十分に認識しておくべきである。

愛着（アタッチメント）を育めば暴力は自然になくなると考えている専門家が多いが，児童福祉施設における暴力の中心にあるのは，習慣化暴力と連鎖系暴力，それも施設内連鎖がある連鎖系暴力であるため，トラウマ（心的外傷）や愛着（アタッチメント）という視点だけでは解決がつかない。児童福祉施設における暴力問題の解決には「個と集団」という視点からのアプローチが必須である。本書で述べるような対応を周到かつ熱心に行うことが必要である。

b．「不本意集団」という視点：予防的対応

先に，暴力への対応が即予防につながるという視点が基本であり，それに加えてさらなる予防的対応が必要であると述べた。それを前提として，ここでは**不本意集団**という視点からのさらなる予防的対応を論じておきたい。

第4章で不本意ながら参加させられ，さらには出入りの自由度の低い集団を

不本意集団と呼び，児童福祉施設はまさに不本意集団のひとつであると述べた。不本意集団は，その性質上，外部との風通しが悪く閉鎖的になる傾向が出てきやすい。児童福祉施設における暴力は，この不本意集団であるということが影響している側面が大きいものと考えられる。したがって，予防的視点からは，この不本意集団であるという視点からの対応が必要である。ただし，予防的視点からの対応だけでは，不十分である。現在起こっている暴力には対応できないし，また連鎖（施設内連鎖）を断ち切ることもできないからである。そうした限界を踏まえつつ，不本意集団という視点からの対応も論じておきたい。

　不本意集団という視点からの対応の原則は，第一に子どもたちが抱えている不本意さ理不尽さの感情を和らげることである。しかし本質的にはそれを和らげることはできても，なくすことはできないということを認識しておく必要がある。そのうえで，できる範囲でそれを和らげる努力をすることである。

　子どもたちが抱えている不本意さ理不尽さを和らげるための対応としては，①不本意な参加（入所）への対応と②出入りの自由度についての対応があげられる。まず不本意な参加（入所）については，入所の理由すなわち家庭で暮らすことができない事情を本人がきちんと納得することである。それについては，第２章の「希望を引き出し応援する」のところで，具体的にすでに述べているので参照していただきたい。また家庭で暮らすことができないならこの施設で暮らすのがもっとよいことであるということを納得することが必要である。

　いまひとつの出入りの自由度については，入所にあたって，本人に選択肢を与えられ，その中から本人自身が選ぶことができるようにすることである。また途中からでも行く先を選ぶことができるようになることである。残念ながら，措置の時点で，児童養護施設か里親か，あるいはファミリーホームかを本人自身が選ぶことは通常できていないのが現状である。いつでも何度でも本人の希望で行く先が自由に変更できるというのは現実的ではないにせよ，本人に情報と選択権を提供できるようにしていくことが必要である。この点はすぐにどうにかなるというものではないが，今後ぜひとも国に検討してほしい課題である。

　不本意集団への対応の第二としては，後にも触れるように外部との風通しをよくしておくことが必要である。そして，第三に施設という集団生活の場がだれにとっても居心地がよいものになるようにしていくということがあげられる。

c．「施設全体の処遇力（養育力）」という視点への転換

　かつては，非常に多くの施設で，一時期は，強面の抑えの効く職員がいて，あるいは処遇（養育）の技術が非常にすぐれた職員がいて，対応してきたというのが実情である。そのような人たちが子どもたちの暴力を抑えてきたという歴史がある。その場合，そういう人は指導力があって，そうじゃない弱い職員は指導力がないというふうに，関係者に受け止められがちである。

　現在ではそこまで極端ではなくとも，ベテラン職員が当直の時は問題が起きないが，新米職員や甘く見られがちな職員の時には暴力事件や問題行動が起こってしまうというのは，児童福祉施設ではかなりありふれたことである。この場合，ベテラン職員が「自分は処遇力がある，あの人たちはないのだ」というふうに見るのは間違っている。

　あるベテラン職員の表現を借りれば，これは「施設全体の処遇力が低い」と見るべきであるということである。どの職員のときでも安定しているというのが，施設全体の処遇力が高い（＝チーム力が高い）というのであり，施設全体の処遇力を上げなければならないのである。当のベテラン職員も含めた職員集団のいわゆる「チーム力」が低いと見るべきであり，この「チーム力」を向上させることが必要なのである。個々職員の処遇力だけではなく施設全体の処遇力を上げることが重要なのである。そのためには，「職員個人の処遇力（養育力）」という視点から**「施設全体の処遇力（養育力）」**という視点への転換が必要である。

d．施設をあげた取り組みが必要：「個別対応を応援する仕組みづくり」

　これまで述べてきたように，入所の子どもたちが振るう暴力は，特定の職員個人の対応や処遇の問題とされてきた。しかし，この問題は，集団生活という構造的な問題である。

　そうでなければ，現在のように全国的に深刻な暴力問題が起こるということはありえないはずである。したがって，児童福祉施設の暴力をなくすには，個別対応だけでは解決困難であり，施設をあげた取り組みが必要である。第4章で述べたように，この領域の不幸は，<u>構造的問題にもかかわらず，主に職員個人の処遇力（養育力）で乗り切ろうとしてきたことにある</u>。

　2レベル三種の暴力とその重なり合う連鎖を変えていくには，施設風土（施設文化）の変化・醸成が必要である。そのためには，施設全体に暴力防止のう

ねりを起こしていく(広島のある弁護士さんの表現)ことが必要なのであり,施設をあげたそういう取り組みが求められる。それを通して,安心・安全にまつわる集団共有イメージ,ひいては共同体共有イメージ(田嶌,2004b, 2011)を醸成していくことが必要であると考えられる。

e. どのような取り組みが必要か

そのような施設をあげた取り組みとは,2レベル三種の暴力に対してどう対応をするかというガイドラインと,個々の職員の対応を支援することができる**仕組み「個別対応を応援するシステムづくり(＝仕組みづくり)」**である。具体的には,①事件が起こってからの対応ではなく,早期に暴力をキャッチ,特に潜在的暴力をキャッチできる仕組み,②子どもたちが訴えることができる仕組み,③訴えがあったら,被害児を守り抜くことができる,さらには,④暴力を抑えるだけでなく,暴力を振るわないことを学ぶことを援助し,成長のエネルギーを引き出すことが必要である。

f. 子どもと真剣に向き合えば

「施設をあげた取り組み」と言えば,それに対して,個々の職員が「ひとりひとりの子どもと真剣に向き合うことこそが大事なのである」と,しばしば反論されることがある。「職員が真剣に向き合うことこそが大事」ということ自体には私は賛成である。問題は,どうすれば,暴力を振るい荒れている子どもを相手に真剣に向き合えるかということである。そして,私は職員が頑張れば子どもと真剣に向き合える仕組み,子どもと真剣に向き合うことを応援する仕組みを創ることが必要であると主張しているのである。

同様に,「研ぎ澄まされた人権感覚が必要」というのがある。これも反論の余地がないくらい正しい見解である。これにも異論はない。「真剣に子どもと向き合えば」というのと同様に,問題は,どうやれば「人権感覚を研ぎ澄ます」ことができるかという具体的な実現方法の議論を抜きに,これらの精神論がスローガン的に語られるだけで終わっているというのが,児童福祉領域でしばしば見られる特徴であるように思われる。絶対的に正しいスローガンを言いたてても,それだけで終わっているのであれば,事態は全く改善しないのである。

g．施設をあげた取り組みの危うさ：内部だけでやっていたのでは危うい

　その一方で，施設をあげた取り組みの危うさも認識しておくことが必要である。その危うさとは，ひとつには，子どもたちを抑えつけるだけの，職員側に都合のよい安易な取り組みに陥ってしまう危険性である。たとえば，職員の対応の是非をまったく問題にせず，子どもによる暴力（すなわち子ども間暴力や対職員暴力）や子どもの問題行動だけを取り扱うことになりかねない危険性である。

　ここで，注目しておきたいのは，2009年に4名の法務教官が逮捕され，続いてその指導にあたっていた元首席専門官も逮捕され，矯正領域に大きな衝撃を与えたいわゆる「広島少年院事件」である。児童福祉施設のことを論じるのに，少年院の事件を引き合いに出すことをいぶかる向きもあるかもしれない。しかし，実は，深い関係があるのである。

　この事件は，4人の法務教官が2008年度を中心とする時期に，殴ったり，けったり，首を絞めたりするなどの暴行を加えたり，紙おむつをはくよう強要し，拒まれると顔を殴ったうえ，ズボンにシャワーの水をかけて着用させた，トイレに行かせず，失禁させたりなど，収容少年の半数にあたる約50人に計約100件の暴行を加えていたというものである（2009年6月9日17時6分　YOMIURI ONLINE）。

　また，続いて広島少年院の元首席専門官も逮捕され，その首席専門官は広島少年院では法務教官を統括する立場で，矯正教育の実績が高い評価を受けていたが，自らも在院の少年らに暴行を加えていたという（2009年8月11日16時57分　asahi.com.）。

　この事件が衝撃的であったのは，この首席専門官の主導する「矯正教育の実績が高い評価を受けていた」からである。広島少年院の取り組みは，宇治少年院（ここも同じ人によって主導された）と並び矯正領域において全国のモデルとされるくらい注目された少年院だったからである。どのくらい注目されていたかと言えば，その実践について，ルポした本が何冊か出ていて（品川，2005；吉永，2007），しかも時の総理大臣が視察に訪れたほどであるという。

　その活動の要諦は，少年院に収容される非行少年の中には発達障害と見られる少年が少なくないことから，「発達障害の視点」からの矯正教育の実践を行い，再犯率が劇的に低下するなどこれまでにない顕著な成果をあげてきたとされている（品川，2005，吉永，2007）。この事件は，そうした実践の過程で起こったもので，しかも長期にわたって暴力が繰り返されてきたとされているの

である。

　裁判が行われている最中であるため，ほんとうに暴力が繰り返されてきたのかどうか断定するのは慎重であるべきであろう。しかし，本書のテーマから言えば，この事件から学べる教訓は重要である。

　この事件が，なぜ児童福祉施設と関係が深いかと言えば，児童福祉施設は発達障害と同様の特徴を示す子どもたちが多く，そのため，しばしば研修会の講師を依頼するなど，その元首席専門官の実践を学ぼうとしてきたからである。むろん，その実践から学べることは多いと思われる。実際にその方式を導入している施設もあるのではないだろうか。

　広島少年院や宇治少年院の実践は，矯正施設だからこそできたという面もある。そしてむろん，新聞報道のようにもし教官側がさまざまな暴力を振るってきたとすれば，許されることではない。その一方で，（個々の取り組み内容の是非はともかく）「発達障害（ではないか）という視点」から取り組みを行ってきたという点では，高く評価できると私は考えている。

　これまでにない顕著な成果をあげてきたにもかかわらず，そうした実践の過程で暴力事件で起こり，しかも長期に繰り返されてきたとされているのである。私たちが，ここから学びとれることは何だろうか。

　報道されているように暴力があった場合も，またなかった場合でも，どちらであっても言えるのは，こうした活動をチェックまたはモニターする仕組みがなかったことが問題であるということである。つまり，<u>どんなにいいと思われる活動でも，内部だけでやっていたのでは危うい</u>，これがこの事件から汲み取るべき教訓であると私は考えている。

　職員の指導について，それが暴力だセクハラだと訴えた際，職員または施設側が否定したとしても，内部だけでやっている活動だと外部からはどちらとも判定しがたいということがありうる。これまで摘発された前例があればなおさらである。実際，子どもが訴えることが正しいこともあれば，間違っていることもある。この場合も，内部だけでやっている活動は危うい。外部の関与とモニターが必要である。「個別対応を応援する仕組み」であると同時に，職員から子どもへの暴力もモニターする仕組みであることが必要である。子どもによる暴力（すなわち子ども間暴力や対職員暴力）だけでなく，職員による暴力も取り扱うことがとりわけ重要である。

h. 外部との連携の必要性
「モニターしつつ支援する仕組み」が必要

　先に，この暴力問題は，大人であれ子どもであれ，ある程度の数の人間が閉鎖性の高い空間でストレスに満ちた生活を共にする時，極めて起こりやすい性質のものであると言えると述べた。閉鎖的な組織で問題は生じやすいし，また問題が起こったときに対処力が低下しやすい。したがって，外部との風通しをよくしておくことが重要である。外部と連携するというのは，ただモニターするだけに留まらず，もっと積極的な意義もある。難しい問題ほど，①ひとりで抱え込まない，②丸投げしない，ということが必要である。これは，ネットワーク活用型アプローチに必要な留意点である（田嶌，2008c，2010）。機関同士，組織同士も同様である。つまり，より有効な援助のためには，ネットワークによる連携すなわち外部とうまくつながるということが役立つ。すなわち，「外部から支援を受ける」という積極的意義もあるのである。

　以上のことから，施設をあげた取り組みであり，また個別対応を応援する仕組み（田嶌，2008b，2009）であると同時に「風通しをよくする」ことと「外部からの支援を受ける」ということが重要であるということになる。「モニターしつつ応援する仕組み」（田嶌，2008a，2009）が必要であり，これまでの論をまとめてひと言で言えば，**「施設をあげた取り組みとそれをモニターしつつ支援する仕組み」** が必要であるということになろう。2レベル三種の暴力に施設をあげて取り組むこと，そして外部の目が届く形の活動であることが重要であると，私は考えているのである。

9. まとめ

　以上述べてきた暴力問題解決のための援助の視点をまとめると，次頁表6-4のようになる。

表6-4　暴力問題解決のための援助の視点
　　　── モニターしつつ支援する仕組み ──

```
実態の理解
        深刻さと拡がり

対応即予防という基本的視点とさらなる予防

「共有可能な知恵」と
「システムを維持するためのシステム」

成長の基盤としての安心・安全

安心・安全のアセスメント　活動しながら見立てる

2レベル三種の暴力への包括的対応

集団と個，個と集団
        個別対応と施設をあげた取り組みの両方が必要

モニターしつつ支援する仕組み
```

Ⅱ　パラダイムの転換

　ここで述べてきたアプローチをとるには，社会的養護におけるさまざまな側面でのパラダイムの転換が必要である。ここでは，心理臨床，施設現場の処遇という二つの側面から述べる。なお，ここで言うパラダイムとは「思考を方向づける枠組み」という意味で用いている。なお，「子どもの権利擁護」のパラダイムの転換については，第14章で論じる。

1. 心理臨床のパラダイムの転換
a. 現実に介入しつつ心に関わる

　暴力問題の解決には，まずは心理臨床のパラダイムがもっとふくらみを持ったものに転換することが必要である。その一部は，前節でもすでに述べてきたが，ここではさらに述べることにする。

　まず，目指す目標は「主体と環境とのより適合的関係」である。必ずしも「変わるべきは個人」ということではなく，現実の環境の側が変わるべき場合もある。したがって，心理臨床家がもっぱら内面にのみ関わるという姿勢ではなく，**「現実に介入しつつ心に関わる」**（田嶌，2009）という姿勢が必要である。そして，現実が過酷な場合は，まずはその現実がある程度変わらないといけない。心理士にもまずそのための関わりが，必要とされるのである。

b.「生活における体験」を基本と考える：
　　「体験の蓄積」と「体験準備のための構造化」

　さらに踏み込んで考えてみれば，個人面接を基本と考えるのではなく，日常生活における体験を基本と考えることが重要である。すなわち，本人にとって日常生活でどういう体験が必要なのかという視点に立つことである。第1章でも述べたように，これはさしずめ**「体験支援的アプローチ」**とでもいうべきものであり，そこでは日常生活における支援が基本であり，順番としては，そこを十分に検討しつつ，さらに必要があれば個人面接を行うということになる。

1）土台への注目

　これまで，心理療法にせよ心のケアにせよ，発達援助にせよ，SST，性教育，愛着療法にせよあらゆる専門的働きかけが効を奏するには，それ以前に土台として安心・安全な生活が実現されていることが重要という指摘をしてきた。それは特殊な専門性による関わりよりも，日々の生活を整える必要性を主張するものである。

　つまり，**「生活という視点」**（田嶌，2001a, 2003a）が必要なのである。なお，生活における体験を重視するという点では，村瀬嘉代子の統合的アプローチ（村瀬，2001，他）などでも同様である。たとえば，村瀬（2001）は，「発達段階の初期にトラウマを受け，基本的信頼感が十分に育っていない，しかも生きていく生活習慣の基本すらも崩れたり，習得できていない子どもに対しては，

象徴を駆使したり，言語表現に多くを頼って，内面理解に急になるよりも，まずはそれ以上の具体的な生活体験を味わい，生を享受できるような日常生活の充実を基盤とした，統合的なアプローチが求められる」と述べている。また，村瀬（2011）は，「虐待された子ども達に求められるのは，精神的に育ち直るための支援である。つまり，日々の営み，生活を通して心理的支援を行うことが求められているのである」と述べている。

「生活」と「育ち直り」という視点からの村瀬の論は，この領域を代表する見解となりつつあるように思われる。村瀬の長年にわたるさまざま実践と研究を，私は高く評価し敬意を抱いている。しかし，児童養護施設の暴力問題や養育という側面から見ると，率直に言って，この「生活」と「育ち直り」という二つの重要な点に関して，私は非常に違和感を覚えている。異を唱えるのは畏れ多い気がするが，子どもたちに大きく影響する重要な問題であると思うので，ここはひとつ私の見解を述べることにしたい。以下の議論をきっかけに，今後それらについてオープンな議論が行われることを期待している。

生活という視点は重要である。しかし，まず指摘しておきたいのは，「ふつうの生活が大切」とか「日常生活の充実」と言うだけでは，不十分であるということである。現実の生活が厳しい状況に置かれている人や過酷な生活になっている人たちには，とりわけ極めて不十分であり，さらに踏み込んで考えてみる必要がある。ここで問われるのは，「生活という視点」を重視すると言うのであれば，どのような生活（生活の質）を重要と考えるかということを明らかにしていくことが必要だということである。村瀬の論では，それが明らかではないように思われる。

2） どのような体験が必要か

「体験支援的アプローチ」では，土台には，「生活においてどのような体験を蓄積していくか」ということが重要であると考えている。ここでのキーワードは**「経験の蓄積」**（田嶌，2003c）または**「体験の蓄積」**（當眞，2008）である。「経験の蓄積」と「体験の蓄積」を区別しておくことが必要な場合もありうるが，煩雑になるので，本書では**「体験の蓄積」**という語を用いることにしたい。たとえば，不登校について言えば，この子にとって今後どのような体験を重ねていくことが必要なのかという視点をとることが重要である。より正確に言えば，なぜ不登校状態に陥ったかということも，あくまでも今後どのような体験

を積むのが必要かということを考える参考にするということになろう。なお，不登校の子たちにもっとも重要なのは，他者と「遊べるようになる」体験であると，私は考えている。

　では児童福祉施設の子どもたちにとっては，どのような生活を送ることが重要なのか，生活においてどのような体験を蓄積していくことが大事なのだろうか。

　まずは，なんといっても暴力に脅かされることのない**安心・安全な生活**ということである。第3章，第4章で見てきたように，児童養護施設の子どもたちの日々の生活には暴力と威圧があふれているのである。したがって，子どもたちの安心・安全な生活の実現のためには，暴力から守ってもらえること，暴力を振るっても，暴力を使わないで抑えてもらえること，こういう体験を重ねること，それこそが土台に必要である。

　同様に，暴力を振るう子について言えば，この子が暴力を振るわないで生きていけるようになるにはどのような体験を重ねていくことが必要なのかという視点をとることが必要である。より正確に言えば，なぜ暴力を振るうようになったのかということも，あくまでも今後どのような体験を積むのが必要かということを考える参考にするということになる。なお，暴力を振るう子にまず必要なのは，**「暴力を非暴力で抑えられる体験」**であり，さらには自分の気持ちや考えを**「暴力という手段でなく言葉で表現できるようになる体験」**であると，私は考えている。

　これは最重要である。裏を返せば，これは最低限必要なことだとも言えよう。したがって，安心・安全という土台の上に，さらに生活の中でどのような体験の蓄積をしていくことが必要であるかが今後検討されるべきである。そうした土台の上に，心理療法や各種の専門的介入が図られるのが自然であり，また効果的でもあると私は考えている。さもなければ，あらゆる専門的働きかけは，いわば「食事を与えずに，ビタミン剤を投与する」ようなものになりかねない。

　にもかかわらず，村瀬の論ではこの安心・安全な生活ということが明らかではなく，また村瀬が委員長を務める全国児童養護施設協議会「児童養護における養育のあり方に関する特別委員会（村瀬嘉代子委員長）」報告書，『この子を受け止めて，育むために―育てる・育ちあういとなみ』（全国児童養護施設協議会，2008）という冊子でも，養育という営みが重要としながら，子どもたちの生活における暴力問題が全く触れられておらず，さらには安心・安全という生活を実現すべきであることが全くと言ってよいほど述べられていない。また，

村瀬（2011）でも同様の論が展開されている。このことにも私は大きな疑問を感じざるを得ない。なお，それらについては，後にさらにp.298で論じる。

「体験の蓄積」と「体験の活用」

　安心・安全という土台の上に，さらにどのような体験を蓄積していくことが必要なのかということは，人により問題により異なるであろうが，重要なのは「日常生活における**体験の蓄積**」ということである。そのためには，生活日課やネットワークや居場所づくりなどを通して，体験を準備し方向づけるための**構造化**（「体験準備のための構造化」）がある程度は必要となるものと考えられる。そして，さらには本人がその蓄積された体験を活用できるようになることが必要である。つまり，「**体験の蓄積**」と「**体験の活用**」が必要なのである。さらに言えば，体験を活用できるようになるためには，体験をモニターできるようになること，すなわち「体験のモニター」が必要である。

c. 「育てなおし」または「育ち直り」

　次に，臨床心理学，発達心理学，精神医学や児童福祉領域で，しばしば用いられている「育てなおし」または「育ち直り」という概念について，考えてみたい。この語を誰が言い始めたのかはよくわからないが，現在では心理臨床や精神医学において多くの論者に使われている。以前は，「育てなおし」が，最近ではどちらかと言えば「育ち直り」が多用されているように思う。著名なところでは，村瀬（2003）が，「発達段階のつまずきの生じた段階に立ち戻り，育ち直りを助ける」と述べているし，さらに村瀬（2011）では，虐待を受けた子について「育ち直るための支援」が必要であると述べている。

　この「育てなおし」「育ち直り」という語は，一定の意義を持つものであると思うが，それでも危うい概念であると，私は考えている。この語は，日々の関わりについて使われることもあれば，心理療法過程について用いられることもあり，「育てなおす」「育ち直る」というくらい時間がかかる，あるいはそのくらい丁寧な関わりが必要ということを暗に示すという意義があるだろう。しかし，この語に含まれる，「元に戻って，そこからやり直す」という含みがあるという点に私は危うさを感じるのである。

　これについて考えるにあたって，わかりやすい例として「動作」について見てみよう。

動作発達は，よく知られているように，おおまかに言えば通常，寝返り，はいはい，つかまり立ち，立位，歩行といった順にできるようになるものである。これが定型発達である。ところが障害があって，それが順調に進まない子たちがいる。脳性マヒはそうした障害のひとつであり，脳性マヒ児はさまざまな動作不自由を示す。そこで，そういう子どもたちにはリハビリ（訓練）を行うことになる。動作法で脳性マヒ児の訓練をするのに，定型発達にならって，はいはいから始めないと効果がないかといえば，そんなことはない。しばしばいきなり（セラピストが支持しつつ）立位からはじめることこそが有効なのである（成瀬，1973，1985）。とりわけ，重度の心身障害児に立位課題を行うと，他の方法では得られない効果をあげることは動作法の実践では関係者にはよく知られていることである。ここではその詳細は省くが，私の経験については，前に書いたことがある（田嶌，1988，2003b）ので参照されたい。
　つまり，必ずしも定型発達の順にあとをたどるのがよいというわけでは決してないということなのである。そして，このことは動作に限らず，心身の発達全般にも言えることではないかと私は考えている。
　重要なことは，第一に私たちが関わる子どもたちは，定型的発達ではないにせよ，すでに一定の成長・発達をとげているのであり，そこから出発することが必要であるということである。第二に，「元に戻って，そこからやり直す」ことはできないということである。その一方で，当たり前の話だが，「過去は変えられないが，現在と未来は変えられる」。また，「元に戻って，そこからやり直す」という発想は，いわば定型発達に追いつくことをもっぱら追求することになりかねず，すでにとげている発達の持ち味を損なうことや見損なうことにもつながりかねない。
　すなわち，以上のことから，「育ちなおし」ないし「育て直り」という視点は，発達と学びというものが持つ豊かな可能性を見落としてしまいかねない可能性があると私は考えている。この点について，以下にさらに具体的に述べておこう。

d．生き抜いてきたという事実の重み

　まず，第一の子どもたちは，すでに一定の成長・発達をとげているのであるという点について言えば，もっとも重要な点は，施設に入所しているこの子たちが悲惨な境遇をくぐりながらも，それでも生き抜いてきたという厳然とした

事実である。これこそが，この子たちを支えるもっとも強力な資源である。

e．持ち味を生かす

　また，悲惨な境遇の中で必死に育んできた力を見落とさないことが重要である。普通の境遇では，とても発達しえなかったような力を発揮できるようになっている。たとえば，お世話する能力や家事や身辺整理の能力が，かなりできるようになっている子どももいれば，運動能力が発達している子もいる。弟や妹を思いやり，やさしい気遣いやお世話をできる子もいる。むろん，こうした境遇は経験しない方がいいに決まっている。

f．哀しみを引き受ける

　しかし，経験してしまったからには，そこから何かを育むということが重要なのだと私は考えている。この持ち味を生かすことは，そういうつらい体験をしてきた哀しみを同時に引き受けることでもある。
　先に，第2章で私が，「持ち味を生かす」と述べたのは，こうしたことに関係している。「育てなおし」「育ち直り」モデルは，このようなことを見落としやすくなる危うさがあると私は考えている。

g．「育てなおし」「育ち直り」と「愛着（アタッチメント）」

　また，第二の，「元に戻って，そこからやり直す」ことはできないという点について言えば，「育てなおし」「育ち直り」概念に含まれる「元に戻って，そこからやり直す」という発想と「愛着（アタッチメント）」とが合わさると，さらに事態を混乱させることになりかねない。たとえば，昔の話だが，かつて不登校の心理援助でも，「不登校は幼児期に甘えが足りなかった」，そのため「本人の甘えを十分に満たすことが必要」という理論で，「本人の要求は，何でもきく」という方針で臨むアプローチが実践されたことがある。その結果，おしめまでするようになるなど，子どもがひどく退行し，赤ちゃんがえりをしてしまった例があり，元にもどすのに大変であったと聞いている。
　児童福祉施設でも同様である。「愛着（アタッチメント）」を重視する関わりを徹底して行ったところ，中学生の子どもがすぐ近くに行くにも，おんぶを要求するようになった例もあると聞いている。
　「育てなおし」，「育ち直り」にしても「愛着（アタッチメント）」にしても，

最大の問題点は，現在のところ暴力にどう対応するのかという具体的指針がないことである。それなしには育てなおしも愛着（アタッチメント）も危ういと私は考えている。
　あるいは，育てなおしと愛着（アタッチメント）に留意した養育を行えば，暴力は自然になくなるのだと主張されるかもしれない。前章で述べた児童養護施設「広島修道院」の例を思い起こしていただきたい。「愛着関係を育む」という点では，施設という枠内では広島修道院ほどやれている施設はそうそうないであろう。しかし，そこまで愛着（アタッチメント）に配慮した養育をやってきた施設でも，暴力問題は起こっていて，安全委員会方式の導入によって暴力は激減したのである。したがって，よほどいろいろな恵まれた条件が揃わない限り，愛着（アタッチメント）に留意した養育で暴力が自然におさまるということはありえないと私は考えている。しかし，百歩譲って，そうだとしても，暴力が自然におさおまるまでのその間に起こった暴力の加害児・被害児にどう対応するというのだろうか。いずれにしても，その具体的指針が必要である。
　育てなおしと愛着に関連して重要なのは，退行という概念である。退行とは，精神分析学の概念で，典型的にはより原始的な段階に戻ることを言う。たとえば，子どもに甘えが目立ち，しきりにスキンシップを求めるようなことが起こり，養育者がそれを満たしてあげると，次第におさまっていき，次第に子どもっぽい依存から成熟した依存へと成長していく。このような退行は治療的退行とか良性退行と呼ばれるものである。
　懸念されるのは，少し勉強した現場の人たちに，退行を受け入れるのがよいという理論を信奉し，その子の甘えやわがままな欲求を養育者がどこまでも満たしていけば，いずれは成長が促進されると考えている人たちが出てきていることである。
　しかしここで大変重要なのは，退行にはこのようなものだけでなく，いまひとつ悪性退行というものがあるということである。たとえば，要求が際限無く大きくなり，しかもそれがかなえられないと養育者にものすごい攻撃性が出てきたり，リストカットなど逆に自分を傷つけたりする。さらには，現実離れした混乱状態に陥ることもある。
　したがって，ただひたすら甘えや要求を満たせば，愛着が育まれ，成長するといった単純なモデルを信奉しないように気をつけることが必要である。安心・安全をはじめ，子どもの病理の特徴など，いくつかの条件が整わないとそれは

難しいことなのである。

　また，あらゆる臨床技法が，適用次第では危ういものとなると言っても過言ではないが，「育て直し」もまた，極端な形で適用されると，さらに大変な事態が起こりうる。たとえば，相談者に対してオムツをして，哺乳瓶を使い，「育て直し」を実践していることで有名な大学教授が 2004 年に，心の悩みの相談に訪れた女性に「育て直し」と称しわいせつな行為をしたとして，準強制わいせつ罪で逮捕され，2009 年に有罪で刑が確定した（2009 年 12 月 10 日 18 時 0 分配信　時事通信）。ちなみに，この大学教授はもともとは生物学者で臨床心理士ではないが，広く相談を受けていたという。むろん，「育て直し」という語を使う臨床心理学や精神医学の専門家とは無関係であるが，このようなことが起こりうることは記憶に留めておきたい。

　先に，発達障害という視点から矯正教育を実践していた広島少年院で逮捕者が出た事件について言及し，なんらかのモニターする仕組みの必要性を指摘したが，このような事件は「育てなおし」や「愛着（アタッチメント）」についてもそれが必要であることを示している。

h．場面の識別が重要

　私は「愛着（アタッチメント）」を否定しているわけではない。それどころか愛着（アタッチメント）は非常に重要な概念であると考えている。私はただ，安易に愛着，愛着と叫ばれる現状を危惧しているのである。私は愛着を育むには，甘えてよい場面と甘えが許されない場面とを識別する力を同時に育むことが必要であると考えている。愛着を育むことは重要であるが，その一方で暴力等の問題行動の指導にあたっては，毅然として叱ることが必要である。

　また，深い愛着とは安易に育むものではなく，育むからには，その深い愛着関係にきちんと責任を持って維持する覚悟もまた必要であると考えている。その意味で，先に述べたように，**「愛着の基礎は安心・安全」**であり，また**「愛着環境を整える」**ことが重要であると考えているのである。

i．「発生過程（生成過程）」と「解決過程（修正過程）」は異なる

　このことは，大変重要なことなので，いま少し述べておきたい。

　わが国の著名な精神医学者中井久夫の名言に，**「発症の論理と治癒の論理は異なる」**というのがある。「発病過程と回復過程は似ているところもあるけれども，

後者は前者の逆過程ではない」(中井, 1982) との指摘である。これは統合失調症等の治療経験から言及されたものであるが,「病」を「問題」に置き換えれば,「(似ている場合もあるだろうが) **問題の発生過程と解決過程は異なる**」ということになろう。先の「育てなおし」「育ち直り」概念の危うさもここにある。

　また,こうした問題に対しては根本の原因を解決しなければならないという考え方も根強い。それを原因解決論的アプローチと呼べば,この原因解決論的アプローチは二つの点で問題がある。ひとつは,私たちの社会で起こる問題というものはしばしば関わる要因が複雑であり,簡単にこれが根本的原因だとわかることは非常に少ないということである。また,なにをもって根本的原因であると考えるか立場によってもかなり異なってくる可能性が高い。つまり,病原菌と病気との関係のように,すっきりと単純な因果論で捉えられることは少ないのである。

　いまひとつ問題なのは,それにもかかわらず,原因解決論的アプローチでは原因がわからないとどうしようもないと考えてしまいがちであるということである。しかし,たとえば,19世紀前半にロンドンを何度か襲ったコレラによる病気の発生を,コッホがコレラ菌を発見する前に,ロンドン市民は上下水道の分離と整備によってくいとめることをやってのけたというのである。これはキャプラン (Caplan, G., 1964) があげている例であり,山本 (1986) はそれを紹介し,言い換えれば,社会システムを変化させることによっても病気の発生をくいとめることができるのであると述べている。この例もまた,**「問題の発生過程と解決過程は異なる」**ことを示している。菌による病気についてさえそういうことがあるのである。

　施設の暴力問題では単純な因果論に基づく原因解決論的アプローチに陥ってしまわないように気をつける必要がある。根本的原因を探求することは一方では必要なことである。そのことを私はいちがいに否定するつもりはない。しかし,それが必ずしも確定しない段階でも,有効な対応はありうるしまた対応しなければならないということを言いたいのである。

j. 到達目標と到達過程とは異なる

　また,同時に到達目標と到達過程 (または実現過程) を区別すべきである。この領域では,しばしばこれが区別されていないことが混乱を引き起こしている。

　目標をかかげさえすればそれが実現するわけでは決してない。たとえば,荒

れた施設や荒れはじめた施設で,「子ども主体」でやろうとするならば,まずは暴力をなくして職員の指導が通る関係を創りあげることが必要である。

「到達目標と到達過程(実現過程)の区別」について,例をあげて説明しておきたい。向井(2003)は,少年院に収容される非行少年の中には発達障害と見られる少年が少なくないことから,「発達障害の視点」からの矯正教育の実践を行い,再犯率が劇的に低下するなどこれまでにない顕著な成果をあげてきたとされている(品川,2005,吉永,2007)。その実践では,「統制主義的な組織・集団づくり(集団管理)から合意主義的な内容(集団指導)へとシステム的に発展させていく必要がある」として,「統制(controlling)⇔参加(participatory)⇔自治・委任(entrusting)」という段階を設け,それを少年院の持つ段階的処遇制度に連動させ,新入時には統制的に,中間期には参加的に,出院期には自治・委任という集団づくりを行っている(向井,2003)。むろん児童養護施設では同じようなわけにはいかないだろうが,このような例は「到達目標と到達過程の区別」を鮮やかに示しているものと考えられる(ただし,このような実践は内部だけで行うのは,危うい。なんらかの外部がモニターする仕組みが必要であろう)。

子ども間の暴力について言えば,しばしば「暴力やいじめのない施設の実践から学ぶ」ことが推奨されている。しかし,荒れた施設や問題が多発している施設が現在落ち着いているいわゆる優良施設に見学に行き,その施設が現在行っていることをそのまままねても,なかなかうまくいかないものであり,時に混乱を引き起こすことさえある。そういうことが起こるのは,この「到達目標と到達過程の区別」を考慮していないことが大きな一因であると考えられる。優良施設や落ち着いている施設から学ぶことに意味がないというのではむろんない。「到達目標と到達過程の区別」に留意しながら学ぶことが必要だということである。

k. 生活おける「体験の蓄積」

以上のような論から,発達援助においても発達をやりなおすというよりも,すでにとげている発達の状態から新たな体験を重ねることで,その人なりの持ち味を発揮した成長や適応を促進するということが必要なのであると私は考えている。

たとえば,「心の傷を癒す」ということを例に考えてみよう。「心の傷となっ

た体験そのものが消え去る」わけではなく，その意味では「心の傷は本質的には癒されるわけではない」，そうではなくて「いくらかじょうずに抱えておけるようになるのである」(田嶌，1997，2004)というのが私の考えである。逆に言えば，私たちが癒しと呼んでいるものの本態は，「じょうずに抱えることができるようになること」なのだと言い換えることもできよう。よりじょうずに抱えておけるようになるためには，<u>どのような体験を蓄積していくことが必要か</u>ということなのである。

　ことは，「癒し」についてだけではない。またその人が「生きていく力」をつけるには<u>どのような体験を蓄積していくことが必要か</u>ということである。

　そこで「育てなおし」や「育ち直り」という語に代わって，新たな用語・概念が必要となる。それは，第1章で述べた**「体験支援的アプローチ」**(「発達援助のための体験支援的アプローチ」)であり，さらにそれに加えて**「体験の蓄積」**という語である。心理療法の場での「体験の蓄積」ということも重要ではあるが，さらに基本的に重要なのは**「日常生活における体験の蓄積」**ということである(表6-5)。このまた，体験の準備をすること，すなわち体験をしやすい状況を整えること，準備のための構造化(「必要な体験準備のための構造化」)ということも必要となる。

　どのような体験を蓄積していくことが必要なのかということは，人により問題により異なるものであるが，「体験の蓄積」と「体験準備のための構造化」が必要であるという点では，同じである。

　とはいえ，私は「育てなおし」や「育ち直り」という語や概念を全面的に否定することを主張しているわけでは決してない。「育てなおし」や「育ち直り」と言いたくなるようなことが起こることはある。したがって，「育てなおし」や「育ち直り」といった語は，そういう場合や退行促進的な心理療法などのごく特殊な条件下で起こったことの説明に用いるなどのごく限定した使い方をするのがよいのではないかと私は考えている。つまり，「体験の蓄積」を基本として，「育てなおし」や「育ち直り」は，「体験の蓄積」のごく特殊な形のものとして位置づけるのがよいのではないかと私は考えているのである。

生活史の検討

　また，ケース会議で必ずといってよいほど行われるのが，本人の生い立ちすなわち生活史の検討である。私はこの生活史を理解することや検討することを

否定しているわけではない。これも，育てなおしや育ち直りといった視点から検討するのではなく，今後本人がどのような体験を積んでいくこと（＝体験の蓄積）が必要なのかという視点から考えるのが基本であると考えているのである。本人に過去に欠けていたものを補うという視点からではなく，今後本人にどのような体験の蓄積が必要なのかを考えるための参考にするというのが私のお勧めである。

表6-5　「育てなおし」「育ち直り」から「体験の蓄積」へ

面接場面重視	➡	生活場面重視
育てなおし，育ち直り	➡	体験の蓄積 日常生活での体験， 面接での体験

I．どのような経験・体験の蓄積が必要か

日常生活が基本

　さらに踏み込んで考えてみれば，個人面接を基本と考えるのではなく，日常生活における体験を基本と考えることが重要である。すなわち，施設の子どもたちに限らず，本人にとって**日常生活でどういう経験・体験が必要なのか**という視点に立つことである。日常生活における支援が基本であり，順番としては，そこを十分に検討しつつ，さらに必要があれば個人面接をということになると考えるのが自然である。

体験の重視

　私がどのようにして日常生活における**「体験の蓄積」「体験の活用」**という考えにたどりついたかということを少し述べておきたい。私はこれまで，特に断りもなく「経験」という語に加えて，「体験」という語を用いてきた。経験と体

験の区別については，哲学などでいろいろと議論があるようであるが，ここで私が言う体験とはもっと日常的常識的なもので「身をもって経験すること」を言う。この「身をもって」というのが重要なポイントであり，その中心にあるのは身体的経験であり，本人自身の実感である。私は心理療法においては，この意味での体験が重要と考えてきた。たとえ知的理解であってもいわば「腑に落ちる」ことが重要ということになる。そして，イメージ療法や動作法など，体験を重視する面接技法を実践してきた。それらの経験から，私は身体を，おおまかに「現実感覚的身体」「主観感覚的身体」「超個的身体（トランスパーソナル的身体）」の三つに分け，それぞれの意義を論じた（その詳細は，田嶌，2004，2011を参照）。

体験様式とは

さらには，体験の内容ではなく，それをどのように体験するかという「体験様式」が重要であり，それに働きかけるということを重視するようになった（田嶌，1987）。

体験様式とは，体験を「内容」と「様式」とに分けて見ていくという視点から生まれたものである（田嶌，1987, 1996；成瀬，1988；鶴，1991；河野，1992；藤岡，2002他）。私は，イメージ療法においては「どのようなイメージを浮かべているか（＝イメージ内容）」ではなくそのイメージを「どのように体験しているか（体験の仕方，体験様式）」ということが重要であることを指摘し，それを「イメージ体験様式」と呼んだ。**体験様式**とは，日常語でいえば対象との「つきあい方」ということになり，また「悩み」を対象としてみた場合，体験様式とは悩みの内容ではなく「悩み方」のことであると言えよう。先に述べた**「体験の活用」**も体験様式のひとつと考えている。

日常生活における体験

このように体験様式を重視していたが，その後，学生相談やスクールカウンセリングに携わるようになり，面接時の体験だけでなく，日常生活における体験を重視するようになってきた。

さらに，児童養護施設に関わるようになり，日常生活における体験を重視するという視点は，私にとってますます重要なものとなってきた。日常生活における体験が基本であり，個人面接はむしろ補助的なものと考えるようになった。

イメージ療法などの内面探求型の個人心理療法に欠けているものとして，生活における「現実の経験」があること（田嶌，1999）を指摘し，さらには「（イ

メージ療法等の内面探求型のアプローチによる）シンボルの変化が効果を発揮するには，それ相応の発達的基礎や健康水準が必要であり，したがって人がある程度の現実の経験の蓄積を持つことが大事であり，それなしにイメージ的諸技法のみに頼ってしまうのはときに危うい」と述べた（田嶌，2003c）。すなわち，ここで「現実の経験の蓄積」の重要性を指摘したのである。

　そして，私は，その人にとって望ましい体験を積むことこそ重要なことであり，それに貢献できるならば個人面接だけにこだわる必要はないと考えている。むろん，私は個人面接を否定しているわけではない。しかし，体験様式に働きかけることが効を奏するには，それ以前にある程度の生活における**「体験の蓄積」**が必要なのであるとも考えるようになってきたのである。現実の体験の蓄積が少ない子どもを対象とした発達援助ないし発達臨床では，とりわけこの「体験の蓄積」がもっとも重要なものである。基本は，日常生活における体験の蓄積が重視されるべきであり，面接における体験はそれを促進するのに役立つものであるのが望ましいと考えている。

　そして，さらに蓄積された体験から得たことをいろいろな場面で活用できること，すなわち**「体験の活用」**が必要であると考えるようになった。これは体験様式のひとつであると言ってよいだろう。

　このように，日常生活における体験を重視する一方で，私は同時に先述のように「育てなおし」または「育ち直り」という語に違和感を覚えていた。そして，私には別の語が必要であると考えていた。そこで，「経験を積む」「体験を積む」ということを，表現する語として「体験の蓄積」という語を使うことにしたい。この体験の蓄積には，①日常生活における体験の蓄積と②面接における体験の蓄積とがある（表6-6）。臨床心理士も医師も，これまでは個人面接を主としてきたが，今後はもっと日常生活における体験の蓄積のための対応を重視してほしいと私は考えている。したがって，面接室での面接だけでなく，日常生活における体験の蓄積をはかるために，周囲がどう対応したらいいかということを，助言・指導できるようになってほしい。第10章では，発達障害を抱えた子たちについて，そのような視点から述べているので，参考にしていただきたい。

　さらには助言・指導だけでなく，やってみせたり，一緒に取り組んだりできるようになっていただきたい。第9章，10章で述べている「厳重注意」はその一例である。

表6-6 「体験の蓄積」

①日常生活における「体験の蓄積」

②面接における「体験の蓄積」

表6-7 「体験の蓄積」と「体験の活用」

体験の蓄積
⬇ ⬆
体験の活用（体験様式）

　臨床心理士や医師などの専門家が，施設の問題に対して，ケース検討会などで職員にただ言葉で助言・指導するだけに終わっているのは大変残念なことである。それも1回だけというのが多いというのは，さらに困ったことである。それもあってもよいが，将来は，「一緒に取り組む」とか「やってみせる」といったことがもっともっと重視されるべきであると私は考えている。
　「体験の蓄積」と「体験の活用（体験様式）」とは私にとって共に重要な概念であり，両者は相互に影響しあうものと考えている（表6-7）。さらには，「経験を通して成長するための土台」（田嶌，1995b，2001b）ができることが心理臨床の目標となると考えている。児童養護施設等で生活する子どもたちにとっての「経験を通して成長するための土台」は，まずは何よりも「世界は信頼できる」という基本的信頼感が必要である。この基本的信頼感には，脅かさないという受動的な基本的信頼感と世界には働きかけようがあるという主体的能動的な基本的信頼感があると私は考えている。
　心理臨床や発達援助を，その人たちに「どういう体験が必要か」ということ，さらには，「そのために専門家がどういう役割を取ることが必要か」という視点で関わる実践を「体験支援的アプローチ」と呼び，「体験の蓄積」と「体験の活用」，さらには「経験を通して成長するための土台」という視点から構築してみ

ることが有益ではないかと私は考えている。

どのような体験の蓄積が必要か

　ここで問題となるのは，どのような**体験の蓄積**が必要かをどのような視点から考えるのかということである。まず，あげておきたいのは，先に述べた「生理，安全，所属，承認，自己実現」というマズローの欲求階層（Maslow, 1954）である（図1，p.253）。この図を参考にするのがよいと，私は考えている。もっともこれは，ごくおおまかなものであるため，あくまでも基本的な面を図式的に理解するのに役立つにすぎない。さらには，主として発達心理学的視点と臨床心理学的視点が特に重要であると私は考えている。換言すれば，コミュニティにおける発達と適応という視点である（なお，更なる詳細は，田嶌［2003a, 2009］を参照）。

　第7章から10章で述べるのは，すべて以上のような視点から考案され実践されたものである。たとえば，児童福祉施設の子どもたちにどのような**体験の蓄積**が必要かと言えば，これまで述べてきたところから，明らかであろう。まずなによりも重要なのは，**「安心・安全の体験の蓄積」**である。具体的には，①暴力を振るわれないように守り抜くこと，②自分が暴力を振るったら暴力を使わないで抑えられること，の二つである。ここで重要なことは，子どもが暴力を振るっているうちは，その子自身も安心・安全をほんとうに体験しているとはまだ言いがたいということである。暴力を振るわなくても安心・安全が実感できるところにきていないからである。

その場での体験を援助する

　臨床心理士も医師も，これまでは個人面接を主としてきたが，今後はもっと日常生活における体験の蓄積のための対応を重視してほしいと私は考えている。なぜなら，面接室ではすでにコトが終わっているのであり，まだ生活場面のコトが起こっている場で教えるなどの介入を行うのが，しばしばもっとも有効だからである。そのためには，コトが起こっているその場での体験，生活におけるその場での体験を援助することが必要である。具体的には，「その場で教える」「その場でほめる」「その場で叱る」「その場で止める」「その場で遊ぶ」「その場で守る」「その場で言語化を促す」「その場で聴く」等を行うことがしばしばもっとも有効なのである。ちなみに，暴力については，職員による「叩くな，

口で言う」というその場での関わりが最も重要かつ基本的な対応である。

したがって，面接室での面接だけでなく，日常生活における体験の蓄積をはかるために，周囲がどう対応したらいいかということを，助言・指導できるようになってほしい。むろん，これまでもある程度はそうしてきたであろうが，さらにそれを重視していただきたい。

第10章では，発達障害を抱えた子たちについて，そのような視点から述べているので，参考にしていただきたい。

さらには助言・指導だけでなく，やってみせたり，一緒に取り組んだりできるようになっていただきたい。第9章，第10章で述べている「厳重注意」はその一例である。

臨床心理士や医師などの専門家が，施設の問題に対して，ケース検討会などで職員にただ言葉で助言・指導するだけに終わっているのは大変残念なことである。それも1回だけというのが多いというのは，さらに困ったことである。それもあってもよいが，将来は，「一緒に取り組む」とか「やってみせる」といったことがもっともっと重視されるべきであると私は考えている。本書で述べる安全委員会活動のうち，私たちがある程度継続的に関わっている活動は，そのような視点からの取組みである。

2. 処遇（養育）のパラダイムの転換

職員の処遇の理念においてもパラダイムの転換が必要である。「心理臨床のパラダイム転換」について述べてきたが，それらの内容はすべて「現場の処遇（養育）パラダイムの転換」でもある。ここでは，それに加えいくつかの視点を追加分として述べておきたい。また，第14章では「子どもの権利擁護のパラダイム転換」について述べる予定であるが，それもまた「現場の処遇（養育）パラダイムの転換」と重なるものである。

a．養育という営み
1） 土台への注目

これまで，心理療法にせよ心のケアにせよ，発達援助にせよ，ソーシャルスキルトレーニング（SST），性教育，愛着療法にせよあらゆる専門的働きかけが効を奏するには，それ以前に土台として安心・安全な生活が実現されていることが重要であるという指摘をしてきた。それは特殊な専門性による関わりより

も，生活を整える必要性を主張するものである。「養育という営み」の重要性を示すものであり，「生活における体験の蓄積」の必要性を主張するものである。

2) 養育という営み

　それは子どもについて言えば丁寧な養育こそが，何にもまして必要なことだということである。日々の生活の重要性に注目すること，「養育という営み」への注目に他ならない。その意味で，全国児童養護施設協議会「児童養護における養育のあり方に関する特別委員会（村瀬嘉代子委員長）」報告書，『この子を受け止めて，育むために —— 育てる・育ちあいといとなみ』（全国児童養護施設協議会，2008）において，特定の療法へ注目するのではなく，この養育という営みの重要性を述べていることは，高く評価できる。また，村瀬（2011）でも同様の論が展開されている。しかし，その一方で，この報告書においても村瀬（2011）においても，養育という営みにおける暴力問題がまったく触れられておらず，さらには安心・安全という生活を実現すべきであることがまったくといってよいほど述べられていないのは甚だ疑問である。不自然なほど言及されていないと言ってよいだろう。

　安心・安全の実現は当然できているという前提なのだろうか。それなら，事態の把握が極めて甘いと言わざるをえない。どうか，第3章と4章で述べてきたことを思い起こしていただきたい。たくさんの痛ましい暴力事件が起こっているのである。そして，第4章で述べた兵庫県児童養護連絡協議会（藤本，2007）や東京都社会福祉協議会児童部会による調査（黒田，2009），さらにはNPO法人「こどもサポートネットあいち」の全国調査の結果（中日新聞2010年10月31日朝刊）を思い起こしていただきたい。<u>子どもたちの日々の生活には暴力と威圧があふれているのである</u>。

　あるいは，この報告書で述べられているような養育を心がければ，暴力などという問題は起こらないか，自然になくなるとでも考えているのであろうか。もしそうなら，集団生活における暴力というものの性質をあまりに理解していないと言わざるをえない。

　換言すれば，どのような生活（<u>生活の質</u>）が重要なのかが述べられていないのである。少なくとも，児童福祉施設の子どもたちについて言えば，ただ「生活が重要」とか「ふつうの生活を送ることが大事」と言っただけでは，さしたる助けにはならない。そういう生活を実現するには，深刻な暴力にさらされないこと，安心・安全の実現が重要であり，それを実現することこそが必要なの

である。しかもそれは容易なことではないのである。生活というものは、一定の基本ルールによって営まれ、維持されているが、児童福祉施設ではよほど注意しておかないとそれがゆらぎやすいからである。

ここでもまた問題なのは、暴力にどう対応するのかという具体的指針が述べられていないということである。それどころか、暴力への対応の具体的指針の必要性すら述べられていないのである。養育という営みの中に、暴力問題への対応を位置づけ、安心・安全な生活を実現してこそ、子どもたちの成長の基盤ができるのであり、さらにはあらゆる専門的な働きかけが生きるための土台となるのであると私は考えている。まずは安心・安全な生活が最重要であるが、さらに生活の中でどのような体験の蓄積をしていくことが必要であるかが今後検討されるべきである。そうした土台の上に、心理療法や各種の専門的介入が図られるのが自然であり、また効果的でもあると私は考えている。さもなければ、あらゆる専門的働きかけは、いわば「十分な食事を与えずに、ビタミン剤を投与する」ようなものになりかねない。

b．フォローし合う処遇（養育）：「個人の力量」から「施設全体の力量へ」

ベテラン職員が当直の時は問題が起こらないか起こっても少ない。ところが、新米職員などが当直の時は、問題行動が頻発する。こういう施設は少なくない。そして、そういう施設では子どもたちは、しばしば「今日、宿直は誰？」としきりに気にする。

当直でなくとも、問題行動の指導にあたっても、特定のベテラン職員だと素直に注意に従うが、別の職員だと反抗するということが少なくない。この場合、前者は力量があって、後者は力量がないという見方をされることが多い。そして、ベテラン職員は新米職員に対して、自分のように力をつけるようにと考える。つまり、そこでは「個の力量を伸ばす」という考えが、もっぱらである。

暴力問題について言えば、「抑えがきく」職員でなければ務まらないということになる。この抑えがきく職員の典型的パターンは、身体が大きく格闘技でもやっていそうな男性ということになる。むろん、女性で小柄で抑えがきく人もいるが、それは例外的であると思われる。実際、落ち着いていると言われている施設の多くが、そういう抑えのきく職員がいて、暴力が激化しないでなんとかおさまっているというのが現状であると思われる。

このように、現在の児童福祉施設領域では、「個の力量を伸ばす」という視点が

主にとられている。しかし、それでは、暴力問題は解決しない。重要な問題の指導については、新米職員であれ、どの職員であれ、指導が通ることが必要である。そこで、必要なのが、「個の力量（処遇力）」という視点だけではなく、「施設全体の力量（処遇力）」または「チーム力」という視点である。指導にあたって、特定のベテラン職員だと素直に注意に従うが、別の職員だと反抗する場合、「施設の処遇力は低い」と見るべきである。暴力などの重要な問題については、担当職員がひとりで抱え込まないようにすべきである。そのために必要なのは、もっぱら担当職員だけの責任とするのではなく、重要な問題行動の指導にあたっては、お互いにフォローしあう処遇、すなわち**「フォローし合う処遇（養育）」**ということが重要である。

困難な問題への対応にあたっては、①ひとりで抱え込まない、そして、②丸投げしないこと（田嶌、2008c、2010）が重要である。

c. 開かれた処遇

①ひとりで抱え込まない、そして、②丸投げしないという原則は、施設内に留まらない。難しい問題については、しばしばこの原則は、施設と他機関・他施設との間の連携にもあてはまる。つまり、施設外との連携や施設外からの支援が必要である。つまり、それは**「開かれた処遇（養育）」**ということに他ならない。安全委員会活動自体が、児童相談所や学校と連携して取り組むのであり、その点で「開かれた処遇」ということになる。以上をまとめると、表6-8のようになる。なお、第12章は、施設と児童相談所との連携について述べたものである。

表6-8 現場での処遇（養育）のパラダイム転換（追加）

養育という営みの重視		
育てなおし・育ち直り	➡	
		生活における体験の蓄積
		安心・安全な生活
個の力量	➡	施設の力量
個の処遇	➡	フォローし合う処遇（養育）
閉じた処遇	➡	開かれた処遇（養育）

3. まとめ：パラダイムの包含的転換

　以上述べてきたことを整理すると，表6-9のようになる。

　まず，**「暴力の理解」**について言えば，①「問題行動のひとつとしての暴力」という視点から「成長の基盤としての安心・安全」という視点へ，②「職員暴力への注目」という視点から「2レベル三種の暴力への注目」という視点へ，③「被虐待モデルによる理解と対応」という視点から「集団と個」「個と集団」「現在の暴力の影響の重視」という視点へ，④「家庭での虐待からの連鎖（過去からの連鎖）」という視点から「現在の連鎖と過去からの連鎖」「重なり合う連鎖」という視点への転換が必要であるということになる。

　また，**「心理臨床モデル」**については，①「変わるべきは個人」という視点か

表6-9　パラダイムの転換

暴力の理解	
問題行動のひとつとしての暴力	成長の基盤としての安心・安全
職員暴力への注目	2レベル三種の暴力への注目
被虐待モデルによる理解と対応	個と集団という視点 現在の暴力の影響の重視
家庭での虐待からの連鎖 （過去からの連鎖）	現在の連鎖と過去からの連鎖， 重なり合う連鎖
心理臨床モデル	
変わるべきは個人	主体と環境とのより適合的関係
心の内面に関わる	現実に介入しつつ心に関わる
個人モデル	集団と個，個と集団モデル
個別対応	仕組みづくりと個別対応
面接場面重視	生活場面重視
育てなおし・育ち直り	体験の蓄積・体験の活用
処遇（養育）モデル	
育てなおし・育ち直り	生活における体験の蓄積 安心・安全な生活
個の力量	施設の力量
個の処遇	フォローし合う処遇（養育）
閉じた処遇	開かれた処遇（養育）

ら「主体と環境とのより適合的関係」という視点へ，②「心の内面に関わる」という視点から「現実に介入しつつ心に関わる」という視点へ，③「個人モデル」という視点から「集団と個モデル」「個と集団モデル」という視点へ，④「面接場面重視」という視点から「生活場面重視」という視点へ，⑤「育てなおし」という視点から「体験の蓄積」という視点への転換が必要であるということになる。

「処遇モデル」について言えば，基本には養育という営みの重視があり，さらに，①「育てなおし」から「生活における体験の蓄積」，「安心・安全な生活」へ，②「個の力量」から「施設全体の力量」へ，③「個の処遇」から「フォローしあう処遇（養育）」へ，④「閉じた処遇」から「開かれた処遇（養育）」への転換が必要ということになる。

なお，子どもの権利擁護についてのパラダイムの転換も必要であるが，それについては第14章で述べることとする。

パラダイムの包含的転換とは

ここで言うパラダイムとは「思考を方向づける枠組み」といった意味で使っている。ここでは便宜上**「パラダイムの転換」**という語を用いたが，より正確に言えば，包含的転換とでも言うべきものである。つまり，Aを否定してBへという転換ではなく，Aを包含しつつもっと幅広い枠組みBへの転換である。たとえば，「変わるべきは個人」から「主体と環境とのより適合的関係」への転換をみてみよう。この場合，「主体と環境とのより適合的関係」というパラダイムでは「変わるべきは個人」というパラダイムが全否定されるわけではなく，現実の環境が過酷ではないという条件下では成立することになる。同様に，ここで述べたいずれの転換も，後者のパラダイムでは，前者のパラダイムは特殊な条件下で成立するという形の転換であるということになる。

この**「パラダイムの包含的転換」**とは，第5章の冒頭で述べた物理学の理論の発展を参考にしたものである。物理学では古い理論から新しい理論にとって代わられる際，前の理論は否定されない，そうではなくて包含されるのである。たとえば，物理学上有名な転換として知られるのは，ニュートン物理学から相対性理論への転換である。ニュートン物理学は後に相対性理論にとって代わられたわけであるが，相対性理論ではニュートン物理学は誤りだったというのではなく，特定の条件下では正しいというにすぎないというふうに変わったので

ある。これが包含的転換である。なお，心理療法や臨床心理学のモデルについても同様のことが言えるであろう。あまたあるすべての心理療法は「正しい（効果がある）」から生き残っているのであり，しかしただある条件下でなんらかの効果をあげるということなのであろう（田嶌，2002）。

Ⅲ 取り組みのための必須条件：施設をあげた取り組み等

結局，児童福祉施設における暴力問題の解決には，ごくおおまかに言えば，次のような条件が必須である。

1) 施設をあげた取り組みであること
特定の一職員や心理士などの特定の立場による活動ではなく，施設をあげた取り組みであること。
安全委員会方式では，関係者全員で立ち上げ集会を行い，さらに職員による「連動活動」（第9章，第10章参照）を行っている。

2) 職員による体罰を禁止すること
暴力を抑えるために暴力を用いてはいけないことを全職員に徹底すること。
安全委員会方式では，職員からの暴力も禁止であることを，職員にも子どもたちにも周知している。

3) 三種の暴力のいずれも取り組みの対象とすること
子どもたちの安心・安全のためには，三種の暴力のいずれもなくしていく必要がある。また，いずれかひとつの暴力だけを扱うと，他の暴力がひどくなる可能性がある。
安全委員会方式では，三種の暴力のいずれにも対応している。

4) 潜在的暴力もキャッチできること
顕在的暴力だけでなく，ある程度潜在的暴力をキャッチする方法を持っていること。
安全委員会方式では，立ち上げ集会を行うなど施設をあげた取り組みを行い，

その一環として定期的聞き取り調査を行っている。

5) 被害児を守り抜くこと
　暴力をキャッチしたら，被害児を守り抜く方式であること。
　安全委員会方式では，そのために，安全委員会と職員による連動活動を行っている。

6) 暴力に代わる行動の学習を援助すること
　被害児を守りぬくだけでなく，加害児が暴力に代わる行動の学習を援助できること。
　安全委員会方式では，そのために，安全委員会と職員による連動活動を行っている。

7) 外部からモニターできる活動であること
　施設内だけでなく，外部の目が届くこと，連携して取り組む活動であること。さらには，外部の目が取り組みの有効性と「子どもの権利擁護」をしっかりとモニターできること。
　安全委員会には，外部の児童相談所と学校・地域から委員として参加している。

8) 他の施設でも活用できる方式であること
　全国的な問題であるため，特定の施設でのみ役立つ方式ではなく，他の施設でも同様の方法で取り組めば効果をあげることができることが必要である。すなわち，この領域で共有可能，活用可能な形になっていること。
　安全委員会方式では，取り組み方法がある程度明確であり，すでに十数ヵ所の児童福祉施設が同様の方式で成果をあげている。

　以上をまとめると，児童福祉施設における「暴力問題への取り組みの必須条件」は表6-10のようになる。

表6-10　暴力問題への取り組みの必須条件

1）施設をあげた取り組みであること
2）職員による体罰を禁止すること
3）三種の暴力のいずれも取り組みの対象とすること
4）潜在的暴力もキャッチできること
5）被害児を守り抜くこと
6）暴力に代わる行動の学習を援助すること
7）外部からモニターできる活動であること
8）他の施設でも活用できる方式であること

注）小林（2005）によれば，第1回 JsSPCAN 国際シンポジウム（1994）で，直前まで ISPCAN 会長であったグルーグマン氏（米国ケンプセンター長・小児科医）は，子ども虐待の取り組み過程はどの国も同じだと言われており，虐待はその存在を長年否認されるが（第1期），その存在に気づく（第2期）と，かわいそうな子どもを酷い親から保護しようとする（第3期）が，それだけでは解決しないと気づき親への援助を始める（第4期），そしてもっとも表面化しにくかった性的虐待に気づき（第5期），さらに予防こそが重要であると気づくに至る（第6期）とのことである。これは大いに参考になるが，その一方で，欧米とは異なり，里親養育ではなく施設養育が主であるというわが国の事情を考慮して，わが国では施設内虐待または社会的養護内虐待をこの過程に位置づけるべきであると，私は考えている。

[文 献]

Bowlby, J., (1969/1882) Attachment and Loss, Vol.1: Attachment. New York, Basic Books. (黒田実郎・大羽蓁・岡田洋子・黒田聖一訳 [1991] 新版 母子関係の理論Ⅰ：愛着行動 岩崎学術出版社.)

Caplan, G., (1964) Principles of Preventive Psychology. New York, Basic Books. (新福尚武監訳 [1970] 予防精神医学 朝倉書店.)

中日新聞 2010年10月31日朝刊.

Erickson, E.H. (1950) Childhood and Society. New York, W.W. Norton. (仁科弥生訳 [1977] 幼児期と社会Ⅰ・Ⅱ みすず書房.)

藤本政則 (2007) 子どもの権利と施設ケアのあり方について――子育て支援基準を中心とする兵庫県の取組み 第61回全国児童養護施設長研究協議会報告書, pp.86-90.

藤岡孝志 (2002) 不登校児童の体験様式と援助方法に関する研究 日本社会事業大学研究紀要, 49; 135-150.

井生浩之・飯嶋秀治 (2007) 安全委員会方式実践報告――「あけぼの寮」への支援 第3回西日本児童養護施設職員セミナー報告書, pp.19-22 中国地区児童養護施設協議会セミナー実行委員会.

伊藤亜矢子・松井仁 (1998) 学級風土研究の意義. コミュニティ心理学研究, 2(1); 56-66.

小林美智子 (2005) 日本はどこまできて，これからどこへ向かうのか？（国際シンポジウム「子ども虐待防止活動の総括と展望――日英の比較を通して」）日本子ども虐待防止学会第11回学術集会・北海道大会プログラム・抄録集, pp.37-38.

河野良和 (1992) 主として体験様式について 成瀬悟策編：催眠療法を考える 誠信書房 pp.179-198.

黒田邦夫 (2009) 児童の暴力問題に関する調査について 児童福祉研究, 24; 30-42.

桑原教修 (2008) 施設内児童虐待（施設内権利侵害）に思う 月刊少年育成2008年12月号 通巻633号, pp.14-19.

Maslow, A.H. (1954) Motivation and Personality. Harper and Row. (小口忠彦監訳 [1971] 人間性の心理学 産業能率短期大学.)

向井義 (2003) 矯正教育における生活指導 生活指導研究20号, pp.116-133.

村瀬嘉代子 (2001) 児童虐待への臨床心理学的援助 臨床心理学, 1(6); 711-717.

村瀬嘉代子 (2003) 統合的心理療法の考え方 金剛出版.

村瀬嘉代子 (2011) 虐待を受けた子どもの生活を支える 臨床心理学, 11(5); 636-641.

中井久夫 (1982) 精神科治療の覚書 日本評論社.

成瀬悟策 (1973) 心理リハビリテイション――脳性マヒ児の動作と訓練 誠信書房.

成瀬悟策 (1985) 動作訓練の理論――脳性マヒ児のために 誠信書房.

成瀬悟策 (1988) 自己コントロール法 誠信書房.

西田純子・田嶌誠一 (2000) 中学校の「学級風土」に関する基礎的研究――「教師項目」を含む尺度作成の試み 九州大学心理学研究, 1; 183-194.

杉山登志郎 (2007) 子ども虐待という第四の発達障害 学習研究社.

Sullivan, H.S. (1947) Conceptions of Modern Psychiatry : William Alanson White

Psychiatric Foundation.(中井久夫・山口隆訳［1976］現代精神医学の概念　みすず書房.)
品川裕香(2005)心からのごめんなさいへ――一人ひとりの個性に合わせた教育を導入した少年院の挑戦　中央法規出版.
田嶌誠一(編著)(1987)壺イメージ療法――その生いたちと事例研究　創元社.
田嶌誠一(1988)障害児臨床における動作．心理臨床, 1(1) ; 11-15.
田嶌誠一(1995a)密室カウンセリングよどこへゆく　教育と医学, 43(5) ; 26-33.
田嶌誠一(1995b)強迫的構えとの「つきあい方」の一例．心理臨床学研究, 13(1) ; 26-38.
田嶌誠一(1997)「中断した強迫神経症の男子大学生の事例」へのコメント　京都大学心理教育相談室紀要, 24 ; 32-35.
田嶌誠一(1999)イメージ療法「カウンセリングと精神療法［心理治療］」氏原寛・成田善弘編著　pp.152-163　培風館.
田嶌誠一(2000)小島論文へのコメント――成長の兆しとしての「キレること」東京大学大学院教育学研究科心理教育相談室紀要, 第23集, pp.29-32.
田嶌誠一(2001a)事例研究の視点――ネットワークとコミュニティ　臨床心理学, 1(1) ; 67-75.
田嶌誠一(2001b)相談意欲のない不登校・ひきこもりとの「つきあい方」．臨床心理学, 1(3) ; 333-344.
田嶌誠一(2002)現場のニーズを汲み取る, 引き出す, 応える　臨床心理学, 2(1) ; 24-28.
田嶌誠一(2003a)心理援助と心理アセスメントの基本的視点　臨床心理学, 3(4) ; 70-81.
田嶌誠一(2003b)心理臨床における動作とイメージ　臨床心理学, 3(1) ; 57-64.
田嶌誠一(2003c)イメージの心理臨床総論　田嶌誠一編著：臨床心理面接技法2(臨床心理学全書第9巻)誠信書房.
田嶌誠一(2004a)当事者の目を意識すること　精神療法, 30(6) ; 694-696.
田嶌誠一(2004b)心の営みとしての病むこと　池上良正・小田淑子・島薗進・末木文美士・関一敏・鶴岡賀雄編著：講座宗教5　言語と身体　pp.145-179　岩波書店.
田嶌誠一(2006)学校・施設等における人間環境臨床心理学的アプローチ　南博文編著：環境心理学の新しいかたち　274-301　誠信書房.
田嶌誠一(2007)児童養護施設における施設内暴力への包括的対応――児相と連携して施設全体で取り組む「安全委員会」方式　日本心理臨床学会26回大会発表抄録集　p.99　東京国際フォーラム.
田嶌誠一(2008a)児童養護施設における施設内暴力の解決に向けて――個別対応を応援する「仕組みづくり」と「臨床の知恵の集積」の必要性　臨床心理学, 8(5) ; 694-705.
田嶌誠一(2008b)現実に介入しつつ心に関わる――「内面探求型アプローチ」「ネットワーク活用型アプローチ」「システム形成型アプローチ」コミュニティ心理学研究, 12(1) ; 1-22.
田嶌誠一(2008c)刊行によせて　土井高徳：神様からの贈り物――里親土井ホームの

子どもたち　pp.3-8　福村出版.
田嶌誠一（2009）現実に介入しつつ心に関わる——多面的援助アプローチと臨床の知恵　金剛出版.
田嶌誠一（2010）成長の基盤としての「安心・安全」の実現——社会的養護の場でもっとも重要な課題　社会的養護とファミリーホーム, 1 ; 55-58.
田嶌誠一（2011）心の営みとしての病むこと——イメージの心理臨床　岩波書店.
當眞千賀子（2008）理不尽な体験を重ねた子どもの成長を願い共に暮らす——虐待や不適切な養育を受けた子どもとのかかわりの工夫　第2回里親ファミリーホーム全国研究協議会報告書　pp.6-31.
鶴光代（1991）動作療法における「自体感」と体験様式について．心理臨床学研究, 9 (1) ; 5-17.
山本和郎（1986）コミュニティ心理学　東京大学出版会.
吉永みち子（2007）子供たちは甦る——少年院矯正教育の現場から　集英社.
全国児童養護施設協議会（2008）この子を受け止めて，育むために——育てる・育ちあういとなみ　児童養護における養育のあり方に関する特別委員会（委員長　村瀬嘉代子）報告書.

http://www.yomiuri.co.jp/YOMIURI ONLINE
　2009年6月9日17時6分
http://www.asahi.com/asahi.com
　2009年8月11日16時57分
http://www.asahi.com/asahi.com
　2004年5月14日
http://www.jiji.com/ 時事通信
　2009年12月10日18時0分配信

第7章
モニターしつつ支援する
── 安全委員会方式の概要

　児童福祉施設の暴力問題に有効なやり方をあれこれ探してみたが、第5章で見てきたように、私から見れば、残念ながらどれもきわめて不十分なものであると思われた。探して見つからないのなら、自分で創るしかない。本章では、「児童福祉施設における施設内暴力を解決し、子どもの成長の力を引き出す方式」の概要を紹介する。この方式は**「児童福祉施設版安全委員会方式」**（略して、単に**「安全委員会方式」**と呼ぶ）という、私が考案し多くの仲間と一緒に創りあげてきた方式である。

　前章までに、児童養護施設をはじめとする児童福祉施設には、2レベル三種の暴力とその連鎖があること、いずれの暴力も深刻であること、入所している子どもたちの日常には暴力と威圧があふれているということ、したがって多くの施設で子どもたちの成長の基盤としての安心・安全が実現されていないこと、2レベル三種の暴力は相互に関連しているので、別々にではなく包括的に対応することが重要であることなどを述べてきた。児童福祉施設における暴力をなくし、**子どもたちの成長の基盤としての安心・安全を実現**すためには、もはや個別対応だけでは無理があり、施設全体の取り組みによって身体的暴力をなくすシステム（仕組み）を創りあげることが必要である。

　それは、個別対応を応援する仕組みであると同時に「風通しをよくする」ことと「外部からの支援を受ける」ということが重要であり、ひと言でいえば、「施設をあげた取り組みとそれをモニターしつつ応援する仕組み」が必要である。児童福祉施設の子どもたちになによりも必要なのは、安心・安全という**「体験の蓄積」**であり、そのためにはこのような仕組みが必要なのである。

このような視点から，私たちは身体的暴力問題の解決のために，外部と連携した施設全体で取り組む方式を考案し，実践してきた。この安全委員会方式は一定の成果をあげ，幸い現在では，九州から北海道に至る全国15ヵ所の児童福祉施設に導入され，全国的に活動を展開しつつある。しかも子ども間暴力（児童間暴力）をなくすだけでなく，<u>施設におけるあらゆる身体的暴力をなくすのに有効な方法である</u>。そこで，本章では，暴力から子どもたちを日常的に守る**「仕組みづくり」**の一例として，以下にその概要を紹介したうえで，その運用上の留意点を述べることにしたい。

　それは，暴力をなくしていくためには，子どもたちがどのような**体験の蓄積**をしていくことが必要かという視点からの仕組みづくりである。

　この「安全委員会方式」は，児童養護施設をはじめ児童福祉施設における暴力問題の解決法であると同時に予防法でもあり，また，子どもたちの安心・安全を実現し，さらには成長の力を引き出すための方式である。

　この方式は，2003年頃に私が考案し，2005年にその概要を発表し（田嶌，2005），その後現場の職員と，そして九州大学大学院の當眞千賀子教授（発達心理学者），飯嶋秀治准教授（人類学者）と一緒により有効なものに創りあげてきた方式である。学問的には，臨床心理学を専門とする私が，発達心理学を専門とする當眞，人類学を専門とする飯嶋と一緒に取り組んだという点で，学際的な活動となっているものである。

　しかし，この方式でなければならないと，私は主張するつもりはない。第6章の終わりで述べた児童福祉施設における暴力問題の取り組みの必須条件を満たす方法であれば有効であると思われる。なかでも，2レベル三種の暴力に施設をあげて取り組むこと，そして外部の目が届く形の活動であるということがとくに重要であると，私は考えている。児童福祉施設における安心・安全な生活の実現は，子どもたちの長年の悲願である。私の方式に賛同しない人たちも，どうかそういう活動に取り組んでいただきたい。

　また，この方式は簡単にやれる方式ではなく，施設側に相当の覚悟が必要である。そのため中途半端な導入はかえって施設を混乱させることになりかねない（**巻末資料1.**「安全委員会方式導入にあたっての留意点」参照）。特に，施設長と幹部職員に安全委員会方式の趣旨を十分に理解し，やりぬく覚悟がなければならない。

　<u>「安全委員会の基本要件」</u>（表7-3を参照）を満たしていないものは，私たち

の言う安全委員会活動ではない。たとえば，子どもの暴力だけを取り上げているものや児童相談所が委員に入っていないものや，また施設長など内部の者が委員長を務めているものなどは，たとえ「安全委員会」という名称を使っていたとしても本質的には安全委員会活動ではない。

また，安全委員会方式は，本や論文を少し読んだくらいで，あるいは私の講演を1度聞いたくらいでは，とうていうまくやれる方式では決してない。導入にあたっては，最低でも3回以上は事前の当該施設の導入に絞った研修会が必要である。そして，その後も学びながら活動していくことが必要である。しかも，それは比較的安定した施設のことであり，安定していない施設や荒れた施設ではその程度の研修では不十分である。

また，理事会の承認はもちろん必要だが，それだけでなく理事会からの積極的支援が得られるということも重要な条件である。そうでなければ，導入はしない方がよい。なお，この点については第8章の「中途半端な導入の例」および第11章も参照していただきたい。

I 安全委員会方式における暴力への対応の基本的視点

1. 現実に介入しつつ心に関わる

すでにこれまで見てきたように，暴力は施設における現実の生活の中で連鎖（施設内連鎖）していくのであり，したがって現実の生活の中で働きかけて，解決していく，すなわち**「現実に介入しつつ心に関わる」**（田嶌，2009a）ことが最優先で必要なのである。

2. 暴力の背後にあるのは成長のエネルギー

人が示す問題行動や症状には，人が自らを癒やそうとする活動を含んでいるものである。子どもが示す問題行動の背後にあるのは，成長のエネルギーである。したがって，問題行動を抑えるだけでなく，その成長のエネルギーの発揮を援助することが重要である。

3. 生活の基本ルールを守らせること

　第6章で，生活という視点は重要であるが，その一方で「生活が重要」とか「ふつうの生活を送ることが大事」と言っただけでは，児童福祉施設の子どもたちにはさしたる助けにはならないと述べた。生活というものは，一定の基本ルールによって営まれ，維持されているが，児童福祉施設ではよほど注意しておかないとそれがゆらぎやすいからである。

　子どもの暴力が吹き荒れている施設で非常にしばしば見られるのは，生活の基本ルール（＝「グランドルール」）が守られていないという事態である。生活の基本ルールが守られていないということは，職員が基本ルールを守らせることができていない，すなわち指導が通る関係ができていないということである。ここでいう生活の基本ルールとは，細かいルールではなく，これがないと集団生活はできないだろうというレベルのルールである。たとえば，「暴力をふるってはいけない」「就寝や帰園の時間を守る」「深夜外出しない」とか「夜中に異性の部屋に行かない」といったレベルの生活の基本ルールである。

　安全委員会方式では，**生活の基本ルール**を守らせることをとりわけ重視している。安心・安全が保障された普通の生活を送ることこそ，子どもたちの成長の基盤であり，その実現のためには，この基本ルールを守らせることが必須だからである。

　したがって，基本ルールが守られていない施設では，安全委員会方式の導入にあたって，改めてこれを選定し，子どもたちに伝え，その後は職員がこの生活の基本ルールを確実に守らせるように関わることが決定的に重要である。小さなルールはともかく，この基本ルールの違反に際しては，職員が断固たる態度で臨み，見逃さず，きちんと対応することが決定的に重要である。その過程で，暴力が出てくることも少なくない。しかし，それでも，後に述べる緊急対応を行ってでも守らせることが必要である。

4. まず暴力を使わないで抑えること

　さて，いよいよ暴力への対応の基本から述べていきたい。私たちの安全委員会方式は，単に暴力を抑えるだけでなく，それに代わる適切な行動の学習を援助し，さらには成長のエネルギーを引き出すものである。

　しかし，それでも暴力をなくしていくには，まずは暴力をきちんと抑えることが必要である。なかなか理解してもらいにくいのは，暴力というものは，抑

表7-1 暴力への対応の基本

1. 暴力を非暴力で抑える
   ↓ ↓
2. 言語化を援助する
   ①自分の気持ちを言葉で表現
   ②被害体験を言葉で表現
   ↓ ↓
3. 代りの行動の学習を援助する
   ↓ ↓
4. 成長のエネルギーを引き出す

えることが最優先であるということである。また，集団の中では，暴力を使わないできちんと「抑えてみせる」ことが最優先であるとも言えよう。これは，被害児を守り抜くためにも，またその後に加害児への援助のためにも，まず必要なことである。さらには，暴力は見ている子たちにも，大きな影響を及ぼす。見ている子たちのためにも，暴力を使わないできちんと「抑えてみせる」ことが最優先である。第4章で述べたように，暴力には嗜癖性と呪縛性があり，しかもそれが施設内で連鎖しているからである。

<u>暴力をきちんと抑え，子どもたちを暴力から確実に守ることができて初めて，子どもたちは職員を信頼するようになるのである。</u>そして，「信頼を基盤とした指導が通る関係」できるのである。

次いで，暴力を抑えるだけでなく，言葉で表現できるように援助する。さらには，暴力に代わる行動の学習を援助する。そして，成長のエネルギーを引き出すという順になる。これが，加害児への対応を，ごく簡単に述べたものである（表7-1）。

暴力には何よりも，加害児に対する非暴力による強い抑えと受容的関わりの両方が必要である。ここでよく間違えられるのは，彼らは心に深い傷を負っているのだから，ひたすら受容するのがよいとか暖かい関わり（実際には甘い関

わり）を徹底して行うのがよいと考えてしまうことである。暴力を振るう子には，非暴力による強い抑えと受容的関わりの両方が必要であるが，まず優先されるべきは**暴力を使わないで抑える**ことである。しかも場当たり的なものでなく，一貫した非暴力による強い抑えがどうしても必要である。

5. 十分な理解を待っておさまるのではない

いまひとつよく間違えられるのは，加害児にいかに暴力がいけないことであるかを理解させさえすれば，暴力はおさまるに違いないと考えてしまうことである。あるいは，暴力に至る気持ちに職員が共感することで，暴力がおさまっていくものと考えてしまうことである。

第4章で，集団における暴力を「**連鎖系暴力と非連鎖系暴力**」，「**習慣化している暴力（習慣化暴力）と単発系暴力**」に区別した。児童福祉施設で対応を迫られる暴力には連鎖系暴力と習慣化暴力が多い。なかでも施設内での連鎖がみられる暴力（施設内連鎖系暴力）や習慣になっている暴力（習慣化暴力）は，職員がその原因やきっかけについて十分に共感し，暴力がいかにいけないことであるかを理解させようとするだけでおさまるものではないということを認識しておくことが重要である。共感する努力や理解させる努力は必要であるが，その一方で，児童福祉施設の暴力のように，すでに生活における連鎖の渦中にある暴力（施設内連鎖系暴力）や身にしみついた習慣化暴力は，通常は本人の十分な理解をもっておさまる性質のものではない。そうではなく，暴力がきちんと非暴力で抑えられると，次いで「暴力はいけない」という実感をもった理解が生まれるのである。したがって，先述のように，まずは，**「非暴力で抑える」**ことが必要である。

軽い身体暴力はこの非暴力の強い抑えで消失するものである。しかし，連鎖系暴力や習慣化暴力などもっと深刻で繰り返される暴力の場合，それは一時的効果しか持ち得ない。それでも一時的には抑制効果があるわけであるから，この間にその子が暴力を振るわずにやっていけるように，援助していくことが重要となる。

そのために，自分の気持ちや考えを言葉で表現できるように援助する。私たちは，<u>**「叩くな，口で言う」**を指導のスローガンとして使っている。どの職員も指導にあたっては，このことを言うことにしている</u>。さらに，暴力に代わる具体的な行動の学習を援助する。そのためには，その子の傍らに寄り添うことと

育成的態度で見守ることが必要である。

　また，第4章で，いまひとつの区別として計画的に行われる「計画性暴力」と衝動的に出てしまう「衝動性暴力」とがあることを述べ，「計画性暴力」は年長児に多く，「衝動性暴力」は年少児や発達障害児や発達障害サスペクト児に多いと述べた。安全委員会方式が軌道に乗ると年長児による「計画的暴力」が先に少なくなり，年少児や発達障害児や発達障害サスペクト児の衝動的暴力が次いで次第に減ってくる。このような，発達障害児や発達障害サスペクト児への対応の留意点については，第10章で述べる。

6．暴力への対応の基本

　具体的には，以下の行動の学習を援助する。
　①不満を，殴るという行動ではなく，きちんと言葉で表現できるようになること。
　②殴りたくなったとき，たとえば「言葉で言う」，「職員に言う」「その場を立ち去る」，など，代りの行動を考え，学習すること。
　③身体暴力をやってしまった場合の責任の取り方を自分で考え，行動できること。

　また，これらをさらに支えるものとして，①ストレスを発散できる楽しみを持つこと，②自分が誇りをもてるような自他ともに認める得意なもの持つこと，③将来の希望をもてるようになること，などがある。

　第2章で，施設の子どもたちへの援助にあたっては，将来の希望と当面の希望を引き出し，応援することが重要であると述べたが，そのためにも本人自身が自分の気持ちや考えを言葉で表現できるようになることが必要である。

7．「じっくり聴きつつ，振り回されない」

　暴力を振るうのには，理由があるものである。単に暴力を抑えるだけでなく，その気持ちを受け止めつつ，言葉で表現できるように援助するというのが重要なポイントである。そのためには，加害児がクールダウンしたら，じっくり話を聴くことが重要である。加害児も言い分があるものであり，それに十分耳を傾けることは必要である。時間をかけて聴き，うまく言えない場合は，「こういう気持ちだったのかな？」などと代弁してみることで言語化を援助する。

ただし、ここで注意すべきは、「話はじっくり聴くが、振り回されてはいけない」ということに注意しなければならない。理由のある暴力は許されると誤解されないように気をつけることが必要である。そのため、暴力はいけない、暴力は許さないという姿勢を崩してはいけない。話をじっくり聴いたうえで、「**相手が悪くても殴ってはいけない**」「**理由があっても暴力を振るってはいけない**」ということをしっかりと伝えることが必要である。

8.「自助他害活動」という理解と対応

　暴力の連鎖が起きるのは、まずは被害者が非常にしばしば加害に転じるということが大きな要因である。先に、被害児の加害行為は、自分の「被害体験を克服しようとする試み」でもある、と述べた（第5章参照）。しかし、それは自助活動という側面はあるにせよ、他者を害するものであり、いわば**「自助他害活動」**である。それは、明らかに適切なものではなくしたがって、「攻撃性を出せるようになった」などと言って済ませてはいけない。しかもそれは本人の将来を開く関係の成立を妨げるものであり、本人のためにもならない。

　そもそもは暴力被害にあわないように守ることがもっとも重要だが、また被害児を加害児にさせないこともまた重要である。したがって、被害児が加害に転じようとしているまさにその時期は大変重要な教育のタイミングである。暴力を抑え適切に言語化できるように援助する重要なタイミングである。施設でいえば、しばしば入所直後からしばらくの間がそれに当たる。

　ひとつには、施設で暴力を振るうという行動がまだそれほど身についていないからである。いまひとつは、適切なものではないとはいえ、「自助」の思いや動きが息づいていると考えられるからである。したがって、この時期は、適切な言動を教え身につけることがまだしもできやすい時期であると考えられる。ただし、「できやすい」「重要なタイミング」というのは、あくまでも暴力が身についてしまい習慣化した場合にくらべればということであって、それとても決して容易なことではない。暴力などの行動が身についている子どもでは、職員による個別対応だけではその指導が困難であり、安全委員会による対応との連携が必要である。

9. 被虐待モデルによる現場の対応例

　ここで，被虐待モデルの研修を受けた施設現場が陥りやすい誤りがあるので，まずそれについて述べておきたい。それは，被虐待児が示す問題行動に対して，現場の職員が，「きちんと叱れなくなる」ということである。このことは，児童相談所でもしばしば同様である。

　たとえば，実際，さる著名な講師による研修会の中で，万引きをした子に職員がどう対応したらいいかというテーマでロールプレイによる実習が行われ，そこでは「つらかったんだね」「さびしかったんだね」「大変だったね」といった声かけだけが推奨され，「万引きはいけない」という声掛けはまったくなかったそうである。こうした対応は，当の子どもの側からみれば，万引きが容認されたという体験になる可能性が高い。暴力についても，同様である。

　またアタッチメント（愛着）が間違って適用された例をあげておこう。長年子ども間で暴力の連鎖が続いてきたある児童養護施設で，ボスになってものすごい暴力を繰り返した中3男子がいた。この子もかつては被害を受けてきたようである。暴力のために児童自立支援施設に措置変更になり，さらにその後優良で落ち着いていると言われている別の児童養護施設に措置変更になった。

　その施設では，この子はアタッチメント（愛着）の再形成が必要と考え，「すべて受け入れる」という方針で臨んだ。高校生となったこの子は，しばらくは様子見でおとなしくしていたものの，まもなく弱い子に暴力を振るったり，施設のルールをまったく守らなくなり，それを制止しようとする男性の担当職員にも激しい暴力を振るうようになった。それでも受け入れなければと，担当職員は耐え続けた。それを見ていた他の中高生2名も職員の言うことをまったく聞かなくなり，弱い子や職員に暴力を振るうようになってしまった。

　とうとう担当職員は耐えきれず，辞めてしまった。担当職員だけでなく，他の職員も1名退職してしまった。この間，弱い子は守られることなく，もっとひどい目にあい続けたのである。放置（ネグレクト）されたのである。職員は辞めればその施設との縁は切れる。しかし，入所している子どもたちは逃げられないのである。

　こういう場合，児童相談所は新たに子どもを措置しない（措置停止）という手段に出る。しかし，それでもすでに入所している子は救われないのである。

10. 「叱ること」と「愛着（アタッチメント）」

　このようなことが起こるのは，暴力をはじめさまざまな問題行動の背景にある気持ちに「共感する」ことこそが必要とされ（それが真の「共感」と言えるのか，甚だ疑問ではあるが），叱るのはとんでもない，叱ったりすれば愛着（アタッチメント）の形成が妨げられるというわけである。

　実際には，適切に叱ることと愛着（アタッチメント）を育むことは対立するものでは決してない。にもかかわらず，きちんと叱られることなく，どのような理由や事情があっても，そのような深刻な問題行動は許されないという貴重な学びの機会が失われ，それどころか結果として問題行動を奨励することになってしまっていることがある。

　第4章の「暴力の嗜癖性」の項で述べたように，児童福祉施設で暴力を繰り返していた子どもが，後年，「暴力を止めてもらってよかった」「止めてもらっていなければ，ひとりでは暴力を止めることはできなかった」と語ることがある。また，施設では暴力を振るい続けた子が，社会に出てからも，軌道修正できず，犯罪などに手を染め，かつての担当職員に「施設にいた時に，ちゃんと止めてほしかった」と語ることがある。暴力はいけないという学びの機会を提供されず，逆に暴力行動を強化されてきたという意味では，加害児もまた被害を受けているのだと言えよう。

11. 「虐待関係の再現」という言説

　こうした，一般社会の常識から考えれば，信じ難い対応が施設現場では奨励されることがあるのである。そこでは，心理学や精神医学の専門家による研修が一定の役割を果たしている。かつて，私は「勉強すればするほどダメになる」（田嶌，1998, 2009a）ということがしばしば起こることを指摘したが，児童福祉の現場では，まさに一部でそういう事態が起こっているものと考えられる。

　それを支えているのが欧米から入ってきた「虐待関係の再現」という理論の誤った適用である。「虐待関係の再現」とは，被虐待児は，その後も虐待を受けやすい人間関係のとり方をするということである。この理論は被虐待児の対人関係のとり方について理解を深める意義があったものと思われる。しかし，その一方で，弊害も出てきている。たとえば，深刻な暴力や虐待を受けてきた子どもたちは，叱られると過去に虐待されていた時のフラッシュバックが起こり，「虐待関係が再現される」，「見捨てられ不安が引き起こされる」，だから

叱ってはいけないと言うのである。子どもが悪いことをしても，それはその子なりの理由があってのことだから，「虐待関係の再現」になるから叱ってはいけないというのである。ここまでくると，誤りである。つまり，「虐待関係の再現」という理論の適用の仕方が誤っているのである。

なお，以上のような誤りは，児童福祉施設だけではない。児童相談所の職員にもしばしば見られることである。

12. 叱らなくても効果があるのは

確かに，場合によっては叱らないことで，子どもが反省し行動が改まることがある。しかし，それはすでに叱られなくとも，その子自身の中に，「ほんとうは，暴力はいけない」といった感覚がすでにある程度育っている場合であると考えられる。そもそも，施設でのサバイバルの渦中にあり，ほんとうはその中で守られてこなかった子どもたちにとっては，「暴力はいけない」という感覚そのものが育ってきていない。その文化で認められている規範を破った時，おおかたの人たちが感じるであろう罪悪感を，ここで「正当な罪悪感」と呼べば，暴力を振るうことについてこの**「正当な罪悪感」**が育まれていないのである。

そういう子たちに，暴力や深刻な問題行動を叱ることさえしないと，それは許された，認められたと受け取るものである。つまり，効果がないどころか，暴力に訴えることを認めることになりかねないのである。

ただし，そもそも施設そのものに「暴力はいけない」という文化ないし風土が育っていないのであるから，その子に罪悪感が育っていないのは無理からぬことである。その子はある意味ではそういう施設文化に努力して適応したのだとも言える。したがって，その子だけに，罪悪感を感じるようにというのは無理がある。<u>施設をあげて，安心・安全の取り組みを行い，施設のすべての子どもたちを暴力から守りつつ，叱ることが必要なのである。</u>

13. 体罰で禁止すれば？

かといって，昔のように，体罰や暴力で抑えるのは，むろん許されることではない。昔は，多くの施設で相当に体罰が行われていたようである（たとえば第4章を参照）。体罰や暴力で抑えることは，一時的効果または表面的効果しか持ち得ないだけでなく，先に述べたように「職員（含. 施設長）から子どもへの暴力」が「強い子から弱い子どもへの暴力」を誘発するという形で，「施設内

連鎖」を強化するのである。たとえば、一時はおさまったように見えるが、また繰り返される。あるいは、問題行動がおさまったように見えるが、裏では子ども間暴力（児童間暴力）があるといった事態になる。つまり、暴力や問題行動を暴力で抑えることは、暴力や問題行動を一時的表面的に抑えることにしかならない。それだけでなく、このように体罰や暴力で抑えることは、それこそ「虐待関係の再現」であり、子どもたちにさらに深い心の傷を負わせ、成長・発達にさらなる障害をもたらすものである。

14. 被虐待児の暴力対応に必要なこと ——「関係の脱虐待化」

　第5章で、「安心・安全を基盤とした被虐待モデルによるケア」が必要であり、そのためには子どもを暴力から守りぬくために有効な具体的指針が必須であると述べた。

　では、子どもたちを暴力から守り抜くためにはどういう対応が必要なのだろうか。

　被虐待児の暴力への対応にもっとも必要なことは、以下の二つである。

　一つは、暴力から守られること。いま一つは、暴力をその子が振るいそうになった時、振るった時に暴力を使わないで抑えることである。被虐待児に必要なのは、このような「体験の蓄積」（第6章参照）なのである。

　このことが、「関係の脱虐待化」になるのである（表7-2）。そのことで初めて、子どもに信頼が生まれるのである。

　よく間違えられるのは、暴力を振るった子を叱ったり、抑えたりすると虐待関係の再現になると言われることである。殴る、蹴るをすればそれこそ「虐待関係の再現」になるのであって、暴力を振るわないできちんと抑えることこそが、虐待を受けた子たちへのもっとも重要なケアである。その子の気持ちを汲むというのも必要であるが、まずは放っておかないで、その場で暴力をきちんと抑えなければいけない。そして、きちんと叱らないといけない。愛情をもって叱らなければならない。そういう対応を行うことが、子ども自身が、攻撃性の自己コントロールができるようになり、また他者との関係の調整ができるようになることにつながるのである。

　したがって、「安心・安全を基盤とした被虐待モデルによるケア」には、このようなことが必須である。

　「関係の脱虐待化」は職員による日常の手厚い養育の積み重ねの中でも起こる

表7-2 安心・安全を基盤とした被虐待モデルによるケア
―― 被虐待児の暴力対応に必要なこと ――

```
「関係の脱虐待化」

1. 暴力から守り抜くこと　安心・安全の保障
2. 暴力を非暴力で抑えること
        きちんと叱る，愛情をもって叱る
              ⬇　　　⬇
          「関係の脱虐待化」
```

し，暴力事件に際しての適切な対応によっても起こる。また，厳重注意の場でもこの「関係の脱虐待化」が起こる。厳重注意の場における関係の脱虐待化の例は第9章で述べるので，それも参照していただきたい。

また，「虐待関係の再現」について，いまひとつの間違えられやすいことを指摘しておきたい。

強い子に叩かれたり，パシリをさせられたりしているのを見て，それをその場で止めることもしないで，この子は虐待されてきたので，自己主張できない，嫌と言えない，拒否できないなどという捉え方をしてしまうことである。暴力や威圧やパシリを大人がその場で止めることもしないで，つまりは安心して主張したり，拒否したり，嫌と言える環境を創ることなしに，そう決めつけられたのでは，本人はたまったものではない。暴力や威圧から守ってから，守り抜いてなおそういう傾向があるかどうかをみるべきであるし，またSST（ソーシャルスキルトレーニング：Social Skill Training）などを行うとしてもそれから実施すべきである。

15. 被虐待児だけでなく

これまで被虐待児のこととして述べてきたが，実はこのことは被虐待児だけに当てはまることではなく，施設や家庭で暮らすすべての子どもの成長のために必要なことである。ただ，集団生活を送っている施設ではその実現には大変

な熱意と自覚的努力が必要である。

16. 愛情をもって叱る：叱ってはいけないのではない

　ごく常識的なことだが，子どもを育むには，現実のルールを教え守らせるための厳しさという面とやさしく包み込むという面の両方が必要である（精神分析的な立場からは，「父性原理」と「母性原理」と呼ばれている）。したがって，どんな場合でも，子どもを叱ってはいけないなどということは決してない。子どもが悪いことをしたのなら，叱らなければならない。暴力を振るうことについて「正当な罪悪感を育む」ために，きちんと叱ることが必要なのである。ただし，その子の安心・安全を確実に守ったうえで叱らなければならない。また，その子がなにも悪くないのに，叱ったり，脅かしたりしてはいけないし，叱るにしても体罰や暴力を使ってはいけない。そして，「きちんと叱る」，できれば「愛情をもって叱る」というごく常識的な対応こそが必要なのである。

　先にも述べたように，適切に叱ることとアタッチメント（愛着）を育むことは対立するものでは決してない。被虐待児についても，適切に叱ることが必要である。なお，アタッチメント（愛着）とはそれ自体の育成を目指すよりも，丁寧な暖かい養育によって，安心・安全を基盤としたふつうの生活を共にする中で，結果として自然に育まれるものであると考えておくのがよいと私は考えている。

　このことは，考えてみれば当り前のことである。しかし，児童福祉の現場では，こうしたすべての子どもたちに共通して必要な大変重要なことをおざなりにして，特殊な技術や理論の研修に突き進んでいるという印象があるので心配である。

II　安全委員会方式の概要
　個別対応をモニターしつつ応援する仕組みづくりの一例

1．安全委員会方式とは
a．「職員から子どもへの暴力」への対応
　この安全委員会方式の大きな特徴のひとつは，子どもが振るう暴力だけではなく，職員による暴力も取り扱うという点にある。
　安全委員会方式を導入しているある児童養護施設でのことである。男性職員

が再三の指導に従わない男子中学生を殴るという事件が実際に起こった。施設側から県と児童相談所に報告することに加え，安全委員会委員長にも連絡が入った。この施設ではかつて児童相談所に勤務経験があり，現在は退職しておられる方が，安全委員会の委員長である。ちなみに，私は当時副委員長を務めていた。その日のうちに，安全委員会の委員長が施設にかけつけ，加害者である男性職員と被害者である中2男子の双方から，別々に聴き取りをして，記録を作成した。

3日後，緊急安全委員会が開催され，児童相談所職員（この施設の安全委員会では相談課長）も委員として参加し，委員長が作成した記録に基づいて審議を行った。すでにこの職員は十分に反省している様子は見られていたが，安全委員会としては，暴力を振るった職員を呼び出して，「厳重注意」を行った。施設をあげて暴力をなくす取り組みを行っている中で，本来子どもたちのよきモデルとなるべき職員が暴力を振るってしまったのは，大変残念であること，今後は子どもに暴力を振るわないで指導してもらいたい旨を伝えたのである。さらに，このことは，子どもたちにも報告し，職員も子どもも暴力は許されないし，職員も子どもも一緒になって，暴力をなくしていこうと呼びかけた。むろん，このことは施設側から児童相談所と県にも報告された。

このような対応は，田嶌（2005）で述べられている「職員暴力等への対応」という指針に沿って行われたものである。また，田嶌（2005）では「安全委員会方式は児童間暴力だけでなく同時に職員暴力をはじめあらゆる身体暴力を扱うものであり，児童間暴力のみを対象とした安全委員会の取り組みになってはいけない」と述べられているように，それはこの活動の開始当初からのものである。

実際，安全委員会方式は，2006年1月に第1号の児童養護施設への導入が行われたが，その当初から，聞き取り調査で子どもたちが振るう暴力だけでなく，職員や大人からの暴力被害についても聞くようにしてきた。たとえば，聞き取り調査用紙では，最初の質問項目として「最近他の人（職員や大人も含む）から暴力を受けたことはありませんか」と記されている（**巻末資料7.「暴力問題聞き取り調査表」**参照）ことからもそれがおわかりいただけよう。

自分を例外としない姿勢：子どもが外部に訴えるかもしれない

このように，安全委員会方式の際立った特徴は，子どもが振う暴力だけでな

く，職員の暴力も含め<u>施設における暴力を包括的に取り扱う</u>という点にある。ただし，職員による暴力については，先にあげた実例からもある程度おわかりいただけるように，子どもによる暴力への対応とは若干異なる点があるが，それについては後に述べる。

　職員自身が自分では大丈夫と思っていても，実際には，ついかーっとなって暴力を振るってしまうかもしれない。あるいは，実際には職員が暴力を振るっていなくても，子どもが暴力を振るわれたと外部に，児相や県に訴えるかもしれない。たとえば，子どもが暴れるので，男性職員が手を握って制止した。それが女の子だったら，「セクハラだ」と言ったりすることがある。その際に，ほんとうに振るっていないということを外部に説明・釈明できなければならない。「説明責任」があるわけである。施設はこのような両方の事態に対処できなければならないのである。そのためには先述のように，どんなにりっぱな活動でも，透明性が低いところでは，リスクが大きくなるという認識が必要である。自分も暴力を振るってしまうことがあるかもしれない，「自分だけは大丈夫と考えないこと」，「**自分を例外としない姿勢**」が必要である（田嶌，2010）。

　したがって，私たちの実践している安全委員会方式は，子ども間暴力（児童間暴力）に限らず，職員暴力や対職員暴力にも対応する有効な方式である。もっとも，私たちが関与している施設では，職員から子どもへの暴力は稀であり，対応の多くは，子ども間暴力と対職員暴力である。本章では，職員からの暴力についても終わりの方で触れるが，これまでほとんど注目されてこなかった子ども間暴力への対応を中心に述べることにしたい。

　<u>ここで特に注意すべきは，職員暴力がある施設において，安全委員会活動が子ども間暴力のみを対象とした取り組みになってはいけない</u>ということである。安全委員会が暴走して，いきすぎた懲戒になりかねない可能性が全くないとは言い切れないからである。

　また，中途半端な導入やアリバイ的な導入はかえって施設に混乱を引き起こす可能性があるので控えるべきであり，十分な準備と開始したからにはやりぬく熱意が必要であることを強調しておきたい。中途半端な形で本来は安全委員会方式とはとても言えない形の活動を始め，さらなる混乱に陥った児童養護施設の例がある。それについては，次章で例をあげているので，参照していただきたい。

b. 安全委員会方式の基本要件

「児童福祉施設版安全委員会方式」とは，簡単に言えば，外部に委嘱された委員と職員から選ばれた委員とで「安全委員会」というものをつくり，そこを中心に暴力事件についての対応を行う方式である。この方式は，基本的には，あらゆる身体暴力に対して個々の職員や管理職が個別に対応するのではなく，「子どもたちの安全で安心な生活を実現する」ために創られた「安全委員会」と職員集団とが連携して安全委員会を中心として，施設全体で取り組むものである。

その基本要件は，①力関係に差がある「2レベル三種の身体への暴力」を対象とする，②安全委員会には，児相と学校に参加してもらう，③委員長は外部委員が務める，④定期的に聞き取り調査と会議を行い，対応を協議し実行する，⑤事件が起こったら緊急安全委員会を開催する，⑥四つの対応を基本とする：1番目「厳重注意」，2番目「別室移動」（または「特別指導」），3番目「一時保護（児相に要請）」，そして4番目が「退所（児相に要請）」，⑦原則として，暴力事件と結果の概要を入所の子どもたちに周知する，⑧暴力を抑えるだけでなく，代わる行動の学習を援助し，「成長のエネルギー」を引き出す，そのために施設のスタッフ会議と連携し，キーパーソン等への対応をケース会議等で検討するなどである（表7-3）。この方式では，「指導の透明性」「指導の一貫性」が重要である。なお，懲戒権は施設長にあり，措置権は児相にあることは言うまでもない。

安全委員会方式と呼べるには，以上の基本要件を満たしていることが必要である。似た活動であっても以上の基本要件を満たしていない活動は私たちのいう安全委員会ではない。安全委員会方式の活動では，それぞれの施設が独自の工夫をしながら取り組んでいるが，その一方で，これだけは守ってほしい，実行してほしいのがこの基本要件である。

c. 安全委員会方式，安全委員会活動とは

これらの活動の中心となるのが，「安全委員会」である。安全委員会は，施設におけるすべての身体暴力（含性暴力）をもっぱら取り扱う委員会である。内部のスタッフだけでなく，外部の専門家や地域の方などを委員として迎え入れ，外部の者が委員長を務めることになっている。内部だけの独断に陥らないようにとの配慮からこのように外部の専門家にも参加してもらうのであり，外部に開かれ，極めて民主的に運営されているということに大きな特徴がある。

表7-3　安全委員会方式の基本要件

---
①力関係に差がある「2レベル三種の身体への暴力」を対象とする
②安全委員会には，児相と学校に参加してもらう
③委員長は外部委員が務める
④定期的に聞き取り調査と委員会を開催し，対応を協議し実行する
⑤事件が起こったら緊急安全委員会を開催する
⑥四つの対応を基本とする
⑦原則として，暴力事件と結果の概要を入所児童に周知する
⑧暴力に代わる行動の学習を援助し，「成長のエネルギー」を引き出す
　施設のスタッフ会議との連携：キーパーソン等への対応を会議で検討

　また，この活動は，全員参加しての「**立ち上げ集会**」や「**定期的聞き取り調査**」や暴力事件への対応を通じて，子どもたちが自分や他児の被害を訴えることができるように，さらには暴力をなくしていく活動に一緒に取り組むことをエンパワーするものであり，その意味では子ども参加型の活動である。また，活動が軌道にのれば，卒園生や子どもの代表の参加も検討する。

　強調しておきたいのは，後に述べる安全委員会の審議と四つの基本的対応だけが注目され，それだけが安全委員会方式ないし安全委員会活動であると受け取られがちであるが，実際には，それだけでなく同時に**職員による安全委員会と連動した活動**が必須であるということである。ここでは，それを「**連動活動**」と呼ぶことにしておく。すなわち，「安全委員会方式」または「安全委員会活動」とは，①安全委員会の審議と対応，および②職員による安全委員会と連動した活動（＝職員による「連動活動」）の両者を含むものであるということである（表7-4）。生活場面での職員による暴力への対応や言語化への援助，さらには成長のエネルギーを引き出すための活動が同時に行われているのである。

　本書では，したがって，「安全委員会活動」「安全委員会方式」と記している場合，①安全委員会の審議と対応，および②職員による連動活動の両方を含むものであることに特に注意していただきたい。

　なお，安全委員会方式でのケース会議は，児童福祉領域で行われている一般

表7-4 安全委員会方式または安全委員会活動とは

```
①安全委員会の審議と対応
②職員による安全委員会と連動した活動(「連動活動」)
　日々の指導:「叩くな,口で言う」等の言語化への援助
　　　　事件対応　　応援面接　　ケース会議等
　　　　　　　⬇　　　　⬇
　　　　成長のエネルギーを引き出す
```

的なケース会議とはかなり異なるので,それについては第2章を参照されたい.

d. 四つの基本的対応とその意義
1) 四つの基本的対応とは

　身体暴力はすべてこの安全委員会で審議され,子ども間暴力や子どもから職員への暴力(対職員暴力)の場合,①厳重注意,②別室移動,③一時保護(児童相談所へ要請),④退所(児童相談所へ要請)という四つの対応を基本とする.

　四つの基本的対応を設けていることから,「3回暴力を振るえば退所させる方式である」との事実誤認の批判もあるようだが,それはまったくの誤りである.暴力事件については,「**深刻度**」,「**再発可能性**」,「**施設全体への影響度**」の三つの視点から対応を検討するのであって,何回やれば退所(の要請)などといったことは決してない(田嶌,2009b).

　また,この四つの対応はあくまでも基本であり,後に述べるように,その他にも厳重注意に至るまでにも,いくつかの対応のレパトリーがある.

2) 四つの基本的対応の意義
　①わかりやすいルールの提示:四つの対応

　実際には,後に述べるように,ほとんどの場合,ケース会議に基づく職員の日々の関わりと安全委員会による厳重注意(あるいは厳重注意以前の対応)で改善することがほとんどであり,一時保護も非常に少なく,(深刻な暴力を繰り

返すことによる）退所に至っては極めて稀であり，通常はありえない。実際，静岡県の県立情短施設「吉原林間学園」が2008年に当時の安全委員会方式実施の全施設（6つの県の12ヵ所の施設）にアンケート調査を行った結果が報告されている。それによれば，2008年6月20日の時点退所になったのは全12施設全体で1名のみであり，退所も一時保護も極めて少ないと述べられている（吉原林間学園，2008，**巻末資料27.**「安全委員会に関するアンケート調査」参照）。しかし，安全委員会方式では，退所という措置があるということを子どもたちに周知することにしている。

②「知る権利」がある

「退所」という語を子どもたちに提示することへの，一部の関係者の拒否反応には激しいものがある。私はそれでも，提示することが必要と考えている。その理由は，いくつかあるが，ひとつには，子どもたちには「知る権利がある」と考えているからである。

言うまでもなく，退所という措置変更は現実にあることであり，安全委員会方式がらみで始まったことではない。であればこそ，稀にではあれ自分たち自身に適用される可能性があるルールについて，子どもたち自身があらかじめ知らされておくことは必要なことである。また，何も知らされないで，なんらかの深刻な事件を起こし，いきなり「退所」になることの方こそが重大な弊害であると思う。また，被害児を守り抜き，安心・安全を保障するためにも，そして加害児が暴力を振るわずに生きていけるように援助するためにも基本的なルールを教えておくことは必要であると考えられる。退所という措置変更がありうるということを，子どもたちには「知る権利」があるはずである。

また，退所という措置があるということを子どもたちに教えるのは，発達途上にあるさまざまな子どもたちが一緒に生活している場では，**わかりやすいルールの提示**」が成長促進的であると考えているからでもある。発達障害と診断された子や発達障害を疑わせる特徴を示す子たちが数多く入所している児童福祉施設では，ことさらこのようなわかりやすいルールの提示とそれに基づく，**本人自身が見通しの持てる指導・援助**」が必要であると，私は考えている。

先にも述べたように，「退所」という語に対する一部の関係者の拒否反応には，すさまじいものがある。タブー視しているとさえ言えるくらいである。その理由はいくつか考えられる。なんといっても大きいのは，一部の施設長や職員が，退所という言葉で子どもたちを脅かしてきたという歴史があるからであ

ろう。私から見れば,「羹に懲りて膾を吹く」とでもいうべき状態である。実際,安全委員会方式のようなモニターする仕組みがない施設では,現実の児相への退所要請は基準があいまいで,施設長や管理職の恣意的気分的なものに左右されることになりかねないし,それは,子どもの側から見て,非常にわかりにくいものとなる。したがって,子どもの学びの体験を阻害するものになりかねない。だからこそ,退所という語を使うことをタブー視するのではなく,安全委員会方式のようなモニターする仕組みがあるところで,適切に教えられるべきである。

　タブー視されているいまひとつ大きな理由は,臨床心理学や精神医学でいう「見捨てられ不安」との関係である。この子のたちは,親に見捨てられ傷ついている,そこに「退所」という語を提示するのは,この子たちに「見捨てられ不安」を引き起こすので,決して「退所」と言ってはいけない,というものである。つまり学問がこのタブーに一役買っているのである。私は「見捨てられ不安」という概念の有用性を否定しているのではない。不適切な使われ方を指摘しているのである。

　私たちの方式では,退所という語はルールの提示のために使われるのであり,それさえしてはいけないというのは私には理解できない。また,施設長や管理職の機嫌次第での退所の要請や安易な退所はあってはならないことである。しかし,基本ルールを何度破っても退所はしていけないというのは,どう考えてもおかしい。

　ひとつは,被害児を守りぬくことができないからである。いまひとつは,加害児自身のためにもならないからである。

　③見捨てられ絶望

　まず,被害児を守りぬくことができないということについて,考えてみよう。最終的には退所というルールがあることを知らされることは,被害児や被害の可能性がある子たちへの守るというメッセージでもあり,安心させる効果があるものと考えられる。逆に,何度被害にあっても,加害児は一時保護になることはあっても,必ず戻ってくるのならば,被害児は**「見捨てられ不安」**どころの話ではない。當眞千賀子氏の表現を借りれば,いわば**「見捨てられ絶望」**に陥ることなる。退所というルールを教えられただけで,見捨てられ不安が体験されるのかどうか甚だ疑問であるが,万一そういう可能性があるとしても,加害児が「見捨てられ不安」を体験しないようにするために,どうして被害児が

「見捨てられ絶望」に落としいれられなければならないのだろうか。被害児を犠牲にし続けてよいという権利は誰にもないはずである。何があっても退所という語を使うことも退所の実行もあってはならないと主張する方々に，その理由を説明していただきたい。

　たとえば，施設内で性暴力事件が起こった場合，ある程度以上の深刻な事件である場合，通常退所になることが多い。強姦事件ならば，即一時保護，続いて退所である。しかし，それでも退所にしてはいけないと言うならば，「強姦被害者を強姦犯と同じ敷地または建物に暮らさせる」ことになる。こうしたことが許されるという根拠はなんだろうか。深刻な性暴力や暴力を繰り返しても，決して退所させてはならないとする根拠はなんだろうか。何があっても退所という語を使うことも，退所の実行もあってはならないと主張する方々に，その理由を説明していただきたい。

　④加害児のためにもならない
　また，そのような主張は被害児のためにならないだけではなく，加害児のためにもならない。暴力を繰り返させることは，加害児本人のためにもならない。暴力を繰り返すということは，それだけ暴力傾向が強化されるということだからである。したがって，加害を繰り返させることは加害児にとってもさらなる「被害」を重ねさせることになる。また，暴力を繰り返した際に，きちんと責任をとらなければならないのだということを体験的に学ぶ，せっかくの学びの機会を逸することになる。さらには，施設側が，手を尽くしたうえで暴力がおさまらないということは，その施設にいることが適切ではないという可能性がある。

　安易な措置変更はむろんあってはならないが，関係者が手を尽くしたうえでの退所という措置変更は加害児のためにも必要な対応である。このことがなかなか理解されにくい点である。関係者が手を尽くしたうえで退所となった子が，次の措置変更先では以前より暴力が抑えられるようになった例があるし，逆に本人のためによかれと思い，退所させることをしなかったために，暴力被害が続き，加害児自身も卒園後事件を起し逮捕された例もある。そのうえ，その頃にはその施設ではかつての被害児が今度は加害児となっていた。この場合，先に述べた「正当な罪悪感」が育まれなかったのだと考えられる。

　したがって，被害児を守り，さらに連鎖を断つためにも，そして加害児自身が暴力を繰り返さないことを学ぶためにも，関係者が手をつくした末の退所という措置は必要である。

⑤最後の砦

しばしば,「児童養護施設はこの子らの権利擁護の最後の砦である」と強調される。それくらいの覚悟を持って受け入れようというのであれば,それは私にも理解できる。しかし,だからといって,「何があっても措置変更をしてはならない」とする主張には,私は首を傾げざるを得ない。私は安易な措置変更には反対である。しかし,児童自立支援施設,情緒障害児短期治療施設,障害児(者)施設,ファミリーホーム,里親,さらには矯正施設に至るまで,多くの特徴と役割をもった場が子どもたちのために用意されているのである。いったん措置されたからには,なにがあっても,そこで受け入れ続けなければならないというのは,非現実的である。

⑥入所前のアセスメント

措置変更という事態がなるべく起こらないですむようにするには,入所前のアセスメントが重要である。しかし,実際にはそれは容易ではない。それ自体の難しさもあるが,子どもの入所後の適応状況は,施設の状況との関係で相当に異なってくるからである。したがって,実際に措置された後に,いろいろ問題が起こり,その子にとって別の施設への措置が適当と考えられることはあるはずである。

⑦社会が見捨てないこと

念のためにいえば,安易な退所や施設長や管理職の機嫌次第での退所の要請には,むろん反対である。そして,私たちの安全委員会方式は,退所をもっとも少なくする方式である。しかし,どんなことがあっても退所があってはならないとは考えていない。退所という措置があることは,被害児を守るためにも必要だが,加害児のためにも必要であると考えている。加害を繰り返しても,なにがあっても退所させることもなく,特定の施設でその子を引き受け続けなければならないということではなく,子どもたちにとって,<u>社会が決して見捨てないことこそが必要なのである</u>と私は考えている。

3) 安全委員会で審議対象とする暴力とは

ここで重要なことは,2レベル三種の暴力とはいっても,安全委員会方式で扱う暴力をあらかじめ明確に定義しておくことである。暴力にもいろいろなものがあるが,安全委員会方式では,基本的には「力関係に明らかな差がある身体への暴力(身体暴力)」を扱うことにしている(ただし,職員暴力について

は，もっと多様な形の暴力も取り上げるべきであると考えている）。この**「身体への暴力（身体暴力）」**には，基本的には，①殴る蹴るといった**「殴打系暴力」**と，②**「性暴力」**とがある。むろん，自分が直接暴力を振るうのではなく，人に命令してやらせるのも対象とする。したがって，それぞれ自分が直接手を下す直接的身体暴力と被害児または加害児に命令したり強要する間接的身体暴力とがあることになる。

したがって，整理すると，身体への暴力（身体暴力）には，表7-5のように，a. 直接的殴打系暴力，b. 間接的殴打系暴力（苦行強制系暴力）があり，c. 直接的性暴力，d. 間接的性暴力，とがある。

表7-5　身体への暴力（身体暴力）とは

```
①殴打系暴力
    a．直接的殴打系暴力
    b．間接的殴打系暴力（苦行強制系暴力）

②性暴力
    c．直接的性暴力
    d．間接的性暴力（性的行為強制系暴力）
```

間接的殴打系暴力（「苦行強制系暴力」）の代表的なものとしては，身体への大きな負担を強いる命令をするというものである。「寝るな」，「風呂の浴槽から出るな」，「ずっと正座していろ（長時間の正座）」「一晩中肩をもめ」など，被害者の身体に明らかに大きな負担をかけてしまう類の命令があげられる。また，特殊なものとして取り上げるのは，「刃物で脅かす」「刃物を向ける」「火をつける」などの行為がある。これについては，重大な事件につながりかねないので，「厳重注意」の対象とするなど，厳しめに対応することとしている。

同様に，性暴力も間接的性暴力としては，弱い子にズボンやパンツを脱いで女子の部屋に行かせる，他児に命令して性的行為をさせて見物するなど，がある。

通常，安全委員会では，「言葉の暴力」は取り上げない。この「身体への暴

力」に絞る主な理由のひとつは，それが人をひどく脅かすものだからである。言葉の暴力がもっとも抗い難い強力な効果を持つのは，背後に身体への暴力の脅威がある場合である。そのため，これだけは許されないというものとして安全委員会方式では身体への暴力を取り上げるのである。「身体の暴力」に絞るいまひとつの理由は，行動レベルで判断できるので，現場で大人にも子どもにも，基準がわかりやすいからである。

　なお，安全委員会で審議対象としないからといって，言葉の暴力は認めるというわけでは決してない。安全委員会で扱わないだけのことであり，安全委員会が取り上げるのではなく，担当職員などによる指導の範囲のものと考えているのである。

4）　児童福祉法と安全委員会方式

　2009年より施行になった改正児童福祉法の**「被措置児童等虐待」**（第4章および**巻末資料33**参照）でいう虐待とは職員から子どもへの虐待で，いわゆる「児童虐待防止法」（「児童虐待等の防止に関する法律」）に準じて，身体的虐待，性的虐待，ネグレクト，心理的虐待の四つがあげられている。ここでのポイントは，子ども間の暴力等を放置した場合は，職員によるネグレクトとみなされるということである。したがって，間接的にではあるものの，子ども間の暴力・いじめ等もその対象となっている。

　しかし，児童福祉法でいう「被措置児童等虐待」では「子どもから職員への暴力・虐待」は含まれていないが，安全委員会方式では，「子どもから職員への暴力」も含む**2レベル三種の暴力**（力関係に差がある「身体への暴力（殴打系暴力と苦行強制系暴力と性暴力）」）も対象とするという違いがある。

　この違いは，現場での取り組みにとって重要な事柄を含んでいる。

　荒れた施設や暴力が吹き荒れている施設ではむろんだが，そこまではいかずとも，子どもからの暴力に不安や恐怖を感じながら勤務している職員はかなりいるからである。職員の安心・安全が守れないようでは，その職員が弱い子を守ることなどできようがない。したがって，この「子どもから職員への暴力（対職員暴力）」を適切に対処できるということが，大変重要となる。

　また，いまひとつの大きな違いは児童福祉法でいう「被措置児童等虐待」では，暴言などによる「心理的虐待」も含むが，安全委員会方式では「（力関係に差がある）身体への暴力」のみを対象としており，原則として暴言は対象と

しないということである。「身体への暴力」が暴言よりも優先的に扱われるべきであると考えているからである。だからといって放置しておいて良いと考えているわけでは決してない。暴言や心理的虐待については，個々の職員の養育（処遇）レベルでしっかりと対応していただきたいと考えているのである。

先に，**「社会的養護内虐待・暴力」**という語を提案し，**「被措置児童等虐待」**との違いとして，「社会的養護内虐待・暴力」では，子どもへの虐待・暴力だけではなく「子どもから職員への虐待・暴力」を含むものであると述べた。それとの関係でいえば，安全委員会方式では，「社会的養護内虐待・暴力」のうち，力関係に差がある「身体への暴力（殴打系暴力と苦行強制系暴力と性暴力）」を対象とするのだと言えよう。

5） 「懲戒権の濫用」と「懲戒権の有効かつ適正な使用」
　「ルールを提示すること」と「ルールで脅かすこと」の混同
　「退所」という語を子どもたちに提示することについて，一部の児童福祉関係者の拒否反応には，驚かされる。おそらくは，かつて「懲戒権の濫用」と騒がれたことへの過剰な反応であると思われる。そこには，<u>「ルールを提示すること」</u>と「ルールを振りかざして脅かすこと」との混同がある。適切にルールを教えられることで子どもたちは，社会化されていくのである。

高橋（2000）によれば，子どもの権利擁護の活動がもっとも進んでいるとされている国はカナダであり，そのカナダの子ども家庭サービス・アドボカシー事務所が，子どものために作成した「子どもの権利ハンドブック」には，<u>ルールを提示するだけでなく，ルールを破るとどうなるかを知ることも子ども自身の権利でも責任でもある</u>とされている（なお，この問題については，さらに第14章で論じるので，参照していただきたい）。

第4章で論じたように，<u>2レベル三種の暴力とその連鎖，さらには施設内暴力</u>にも，暴力的管理型だけでなく，さまざまな型の施設があることを思い出していただきたい。むろん，「懲戒権の濫用」に注意すべきなのは言うまでないことである。しかし，その一方で，児童福祉施設には「職員から子どもへの暴力」だけでなく，2レベル三種の暴力があるという現状からいえば，「懲戒権の濫用」を説くだけでは施設の暴力はなくならないし，施設で暮らす子どもたちの安心・安全は実現できないと言えよう。

被害児を守るためにも，そして加害児が暴力を振るわずに生きていけるように

援助するためにも,「懲戒権の濫用」と同時に「懲戒権の有効かつ適正な使用」ということが論じられるべきである。単に,濫用にあたるかあたらないかといった議論だけでなく,もっと踏み込んで暴力への対応に有効かつ適正な使用のあり方ということが論じられるべきなのである。その議論なしに,「懲戒権の濫用」ということだけがもっぱら強調されてきたことこそが問題であると私は考えている。
　安全委員会方式による活動は施設全体で取り組むこと,そして安全委員会の概要および安全委員会がとる四つの基本的対応についても,入所の子どもたちおよび職員全員に周知する形で行われるのが特徴である。すなわち,身体への暴力についてはどの程度どうしたら,どうなるかということについて,極めて透明性の高い,入所児たち自身にもわかりやすい一貫したルールを示し,そのルールに基づいて一貫して暴力によらない強力な抑えを実行していくのが大きな特徴である。
　むろん,懲戒権の使用だけで子どもたちの暴力問題が解決すると考えているわけではない。しかし,この懲戒権の適切な使用こそが,まずは必要であると考えているのである。そして,ここでのポイントは,(懲戒権が施設長にあるのは言うまでもないが)暴力事件への対応を決める際に,特定の管理職ひとりが考えるのではなく,外部委員も含めて協議されるという点にある。
　ここにあるのは「指導の透明性」と「指導の一貫性」である。そしてそれを支えているのは**暴力を許さないという断固たる姿勢**である。なんといっても,ものを言うのは,子どもたちの**もっとも切実なニーズに応えようとする職員の側の熱意と迫力**である。そして,それに呼応する子どもたちの声である。「指導の透明性」と「指導の一貫性」とそれによって,子どもたち自身の「自分は守られているという確かな実感」は,入所児が場当たり的でない**「連続性のある自己」**を確立していくためにもぜひとも必要なことである。

6) 第三者委員会,苦情処理委員会との違い
　安全委員会方式は,第三者委員会,外部評価委員会,苦情解決委員会などとは種々の点で異なるものである。ここで詳細に論じることは控えるが,安全委員会方式は,暴力(それも身体暴力)という集団生活を送るうえで,もっとも重要なものだけをもっぱら取り扱い,施設と子どもたちを**「モニターしながら支援する方式」**である。
　このことと関連して,この委員会の名称は,「懲罰委員会」ではなく,「安全委員会」としていることに注目していただきたい。委員会の本質は,単に懲罰

を与えるだけのネガティブなものではなく,「安心・安全」という望まれる状態の実現をめざすことにあることが,しっかり伝わるよう,ポジティブな表現の名称が望ましいからである。単なる危機対応や懲戒そのものを目的としているわけではなく,子どもたちの成長の基盤としての安心・安全な生活の実現と維持を目的としているからである。

7) 安全と安心

また,これまで安心と安全とを特に区別せず「安心・安全」という語を使ってきた。しかし,安全と安心とは異なるものであることもまた,述べておきたい。「安全」とは客観的物理的に危険がない状態を言い,「安心」とは危険がないと思うことで生まれる主観的な心の状態を言う。ここで,「安心・安全」と続けて使うのは,その両方が充足されることが必要だからである。「安心・安全委員会」でも「安心委員会」でもなく「安全委員会」という名称にしたのには,さほど深い意味はない。ただ,安全抜きの安心は幻想であり,安全があってこそ成長に必要な安心が生まれると考えている。そして,児童福祉施設の現状を顧みると,安全を実現するだけでもいかに大変かということをしっかり認識しておくことが重要である。

以下,安全委員会方式をより具体的に述べることにしたい。安全委員会方式の導入前に,理解しておいてもらいたいことから始めよう。

8) 暴力への個別対応の基本

まず重要なのは,先に述べた安全委員会方式における暴力への個人対応の基本である。安全委員会方式は単に暴力を抑えるだけでなく,それに代わる適切な行動の学習を援助し,さらには成長のエネルギーを引き出すものである。具体的には,

1. 暴力を非暴力で抑える
2. 言語化を援助する
    ①自分の気持ちや考えを言葉で表現
    ②被害体験を言葉で表現
3. 代りの行動の学習を援助する
4. 成長のエネルギーを引き出す

表7-6 三つの死角（井生・飯嶋，2007）

> 1. **空間的死角**：建物の構造や空間の特性からくる死角
>   浴場，トイレ，倉庫，広場の隅　etc.
> 2. **人間的死角**：職員の配置体制の手薄さからくる死角
>   当直等の勤務体制　　　　　　　etc.
> 3. **時間的死角**：時間帯の特性からくる死角
>   就寝から起床までの時間
>   夕食後から入浴までの時間　　　etc.

という手順となる。そのためには，職員の側にその子にしっかりと**寄り添う態度**が必要である。この手順と態度とを職員に徹底することが必要である。

9）　潜在的暴力をキャッチする

　そのうえで，潜在的暴力をキャッチする努力が重要である。このことは，施設内暴力への取り組みにとっては，もっとも重要な視点のひとつである。前章で述べたように，施設を挙げて暴力問題に取り組みながら，定期的に聞き取り調査を丁寧に行うことがもっとも有効な方法である（第6章表6-2参照）。先にも述べたように，私たちは，実際にこのような方式をとることで，職員の誰もがまったく気づいていなかった広範囲にわたる性暴力の施設内連鎖を3ヵ所の施設で発見したことがある。このことからだけでも，潜在的暴力をキャッチできる有効な仕組みを持っておくことがいかに決定的に重要であるかがおわかりいただけよう。

　①三つの死角

　同時に重要なのが，目が届きにくい死角に目配りすることである。施設において，子どものプライバシーを尊重するようになってきたのは，喜ばしいことである。しかし，子どものプライバシーを尊重することは大事なことだが，その一方で児童福祉施設には，潜在的子ども間暴力が起こりやすい**三つの死角**がある（井生・飯嶋，2007）ということも承知しておくことが重要である（表7-6）。

　なお，夕食後から入浴までの時間帯に暴力が起こりやすいというのは，下記

のように，ある施設生活経験者の方からの指摘である。

> 「夕食直後は特に職員の監視が緩む時間帯であった。子どもたちにとっては自由時間で楽しい時間帯だが，時としてはそれが地獄の時間帯に変わってしまうのである。なぜならば，上級生が下級生をいじめるには好都合の時間だからだ。職員は食堂の片付け等の管理で忙しく，他の職員も食後の一服やコーヒーでくつろいでいて動きが緩慢になっていた。そうした職員の行動には子どもたちは特に敏感であった。その隙をついて離れた建物の裏に呼び出され，上級生から殴られる者や，タバコを買いに行かされる者がいた。ほんのわずかな時間と見張り役がいればどこでも簡単に暴力は行われるのだ」
> （2009年　児童養護施設生活体験者の手記『児童養護施設内暴力を根絶するために──児童養護施設で暮らした体験より』）

施設で実際に暮らした経験がある人ならではの指摘である。夕食直後が隙になりやすいことはむろんのこと，また「ほんのわずかの時間と見張り役がいればどこでも簡単に暴力は行われる」という指摘を私たちはしっかりと受け止めなければならない。

②入浴（風呂場）と夜間（寝室）：潜在的暴力発見のためにすぐにできること

ほとんどの施設に共通して，潜在的子ども間暴力の起こりやすい時間帯と場所がある。それは，入浴（風呂場）と夜間（寝室）である。安全委員会方式を導入するにせよ，導入しないにせよ，すべての児童福祉施設に私がお願いしているのは，この二つへの対応である。具体的には，以下の通りである。

1. 入浴時の立会い　入浴に際して，必ず職員が立ち会うこと
2. 夜間の不定期の見回り　当直に際して，夜間の見回りを定時にではなく，不定期に行うこと

併せて，その他の死角に目配りすることをお願いしている。

③「パシリ」は潜在的暴力である

職員のいないところで起こっている暴力だけが潜在的暴力なのではない。わがままな命令やパシリは，それを拒否すれば暴力が出てくる可能性が大きく，したがって潜在的暴力である。また，パシリだけでなく，弱い子が強い子に懸

命に気を使っているから暴力が出ないでいるというのは，暴力があるというのと同じである。

2. 安全委員会方式の具体的取り組み

> 安全委員会方式の導入提案

a．スタッフの認識を深め，意欲と覚悟を引き出す

　安全委員会方式の導入に先立って，施設の管理職はもとより施設スタッフ全員の身体暴力に対する理解が深まり，それを断固としてなくそうという意欲と覚悟が生まれることが極めて重要である。そのために，施設における三種の暴力の実態とその潜在的危険性を大人の側がきちんと認識する機会となるような研修会を行う。職員暴力だけなく，2レベル三種の暴力とその連鎖についての理解を深める研修でなければならない。また，先に述べた**「暴力への個人対応の基本」**と**「三つの死角」**も含むものでなければならない。

　この問題に詳しい講師を呼んでもよいし，私のいくつかの著作（たとえば，田嶌，2009a, b）や本書の一部を，そのような場で活用していただくこともできるだろう。その後に小グループでの討議を行う。スタッフが施設で過去に経験した身体暴力に関する事件について語り合い，今後深刻な身体暴力が発生したらどうするかという具体的な対応策について討議する。

b．安全委員会方式の導入を提案する：コンセンサスをうる

　その後，管理職から身体暴力に対して今後は施設全体で取り組むこと，そして安全委員会方式を導入することを提案する。

　いまひとつの導入のやり方は，なんらかの身体暴力事件が発覚した際に，身体暴力に対して今後は施設全体で取り組むこと，そして安全委員会を方式を導入することを提案することである。

　活動を展開していくうちにだんだんと理解が深まっていくものであるから，必ずしも職員が全員一致で導入に積極的賛成というわけではなくとも，導入は可能である。ただし，施設の中心メンバー，たとえば，施設長，副施設長，管理職，最古参職員，主任児童指導員などの中に導入反対者がいないことが最低限必要な条件である。

児童相談所と理事会にあらかじめ説明し、協力を要請しておく

　児童相談所の理解と支援は必須である。なるべく早い時点で、この安全委員会の方式の導入と安全委員会の四つの対応と職員による連動活動を基本とした取り組みについて、児童相談所へ説明しておく。そして、安全委員会に委員として参加してもらうように要請する。実際、現在私たちが関わっている「安全委員会」活動では、すべての施設で管轄の児童相談所の職員が安全委員会に委員として参加している。実際には、相談課長が委員となっている施設がもっとも多い。逆に言えば、児童相談所の理解と参加なくしては、安全委員会方式の導入はしない方がよいということである。また、法人の理事会にも、あらかじめ了承してもらっておくことも必要である。可能なら、理事会からも、安全委員会に委員として参加してもらえるのが望ましい。

安全委員会方式導入準備

a．立ち上げ集会までの準備

　当面のハイライトは、安全委員会方式の立ち上げ集会である。後に適当な日時を選んで、子どもたち、職員、安全委員会委員の全員が一堂に会して、「安全委員会方式導入の立ち上げ集会」を行うことになるが、それまでに、以下の準備をしておくことが必要である。

1) 施設側の担当者の選任とその役割

　まず、安全委員会についての施設側の担当者を、施設長に選んでもらわなければならない。安全委員会との窓口でもあり、施設長の指示のもと、安全委員会がらみのすべての活動を統括する役割である。通常は主任児童指導員またはベテラン職員になってもらうことが多い。安全委員会の施設側委員が施設側担当者をかねることもあるし、お世話係りに徹することもある。立ち上げ集会、定例安全委員会、緊急安全委員会、聞き取り調査等の各種資料作成、ケース会議などの各種の準備を取り仕切る。

　これまで、多くの施設で使われてきた、活用資料やフォーマットがあるので、それをもとに、当該施設用の資料を作成する。その一部は、本書でも資料として掲載することにするが、あくまでもこれはサンプルにすぎないので、施設の実情に応じて、(先述の「安全委員会方式の基本要件」[表7-3参照]からはず

れない範囲で）修正の必要がある。

2） 安全委員会委員
　安全委員会の委員を選任し，委嘱する。委員会のおおよその構成は次の通りである。
委員会の構成
　【外部委員】
　内部だけで委員会を構成するのではなく，必ず外部からも委員を入れることにする。このことは安全委員会の取り組みが外部からあらぬ誤解を受けないためにも，どうしても必要なことである。
　外部からの委員は，児童養護施設の実状にある程度の理解があり，児童養護施設を支援してくれる専門家が望ましい。児童養護施設をとりまく情勢は決して甘くはないはないが，厳しい目を向ける人ばかりではない。探せば，必ず適任者が見つかるはずである。そして，その外部委員に委員長を務めてもらうこととする。外部委員が形骸化しないためにも，必ず責任あるポストなどについてもらうことが必要である。
　実際には，元児童相談所職員，民生委員，大学教授などの方々に，委員長を務めてもらっている。このように，外部委員を入れ，しかも責任あるポストについてもらうということは，この取り組みの成否を左右しかねないくらい重要なポイントである。外部委員としては，他に，児童相談所と学校から委員を出してもらうことにしている。先にも述べたように，児童相談所と学校から委員を出してもらうことは，必須である。
　【内部委員】
　施設長が必ず委員として入り，しかも委員長を務めないことが重要である。できれば，副委員長も務めないのが望ましい。数年前に入所者への虐待事件が発覚した障害者施設では，第三者も加わった苦情解決委員会をすでに設置していたが，委員長は法人常務理事でもある施設長であった。したがって，安全委員会では，外部委員も含めた委員たちの話し合いによって方針が決まるということを内外に示すためにも外部の者が委員長を務めることが必要である。他に，主任児童指導員などのベテラン職員に委員として参加してもらう。さらには若い職員も入れておくことが望ましい。また担当部署からバランスよく委員を入れておくことが望ましい。さらには，法人の理事会や関連施設からも委員とし

て入ってもらうのも一案である。

また，活動が軌道にのれば，卒園生や子ども側の代表の参加も検討したい。

安全委員会の位置づけ

言うまでもなく，懲戒権は施設長にあり，措置権は児童相談所にある。したがって，安全委員会に特に何らかの特別の権限があるわけではない。対応を決めはするが，それはあくまでも施設長や児童相談所に要請するだけのことである。したがって，安全委員会には法的責任はないが，しかし社会的責任があるということをしっかり自覚しておく。

安全委員会委員候補者の研修

安全委員会方式の導入にあたって，安全委員会委員に安全委員会方式がどのようなものであるかを理解してもらうための研修会を行う。施設内暴力と安全委員会の基礎知識を理解してもらうのに加え，特に，表7-4に示したように安全委員会活動は，①**「安全委員会の審議と対応」**だけでなく，②**「スタッフによる安全委員会と連動した活動（＝「連動活動」）」**とがあることを強調する。また，どちらかといえば，安全委員会は抑え役であり，あとは職員のフォローにゆだねるということを理解してもらえるように，説明する。さらに，厳重注意のやり方と考え方を詳しく説明する（**巻末資料12.「[厳重注意]の手順と留意点」**参照）。

集団守秘義務

安全委員会の委員は，活動の性質上当然ながら，子どもたちについてさまざまな個人的情報を知ることとなる。したがって，それらの知りえた情報については，安全委員会の委員は**「集団守秘義務」**（長谷川，2003）があるということになる。このこともまた，上記の安全委員会委員候補者の研修において，しっかりと強調しておくことが必要である。

3） 導入決定後の職員の準備

安全委員会方式の導入が決まったら，職員の側では，①今後起こりうる困難場面への対応のシミュレーション，②キーパーソンの選定とそのケース会議，③立ち上げ集会直後の活動の研修，④子どもたちへの予告と協力要請，⑤四つの基本的対応の確認，が必要である。このキーパーソンの子どもたちについては定期的にスタッフ会議や安全委員会の会議で対応を検討していく。

これらのことに加えて，無統制型および混合型（第4章参照）など生活の基

本ルールが守られていない施設では，⑥生活の基本ルール（＝グランドルール）の選定が必要である。

　①困難場面への対応のシミュレーション
　もっとも重要かつ必須なのは，今後起こり得る暴力関連の困難事態を想定して，それへの対応を検討しておくことである。さらに，非常に困難な場面では，緊急対応を行うための準備をしておく。具体的には，**緊急対応チームの編成**と**緊急対応マニュアルの作成**が必要である（巻末資料11.「身体暴力への緊急対応マニュアル（例）」参照）。腕力のある年長の子どもが暴れた時，あるいは暴れそうな時，複数の職員が即座に応援にかけつけて主に対応するチームをあらかじめ編成し，同時に対応マニュアルを作成しておくのである。立ち上げ集会までには，その準備を完了しておかなければならない。子どもを守るためにだけではなく，職員を守るためにもこの緊急対応チームと大筋のマニュアルが必要なのである。

　緊急対応の基本は，「全員集合」である。老若男女，ベテランも新米も，いずれの職員もかけつけるのである。対応する大人の側がひとりでも多い方がよい。トラブルに対しては，極力個別対応ではなく，職員がチームで対応する。なお，この緊急対応チームには女性職員を最低でも1名入れておくのが望ましい。暴力が沈静化した直後の対応に，女性ならではの働きをしてもらえることがあるからである。

　通常は，3ヵ月限定で，この全員集合体制をとってもらう。その後は，緊急対応は，「全員集合」から，「複数対応」へと移行する。すでにこのようなチームができている場合でも，なんとなく慣例でそうなっているというのではなく，きちんと正式の仕事の役割として位置づける。

　立ち上げ集会の開催後に，子どもたちの様子見の時期があり，いずれ，暴力事件またはトラブルが起こる。最初の二，三回を乗り切ることができれば，あとはぐっと楽になる。また，緊急対応を実施した場合，必ず（緊急対応は必ずなんらかの緊急を要する事件に際して召集されるのだから）「事件概要・対応報告書」（巻末資料9.「事件概要・フォローアップ報告書」参照）で，定例の安全委員会（あるいは緊急安全委員会）で報告しなければならない。そして，この緊急対応チームの活動は，安全委員会のように外部の目が届く仕組みのもとで行われるべきである。さもなければ，子どもたちを不当に脅かすだけのものになりかねないので，特に注意を喚起しておきたい。

なお，私たちはこれまで実行したことはないが，身体暴力が繰り返されている施設では，短期間であれ，外部からの応援をなんらかの形で受けることも選択肢のひとつであると考えている。
　警察との連携
　あってほしくないことだが，施設だけではとても対応できない事態もありうる。すべての施設で必要というわけではないが，警察を呼ぶなどの対応の可能性がある施設では，念のため，警察に挨拶に行っておき，いざという時の協力をお願いしておく。私自身は，施設職員と一緒に3ヵ所の警察署に挨拶に行ったことがある。最近では，警察は処罰的というよりも育成的であり，いろいろな協力が期待できる。
　警察への挨拶の留意点
　警察への依頼では，安易に警察に頼ろうというのでは決してないということが伝わることがポイントである。したがって，何かあったらすぐお願いしますという頼み方ではなく，自分たちで最大限努力しますが，万一それでもだめな場合は，ご支援いただきたいという依頼の仕方がよいと思う。
　②キーパーソンの選定とそのケース会議
　施設の暴力問題に重要な役割を果たしてくれそうな子どもを，「**キーパーソン**」とする。施設の規模にもよるが，加害可能性のある子たち，被害可能性のある子たちの双方から，それぞれキーパーソンをそれぞれ二，三名選び，「キーパーソン概要報告書」（**巻末資料10**.「キーパーソン用概要報告書」参照）を用いて，対応の方針をスタッフ会議（ケース会議，処遇会議等）で定期的に検討する。なお，この「キーパーソン概要報告書」の内容は，「応援ケース会議用シート」と類似したものであるが，安全委員会活動との関係で，この子たちの様子はどうか，この子たちにどうしていったらいいか，どうか関わっていったらいいかということを，職員側で協議していくのである。協議にあたっては，第2章で述べた「応援ケース会議」の項（p.72〜）を参考にしていただきたい。単に安全委員会の会議を開催して暴力事件について審議するだけではなく，並行してこのキーパーソンの子どもたちを中心に，全体の影響が大きいような子どもたちに対して，どう関わっていくかということを職員で協議していくのである。
　このキーパーソンは，強い子だけでなく，弱い子たちからも選ぶというのも重要なポイントである。

安全委員会活動が順調であるという目安になる指標（＝暴力が本当におさまっているというサイン）としては，まず強い子たちが暴力を振るわなくなるということ，もう一つの指標は，弱い子たちが，少し元気になってくる，強い子からのわがままな命令を拒否できるようになる，それから過去の被害体験を語るようになることがあげられる。

③立ち上げ集会直後の活動の研修

　安全委員会立ち上げ集会直後に，とりあえず必要なことについて，職員は以下の研修をしておく。

　言葉で表現できるように援助する

　立ち上げ集会直後から，トラブルに際して，すべての職員が，子どもたちに**「叩くな，口で言う」「やさしく言う」**を徹底する。日々の生活場面で，暴力に訴えるのではなく，自分の気持ちを**「言葉で表現できるように」**，職員が援助していくのである。

　その場で指導するのが基本

　トラブルが起こったら，その場で時間をおかず指導するのが基本である。あるいは子どもが興奮してうまくコミュニケーションがとれないなら，一定のクールダウンのための時間をおくか，別の職員に交代してフォローしてもらうことが必要なこともある。

　安全委員会を脅しに使わない

　<u>ここで注意すべきことは，「安全委員会を脅しに使わない」ということである</u>。指導は職員がきちんと行い，「安全委員会に報告する」というのは，あくまでも指導が終わった後にいうようにするということである。指導の最中に，「おまえなんか，安全委員会にかけて追い出してやるぞ！」などと言うのは最悪であり，それこそ「懲戒権の濫用」である。

　以上のことを，立ち上げ集会の前までに，職員に理解してもらっておくことが，重要である。なお，立ち上げ集会が終わると同時に，このことを再確認するために，要点を簡潔にまとめた資料（**巻末資料2.**「職員の皆さんへ――安全委員会活動開始初期の暴力問題対応の留意点」，**巻末資料3.**「安全委員会からのお知らせ」参照）を配布する。

④子どもたちへの予告と協力要請

　立ち上げ集会前に，ホーム単位や男女単位，年齢単位等の話し合いの時間を持つことが無用な混乱を避け，安全委員会活動への子どもたちの協力と参加を

促すのに役立つ。

　心理士はオブザーバーとして参加

　ここで心理士が配置されている施設では委員としてではなく，必要に応じてオブザーバーとして参加してもらうのがよい。後に述べるように，安全委員会の委員ではない立場だからこそとれる役割で活動してもらえるからである。

　⑤四つの基本的対応の確認

　身体暴力はすべてこの安全委員会で審議され，おおよそ以下の四つの基本的対応がとられる。

（1）厳重注意
（2）別室移動
（3）一時保護（児童相談所へ要請）
（4）退所（児童相談所へ要請）

　四つの基本的対応を設けていることから，「3回暴力を振るえば退所させる方式である」との批判もあるようだが，それはまったくの誤りである。暴力事件については，①**「深刻度」**，②**「再発可能性」**，③**「施設全体への影響度」**の三つの視点から対応を検討するのであって，何回やれば退所（の要請）などといったことは決してない（田嶌，2009b）。

　⑥基本ルールの選定

　基本ルールが守られていない施設では，安全委員会方式の導入にあたって，「暴力を振るわない」に加えて，基本ルールを改めて選定する。選定にあたっては，具体的でわかりやすいものであること，帰園時間や就寝時間など時間のルールを入れておくこと，あまり細かいものを入れないで3つ前後に絞ることなどに留意する。　先に述べたように，ここでいう生活の基本ルールとは，細かいルールではなく，「就寝や帰園の時間を守る」「暴力を振るわない」などこれがないと集団生活はできないだろうというレベルのルールである。この<u>基本ルールを守らせようとすると暴力が出てくることが多いので，今後起こりうる困難場面としてそのような場面も想定してシミュレーションを行っておくことが必要である。</u>

（5）規約または設置要項をつくる

　安全委員会を立ち上げたら，安全委員会の規約または設置要綱を作成し，理事会にはかり，承認を得る。設置要綱サンプルをあげておく（**巻末資料15.**「〇〇園　安全委員会　設置要綱（例）」参照）。各施設の実情に応じて修正してか

まわないが，安全委員会方式の基本要件（表7-3）を満たすものでなければならない。そうでなければ，安全委員会方式ではないと言えよう。

なお，この設置要綱のうち，「8．委員長は，○○園安全委員会がその本来の役割を果たすことができておらず，さらにその改善の余地がないと判断した場合，解散をすることができる。解散にあたっては，委員長は児童相談所および関係機関に文書でその経過を報告しなければならない」というのは，本書執筆にあたって案として初めて入れたもので，安全委員会活動の形骸化やアリバイ的導入を防ぐために将来はこういう項を入れることをお勧めしたい。また，「形骸化」や「アリバイ的導入」については，第11章を参照していただきたい。

安全委員会立ち上げ集会開催

a．立ち上げ集会を開催する

子どもたち，職員，安全委員会委員の全員が一堂に会して，**「安全委員会立ち上げ集会」**を行う（**巻末資料16.**「○○園『安全委員会』立ち上げ集会（例）」，**巻末資料17.**「○○園安全委員会立ち上げ集会用進行と文言（例）」参照）。その際，安全委員会の趣旨と安全委員会委員の名前と連絡先を記した「安全委員会のしおり」を全児童に配布する（**巻末資料18.**「安全委員会のしおり（例）」参照）。

外部の大人が何人も参加するので，それだけでも，改まった雰囲気になるが，いつもと違う雰囲気を演出する。また，しばらく前から，無用の反発を招かぬよう，子どもたちに説明と協力要請の「根回し」をしておくことも必要である。おおよその形は，「①施設長挨拶，②安全委員会委員長挨拶と安全委員会の活動内容説明，③安全委員会委員の紹介，④職員代表の決意表明，⑤子ども代表の決意表明」というのが基本である。

安全委員会を中心とするこの取り組み全体で重要なことは，「暴力は断固許さない」という「熱意」と「迫力」である。子どもたちに「いつもと違う」という感じを抱かせることが最大のポイントである。そして，それはこの「安全委員会の立ち上げの周知」でとりわけ重要である。施設長や委員長や副委員長等が断固として，その決意を迫力をもって語ることが必要である。

職員と子ども全員，安全委員会委員を集め，最初に施設長の挨拶である。ある施設での立ち上げ集会における実際の施設長の挨拶の例をあげておこう。

施設長挨拶の例
　卒園した子が，園に来た時，言いました。先生たちはなーんもわかっとらんのよ。俺たちがどんなにひどい目にあっとったか，なんにもわかっとらんのよ，と。その子たちは，職員の私たちが気づかないところ，ひどい暴力を受けていたそうです。そんな思いをする子がひとりもいなくなるようにしたい。そう思って，安全委員会をやることにしました。みんなで，暴力のない施設を創っていきましょう‼」

　次いで，委員長から「子どもたちがこの施設で安心して安全に暮らしていけるようにするために」安全委員会を立ち上げたこと，「身体への暴力についてはこれまで以上に断固なくしていくことにすること。身体への暴力はすべて安全委員会で話し合い，絶対なくす取り組みをしていくこと」を全員に伝える。次いで，身体暴力を受けたり，見たり聞いたりしたら，委員か職員に報告するように伝える。また，聞き取り調査も適宜行うことも伝える。さらに，四つの基本的対応をとることも説明する。
　この会で，安全委員会の委員を紹介し最後に職員と年長児の代表何人かに感想と決意を表明してもらう。ある施設の立ち上げ集会での子ども代表の実際の決意表明例をあげておこう。

子どもの代表の決意表明の例
女子代表（高校1年生）
　「1月に1階男子で暴力事件がありました。私はすごくいやな思いをしました。これまでも何回も暴力事件があり，暴力を振るう人を許せないと思いました。園を出て行ってほしいとも思いました。女子で何回か話し合いをして，いろいろと考えました。みんな自分から園にきて生活しているわけではないけど，私は園で楽しく生活したいと思っています。今後暴力を完全になくしてほしいと思います。
　B園のみんなが少しずつ暴力について考えていけば，暴力はなくなっていくのではないかと思います」。

男子代表（中学3年生）
　「僕もやったことがありますが，気分よくはなかった。暴力をなくしていこう」。

いずれも，子どもたちが自分で考えて，みんなの前で表明したものである。この決意表明の時に，子どもたちの間から自発的に拍手が巻き起こった。このことは，それがいかに子どもたちの切実な願いであったかをうかがわせるものであった。

　また，別のある施設では，職員代表が，皆の前で，以前は子どもに暴力を振るったことがあることを自ら語り，子どもたちに謝罪して，今後は自分は絶対暴力を振るわないこと，そしてみんなも暴力を振るわないようにしようと呼びかけた。それはいずれも感動的な光景であった。

　さらに，長年暴力が吹き荒れていた別のある施設では，ベテラン職員がこれまで守ってやれなかったことを謝罪した。その時のことである。「守ってやれなかった」と言い終わるか終わらないかで，即座に，その場で複数の年長児が，「そうだ!!」「そうだ!!」と叫んだ。これもまた，子どもたちの思いがほとばしり出たものである。

　なお，この立ち上げ集会で，年長児でいつになく落ち着きがなかったり，妙にはしゃいでいる子どもは要注意である。職員が気づかないところで暴力を振るっている可能性がある。それらの子たちには，丁寧な観察が必要である。

b．自覚を促す：子どもはすぐ忘れる，大人もマンネリになる

　立ち上げ集会直後はともかく，子どもはすぐ忘れるし，大人もマンネリになる。活動を維持するためには，自覚を促すために，口頭での簡単な報告と掲示物を頻繁に活用するのが有効である。

　あまり時をおかず，上記の立ち上げ集会の内容の要点と委員名を記したものを「安全委員会便り第1号」として各部屋に，一定期間張り紙をする。さらに口頭でも伝える。期間は施設の実状に応じて，安全委員会で決めることとする。その後も，定例の安全委員会の結果などについて，口頭で注意を喚起するだけでなく，張り紙を適宜作成し，掲示する（**巻末資料19.**「安全委員会だより（例）」参照）。その後も，子どもたちへの報告や自覚を促すために定期的に安全委員会便りを発行し，掲示する。

　たとえば，「みんながんばっているので，今月は暴力はゼロでした。今後もみんなで協力して暴力をなくしていきましょう」とか「残念!!　今月は中学生が言うことをきかない小学生を殴るという事件がありました。職員がすぐに指導し，安全委員会では厳重注意を行いました。本人は反省して，二度としない

と約束しました。これからもみんなで暴力のない施設をつくっていきましょう」といった報告を行う。報告に際しては，各施設で工夫して，カラフルなインパクトのある掲示物を作成している。

なお，保護者にも安全委員会方式を導入したことを周知することが必要である。施設が定期的に発行しているお便りやニュースレター等で報告するというやり方と，保護者あてに文書を作成して連絡するやり方がある。後者の場合のサンプルをあげておく（**巻末資料20.**「○○園［安全委員会］立上げについてのご報告（例）」，**巻末資料21.**「○○園［安全委員会］の発足について（例）」参照）。

聞き取り調査を行う

a．聞き取り調査

身体暴力について，すべての子どもに個別の**聞き取り調査**を定期的に行う。通常は，職員が行うが，時には，安全委員会委員がこの聞き取り調査を行うこともある。頻度は施設の事情に応じて，安全委員会で決める。導入後当分の間，少なくとも1年間は毎月1回行うべきである。また，深刻な暴力事件が発生した場合も，しばらくの期間，少なくとも月1回は行うべきである。

毎月の聞き取り調査の結果とその間に起こった暴力事件の概要と対応を，安全委員会に提出する。内容は，①聞き取り調査概要報告書：全体の様子や特記事項を記載，②聞き取り調査後対応報告書：加害児名，被害児名，状況の概要，対応を記したもの，③事件概要・対応報告書の3種類である。特に暴力の報告がない場合でも，「なし」と記入して提出してもらうこととする（**巻末資料8.**「聞き取り調査後対応報告書」，**巻末資料9.**「事件概要・フォローアップ報告書」参照）。

b．何を聞くのか：「聞き取り調査票」の項目

聞き取り調査の項目は，以下のようになっている（**巻末資料7.**「暴力問題聞き取り調査表」参照)[注1]。

①最近他の人（職員や大人も含む）から暴力を受けたことはありませんか。

注1) 2007年3月に兵庫県児童養護連絡協議会「心のケア委員会職員部会合同職員研修会」で講演を行ったが，その際，県内の入所児全員に聞き取り調査を行うにあたって，この聞き取り調査票を使わせて欲しいとの依頼が私にあったので，了承した。その後，この調査票と調査結果が全養協の施設長会で報告された（藤本, 2007）。

②あなた自身が暴力を振るったこと（他人へ命令し暴力を振るわせることも含む）はありませんか。
③あなたは，異性もしくは同性から，下記のことがありませんか？
　身体の大事なところを触られる
　身体を触れと命令される（キス等も含む）
　身体の大事なところを見せろと言われる
④その他，いやなことをされた（させられた）ことはありませんか。
⑤そういう場面を見たり，聞いたことはありませんか。
⑥暴力を振るわれるのではないか？　という不安はありませんか。
⑦よく眠れていますか，悪い夢や怖い夢をみていませんか。
⑧その他話しておきたいことはありませんか。

c．聞き取り調査票の特徴

　簡単な様式になっているが，実はこの聞き取り調査票はかなり工夫されたものである。重要な特徴としては，次のことがあげられる。

①職員や大人からの暴力も聞く：子どもたちが振るう暴力だけでなく，職員や大人からの暴力被害についても聞くようにしている。
②自分の体験だけでなく，目撃・伝聞情報も聞く：自分が被害者や加害者として直接関わったことだけでなく，見聞きしたことについても子どもたちに報告してもらうようにしている。性暴力などは，目撃情報からキャッチできることが少なくない。また被害児本人が訴えた場合でも，「チクった」として仕返しされないような工夫がしやすくなるからである。
③殴打系暴力だけでなく，性暴力についても聞く：性暴力についても，具体的に聞くようにしている。なお，ある程度性教育がなされている施設であれば，「プライベートゾーン」という語を用いて聞き取りを行うのがスムーズである。
④睡眠や夢についても聞く：睡眠や夢についても聞く項目を入れてある。安心・安全が脅かされると，睡眠や夢に反映する。睡眠がよくなかったり，悪夢にうなされることが多かったりする。施設での生活において安心・安全が脅かされている可能性もあれば，入所前の虐待等の影響である場合もある。いずれにしても，要注意であり，睡眠がよくない状態が長く続く場合，専門医への受診の必要性も検討すべきである。

見聞きしたことも聞く：目撃・伝聞情報

　以前，ある県の研修会で，先進的な取り組みを行っているある施設がアンケート調査を実施しているとのことだったので，それを見せてもらったところ，子ども自身の直接の被害・加害を問うだけのものであった。そこで，私たちが行っているように，直接の被害・加害だけでなく，見たり聞いたりしていないかも問うように助言したことがある。

　暴力は目撃情報からキャッチできることが少なくないからである。とくに，性暴力などは，目撃情報からキャッチできることが多い。また被害児本人が訴えた場合でも，「チクった」として仕返しされないような工夫がしやすくなるからでもある。

　たとえば，本人が訴えた場合でも，「チクった」として仕返しされかねない場合には，加害児には誰かが目撃したということでさらなる聞き取りと指導を行うことがある。また，目撃情報があるにもかかわらず，本人自身がまったく訴えない場合，集中的に目配りしてキャッチするか，あるいは誰かが目撃したということでさらなる聞き取りと指導を行うこともある。このように，見聞きしたことを聞くことで，キャッチもしやすくなるし，また仕返しされないような工夫もしやすくなるのである。

性暴力の前兆をキャッチする

　いきなり起こる性暴力もあるだろうが，性暴力にはしばしば前兆がある。聞き取り調査ではそれが報告されることが少なくない。たとえば，「パンツをひっぱられた」「キスしようや，エッチしようやと迫られた」「遊び感覚でキスしてきた」といった具合である。性暴力はしばしばいきなり始まるわけではなく，最初は遊び半分とも見えるものがエスカレートしていき，性暴力に至る場合が少なくないようである。

　したがって，その前兆となりうるこのような性的問題行動を深刻化しないうちに早めにキャッチし，それを放置することなくきちんと対応することが重要である。施設は他人同士が長時間生活する場で，しかも夜も一緒に生活する場であるため，学校よりも厳しめに対応しておくことが必要である。性教育は，それをきちんとやったうえで行うことが重要である。

　なお，この聞き取り調査票は，全国の安全委員会方式導入施設で用いられているが，第3章，第4章で述べたように，兵庫県児童養護連絡協議会が行った調査報告（藤本，2007）でも用いられたものである。

d. 聞き取り調査の効果
　暴力問題に施設をあげて真剣に取り組む中で，単発でなく定期的に実施する聞き取り調査の効果には，めざましいものがある。たとえば，私が関わった十数ヵ所の施設のうち，3ヵ所で大規模な性暴力がキャッチされた。いずれも15名以上の男子間の性暴力である。なかには，複数の入所中の子どもたちから，何人もの卒園生も加害者として名前があがっており，いったいいつ頃から始まったのかも把握できないものもあった。おそらく，その施設では何年あるいは何十年にもわたって，長年続いてきたものと推測される。
　それらの施設ではいずれも，年1～2回程度は児童相談所による入所児への個別面接（「児童調査」とか「実態調査」などとも呼ばれている）が行われていたが，そこではまったくキャッチされていなかった。このことは，毎月の聞き取り調査を行うことの重要性を示すと同時に，潜在的暴力をキャッチするには，施設をあげて熱心な暴力防止活動を展開しながら，その一環として聞き取り調査を定期的に行うことの重要性を示している。

e. 子どもは聞いてほしがっている
　暴力被害にあっている子はもちろん，そうでない子も話を聞いてほしがっているのである。年少児ほど，聞き取り調査を素直に喜ぶ傾向がある。担当職員や大人に一対一でじっくり話をきいてもらえるからである。

f. 「出てくることはいいことだ」という姿勢
　このように，立ち上げ集会を行い，その後聞き取り調査を定期的に行い，出てきた暴力事件にきちんと対応し，子どもたちにも概要を報告していくと，暴力事件はたくさん出てくる。ここで，重要なことは，当面は「たくさん出てくるのはいいことだ」という姿勢を関係者が持っておくことである。たとえば，学校関係者にはよく知られたことであるが，特定の学校がいじめ問題に取り組むと，いじめの件数が飛躍的に伸びるという現象がある。むろん，いじめが急に増えたわけではなく，取り組んでいるからこそ，キャッチできるようになったのである。安全委員会活動に取り組む施設でも同様のことが起こる。
　したがって，施設関係者はもちろんのこと，特に児童相談所や行政関係者および学校には，当面は「たくさん出てくるのはいいことだ」という姿勢を持っておいていただきたい。

また，そうでなくとも，行政（担当課）や児童相談所にはこれまでは深刻な事件のみ報告すればすんでいたのが，この安全委員会方式を導入すると，かなり小さな事件まで児童相談所や学校に知られてしまうことになる。それでも，この暴力問題に，施設をあげて積極的に取り組もうという施設側の見識と姿勢を，特に児童相談所や行政関係者および学校に，高く評価していただきたい。私が関わっている安全委員会では，このことを児童相談所や学校に対して，私から強調することにしている。

g．「以前はありましたが，今はありません」

　研修会などで各地の児童養護施設の施設長の方々と話す機会があるが，その際にしばしば「ウチも以前はありましたが，今はありません」と言われたことがある。これまで見てきたところから明らかなように，何を根拠に，「今はありません」と言いきれるのか甚だ疑問である。実際に，ほんとうにないのかもしれない。しかし，少なくとも，「ない」と言えるには，施設をあげた暴力問題解決の取り組みと定期的聞き取り調査を行っていることが必要であると，私は考えている。それが**「説明責任」**を果たすということであろう。

h．いわゆる優良施設とは？

　このように見てみると，いわゆる「優良施設」についても怖い連想が浮かんでくる。この領域で全国的にあるいはその地域で暴力がなく優良であるとして知られている児童福祉施設とは，ほんとうに暴力がないのかという疑問である。むろん，当然ながら実際に暴力のない優良な施設もあるだろう。しかし，その一方で，職員にキャッチされないレベルの潜在的暴力がある可能性もある。つまり，優良施設とは，暴力が職員にキャッチできないレベルにあるいは職員の手を煩わせることがないレベルに留まっている施設が数多く含まれている可能性があると考えざるをえない。

　誤解のないように言えば，職員にキャッチされないレベルの潜在的暴力だからといって，軽いということでは決してない。第2章の事例6であげた例を思い出していただきたい。アゴの骨を折られたにもかかわらず，訴えることができなかったのである。このように，時に発覚した時に，その深刻さがわかる。また時に卒園生から聞く入所時に受けた暴力のすさまじさからも推測できよう。このように，訴えることさえできないレベルの暴力の深刻さがうかがえるのである。

i．暴力事件発覚後の対応

　暴力事件が起こり，すぐにキャッチできることもあれば，聞き取り調査で初めて把握できる場合とがある。ここで注意すべきは，いずれにせよ暴力があった場合，被害児と加害児の双方から別々に聞き取りを行うということである。決して一方からだけですませないようにする。また，周囲の者からも個々に聞き取りを行うことも大事である。

　聞き取り調査で発覚した場合，重要なポイントは，第一に，先にも述べたように，あらかじめ聞き取り調査に際して，自分が被害者や加害者として直接関わったことだけでなく，見聞きしたことについても子どもたちに報告してもらうようにしておくということである。第二に加害児の話と被害児の話の事実関係にズレがないかどうか注意することである。細かい部分はともかく，行動レベルの事実関係がほぼ一致していることが大事である。大きなズレがある場合は，潜在的暴力が存在している可能性がある。これを放置しておくと，暴力が蔓延していく可能性があるので注意を要する。どちらかがウソをついているわけであるから，ウソを許さないということをつきつけていく必要がある。また，深刻な事件の場合は他児からも聞き取りを行う。

　聞き取り調査で暴力事件が把握された場合，安全委員会には，「聞き取り調査後対応報告書」（**巻末資料8.**「聞き取り調査後対応報告書」参照）を提出してもらう。

　定期的聞き取り調査の時以外でも，身体暴力が見つかった時は，同様に被害児と加害児の双方から別々に聞き取りを行い，また周囲の者からも個々に聞き取りを行う。この場合，安全委員会には，「事件概要・フォローアップ報告書」（**巻末資料9.**「事件概要・フォローアップ報告書」参照）を提出してもらう。

被害者を徹底して守り抜く

　被害者を徹底して守り抜くことが，暴力をなくしていくためのもっとも着実で重要な道である。すでに述べたように，施設の暴力の悲惨さはその「徹底した逃げ場のなさ」にある。長期にわたって，暴力の被害に遭ってきた子どもが加害児に対して抱く恐怖は尋常なものではない。それは私たち大人の想像をはるかに超えるものである。したがって，暴力被害が明らかになった際には，被害児を徹底的に守り抜くということが何よりも重要である。守るのではない，守り抜くのである。そのための配慮はいろいろありえようが，ここでは聞き取り調査に関係したいくつかの例を挙げておこう。

よくある失敗は，被害児から訴えがあったとして，加害児に職員が直接口頭で注意するというものである。しかし，職員に訴えた後に，ひどい仕返しをされた子というのは非常に多い。何人もの子どもから，私はそのことを聞いたことがある。一度は訴えたが，ひどい仕返しをされ，それからは一切訴えることをやめたという。職員は，自分を守ってはくれないのだということを，思い知らされたのである。この子たちの思いはいかばかりであったろうか。同じような失敗が全国各地で繰り返されているのである。

　このように，深刻な身体暴力や幾度も繰り返されている暴力では，被害児が直接職員に訴えたことがわかると，「チクった」と職員に見えない所でさらに悪質な身体暴力被害にあう可能性が極めて高い。

　それを回避するためには工夫が必要となる。

　たとえば，職員や他児が目撃したことにして，加害児に問いつめるのがひとつの方法である。同時に被害児にも，「君から聴いたとは決して言わないで，コレコレこういうふうに対応する」と伝えるなど，安心できるように配慮する。さらには加害児から「おまえがしゃべっただろう！」と問いつめられてもシラをきり通すようにと伝えておくことさえ必要になることもある。子どもたちに直接関わったことだけでなく，見聞きしたことについても報告してもらうのは，暴力についてできるだけ広く情報を集めるためでもあるが，今ひとつはこのようにして被害児を守るためでもある。施設の実状と事件の状況に応じて，被害児を徹底して守る工夫が必要である。

j．聞き取り調査のさらなる工夫

　聞き取り調査票の項目を工夫したことはすでに述べた。その後，各施設がいろいろと聞き取り調査のやり方について更なる工夫をするようになっているので，その一部を紹介しておきたい。

1）　聞き取り調査項目のさらなる工夫

　暴力がおさまってくると，聞き取り調査で子どもが自発的に希望や要望を語るようになってきたという報告をしばしば耳にする。その一方で，子どもが聞き取り調査にあきてくる。そうなってきたら，聞き取りだけでなく，担当職員と子どもとがふれあう時間とするのがよい。聞き取り調査は，自然に「話を聞く時間」や「身の上相談の時間」となることもある。最後の項目，「その他話し

ておきたいことはありませんか」という部分を適宜変えることが役立つ。たとえば、「この1ヵ月で楽しかったことは？」「あなたのいい所は？」「将来の夢は何ですか？」「施設にいる間にできたらいいなと思うことは？」「安全委員会ができてからやさしくなった人は？」などは実際に個々の施設が行った質問項目の例である。

2) 担当職員とのさらなる話し合いの時間の設定

次に、聞き取り調査に引き続いて、さらに積極的に「担当職員との話し合いの時間」を設定している施設もある。そこでは、①「園での悩み、困ったことはないですか」、②「幼稚園、学校での悩み、困ったことはないですか」③「園の先生になにか言いたいことはありますか」、④「その他先生に話しておきたいことはありませんか」、が基本になっている。

3) 聞き取りのキーパーソン

さらに、ある施設が発見した現場の知恵を紹介しておこう。それは**「聞き取りのキーパーソン」という視点**である。

聞き取り調査にあたって、どの子から行うのがよいかという順番があるというのである。その重要なポイントは、定例の聞き取り調査にあたって、この子から始めた方がよいという子どもと、この子は最後の方に聞き取りを行った方がよいという子どもがいるということである。そのような子たちが「聞き取りのキーパーソン」ということになる。

どういうことかというと、この子なら比較的素直に話してくれそうだという子がいる。年少の子でよく話してくれる子や年長の子で、かつて被害にあい、施設で暴力をなくしたいと心底願っている子などがそうである。逆に、暴力問題を起こすリスクが大きい子は、最初にその子に聞き終わってしまうと、あとで別の子からその子の暴力について話が出てきにくくなるし、また出てきた場合でも、本人がいったん暴力はしていないと話した後だと、再度の聞き取りで素直に認めることがいっそう難しくなるということがある。

その一方で、活動が軌道にのると、暴力を振るったことを本人から「自己申告」してくることもしばしば見られる。

なお、こうした活動と併行して、先にp.344で述べたようにキーパーソンについてのケース会議も行うこととする。

安全委員会での審議と対応

定例の安全委員会の会議

　定例の安全委員会の会議では，「聞き取り調査報告書」「聞き取り調査後対応報告書」および「事件概要・フォローアップ報告書」（**巻末資料7.**「暴力問題聞き取り調査表」，**巻末資料8.**「聞き取り調査後対応報告書」，**巻末資料9.**「事件概要・フォローアップ報告書」参照）をもとに，施設側からの報告を受け，審議する（**巻末資料22.**「第　回　〇〇園安全委員会（例）」参照）。

表7-7　安全委員会の審議用資料

①「聞き取り調査概要」， 　「聞き取り調査票（記入済のもの）」 ②「聞き取り調査後対応報告書」 ③「事件概要・フォローアップ報告書」 ④「厳重注意等報告書」

　表7-7は，安全委員会での審議のための提出資料を示している。さらには，報告事項があればその書類も提出される。定例の安全委員会の会議には，施設側が準備するこれらの報告書をもとに行われる。

　なお，これらの様式を特には区別せずに，「安全委員会対応様式」として，すべて同じ様式を用いている施設もある。さらには，ケース会議だけでなく，安全委員会の場でも「キーパーソン概要報告書」（**巻末資料10.**「キーパーソン用概要報告書」参照）をもとに，キーパーソンについて議論することもある。また，審議対象となる事件がなくとも定期的に安全委員会を行う。事件がなかった場合でも，その旨を記した「安全委員会便り」を各部屋に一定期間掲示し，口頭でも報告する。

安全委員会では身体暴力だけを扱う

　すでに述べたように，ここで注意すべきは，安全委員会が対象とするのは「身体暴力（含性暴力）」あるいは身体暴力がからむ問題に限定しておくことである。「言葉の暴力」や万引きその他の問題行動もここで扱うことにしないよう

にする。このことは大変重要である。言葉の暴力もその他の問題行動も悪いことには違いないが，安心・安全な生活を脅かす身体暴力こそが最優先課題だからである。つまり，安全委員会では，施設で皆が一緒に暮らすためにギリギリの最低限必要なルールに限定しておくということなのである。言葉の暴力もその他の問題行動も放って置いてよいと考えているわけでは決してない。ただそれらは個々の職員レベルで対応することとし，安全委員会ではあくまでも「身体暴力」に限定しておくことが，入所児に無用な混乱を起こさないで済むものと考えられる。

しかも，発達障害あるいはそれと同様の兆候を示す子どもたちが少なくない昨今，身体暴力にしぼって「もっとも重要なルールを，わかりやすい形で提示する」ということは，ますます重要になっていると言えよう。

四つの基本的対応

安全委員会での審議結果にしたがって，個々の加害児・被害児への対応をとる。そして，その審議結果と対応の概要を子ども・職員全体に報告する。深刻な事件の場合は子ども・職員全体に集合してもらって報告するが，そうでない場合はそれを公表した「安全委員会便り」を発行し，各部屋に一定期間掲示するとともに，適当な機会に，口頭でも報告する。

a．審議の視点

「明らかに力関係に差がある身体への暴力事件」が発生した場合，四つの基本的対応，すなわち，①厳重注意，②別室移動，③一時保護（児相に要請），④退所（児相に要請）を基本として，以下のように「深刻度」，「再発可能性」，「施設全体への影響度」の三つの視点（表7-8）から対応を検討する（田嶌，2009b）。

1. 深刻度：被害の深刻度
2. 再発可能性：繰り返す可能性
3. 施設全体への影響度：施設全体の暴力は許されないという雰囲気への影響

表7-8　安全委員会審議の視点

> 1.「深刻度」
> 2.「再発可能性」
> 3.「施設全体への影響度」

連鎖系暴力と非連鎖系暴力習慣化暴力と単発系暴力

　深刻度と再発可能性は比較的理解しやすいと思われるが，施設全体への影響度についてはさらに説明が必要であろう。

　施設全体への影響度を考えるにあたって，重要なのは，先に述べた「**連鎖系暴力と非連鎖系暴力**（単発系暴力）」，「**習慣化している暴力**（習慣化暴力）**と単発系暴力**（非連鎖系暴力）」の区別である。むろん，厳密に区別しがたい場合もあるだろうが，安全委員会方式がなくしていくべきは，「連鎖系暴力」と「習慣化暴力」と「深刻な暴力」である。

　ここで重要なことは，連鎖といえば，家庭から持ち越された連鎖（「横断的連鎖：家庭－施設間連鎖」）をもっぱら思い浮かべがちであるが，それだけではなく暴力は施設における現実の生活の中で連鎖していくということである。すでに見てきたように，児童福祉施設における暴力の難しさは，それが「重なり合う連鎖」によるものであるという点にある。したがって，児童福祉施設における暴力問題の解決には，まずは施設内の連鎖系暴力への対応が必要である。また，安全委員会方式がめざすのは，暴力が完全になくなるということではない。そうではなく，「施設内の連鎖系暴力」と「習慣化暴力」と「深刻な暴力」をなくし，そこまでには至らない暴力は社会的技能の学びにつなげていくことである。

　この安全委員会における審議の三つの視点は，安全委員会活動の開始当初からあったものであるが，これを独自に具体的に評価しやすい形にしたのが，安全委員会方式を導入している岩手県の児童自立支援施設杜陵学園の当時の園長の中村純夫氏である。ちなみに，杜陵学園では安全委員会方式を導入し顕著な成果をあげている。中村氏が杜陵学園安全委員会用に作成し，現在いくつかの施設で使われている「暴力状況調査票」では，以下のように評定するようになっている。

1. 深刻度
    □レベル1：病院治療を要する怪我を負わせる
    □レベル2：職員応急処置により対応
    □レベル3：処置不要
    □その他（性的暴力など）：（　　　　　　　　　　　　）
    ＊暴力レベル1，2の場合記入
      1：怪我ありの場合，怪我の部位（　　　　　　　　　　）
      2：怪我の状態
          □骨折　□打撲　□裂傷　□やけど　□その他（　　　　　　）
      3：被害児の精神的状態
          □：怯え不安を示している（1人でいることができない）
          □：怯えていない

2. 再発可能性
    □レベル1：過去に何度も，暴力をしたり，特別日課や一時保護を経験したりしている。
    □レベル2：過去に暴力をしたことがあるが，我慢，反省している様子がある。
    □レベル3：暴力は初めてである。

3. 全体への影響度
    □レベル1：他の児童へも暴力を強要している。
    □レベル2：他の児童へ暴力の場面を見せる等，影響を与えている。
    □レベル3：単独での暴力である。

次に，四つの基本的対応に沿った対応を具体的に記す。
「厳重注意以前」：厳重注意には至らない段階の対応
　四つの対応は，あくまでも基本であり，実際の対応としては，それだけに限定されるものではない。たとえば，厳重注意」にまでは至らない対応として，①「注意伝言」，②「内部委員注意」，③「委員長による注意」といった，いわば**「厳重注意以前の対応」**もある（表7-9）。

表7-9 厳重注意以前の対応

```
① 「注意伝言」
② 「内部委員注意」
③ 「委員長による注意」
```

①「注意伝言」：安全委員会からの伝言として，「今後，繰り返さないように注意するように」という伝言を，担当職員に伝えてもらう。
②「内部委員注意」：別室に呼び，施設側の安全委員会委員から，注意する。
③「委員長による注意」：安全委員会委員長が別室に呼び，注意する。

なお，これらの対応を行った場合，後に述べる厳重注意の場合と同様に，報告書（**巻末資料13.**「厳重注意等フォローアップ報告書」参照）を作成し，次の回の安全委員会の会議に提出する。

あくまでも要請

以上の三つの視点から，審議され，対応が決定される。しかし，ここで注意すべきは，児童福祉施設では懲戒権は施設長にあり，措置権は管轄の児童相談所にあるということである。したがって，決定はあくまでも安全委員会内での決定であり，言うまでもなく法的拘束力はない。「厳重注意」と「別室移動（特別指導）」は施設長に要請，「一時保護」と「退所」は児童相談所に要請するということである。したがって，安全委員会の決定後は，「では，施設長，それでよろしいでしょうか」と問い，「はい。それでいきましょう」といったやりとりで終わるようにする。

b. 学びの場としての四つの対応

「厳重注意は学びの場である」とは，當眞千賀子氏の指摘である。その表現を借りれば，「厳重注意」だけでなく，「厳重注意以前」や「四つの対応」すべてが，大人にとっても子どもにとっても大変重要な「学びの場である」ということである。つまり，子どもにとって貴重な学びの場となるように工夫されており，その過程に関わっていくことで，大人にとっても貴重な学びの場となるのだと言えよう。

疑わしきは待機

　安全委員会の審議と対応だけが注目されやすいが，これまでも再三述べてきたように，それを支える職員の活動（「連動活動」）が大変重要である。暴力がわかった時点ですぐに対応しておくことが，学習にはもっとも効果的である。暴力事件を起こした子どもや聞き取り調査で暴力が発覚した子どもは，まずは加害児被害児双方の担当職員立ち会いのもとで被害児への謝罪を済ませておく。職員が被害にあった場合はそれに準じて他職員や管理職の立会いのもとで，謝罪を済ませておく。この謝罪をすませておくということは，子どもによってはそうそう簡単ではないこともあるが，可能な限り謝罪をすませておく。謝罪がすんでいるかどうかも，安全委員会に報告され，審議のポイントのひとつとなる。

　加害児には，もし呼び出しがあった場合，本人の反省の態度が伝わることが最大のポイントであること，さらには反省の弁を自分の言葉で言うことができることが大事であるということが，担当職員から伝えられる。そのうえで，呼び出しがあった場合にどう答えるかを，あらかじめ担当職員が子どもに考えさせたり，一緒に話し合っておくなりするのである。職員はなるべく本人に考えさせ，言語化を援助する。「なにが悪かったか」「どうすればよかったか」「今後どうするか」「謝罪の言葉」などを，いわばリハーサルしておくのである。

　そして，安全委員会の会議の開催日には，学校から帰った後，呼び出しがあるかもしれないということで子どもと職員は待機することになる。この待機の時間もまた重要な学びの時間である。子どもは，待機中に職員と再度話しながら考えたり，心の中でなにを言えばいいか，どういえばいいかを反芻することになる。たとえ，安全委員会での審議の結果，結局は呼び出しがなかったとしても，このような一連のプロセスが子ども自身にとって，重要な学びの機会となるのである。

対応1　厳重注意

1）　厳重注意だけで済む

　安全委員会方式の「厳重注意」は，ただ叱るだけのものではない。そうではなく，安全委員会方式の「厳重注意」は，暴力を振わないで言葉で表現できるように援助するために，いわば「愛情を持って厳しく叱る仕組み」である。そういうものとなるように，さまざまな工夫や留意がなされている。そして，「**厳重注意**」は，安全委員会活動の華である。もっとも重要な活動のひとつである。

なぜならば，現在安全委員会活動を展開している全十数ヵ所の施設で，暴力を振るった子どもたちのほとんどが，この厳重注意またはそれ以前の対応でおさまっているからである。そして，暴力を振るわないで，言葉で自分の気持ちを表現できるようになってきているのである。
　したがって，「厳重注意」はまだ深刻な段階ではないものの，しかし相当の暴力であり，職員による個別対応だけにゆだねることはできないと判断された身体暴力についての対応である。この段階でしっかり抑えておくこと，さらには言語化できるように援助しておくことが，その後に暴力がはびこらないために重要なことである。したがって，<u>十分な準備のうえで，行われなければならない。</u>

2) 職員も一緒に呼び出される

　先に述べたように，厳重注意の呼び出しに備え，本人がうまく言葉で表現できるようにあらかじめ根回ししておいたうえでのことであるが，厳重注意相当と判断された場合，安全委員会の場に呼び出しとなる。ここで重要なことは，安全委員会の場には担当職員と加害児が一緒に呼び出されるということである。<u>担当職員も呼び出され，加害児と並んで座ることがポイントである。</u>加えて被害児の担当職員にも立ち会ってもらうこともある。
　ここで委員長を中心に，加害児を厳しく叱責し，二度としないように約束させる。ここでのポイントは「今度はいつもと違う」と本人に感じさせるような迫力が必要であるということである。何が悪かったかをきちんと自覚させること，そのためにはきちんと言語化させることである。その際，加害児が被害児のつらさをある程度感じとれるように援助することも重要である。そのために，被害児の担当職員に，被害児の気持ちを代弁して，加害児に語りかけてもらうこともある。
　たとえ，相手に悪いところがあったとしても，身体暴力はいけないということをきちんと教える。そしてさらに，次に同様のことがあった時，（たとえば，「殴らないで，言葉でいう」とか「殴らないで，職員にいう」，「キレそうになったら，とりあえずその場を離れる」など）今度はどうすればよいかまで教える，もしくはどうしたらいいのか言葉できちんと表現できるように援助する。

3) 担当職員の役割

　<u>簡単に言えば，注意・叱責は「安全委員会」で行い，担当職員は暴力を振る</u>

う児童に対して寄り添い，暴力を止める方法を一緒に考えていくというスタンスをとる。担当職員も一緒に呼び出し，子どもと並んで座ってもらうのは，そういうスタンスがとりやすいようにという配慮からである。ただし，事件発生時は担当職員がきちんと叱ることが必要である。しかし，安全委員会方式のような仕組みがないところでは，問題行動を繰り返す子どもに対しては，担当職員はいつも叱っているということになり，子どもは反発してますます問題行動を繰り返すという悪循環に陥りがちである。ところが，安全委員会があることで，（全面的にではないにせよ）注意・叱責をある程度安全委員会が引き受けるので，担当職員はフォロー役や一緒に考えていくというスタンスにまわることができるわけである。

　あらかじめ，加害児と職員が一緒にいわば「リハーサル」しておくということはすでに述べたが，それに加え，安全委員会の呼び出しの場では，担当職員の主な役割は子どもがきちんと言葉で表現できるように援助することである。その場でうまく言えない場合，担当職員が子どもの気持ちを代弁したり，謝罪して見せるなどすることが必要な場合もある。また，これまで我慢の努力が伺えたことを語ったり，またこの子にはこんないいところもあるというフォローが入ることもある。すなわち，厳重注意の場では，「言語化を援助する，代弁する，弁護する，職員の思いを語る，謝罪してみせる」などが担当職員の役割ということである。

　そして，二度と暴力を振るわないという約束が守れるように責任をもって指導してもらうよう担当職員にも加害児の面前で安全委員会から要請する。つまり，担当職員も一緒に注意されているという雰囲気を醸し出すための工夫である。

　このような手続きをふめば，軽い身体暴力のほとんどは，この厳重注意ですっかりおさまるものである。

4）　担当職員が思いを語ることの重要性

　この厳重注意を何度も実行しているうちにわかってきたのは，厳重注意の場で担当職員が**「思いを語る」**ことの重要性である。今回の事件について，担当としてどう思うかを，子どもの前で語ってもらうと，当初の予想以上に，子どもたちの心に響く実にいい表現をしてくれることがわかってきた。それがわかってからは，担当職員に思いを語ってもらうということを当初よりも積極的に活用するようになってきた。

5） 厳重注意の場での委員の発言

　厳重注意の場では，最初は主に委員長が対応し，言語化と謝罪，職員に思いを語ってもらうところまでを行うが，その後は参加委員の発言を求める。児童相談所や学校や地域から，それぞれの委員が必要に応じて，その場その場で臨機応変に発言することになる。委員全員が，被害児だけでなく加害児のことも思いやっているので，全体としてバランスのとれた発言となる。

　最後に，委員長から本人に〈次回の安全委員会まで見守っている〉と言い，担当職員に〈今後，二度とこういうことが起こらないように，○○先生，きちんと指導して下さいよ！〉と伝えて，担当職員（と本人と）が「はい。申し訳ありませんでした」と頭を下げて，終了する。

　以上のような厳重注意のやり方の実際については，第8章，第9章で述べるので，参照されたい。また，おおよその手順をまとめたものがあるので，それも参照していただきたい（**巻末資料12.**「［厳重注意］の手順と留意点」参照）。

6） 厳重注意後の担当職員によるフォロー

　厳重注意が終わったら，担当職員は加害児の声に十分に耳を傾けつつ，再発防止を一緒に考え，取り組む。加害児のほとんどは，かつての被害児である。基本的には大人側の誰かが，過去の被害体験をきちんと聞くことが必要である。そしてそれが施設で受けた被害ならば，誰かが謝罪し，さらに**それでも暴力はいけないことをきちんと伝える**ことが必要である。さらに，その子の成長の力を引き出す関わりを処遇会議等で検討する。

　そして，次の回の安全委員会会議では，担当職員による厳重注意およびその後の様子の報告（**巻末資料13.**「厳重注意等フォローアップ報告書」参照）が資料として提出される。次の回まで暴力が繰り返されていなかったら，担当職員を通じて，安全委員会からその子のこの間の努力を認めてねぎらう言葉を伝えてもらうこととする。

7） ケース会議との連携

　厳重注意だけで暴力が収まるのではない。多くはキーパーソン等のケース会議での方針とそれを職員が日々実行しているからである。たとえ，厳重注意だけで暴力がおさまったとしても，さらにそれを維持していくには，職員の日々の関わりが適切なものであることが必要である。そのためにも，キーパーソン

等のケース検討が必要である。

8)【2回目の「厳重注意」】

　先に厳重注意を受けたにもかかわらず，また暴力を繰り返した場合，しばしばとられるのが**「2回目の厳重注意」**である。2回目の暴力事件を起こした子どもは，一般に1回目とは違う反応を見せることが多い。暴力を振るった直後に反省の様子が見て取れたり，安全委員会からの呼び出し時の態度も，1回目とは異なることが多い。このような変化が見られるかどうかが，重要なポイントとなる。担当職員は，心から反省しているということが安全委員会に伝わることが大事ということを再度本人に強調して，一緒に反省の弁の言語化を援助しておく。

　基本的には，1回目の「厳重注意」と同様であるが，以下の点に留意する。
　①厳しめに「厳重注意」を行う。
　②1回目よりも反省の様子が見られるかどうかを見る。
　③口頭での「厳重注意」プラスなんらかの課題を課す（例．振り返り日誌，担当職員との面接，反省文の提出，一定期間の掃除，心理士との面接，等）。
　④職員に子どもの前で思いを語ってもらう。
　⑤最後に，「次回の安全委員会まで見ている」「繰り返せば，どうなる可能性があるか」を伝える。

　課題遂行にあたっては，各施設が独自に「振り返り日誌」や「課題遂行表」を作成し，簡単な記録をつけ，それを次回の安全委員会に提出することにしている。また掃除等の課題の実行にあたっては，「職員も一緒にやる」ことが大事である。

　ある施設の振り返り日誌を紹介しておこう。この施設の振り返り日誌では，以下のように記されている。そしてそれをなるべく漢字を使って書くようにと言われる。

【1ヵ月間，以下の項目を目標に生活して，感想を記入して下さい】
- 何か人に喜んでもらうようなことや役にたつような出来事
- 園や学校などで，何か頑張ったような出来事
- その他，自分の出来事で書きたい内容があれば記入して下さい

　このように，ただ反省だけを書かせるという形にしていないのが重要なポイントである。

9) 厳重注意の適切な理解

「厳重注意」の趣旨については，新潟県若草寮安全委員会の報告によくまとまった記述がある（涌井，2009）。第9章で紹介しておくので，参照していただきたい。

10) それでも暴力を繰り返す場合

厳重注意段階でのさまざまな対応にもかかわらず，それでも暴力を繰り返すことが少ないながらある。その場合，厳重注意等の安全委員会の対応が無駄であるとか，効果がない，意味がないというふうに受け取らないように注意すべきである。ひとつには，被害児をはじめ，本人以外の子たちが安全委員会が対応しているということを知るということに意味がある。「あの子（だけ）は許されている」というふうに受け取られないためにも，厳重注意やなんらかの対応が必要なのである。

厳重注意を繰り返しても効果がない場合，厳重注意や安全委員会の対応がまったく必要ないというのではなく，それだけでは本人への効果は見られないということなのである。つまり，厳重注意等に加えて，なんらかの特別な対応が必要だということを示しているのである。児童精神科などの専門機関への受診や児童相談所による通所指導，日々の生活の中での工夫などがあげられよう。とりあえずは，ケース会議等でそういったことについてさらに検討することが必要である。

①基本ルールは一緒：発達障害等の場合

たとえば，「知的障害ではないか」「発達障害かもしれない」「反応性愛着障害では」といった場合を例に述べてみる。原則は，たとえ発達障害であろうが，知的障害であろうが，反応性愛着障害だろうが，「（他の子と）**基本ルールは一緒，ただし伝え方，理解のさせ方等に工夫が必要**」ということである。発達障害，知的障害あるいは反応性愛着障害だと，他児を殴っていいなどということがあるはずがない。守るべき基本ルールは一緒である。すなわち，ここで言う基本ルールとは，小さなルールや規則とかではなく，これが守れないと一緒には生活できないだろうといった水準のルールである。

②伝え方，理解のさせ方

発達障害（含.「発達障害サスペクト」）や知的障害や反応性愛着障害などの場合，きちんと伝わったかどうかわかりにくかったり，あるいはその時は心に

響いたようだが，持続しないとか言われたことをすぐに忘れてしまうといったことが起こりやすい。そのため，通常の厳重注意の手順に加えて，その子どもの特性に応じた工夫が必要になる。たとえばよく知られているように，アスペルガー症候群だと，視覚的に提示するなどの工夫がしばしば役立つ。

　また，新潟県若草寮安全委員会の石本勝見委員長が行っているのが，「あとで言わせてみる」という工夫である。「君，さっき安全委員会でなんといわれたか言ってごらん」と言語化をさせるのである。このような関わりは，職員にも活用でき，いろいろな場面で手軽にやれて，しかも効果的である。これを私たちは「石本方式」と呼んで，よその安全委員会でもお勧めしている。

　③案外通じる

　その一方で，私が数多く経験しているのが，通常は通じないとされている子どもたちにも安全委員会での呼び出しは**案外通じる**ということである。職員から，「この子は知的遅れがあるから，理解できないと思います」，「この子は固まってなにも言えなくなります」，「言葉で表現は無理です」，「多動だから，安全委員会の場でじっと座っているなんてできるはずがない」といったふうに言われていた子が，驚くほどきちんと言えたという経験をかなり持っている。

　ひとつには，職員の側が「この子には言ってもわからない」と思いすぎていて，きちんと注意してこなかったし，子どもの方もそれでいけることを学習してきているという面もあるように思われる。いまひとつは，安全委員会の呼び出しは，何を求められているのか，わかりやすいということがあげられよう。

　④心理士の活用

　心理士が配置されている施設ならば，心理士が必要に応じてオブザーバーとして出席する。この時，安全委員会委員とは少し違う席に座るようにする。そして，暴力を繰り返す子ども，あるいはひとりでは暴力をやめられそうにない子どもに対しては，厳重注意後，安全委員会からこれ以上繰り返さないために心理士に相談するように勧める。心理士はこれ以上暴力を繰り返さないですむための工夫を一緒に考える。たとえば，ストレスが溜まった時どうしたらいいかを子どもと一緒に考えたり，担当職員を一緒にその子の持ち味を生かした活動に取り組めるように援助する。

　また，一度ならず厳重注意を受け，それでも暴力がおさまらず，もう一度繰り返せば次には別室移動か一時保護の要請となることが確実であるなら，そのことも予告しておく。そして予告したら，確実に実行してみせることが重要である。

11) 暴力がおさまってくると：特徴的現象

　暴力がおさまってくると，ほとんど必ずといってよいほど起こる重要な出来事が二つある。ひとつは，「**弱い子や年少児がはじける**」ということである。

年少児がはじける

　暴力を繰り返していた子どもたちが暴力を振るわなくなると，入所の子どもたち全体に活気が出てくる。年長児の暴力が見られなくなると，これまで抑えつけられていた年少児たちが，元気になってくるからである。このことは，本来彼らがいかにエネルギーに満ちた存在であるかを示すものである。

　このことはとりあえずは安全委員会活動が順調に進んでいるサインであるが，これを放置しておくと，いずれ強い子や年長児の不満が爆発することになりかねない。

被害体験を想起する

　暴力がおさまってくると起こるいまひとつの重要な出来事は，子どもたちが「**被害体験を想起する**」ということである。<u>自然に被害体験を想起し，さらには特定の職員に語るようになる</u>。これについても，対応に留意すべき点がある。

　以上の現象には，職員によるきめこまやかな対応が必要である。それについては，第9章を参照していただきたい。

対応2　別室移動（または特別指導）

1)　児童相談所との連携

　厳重注意を繰り返しても，改善が見られない場合やケース会議等で検討し，あれこれ試みたが，それでも改善の兆しが見られない場合，「別室移動」や「一時保護の要請」などのさらなる対応が必要ということになる。暴力被害が深刻であったり，被害児のおびえがひどかったり，性暴力があるなどの場合，被害児を守るために，別室に移動させることが必要になることがある。

　この対応は，被害児を守り抜くために必要であるし，また人と人とが一緒に暮らすためには暴力を振るわないことこそが最低限守るべきルールであることを，加害児に体得してもらうためにも必要な対応である。加害児は別室に移されても，他児を介して被害児に脅しをかけたりすることがあるので，そういうことがないように特に注意が必要である。期間は，本人の様子を観察しながら，安全委員会が判断する。それ以外は厳重注意の場合と同様である。

とはいえ，実際に活動してみると，「別室移動」は驚くほど少ない。厳重注意段階での改善が多い。あとは一時保護（これも稀である）まで間があるため別室で生活させるという場合がほとんどである。

このように，「別室移動」はめったに使われていないが，もし実施する場合でも「懲戒権の濫用」にならないように注意すべきである。そのために，たとえば，職員が外から部屋に鍵をかけたりしないように，また長時間ひとりで放置することがないように気をつけるべきである。

対応3　一時保護（児童相談所に要請）

いきなり一時保護を児童相談所に要請しても，実行してくれないことがあるので，この要請以前に状況を何度か児童相談所へ報告し，相談しておくことが必要である。

一時保護が実施されたら，職員が児童相談所へ面会に行き，加害児が被害児のつらさをある程度感じとれるように，被害児の気持ちを代弁する。またその際，一時保護中に十分な振り返りと反省を促してもらうように，何が悪かったか，どうすればよかったのかをきちんと言葉で表現できるようにする。児童相談所にも，それを要請する。

そんなことは要請するまでもないと思われるかもしれないが，要請しないと一定期間保護するだけで何もしてくれていないことが大変多い。児童福祉司の力量に相当な差があるためでもあるし，一時保護に際しての児童相談所全体の方針がはっきりしていないためでもあるようである。措置変更の検討のための一時保護ではなく，**「振り返りと反省のための一時保護」**（田嶌，2007）という考え方が必要である。それについての詳細は第12章で述べているので，参考にしていただきたい（第12章および**巻末資料24**参照）。

2）　一時保護前後の連携：訪問面接

この一時保護前後の時期の児童相談所との連携のあり方としては，通所指導と訪問面接とがある。通所指導とは，子どもを定期的に児童相談所へ連れて行って指導してもらうものであり，訪問面接とは逆に児童相談所の担当の児童福祉司や心理士（児童心理司）が施設を訪問して面接することである。とりわけ，一時保護後の訪問面接は加害児にとって有力なふり返りの機会と抑止力に

なるので，施設側や安全委員会から頻繁に実施してもらうように積極的に要望するのがよい。

3） 一時保護期間中に体制を固める

加害児が一時保護で施設にいない間は地固めと根回しのチャンスである。この間に，まず再度聞き取り調査を行う。加害児がいる間は怖くて言えなかった被害が明らかになることが多いからである。次いで，加害児が戻ってから，再度暴力が起こった場合や起こりそうな場合，どうしたらいいかを子どもたちを交えて相談しておく。

4） 施設側による「帰園時面接」

それと並行して，一時保護の最中に担当職員が児童相談所へ面会に行き，加害児に十分な振り返りと反省を促す。次いで，施設に戻る際も，児童相談所だけの判断ではなく，施設側の面接で十分な振り返りと反省が認められたら戻れるというふうに児童相談所や本人と約束しておく。

措置権が児童相談所にあることは，言うまでもないが，施設側の同意が必要であることを加害児の子どもに理解してもらうことが重要なのである。

そして，児童相談所で，施設側（施設長，担当職員など）が一時保護中の加害児と面接を行う。これを私は「**帰園時面接**」と呼んでいる。要領は，厳重注意の際と同様である。自分がしたことの何が悪かったか，今後また暴力を振るいたくなることがあった場合どうすればよいかなどを語らせる。

きちんと言葉で表現でき，十分な反省ができていると判断されたら，「十分反省しているようなので，これなら施設で受け入れる」ことを伝える。

これが十分にできるように，一時保護中に児童相談所で指導してもらっているはずなので，たいていはできるはずであるが，もし万一できなかった場合は，一時保護を延長してもらい，後日，再度帰園時面接を行う。

安全委員会が帰園時面接を行う場合は，加害児が児童相談所から施設に戻ってきたら，まず職員と共に安全委員会に呼ばれ，反省と決意を述べてもらう。要領は，厳重注意の際と同様である。その際，心理士が配置されている施設であれば，心理士にも立ち会ってもらう。またその際，加害児が被害児のつらさをある程度感じとれるように，被害児の担当職員に，被害児の気持ちを代弁して，加害児に語りかけてもらう。

5) 帰園が認められたら

　帰園が認められた後，必要に応じて，誓約書を書かせたり，施設長と複数の職員のもとで，決意表明を行うこともある。あるいは全員の前で謝罪と決意表明，さらに繰り返した場合には再度一時保護（児童相談所へ要請）か退所（児童相談所へ要請）となることを約束させることも検討する。「全員の前で謝罪と決意表明」は，私の知る限りではどの導入施設でもまだ実行したことがないが，ありうることなので，以下に概要を述べておく。

6) 全員の前で反省と約束

　全員の前で反省と約束をさせる場合は，入所児・職員全員・安全委員会委員を集め，全員に向かって二度としない約束をさせる。繰り返した場合には再度一時保護（児童相談所へ要請）か退所（児童相談所へ要請）となることを約束させる。ただし，性暴力の場合は，即「一時保護から退所」ということが妥当な場合が多い。性暴力で施設に戻すことになった場合，被害児に配慮し，原則としては全員による対応ではなく（例外はあるものの）個別対応とすることが必要である。

　またこのことは，当該の加害児だからではなく，他児の誰が暴力を振るった場合も同様であり，その場合も同様の対応がとられることを明言する。

　同時に，安全委員会も全員に対して，断固として皆の安全を守ること，暴力を繰り返したら安全委員会として断固たる処置をとることなどを伝える。そのうえで，加害児を挑発しないように，また加害児が暴力を振るわなくてもやっていけるように皆で応援しようと呼びかける。そして，加害児を励ますために，たとえば全員で「○○君，ガンバレ‼」と唱和するなどして終了することをお勧めしたい。

　学校や心理士とも連携

　先に，「非暴力による強い抑え」は繰り返される暴力や深刻な暴力には一時的効果しかないことも多いため，この間にその子が暴力を振るわずにやっていけるように援助することが必要であると述べた。そのために，ケース会議等による検討が重要である。

　暴力を繰り返す子どもについては，施設の中だけでなく，学校とも連携して取り組む。また，帰園時面接で加害児に心理士への相談を勧め，心理士との連携もはかる。

他の問題行動と混同しない

　このような暴力を繰り返す子どもは，しばしば暴力だけでなく，非行関連の種々の問題行動を示していることが非常に多い。しかし，安全委員会はあくまでも身体暴力に限定して，これだけは許されない行動として扱うことが重要である。他の問題行動は，別途対応する。加害児本人が，暴力だけはどうしてもしてはならないということを理解し，解決すべき問題の優先順位を混同しないようにするためにこのような配慮が必要なのである。

　発達障害児や発達障害サスペクト児が多いので，理解しやすくするためにも，このことがとりわけ重要である。

7）　加害児の被害体験を聞く

　先に述べたように，簡単には暴力をやめられないで繰り返す加害児は，かつての被害児である。それも相当な被害にあっているものと考えられる。職員なり心理士なりが，その体験を十分に語らせることには意義がある。ただし，こうした「心の傷」を吐き出しさえすれば暴力はおさまる，というような単純なモデルを信奉しないように注意する。十分に聴いたうえで，**「それでも暴力は許されない，許さない」**ことをきちんと伝えることが重要である。これまで述べてきたような安全委員会を中心とする**「非暴力による強い抑え」**と，暴力をやめ新たな行動ができるようになるための援助の関わりなしに，単に被害体験を聞くだけでは逆に暴力を正当化し激化させることにもなりかねない。あくまでもこれまでの対応の一環としてそれを行うのが重要である。

8）　加害児の本音を聞く

　被害体験を相当程度語り，それを受容的態度で十分に聴くことができたら，次いで加害児の本音を聴く。彼らは本音のところでは「俺はもっとやられてきた。だから今度は俺がやっていいはずだ。俺はもっとひどい目にあってきた。俺がやった程度のことは，まだまだたいしたことじゃない」，「俺だけがどうしてやってはいけないのか」と思っている。

　そういう気持ちを十分聴いたうえで，それでもやめないといけないということと，暴力の連鎖は断ち切らなければならないことをきちんと伝えることが大事である。これまではそういう連鎖は見逃されてきたが，今からは違うのだということを強調しなければならない。くれぐれも聴くだけで終わってはいけない。

そして，暴力を振るわないでやっていけるようになるにはどうしたらいいか，どういう支援が必要かということを職員が本人と話し合うこととする。

9) 連鎖を絶つ①

　また，当該加害児が暴力を振るっているうちは抑えられていた，ナンバー2かナンバー3の子が，元気になって「頭角をあらわし」，暴力を振るうようになってくる可能性がある。この連鎖を絶つことが極めて重要である。聞き取り調査をまめにやって，身体暴力は許さないことをアピールする。

　これらの局面を乗り切れれば，子どもたちが全体に安定してきて，職員はぐっと楽になる。他の問題行動の指導も楽になってくる。**「指導が通る関係」**（田嶌，2008）ができてきているからである。考えてみていただきたい。暴力から守ってくれない職員からの指導が簡単に入るわけがない。逆に，確実に守ってくれることがわかれば，子どもたちは職員を信頼するようになるし，**「信頼を基盤とした指導が通る関係」**ができてくるのである。

対応4　退所（児童相談所に要請）

　ここまででたいていの暴力はおさまるものであるが，稀にはそうでないこともありうる。

　どうしても暴力がおさまらない場合，児童相談所への退所要請となる。ただし，その前にこれが今後も児童養護施設で暮らせるための最後のチャンスであることをきちんと加害児本人に伝えたうえで，本人の努力と周囲の支援を行うことが必要である。ここで最後の望みを託すのである。ここでなんとか踏みとどまれれば，幸いである。たとえ，不幸にして，また暴力を繰り返して退所になるとしても，きちんと予告どおりになったという経験をさせたうえで退所となることが，本人の今後の成長のために重要な意味を持つ。加害児に将来のさらなる教育可能性を残せるし，施設側も精一杯の努力をしたうえでの退所であることが，理解されやすいからである。

　実際，安全委員会方式で退所になった子が2008年8月の時点で1名だけいる（吉原林間学園，2008，**巻末資料27**）が，次の措置先ではかなり改善し，その次の措置先では暴力を振わなくなっているとのことである。もちろん，そうなるには安全委員会による退所だけではなく，新たな措置先でも熱心なしかし暴

力は許されないという対応があったからである。
　言うまでもなく，この児童相談所への退所要請や実際の退所措置は安易にとられていい対応ではない。しかし，稀にではあるが「退所」は処遇困難な子どもに対して実際にとられている措置でもある。身体暴力が繰り返され，しかも他児への影響が限界を超える時，やむをえず安全委員会としてはこの児童相談所への退所要請という対応となる。

1) 児童相談所との連携の重要性

　児童相談所が安全委員会からの一時保護や退所などの要請を認めてくれない場合，大変困難な事態となるので，注意が必要である。児童相談所に，取り組みを時々報告したり相談するなどして，安全委員会からの退所要請が無理からぬものであることを理解して貰えるように努力しておくことが鍵となる。
　児童相談所こそが措置権という強制力を有する公的機関である。したがって，児童養護施設などの児童福祉施設における暴力問題に関する児童相談所の役割と責任は重大である。児童相談所からの協力や支援なしには，深刻な暴力や繰り返される暴力，潜在化する暴力から，子どもたちを守り，加害児が暴力を振るわなくとも生きていけるようになるための援助はほとんど不可能である。児童相談所にはぜひともそれを自覚していただきたい。児童福祉施設との連携を深め，児童福祉施設の側の安全委員会を中心とする活動をきちんと評価し，いざという時には退所という断固とした措置もとっていただきたい。
　<u>誤解のないように強調しておきたいのは，四つの基本的対応を行い，手をつくした末の退所という措置は，被害児を守るためにだけでなく，加害児本人にきちんと責任を取らせるためにも，そして暴力を振るわないことを学習してもらうために必要な対応であるということである。</u>

2) 連鎖を絶つ②

　さて，暴力を繰り返す子どもの退所が決まった場合，職員は失敗感や徒労感，敗北感といった状態に陥りやすい。その気持ちは無理からぬものであるとは思うが，その一方で加害児にとっても，児童自立支援施設など児童養護施設以外の場で教育してもらうことが必要なのであり，また本人にきちんと責任を取らせるという点でも教育的な対応であることも忘れないようにしたいものである。
　さらに重要なのは，ここはゆっくり落ち込んでいられる局面では決してなく，

子どもたちの安全を実現していくための極めて重要な局面であるということである。先に述べたように，ボス格の加害児が退所になったり，卒園になるなどしていなくなると，その子がいる間は抑えられていたナンバー2かナンバー3の子どもが，早晩暴力を振るうようになってくるからである。そうなってしまってからでは，この暴力の連鎖を絶つのは極めて困難となる。したがって，まだ彼らが様子をうかがっているこの時期は，連鎖を絶つ大きなチャンスなのである。

3）　退所の決定を伝える

　そのためには，まずは子どもたち全員に，残念ながら加害児が暴力を繰り返したため退所となったことを報告し，暴力を繰り返す子は施設にいられなくなることを改めて周知し，今後皆で暴力をなくしていくことを約束する。

　ここで重要なことは，加害児の退所後に，改めて聞き取り調査を行うということである。加害児がいなくなって初めて語られることがあるからである。さらにこの時期には暴力の連鎖を絶つために，最低でも月1回は聞き取り調査を行う。そこで身体暴力が見つかった場合，きっちりと厳重注意を行い，さらに子どもたちに報告することが重要である。いうまでもなく，身体暴力は男子に限らない。女子で身体暴力が発見された場合も同じ対応を行う。この局面を乗り切れば，グッと楽になるので，ここまでは気を抜かないように注意する。

　また，ナンバー2かナンバー3の子どもたちをいい方向に向かわせるチャンスでもあるので，できれば施設と学校が連携して，本人が学校生活を楽しめて，得意なものを伸ばしていける配慮ができることが望ましい。

退所となった加害児への対応

　退所となった加害児への対応は，今後の重要な課題である。当面は，加害児の行き先である児童自立支援施設や自立援助ホームなどの諸施設への引き継ぎをできる範囲でしていくしかない。しかし，将来はそれらの諸施設においても安全委員会方式（または同様の活動）を導入してもらい，施設間でも暴力問題の解決に向けた連続性のある指導を目指すべきである。

退所という表現をめぐって

　「退所という表現を使うのは適当ではない。子どもたちは好んで児童養護施設にいるわけではない。そういう早く施設を出たがっている子どもが，退所を目的としてわざと暴力を振るうようになるのではないか」という意見もある。これは実際ある児童福祉司さんから聞いた見解である。しかし，このような指摘

は，問題の完全な混同である。このことは，本来は入所時に子どもが自らの置かれている状況をもっと理解できるようにすることで対応すべき問題だからである。つまり，子ども本人からみて，たとえ家で保護者と暮らせるものならばそれがベストであるにせよ，次善の選択としては措置先の児童養護施設にいるのがよい，あるいは仕方がないということを子どもたちが理解できるように援助することこそが必要なのである。したがって，このような問題は，「退所」という表現を避けることで解決できることではない。

3. 取り組みの留意点
a. 幼児と暴力
　以上述べてきたのは，主に年長の小中学生や高校生を念頭に置いたものである。したがって，言うまでもないことだが，幼児たちなど年少児に対してはその子どもたちの理解の水準に応じた対応と説明の工夫が必要である。

b. どこからはじめてもよい
　なお，本章では四つの基本的対応に沿って述べたが，各施設の状況に応じて，安全委員会方式の導入はどこから開始してもかまわない。たとえば，暴力事件の発生から全体集会を開き，安全委員会の立ち上げを宣言してもよいし，一時保護や退所を機に安全委員会を立ち上げてもよい。

c. 守れない約束や宣言は絶対にしない
　冒頭でも述べたように，施設の暴力をなくすためには，安全委員会活動関係のことに限っては守れない（かもしれない）約束や宣言は決してしてはいけない。それは施設の暴力の解決に効果がないばかりか，今度こそ暴力から守ってもらえるかもしれないという子どもたちの信頼を無惨に裏切ることになるからである。そうなったら，もはや子どもたちの信頼を回復することは極めて困難となり，暴力は深く潜伏することとなる。したがって，いったん安全委員会方式を導入したならば，一定の成果が得られるまでは，やり抜かなければならない。県の管轄課や児童相談所への気づかいから，アリバイ的に形式を整えるために実施するのであれば，かえって逆効果である。

d. 職員暴力等への対応

　この安全委員会方式は基本的には，子ども間暴力に限らず施設内のあらゆる身体暴力を包括的に取り扱う方式である。本章では，主に子どもによる暴力への対応を述べてきたが，先に実際に起こった職員暴力の例をあげて説明したように，安全委員会方式は，子ども間暴力だけでなく同時に職員暴力をはじめあらゆる身体暴力を扱うものである。したがって，子どもによる暴力だけを対象とした取り組みとなってはいけないということを再度強調しておきたい。ただし，「職員暴力」や「子どもによる職員への暴力（対職員暴力）」は，子ども間暴力の場合とは対応に若干の修正が必要であるので，ここではその主な点について，触れておきたい。

　まず，職員暴力の場合は，以下の二点が主な修正点である。

1) 聞き取り調査は施設内部の職員が行うのではなく，外部委員または外部委員の委託を受けた専門家が行う。
2) 安全委員会による基本的対応は「①厳重注意，②施設長へのさらなる対応の要請」の二つの対応が基本となる（表7-10）。また，厳重注意以前の対応として，①内部の安全委員会委員による注意，②施設長による注意，③安全委員会委員長による注意，の三つがある。

表7-10　職員暴力への基本的対応

| ①厳重注意 |
| ②施設長へのさらなる対応の要請 |

　なお，職員暴力については，安全委員会だけでなく，児童相談所等の外部機関による調査も必要であろう。

e. 疑わしきは審議に

　安全委員会の原則は，子どもからの暴力であれ，職員による暴力であれ，**「疑わしきは審議」**である。施設側は，「疑わしきは安全委員会の会議にあげる」を徹底しなければならない。

　子どもが職員から暴力を振るわれたと訴えた場合，その真実性が疑われる場

合にも，きちんと対応すべきである。これは決定的に重要なことである。きちんと調査して安全委員会で審議し，それを子ども自身にも報告すべきである。このことは，外部への説明責任を果たすためにも重要である。子どもが職員からの暴力を訴え，しかもそれが事実ではないことがある。その場合でもきちんと対応した後に，その子に謝罪させる。同じ子が職員からの暴力を繰り返し訴え，それが事実ではない場合，そういう訴えを繰り返すこと自体をその子の問題行動として位置づけることが必要である。

f．子どもから職員への暴力（対職員暴力）への対応

　また，「子どもによる職員への暴力」の場合，安全委員会による対応は，子ども間暴力（児童間暴力）と同様に，「①厳重注意，②別室移動，③一時保護（児童相談所へ要請），④退所（児童相談所へ要請）」の四つの対応が基本となる。ただし，職員へ暴力を振るう子どもの場合，他児への暴力が潜在している場合が多いので，子ども間暴力についても注意を払うことが必要である。

4．成長のエネルギーを引き出す：子どもたちを励ます仕組みと活動
a．成長のエネルギーの芽生えを育む

　安全委員会方式は単に暴力を抑えるだけの方式ではなく，暴力に代わる行動の学習を援助し，さらには成長のエネルギーを引き出す方式である。第6章で述べたように，**安心・安全な生活の実現**こそが，子どもたちの成長の基盤であり，安心・安全な環境が整うと，子どもたちは成長のエネルギーがある程度は自然に発揮されてくるものである。「成長のエネルギーを引き出す基本」は，子どもたちが示すこのような**成長のエネルギーの芽生えをキャッチし，育む**ことである。つまり，**その子の中で生まれようとしているものを育む**ということである。そのためには，成長のエネルギーの芽生え（生まれようとしている兆候）に職員が敏感になっておくことが必要である。職員の側にその子の中で生まれようとしているものを育もうとする，いわば**「育成的態度」**（田嶌，1987）が必要である。日々のこうした態度そのものが，子どもを育むものである。

　さらに，そのことと関係して，私が推奨しているのが，**「よってたかってほめる」**ことである。たとえば，暴力を我慢できた，お手伝いをしてくれた，他児を助けた，マラソンで入賞した，あるいは算数でいい点数をとった等の具体的なエピソードを捉えて，3人以上の職員が個々に同じことでほめるのである。

b．落ち着いてきたら：「子ども主体」と「将来展望」

　施設内の大きな暴力が落ち着いてきたら，さらに子どもたちを励ます活動の工夫を行うこととする。基本は，①**「子ども主体」**と②**「将来の展望」**や「将来イメージ」を育むことを目ざすことである。子ども主体については，強い子からも弱い子からも意見や要望が以前よりも出やすくなる。それを汲み取り，子ども参加や，子ども主体の活動を増やしていく。その際，基本ルールについては譲らないで，子どもたちの理解を求め，子どもと職員が一緒に協力して守ることとし，それ以外のルールについては要望があれば，検討することが望ましい。

c．応援面接

　将来展望については，具体的には第2章で述べた**「希望を引き出す応援面接」**を行うことをお勧めしている。暴力関係だけでなく，本人が将来に向けた見通しを持つのを援助し，望ましい行動を引き出すための面接である。詳しくは，第2章を参照していただきたい。ただし，暴力が吹き荒れている施設や荒れはじめた施設，深刻な潜在的暴力や広範な潜在的暴力がなお疑われる施設では，応援面接を行うのは早すぎる。

　落ち着いてきた施設では，毎月の聞き取り調査を1回休み，代わりに「応援面接」を行うというやり方もありうる。第2章で述べたように，愛着を育むことだけを一直線に目ざすというよりも，日々の生活を共にし，さらに「希望を引き出し応援する」過程で，自然に特別な愛着関係が育まれるということが望ましいと私は考えている。

d．記念集会での励まし

　しばしば行われているのが，安全委員会活動の一周年記念とか二周年記念などの**記念集会**である。その際に，施設側と安全委員会とでいろいろ工夫して子どもたちを励ましている。内容は施設によって異なっているが，たとえば，記念パーティで施設長や安全委員会委員長が子どもたち全員に賞賛と励ましの言葉をかけたり，全員に図書券をプレゼントしたり，あるいは1年間に一度も暴力加害で名前があがらなかった子や無遅刻・無欠席の子やスポーツや学業でがんばって顕著な成果をあげた子を担当との外食券や買物券などの副賞つきで表彰することなどを行っている。

e．応援委員会

　さらには，もっとはっきりと励ます仕組みを創り，活動している施設もある。たとえば，**「応援委員会」**を創って，施設の事業計画に位置づけ，子どもたちの望ましい行動を表彰している施設もある。

f．応援会議

　「応援会議」とは，子どもを応援するために，学校からも含め関係者が集まり，これまでを振りかえり，本人を励ます会を行うものである。岩手県の児童自立支援施設杜陵学園で行われているものである。それについて，「杜陵学園児童自立支援要綱」（2007）には，以下のように記されている。

　　第6　応援会議
　　1）応援会議は入所後1ヵ月以内に行う入所後応援会議と，児童処遇上
　　　の必要なタイミングにより行う随時会議，第5段階に入る時点で行
　　　う退園応援会議の三種に区分する。
　　2）応援会議の構成メンバーは，ケース担当，支援総括，生活指導班長
　　　及び担当，学科生活指導専門員ほか参集可能な職員とする。
　　3）入所後応援会議は支援総括が進行し，入所前の生活，現在の生活，
　　　児童自身の退園目標や生活目標，目標達成のための課題及び職員の
　　　応援（支援）内容について話し合う。
　　4）随時応援会議はケース担当が進行し，児童自身が前回から今回まで
　　　の振り返りを行い，各職員より応援のメッセージ等を伝える。
　　5）退園応援会議は支援総括が進行し，退園に向けて当面の課題を明ら
　　　かにし，児童の意欲を高めていく。

　これを参考にして，児童養護施設でも必要に応じて，このような応援会議を行うことを私は安全委員会方式導入施設にお勧めしている。

5．システムを維持するためのシステム

　安全委員会方式を導入して軌道にのせた後も，長きにわたって，形骸化せずに維持できることが重要である。一時の情熱にかられたひと時期だけの活動に終わってはいけない。そのためには，**システムを維持するためのシステム**が必要である。安全委員会方式では，そのための工夫としていくつかの仕組みを用意している。

それは，①施設単独の活動——語り継ぐこと，②施設間・地域間の活動——助けあう・学びあうために，③全国的活動，である。なお，具体的には，第8章（p.444）で述べる。

6. 児童相談所へのさらなる役割の期待

それに関連した重要なことであるが，今後は安全委員会方式による活動を管轄の児童相談所にモニターしてもらうという役割を担ってもらいたいと私は考えている。通常はありえないことではあるが，万一安全委員会方式による活動が子どもにとって不適切なものになってしまった場合の備えもしておきたいと考えているのである。措置権を持つ機関である以上，そういう役割を担ってもらうことは自然なことではないかと私は考えている。

Ⅲ 安全委員会活動を支える重要な事柄

1. 身体暴力はどこで起こりやすいか

子ども間の潜在的暴力（含．性暴力）はどこで起こりやすいのだろうか。もっとも注意すべきは，入浴時である。次いで，学校の行き帰り，さらには就寝中である。性暴力は，特に入浴時と就寝中，さらにはトイレや倉庫などが要注意場面となる。

2. ユニット制や小舎制は安全か

ここでつけ加えておきたいのは，大舎制よりもユニット制や小舎制が推奨されているが，無条件によいというわけでは決してなく，また自動的に暴力もなくなるというものではないということである。身体暴力はかえって深く潜行して，職員からは見えにくくなることがありうるので注意が肝要である。実際，先述のように，東京都の社会福祉協議会の調査（黒田，2009）では職員への暴力は小舎で決して減ってはいない（第4章参照）。職員が一人のときは，子どもから職員への暴力は，むしろ出やすいのではないかと考えられる。

3. 年長児による年少児の世話の功罪

　どこの児童養護施設でも，多かれ少なかれ年長児にある程度年少児の世話を頼むことがある。これは双方にとってよい経験になるという面があるが，その一方で弊害が生じることもあるので注意を要する。たとえば，もっとも注意が必要なのは風呂である。ここで喫煙の見張りをさせられていたり，性暴力を受けてしまうこともあるのである。

　したがって，大舎制であろうが小舎制であろうが，ユニット制であろうが，入浴は原則として職員が監督しておくべきである。次いで要注意は学校の行き帰りである。

　また，担当職員が言うことを聞かない年少児に対して，年長児による抑えを暗に期待しているようだと，暴力を誘い出しやすいので要注意である。ましてや，年長児に年少児の強圧的管理をさせるということは，実質的には職員が暴力を容認することにつながるものである。

4. 新たな入所児への対応：暴力禁止を強調した入所オリエンテーション

　児童養護施設には，折にふれて新たに子どもが入所してくる。その際の対応が施設の暴力の解決には重要である。「安全委員会のしおり」「安全委員会便り」(**巻末資料18.「安全委員会のしおり（例）」，巻末資料19.「安全委員会だより（例）」**参照) を提示して，安全委員会について説明するなど，暴力禁止を強調した**入所オリエンテーション**を行うのである。まず，この児童養護施設には「安全委員会」というものがあって，必ずその子の安全を守るということ，暴力を振るった児童には断固とした四つの対応を必ず実行すること，だから逆に暴力を振るうのもいけないこと，暴力にあったら必ず安全委員会の委員か職員に訴えること，訴えれば必ず守られること，などを説明する。

入所前オリエンテーション

　なお，入所後にではなく，入所前に児童相談所で面接し，同様のオリエンテーションを行うというのも，今後試みる価値のある有効な方策ではないかと考えられる。

新入児童への対応

入所後,最初の1ヵ月が大変重要である。最初の1ヵ月は,職員による聞き取り調査を,毎週1回行う(**巻末資料14.**「新入所児童聞取り調査及び対応報告書」参照)。職員が気にかけていることが伝わるように,そして新入児童を暴力から守ること,そして暴力を振るいそうになったら,言葉で表現できるように指導するためである。

この時期こそ暴力を振るわないで言葉で表現できることを子どもが学ぶためのもっとも重要かつ適切な教育のタイミングである。毎週行うといっても,暴力を振るったり,振るわれたりしていないか,なにか困ったことはないかについて簡単に聞き取りを行うだけなので,通常は数分程度で済むことが多く,さほど時間はかからないものである。

様子見期(探索期)

新しく入所してきた子は,たいていの場合,入所直後は,様子見の時期(**様子見期**)がある。いわばネコをかぶっておとなしくしている状態である。おとなしくしながら,ここがどういう場所なのかを探索しているのである。この様子見の時期があるかどうかがまずは重要である。様子見の時期があるということは,その子に場面の識別能力があるということである。またこの「ネコかぶり能力」は社会的スキルでもある。ほとんどの場合,どの子にもその子なりの様子見の時期があり,その子なりの識別能力を持っているものである。しかし程度に差があるので,どの程度の識別能力があるか,どのくらいそれが持続できそうかを見ておくことが大事である。

なお,様子見の時期は偽適応期と呼ばれているようだが,偽りの適応とほんとうの適応,さらには「偽りの自己」から「ほんとうの自己」などという見方をしないほうがよいと私は考えているので,私は**「様子見期」**または**「探索期」**と呼んでいる。

主張期

しばらくはおとなしくしていても,遅かれ早かれ,自己主張したり,衝動的行動やわがままな行動や問題行動が出てくる。

ここで**基本ルールだけは守らせる**ことが重要である。ここで「ほんとうの自分を出せるようになった」とか「攻撃性を出せるようになった」と見ることは

しないほうがよい。私はかつて「成長の兆しとしてのキレること」という文を書いたことがあるが、この場合はそういう理解は、少なくとも事態の改善にはつながりにくい。

私はこの時期を主張期と呼んでいる。どのような行動が許されるのか、探索は続いているのであり、ここで暴力などの基本的ルールに関係した点については適切な行動を丁寧に教えていくことが必要である。それによって、その子はここでは何が許され、何が許されないかを体験的に学ぶのである。

折り合い期またはやりたい放題期

ここで、暴力から守られ、基本的ルールに関係した適切な行動を教えることができると、次には周囲と折り合いをつけることができる、**「折り合い期」**ということになる。逆に、「ほんとうの自分を出せるようになった」「攻撃性を出せるようになった」として、いわゆる「受容的関わり」を行うと、そのままやりたい放題になる可能性が高い。私はそれを**「やりたい放題期」**と呼んでいる。すでに述べたように「受容」とは現場では「許容」とほとんど同義だからである。むろん、「やりたい放題」とはいっても、自分より強い者（含む職員）に対しては違った態度を見せる子と、強い者にも同様に振る舞い、その結果暴力被害にあう子もいる。

要するに、入所後まもなく暴力を振るうようになりかけた時が、暴力を振るわないで言葉で表現できることを子どもが学ぶためのもっとも重要かつ適切な教育のタイミングである。この時期を見逃すのは、いかにももったいないことである。

以上述べてきた新入児童がたどる経過をまとめると、表7-11のようになる。

発達障害やその疑いがある子やすでに暴力などの行動が身についている子どもでは、その指導が困難である。発達障害については、第10章を参照していただきたい。また、暴力がすでに身についている子には、担当職員による個別の指導だけではなかなか改善は困難であり、安全委員会による対応との連携が必要である。

表7-11　入所児童の適応経過の分かれ道

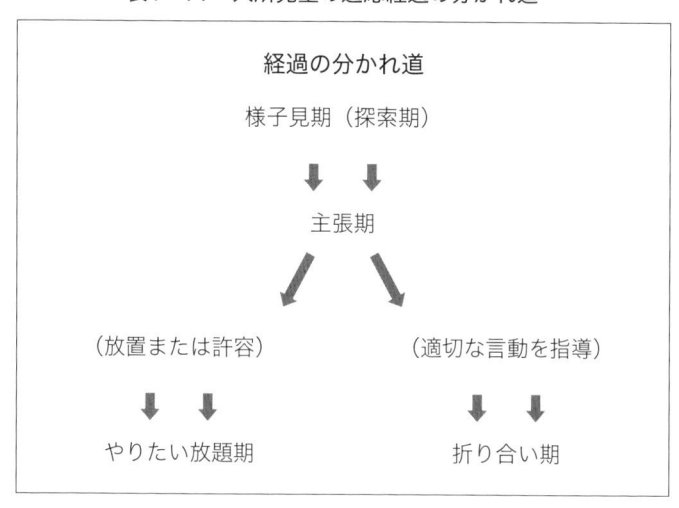

```
経過の分かれ道
様子見期（探索期）
    ↓ ↓
    主張期
  ↙     ↘
（放置または許容）   （適切な言動を指導）
    ↓ ↓           ↓ ↓
  やりたい放題期      折り合い期
```

5. 心理士との連携

　あるいは，心理士と連携して行うのも私のお勧めである。新入児童の入所にあたっては，原則として心理士に立ち会ってもらい，相談に乗る人であると紹介する。心理士は立ち会えなかった場合でも，できるだけ早いうちに会っておく。そして新たな入所児には，最初の1ヵ月程度はルーティーンとして週1回程度の心理士による面接を必ず受けてもらうこととする。その面接では，近況を聞き，何か困ったことはないか，暴力を振るったり，振るわれたりしていないかについて聞き取りを行う。もし暴力の事実があれば，被害児を守ることを最優先に対応する。

　このようなやり方をとると，暴力問題の解決に役立つと同時に，いずれはすべての入所児が心理士と面接経験を持つことになるので，子どもが心理士に相談しやすくするのにも，また心理士を児童養護施設に有効に位置づけるのにも役立つ。

　こういうやり方を私がお勧めするのは，入所児に「暴力があったら，言ってきなさい」と伝えるのみでは，極めて不十分なのであり，子ども自身が訴えやすくする配慮と子どもを守るシステムが必要だからである。

心理士の役割

　先に述べた施設の暴力の例はいずれも，長期にわたる心理臨床的関わりがあったからこそ，発見しえたものである。したがって，心理士は入所の子どもの内面だけを扱うのではなく，通常では発見が難しい施設内虐待や暴力，学校でのいじめなどをキャッチする役割も担っていただきたいし，また先述のように解決に向けても一定の役割を担っていただきたい。その方が心理士としての仕事もより有効でよりやりやすくなるはずである。

6. 子どもも職員も楽になる

　以上述べてきた方式はその原理はシンプルなものであるが，実践を軌道に乗せるまではかなりの労力が必要である。そのため，このような方式を提案することは，ただでさえ過酷な労働条件下で働く児童養護施設の職員の方々には，「このうえまだ労力を使えというのか」と不満に思われるかもしれない。しかし，この方式は最初のうちこそかなり労力が必要ではあるが，軌道にのれば子ども全体が落ち着き，問題行動も少なくなるものである。すなわち，早晩子どもたちも職員も楽になる方法なのである。それが実現できた時，それまで暴力を振るったり，それに耐え抜いたりすることに費やされていた子どもたちの壮大なエネルギーは，成長へのエネルギーとなる。また，そこで働く職員も子どもたちの成長の楽しみが格段に増大するので，仕事の手応えがそれまでよりもずっと得られるようになるはずである。

Ⅳ　安全委員会方式の特徴

　ここでは，これまで述べてきた安全委員会方式の特徴について考えてみたい。際立った特徴としては，当事者の**もっとも切実なニーズを汲み取り，集団や組織全体に働きかける「システム形成型アプローチ」**を具体的に示したものであるということである。また，第6章で，児童福祉施設における**「暴力問題への取り組みの必須条件」**として，①施設をあげた取り組みであること，②職員による体罰を禁止すること，③三種の暴力のいずれも取り組みの対象とすること，④潜在的暴力もキャッチできること，⑤被害児を守り抜くこと，⑥暴力に代わる行動の学習を援助すること，⑦外部からモニターできる活動であること，⑧

他の施設でも活用できる方式であること，の8つをあげた（第6章表6-15参照）。安全委員会方式はこのいずれに条件も満たすものであることもまた重要な特徴であると言えよう。

　また，安全委員会方式の特徴として，田嶌・飯嶋（2009）は『安心・安全な集団づくりのためのガイドブック』（神奈川中央児童相談所，2008）に掲載のものに一部追加して，以下の6つをあげている（表7-12）。

1. 個と同時に，子どもと職員集団全体へのアプローチ
2. 一歩踏み込んだ日常的に守る仕組
3. 子どもと職員の協働性
4. 職員間の協働性
5. 児童相談所と施設の協働性
6. 取り組みの継続性・一貫性

さらに，當眞（2011）は，安全委員会方式を例にとって，児童養護施設の暴力問題の解決のためのポイントとして，以下の7つをあげている。

1. 施設内で起きるあらゆる身体的暴力に包括的に対応する仕組みのなっていること
2. 暴力の連鎖を周到に粘り強く断ち切る仕組みになっていること
3. 施設内で起きている暴力，また暴力に繋がりかねない威圧関係について的確なアセスメントが行われる仕組みになっていること
4. 指導の透明性と一貫性を保つ仕組みになっていること
5. 「安全委員会による月1回の児相や学校も含めた審議や対応」と「日々の生活場面によるスタッフによる安全委員会と連動したさまざまな活動」が車の両輪として働くことにより，相乗効果を生む仕組みになっていること
6. 安全委員会の審議では児相と学校と施設職員という子どもにとって大事な役割を担う大人が一同に会するということ
7. 一定の条件が整えば，さまざまな施設で取り組みが可能な方式となっていること

表7-12 安全委員会方式の取り組みの特徴(田嶌・飯嶋,2009)

	これまでの対応の傾向	キーワード
1	子どもへの個別的支援中心にとどまりがちだった	個と同時に，子どもと職員**集団全体**へのアプローチ ＊施設内暴力を構成する個と集団への**包括的**アプローチ。 ＊事件対応的なアプローチから，未然・再発の**予防的**アプローチへ。
2	子どもからの訴えがあった時だけに対応する人権擁護の仕組みにとどまりがちだった	さらに一歩**踏み込んだ**日常的に守る仕組みづくり ＊子どもが被害を訴えることのサポートづくり〜被害を訴えることの徹底的奨励。 ＊**透明性**〜集団に潜在化している問題は，子ども・職員集団で共有し，みんなの問題として自覚する。 ＊**迅速性**〜子どもの訴えについての迅速な対応。 ＊**日常性**〜問題が起こる前に支援しながらモニターする取り組み。
3	問題が起こると職員から子どもに対する指導にとどまりがちだった	職員と子どもの**協働性** ＊**信頼性**〜子どもと職員との信頼関係の構築・強化。 ＊子どもの**当事者性**〜職員と共に取り組む，当事者としての子どもの参加。
4	問題を個々の職員の力量の問題としがちだった	職員間の**協働性**→「フォローし合う処遇」(複数対応) ＊**安定性**〜丸投げはしないが，一人で抱え込まずにすむことで安定して子どもの問題に取り組める。 ＊**共同性**〜職員間の支援体制を通じて職員間の関係も構築・強化。
5	問題が起こると児相から施設に対する指導にとどまりがちだった	児相と施設の**協働性・対等性** ＊施設の特性(歴史，文化，価値観，支援体制，子ども集団の構成等)を十分に尊重した取り組み。 ＊現状と課題の共通理解を図り，協働して取り組むチームを結成。
6	事故発覚後の対応が一過性になりがちだった	取り組みの**継続性・一貫性** ＊**定期的**な子どもからの聴き取りとその対応の協議を**繰り返し**行う。 ＊暴力に対する**毅然とした対応**〜絶対に暴力は許さないという施設と児相の一致した態度表明，暴力に対する限界設定(一時保護の有効な活用等)

V おわりに

　暴力による直接の被害は，それこそ本人にとって深刻な被害であるが，被害はそれだけではない。いつやられるかわからない雰囲気の中で，おびえて卑屈になって暮らしていかなければならないこと自体が，子どもの成長に甚大な被害を与えるのである。

　また暴力は，直接それを受けた被害児だけに被害を及ぼすのではない。他児が殴られるのを目撃するだけで，弱い子や幼い子には十分に脅威であり，おびえて暮らさなければならなくなる。直接暴力を振るわれなくとも，暴力的雰囲気の中で暮らすこと自体が子どもには十分に脅威である。さらにいえば，大人から見て，たいした暴力に見えない程度の暴力でも，年少の弱い子にとっては十分な脅威であることにも留意しておきたい。すなわち，安全で安心できる生活というのは，年少の弱い子の視線に立って実現していくことが必要なのである。つまり，年少の弱い子どもたちまでもが，心から安全で安心して暮らせていると実感できるような施設にしなければならない。

　そしてまた，加害児も被害者である。かつて暴力被害にあってきたという意味で被害者であるだけでなく，暴力はいけないという学びの機会を提供されず，逆に暴力行動を強化されてきたという意味でも，加害児もまた被害を受けているのだと言えよう。

　本稿を読んで，「かなりの暴力事件がしばしばある」という施設の方々だけでなく，「暴力事件は，時々は起こっているが，さして深刻なものではない」とか「そのたびに対応はきちんとやっている」と思われた方々も，ぜひともこのような視点からあらためて考えてみていただきたい。

　そして，深刻な暴力が発生している児童養護施設だけでなく，私はすべての児童福祉施設で安全委員会方式（あるいはそれに相当するもの）を導入していただきたいと願っている。暴力がない児童福祉施設やさして深刻な暴力が発生していない施設でも，そうであればこそ今のうちに安全委員会を方式を導入しておくのがよいと考えている。

　ここでは主に安全委員会を中心として施設全体で取り組む「一貫性のある非暴力による強い抑え」を中心に述べてきた。しかし本章でもある程度触れたように，この非暴力による強い抑えに次いで，①不満を殴るという行動ではなく，きちんと言葉で表現できること，②殴りたくなったとき，たとえば「職員に言

う」とか「その場を立ち去る」など，代りの行動を学習すること，③ストレスを発散できる楽しみを持つこと，④自分が誇りをもてるような自他ともに認める得意なもの持つこと，などを支援することを通して，その子が暴力を振るわずにやっていけるように援助していくことが重要となる。それについては，各施設や職員でその子に応じた具体的な工夫が必要である。その一部は，すでに第2章で述べたが，さらに第8章，第9章で述べる。

　また本章では子ども間暴力を中心に述べたが，ここで述べた方式は，基本的には児童福祉施設におけるあらゆる身体への暴力をなくすのに役立つものである。さらにいえば，施設内暴力は，児童福祉施設だけではなく，知的障害者や高齢者の施設などでも問題になっている。若干の修正は必要であろうが，基本的にはそれらの施設でも活用できるものと考えている。

「学びながら実践する」方式

　先に，安全委員会方式の特徴をあげたが，最後に現場での実践にあたってもっとも重要な特徴をあげておきたい。それは，安全委員会方式は，やり方を少し研修しただけでは不十分で，実践しながら学ぶ，**学びながら実践する方式**だということである。多大の努力を積み上げて初めて有効に機能する方式である。したがって，それだけの意欲がある施設にのみ導入していただきたい。

[文　献]

藤本政則（2007）子どもの権利と施設ケアのあり方について ── 子育て支援基準を中心とする兵庫県の取り組み　第61回全国児童養護施設長研究協議会報告書，pp.86-90.

長谷川啓三（2003）学校臨床のヒント（Vol.1）集団守秘義務の考え方　3(1)；122-124，金剛出版.

一施設生活経験者（2009）「児童養護施設内暴力を根絶するために ── 児童養護施設で暮らした体験より」（児童養護施設生活体験者の手記）.

井生浩之・飯嶋秀治（2007）安全委員会方式実践報告 ──「あけぼの寮」への支援　第3回西日本児童養護施設職員セミナー報告書，pp.19-22　中国地区児童養護施設協議会セミナー実行委員会.

神奈川県中央児童相談所（2008）「安心・安全な集団づくり」のためのガイドブック ── 施設内暴力の解決に向けて　平成20年度版.

黒田邦夫（2009）児童の暴力問題に関する調査について　児童福祉研究，24；30-42.

田嶌誠一（1998）勉強すればするほどダメになる？　朝倉記念病院年報98；5-7.

田嶌誠一（2005b）児童養護施設における児童間暴力問題の解決に向けて　その2．施

設全体で取り組む「安全委員会」方式　pp.1-25, 心理臨床研究会.
田嶌誠一（2007）児童福祉施設における暴力問題の解決に向けて──児相と施設の連携サポート：特に一時保護の有効な活用を中心に　pp.1-22, 心理臨床研究会.
田嶌誠一（2008）安全委員会活動の実際──立ち上げ準備から運営まで　平成20年度児童養護施設等における暴力防止に関する研修会第1回講演（平成20年6月10日）抄録, pp.2-19.
田嶌誠一（2009a）現実に介入しつつ心に関わる──多面的援助アプローチと臨床の知恵　金剛出版.
田嶌誠一（2009b）児童福祉施設における施設内暴力の解決に向けて──個別対応を応援する「仕組みづくり」の必要性とその一例としての「安全委員会方式」の紹介　コミュニティ心理学研究, 12(2); 95-108.
田嶌誠一（2010）成長の基盤としての「安心・安全」の実現──社会的養護の場でもっとも重要な課題　社会的養護とファミリーホーム, 1; 55-58　福村出版.
田嶌誠一・飯嶋秀治（2009）施設内暴力の解決に向けて　日常的に支援しながらモニターする──「安全委員会」のガイドブック　安全委員会ネットワーク.
高橋重宏編著（2000）子どもの権利擁護──神奈川県の新しいとりくみ　中央法規出版.
杜陵学園（2007）児童自立支援要綱.
當眞千賀子（2011）子どもたちの安心で安全な生活という土壌づくり──子どもが大地に根を張って成長し, 花を咲かせ, 実を結ぶことを願って　第7回西日本児童養護施設職員セミナー報告書, 3-10　広島県児童養護施設協議会第7回西日本児童養護施設職員セミナー実行委員会.
涌井裕（2009）若草寮安全委員会1年半の取り組み　手毬第16号, pp.7-15　新潟県福祉職員協議会.
吉原林間学園（2008）安全委員会に関するアンケート調査　平成20年度児童養護施設等における暴力防止に関する研修会第1回講演抄録.

第8章
安全委員会活動の実際

I 安全委員会活動の開始まで

　2004年，私は途方に暮れていた。
　児童養護施設に関わり始めて3年が経過し，やっとわかってきたのが，児童養護施設における暴力の深刻さである。これまでの経験から，どうすれば解決がつくかはある程度私にはわかっていた。これは放っておけないと思い，取り組みを始めたものの，私が理解と協力を期待した管轄の県の中央児童相談所の反応は驚くほどひどかったからである。
　現在，南は九州から北は北海道に至る全国の8つの自治体の15ヵ所の施設で安全委員会方式による活動を展開しているが，すべて児童相談所に外部委員として参加してもらっている。現在，このように多くの地域で児童相談所が協力的であることを思えば，信じがたいことであるが，2004年10月6日のことである。地元の県の児童相談所のある児童福祉司の方から「子どもたちに対して退所という表現使うことは懲戒権の濫用（乱用）である」と言われたのである。
　しかし，事実関係だけを述べれば，いくつかのやりとりの後，2004年10月25日に当時の県中央児相の所長名で，「今回の議論の端緒となった『懲戒権の濫用』については言葉として行き過ぎであり，結果としてその後の議論の進展に支障をきたしたと考えております」とのファックスを受け取っている。
　また，私が途方に暮れたのはそれだけではなく，そうした経過の中で，私が関わってきた施設は私と一緒に本気でこの問題に取り組む気はなさそうだということがわかってきたからである。それまでのさまざまな現場で心理臨床の経験から，どうすれば解決がつくかはある程度私にはわかっていた。個別対応だ

けでは到底無理であり，施設をあげた取り組みが必要であった。したがって，施設側が，はっきり言えば施設長が，施設をあげて取り組む意欲がなければならない。さらには，そういう活動を児童相談所が積極的に支援してくれることが不可欠であった。

　しかし，その条件は，私の地元にはなかった[注1]。

　この問題は，特定の地域の特定の施設の問題ではなく，全国的な問題である。したがって，ある施設だけで有効な取り組みが行われればそれだけで済むというわけにはいかない。幸い，現在では，この問題の解決に向けて全国的に活動が展開しつつある。2011年8月現在，北は北海道から南は九州に至る8自治体の15施設で安全委員会方式が導入され，この問題の解決に向けて全国的に活動が展開しつつある。暴力が吹き荒れた施設だけでなく，県内でも優良で知られた施設や特徴のある先進的取り組みで知られた施設でも取り入れられている。その結果，程度の差はあれいずれの施設でも，暴力がおさまっただけでなく子どもたちにさまざまな望ましい変化が起こっている。

　2009年には，児童福祉施設版安全委員会の全国大会を山口市で開催し，2010年には広島市で第2回全国大会が開催された。クローズドの会であるにもかかわらず，児童養護施設，児童相談所などの関係者約80名の参加があった。なお，2011年には第3回大会が岩手県盛岡市で開催されるが，この回からオープンな会にする予定である。児童福祉関係者であれば，関心のある人だけでなく批判のある方でもどなたでも参加いただけることにしている。さらには，2012年には第4回全国大会が新潟県で開催されることもすでに決まっている。

　しかし，ここまで至るにはさまざまな困難があった。

　基本的な方針は，地元に条件が整っていないならば，視野を全国に拡げて条件が整ったところを探すということである。全国には，子どもたちのこうした事態に心を痛め，なんとかしたいという思いを抱えている人たちがいるであろう。狭い範囲の地域だけ見れば，そういう人たちは少なくとも，全国に目を向ければそういう人たちは少なからずいるはずであると考えたのである。そういうひとたちの緩やかなネットワークを築ければとも考えた。

　しかし，なにしろ，これだけ極めて重要な問題であるにもかかわらず，養護施設の創立以来，目を向けられなかった問題である。そこには，そういうふう

注1）　ただし，この県の児童相談所関係者にも少数ながら私を支持してくれる人たちもいた。第11章でその見解を紹介しているので，参照していただきたい。

に目を向けない，取り組みを開始しないという状態を維持してきた力がさまざまな側面で働いているに違いないと考えられた。したがって，やみくもに突き進めばよいというものではないとも考えた。この活動の開始当初から，さまざまな壁にぶつかることを想定し，どういう点に配慮して，活動を展開し，どのような壁や障害にぶつかり，それをどう克服していくかということを検討しながら進めていくことが必要であると私は考えた。

　そして，全国の状況を変えるには，個々の施設での活動だけでなく，こうした活動の展開過程そのものを「**システム形成型アプローチ**」による臨床活動であると捉えることが必要であった。そして，それは「社会的問題を発見して，さらにその解決をはかるための活動のひとつのモデルにしたい」ということでもあった。たとえば，後にいくつかの施設で活動できるようになってからも，5ヵ所の施設で軌道にのるまでは一切秘密で行ってきたのだが，それもどこでどんな妨害がはいるかわからないという判断からである。

　そして，このような過程を一緒に取り組んでくれたのが発達心理学者の當眞千賀子氏と文化人類学者の飯嶋秀治氏である。當眞氏からは，さまざまな有益な助言をいただき，さらには安全委員会方式を7番目くらいに導入した児童養護施設の安全委員会委員長を務め，さらに現在はその施設の顧問として関わっていただいている。飯嶋氏には，後に述べるように，安全委員会方式導入第1号の児童養護施設に「助っ人」として入ってもらった。そこでは，文化人類学のフィールドワークの知恵が如何なく発揮された。また，その後は別の児童養護施設の安全委員会の委員として関わっていただいている。

　先に，活動の展開過程そのものを「システム形成型アプローチ」による臨床活動であると考えると述べた。そこで重要なのは，暴力への取組みの方法だけでなく，(全国への)「活動の展開過程」という発想を持ち，さらにそのために有効で実行可能な具体的方略を考えながら活動を行うことである。

　まず取り組んだのは論文を書くことであった。つまり，論文を書くこともそうした臨床活動の一環と考えることにしたのである。そう考えて，活動を始めるために，まず子ども間暴力(児童間暴力)の深刻さを訴える論文(田嶌，2005a)と私が考案した安全委員会方式を紹介した論文(田嶌，2005b)とを別々に書き，前者のみを知り合いを通じて関係者に送付し，さらに希望者には後者を配布するという形を取った。

　前者が「児童養護施設における児童間暴力問題の解決に向けて ── その1. 児

童間暴力の実態とその連鎖」(以下,単に「その1」と記す),後者が「児童養護施設における児童間暴力問題の解決に向けて——その2.施設全体で取り組む安全委員会方式その2」(以下,単に「その2」と記す)と題する論文である。この論文作成時に,當眞千賀子氏は,熱心な推敲の手伝いをしてくれた。おかげで,急ごしらえにしては,いいものができたと自画自賛している。なお,後に,事件からみた暴力に関する論文(田嶌,2005c)も書いたが,その配布はかなり対象を限定した。この論文では,子ども間暴力だけでなく,**「2レベル三種類の暴力」**に言及した。また,これらの三つの論文の内容は,本書の第3章,4章,7章に含まれている。

　ここでのポイントは,三つある。

　一つは,暴力問題の実態を訴えるものと,私が推奨する方式とを別々の論文にして,呼びかけたことである。これは,全国に仲間を求めるいわば**「呼びかけ方式」**である。その際,私のやり方が気に入らないから取り組まないというふうにならないように配慮したのである。

　二つ目には,いたずらに騒ぎ立てられないように,慎重に配布したことである。全国の関係者に郵送するという形ではなく,知り合いから知り合いに渡るという形をとったことである。これは**「手渡し方式」**とでも言えよう。その後,確認できたところでは,遠くは青森県の方にもそれは渡っていた。資料として,巻末に岩手県和光学園の取り組みを掲載している(**巻末資料30**)が,この岩手県の取り組みは,この青森県の方から私の論文を岩手県の関係者に紹介してもらったのが,きっかけで始まったものである。

　三つ目は,後者の論文(「その2」)がどこに渡ったかを私が把握しておくために,「その2」に限っては,所属施設や機関内の回覧に留めてもらい,それ以外の方から要望があったら私に直接請求してもらうようにしたことである。これは**「(送付先)特定方式」**とでも呼んでおこう。

　実に多くの方々から論文の請求があったが,それでもいろいろな壁があって,なかなか取り組みは始まらなかった。児童相談所は熱心だが,施設側がやる気がないということもあったし,逆に施設は導入を希望したが,児童相談所がその気がないということもあった。たとえば,近隣の県のある施設で安全委員会活動をぜひやりたいと希望した施設があった。しかし,なんとその県の中央児相の所長の猛反対でつぶれてしまったのである。「そんなことがウチの県であるはずがない」というのが主な反対理由のひとつであった。その県ではその後も

安全委員会活動はできていない。現在，各県で児相が協力的であることを考えると，信じられないような話であるが，事実である。

他にもいろいろな困難があったが，その都度対応を検討・実行し，現在に至っている。ここで強調しておきたいのは，現在私が関わりをもって活動している施設は，いずれも当初は私が施設名すら知らなかった施設ばかりであるということである。<u>活動の展開過程そのものを臨床活動であるとする視点</u>がなければとてもここまでの展開はなかったと思われる。

ちなみに，これまで出したいくつかの論文と同様に，本書の執筆もそうした活動の一環である。

以下に施設での取り組みの実際を報告するが，こうした取り組みでは，特定の組織全体を1事例と考え，個人もネットワークとコミュニティの一部としてみていくという視点（田嶌, 2001）が必要であり，ここでは**施設全体を1事例**とみて報告していくこととする。本章で2施設，次章で1施設についてそのような報告を行う。報告にあたってはあえて施設ごとに記述のための切り口を変えているので，そこにも注目しながらお読みいただきたい。

II 突破口を開いてくれた児童養護施設 A 園

1. 第1号の取り組み施設がなければはじまらない

何ごとも，最初に取り組む施設がなければ始まらない。第1号というのが何にしても大変な苦労をするものである。

きっかけは，私が配布した「その1」を読んだある県の子ども家庭課の職員さんが私に連絡をくれたことであり，そこから取り組みの突破口が開かれた。上司である課長さんから私の論文を入手したとのことであった。その方はかつて児童相談所の児童福祉司として勤務経験がある人で，児童福祉施設の暴力の深刻さをよく知っておられた。同じくこの問題に胸を痛めていたその県内の児童福祉施設の職員2人と一緒にはるばる私の研究室を訪問し，入室するなり，こう言われた。

「先生の論文（「その1」）を読ませていただき，その通りだと思いました。まったく先生の書いておられる通りだと思いました。先生の論文に書いてあったエピソードを読んで，私は，すべて，かつて自分が担当した子どもの顔が浮

かびました。このエピソードはあの子，あのエピソードはまた別のあの子というふうに，すべてに自分がかつて担当した子どもたちの顔が浮かびました。私は今この部署にいるので，この問題をなんとかしたいと思います。ぜひ，お力をお貸しいただきたい」。

この言葉に私は感激した。そこには，弱い子たちへの本物の深い共感があったからである。

2. 施設長の覚悟

その後，この時私の研究室を訪問してくれたこの3人と課長さんの尽力で，子ども家庭課の主催で，私を講師にして2回研修会が開催された。おかげでこの問題の理解は県内で格段に広まったものの，それでも安全委員会方式を取り入れようと手をあげる施設はなかった。逡巡の末，やっと手をあげてくれたのが，A園であった。

A園は，定員40名の大舎制の児童養護施設である。かねてから男子間で，また異性間での性暴力が繰り返され，それに心を痛めてのことであった。しかし，全職員一致で導入というわけではなかった。それはそうだろう。職員も皆，心を痛めていたが，どんな人物が何をするのかよくわからないのだから，新たな活動に取り組むのは不安だったに違いない。そういう状況の中で，施設長の決断によるものであった。施設長の，「この安全委員会方式をうちはやります。反対があってもやります。私はこれがうまくいかなかったら，辞めるつもりです」という一言で安全委員会活動の導入が決まった。私としては，この覚悟に，身のひきしまる思いだった。

3.「助っ人」を投入

ことは，38,000人の要保護児童の今後の命運がかかっている。なにを大げさなと思われる方もあるだろう。しかし，私はそういう気持ちであった。失敗は許されない。まして，こうして始まった第1号の施設での取り組みである。私はこの思いに応えなければならない。私は第1号に限っては，私が関わるだけでなく，それだけでなく職員の手助けをするための助っ人を投入できないかと考えた（その後は，十数ヵ所のうち2ヵ所を除けば，ほとんどの施設に私がひとりで入って，活動を軌道に乗せることとした）。とはいえ，施設側から要望があったわけではないので，いわば「押しかけ助っ人」ということになる。

なお，このA園での助っ人の活動については，井生・飯嶋（2007），飯嶋（2010，2011）にその概要がまとめられている。

a．型にはまらないポジション

この助っ人は型にはまらないポジションというのが特徴である（井生・飯嶋，2007）。つまり，安全委員会の委員でも，施設職員でもなく，まして児童でもない。

こういう活動をしてもらうとして，問題は人選である。なにしろ，ものすごく遠いのである。新幹線を使っても3時間半，特急を使わないと5時間はかかるような場所であった。二人に声をかけた。食事は出してもらえるが，むろん謝礼はでない。交通費しかでない。しかも鈍行の交通費。世間では，大学教授と言えば，強権をもっていると誤解している人が少なくないようだが，いやがる者を無理やり行かせるわけにはいかない。

ひとりは，もう何年も前から私の研究会に参加している当時人類学専攻の大学院生だった飯嶋秀治氏に声をかけた。「論文にはならないと思うが，とにかく良い経験にはなることだけは確かだから，誰か行ってくれる人はいないかなあ？」。すると，彼は答えた。「うーむ，そういうことだと，僕ぐらいしかいないでしょうね」と。「そうか，行ってくれるか」ということで，彼に決まった。

今ひとりは，九州大学の教育学部で社会心理学専攻して卒業し，当時私の授業の聴講生をしていた井生浩之氏である。二人は，安全委員会活動の開始（＝「立ち上げ集会」開催日）の約1ヵ月前から，A園に交代で入ってもらうこととした。

助っ人を投入する目的は，二つある。ひとつは，施設には死角も多いので，暴力への目配りをして，発見したら介入することである。今ひとつは，安全委員会方式の導入準備や導入後の活動のためにかかる職員の負担を軽減することである。したがって，施設側の求めに応じて，なんでも手伝ってもらうことである。結局は，**「遊びながら見守る」**ことを基本としつつ，必要に応じて介入するということになった。

まず，導入準備期で施設内の死角になりやすい勘所や，児童間の関係の把握を行い，安全委員会導入後，特に介入の前半期では，それに基づいて職員に動静報告をし，何かトラブルが起こった場合には，安全委員会に報告した。「叩いてはいけない」「口で言いなさい」という指導方針に沿い，暴力の制止に入っ

た。但し，この介入の際には，児童の気持ちを代弁してその気持ちは汲みつつも，安全委員会について説明・確認し，今後暴力は振るわないという約束をするように気をつけた。

これに対して，後半期では，児童らの主体的なトラブル回避能力を助長するように，その場の様子を見た上で必要ならば介入するというように気をつけた。

b．未曾有の支援プロジェクト

これは，今にして思うと，大げさに言えば未曾有の支援プロジェクトだったといえる。1回につき，4泊5日滞在して，戻ってくる。そして，井生氏がもどってきたら，今度は飯嶋氏が4泊5日行く，といった具合で，1年間に延べ156日滞在した。これは，後に教育学部生の瀧本伸一氏と宇部フロンティア大学院生の桑本雅量氏にも手伝ってもらったがそれも含めた日数である。さらには私も1泊2日の滞在を10回くらいはしたので，それも合わせると176日くらいになり，なんと2日に1日は私たちの関係者がいたことになる。これだけもても，未曾有の支援プロジェクトであったことがおわかりいただけよう。

c．膨大な記録

私としては，純粋に「助っ人」として彼らを投入したのだが，思わぬ成果も生まれた。職員とはまた違った立場で，安全委員会活動開始前から活動開始後に至る時期の子どもたちの生活を詳細に観察することができたということである。しかも，それを4泊5日というスパンで繰り返し観察できたのである。そして，それを彼らが詳細に記録してくれたからである。これは大変助かった。人類学のフィールドワークの知恵が生きたのである。そして，この経験があったので，その後十数ヵ所の施設に私がひとりで入っても活動を軌道にのせることができるようになったのである。

したがって，A園が突破口を開いてくれただけでなく，その後の活動を効果的に進めるための基礎を提供してくれたのである。そういう意味でも，このA園が児童福祉において果たした歴史的役割は極めて大きい。

井生・飯嶋による膨大な記録と安全委員会活動の記録から，特に重要なことを選び，以下に述べていくことにしたい。

4. 三つの死角

「助っ人」の投入後，すぐに報告を受けたのは，「ものすごくいい経験になります」ということだった。次いで，「職員さんたちは，みんなものすごく働いています。でも，それでも目が届かないところで子ども間のトラブルがけっこう起こっています」というのである。

このように，まず明らかになったのは，児童福祉施設には，潜在的子ども間暴力が起こりやすい**三つの死角**があるということである。すなわち，①空間的死角：建物の構造や空間の特性からくる死角，②人間的死角：職員の配置体制の手薄さからくる死角，③時間的死角：時間帯の特性からくる死角，があるということである（井生・飯嶋，2007）。

井生・飯嶋が子どもたちとの間では（職員ではない）「先生」として動けたことで，A園の死角について，以下のことが明らかになった。A園では，施設における空間的な死角が職員室から離れたところでできやすいことや，人間的な死角として職員と児童の男女比が異なるため，男児の入浴や就寝に目が届きにくくなること，またこうした空間的・人間的死角が相互作用しやすい時間的死角が，夜，週末，長期休暇時に生じやすいことがわかってきた。

5. 遊びの種類と工夫

また，井生・飯嶋が子どもたちと一日中一緒にいて観察したのは，暴力や喧嘩に至るパターンと，さらには子どもたちがさまざまな形で常日頃から工夫を凝らしていたということであった。ここで重要なのは，遊びには，勝敗を競う**競争型遊び**と協調して行う**協調型遊び**とがあるということである。

たとえば，遊びの中で男女にかかわらず頻繁に見られたのが，野球，サッカー，バスケットボール，ドッジボール，ケイドロ（泥棒と警察），鬼ごっこなど，勝敗を競う**競争型遊び**であり，こうした遊びではチーム分け，遊び内での規則破り，それへの非難と挑発，叱責などから喧嘩へと発展するパターンが見えてきた。

また，さらによく観察すると，過去に何か問題があったり，そうした問題を見ていた子どもたちは，そもそもそうした問題児とは遊ばないという工夫をしていた。たとえば，ケイドロや鬼ごっこなどで，当該の問題児が近くにいるにもかかわらず追いかけない，あるいは遊び以外の日常生活でも，冬のヒーターやテレビなどを利用する際，強い子どもたちが前に居る，またゲーム，漫画な

ど，資源が限られているものを利用する際には順序を遅らせる，入浴や食事など多少時間に幅のある行為では同席する時間を短くする，などである。

　井生・飯嶋が工夫したことのひとつは，競争的な各種の遊び（ケイドロ，ドッジボール，サッカーなど，チーム分け，ルール破り，勝敗が決する遊び）の間に，協調して行う**協調型遊び**（なわとび，ごっこ遊び，探検隊遊び，野草や魚介類の採集から料理活動など，各自の役割が全体としての楽しさや成果をもたらす遊び）を挿入してゆくことで，児童全体の活動としても，別の関係の中で遊ぶことが出来るようにしたことである。

6.「立ち上げ集会」の直前に暴力事件

　私（田嶌）が初めてA園を訪問し，施設長の安全委員会方式導入の決断から3ヵ月後に「**立ち上げ集会**」を行うこととなった。それに向けて準備を進めているさなか，中学生男子による暴力事件が発生した。これは，性暴力ではなく，殴る蹴るの殴打系暴力であった。新入所のT君（中2）が，年上のU君（中3）に「きもい」といい，U君が立腹して10回ほど下腹部を殴ったのである。

　この事件の聞き取りでわかったのは，男子の子ども集団の中で，「ランク」とういうものがあるということである。"ランク"とは，年齢に関係なく，力関係を示すもので，自分よりもランクが上の者に対しては逆らってはいけない，上のランクを獲得するためには，力で勝ち取るしかないというルールがあったのである。時期的には，数ヵ月前からあったのだという。

　それについて，詳しく聞き取り調査を行い，さらに他の暴力もキャッチされた。主任児童指導員が，子どもたちに，これまで守ってやれなかったことをわびると同時に，暴力については，今後許さないと指導した。また，二人だけの問題ではないこと，中学生男子全体で解決すべき大きな問題であることを話し，中学生男子の全体集会での指導を行う運びとなる。同時に，小学生へも聞き取り調査を行った。中学生男子全員を集め，職員集団が，このような状況では，弱い者にとって安心した生活の場とはいえない，このようなことがあってはならないし，許されるべきではないことを話した。

　この事件は，安全委員会活動の導入に向けて子どもたちに暴力はいけないとの自覚を深めるのに役立ったものと考えられる。

7. いずれの暴力もある

　その後，何ヵ所もの経験からわかったのは，性暴力があるとのことで入った施設でも，殴打系暴力があり，殴打系暴力があるとのことで入った施設にも性暴力があるということである。つまり，ほとんどの場合，殴打系暴力と性暴力の両方があるということである。むろん，その頻度や深刻度もさまざまであり，またどちらが優位ということはあるにせよ，どちらか一方しかないというのは，稀であると言える。

8. 立ち上げ集会

　安全委員会のメンバーは，委員長をかねてからこの施設と実習等で関係があった短大の教授にお願いし，私が副委員長，あとは小中学校校長，児童相談所からは相談課長が委員として参加していただけることになった。そして，2006年1月に，職員と子ども全員，安全委員会委員，そして助っ人で，記念すべき第1号の児童福祉施設版安全委員会方式の施設発足式とでも言うべき「立ち上げ集会」が開催された。

主任児童指導員の謝罪と覚悟

　前章で述べたように，立ち上げ集会では施設長挨拶，委員長挨拶，副委員長挨拶で安全委員会について説明，委員紹介と委員挨拶，そして子ども代表による感想と決意表明があった。さらに，主任児童指導員から，以前は体罰を行ったことがあることを子どもたちに頭を下げて謝罪し，今後は一緒に暴力のない施設を創っていこうと，子どもたちに呼びかけたのが感動的であった。この主任児童指導員は，その後，よくやって下さった。まめに張り紙を作って，掲示したり，1週間ごとに，簡単に暴力状況を子どもたちに報告するなど，子どもたちに自覚を促す活動を積極的にやっていただいたのである。そして，このような活動は第2号以降の施設でも行われるようになったのである。

9. 安全委員会活動の流れ

　1ヵ月の流れは次のようなものである。まず，全児童への聞き取り調査を1週間かけて行う。次の1週間で，そこで明らかになった事件があれば，対応を行い，翌週開催される安全委員会の会議で報告となる。

10. 聞き取り調査で

　A園での最初の聞き取り調査は，安全委員会の委員が分担して行うこととした。私が聞き取りを担当した中に，力関係では園のナンバー2の中学生男子がいた。私の前で，うつむいてなにやらブツブツつぶやいているが，よく聞き取れない。そこで，〈どうしたの？〉と声をかけた。すると，この子は，「俺がやられていた時には助けてくれんかったくせに，なんで今頃こんなことするんや」と言い放ったのである。

　安全委員会活動で関わったほとんどの施設で，その後判で押したように，年長児から何度も聞かされることとなった発言をはじめて投げかけられた瞬間であった。

　この子は小1の頃から，年長児から，誰からとは言えないほど，誰からもやられまくったと言うのである。ひとしきり，話を聞いた後，助けてやれなくて悪かったなあ，しかし，やられたからやっていいというわけではない，今後は暴力を許さないとクギをさして聞き取り調査を終わった。

11. 安全委員会方式導入前後の変化

　職員と「助っ人」の日々の関わりに助けられて，安全委員会方式導入の立ち上げ集会と聞き取り調査の効果は確実にあがっていった。

　それは次の例で明らかであろう。主に井生・飯嶋の記録を参考にして述べる。

【事例1】名前をそらんじた小1男子A君
委員全員の名前をそらんじる

　当時，小学校1年生男子でA園最年少のA君が，第2回安全委員会の会議のためにA園を訪れた私を見かけるなり，「あ，たじま先生！」といった。〈お，よく覚えていてくれたね〉と声をかけると，この子は，「そりゃあ，覚えとるよ！　○○先生やろ，たじま先生やろ，△△先生やろ……」と安全委員会の委員全員の名前を私の前でそらんじてみせたのである。

ヒーターの前で

　この子が安全委員会委員の委員全員の名前を覚えていたのは，たまたまではない。このA君は，どんな子かと言えば，当時A園では男子ではもっとも年少で弱い子どもだった。つまりは，もっとも安全委員会の守りを必要としている

子だったのである。「助っ人」がヒーターの前で観察した記録によれば，この子は，安全委員会方式の立ち上げ集会前までは，強い子である小5男子B君がヒーターにあたっていると，ヒーターに近づけなかった。恐る恐る少し近づく，するとヒーターに当たっている強い子B君がちょっと動く，びくっとして，さっと元の位置に戻る。しばらくして，また恐る恐る近づく，強い子B君が少し動く，するとまたびくっとして元に戻る，ということを何度も繰り返し，結局この時はヒーターに近づくことができなかった。

それから約1ヵ月後のことである。安全委員会方式の立ち上げ集会が開催された。その翌日のことである。このA君が，ヒーターにあたっていた。そこへB君が現れ，「どけ！」と言った。しかし，A君は，「嫌だ」とはっきりと断ることができたのである。すると，それまでは力ずくで奪い取っていたB君だが，今回は暴力を振るわず別の場所に座った。

他の子たちにもいろいろ望ましい変化が見られたが，ここではさらにその一部を紹介しておきたい。

【事例2】身体的な暴力が減ったB君
恐れられ，嫌がられ

小学校5年のB君の場合，言語的表現を苦手とし，言葉より先に，または言葉と同時に身体的な暴力を振るってしまうことが多い。そのため，小3女子Yさん，小2女子Zさんをはじめとする年少児からは「怖い」と恐れられ，年長児からは生意気と認識されていた。

たとえば，B君がC君（小2）に「ビデオテープを見せて」と頼んだ。C君はそれを拒否したため，B君はC君を蹴っていた。C君は「先生に言うよ」と訴えたが，B君は動じた様子はなかった。また，別の日にはB君が宿題時に，いきなりYさん（小3），D君（小3），G君（小4）を宿題用のつづりファイルで叩いていた。間に入って止め，B君に確認したところ理由はないとのこと。さらに，B君（小1）が施設内でのクリスマス会にてA君（小1）にふざけて手を出していたが，A君は顔を引きつらせたまま終始無言だった。

こんなふうなので，皆から敬遠されていた。本児がいるから遊びに参加しないという児童も少なくなかった。たとえば，サッカーに参加していないXさん（小5）・D君（小3）に声をかけたが，両児は「B君がいるから嫌だ」と参加を拒否した。また，B君が外でのサッカーに途中参加してきた時，Xさん（小5），

I君（小5），K君（小5）のテンションが一気に下がり，I君に至っては「最悪のやつがきた」と嫌がっていた。

身体的暴力の減少

　安全委員会方式導入後は，このB君は明らかに暴力を振るわないように気をつけるようになった。ヒーター前の独占や，おやつの威圧的な催促もしなくなった。

　先にA君のところで述べたように，夕食前にプレイルームのヒーターの前にいたA君（小1）に対して，年長児であるB君が「どけ」と言ったが，A君は「嫌だ」とハッキリ断った。これまでは力ずくで奪い取っていたB君だが，この時は暴力を振るわず別の場所に座った。

　また，おやつの時間に食堂にて，B君が希望者に自分のおやつの一部（ポッキー）を配った。しかし，後になって「さっきあげたから今度はよこせ」と本児のおやつを受けた子どもたちに催促をしていたが，子どもらはそれに応じなかった。それに対して，本児は怒ることなくすぐに催促を諦めた。つまり，B君は自分の納得いかないことがあると年少児に対して身体的暴力を振るう傾向があったが，自分の納得いかないことに対しても我慢をする場面が多く見られるようになったのである。この我慢している時期，弟と仲良く遊ぶ姿がよく見られるようになった。不満がくすぶっている期間を弟との遊びなどに支えられながら，身体的な暴力を減らすことができたものと思われる。

優しくなった，笑うようになった

　そして半年後には，何人もの小学生たちが，「B君が年下に優しくなった」と言うようになった。また，担当職員より「B君が最近笑うようになった」と職員間でよく話題にあがるとの話を聞く。さらには，職員のひとりが「B君が最近，泣くようになりましたよね」とも語った。

　そして，安全委員会方式導入開始から1年数ヵ月後の小学校の卒業式では，皆の前で卒業の言葉を述べた際，「安全委員会ができて，僕は暴力がいけないことだとわかりました」と語ったのには，職員一同驚かされた。

【事例3】威圧的な態度が減ったCさん
威圧的な女子中学生
　入所期間が長い女子中学生Cさんは，口も立つので相手をいい負かすことも多く，それでも相手が言うことを聞かなければ威圧的な態度を出し，他児にゲームの交代を迫るといった様子が観察されていた。たとえば，Dさん（小6）とEさん（小5）がテレビゲームをしていたが，Cさんの交代命令にEさんは無言で従っていた。

柔和な表情に
　安全委員会活動開始後には，威圧的言動にも気をつけるようになった。たとえば，他児の反応に，思わず「殺す」と言ってしまい，すぐにハッとして自分の口を手で覆うということがあった。その後，自分が年長児からいじめられ辛い思いをしてきた過去を振り返り，「1リットルの涙」を流したと話すようになった。また，他児に配慮して座る位置を譲るといった行動が見られるようになり，威圧的な態度が減ってきた。

新たな関係へ：イラスト作品
　Cさんが廊下で，飯嶋に「先生，この間描いたやつ，ちょっと見せてあげようか？」と悪戯っぽい表情でいうので，飯嶋が「お？　なになに，見せて見せて」と応えると，部屋から一掴みのB6サイズの紙束をもってきた。それは，彼女が作成した，Eさんが物語を創り，Cさんが画を描いたイラスト小作品だった。EさんはCさんに恐縮する場面も見られたので，飯嶋は二人の関係がこうして新たに形成されたことが素晴らしいと感じたという。

12. 全体的変化
　以上3名の変化について述べた。いずれも，その基礎には安全委員会活動によって，「**安心・安全という体験の蓄積**」ができるようになってきたということがある。全体としては，強い子が暴力を気をつけるようになった。

厳重注意の件数の減少
　安全委員会にあがってきたのは初年度が8件あったが，そのうち「厳重注意」の対象になったのは2件。翌年は，安全委員会にあがってきたのは4件に減り，

「厳重注意」に至ったものはなかった（表8-1）。

平成18年	
安全委員会への報告件数	8件
厳重注意件数	2件
平成19年	
安全委員会への報告件数	4件
厳重注意件数	0件

　暴力事件の例としては，次のような事件がある。

【暴力事件1】G君（中3）が体育大会練習中，数名の子の前で施設外のH君（小5）が「ふざけている」とプロレス技をかけて泣かせる．
【暴力事件2】I君（中3）が，嫌がるJ君（中1）に重圧をかけ，泣かせる．

などである。
　平成18年度，19年度の比較でも明らかに改善しているが，それ以前は性暴力が起こっていて，しかも長期休暇（特に夏休み）に起こっていたが，主任児童指導員が月別に整理してみたところ，この2年間は休み期間中の事件はなんとゼロであることがわかった。
　このように，加害児の暴力は明らかに減り，さらに威圧的行為も減った。

13．弱い子がはじける
　安全委員会方式を導入した直後から，それまで施設内で身体的暴力を振るった覚えのある上級生たちは，カッとなった時でも直ぐに手を出すことがなくなり，職員に訴えてくるなり，その場を離れるなりするようになった。ところが，その後，「もう暴力は振るわれない」と実感するようになった弱い子たちが，はじけてきた。廊下を走り回るなど，騒がしくなった。それだけでなく，言うこ

とを聞かなくなり，生意気になった。時には面と向かって挑発的な行為に出るようになってきた。

　このこと自体は，弱い子が安心・安全を実感できるようになってきたことを示すものであるが，これを放置しておくと，危うい。そこで，「理由があっても殴ってはいけない」「言葉で言う，その場を離れる，職員に言いに来る」を職員に徹底してもらった。また，言いに来たら，言いに来たことをほめ，年長児の前で小さい子に注意するなり叱ってみせるなりしてもらった。

　たとえば，Cさんは，朝，テレビやガヤガヤと小学生がうるさいと訴えていたが，「テレビは食堂で見る」ルールにしたため，「最近，休日の朝が静かになり，よく眠れるようになった」とのことである。このように，小学生のはじけもある程度中学生と折り合いがつくようになってきた。

14. 成長のエネルギーを引き出す：年長児たちとの話し合い等
　次いで，成長のエネルギーを引き出すことが課題となった。

　井生，飯嶋らの助っ人は，この時期，年少児のはじけ行動に個別指導を行い，「年長児の我慢」に対してまずそれを年長者としてよく我慢していることを労って称賛した。そのうえで，成長のエネルギーを引き出す活動を行った。たとえば，各児童の持ち味となっている趣味や夢について，それを共有するところから伸ばすように努め，目についた良い変化はどんな小さなことでも各児童に口にして返して，「ここがスゴイ！」と言い聞かせるなどしたのである（井生・飯嶋，2007）。

　また，この弱い子たちのはじけに対して不満を募らせていると思われる中学生たちの成長のエネルギーを引き出すために，私と飯嶋と主任児童指導員が中学生男子を集め，話し合いの時間を持つこととした。この1ヵ月の安全委員会の会議での報告を受けて，現在暴力がおさまっていること，それは皆の努力の結果であること，今後もそれができていれば，安全委員会として施設で楽しく過ごすための活動を応援すると述べ，時間をかけて園での生活の不満を聴き，さらにいろいろ案を考えてみるように促した。その後，かねてからあったが，あまり開催されていなかった「子ども会議」が月に1度，開かれることになった。

15. 性暴力の防止

　安全委員会方式の導入によって，性的行動は早めにキャッチして指導できるようになった。ひとつは，聞き取り調査で性的兆候がキャッチできるようになってきた。

聞き取り調査に現れる性的兆候例

　たとえば，A園第14回聞き取り調査報告では，「中3男子K君が，小2男子L君に遊び感覚でキスをする。小2男子M君も中3男子K君のホッペにキスをした」ので，職員が指導したとの報告があった。ちなみに，別の施設では，聞き取り調査で「小3女子に小2男子が"キスしようや，エッチしようや"といってきたので，逃げた」「小1女子Eがズボンをずらしてきた」「小1女子Fが小1男子Gにパンツひっぱられた」などが明らかになったので，職員が指導したとの報告がされた。このように，性暴力の防止には，このような段階での性的兆候をキャッチして，早めに対応することが有効であると考えられる。

16. 職員によるキャッチ

　また，安全委員会の活動に伴って，職員の自覚が高まり，殴打系暴力も性暴力も深刻化する前に，キャッチできるようになってきた。

　たとえば，第5回の安全委員会会議で報告されたのは，指導員が夜21時頃に，中学生の部屋を訪れたところ，中学生二人があわててズボンをあげるような素振りをしたので，問い詰めた。その結果，ズボンをおろして性器を触りあっていたことがわかった。そこで，性的なことをふざけてやらないこと，かねてから伝えてあるように，身体を大切にすることを再度伝え，指導したとのことであった。

　以上のような行動をキャッチできずに，放置しておくと，深刻な性暴力が起こるリスクが非常に高くなる。したがって，性暴力を早い段階からキャッチし，指導することができたものと考えられる。今後はさらに，適切な性教育につなげることが課題である。

17. 意見が出るようになった

　さらに重要な変化は，子どもたちからさまざまな意見が出るようになったことである。A園では，もともと「子ども会議」があったが，安全委員会方式の

導入前は子どもたちから意見が出ることは少なかった。安全委員会が軌道にのると，外出のルールやゲームの使い方など園のルールの見直しの要望が出るようになった。むろん，施設側は可能な限り，要望に応えることとした。

こうして，井生，飯嶋らの助っ人は，「いい意味での役立たずとなってきたことを実感し」，「施設が安定して児童も職員も笑顔が多くなったことをもって満足して引き上げることにした」（飯嶋，2011）となっていった。そして，2年目の夏休みの終わりには，主任児童指導員から「なにより以前は例年長期休暇中に事件が起こっていたが，1件も起きなかったので，大助かりだった」との感想が述べられた。

18．その後の展開
以後は基本的にはひとりで入る

以上が，安全委員会方式導入第1号のA園の活動の概要である。第1号のA園の安全委員会方式導入から数ヵ月後に導入したのが，A園とは別の県の児童養護施設B園である。A園での経験をもとに，一部の例外はあるものの，以後はほとんどの施設で基本的には私がひとりで入ることにした。

Ⅲ　第2号導入施設のB園

1．B園の状況

B園は，定員約90名の児童養護施設であり，このB園では，2ヵ月に1件程度の頻度で子ども間の暴力が起こっており，深夜徘徊も多く，年長児グループによる集団万引きや窃盗事件も起こっており，職員は，「当直が嫌で嫌で仕方ない」状況であった。

すでにA園での経験があったため，B園も含め，以後の施設は基本的には私がひとりで入ることにした。そのために，私は，ほぼ毎月の処遇会議と安全委員会の会議に出席して職員および安全委員会に助言を行うと言う，その後いくつもの施設で行うことになる形をB園で初めてとったのである。また，現在安全委員会活動で用いられているフォーマットの多くはA園とB園の活動を経て創ったものであると。A園とこのB園の協力で，安全委員会活動のおおよその基本形を創り，また実績をあげ，その後の展開の基礎を創ることができたのである。

なお，このＢ園での活動については，第10章でその一部紹介する。この２施設での活動を基礎として，その後も次々と導入の希望があり，この数年で全国15ヵ所で導入され，実践されるようになってきた。

2. 何事も悪いことばかりではない：「転んでもただでは起きない」

　しかし，ここまでくるのには，私には，不利な条件があまりにもたくさんあった。とりわけ大変だったのは，いずれも遠い施設ばかりであり，しかも人手がなかったということである。**「転んでもただでは起きない」**をモットーとする私は，この不利な条件を逆に生かすことにした。私がひとりで入っても，そして遠くの施設でもやれる形にすることに心を砕いたのである。巻末の資料にあるように，たくさんの現場と協力して各種のフォーマットを作ったのもそのためである。こうして，遠い施設ばかりであり，しかも人手がないという不利な条件のおかげで，いろいろな施設で活用可能な方式が出来上がったのである。

　何事も悪いことばかりではない。

　私ひとりががんばってきたかのように受け取られたかもしれないが，どこも施設長と施設職員との奮闘があってのことである。また，先にも述べたように，発達心理学者の當眞千賀子氏はある児童養護施設で安全委員会委員長を務めてくれたし，またＡ園に助っ人として入ってくれた文化人類学者の飯嶋秀治氏は現在はある施設の安全委員会委員を務めてくれている。

安易な方式という誤解

　このように数年という短期で十数ヵ所の施設に導入され，しかも全国的拡がりをもつに至っている。導入後，一定期間経っている施設では，程度の差はあれいずれも暴力がかなり減少している。そのためか，よほど安易な方式であるかのように誤解する人たちも出てきた。ただし，私の講演を聞いたことがある人たちは，そういう誤解はないと思う。

暴力件数の変化

　図8-2は，安全委員会方式の導入後，１年にならないくらいのある施設での暴力事件の月ごとの件数を示したものである。第２回では87件，それが第10回では７件となっている。暴力事件の数が明らかに減少していることが数字のうえからもおわかりいただけよう。しかし，第11回ではやや増加して29件となっ

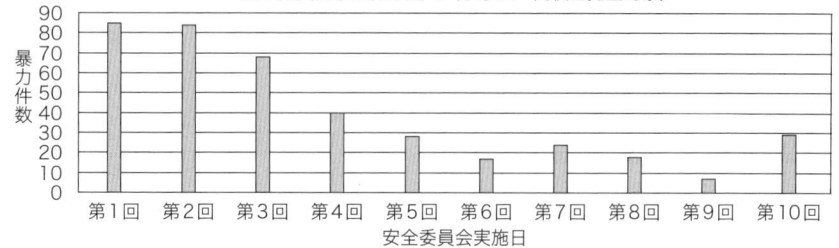

安全委員会暴力件数調べ（小学生～高校生児童対象）

図8-2　安全委員会方式導入後の暴力件数の変化

ているので，大幅に減少してきているとはいえ，まだまだ気を抜けないことがわかる。このように，暴力事件の総数がはっきりと減少している施設もあれば，総数はさして減少していないが，中高生の深刻な暴力は激減するなど暴力の質が大きく変わった施設もある。そうした差が見られるものの，いずれの施設でもかなりの成果をあげている。

　ここまでくるのには，私自身が，約3年くらいは，毎月6ヵ所程度の児童養護施設の安全委員会の会議とケース会議・スタッフ会議に出席して助言・指導してきた。さらには，大きな暴力事件が発生し緊急安全委員会を開催しなければならない場合は，それとは別にかけつけなければならなかった。その6ヵ所のうち5ヵ所は本州の施設で，残り1ヵ所も県外の施設であり，いずれも遠出である。それは，はっきりいって相当な無理というか，むしろ無茶といってよいスケジュールであった。そうやって職員の皆さんと協力して軌道に乗せてきたのである。決して安易に実践できる方式ではない。

Ⅳ　安全委員会活動の概要：Y園

1．導入までの経過
a．暴力が吹き荒れた施設Y園

　読者の理解のために，次に私が関わった十数ヵ所のうち，安全委員会活動のわかりやすい実際例を述べることにしたい。わかりやすいということは，極端な例だからである。しかし，この施設だけでなく，ひと時期は同様の程度の荒

れ方をした施設は全国的にみれば，他にも少なからずあるものと思われる。とはいえ，どこの施設もこういう状態だとは思わないでいただきたい。実際には，もっと穏やかな施設もたくさんある。また，ほとんどの施設では，程度の差はあれ定期的に暴力事件が起こっているが，これは実際には表面化したと言うべきであって，潜在的暴力はさらにあるものと考えられる。

　この児童養護施設は，暴力事件が頻発し，数年前に管轄児童相談所の職員からの勧めで，安全委員会方式の導入になった施設である。

b．「おまえ，辞めとけよ」

　安全委員会方式の導入前のしばらく前のことである。ボスである男子の高校1年生が，小中学生が見ている中で男性職員をボコボコにした。ひとしきり殴った後，「おまえなあ，俺が今度帰ってくるまでに辞めとけ。まだおったらぶっ殺すぞ！」と叫んだ。この高校生は，高校が離れているため，寮に入っていて，週1，2回戻ってくるので，次回に施設に戻ってくるまでに辞めておけというのである。

　この暴力のきっかけはささいなものである。この高校生が夕食の時間には食堂に出てこないで，食事時間がとっくに終わってから，「おい，メシ出せ！」と調理員に要求し，もうないと言われたため，その調理員に殴りかかった。それを止めようと間に入った男性職員が先の暴力にあったのである。この施設でいかに暴力が吹き荒れていたかは，このエピソードを見ていただければ，ある程度推測がつくであろう。

　このボスの高校生だけではなく，年長の強い子たちは，やりたい放題であり，職員の指導がまったく通らない状態であった。職員は，強い子に気を使い，弱い子を守るどころではなく，自分たちの身を守るだけでせいいっぱいといった状況であった。

c．暴力的職員による統制

　むろん，いきなりこういう状態になったわけではない。この施設は，乳児院を併設した児童養護施設で，約80名規模の施設である。注目すべきことは，以前はこれとは反対に，職員が暴力的管理を行っていたということである。かつては，多くの施設でしつけのための暴力はいわば容認されており，暴力を振るう職員が少なくなかった。中には，激しい暴力で，子どもたちを震え上がらせ

た職員もいた。

　このＹ園でもそうである。ある児童指導員はとりわけ暴力がひどく，なにかといえば，暴力を振るい，子どもたちは怯えて暮らしていた。竹刀や木刀を持って見回りしていたこともあるという。

d．子ども間暴力も深刻

　暴力的管理があったことは，むろん問題であるが，さらに問題なのは，その裏で，深刻な子ども間暴力があったということである。時々，骨折事件や大怪我で救急車で病院に運ばれる深刻な事件が起こっており，それはそこまでは至らない子ども間暴力があふれていたことをうかがわせた。しかし，こうした暴力は，きちんとした対応がなされないままであった。

e．いわゆる（見せかけの）「子ども尊重」「子ども主体」へ

　この職員の暴力で，子どもが大怪我をしたため，さすがに園長が問題として，退職を勧告され，表面上は自主的退職ということになった。Ｙ園では，他の職員はさほど暴力的ではなかったようで，この職員がもっぱら恐れられていた。そのため，この施設は抑え役を失ったわけである。

　同時に，その後これまでの養育（処遇）体制への反省も出てきて，新たな園長の方針で，「子どもの尊重」「家庭的養護」という視点から，これまでの養育（処遇）を改めることとなった。その結果，これまで子どもたちに課していた自室の掃除や洗濯などのお手伝いを廃止し，またバイトの高校生をはじめ，本人からの申し出があれば，職員が送り迎えをするなど，言わば「至れりつくせり」の対応となった。そのうち，それがエスカレートして，登校時にも，バラバラの登校に，いちいち職員が送っていくようになり，さらには深夜徘徊しても，いつでも電話一本で職員が迎えに行くのが当り前になってしまった。

　また，「家庭的養護」という名のもとに，時に起こる深刻な暴力事件も，発覚してもそのほとんどは「施設は家庭。兄弟（姉妹）げんかのようなものだ」ということで処理された。

f．到達目標と到達過程（実現過程）は異なる

　念のためにいえば，「家庭的養護」「子どもの尊重」という方針そのものが間違っていたわけではない。しかし二つの点で重大な誤りがあった。ひとつは，

それをどうやって実現するか，今の状態からどのようにしてその目標に移行するかということが，まったく考慮されていなかったことこそが問題なのである。つまり，「到達目標と到達過程（実現過程）は異なる」ものであることが認識されていなかったのである。この「**到達過程を考慮しないで到達目標だけを上げる**」あるいは「**到達目標と到達過程の混同**」は，少なくともわが国ではあちこちの領域でみられるものである（第14章も参照）。

　今ひとつの誤りは，「子どもの意思」や「家庭的養護」ということの中身を間違えたことである。「施設の子は家族」という意識で，ひどい暴力事件があったが，その一部は児相には届けたものの，多くは施設だけで抱え込んできた。いろいろな難しい問題が起こっても，家庭モデルで，暴力を振るっても暖かく受けとめればいつかは癒され，暴力を振るわなくなるものという理念で対応してきたのである。このことは，子どもたちに暴力は許されるという誤った学習をさせてしまったし，暴力をエスカレートさせてしまったものと考えられる。

　「家庭的養護」は間違いではないにしても，「施設が家庭的であることが必要」ではあっても，「施設は家庭ではない」し，「入所の子ども同士は兄弟でも姉妹でもなく，子ども間暴力は兄弟（姉妹）げんかではない」（なお，この点については，先に第5章でも触れたが，第13章でも論じているので，参照していただきたい）。

　また，特別な理由もなく深夜でも電話一本で送り迎えすることは，決して子どもを尊重していることになはならない。それどころか，子どもをだめにする道である。

g．力関係の逆転へ

　このように，暴力的職員が退職して抑えがなくなったことに加えて，誤った「子ども尊重」ということが打ち出されたため，年長の強い子どもが公然と職員に反抗するようになってきた。子どもから職員への暴力（対職員暴力）が起こるようになり，さらには従来からあった子ども間暴力も激化することとなった。その行き着いた先が，冒頭であげた職員への暴力事件である。

h．基本ルール破りが日常化

　園舎には土足で上がり込み，ガムも吐き捨て，さらには仕切っている高校生らが職員を部屋に入れないなどの状況となった。外部からツッパリや働いてい

ない卒園生もやってくるなどで，統制とれず。退職する職員が続出。夜は新館2名，本館2名の宿直。職員は宿直が不安で嫌で仕方ない状態。2回目の宿直で，辞めた職員さえ出る始末であった。

　生活の基本ルール（「グランドルール」）が守られない状態で，職員の指導が通らない状況であった。ここで言う基本ルールとは，細かいルールではなく，これがないと集団生活はできないだろうというレベルのルールである。たとえば，「暴力を振るってはいけない」「深夜外出しない」とか「夜中に異性の部屋に行かない」といったレベルの生活の基本ルールである。年長の子が何かルール違反しても，いちおう注意するがやめたかどうかまで確認しないでその場を去るというのが，多くの職員の身の処し方であった。つまり，職員が強い子に気を使って接しているから，暴力が出ていないという面がある。これは，実際には，暴力があるのと同じである。

　先にあげた高校生が，夜間，女子の部屋に行こうとしたのを見た，ある女子職員はいつものように，「ダメよ」と一応の注意をした。ところが，この日は虫の居所が悪かったのか，注意されたことに激高し，ナイフをもって追いかけたのである。女子職員は逃げ回り，しばらく追いかけた挙句，近くにあったソファをナイフで切り裂いた。さすがにこの事件は児童相談所に報告され，この高校生は児童自立支援施設へ措置変更となった。

i．次のボスの出現

　多くの施設で暴力を振るっていた子どもが，卒業なり家庭引取りなり，児童自立支援施設への措置変更などで，いなくなると多くの施設側はそれで安心してしまう。しかし，児童福祉施設の暴力は構造的なものである。したがって，しばし平穏な時期があるとしても，水面下ではナンバー1やナンバー2の子どもたちが次のボスの座を狙っているので，暴力事件はなくならず，遅かれ早かれ，それが表面化するものである。このＹ園では，非常に早かった。次のボスがすぐに現れたのである。この施設では，子ども間の序列が，はっきりしていたためかもしれない。

2. 導入にあたっての検討
a．児童相談所の職員からの勧め

　この段階で，管轄児童相談所の職員からの勧めで，安全委員会方式を導入することとなった。しかし，安全委員会方式の導入にあたって，児童相談所と学校に参加してもらうなどの基本要件は同じとしても，まずはこの Y 園に導入するための準備として，Y 園がまず最初に取り組むべき課題を話し合い，さらに<u>安全委員会方式導入後に，起こりうる困難場面をあげ，そうした事態にどう対応するかについて，職員全体と私とで話し合った。</u>

b．Y 園の特徴と課題
1）　基本ルールが守られていない

　先にも述べたように，Y 園の課題は，暴力が吹き荒れている多くの施設でそうであるように，「生活の基本ルールが<u>守られていない</u>」ということである。これは職員が子どもたちに「生活の基本ルールが<u>守らせることができていない</u>」ということであり，「指導が通る関係」ができていないということである。

2）　グランドルール（生活の基本ルール）の選定

　私が職員にこのことを説明し，**生活の基本ルール（「グランドルール」）**を選定し，それだけは守らせることが重要であるということを確認した。そして，緊急対応マニュアルの作成と緊急対応チームの編成を行った。生活の基本ルール（「グランドルール」）として，①暴力を振るわない，②深夜の外出禁止，③送り迎えの廃止の三つを選び，これまでとは異なり，基本ルール違反は断固として注意し，さらに暴力が出たら，緊急対応を行うこととし，その段取りを話し合った。また，卒園生が戻ってきた時の対応も協議した。

3）　キーパーソンの選定とケース会議

　次いで，加害側**キーパーソン**として，高校 1 年生男子 B 君，中学 3 年生男子 C 君，高 1 女子 D さん，小 5 女子 E さんの 4 名を，さらに被害側キーパーソンとして，高 1 男子 F 君，高 3 女子 G さん，小 4 男子 H 君の 3 名を選び，ケース会議で定期的に検討していくこととした。なお，被害側キーパーソンの高 3 女子 G さんは，痛ましいことに，すでに退所になったある男子高校生から，幾度も性暴力被害を受けており，「いったら，ぶっ殺す‼」と脅され，その男子高校

生が退所するまで，被害を受けてきたことを言えなかったとのことである。

c. 安全委員会メンバーの構成

　Y園安全委員会は，私が委員長，社会福祉法人理事が副委員長，さらに児童相談所の相談課長，中学校校長，小学校校長，園長，主任児童指導員，主任保育士，という構成でスタートした。

d. 警察署へ

　Y園安全委員会導入の「立ち上げ集会」に先立ち，今後何が起こるかわからないので，念のため，警察にも協力をお願いしておくことにした。主任指導員と私の二人が警察にも活動の説明と協力要請に出向いた。応対していただいた警察官の反応は非常に厳しいものであった。「お宅の施設は，はっきり言ってサイテーの施設ですよ！　これは私だけじゃない，警察内部の者は，みなそう見ている。放任，やりたい放題にさせている。指導を何もしていないじゃないですか」。つまり，深夜補導するなど，いろいろな場面で，施設側がきちんと指導していないと思わせることが多々あったようである。

　冷や汗をかきながらも，主任指導員と私とで，今回の活動の趣旨を説明し，協力をお願いした。ここの警察は，言べきことも言うが，時々園を訪問するなど支援もきちんとしてくれた。おかげで，外部からの侵入・訪問問題はなくなった。結局，警察に出動を要請しなければならないことは一度もなかった。

3. 導入後の経過

a. 立ち上げ集会

　職員全員，子どもたち全員，安全委員会委員とでY園安全委員会方式の立ち上げ集会を開催した。施設長挨拶，委員長挨拶，暴力・性暴力とその禁止について説明，安全委員会の活動について説明，委員紹介と委員挨拶，職員代表の決意表明を行ったが，Y園では子ども代表は出せなかった。

b. 第1回緊急対応：立ち上げ集会翌日

　立ち上げ集会の翌日，さっそく暴力事件が起こった。通常は，様子見の期間があるものだが，このY園ではそれがほとんどなく，暴力事件の発生は驚くほど早かった。主任児童指導員から，私の携帯に夜8時半頃に電話。現在ボスの

高校生男子B君が，夜中に友達を連れてきており，帰すようにとの職員からの注意に激高し，突き飛ばしたとのこと。緊急対応でかけつける途中とのことなので，〈きっちり今日のうちに「よってたかって言う」ことで反省させてください〉と伝え，待機して，電話連絡をとりながらサポート。

40分後に結果の報告。職員7名がかけつけ，B君はびっくりして，最初は腕組みしていたが，最後は手を膝におき，かしこまった態度で謝罪したとのことであった。「暴力を振るわず，口で言う」ようにと指導。職員はこれまでとは違う手ごたえがあった模様。

その報告を電話で受け，〈個人名は伏せて事件概要と結果を入所児童に報告してください。子どもたちは様子をうかがっているはずだから，きちんと対応したことを知らせる必要がある〉と助言。翌日，主任児童指導員が「安全委員会便り」を作成し，掲示し周知した。

c．第2回緊急対応：約1ヵ月後

立ち上げ集会から約1ヵ月後の夜8時頃，主任児童指導員から私の携帯へ電話。

高1男子B君が高校を中退し，この日退所した。その数時間後にナンバー1となった中学3年男子C君が中2男子D君をボコボコに。泣いているD君を発見した主任児童指導員が別室に移動させようとしたが，その際にも主任児童指導員の目の前で，脚の付け根へけりを入れる。D君は泣いて逃げ，女子職員が部屋内に保護。C君の興奮がおさまらず，第2回緊急対応となった。今回も7名がかけつけ，1名は被害児D君につき，残りの職員6名がC君への対応に当たる。

前回ほど，簡単にはいかないようなので，〈時間をかけて，粘り強く対応し，今日中に反省させること。しかし，どうしてもおさまらなければ警察を呼ぶように〉と電話で助言。それから3時間半に及ぶ対応となった。私は待機して4回にわたって電話連絡をとりつつ，助言。

職員に対してもいきり立ち，「あいつが悪いから，殴ったんだ」「悪いのはおまえら（＝職員）や！　おまえらの指導が悪いから，俺があいつを殴らんといけんようになった」「俺はまったく悪くない」と言い張り，あげくは「Dをちゃんと指導しろ。ちゃんと指導しなかったら，職員をひとりひとりパイプイスでぶっ叩くぞ！」といきり立つ。パイプイスを振り上げる，投げる，主任児童指導員らにとびかかり，胸倉をつかみ，殴りかかろうとする，その後やや落ち着

きを取り戻し，またさらに興奮するなどを繰り返した。

　このような状況から，3時間半かけてやっと，「怪我をさせたのは悪かった」と述べるようにはなった。しかし，「相手が悪ければ，殴ってもいい」「今回の暴力は間違っていない」「暴力にはいい暴力と悪い暴力がある。今回の暴力はいい暴力だ」という主張は変わらなかった。完全に反省するまでには至らなかったものの，一応の反省は見られたので，夜11時半頃で，この日の指導は終わってもらうこととした。

d．厳重注意の実行

　第2回緊急対応の2日後に，緊急安全委員会を開催。①暴力の深刻度，②再発可能性，③施設全体への影響度，の三点から審議。今回は，「**厳重注意**」との結論。施設長の許可を受けて，厳重注意を実行。事前に担当職員から，安全委員会の場に呼ばれる可能性があること，もし呼ばれたら，反省の態度が伝わることと，きちんと言葉で表現できることが大事だということ，さらにはどういうことが聞かれるかを伝えてもらっている。

　今回の場合，「厳重注意」では委員長である私が主に対応することになる。厳重注意では，子ども次第で何が起こるかわからない。呼び出しに応じて出てくるかどうかさえわからない。そのため，何度やっても，この厳重注意はやる側の私たちも緊張する。薄氷を踏む思いで臨んでいる。まして，本人はいまだに「怪我させたのは悪かったが，殴ったのは悪くない」「相手が悪ければ，殴ってもいい」という主張は変わっていないのである。そのため，「厳重注意」も難航することが予想された。

　安全委員会の委員全員がそろった部屋に，中3男子C君を担当職員と一緒に，呼び出した。以下のようなやりとりとなった。

　　〈施設から報告を受けた。今，どう考えている？〉
　　　（＊C君自身は呼び出されると，にやにやした表情で，C君特有のキレる直前の様子ではあったが）「怪我させたことは悪かったと思うし，別の日にそれを謝るつもり。それから，今後は殴らない」
　　〈相手が悪かったら殴ってもいいと思っている？〉
　　　（一瞬つまったが）「……いや，いけないと思っている」（！）
　　　予想に反し，本人が不本意ながら，しぶしぶであれ認めた。こういう

場合，厳重注意では，くどくど言わず，あっさり短く終わるのがコツ
　　であると考えている。
　〈相手が悪くても殴ってはいけない！　わかった⁉〉
　　「はい」
　（担当職員へ）〈今後こういうことがないように，きちんと指導して下
　　さい〉
　（本人へ）〈ここで一緒にやっていってほしいから言っている。期待し
　　ている〉
　　　さらに他の委員から，本人への頑張るように，いいリーダーになって
　　ほしいという期待などが短く語られた。

　こういうやりとりで，C君への第1回の厳重注意は短時間で終わった。

e．厳しすぎるという意見も
　驚いたのは，こうした対応に一部の職員から「厳しすぎるのではないか」という意見が出たことである。いずれも年少児の担当で暴力にさらされたことのない職員による意見であった。これは配置転換が少ないため，暴力にさらされたことがある職員とさらされたことがない職員で差が出ているものと考えられた。今度は配置転換を検討したり，事件について，情報や体験を共有する努力が必要であることがうかがわれた。

f．厳重注意以後
　この厳重注意以後，C君が頭に来る出来事があったが，キレそうになった事を，主任指導員に言いに来て30分ほど怒りをぶつけて，その場をおさめることができるようになってきた。

g．聞き取り調査とその対応
　こうした事件対応に加え，安全委員会活動では毎月聞き取り調査を実施し，そこでは，いくつかの暴力事件がキャッチされ，そのたびに対応し，子どもたちに結果を報告した。こうして半年が過ぎ，そこでは次のような変化が報告された。

h．職員の変化：フォローし合う処遇

　緊急対応の経験から，職員たちは，これまでのように担当だからとひとりで背負い込むことが少なくなり，**「フォローしあう処遇」**を心がけるようになり，ひとりで背負い込むことが少なくなり，体験の共有も促進されることとなってきた。

i．子どもたちの変化
1）　小さい子どもがはじける

　強い子が我慢できるようになってくると，どの施設でも起こるのが，弱い子や小さい子が「はじけてくる」ことである。Y園でもそうであった。廊下を走り回るなど，元気になり，大きい子の前でも，以前ほどおとなしくしていることがなくなってきた。さらには，以前であれば，すごめば，ひとにらみでおとなしくいうことを聞いていた子たちも，注意されても聞かなくなってきた。つまり，元気になるだけでなく，生意気になってきたのである。

　この小さい子・弱い子のはじけは，Y園だけでなく，安全委員会方式を導入したほとんどの施設で起こることである。このこと自体は安全委員会の活動が順調に進み，子どもたちの生活に浸透し，生活が安全で安心できるものになってきていることを示すものであり，基本的にはよいサインである。しかし，これを放っておくと，年長児に不満がたまり，爆発することにもなりかねない。前章で述べたように，「我慢している強い子の前でいうことを聞かない弱い子・小さい子を叱ってみせる」などいくつかの対応が必要である（第7章参照）。

2）　添い寝を求める

　同時に，小5，6年生がしきりに添い寝をしてもらいたがるようになってきた。こいうことは，それまでほとんどなかったと言う。そのため，当直職員は，あちらに10分，こっちに5分と大忙しとなった。添い寝をしてもらって，その間の眠るまでのひととき，いろいろ話し，特に楽しみな話をしきりにするのだという。

　たとえば，「もうすぐ修学旅行がある。○○に行くんだけど，先生行ったことある？」とか「JALの4年に一度の招待で，今度飛行機に乗れる。飛行機は，空を飛ぶちゃ，どんなんやろか。先生，飛行機に乗ったことある？」

3） 友達を連れてくる

　また，おとなしめの子たちが，園に友達を連れてくるようになった。それまでも入所児童が友達を連れてくることはあったが，いかにもツッパリという感じの子どもばかりだったが，これまでとは違って，「普通の子が来ている」というのである。

4） 過去の被害体験の想起

　さらには，何人もの子どもたちが，過去の被害体験を想起し，特定の職員に語るようになってきた。フラッシュバック様の想起が起こっているという印象であった。フラッシュバック（flashback）とは，深刻な心的外傷体験を受けた場合に，後になってそれが突然鮮明に思い出されたり，夢に見たりする現象である。ここで，フラッシュバックではなく，「フラッシュバック様の想起」としているのは，それが心的外傷体験の消化過程（治癒過程）で起こっていると考えられるからである。想起したエピソードの一部は以下のようなものであった。

【過去の被害の想起例】
- 寝ていても，「集合！」と召集がかかる。遅れると殴られるので，睡眠が浅くなる。
- 夜中に，叩き起こされ，「50円ガムを買って来い」と命令され，コンビニに買いに行った。
- 「今日は寝るな。座って起きていろ」と命令され，寝かせてもらえなかった。
- ボスの子が，自分の持ち物がなくなったというので，「全員の連帯責任だ」と，お金を出させられた。
- 一晩中，背中をさすらされた。
- ボスの子の誕生日に，お祝いとしてひとり千円ずつ出させられた。
- 野球の試合で皆にもらった1箱のジュースをボスがひとりじめした。

　なかでも，現在のボスであるC君がかつてのボスA君から受けた暴力はひどいものであった。当時中3のA君に，中1のC君がボコボコにされて，呼吸困難となり，救急車で運ばれたという事件である。C君にとっては，「殺されかけた体験」であったものと思われる。またしても，そのきっかけはささいなものである。A君がふざけてC君の頭に雪見大福の粉をふりかけてきたので，C君

が「やめて下さい」と言った，たったそれだけのことである。それが生意気だと言うので，逃げるC君を追いかけて徹底した暴力を振るったのである。救急車の隊員も「警察に届けないでいいんですか」と言ったが，園側が被害届けを出さず，結局A君に対してはその場での注意以外に何の対応もとられなかったという。

　この事件について，「あの時，誰も助けてくれなかった。職員たちは守ってくれなかった」とC君は語った。これ以後，A君の暴力はさらにひどくなり，C君も以前やられた自分がなぜやって悪いのかと思うようになったものと考えられる。つまり，深刻化の要因のひとつは，この事件への対応にあるものと考えられる。暴力を振るうことについて**「正当な罪悪感」**（第7章参照）を育むことに失敗したのである。もっと言えば，その子だけのことではない，「暴力は許されないという施設文化」を育むことにも失敗したのである。

　むろん，それだけでY園で暴力が吹き荒れるようになったわけでは決してない。それ以前に，A君もその上の子たちにやられてきたものであろう。長年続いた連鎖がその土台にある。その上に，このような暴力事件への対応を誤ったために，さらに深刻化したものと考えられる。その意味では，C君も被害者，A君も被害者なのである。

5）　家庭での被害体験

　その後，子どもたちは施設での被害体験だけでなく，入所前の家庭での被害体験も語るようになった子も出てきた。

6）　職員への助言：トラウマの告白への対応

　このように，施設での暴力被害であれ，家庭での虐待体験であれ，子どもたちの安心・安全が実現すると語られるようになる。その体験のすべてが語られるわけではないだろうが，心理療法の時間などにではなく，ともかくも自然に話すようになるのである。これも，先の「小さい子，弱い子がはじける」と同様に，Y園だけでなく，多くの施設で見られる現象である。

　ここで私はケース会議や安全委員会の場で職員へ助言することにしている。①きちんと話を聴き，さらに「大変だったね」「よく話してくれたね」などといったねぎらいの言葉をかけること，②次に会った時，「私は話してくれてよかったと思っているよ」ということが伝わるような接し方を心がけること。「応

援してるよ」などという言葉かけは，ここでもお勧めである。なお，この点については，第9章（p.470）も参照していただきたい。

　また，誰にでも話すようになる子も少数ながら出てくるので，要注意である。Y園では，家庭での被害体験を学校で友だちやその保護者などに話して，びっくりされたということがあった。そういう場合は，「誰にでも話すことはしないこと。自分のことをよくわかってほしい，この人なら話しても大丈夫という人をしっかり選んで話すようにすること」を伝えることが必要である。

7）　2度目の暴力事件

　安全委員会方式を導入して半年が過ぎ，Y園全体が落ち着いてきた頃，再び大きな暴力事件が起こった。C君による2度目の暴力事件が起こったのである。中1男子E君への暴力であった。しかし，今回は，様子が違っていた。まず，徹底した暴力ではなく，二，三発殴ってやめているし，またC君に後悔の様子が見られたのである。

8）　緊急安全委員会（2月）

　暴力事件から約1週間後，緊急安全委員会を開催し，審議。その結果，これまでかなり我慢してきた形跡があるし，またこれまでになく反省の様子も見られるため，C君への**「2度目の厳重注意」**ということになった。通常，2度目の厳重注意は，呼び出して注意するだけでなく，なんらかの課題を課すことが多い。また，呼び出しの場でも1回目の厳重注意よりも厳し目に注意を行う。今回は呼び出して言語化を促し注意することに加え，「これから1ヵ月の間，週1回，担当職員と面談」するという課題を課すこととした。

　　〈今，どう考えてる？〉「殴って悪かったです。二度としません」
　　〈またやりそうになったら，どうする？〉「逃げます」

　このようなやりとりで，前回にくらべ，反省をうまく述べ，頭もきちんと下げることができた。この回の厳重注意で，とりわけ印象的だったのは，担当職員の発言とそれに対するC君の反応である。
　〈担当の〇〇先生，どうですか？　本人の様子は，先生から見て〉と私が，担当職員に発言を求めると，担当指導員が次のような心のこもった代弁と弁護を行った。

「前回の暴力事件以来，本人は努力してきましたし，今回の事件後も反省しています。本人も以前やられてきていて，そのときに私が守ってやれればよかったと思います。私はこの子と一緒にここでやっていきたいと思っています。どうか，よろしくお願いします」と述べたのである。

担当職員がこういう発言をしている最中に，C君が横から担当指導員の顔をじーっと見つめていたのが印象的であった。傍目には，驚いているような意外そうな表情に見えた。おそらく，担当職員が自分に対してこういう思いを抱いていることに気づき，びっくりしたものと思われる。

今回の厳重注意は，〈反省の様子があるので，2回目の厳重注意とする〉〈ただし，これから1ヵ月間は週に1回，担当職員と面談すること〉と言い渡して終了した。

このときに限らず，厳重注意の場で担当職員が実に適切に思いを語ってくれることに，いつも感心する。このときもそうであった。一緒に何年も生活を共にしてきた人ならではの深い思いが感じられる発言であった。

おそらく，担当職員は生活を共にしている人なりの深い思いを抱いていても，なかなかそれを伝える機会がないものと思われる。そこで，安全委員会方式では，厳重注意の場を，担当職員が子どもへの思いを伝える場として積極的に活用するように心がけている。

9) タテの関係が崩れてきている

安全委員会方式では，「子ども間の威圧関係」に注意を払っているが，このC君による2度目の暴力事件は，Y園で「タテの関係が崩れてきている」ということを示している。

今回の事件では，C君が騒いでいる小学生たちに注意をしたが，その時には言うことをきかず。しかし中1男子E君が注意したら少し言うことを聞いたらしい。そのため，E君を皆の前でやっつけて自分の力を誇示したものと思われた。また，このところ，幼児や小学生たちがはじけて，甘えたりしているのを見ると，自分のときはできなかったことが思いだされ，うらやましいのであろうと推測された。

このことから，Y園でタテの関係がくずれている。すぐ下への命令は通るが，それ以上の差がある年代には通じなくなっているものと考えられる。ボスであるC君がそのことに腹を立てている中で起こった事件であると考えられる。な

お，他にも，タテ関係がくずれかけているサインが職員によっていくつか観察されている。

10) 訴えなくなった被害児

このように暴力がおさまっていくサインが随所で見られる一方で，同時に小学生に気になるサインもまた観察されていた。

第7回の安全委員会の会議で，聞き取り調査の報告がされたが，前は暴力被害を訴えていた被害側小4男子H君が，聞き取り調査でも被害を受けたことを言わなくなっていたのである。なぜ，それがわかるのかといえば，聞き取り調査の項目に工夫がしてあるからである。本人自身の被害・加害がないかどうかだけでなく，他の子の被害・加害を見たり聞いたりしていないかも聴くことにしているのである。したがって，必ずしも本人自身が訴えなくてもある程度は暴力をキャッチできるようになっている。

この子の場合，他の子がこの小4男子H君が小5男子Ⅰ君から叩かれているのを目撃したと言っているのに，本人自身からはまったく報告されていなかったのである。同時に，心理療法でもさらに別の二人の子が小4男子H君が同じく小5男子Ⅰ君から叩かれているのを見たと述べていることが心理士から報告された。職員からの情報では，この小5男子Ⅰ君は，弱い子たちに「(安全委員会に)言ったら，ぶっ殺す！」と脅していることも判明した。

なお，この頃H君は数ヵ月後に家庭引き取りになることが決まっていた。児童養護施設では，家庭引き取りが決まるといじめや暴力を受けやすい傾向があるので，やられやすい状況であったものと推測された。

11) 厳重注意後に聞き取り

そのため，加害児である小5男子Ⅰ君を厳重注意で呼び出した。呼び出しの場では，〈何で呼ばれたかわかる？〉と問うと，本人は「はい」と答えた。そこで，「反省している？」とさらに問うと，それにも「はい」と答え，反省の態度も見られた。そこで，〈ほんとうに反省しているのなら，この後聞き取りをするから，全部話すように〉と伝え，担当職員に聞き取りをしてもらった。

12) 性暴力も判明

この厳重注意後の担当職員による聞き取りの結果，驚いたことに殴る蹴ると

いう殴打系だけでなく，性暴力も行ってきたことが判明した。加害児が，押入れなどで，ゲンコツで何度も殴ってきただけでなく，「(性器を)なめんと殴るぞ」と脅して，何度もなめさせていたというのである。このことは，職員の誰も予想していなかったことである。

　Y園に衝撃が走った。

13) 聞き取りのポイント：徹底した聞き取りが重要
　①事実関係が行動レベルで一致するまで何度でも行う

　ここで重要なことは，広範な加害・被害の連鎖が長年続いてきた可能性も念頭に置いて徹底的な聞き取りを行うことである。危ういのは，職員の側に，これ以上は起こっていて欲しくないという気持ちが働くことである。そのため，聞き取りが甘くなるのである。まず，加害者と被害者の双方から，別々に聞き取りを行い，事実関係が行動レベルで一致するまで何度でも行うことである。さらに，この聞き取りで名前があがった加害児・被害児・目撃児・その場にいた児童にも同様に徹底した聞き取りを行う。

　②加害児の被害体験を聴く

　今ひとつのポイントは，「加害児の被害体験を聴く」ことである。〈どこで覚えたのか？〉〈どこで見たのか？〉〈どういうことから，こういうことを思いついたのか？〉を問うと，明らかになることが多い。さらに痛ましいことに，被害児H君に，「なめんと殴るぞ！」と脅して舐めさせていた加害児I君は，もっとやられていたのである。なんと，小2の頃から，年長の男の子たちのほとんどから，卒園生からだけでなく在園生からも，最近までさんざん性暴力を受けてきていたのである。

　また，加害・被害の多くの男の子どもたちの名前があがった。低学年では，被害のみという子もいたが，それ以外のほとんどの子どもが加害・被害のどちらの経験もあったのである。

14) 長年にわたる性暴力の連鎖

　長年にわたる性暴力の連鎖が発見されたのである。たとえば，性暴力が実際に行われるパターンのひとつは，次のようなものであった。

性暴力の例
　まず，中高生のひとりが，小学校高学年の子に特定の小学校低学年の子を呼んでくるように命令する。その子を呼んでこないと，小学校高学年の子はどんな目にあうかわからないので，呼びに行く。自分も前に何度もその中高生にやられたことがあるので，なぜその子を呼んでいるのか，なにが起こるのかわかっている。他の子にわからないように，「○○君が呼んでるよ」とそっとささやく。呼ばれた子は，前にもあったことなので，なぜ呼ばれているのか，行ったら何をさせられるのかわかっている。しかし，なにしろ，職員でさえ時に殴られるのを見てきているのである。助けを求めても，誰も助けてくれないと思うので，行かなければならないのである。
　呼ばれた部屋に向かう，この子の気持ちはいかばかりだったであろうか。

15）仕切りなおしの集会（導入から約7ヵ月後）

　いつから始まったのかさえわからないくらい前からあった広範な性暴力の連鎖である。そのため，どの子に対して，どうするといったレベルではとても対応できない。私たちは，頭を抱えた。いろいろ考えた末，児童相談所とも協議し，Y園では事件から約1ヵ月後のある日に，小学校2年生以上の男子だけを集めて**「仕切りなおしの集会」**を行うことにした。

　小2以上の男子全員を集め，施設職員も立会いのもとでY園安全委員会から，以下のことを伝えた。なお，④は中学校からの提案で伝えることになったものである。

①個人名はあげないで，事件概要と性暴力が蔓延してきたことを報告。
②これまでのことは責任を問わない。
③その代わり，今後は一切許さない。今後は，発見したら，厳重に対応すること。すなわち，即「一時保護」ないしそれに準ずる対応をとることを児相からも伝えてもらった。
④その後は，「おまえチクったろう」と聞くことさえ禁止する。

　つづいて，安全委員会の委員から，安全委員会導入後，Y園がとてもよくなったことを指摘し，励ましの言葉がかけられた。また，職員が，以前はひどい状況で「これまで子どもたちみんなを暴力から守ってあげられかったこと」を謝罪したところ，言い終わらないうちに，中高生たちから，「そうだ！　そう

だ!」との声があがった。最後に,安全委員会委員長から,〈こんなことは,もうみんなでなくしていこう〉と言って,集会を終わった。

16) 児童相談所による個別面接ではなかなか言わない
　児童相談所では,年1～2回程度入所児童全員に個別面接(「児童調査」とか「実態調査」などとも呼ばれている)を行っているところが多い。Y園でも毎年1回児童相談所による個別面接が実施されてきた。しかし,これまで述べてきた施設での暴力被害は,長年にわたってこれほどの暴力が吹き荒れていながら,どの子からも一切語られることはなかったということにも注目しておく必要がある。あるいはこれほど暴力が吹き荒れていたからこそ,一切語られなかったと言うべきかもしれない。全国的に児童相談所による入所児への個別面接が行われるようになってきたことは,大変意義のあることである。しかし,潜在的暴力のキャッチには,それだけでは極めて不十分であることもまた認識されるべきである。
　その一方で,児童相談所による入所児への個別面接で明らかになる暴力もあれば,暴力以外の問題もあるので,その意義がないというわけではないということも強調しておきたい。

17) 職員が守った
　導入後から8ヵ月が過ぎ,暴力がすっかりなくなったわけではないが,少なくとも大きな暴力は見られなくなってきた。しかしその頃,2度の厳重注意を受けた中3男子C君は,暴力を我慢している様子にも見える一方で,物に当たり小学生をどなるなどイライラしている様子もうかがわれた。
　C君への対応について,ケース会議で検討し,基本的には「男性職員がルールを提示,女子職員が母性的に対応」という方針をとることとした。
　導入から9ヵ月後,このC君が小学生がうるさいと集めて説教していたのを見つけ,男性指導員がかけつけた。C君が小6男子Y君に迫っていったので,間に入り制止したところ,胸倉をつかみ,いきりたった。他の男性職員2名もかけつけ近くで見守った。C君は近くにあったバットをつかみ,振り回して「どけ!」と威嚇。しかしその指導員はひかなかった。まもなく,C君はブツブツ言いながら,自室に戻った。その件を目撃した中1男子K君ら他児も**「先生が守ってくれた」**と語っている。

その後，C君が小学生がネコをいじめているのを注意したが，聞かないと訴えてきた。「よく言ってきた」とほめ，その小学生を指導し，C君に謝罪させた。このように「言ってきたのはえらい」とほめるのと同時に，言ってきた子の前で叱ってみせ，謝らせる，という手順の対応をスタッフに周知・徹底することとした。

　その後，C君は後輩の中2男子に向かって，「気をつけないと，お前も厳重注意になるぞ！」とたしなめているのが職員に目撃されている。また，C君が普通の生徒の友達（礼儀正しく，帰宅時間も守る）を連れてくるようになった。しかも，その友達と一緒に図書館で勉強した後に，連れてきたとのことで，職員一同びっくりした。これはチャンスと，〈よってたかってほめる〉こととした。

　それにはその後，「C君が苦手な英語の試験で86点とった」とのことである。

18）号　泣

　安全委員会方式の導入から，9ヵ月後の第9回安全委員会（緊急も入れれば11回）の時のことである。被害側キーパーソンである高1男子F君が，安全委員会に不満がある様子で，「田嶌先生と二人だけで話をさせろ」と要求しているとのことであった。安全委員会終了後，急遽，二人で話す時間を設定した。

　F君は顔をゆがめて，緊張した面持で部屋に入ってきた。そして，いきなり「なんで安全委員会をもっと早くしてくれなかったんですか」と言い，あとはボロボロ涙を流し，号泣した。「なんでボクがやられてる時に，助けてくれなかったんですか！」「なんで安全委員会を早くしてくれなかったんですか！」「小4から中3くらいまで，（当時の高校生たちから）毎日殴られたり，蹴られたりした。怖くて，夜も眠れんかった」「腕を折られたこともある」「誰も何もしてくれんかった」「死にたいと思ったが，死ねんかった」とF君は終始泣き続けた。

　「助けにこれなくて，申し訳なかった」というほかには，私にはかける言葉がなかった。

19）眠れるようになった

　このF君は，それまでは，眠れないと訴え病院から睡眠薬をもらって服用していたが，この日は服薬しないでぐっすり眠れたとのことであった。この夜以降，睡眠薬は不要となった。

　むろん，だからといって，この子の問題がすっかり片付いたわけでは決して

ない。ケアのスタート地点に来たに過ぎない。しかし，ともかくも，睡眠は改善された。

なお，年一回の児相の個別面接でも，F君はこれまでは何も言わなかった（言えなかった）のである。

20）不登校ゼロに
　<u>年度が代わり，5月の連休明けは，Y園の入所児童で不登校はゼロ。以前は，連休明けは二けた台の不登校が出ていた。中学校の生徒指導担当教諭からは，「今年は園の子どもたちはまったく（生徒指導上の）問題がない。こんなことは初めてだ」，「今後は学力・進路について，一緒に取り組んでいきましょう」と言われたとのことである。</u>

その後も，小さな暴力事件はあるものの，深刻なものはなく，事件が起こるたびに，子どもたちが適切な学びの機会になるように，職員による「叩くな，口で言う」「やさしく言う」ように指導している。

21）Y園安全委員会活動一周年記念集会
　1年が経ち，安全委員会活動一周年記念集会を開催した。集会では，安全委員会委員長および委員である学校と児童相談所から子どもたちへのねぎらいと励ましの言葉があり，施設長から全員に500円の図書券が贈呈され，C君が子ども代表として受け取った。

そして，集会が終わると，安全委員会委員，職員，子どもたち全員とで，「立食パーティ」が行われた。

22）希望を語るようになった
　先に，C君に殴られそうになったY君は，中1になっていたが，次のように将来の希望を作文に書いた。

「ぼくは，高等学校に行けるかを悩んでいます。行けなかったら，Y園を出なきゃなりません。なので，もし高等学校に行けなかったら，自分の家に帰りたいと思います。でも，がんばって高等学校に行けるよう，がんばりたいと思います。ぼくは，この中学生活が楽しいです。1学期は，ぼくはぜんぜんしゃべらなかったけど，2学期の始まる前からしゃべり始めました。最初は，はずかしかったです。でも，今ははずかしくありません」。

23）子ども主体の活動

　また，Y園では，自治会は形だけはあったが，実態は**強い子主体**であった。それが安全委員会導入後は，子どもたちからさまざまな意見が出るようになった。同時に，児童相談所の聞き取りでも施設へのいろいろな不満を語るようになった。さらには，それまで施設側主導で行われていた「（卒園生を）送る会」や「クリスマス会」などの行事も子どもたちで企画してやりたいとの声があがり，**子ども主体**で行うようになった。

24）共感性の芽生え

　安全委員会導入から，1年以上経った頃から，他の子を気遣う言葉が，加害児の子どもたちから出てくるようになってきた。たとえば，中1男子の暴力を目撃した小6男子が，聞き取りで「かわいそう」と語った。この子は，かつては，「他の子がやられていると，自分がやられないですむからいい」「俺には関係ない」と言っていた子であり，その子が「かわいそう」と語ったことに，職員一同感激したことであった。

　また，暴力事件を起こしたことがある小6女子が，小6男子と小5男子が中1男子から強制的にサッカーにつきあわされているのを目撃して，「いじめられてかわいそう」と聞き取り調査で語った。その後，この小6女子は，県のキャンプに参加し，終わりにみんなと別れる際，涙を流したとのことである。とてもそんな感じの子ではなかったので，職員は驚いた。

　こうしたことは，いずれも**「共感性の芽生え」**であるものと考えられる。このことは先に第6章で述べたように，暴力の連鎖が断ち切れたからこそ，思いやりの連鎖の基盤ができてきていることを示している。

4．まとめ（Y園）
a．成　果

　成果としては，大きな暴力事件はなくなってきた。成長の基盤としての安心・安全な生活がある程度実現でき，子どもたちに**「安心・安全という体験の蓄積」**ができているものと考えられる。その結果，子どもたちの間に，さまざまな変化が見られるようになってきた。安全委員会方式導入後の変化としては，

- 愛着（アタッチメント）行動の変化が見られるようになってきた。たとえば，添い寝や抱っこを求めるなど，愛着を求める行動が出てきた。また，友

達を連れてくるようになった。これも愛着行動の変化を示すものであろう。
- 被害体験を語るようになった。フラッシュバック様の想起体験であるように思われる。
- 他児へのやさしい気遣いが見られたり,「かわいそう」などという発言がきかれるようになり,「共感性の芽生え」があらわれてきた。
- 以前より学習に集中できるようになった。高校でひとりだけ100点をとったなど,大きく成績が上った者も出てきた。安心・安全が実感されるようになり,勉強に集中できるようになったものと考えられる。
- 希望や要望を語るようになった。高校進学や将来の希望を語ったり,児相の聞き取りでも子どもたちが,要望等訴えるようになってきた。

職員側の変化としては,
- 暴力への対応がうまくなり,指導がきちんとできるようになってきた。また暴力をキャッチする力量もあがってきた。
- 緊急対応などの経験から,難しい問題をひとりで抱え込まないで,「フォローしあう」ことが,以前よりもできるようになってきた。
- 当直が,安心してやれるようになってきた。
- 暴力問題だけでなく,難しい問題を,職員全体で共有して考えることができるようになってきた。

b. 課　題

このように大きな成果があがっているものの,ちょっとしたきっかけで前の状態に逆戻りする危険性がなおあるように思われる。したがって,潜在的暴力への注意を払いつつ,大きな暴力がない状況を維持することが,最大の課題であろう。そして,さらに成長のエネルギーを引き出すためのさらなる工夫やこまやかな養育が必要であろう。また,発達障害等への対応も今後の課題である。

V　中途半端な導入の例

前章で,安全委員会方式の**中途半端な導入やアリバイ的な導入,乱暴な導入**はかえって混乱を引き起こす可能性があるので,控えるべきであると述べた。実は,乱暴な導入を行った児童養護施設が実際にあったのである。

ある施設で暴力問題が頻発し，困った施設側が，その県の施設協議会主催の研修会で安全委員会方式についての私の講演を聞き，私にはなんの相談も連絡もなく**「自称安全委員会」**を創ったのである。それも，私がこれまで述べてきた安全委員会の基本要件さえ満たしていなかったにもかかわらず，驚いたことに呼び名も「安全委員会」と称して活動を開始したのである。

　安全委員会には児童相談所も学校からも委員が入っておらず委員長だけは外部の方にお願いしたもののその方以外は全員施設内部で構成された委員会であった。十分な準備も理解もなく，泥縄式に立ち上げ集会を開催したのである。また，聞き取り調査も一度やったきりで，定期的聞き取り調査を実施していなかった。

　その施設では数日後，「自称安全委員会」に反発した子どもたちがなんと，「暴力委員会」なるものを創ったのである。「安全委員会のしおり」をまねて，委員長から委員まで決め，四つの基本対応に準じて「第1反抗」から「第4反抗」まで創り，園内に掲示したのである。

　その施設はかくして子どもたちの反抗がさらに激化し，もともと職員の指導が通らない状況ではあったが，さらに混乱状態に陥ったのである。そのため，事態を憂慮した児童相談所の仲介で，その施設に私が関わることになった。

　暴力委員会の掲示物を見て，その出来の見事さに私は驚いた。ある種の不思議な感動を覚えたとさえいってよい。この子たちはものすごく力がある，潜在力があると感じると同時に，この子たちの本来は成長に使われるべきエネルギーがこういう形で歪んで壮大に浪費されていることに，私は言いしれぬ哀しみを覚えた。

　本来の安全委員会活動になるように，十分に研修と準備を行い，数ヵ月後に今度は児童相談所からも委員に入ってもらい，私は顧問ということで，安全委員会を構成し，再度安全委員会活動の立ち上げ集会を行った。聞き取り調査と安全委員会の会議も毎月開催することとした。職員の必死の取り組みもあって，数ヵ月たち，幸い施設は次第に落ち着いてきた。

　その結果，注目すべきことに，何人もの子どもたちが悪い夢や怖い夢にうなされることが激減し，睡眠が改善したのである。

　安全委員会方式は，簡単に魔法のような効果をあげることができる方式ではない。施設をあげて莫大なエネルギーを使ってきちんと取り組めば，かなりの効果をあげることができる方式であるが，その一方で中途半端な導入やアリバイ的導入はかえって施設を混乱させることになりかねないことを，ここで再度強調しておきたい。

Ⅵ 安全委員会活動の過程

A園とY園の安全委員会活動の概要を中心に見てきた。安全委員会方式を導入した施設では、おおよそ共通したプロセスがある。前章でも上記でも一部述べているが、以下にその過程を簡単に述べておきたい。

1. 暴力の質の変化

安全委員会活動の展開に伴って、暴力の性質の変化は、おおよそ、「理由なき暴力」「八つ当たりの暴力」→「ささいな理由からの暴力」「このくらいならいいだろう暴力」→「理由のある暴力」→「大きな暴力なし」という経過を辿る（表8-2）。

表8-2 暴力の性質の変化

「理由なき暴力」「八つ当たりの暴力」
⬇ ⬇
「ささいな理由からの暴力」
「このくらいならいいだろう暴力」
⬇ ⬇
「理由のある暴力」
⬇ ⬇
「大きな暴力なし」

2.「やっと我慢」から「余裕を持って我慢」へ

また、職員による対応と指導で、**「やっと我慢」**から**「余裕を持って我慢」**へという方向に変化していく（表8-3）。たとえば、「小さい子に腹が立たなくなった」と述べるようになった子がいる。しかし、その途中で、長年の連鎖が続いてきた施設で、しばしば出てくるのは、「納得できなさ」であり、「釈然としない気持ち」である。

表8-3 我慢の変化

```
┌─────────────────────────────┐
│         「やっと我慢」          │
│            ⬇  ⬇            │
│       「余裕を持って我慢」       │
└─────────────────────────────┘
```

3. 一時的に訴えが増える

　子どもたちの訴えが増える。なんでも暴力だと言い立てたり，また，「安全委員会に言うぞ」などという言葉が飛び交うこともある。これも訴えにきちんと耳を傾けつつも，必要な対応だけを行うことにすると，過剰な訴えもまもなく落ち着いてくる。

4. 弱い子がはじける

　すでに何度も言及したように，弱い子は暴力を振るわれないと安心するようになると，はじけてくる。廊下を走り回ったり，生意気な口をきいたり，なかには挑発するような子も出てくる。

5. 意見が言えるようになる

　子どもたちが，弱い子も強い子も意見を言うようになる。A園では，もともと子ども会議があったが，子どもたちから意見が出ることは少なかった。安全委員会活動が軌道に乗ると，外出のルールやゲームの使い方など園のルールの見直しの要望が出るようになった。B園では，ホームごとの話し合いで意見が良く出るようになった。Y園では，自治会は形だけはあったが強い子主体であった。安全委員会方式導入後は，子どもたちが意見を言えるようになり，行事なども提案して行うようになった。いずれの施設でも，暴力の訴えにきちんと対応してもらえるとの実感が持てたことから，子どもたちの間に暴力以外のことも「聴いてもらえる」という意識が生まれるからであると考えられる。このように，意見が言えるようになるのは，子ども主体の基盤であるといえよう。

6. 被害体験の想起

安心・安全が実感できるようになると，被害児も加害児も，しばしば被害体験を想起するようになる。また，この時期は，**「被害体験の想起」**だけでなく，「発達障害」などへの対応という問題が生じるが，これらの問題については，第9章，10章で取り上げる。

7. 新たな施設文化の創造

安全委員会方式は，<u>暴力を「しない，させない，許さない」</u>（桜井，2009）という新たな施設文化の創造を目指すものである。複数の職員がいっせいに**「叩くな，口で言う」**という同じフレーズを使って指導し，さらには，3人以上の職員が個々に同じ具体的エピソードを捉えてほめる「よってたかってほめる」というのは，そのためである。実際，かつて深刻な暴力事件を起こしたことがある子たちが「暴力を振るえる雰囲気ではなくなった」と語っている。さらには，暴力を許さないという文化に加え，小さなトラブルを学びにつなげる，目標を見つけて努力する，といった**新たな施設文化の創造**を目指すものである。その意味では，それはひとりの職員の奮闘だけでは，達成困難なことである。

8. 初期には強い子・年長児に嫌われる

初期には強い子・年長児に嫌われる。「俺がやられてる時は助けてくれんかったくせに，なんで今頃こんなことするんや！」「ああ，そりゃあいいことや，俺がここ出て行ってからしてくれ」など，表現はさまざまであるが，これまで散々やられてきた子たちがやっと暴力を振るえる番になったのにという思いをにじませている。また，暴力は彼らが生きるために身につけてきた武器である。それを取り上げられる不安もあるのであろう。

9. 弱い子には頼りにされる

その一方で，弱い子には頼りにされる。ある施設で，強い子が七夕の短冊に，「安全委員会がなくなりますように」と書いたことがある。一方，その施設で一番弱い子が同じ月の聞き取り調査で，「安全委員会，これからもがんばって下さい」と述べたのである。

10. 安全委員会があるから大丈夫

　施設入所に先立って，見学に来た子に「ここにはね，安全委員会があるから，大丈夫だよ」と語った子もいる。他の施設で暴力被害にあって，安全委員会導入施設に移ることになった子の保護者が，施設訪問で安全委員会活動の張り紙を見て，さらに説明を受けてとても安心されたということもあった。逆に，安全委員会がある施設から，家庭の都合で別の施設に移ることになった子は，「今度行く施設にも安全委員会はあるやろか」（中1男子，被害児）と語ったという。安全委員会方式でなくともよいから，すべての施設が暴力防止への施設をあげた取り組みを行うことを願いたい。

11. 加害児の変化

　先に述べた強い子や加害児の安全委員会を嫌う傾向も，安全委員会活動が軌道に乗ると変化することがある。「園は変わったよね。暴力振える雰囲気じゃなくなった」（高1男子，加害児），「安全委員会ができてよかった。ひとりでは暴力をやめることはできなかったと思う」（小5女子，加害児），「年少児に腹が立たなくなった」（高3男子，加害児），「最初はいやだったけど，結局はあってよかった」（高3男子，加害児）などと語るようになった例も報告されている。

12. 退所にならずにすんだ子も

　また，安全委員会活動があったおかげで，退所にならずにすんだ加害児もいる。たとえば，ある施設で男児に性暴力を繰り返した中学2年生の男子は，当初児童相談所の判断は，もう措置変更（退所）しかないだろうとのことであった。ところが，施設側が安全委員会方式を導入したので，最後のチャンスが与えられたのである。安全委員会と連動して，施設側がさらにさまざまな再発防止の努力を行い，性暴力が再発することなく，その後を過ごすことができたのである。その子は，高校に進学し，「安全委員会があったおかげで，僕は退所にならずにここに居られた」と述べている。

　このように，児童相談所が措置変更もやむなしと判断していたが，安全委員会方式を導入したからこそ，最後のチャンスをということで施設に戻れ，その後は暴力を振るわずにすんだ例でさえ，少数ながらあるのである。

13. 子ども主体の基盤：意見をいうように

安全委員会が軌道に乗ると，A園もY園でも子どもたちが意見をよく言うようになってきた。さらには，Y園では，**子ども主体**で「(卒園生を) 送る会」や「クリスマス会」等の行事も自分たちで企画して行うようになった。

14. 年長児たちの感想

ある施設で，高校生に卒業にあたって，〈安全委員会ができてどうだった〉という質問をしたことがある。

弱い子への暴力事件を起こした子は，「最初はうっとうしかったけど，あってよかった」と述べ，また職員への暴力で一時保護になったことがある子は，「自分のためになった」と語った。他にも，「多かれ少なかれ自分たちの小さいころは暴力があった。今は暴力が無くなってよかった」との感想が寄せられた。

かつて暴力を振るっていたが，安全委員会方式導入後やっと暴力を振るわなくなり卒園して就職した子が，後日遊びに来て，「園で"暴力ではなにも解決しない"って教えてもらったのが，今就職してなおさらよくわかる」と述べたとのことである。

15. 職員の感想

この施設では，職員にも〈安全委員会ができてどうだった〉と質問をしたところ，以下のような感想が寄せられた。

- 「当直が嫌で仕方なかったが，今は楽になった」
- 「安心して仕事ができるようになった。たとえ暴力があったとしても話し合える場所が安全委員会だと思っている」
- 「手を出さず，他の方法でトラブルを解決しよう，と子どもに訴えて，わかってもらえる子が増えた」「職員対手を出す子どもではなく，職員は子どもが損をしないためのフォローをする存在という位置づけに変わった」
- 「何か問題 (暴力に関する) が起きたときに，システムがあるので対応しやすい」

16. 安心・安全が実現すると

要約すれば，安心・安全な生活が実現すると，以下のような変化が起こる。

①強い子が暴力を振るわず，我慢できるようになる。さらには，言葉で表

現できるようになる。
②弱い子がはじけたり，自己主張するようになる。
③特定の職員に過去の被害体験や虐待体験を語るようになる。
④愛着関係や友人関係がより育まれる。
⑤他者への共感性が芽生える。
⑥職員が安心し，元気になる。

　特に強調しておきたいのは，「安心・安全」が実現されると，自然に，それまでとは違う愛着関係が展開してくるし，またしばしば子どもたちが自発的に過去の暴力被害体験や家庭での虐待被害体験を特定の職員に語るようになるということである。「安心・安全」が実現できてこそ，「愛着（アタッチメント）」も「トラウマ（心的外傷）」も適切に取り扱うことが可能になるものと考えられる。

　また，このような変化以外にも，たとえば，成績があがった，忘れ物や遅刻が少なくなった，睡眠がよくなった，学校が荒れても施設の子がその中心にいることがなくなったなどさまざまな望ましい変化が起こったことが報告されている。子どもたちの変化だけではない。職員からも，当直が楽になった，暴力以外の問題行動の指導についても安全委員会方式に準じて，職員がフォローしあうようになったなどが報告されている。

17．システムを維持するためのシステム

　最後に重要なのが，「**システムを維持するためのシステム**」である。鳴海明敏氏の表現を借りれば，それは「**形骸化を防ぐシステム**」と言ってもよい。安全委員会方式を導入して軌道にのせた後も，長きにわたって，形骸化せずに維持できることが重要である。一時の情熱にかられた活動に終わってはいけない。先にも述べたように，安心・安全とは供給し続けなければならないものだからである。

　施設にせよ，学校にせよ，荒れていたのを立て直した実践は，これまでも少なからず見られる。学校については，それはしばしば感動の記録として報告や出版もされている。児童福祉施設についても，少ないながら書かれたものがある。むろん，それらの実践はすばらしく貴重なものである。しかし，私が思うにここで問題が二つある。一つは，それが他の学校や施設に生きていないことである。つまり共有された知恵になっていないことである。二つ目に，その実践を主導した人たちがいなくなると，しばしばまたいつの間にか荒れることが

あるということである。1番目の問題は，よその施設や学校等にも共有可能な形で定式化することが必要である。安全委員会方式は，すでに十数ヵ所の施設で成果をあげているから，すでにある程度は共有可能な形で定式化できていると言えよう。取り組み意欲がかなりある施設ならば，十分にやれる程度にはなっているものと考えられる。

　ここでは，2番目の問題，すなわちいかにして維持していくかについて述べることにしたい。それは，「システムを維持するためのシステム」または「形骸化を防ぐシステム」が必要であるということである。安全委員会方式を導入して軌道にのせた後も，長きにわたって，形骸化せずに維持できることが重要である。一時の情熱にかられた活動に終わってはいけない。先にも，述べたように，安心・安全とは供給し続けなければならないものだからである。

　安全委員会方式では，そのための工夫としていくつかの仕組みを用意している。それは，①**施設単独の活動**——語り継ぐこと，②**施設間・地域間の活動**——助けあう・学びあうために，③**全国的活動**——助けあう・学びあうために，④**文書の作成とその活用**——共有可能な知恵に，申し送るために，の四つである。以下，それぞれについて述べる。

a．**施設単独の活動**——語り継ぐ

　システムを維持するための活動のうちもっとも基本的なことはその施設での活動の歴史を語り継ぐことである。そのための方法として，代表的なものが**記念集会**である。安全委員会方式では一周年，二周年といった具合に，節目ごとに記念集会を開催するということを推奨している。子どもは入れ替わるし，職員もある程度の異動がある。安全委員会の委員のうち，児童相談所と学校も入れ替わりが多い。入れ替わりがない場合でも，マンネリに陥りがちである。そこで，安全委員会委員長や施設長やベテラン職員が子どもや職員に対して，よくがんばっていることを誉めるなどして労をねぎらい，さらにかつてどうだったのか，どんな活動をして今があるのかを語ってもらったり，子ども代表や職員代表に話してもらうなどしている。その後，食事やお菓子を食べるパーティを行う。

　施設によって，1年間暴力を振るわなかった子を表彰して，職員との外食券をプレゼントするなど，さまざまな工夫や企画をして開催している。実際，多くの施設でこのような記念集会が開催されている。

　ある施設の一周年記念集会の次第は以下の通りである。

○安全委員会活動一周年記念集会
- 施設長挨拶
- 安全委員会委員長挨拶
- 安全委員会委員挨拶
- 子ども代表挨拶
- 職員代表挨拶
- 終了後，パーティ

　この集会での子ども代表である高3女子の挨拶がとりわけすばらしいものだったので，本書第1章の冒頭で紹介させてもらった。再度ご参照いただきたい。
　また，この施設とは別の施設で3月に行われた1周年記念集会でのことである。卒園していく高校3年生が代表として挨拶し，暴力が非常に減ってきた，これからもがんばってほしいと子どもたちに訴え，最後に「これからも在園生のことをよろしくお願いします」と言って私たち安全委員会委員に向かって深々と頭を下げたのには，委員一同励まされたものである。

5年目の記念集会

　さらに，5年目の記念集会の実際例を紹介しておこう。この施設は安全委員会方式導入の第1号の施設A園で，導入後5年が経過しようとしている。安全委員会方式導入後は，非常に落ち着いており，また節目節目で記念集会を行うなど，維持のための努力と活動を行ってきたおかげもあって，落ち着いた状況を維持できている。
　しかし，規模が小さいこの施設では，5年目になると，子どもたちも多数入れ代わり，導入当初から在籍している子はわずか4名となっていた。そのため，今後も，安全委員会活動を効果的に行い，子どもたちの安心・安全を維持するためには，特別な活動が必要と考え，施設側が企画して「5年目集会」を行った。プログラムは以下の通りである。

○安全委員会全体集会：『安心・安全な施設を保っていくために』
- 安全委員会委員長あいさつ
- 安全委員会委員自己紹介
- 講話1「A園における暴力問題を振り返る ── 安全委員会立ち上げ前と現在」施設長

- 講話2「児童養護施設における暴力問題の現状」安全委員会副委員長
  [休憩]
- 小グループ討議
    テーマ①「施設長と委員長・副委員長の話を聞いてどんなことを感じたか？」
    テーマ②「安心できる施設を保つために何ができるか？」
        ※各グループより，テーマ①で話をした内容と，テーマ②で出てきたもので，皆が取り組めそうなものを"提言"として最後に発表してもらう。その提言を，施設に掲示することで啓発を図る。
- 討議内容発表
- 講　評　安全委員会副委員長

　この5年目の安全委員会全体集会『安心・安全な施設を保っていくために』では，これまでの記念集会に加え，初めての試みを行った。二つの講話の後，お菓子を食べながら小グループでの話し合いを行ったのである。各グループには，子どもたちだけでなく，職員と安全委員会委員も入って，討議した。
　講話は各10分程度の短いものであったが，とりわけ，施設長の講話は率直で感動的なものだった。
　以前は，何度注意しても聞かない子を職員や施設長自身も叩くことがあった。後に知ったところではその陰で実は強い子が弱い子に暴力を振るっていた。それを知り，自分たちは子どもたちのために良かれと思ってやってきたのに，いったい何をやってきたのだと思った。かつて暴力を振るったことは，子どもたちに申し訳なかった。それが安全委員会方式を導入して，職員は叩かないで指導できるようになり，また子ども間での大きな暴力もなくなった。安心・安全な生活ができるようになった。なんとかこの状態をみんなでこれからも維持していこう，と施設長は切々と子どもたちに語りかけた。
　休憩後のグループに分かれての討議では，①「施設長と委員長・副委員長の話を聞いてどんなことを感じたか？」については，全グループで子どもたちから，以前のA園やよその施設での暴力の話を聞いて，「ひどい」「びっくりした」「前はあんなふうに暴力があったとは，恐いと思った」「いじめるにも程がある」「A園の子はみんなやさしいと思った」「今のA園があるのはみんなのおかげだと思う」といった感想が述べられた。

さらに，私が入ったグループでは，安全委員会導入時から入所していた子に，他児から「前はどんなだった」という質問が出た。「僕はやられなかったけど，他の子が強い子からやられていた。それを止めてあげられなかったのが悔やしい」と語った。私が〈もし，止めていたら，どうなってたかなあ？〉と問うと，「僕もやられていたと思う」と答えた。それを聞いて，子どもたちは「(入所が)そんな時でなくてよかったあ」「これからも暴力がないようにしよう」との声があがった。
　また，別のグループでは，かつて暴力被害にあった子が「今の方が，ぜんぜんいい」と皆に語ったそうである。
　さらには，施設長からの話には，「自分の間違いを認め，皆の前で詫びることができすごいと思った」との感想があがった。
　②「安心できる施設を保つために何ができるか？」については，実にさまざまな意見が出た。ほんの一部を紹介すると，「殴らないように意識する」，「一人ひとりが注意をする」，「伝え方，言い方に気をつける」，「ちょっかいをやめる」，「人にあたらない」，「暴力を見て見ぬふりをしない」，「すぐに先生に言う」，「自分がやったことを小さなことと思わない」，「やってしまったことは反省する」，「人の気持ちを考える」，「思いやりの心を持つ」，「みんなが仲良くする」等の意見が出た。
　それらは，続く全体会で報告され，さらに提言としては，各グループから，それぞれ「いつでも帰ってきたくなるような場所を目指そう！」，「あんしん，あんぜん，けんりをまもろう，ぼうりょくはノー」，「"ありがとう" "ごめんなさい" を素直に言う」，「表情が悪かったら "何かあったの？" と声をかけてあげる」「思いやりを持つ」が出された。
　どのグループも子どもたちの話が弾み，真剣に話し合っている様子がうかがえ，そのことが大人にも活動の重要性を改めて強く意識をさせることとなったという印象であった。

b．施設間・地域間の活動 ── 助けあう・学びあうために

　以上が，システムを維持するために各施設が行う活動の例である。しかし，単独の施設でやるだけでは限界がある。施設間・地域間で助け合う，学びあうこともまたシステムの維持・発展に役立つ。私が推奨して進めつつあるのが，他の施設や他地域から委員を入れることである。また，研修に他施設の安全委

員会関係者を呼ぶことである。一部の施設では，すでにそれができつつある。将来は，安全委員会委員を施設同士が相互に交換することを目指している。

c．全国的活動 —— 助けあう，学びあうために

　2006年1月，山口県において全国で初めて児童養護施設に「安全委員会方式」が導入され5年が過ぎた。現在では，安全委員会活動は，全国的には南は九州から北は北海道に至るまでの八つの自治体15施設という拡がりを持っている。このように，これだけの施設が各地で施設をあげて同じような方式で暴力問題に取り組み，着実にその成果を挙げ，施設内での暴力の歯止めとなり，子どもたちの成長のエネルギーへの転換に繋がっているものと考えられる。しかし，導入した施設の中には暴力問題が改善されつつある施設が多い一方で，導入後も改善の成果がまだ見えない施設や新たな問題を抱えている施設もあるかもしれない。また，成果をあげている施設もそれを維持しさらによりよい活動へと発展させることが望まれる。そのために，全国的にネットワークを創ることを目指して，**安全委員会の全国大会**を開催することとした。

　安全委員会活動に関係している児童福祉施設や児童相談所などによるクローズドの集まりであるが，全国から約80名の参加があり，活発な議論と交流がなされた。第1回全国大会では，「講演」「実践発表」「情報交換会」「ポイント別研修」などのプログラムで，この問題をなんとかしたいという人たちの熱い想いがあふれた会となった。そして，第2回は2010年11月29〜30日には広島市で開催され，第1回に引き続きクローズドの会であったが，九州から北海道に至るまでの各地から約80名の参加があった。参考までに，この第2回大会のプログラムを簡単に紹介しておこう。

　まず1日目は，私が「発達障害と安全委員会方式」と題した講演を行い，発達障害児と発達障害が疑われる子たちに安全委員会方式ではどう関わるのかを中心に講演を行った。続いては「実践発表」で，三つの施設から取り組みの実践が発表された。いずれも安全委員会方式の基本要件は守りつつも，それ以外については発表施設がそれぞれ独自に実践的な工夫をしており，お互いに学びあういい機会となった。

　その後情報交換会が行われ，次いで懇親会。2日目は，「ポイント別研修」ということで，今回は「厳重注意」と「聞き取り調査」をテーマとして取り上げ，これまた3施設から発表があった。次いで，特別テーマ研修として「子どもの

権利擁護と安全委員会方式」と題した講演が行われた。安全委員会方式による安心・安全の実現こそが，まさに子どもの権利擁護の真の実現に必要なことであるという趣旨での講演であった。

このように，参加施設が本音で語り合い，学びあう機会となっている。

この全国大会は第3回を2011年に岩手県盛岡市で開催予定である。第3回では，児童福祉関係者には，オープンな会にする予定である。また，2012年には第4回大会を新潟県で開催することもすでに決まっている。

d．文書の作成とその活用 ── 共有可能な知恵に，活動の連続性のために

安全委員会活動の報告書の作成と活用を推奨している。内部文書でもよいから作成し，それらを新入職員には必ず読んでもらうように義務づけることをお願いしているが，これはまだ一部の施設に留まっている。

安全委員会方式を導入した施設が自らその実践をまとめた記録も，これまでにすでにいくつも出ている（西本，2007；山根，2007a, b，2008；前田，2010；當眞，2009；涌井，2009；桜井，2009；和光学園，2010a, b）。それらのうち，特に詳しい報告が新潟県若草寮の報告（當眞，2009；涌井，2009）と岩手県和光学園の報告（和光学園，2010a）である。いずれもいたずらに飾ることなく率直に述べたものであり，同時に課題も見据えた優れた報告である。資料として巻末に掲載しておく（**巻末資料28.**「新潟県若草寮安全委員会1年半の取り組み」，**巻末資料30.**「施設内暴力の解決に向けた安全委員会の取り組み ── 子どもが安心・安全な生活を送るために」参照）ので，参考にしていただきたい。

また，和光学園安全委員会委員長の村山繁氏による「和光学園安全委員会運営指針」（村山，2010），「何故安全委員会が必要なのか ── 学習資料」（村山，2010）や若草寮前寮長の村田啓一氏による「新任職員の皆様へ」（村田，2010）という新任職員向けの資料（**巻末資料26**参照）などがある。

他にも，児童相談所や学校で安全委員会委員の入れ替わりがあった場合にも，最低限の知識を持ってもらう必要がある。そのため，必ず読んでもらうためのいわば「安全委員会活動の基礎知識またはエッセンス」とでもいうべき文書を作成してある（田嶌，2009，**巻末資料31.**「児童福祉施設における施設内暴力の解決に向けて」参照）ので，それを活用していただくように推奨している。あまり長いものだと読んでもらえない可能性があるため，あえて短くまとめたものである。また，安全委員会方式についてわかりやすく簡単にまとめたものと

しては,「施設内暴力の解決に向けて:日常的に支援しながらモニターする〜安全委員会のガイドブック」(田嶌・飯嶋,2009) がある。

　最後に,本書もシステムを維持するためのシステムの一環として執筆を行っているものである。

　以上のように,システムを維持するためのシステムとして,①施設単独の活動──語り継ぐこと,②施設間・地域間の活動──助けあう・学びあうために,③全国的活動──助けあう・学びあうために,④文書の作成とその活用──共有可能な知恵に,申し送るために,の四つをあげた。さらには,この四つが有機的に連動していくことが,より有効な活動につながっていくものと考えられる。

　なお,**システムを維持するためのシステム**だけでなく,万一安全委員会方式が有効に機能しなくなった場合やかえって有害なものとなった場合の歯止めとして,「**システムをつぶすためのシステム**」を考えておくことも今後必要であると考えられるが,それについては,第11章で論じる。

[文　献]

　飯嶋秀治 (2010) 子どもの暴力の問題とどう向き合うか　社会的養護とファミリーホーム　創刊号;50-54　福村出版.

　飯嶋秀治 (2011) 日本の児童養護施設で　小國・亀井・飯嶋編　支援のフィールドワーク──開発と福祉の現場から　世界思想社.

　飯嶋秀治・田嶌誠一 (2008) 安全委員会導入のためのガイドブック──施設内暴力の解決のために　心理臨床研究会.

　井生浩之・飯嶋秀治 (2007) 安全委員会方式実践報告──「あけぼの寮」への支援　第3回西日本児童養護施設職員セミナー報告書,pp.19-22　中国地区児童養護施設協議会セミナー実行委員会.

　前田佳代 (2010) 広島修道院における『安全委員会方式』の取り組み　第2回児童福祉施設安全委員会全国大会,pp.3-7.

　村田啓一 (2010) 新任職員の皆様へ　若草寮 (新潟県).

　西本安男 (2007) 第3回西日本児童養護施設職員セミナー報告書,pp.15-17　中国地区児童養護施設協議会セミナー実行委員会.

　村山繁 (2010) 和光学園安全委員会運営指針　第2回児童福祉施設安全委員会全国大会抄録,pp.8-12.

　村山繁 (2010) 何故安全委員会が必要なのか　第2回児童福祉施設安全委員会全国大会抄録,pp.13-18.

　桜井美和子 (2009) 虐待を受けたこどもの保護と自立支援の仕組みの検証──「新潟県若草寮安全委員会」の取り組み『つながろう,子どもの笑顔のために──子ども

虐待のないまちづくりをめざして』pp.70-73　子ども虐待防止推進全国フォーラム in にいがた・妙高.
田嶌誠一（2001）事例研究の視点――ネットワークとコミュニティ　臨床心理学, 1 (1)；67-75.
田嶌誠一（2005a）児童養護施設における児童間暴力問題の解決に向けて　その1. 児童間暴力の実態とその連鎖, pp.1-11.
田嶌誠一（2005b）児童養護施設における児童間暴力問題の解決に向けて　その2. 施設全体で取り組む「安全委員会」方式, pp.1-25.
田嶌誠一（2005c）児童養護施設における児童間暴力問題の解決に向けて　その3.「事件」等に関する資料からみた児童間暴力, pp.1-19.
田嶌誠一（2009）児童福祉施設における暴力問題の解決に向けて――個別対応を応援する「仕組みづくり」の必要性とその一例としての「安全委員会方式」の紹介　心理臨床研究会.
田嶌誠一・飯嶋秀治（2009）施設内暴力の解決に向けて：日常的に支援しながらモニターする～「安全委員会」のガイドブック～施設内暴力の解決のために　安全委員会ネットワーク.
當眞千賀子（報告　阿部信行）（2009）若草寮安全委員会――立ち上げから1年を振り返って　手毬, 16；1-6　新潟県福祉職員協議会.
和光学園（岩手県）（2010a）施設内暴力の解決に向けた安全委員会の取り組み――どもが安心・安全な生活を送るために.
和光学園（2010b）和光学園安全委員会運営指針　第2回児童福祉施設安全委員会全国大会抄録, pp.8-12.
涌井裕（2009）若草寮安全委員会1年半の取り組み　手毬, 16；7-15　新潟県福祉職員協議会.
山根英嗣（2007a）広島修道院における安全委員会方式の導入　第3回西日本児童養護施設　職員セミナー報告書, pp.17-19　中国地区児童養護施設協議会セミナー実行委員会.
山根英嗣（2007b）広島修道院における安全委員会方式について　養護ひろしま, 44；9-13　広島県児童養護施設協議会.
山根英嗣（2008）広島修道院における安全委員会方式について――その2　養護ひろしま, 45；11-14　広島県児童養護施設協議会.

第9章

職員による安全委員会と連動した活動（「連動活動」）
── 1. 基本的連動活動

I　連動活動のために

1. 連動活動とは

　前章で安全委員会活動の実際例を述べたが，この方式ではいかに職員による熱心な活動が行われているかがおわかりいただけたものと思う。職員によるそうした活動なしには，安全委員会方式は有効なものとはなり得ないのである。

　先に，安全委員会活動とは，①安全委員会による審議と対応，②職員による安全委員会と連動した活動（「**連動活動**」）とがあり，この両方が揃って初めて，安全委員会活動と言えるものとなると述べた（第7章表7-4参照）。本章では職員による連動活動のうち基本的な活動（「**基本的連動活動**」）について述べる。

　それにあたってまず強調しておきたいのは，施設側が，職員が「安全委員会頼み」にならないこと，すなわち「**連動活動**」がきちんと取り組まれることが，安全委員会方式による活動の成否に極めて重要であるということである。

　職員による安全委員会と連動した基本的連動活動には，安全委員会の**導入準備**，**聞き取り調査**とその対応，**暴力事件対応**，**緊急対応**，**厳重注意**の準備と立会い，**応援面接**なども含まれているが，それらについてはすでに述べてきたので，ここでは割愛するが，緊急対応，聞き取り調査，厳重注意については，第7章（含．**巻末資料12.**「[厳重注意]の手順と留意点」も参照）の記述を，応援面接については第2章の記述を職員には徹底して頭に入れておいてもらうこと

が重要である。また，施設内部から職員が安全委員会の委員として参加して，一定の役割を果たしてもらうこともすでに述べた。

　ここでは，さらに，それ以外の基本的連動活動の留意点について述べることにしたい。なお，本章と次章で述べることは，安全委員会活動の実践の中で私がケース会議等で助言しつつ，職員の方々と一緒に創り上げてきたものである。

2. 暴力への対応の総論

　安全委員会活動における「**暴力への対応の基本**」(第7章 表7-1を参照)を職員がしっかり念頭において指導に当たることが重要である。すなわち，「1. 暴力を非暴力で抑える→2. 言語化を援助する→3. 代りの行動の学習を援助する→4. 成長のエネルギーを引き出す」，ということである。この過程を，安全委員会と連携して，職員が子どもと関わり応援していくことが「基本的連動活動」である。この連動活動では，第6章で述べたように，職員がコトが起こっている生活の「その場での体験を援助する」ことが主として必要である。

　ここで重要なことは，習慣化している暴力(習慣化暴力)や連鎖している暴力(連鎖系暴力)は子ども本人の十分な理解を待っておさまるものではないということである。しかし，その一方で，だからといって，ただ抑えるというだけではいけないということである。ただ抑えるのではなく，自分の気持ちを表現できるように援助していく，さらには，成長のエネルギーを引き出すことを心がけるということである。

　安心・安全な環境が整うと，子どもたちは伸びやかになり，成長のエネルギーがある程度は自然に発揮されてくるものである。「成長のエネルギーを引き出す基本」は，子どもたちが示すこのような**成長のエネルギーの芽生えをキャッチし，それを育むこと**である。つまり，**その子の中で生まれようとしているものを育む**ということである。そのためには，成長のエネルギーの芽生え(生まれようとしている兆候)に職員が敏感になっておくことが必要である。職員の側にその子の中で生まれようとしているものを育もうとする，いわば「**育成的態度**」が必要である。日々のこうした態度そのものが，子どもを育むものである。したがって，基本的連動活動はもちろん，あらゆる子どもへの関わりの基礎には，この態度が必要である。

3. 安全委員会方式は学びの方式：学びの場としての四つの対応

「厳重注意は学びの場である」とは，當眞千賀子氏の指摘である。その表現を借りれば，**「厳重注意」**だけでなく，**「厳重注意以前」**や**「四つの対応」**すべてが，大人にとっても子どもにとっても大変重要な**「学びの場である」**ということである。つまり，安全委員会方式は子どもにとって貴重な学びの場となるように工夫されており，その過程に関わっていくことで，大人にとっても貴重な学びの場となるのだともいえよう。

さらに言えば，それは単なる学びではなく，体験的な学びの場である。その意味では，安全委員会方式は体験的な学びの方式であると言えよう。したがって，子どもにとって，貴重な学びの機会とするためには，職員がどのような動きをしたらよいかを考えながら動くということがもっとも重要なことである。

安全委員会ができると，すぐにおさまる暴力も少なくないが，その一方で習慣化している暴力（習慣化暴力）や連鎖している暴力（連鎖系暴力）はそうそう簡単におさまるわけではない。安全委員会ができたからといって，また厳重注意などの対応をしたからといって，暴力がすぐにおさまるわけではない。たった一度の対応でおさまるのではなく，それは学びの過程であるという視点を職員が持っておくことが重要である。

安全委員会方式は暴力を単に抑えるだけの仕組みなのではなく，学びの仕組みである。深刻な暴力をなくしていくが，しかし暴力を一切出ないようにする方式なのではなく，小さな暴力やトラブルを表9-1に示すように，**学びにつげる仕組み**である。学びの貴重な機会と捉えているのである。

表9-1　安全委員会方式は学びの仕組みである

暴力はいけないという学び
言葉で表現するという学び
小さなトラブル，暴力を社会的技能の獲得へつなげる学び
他者の気持ちを汲めるようになる学び
目標を見つけて，努力するという学び

Ⅱ 安全委員会活動の過程と「連動活動」

1．暴力の質の変化

　前章でＡ園とＹ園の安全委員会活動の概要を見てきた。安全委員会方式を導入した施設では，おおよそ共通したプロセスがある。前章でも一部述べているが，以下にその過程を簡単に述べ，さらに職員の対応（連動活動）の留意点を述べる。

　子どもたちの暴力がどのようにおさまってくるかと言えば，第8章表8-2に示しているように，「理由なき暴力」「八つ当たりの暴力」→「ささいな理由からの暴力」「このくらいならいいだろう暴力」→「理由のある暴力」→「大きな暴力なし」という経過を辿る。そして，その過程で，子どもたちは自分の気持ちを言葉で適切に表現できるようになってくる。逆に言えば，このような経過をたどるように，職員は支援するという姿勢が必要である。

2．理由なき暴力

　安全委員会導入前に見られるのは，「理由のある暴力」だけでなく，「ささいな理由からの暴力」「理由なき暴力」「八つ当たりの暴力」である。暴力には，どの職員もすべて暴力をきちんと制止し，さらに「叩くな，口で言う」というフレーズを用いた指導を行う。

「叩くな，口で言う」「やさしく言う」：同じフレーズで指導

　安全委員会活動が始まると，職員は皆が，「叩くな，口で言う」「やさしく言う」というフレーズを使って指導を行う。安全委員会では，力関係に差がある暴力のみを審議の対象とするが，職員の日々の指導では，力関係に差がある暴力だけでなく，対等のケンカやトラブルに際して，どの職員もこの「叩くな，口で言う」「やさしく言う」という同じフレーズを使って指導を行う。そして，言葉で表現するように促し，言葉でうまく表現できない子には，職員が「これこれこういう気持ちだったんじゃないかな」というふうに「代弁してみせる」のである。これがもっとも重要な職員による安全委員会との連動活動である。

クールダウンをはかる
　いきなり適切に言葉で表現できるようになるわけではない。キレやすい子には，ある程度の**クールダウンが必要**である。そして，クールダウンには，「**時間と場所**」が必要である。子どもが興奮していて，ある程度おさまるのに時間が必要と考えられる場合，そのような状態をあまり長い時間他児の目にさらすのは，本人にとっても見ている子にとってもよくない。その場合，「クールダウンの部屋」をあらかじめ決めておき，必ず落ち着くまでそこですごさせるようにする。すると，だんだん，落ち着くのが早くなってくるものである。むろん，落ち着いたら，「**振り返りと言語化**」，さらには必要に応じて謝罪に持っていくこととする。

3. 緊急対応と事件対応
　立ち上げ集会を行い，安全委員会活動が開始すると，加害側の子どもは，多少暴力に気をつけるようになる。そして，しばらく様子見の期間があるが，いずれ暴力事件が発生する。その事件に職員がひとりで対応できそうにない場合，**緊急対応**となる。ほとんどの場合，3回くらいの緊急対応で，表立った大きな暴力は急速になくなってくる。稀ではあるが，この緊急対応でもおさまらない場合，（私自身は経験していないが）警察の応援が必要となることもありうる。ここで，事件はすべて子どもたちに報告することになるので，職員がきちんと事件に対応すれば，急速に暴力はおさまっていく。

4. 生活の基本ルール（＝グランドルール）を選定し，守らせること
　言葉で表現できるようにという援助と並んで重要な連動活動が，「**生活の基本ルールを守らせる**」ことである。ここで言う**生活の基本ルール（＝「グランドルール」）** とは，細かいルールではなく，これがないと集団生活はできないだろうというレベルのルールである。たとえば，「暴力を振るってはいけない」「就寝時刻や帰園時刻を守る」「深夜外出しない」とか「夜中に異性の部屋に行かない」といったレベルの生活の基本ルールである。これを選定し，職員がこの生活の基本ルールを確実に守らせるように関わるのである。その過程で，暴力が出てくることも少なくない。その際も，緊急対応が必要となる。それを通して，「**指導が通る関係づくり**」を行うことが必要である。それについては，**巻末資料23**.「指導の通る関係づくり」を参照していただきたい。

5. 他にも緊急対応が必要なことも

また，大人側から見て暴力がさほど深刻ではなくとも，反省の色がなかったり，適切な謝罪ができない場合には，職員は「大変なことが起こった」という対応を行う。（＊大人から見て深刻な被害と見えなくとも，被害児にとってはまさに大変な被害であるし，また心からの反省も謝罪もないならば，それはまさに脅かされる日常となるのである）具体的には，その場に居合わせた職員や担当職員だけでなく，可能な限り複数の職員を召集して指導を行うことが必要である。無論体罰に訴えてはいけない。このような対応を行うことが，被害児を安心させ，加害児を反省に誘うことにつながるものである。

こうした関わりと安全委員会の審議と対応の両方があって，やっと子どもの暴力を振るわないで言葉で表現するという学びは徐々に形成されるのである。また，たとえ2回目の厳重注意を受けることになったとしても，それがより効果をあげることができるのである。

たとえば，暴力を振るって職員から注意されてもまったく反省の色もなく，謝罪もできなかった子が，1回目の厳重注意注意ではふてくされながらも一応の謝罪を言うに留まる。しかし再度暴力を振るい，その場ではこれまでになく「しまったと」いう表情を見せるようになる。2回目の厳重注意の場では，しっかり反省の言葉を述べるようになり，次第に暴力はおさまっていく。

6. 厳重注意
a. 厳重注意の適切な理解

第7章でも述べたように，安全委員会方式の「厳重注意」は，ただ叱るだけのものではなく，暴力を振るわないで言葉で表現できるように援助するために，いわば「愛情を持って厳しく叱る仕組み」である。そして，安全委員会方式は，一時保護も退所も極めて少ない方式である（**巻末資料27.**「安全委員会に関するアンケート調査」参照）。換言すれば，ほとんどの暴力が厳重注意でおさまっている。したがって，「厳重注意」は，安全委員会方式のもっとも主要な活動のひとつであると言っても過言ではない。「厳重注意」の実績は，安全委員会方式における厳重注意がよく練られたものであることに加え，職員による連動活動（職員によるフォロー活動）が効果をあげていることを意味している。したがって，職員による連動活動なしに，機械的に厳重注意を行うだけに留まらないようにすることが大変重要である。

まずは，この厳重注意の性質を，安全委員会委員と職員がよく理解しておくことが重要である。これについては，施設職員による適切な記述があるので，以下に紹介する（涌井，2009）。安全委員会方式の「厳重注意」は，ただ叱るだけのものではなく，先に述べたように，暴力を振わないで言葉で表現できるように援助するために，いわば「愛情を持って厳しく叱る仕組み」であることがおわかりいただけよう。

b．厳重注意の意図
1) 懲罰委員会との違い

　児童にとって厳重注意は非常にインパクトがあります。委員長をはじめとした全委員が一同に会した場に児童と担当の二人で出席し，そこで自分のした行為について振り返りを迫られます。その体験こそが暴力の抑止力になっていると思われます。

　ここで誤解しないでいただきたいのは，「安全委員会」は懲罰委員会ではなくその児童の成長エネルギーを信じ伸ばしていくこと，常に見守っているという姿勢で対応しています。

　そのため，厳重注意の際には「あなたのことを真剣に考えている，あなたはもっと成長できる可能性を秘めている」とのメッセージを伝える場面になるように心がけた言葉が児童にかけられます。児童は注意を受けながら見守られている感覚を同時に感じられるわけです。

2) 担当との関係を強める

　厳重注意は，児童のみでなく担当と一緒に呼ばれます。そこには児童と担当の結びつきを促し，自分がしてしまったことへの反省・そしてこれからへの頑張り，立て直しを共に考える機会として欲しいという目的があります。

　委員長から担当職員に対して「この子は今後暴力はしないのですか？」と問われます。そこで，担当でなければ語れないような，児童の良いところ，頑張っていることなどが語られ，さらには「今後もこの子のことを支えていくのでどうか信じてください。見守っていてください」と担当児童に対するあつい思いを時には涙ながらに伝える場面となります。そのやり取りを児童は隣で聞いています。

　担当職員と児童とが体験を共有することが「絆」・「関係」を深めていくきっかけになります。

c. 職員を後押しするシステム

　　安全委員会がシステムとしてきちんと機能していることを示すことで，児童は暴力から守られている安心感を抱くことができます。なぜなら，システムをきちんと機能させる原動力は，「職員が暴力は大なり小なり絶対に許さない」という姿勢を児童に対しきちんと示し一貫した対応を取り続けることにあります。

　　暴力が起きた場合，安全委員会がきちんと機能していれば，対応を職員個人のみで行わなければならない状況にはならずシステムとして再発防止に向けて取り組むことができるといった「職員への安心感」の提供，成長エネルギーを引き出すため担当と児童を結びつけたりと処遇においての「補完的役割」をも担っていると思っています。

以上が涌井（2009）からの引用である。

d. 厳重注意と連動した活動
　たとえば，暴力を振るい厳重注意を受ける子がいる場合，担当職員は以下のような連動活動を行う（厳重注意の場での職員の役割および事前準備については，第7章で述べたので，それも参照）。

1) 事前準備
　担当職員は，厳重注意の可能性がある場合には，事前の準備を行う。もし呼び出しがあった場合，本人の反省の態度が伝わることが最大のポイントであること，さらには反省の弁を自分の言葉で話すことができることが大事であるということを子どもに伝え，厳重注意の場できちんと何が悪かったか，どうすればよかったか，謝罪の言葉などを事前に考えさせるなど準備をしておく。

2) 厳重注意の場での役割
　厳重注意の場では，担当職員は子どもがきちんと言葉で表現できるように援助する。その場でうまく言えない場合，担当職員が子どもの気持ちを代弁したり，謝罪して見せるなどすることが必要な場合もある。すなわち，厳重注意の場では，「**言語化を援助する，代弁する，弁護する，職員の思いを語る，謝罪してみせる**」などが**担当職員の役割**ということになる。
　また，厳重注意の場で担当職員が「**思いを語る**」ことが重要である。今回の

事件について，担当としてどう思うかを，子どもの前で語ってもらう。

3) 厳重注意後のフォロー

しかし，習慣化している暴力の場合，それだけですぐにおさまることは少ない。そこで重要なのが，担当職員や他職員による日々の**生活の中でのフォロー**である。

　①いくら反省が足りないように見える子でさえも，厳重注意の直後は，さすがに暴力に気をつけて我慢している様子が見られるものである。まずは，担当職員がその努力を認めて，ほめることが大事である。
　②また，この子がそれでも暴力を繰り返した場合の対応を考えておくことも必要である。

しばらくは我慢して気をつけていても，それでも暴力を振るってしまったとき，職員はその場で即座に叱り，**「おしかった！」**と言ってもらうことにしている。そして，悔しがってみせるのである。「せっかく我慢してきたのに，おしかった」「だから，暴力を振るわないようにまた一緒にがんばろうね」と呼びかけてもらう。

このように，厳重注意を職員がフォローすることが非常に重要である。ある施設では，安全委員会方式の導入後まもなく暴力を繰り返す子に厳重注意を行ったが，3日しかもたなかった。一度ならず暴力を振るってしまったのである。まだ安全委員会活動に習熟していなかったため，職員によるフォローがなかったのである。職員によるフォローを必ずしてもらうように伝え，2度目の厳重注意となったところ，その後は1ヵ月以上暴力がでなかった。このように，**職員によるフォロー**は，極めて大きい成果をあげるものなのである。

暴力を繰り返す発達障害児にも，まずはこのような対応を行うことが基本である。

e．厳重注意の光景

いろいろな施設で私が関わった厳重注意場面には印象的であった経験が多数あるが，ここではそのほんの一部を述べておきたい。

【泣きながら思いを語る】
　弱い子への暴力・暴言を繰り返していた中学１年女子が，暴力・暴言を制止した女性担当職員にも暴力を振るった。厳重注意の場では，その子には反省の様子が見られなかった。発言を求められた担当職員は，涙を流しながら「私が注意するとこの子に嫌がられますが，こんなことを続けていたら，この子が社会に出て困ることになります。だから，私は嫌がられても，嫌われても，これだけはやめてほしいので，これからも注意していくつもりです」と語った。
　その後，この子の暴力は激減した。

【大好きな職員を悲しませた】
　しばしば見られるのは，厳重注意の場で大好きな担当職員が，つらい表情で発言するのをまのあたりにして，深く反省するということである。自分が暴力を振るったことで，大好きな先生に悲しい思い・辛い思いをさせたことを悔いるのである。

【暴れ続ける】
　小学校５年生女子が，年少児への暴力と職員への暴力で，厳重注意となった。呼び出しの場では，まったく反省の態度がなく，早く自室にかえせと叫び，職員にも頭突きするなどして暴れ続けた。反省するまでかえさないと断固とした態度で，落ち着くまで待ち，40分ほどかかったが，やっときちんと反省と謝罪をなんとか述べることができた。これを機に，この子の暴力は激減した。
　チャンスと見た職員たちはこの子の成長のエネルギーを引き出すためにどうしたらよいかを検討し，本児がスポーツが得意で特にバレーボールが好きなことに注目し，それをほめることにした。本児はバレーボールでいいリーダーとなり，試合にも好成績を修め，学校でも落ち着いてきた。その後，この子は，「安全委員会がなければ，暴力をやめることができなかっただろうと思う」と語ったそうである。

【言えるはずがない】
　小学校４年生男子が小学校３年生を何度も叩いた。安全委員会の審議では，この子は発達障害の傾向があり，日常場面でも注意されると固まってしまい，まったく話ができなくなるので，呼び出しは無理であるとの意見も出た。しかし，安全委員会活動では，発達障害のある子ども

であれ，①基本ルールは一緒，②ただし，理解のさせ方に工夫が必要という原則（第7章，第10章参照）が確認され，厳重注意で呼び出すこととした。その結果，周囲のおおかたの予想を裏切って，立ち会った職員や安全委員会委員一同がびっくりするほど，きちんと反省と謝罪を述べることができた。むろん，担当職員の事前の関わりもあってのことではあるが，驚くほどうまく述べることができたのである。

　横で聞いていた担当職員は，感激のあまり，涙を流しながら，「やったことはいけないことです。しかし，こんなふうにきちんと反省して自分の言葉で語ることができたことは，私はとてもうれしいです。あとでほめてあげたいと思います。この子が暴力を振るわないように，一緒に取り組んでいきたいと思います」と語った。（＊ちなみに，こういう例は少なくない。思うに，発達障害があるから，知的障害があるからということでわかりやすい指導をきちんと行うことがあまりされてこなかったのではないかと思われる）。

　ただし，こういう子の場合，その場ではうまく言えても，暴力を繰り返すことが少なくない。そのための対策としては，第7章で述べた石本方式の「あとでなんと言われたか聞く」ということを時々やり，それでも暴力を振るってしまったら，職員が「おしかった！　せっかくこれまで我慢してきたのに」と悔しがってみせ，さらに「またがんばろう」と呼びかけることが有効である。

【呼び出し前にバット】

　以前は，他児への暴力があった高校2年生男子が，安全委員会方式導入後は気に入らないことがあるとモノに当たるという行動を繰り返していた。ある時，その子がドアや壁を蹴っているのを制止した職員に暴力を振るい，厳重注意の呼び出しとなった。呼び出し前にバットを振り回して，冗談めかして「これで安全委員会をブッとばしてやる」というのを，担当の男性職員がなだめて厳重注意の場に連れてきた。

　厳重注意の場では，「ああ，もう，せん」といちおうは言うものの，態度はすこぶる悪く，ふんぞり返っていて，反省の態度はみじんも伝わってこない。

　この態度に困った安全委員会委員長が担当職員に〈もうこれで2回目じゃないですか。どういうことですか⁉〉と問いかけると，担当職員はなにかしゃべりかけたものの，途中で涙ぐんで絶句した。委員長が本人に，〈見てみろよ。なんでこの先生がこうしていると思うか‼〉とつきつ

けると，びっくりした様子で神妙な態度になった。
　この子は，その後もいろいろあったが，暴力を振るわないようになり，高校を卒業し，かねて希望していた領域に就職してりっぱに働いている。

　第7章（p.319）で述べた虐待を受けた子の厳重注意における**「関係の脱虐待化」**の例をあげておこう。

　【関係の脱虐待化の例】
　小学6年生の女子が職員に暴力を振るった。厳重注意で呼び出しとなったが，この子は拒否した。この子は，父親からの虐待を受けて入所した子で，「男性が怖い」「（厳重注意の場に行けば）ひどい目にあわされる，どこかに連れ去られる」などと担当職員に訴えた。
　ここでどうすべきか，議論になったが，ポイントは，この子が現実にそぐわない恐怖を抱いているということである。そして，このままで終わったのでは，この子の非現実な恐怖はそのままになってしまうということである。実際に，なんとか厳重注意に呼び出して，しかもこの子が考えているようなひどい目にあうわけではないということを体験してもらうのが，この子のためになるだろうということになった。そのために，短めに厳重注意を行うことにしたのである。
　担当職員がなんとか説得して，厳重注意の場に連れてきた。子どもは，すでに泣いている。そこで，安全委員会の顧問が最初に〈3分だけがまんしなさい。3分たったら必ずお部屋に帰してあげるから〉と伝えて，3分間で厳重注意を行った。
　これが，厳重注意における関係の脱虐待化の例である。暴力を振るっても，何もしないのがよいのではない。叱られはするが，殴る蹴るされないで，非暴力による注意を受けることで，虐待的関係とは異なる関係を体験するわけである。叱れば，虐待関係の再現となるわけではない。殴る蹴るなど暴力で叱るとき，虐待関係の再現となるのである。

7．訴えが増える

　安全委員会方式の導入直後，子どもたちの**訴えが増える**。なんでも暴力だと言い立てたり，また，「安全委員会に言うぞ」などという言葉が飛び交うこともある。これも職員が訴えにきちんと耳を傾けつつも，必要な対応だけをきちん

と行うことにすると、過剰な訴えもまもなく落ち着いてくるものである。

8. 理由なき暴力から理由のある暴力へ

すでに何度も言及したように、弱い子は暴力を振るわれないと安心するようになると、はじけてくる。廊下を走り回ったり、生意気な口をきいたり、なかには挑発するような子も出てくる。

「理由なき暴力」「八つ当たりの暴力」は影をひそめ、「ささいな理由からの暴力」「このくらいならいいだろう暴力」が出現する（第8章 p.439参照）。「このくらいならいいだろう暴力」とは、激しい暴力ではなく、ぱちんと叩くなどの抑え気味の暴力である。さらには、もっぱら「理由のある暴力」が主となる。「理由のある暴力」とは、被害側の弱い子に非がある暴力である。たとえば、食器を片付けるなど、下の弱い子がやるべきことをやっていない時に、注意しても言うことを聞かなかったり、それどころか暴言をはくといった場合に、上の子が我慢しきれなくて殴ってしまうということがある。

「理由のある暴力」は、もっともな面があるからと職員が放置したり、指導が甘くなると、容易に「ささいな理由からの暴力」「理由なき暴力」「八つ当たりの暴力」に移行するので、要注意である。「このくらいならいいだろう暴力」も、軽いものだからと職員が放置したり、指導が甘くなると、容易に「ささいな理由からの暴力」「理由なき暴力」「八つ当たりの暴力」に移行するので、要注意である。

この場合にも、**「叩くな、口で言う」**とともに、どの職員も**「相手が悪くても、殴ってはいけない」**という同じフレーズを用いた指導を行う。

9. 弱い子や年少児がはじける

第7章で、暴力がおさまってくるとほとんどの施設で起こる特に重要な出来事として、「弱い子や年少児がはじける」と「被害体験の想起」があると述べた。それに対しては、安全委員会による対応ではなく、職員による連動活動が重要である。その留意点を以下に述べる。

年少児がはじける

暴力を繰り返していた子どもたちが暴力を振るわなくなると、入所の子どもたち全体に活気が出てくる。年長児の暴力が見られなくなると、これまで抑え

つけられていた年少児たちが，元気になってくるからである。このことは，本来彼らがいかにエネルギーに満ちた存在であるかを示すものである。

　子どもは，本来エネルギーがあふれていて，言わば「多動」なものである。ところが，暴力が吹き荒れているところでは，強い年長の子にものすごく気を使いながら生きているのである。そのため，そういう子どもの前では静かにしてきたのである。そういう子たちが，気を使わなくても大丈夫そうだと実感できるようになってきた途端，ものすごく変わるのである。年少児がはじけるのである。

　しかし，この時期は要注意である。

　子どもは，一面では容赦ないというところがある。ほんとうに大丈夫と実感できるようになると，態度がすごくでかくなるのである。年長児の言うことをきかなくなったり，口ごたえをするといったことが起こってくるからである。それまでは年長児がちょっとすごめばおとなしくなっていた年少児たちが，憎まれ口を叩いたり，いたずらをしかけたり，あげくは「安全委員会に言いつけるぞ」などと言ったりするようになる。また，遊びの中で，ふざけて「安全委員会に言いつけるぞ」などと子ども同士で言いあうこともある。なかには，上の子に，「おい，○○！」などと名前を呼び捨てにしたりする者まで出てくる。今までひとにらみすれば震え上がっていた子が，全然言うことを聞かなくなるのである。

　このこと自体は安全委員会の活動が順調にすすみ，子どもたちの生活に浸透し，生活が安全で安心できるものになってきていることを示すものであり，基本的にはよいサインである。（逆に，年少児が職員の言うことよりも年長児の言うことをよくきくというのは，例外はあるにせよ，危ういサインである）。

　しかし，これを放っておくと，年長児に不満がたまり，爆発することにもなりかねない。

　以下のような対応が必要である。

①「相手が悪くても，暴力を振るってはいけない」の徹底
　　年長児には，年少児がいくら悪くても叩いてはいけないことを，再度徹底して教える。年少児がひどく態度が悪ければ職員に言うこと，それでもおさまらない時は安全委員会に言うように伝える。

②我慢を誉める
　　年長児が暴力を振るわないで我慢できていることを職員が誉めること。

③叱ってみせる

　我慢している強い子の前で言うことを聞かない弱い子・小さい子を叱ってみせる。

④年少児全体に注意

　年少児に対しても，全体集会で，年長児を挑発しないように，年長児の名前を呼び捨てにしないように，年長児のもっともな指示には従うように，また注意する。

⑤小グループでの話し合い

　ホーム単位等の小グループで話し合いを行う。

⑥安全委員会から伝言

　安全委員会から注意するように年少児に伝言する。安全委員会開始の一周年，二周年記念集会を行う際に，呼びかけるのも効果的である。

　また，子どもたちのあふれ出たエネルギーを，成長のエネルギーとしていくように心がける。そのために，その子に応じた個別の関わりだけでなく，たとえば施設全体の行事等も活用する。その際，年長児に出番を作るなど，年相応に尊重されるように配慮することも大切である。

10. 「やっと我慢」から「余裕を持って我慢」へ

　職員によるこのような対応と指導で，「やっと我慢」から「余裕を持って我慢」へという方向に変化していく。たとえば，「小さい子に腹が立たなくなった」と述べるようになった子がいる。しかし，その途中で，長年の連鎖が続いてきた施設で，しばしば出てくるのは，「納得できなさ」であり，「釈然としない」気持ちである。

11. 職員が暴力から守り抜く：日常の関わりの重要性

　また，なんといっても重要なのは，職員が子どもの安心・安全の実現こそが成長の基盤であるという認職を持って，日々の関わりの中で，職員が子どもを暴力から守りぬくことである。

　ある施設の報告では，職員への反抗的な態度や低学年への支配的な関わりが見られ対応に苦慮していた小学校4年生の男子がいた。しかし，安全委員会方式の導入後に，行動観察する中でその子の方が暴力を受けたり，いじめられたりしている場面も多くあることが確認された。

ある時に食事時間に上級生数名からふざけてその子が大嫌いな野菜を食べろと押し付けられていた。これを見た職員が上級生を厳しく指導した。その際にこの子は平静を装っていたが，後で「あの時，職員が助けてくれて嬉しかった」と話した。こうした日々の生活の中での職員の丁寧な関わりが暴力の連鎖をとめていくものと考えられる。それ以外にも，廊下で鬼ごっこをしていた際にズボンを下げられたり，学習室で俺の技が痛くないか試してみるからとプロレス技をかけられたりした。そして，その都度職員が注意し対応した結果，現在，その子は，「もう暴力はしない，つまらないし」と話すようになった。
　このように，暴力問題を安全委員会任せにせず，暴力について職員が日々関わりをきちんと行うことこそが，決定的に重要なのである。

12．暴力（含，性暴力）事件への対応

　暴力への対応は，聞き取り調査でキャッチされることもあれば，暴力事件が起こって対応しなければならないこともある。この際，重要なのは，①被害児を守り抜く，②事件後の聞き取りをきちんとする，③加害児の被害体験を聞く，ということである。これらについては，すでに第7章で述べたので，ここでは，さらに補足しておきたい点を述べておきたい。
　まず，事件後の聞き取り調査では，どうしても，これ以上起こっていてほしくないという気持ちが職員の側に働くので要注意であると述べた。殴打系暴力でもそうであるが，このことは，性暴力の場合その気持ちはとりわけ強くなるので，さらに要注意である。加害児・被害児だけへの聞き取りに終わるのではなく，できるだけ広範囲の子どもたちへの聞き取りを行うように心がける。
　暴力事件は，常に連鎖ということを念頭に置いて，聞き取りを行うのが重要である。専門家でも現在のところ，もっぱら家庭での虐待から持ち越された連鎖という視点をとる人が多い。そういう視点も大事だが，施設内の連鎖をキャッチすることはもっと大事である。それは現在進行中の現実だからである。

別々に聞き取りを行う

　加害児・被害児の双方から，別々に聞き，事件概要を明らかにすることが大事である。この時，被害児と加害児の双方の言うことが，（たとえば，殴ったか殴っていないかなど）行動レベルで一致するまで何度でも聞き取りを行うのが大事である。また，必要に応じて，加害児・被害児だけでなく，他の子どもた

ちに聞き取りを行うことが重要である。時には，全員に聞き取り調査を行うことさえ必要になることがある。

加害児の被害体験を聞く

よく忘れられるのは，「加害児の被害体験を聞く」ことである。さらに忘れられやすいのは，「じっくり聞いたうえで，きちんと釘をさす」ことである。殴打系暴力でも，性暴力でもこのことは大変重要である。加害児がかつて被害を受けていることが非常に多いからである。そうでなくとも，どこかで目撃したという場合もある。したがって，性暴力については，そういうやり方をどこで覚えたのかを聞くことは重要である。殴打系暴力の場合も，殴り方が巧妙な場合，そういうやり方をどこで覚えたのかということまで聞く必要がある。家庭での未発覚の性暴力が疑われる場合もあるが，それよりも圧倒的に多いのが，私の経験では，施設内での被害体験である。

簡単には暴力をやめられないで繰り返す加害児は，かつての被害児である。それも相当な被害にあっているものと考えられる。自分は被害を受けてきたのに，暴力を振るわれてきたのに，自分が暴力を振るってはいけないというのは，どうしても納得できないのである。「俺のときは助けてくれんかったくせに」「俺もやられた。俺の時はもっとひどかった」「なんで助けにきてくれなかった」「ああ，そりゃあ，いいことや。そんな活動は，俺が出て行ってからにしてくれ」など表現は異なるものの，言いたいことはいずれも同じである。暴力が振るえなくなると，それらの気持ちが活性化するのである。

職員なり心理士なりが，その体験を十分に語らせることには意義がある。ただし，ここで間違えられやすいのは，ただ共感的に聞くだけに終わることである。こうした「心の傷」を共感して聞きさえすれば暴力はおさまる，というような単純なモデルを信奉しないように注意しなければならない。聞くだけで終わると，子どもは暴力を振うのも無理もないと職員が受け止めたと思ってしまう可能性が高い。そういうことにならないように，十分に聴いたうえで，「それでも暴力は許されない，許さない」ことをきちんと伝えることが重要である。

また，性暴力が繰り返されないためには，他児に接近しすぎないことである。そのため，「腕一本の距離以上離れる」といった具合に具体的に教えておくことが必要である。

13. 被害体験の想起：フラッシュバック様の想起

　安全委員会活動が軌道に乗ると，被害児も加害児も過去の**被害体験を想起**するということが起こりやすくなる。加害児も，かつての被害児だからである。加害児は暴力が抑えられると，被害が想起されやすくなるし，またはじけている子たちを見ているとうらやましくなり，想起されやすくなるようである。

安心すると被害体験が想起されやすくなる

　被害児もまた，被害体験を想起しやすくなる。要するに，安心すると被害体験が想起されやすくなるのである。このことは，加害児本人にもあてはまることであるように思われる。暴力を振るえなくなることは，加害児にとって一面つらいことではあるが，その一方で安心できること，鎧をとけるようになることでもある。

　ここで被害体験の想起を，「トラウマ（心的外傷）の想起」と言い換えてもよいであろう。子どもによっては，フラッシュバック様の想起と言ってもよいと思う。フラッシュバック（flashback）とは，深刻な心的外傷体験を受けた場合に，後になってそれが突然鮮明に思い出されたり，夢に見たりする現象である。

安心すると体験の消化が進行する

　ここで，安心した時に起こる被害体験の想起をフラッシュバックではなく，「フラッシュバック様の想起」呼んでいるのは，それが心的外傷体験の消化過程（治癒過程）で起こっていると考えられるからである。安心・安全がある程度実感できるようになると，それまでのつらい体験を消化するための過程が進行し始めるのである。基本的には，トラウマや被害体験を特定の職員に話すという形で進行する。

　つまり，心理療法でわざわざ取り扱うのではなく，安心・安全が実感できるようになると，日常生活における体験の想起と消化が自然な形で進行するのであり，児童福祉施設ではそれを基本とすべきである。むろん，心理療法が必要ないと主張しているわけでは決してない。

安心すると症状や問題行動が出てくることがある

　安心して病気にもなれない，安心して問題行動も出せないということがある。逆に言えば安心すると症状や問題行動が出てくることがある。長い間ストレス

が続いた人が，先が見え安心すると身体の不調も出やすくなる。一般に症状や問題行動と言われるものは，（必ずしも適切なものではないにしても）その人なりに病気や問題と闘う姿であり，克服の努力（自助努力）を含むものである。被害体験の想起，フラッシュバック様の想起も，安心して「症状」が出せるようになったと見ることもできよう。またそれだけでなく，他の症状も出てくる可能性があることにも留意しておく必要がある。虐待で一時保護したら，解離様の症状が出てくることがあるのはその一例である。

暴力が吹き荒れた施設では，安心・安全の実現後に出てくるものとしては，被害体験の想起に加えて，まず注意すべきは「うつ状態」であると私は思う。

[職員への助言：被害体験の告白への対応]
特定の職員がじっくり聴く
　トラウマ（心的外傷）については，すでに多くの本が出ているが，ここではそれについて施設現場で重要と私が考えていることを述べておく。
　これまで述べてきたように，施設での暴力被害であれ，家庭での虐待体験であれ，子どもたちが安心・安全を実感できるようになると，語られやすくなる。それは先の「小さい子，弱い子がはじける」と同様に，多くの施設で見られる現象である。その体験のすべてが語られるわけではないだろうが，心理療法の時間などにではなく，ともかくも自然に話すようになるのである。それはいつ訪れるかわからないが，安心・安全が実感できるようになると，特定の職員に自分の被害体験を語るようになるのである。担当職員に話すかもしれないし，当直の職員にかもしれない，あるいはそれ以外の職員にかもしれない。心理士にかもしれない。いずれにせよ，ここでのポイントは本人のペースに合わせて聴くということにつきる。子どもが話し始めたらじっくり聴いていただきたい。さらに「大変だったね」「よく話してくれたね」などといったねぎらいの言葉をかけていただきたい。
次に顔を合わせた時が重要
　ここまでは多くの職員が思いつくところであろうが，実は次にその子と会った時が大変重要なのである。
　今まで誰にも話したことがないことを話した後は，しばしばどう思われたか不安になったり，心配になったりするものである。したがって，次に会った時，「私は話してくれてよかったと思っているよ」ということが伝わるような接し方

をすることが大事である。それが伝わってやっと「心のつかえが落ちる」のである。職員には，それをぜひ心がけてほしい。**「応援しているよ」**などという言葉かけは，私のお勧めである。

　また，誰にでも話すようになる子も少数ながら出てくるので，要注意である。Y園では家庭での被害体験を学校で友だちやその保護者などに話して，びっくりされたということがあった。そういう場合は，「誰にでも話すことはしないこと。自分のことをよくわかってほしい，この人なら話しても大丈夫という人をしっかり選んで話すようにすること」を伝えることが必要である。

反応に注意：特に睡眠に注意を払う

　被害体験の急激な想起は，人を不安定にすることがある。したがって，被害体験の話を聞いたら，その後の反応にぜひ注意を払ってほしい。ひどく不安定になっていないか，落ちこんでいないか，そして睡眠が障害されていないかに注意を払うべきである。

　時々寝つきが悪かったり，中途で目がさめたり，怖い夢にうなされたりといったことがあるのは，ある程度はやむをえないが，それが続くときは，危ういサインである。臨床心理士や精神科医に相談すべきである。

　以上のことは，トラウマ（心的外傷）や被害体験は話しをさせさえすればよいと考えてはいけない，そして安全弁に注意しながら進めることが必要ということである。つまり，本人にとって，危機的体験が急激に進行しないような**安全弁**（田嶌，1987，2011）が必要だということである。

14．性暴力への対応

　性暴力への対応の視点については，すでに第5章で述べた。性教育は重要であるが，性暴力が性教育だけで防げるとは考えてはいけないこと，さらにはお互いが嫌がらなかったからよいという問題ではないということを述べた。ここでは，さらに実践的な問題について述べておきたい。

聞き取り調査で現れる性的兆候例

　まず，重要なのは，性暴力の防止には，その前兆を早めにキャッチして対応するということである。すなわち，まだ性暴力とまでは言えないが，指導せずに放置しておけば性暴力に発展しかねない行動をその段階でキャッチして，指導することである。

行動観察からもキャッチできることがあるが，しばしば聞き取り調査でキャッチできることが多い。たとえば，A園ではある年の6月の安全委員会では，「中3男子Aが，小2男子Bに遊び感覚でキスをする。小2男子Bも中3男子Aのホッペにキスをした」という聞き取り調査報告があった。

　B園では同じ年の5月の安全委員会で，「小3女子Cに小2男子Dが"キスしようや，エッチしようや"と言ってきたので，逃げた」「小1女子Eがズボンをずらしてきた」「小1女子Fが小1男子Gにパンツひっぱられた。笑って"やめて"といった」「小1女子Hに4月に小2男子Dが，後ろからズボン（パンツ）をずらそうとしてきたので，先生にいった。注意してもらった」などの聞き取り調査報告があった。

　さらに，D園でも5月の安全委員会で，小4男子Iの聞き取りで，「小2男子Jが小2女子Kと小1女子Lの大事なところを触っていた」との報告，小2女子Mの聞き取りで，「小1女子Nが勝手にベッドに上がってくる。言っても上がってくる」，小1女子Lの聞き取りで，「小1女子Nが勝手にベッドに上がってくる。入ってもいいけど，あんまり入ってほしくない」との聞き取り調査報告があった。むろん，いずれも職員が即座に指導を行ったものである。

　こうしたことを早目にキャッチし，放置せずにきちんと対応しておかないと，最初は遊びはみたいなものがエスカレートしていき，性暴力に至るといったふうに，性暴力の発生可能性が高くなるものと考えられる。施設は他人同士が長時間生活する場で，しかも夜も一緒に生活する場であるため，学校などよりも厳しめに対応しておくことが必要である。加えて，その後の適切な性教育につなげていくことが重要である。こうした放置すれば性暴力に発展しかねない前兆を早めにキャッチして，性教育のチャンスとして生かしていただきたい。

15．ケース会議と職員の関わり

　緊急対応や厳重注意だけで暴力がおさまるのではない。厳重注意だけで暴力がおさまったとしても，さらにそれを維持していくには，職員の日々の関わりが適切なものであることが必要である。そこで，第7章でも述べたように，施設の暴力問題に重要な役割を果たしてくれそうな子どもを，「**キーパーソン**」としてケース会議を行う。加害可能性のある子たち，被害可能性のある子たちの双方から，施設の規模にもよるが，それぞれキーパーソンをそれぞれ2〜3名選び，この子たちの様子はどうか，この子たちにどう接していったらいいか，

どう関わっていったらいいかということをケース会議で定期的に検討していくのである（**巻末資料10.**「キーパーソン用概要報告書」参照）。

　このキーパーソンは，強い子だけでなく，弱い子たちからも選ぶというのも重要なポイントである。なお，「キーパーソンのケース会議」にあたっては，第2章で述べた「応援ケース会議」の項（p.72～）を参考にしていただきたい。

　安全委員会活動が順調であるという目安になる指標（＝暴力が本当に治まっているというサイン）としては，まず強い子たちが暴力を振るわなくなるということ，もう一つの指標は，弱い子たちが，少し元気になってくる，強い子からのわがままな命令を拒否できるようになる，それから過去の被害体験を語るようになることなどがあげられる。

16．それでも暴力を繰り返す場合

　緊急対応や厳重注意段階でのさまざまな対応によって，多くの暴力はおさまってくるものである。しかし，少ないながら，それでも暴力を繰り返すことがある。その場合，それまでの厳重注意等の安全委員会の対応が無駄であるとか，効果がない，意味がないというふうに受け取らないように注意していただきたい。ひとつには，被害児をはじめ，本人以外の子たちが安全委員会は対応しているということを知るということに意味がある。「あの子（だけ）は許されている」というふうに受け取られないためにも，厳重注意やなんらかの対応が必要なのである。

　また，厳重注意を繰り返しても効果がない場合，厳重注意や安全委員会の対応がまったく必要ないというのではなく，それだけでは本人への効果は見られないということなのである。つまり，**厳重注意等に加えて，なんらかの特別な対応が必要**だということを示しているのである。児童精神科などの専門機関への受診や児童相談所による通所指導，日々の生活の中での工夫などがあげられよう。とりあえずは，ケース会議等でそういったことについてさらに検討することが必要である。

17．グランドルール（基本ルール）

　それまでルール破りに慣れてきた子たちは，暴力禁止を含む生活の**基本ルール（グランドルール）**も，最初はいろいろ理由をつけて破ろうとするが，極力例外を認めないで対応していくと，次第に守れるようになってくる。その過程

ではこのグランドルールが守れない時に、緊急対応を行うことが必要となることがある。

　ここで、そういうルールは子どもと話し合って決めるべきだという意見を聞くことがあるが、それはお勧めできない。小さなルールについてはともかく、生活の基本ルールは、施設側が主体的に決めるべきである。ただし、なぜそういうルールにしているのかを子ども自身が理解するための施設側の努力は必要である。

18. 社会的技能の学びへ

　さらには、職員は日々の関わりの中で、他者とつきあっていくためのさまざまな社会的技能を指導する。そのために、トラブルに際して、その場で「誉める、叱る、教える、考えさせる、練習させる」。たとえば、夜自分の布団にもぐりこんでくる子に断る練習をしたり、「弁当箱を洗って」などの頼まれごとを断る練習を行い、その後、職員立会いで実際に断るなどしている。

　ソーシャルスキルトレーニング（Social Skill Training：SST）やセカンドステップなどの特別な技法を用いる以前に、安全委員会方式では、日常生活のトラブルの指導を通して学びにつなげるのが基本であると考えているのである。

　本章では暴力とそれに関係したスキルに絞って述べたが、安全委員会方式では、それに限らず、必要なスキルは本来日常の生活を送る中で自然に身につくように養育される、あるいは日常の中により自然な形で組み込まれるのが基本であると考えている。特に小さなトラブルが起こった際は、その大きなチャンスである。そうした関わりが基本であると考えるべきである。ソーシャルスキルトレーニング（SST）やセカンドステップ等ではわざわざ場面を構成してスキルを教えるが、そうしたやり方は日常の関わりでの指導の補助的なものとして位置づけた方がよいと私は考えている。

19. 声かけの工夫：言葉が鍛えられる

　なかでも重要なのは、子どもたちの他児への声かけや関わりの工夫を引き出すことである。

　年長児たちは、これまでのように暴力が振るえないとなると、暴力以外にいろいろ工夫をはじめる。厳重注意を受けたある子どもは、「最近は、年下の子に優しくいうように心がけている」と担当職員に語った。ある施設のベテラン職

員の表現を借りれば,「暴力が振るえなくなると,子どもたちの言葉が鍛えられる」ということになる。

　その施設では,年長の子どもたちの一部は声掛けの仕方を学習し,「こんなことをしたら,この子は約束を守ったよ」「今月はこんな工夫をした」などと聞き取り調査時に職員に報告するようになった。たとえば,なかなか言うことを聞かない年少児に対して,優しい声掛けをしたり,「風呂からまっすぐ帰ってきたら,ゲームを貸してあげるよ」とか「○○したらいけない」という言い方ではなく,「○○したら,後で一緒に遊ぼうね」という言い方をする方が効果的であることを学習したのである。

　子どもたちのこのような力を引き出し,見守り,また伸ばしていくのが,職員の役割である。

　こうした変化は,単なる社会的技能の習得に留まるものではない。こうしたことが可能になるのは,同時に他児や職員への<u>共感性が育まれている</u>のである。逆に言えば,<u>真の社会的技能の獲得とは,他者への共感がその基礎に必要である</u>という言い方もできよう。

20. 目標を見つけて努力するという学びへ

　私が,ケース会議等で,職員に必ず助言しているのは,「**よってたかってほめる**」ということである。安心・安全が実感できるようになると,その子本来ののびやかさが出てきて,持ち味が発揮される。そのタイミングをとらえて,3人以上が同じことでほめるのである。ただし,たとえば,100点とったとかマラソンで優勝したとか,自発的にお手伝いをしたとかなど,**同じ具体的エピソードを捉えて3人以上が個々にほめるのでなければいけない**。子どもたちにとっては,複数の大人から別々に同じことをほめられることで,「社会的体験」となるのである。このように,<u>3人以上の職員が個々に同じ具体的エピソードを捉えてほめることを,安全委員会方式では「よってたかってほめる」と呼んでいる</u>。第7章で述べたように,これが子どもたちの**成長のエネルギーを引きす基本的対応**のひとつである。こういうことができるのも,施設という大人が何人もいる場ならではの関わりである。場の特徴を生かした関わりである。

　この「よってたかってほめる」で,得意技を創る,希望を引き出す,目標を見つけて努力することを目指すのである。

21. 学習援助へ

　安全委員会方式を導入した施設が安定してくると，次に学習援助に向かう傾向がある。たとえば，公文式を導入している施設が少なくない。公文式の教室に通わせるのではない。KUMONでは児童養護施設における学習支援活動を行っており，職員が公文式学習法の研修を受け，日常の学習の場における指導や運営は施設職員が行うのである。なお，教材・物品については実費を負担しなければばらない。

　ある施設のベテラン職員は，公文式学習を始められたのは，施設での暴力問題対応に追われていたが，それがおさまったので，他にエネルギーを注ぐことができるようになったからだと述べている。

22. フォローし合う処遇（養育）へ

　安全委員会活動の背景には，「フォローし合う処遇（養育）」という理念または視点がある。難しい問題は，担当がひとりでしょいこむのではなく，お互いにフォローし合おうということである。それがもっとも明らかに見えるのが，暴力への緊急対応である。そして，安全委員会活動が軌道にのると，暴力以外の他難しい問題行動に対しても複数であたるようになってくる。そのことでの効果は大きい。その原理は，①ひとりで抱え込まない，②丸投げしない，ということである（田嶌，2008，2010）。

[文　献]

田嶌誠一編著（1987）壺イメージ療法──その生いたちと事例研究　創元社.
田嶌誠一（2008）刊行によせて　土井高徳著：神様からの贈り物──里親土井ホームの子どもたち　pp.3-8　福村出版.
田嶌誠一（2010）成長の基盤としての「安心・安全」の実現──社会的養護の場でもっとも重要な課題　社会的養護とファミリーホーム, 1(1); 55-58.
田嶌誠一（2011）心の営みとしての病むこと──イメージの心理臨床　岩波書店.
涌井裕（2009）若草寮安全委員会1年半の取り組み　手毬, 16; 7-15　新潟県福祉職員協議会.
読売新聞　2010年4月23日.

第10章
発達障害・学級崩壊・解離・反抗性集団化への対応
—— 2. さらなる連動活動

I さらなる連動活動の基本的視点

1. 重要なトピック

　本章では，安全委員会と連動した職員による活動（「連動活動」）のうち，第9章で述べた**「基本的連動活動」**を踏まえたうえでの**さらなる連動活動**について述べる。いずれも，安全委員会活動の過程でしばしば対応に迫られる問題のうち特に重要なものである。具体的には，安全委員会方式における発達障害，学級崩壊，反抗性集団化，解離への対応について述べる。いずれも，安全委員会活動にとってのみならず，児童福祉施設における養育活動や臨床活動にとっても重要な事柄である。

　ここで述べる対応は，育てなおし・育ち直りといった視点からではなく，第6章で述べたように，この子たちが「今後どのような体験を積んでいくことが必要か」，すなわち**「体験の蓄積」**という視点から工夫した対応である。それも面接場面ではなく，主に日常生活における体験の蓄積という視点からの対応である。

　ただし，ここで述べる対応は，暴力についての安全委員会活動があってはじめて有効となるものである。したがって，**「安心・安全という体験の蓄積」**に加えて，子どもたちにさらにどのような体験の蓄積が必要かという視点から，関わりを行うものである。発達障害をはじめとするこうした問題に対しても，す

でにある程度の実績を持っていることは，安全委員会方式が暴力をただ強圧的に抑えるだけの方法ではないことを，さらによく示すものである。

　ここでわざわざ別項をたてて述べることにしたのは，発達障害にせよ解離にせよ，それらの概念がわが国の児童福祉領域に登場してまだ日は浅いとはいえ，すでに一定の期間が経過しているにもかかわらず，現場では適切に対応されることが少ないことが多いように思われるからである。

2. 対応の前提

　あらゆる問題行動の指導の基盤は，「安心・安全」である。これらの問題への対応も，これまで述べてきたように安心・安全の実現という土台の上に対応がなされるべきであるというのが大前提である。つまり，暴力への対応をきちんと行いつつ対応すべきである。考えてもみていただきたい。職員や教師はしばしば万引きや喫煙等のさまざまな問題行動の指導を行わなければならない。しかし，自分を暴力から守ってさえくれない人の言うことを子どもは聞くだろうか。暴力から守ってさえくれない人の指導が通るはずはないであろうと考えられる。

3. 重要な二つの視点

　発達障害や解離などの問題には，専門家として臨床心理士や精神科医が助言を求められることが多く，またその意見が尊重される。1999年に被虐待児の入所の増加に伴って，児童養護施設に心理職の配置が認められるようになったのを機に臨床心理士や精神科医が児童養護施設に関わることが飛躍的に増加した。その結果，施設で個人心理療法を行うだけでなく，職員のケース会議に出席し助言を求められることも増えてきた。そこで求められるのは，生活場面でどう接したらいいかということである。

　臨床心理士などのいわゆる専門家は，わが国では従来，心の深いところを扱う心理療法を行うことを志向する人が多い。そのため，しばしば忘れられやすい二つの視点がある。まず，それについて述べ，次いで安全委員会方式による関わりについて述べることにしたい。

a．生活という視点：その場での体験を援助する

　ひとつは，「生活という視点」（田嶌，2001，2003，2008，2009，2010a）である。その人が日々の生活の中で，どのように過ごしているかということ，そこで今後どのような**体験の蓄積が必要なのか，そのためにはどのような関わりが必要か**という視点である。そこでは，その人が日々どのような人と人のつながりの中で生活しているかということを見立て，そのつながりを活用して，必要な**体験の蓄積**を援助すること，すなわち**「ネットワーク活用型援助」**（田嶌，2001，2005，2010a）ということが重要になる。

　コトが起こっているその場での体験を援助することが重要なのである。なぜなら，第6章で述べたように，面接室ではすでにコトが終わっているのであり，まだ生活場面のコトが起こっている場で教えるなどの介入を行うのが，しばしばもっとも有効だからである。したがって，コトが起こっている生活の「その場での体験を援助する」ことが必要である。具体的には，「その場で教える」「その場でほめる」「その場で叱る」「その場で止める」「その場で遊ぶ」「その場で守る」「その場で言語化を促す」「その場で聴く」等を行うことがしばしばもっとも有効なのである。臨床心理士も医師も，これまでは個人面接を主としてきたが，今後は「コトが起こっているその場での体験を援助する」ことをもっともっと重視してほしいと私は考えている。現場のニーズにもっと応えることができるようになるためには，このことをもっともっと重視すべきである。面接室での面接だけでなく，日常生活における体験の蓄積をはかるために，周囲がどう対応したらいいかということを，もっと助言・指導したり，あるいはやってみせることができるようになっていただきたいのである。むろん，それは私自身の課題でもある。

b．「個と集団」という視点
1）「個と集団」または「集団と個」

　第二に**「個と集団」**または**「集団と個」**（田嶌，2007a，2008，2009）という視点である。子どもたちは，集団における関係性を生きているのである。したがって，特定の子どもへの指導にあたっても，個人だけを切り離して見るのではなく，その集団との関わりで見ていくことが重要である。臨床心理士や精神科医がある特定の子への接し方の助言にあたって，職員がその子に接するのは，集団の中での関わりであり，その子にとっても他の子どもにとってもよりよい

体験となることを考慮する必要がある。

2）他児への影響を考慮する

　特定の子どもへの指導も，他児への影響を考慮する。つまり，「個と集団」という視点では，特定の子どもへの個別の指導も，それが他の子どもへどのような影響を与えるか，さらにはそれが本人にどういう影響を与えるかということを考慮して指導にあたる必要があるということである。

3）「困難事例のケース会議」の前に —— 学級崩壊・施設崩壊への対応

　私が関わっているある児童養護施設の子どもたちが通う小学校が，授業中の立ち歩きや校内徘徊が多く，その対応に苦慮しているとのことであった。そこで，小学校と施設と児相とで連携をとろうということになった。ところが，学校としては，まず難しい子についての事例検討会議（ケース検討会議）を行うとのことであった。まずは一番難しい子からじっくり事例検討して，今後の対応を考えていくというのは，いかにももっとものように思われるが，それは実は得策ではない。「個と集団」または「集団と個」という視点からの検討がまずは必要なのである。個別対応以前に，**集団の基本ルール**（細かいルールではなく，授業中は座っておくといった基本ルールである）とそれに違反した場合の具体的対応のガイドラインを創ることが先決である。具体的に言えば，立ち歩きや校内徘徊に教師がどう対応するかという基本的対応のガイドラインを創る作業が必要なのである。そして，その後に個別の事例について検討していくという順にすすめるのが実践的であると私は考えている。

　児童養護施設では，施設崩壊あるいはそこまでは至らないが問題が頻発すると，やはりこの場合もしばしばとられるのが，難しい子のケース検討会議で（困難事例または特別なニーズがある事例のケース会議）である。それは比較的先進的とされる地域で児童相談所の主導で行われることもある。たいていは，トラウマ（心的外傷）を癒し，愛着（アタッチメント）をどう育むかという話になる。これももっとものようだが，やはり得策ではない。集団の基本ルール（細かいルールではなく，殴ってはいけないとか，無断外泊はいけないといった基本ルールである）とそれに違反した場合の具体的対応のガイドラインを創ることが先決である。その後に，個別の事例について検討していくという順にすすめるのが実践的であると私は考えている。

「個と集団」という視点は，「**集団から個へ**」と「**個から集団へ**」という二つの方向性を含むものである。この二つがあることを強調しておきたい。基本ルールを例にとって言えば，「集団から個へ」という方向性というのは，たとえば，個別対応をこえて，集団全体における基本ルールとルール破りへの対応の方針を先に決めて，ついで特定の個人の問題の対応や養育方針を決めていくものである。これに対して，「個から集団へ」という方向性は，あくまでも個人への対応を考え，その延長上に集団のルールを考えていこうとするものである。この両方の方向性を考慮することが必要である。すなわち，集団内の構造的問題から生じる問題については，「個という視点」ではなく，「個と集団という視点」が大事である。問題が多発している施設や学級では，「個という視点」ではなく，「個と集団」という視点による対応がもっとも適切であると私は考えている。

4）個別モデルの効用と限界

　臨床心理士も精神科医にも，個別モデルに偏っていることが非常に多いという問題がある。多くの臨床心理士や精神科医は，もっぱら面接室や診察室で子どもに関わっているという特徴がある。それは，日常の生活場面から切り離した場だからこそできることがあるということなのである。

　しかし，それがいつも有用とは限らない。それどころか，逆に弊害となることもあるのである。ひとつは，いつも面接室や診察室で子どもを，それもその子だけを見ているため，学校や施設での生活場面での姿をよく知らないということがあげられる。さらには，そのため，生活場面でその子にどう関わったらよいかということがよくわからない。つまり，「個と集団という視点からの理解と対応」が弱いということである。近い将来，そういう事態が変わることを私はこの領域の一員として願っているが，残念ながら，適切な助言ができる専門家は非常に少ないのが現状である。

　現場では臨床心理士や精神科医は専門家だから適切な助言がもらえるものと期待している。そして，現場の実情がよくわかっていないにもかかわらず，的外れな助言をしてしまうということが起こっている。現場サイドでは，一部の例外を除き，臨床心理士や精神科医は生活場面についてはよくわかっていない人が多いということを承知しておくことが必要である。そして，その専門家が生活場面をよくわかっている人かどうかということを見る必要があるのである。

　例をあげよう。あるクラスにADHDの疑いがあるという子がいて，授業時間

中に座っていられず，立ち歩きをしたり，他の子にちょっかいを出す。しかし，専門家がこの子はADHDだから，受容的に接した方がよいという助言をしばしばしてしまう。現場では，「受容」は「許容」とほとんど同義である。そのため，現場では許容的に接することになり，それを見て，まねをする子が出てくる。そういうまねをする子がひとりならまだしもこれが複数出てくると，もはや授業は成立しなくなる。かくして，学級崩壊の可能性さえ出てきかねない状態となるのである。

5) いわゆる「受容」の意義と弊害

施設現場でも学校でも，いわゆる先進的と言われるよころでもっとも受け入れられているのは，「受容」「もっと受容的」にといった語である。昔は施設現場も教育現場も生徒に厳しい職員や教師が多かったが，子どもや生徒の気持ちに寄り添う姿勢が出てきたのは，意義のあることであろうと思う。その一方で，専門的に言えば，受容とはある種の厳しさを含むものであるが，現場では「許容する」「甘く接する」という意味の域を出ていない。そのため，「受容」という語が使われる場では，ほとんど子どもや生徒のやりたい放題を助長することになってしまう。

6) 教師と施設職員の変化

もっとも専門家の助言がなくとも，私の印象では，教師も施設職員も厳しい人（このことは暴力を振るうという意味ではない）が多かったが，最近ではものわかりのいい人が多くなっているように思う。このことは教師に著しく，特に小学校に顕著であるように感じていたが，最近では施設職員にも増えてきているという印象がある。

簡単に言えば，教師も施設職員も「できの悪いカウンセラー」のような人が多くなった印象がある。

7) 心理療法場面と生活場面

心理療法とは，決められた一定の時間と空間の中で成立することであり，日常生活場面とはあえて，区別してある。そこで強調されるセラピストの態度や接し方というものは，その一定の時間空間内のことだからこそ，通用するという面がある。したがって，心理療法の中での姿勢や概念を，日常場面に適用

するのは，慎重であるべきである。
　日常生活場面でまったく役に立たないとまでは言うつもりはないが，慎重であるべきである。

8）　関わりや対応の指針となる言葉を
　少なくとも現場に関わる心理士や精神科医は，「受容」は現場ではほとんど「許容」と同義であるということを肝に銘じておくことが必要である。したがって，なるべく「受容」という語を使わないで助言することが望ましい。受容に代わって現場職員の適切な関わりや対応の指針になる言葉を創っていくことが必要である。たとえ受容という語を用いる場合でも，単なる許容ではないことを示すことが必要である。

9）　両面を提示すること
　そのためには，必要な関わりや行動の両面を示すことが有効である。たとえば，私は現実のルールを提示し守らせる「現実制約的機能と受容的役割」の両方が必要という言い方をしてきた。また，當眞（2008）は，養育者に必要な姿勢として「毅然たる態度と包容力」という語を提案している。

II　発達障害の疑いのある子への対応

　以上述べてきた視点から，まずは発達障害の疑いがある子（「発達障害サスペクト児」）への対応について述べていくことにしたい。

1．発達障害と解離という概念の意義と弊害
　発達障害も解離も有用な概念である。これらの概念が登場するまで，この子はうそを言っているとか，努力が足りない，性格がルーズだなどと，いわれなき叱責や非難を浴びていたのが，それはわざとやっているのではなく，発達障害によるものであるとか，解離という症状によるものであるとか，その特徴に合わせた関わりが必要であるという理解が広まってきたからである。このこと自体は，意義のあることである。しかし，その一方で，困ったことも出てきた。
　「発達障害探し」や「解離探し」が盛んになり，やたらと発達障害や解離のラ

ベルを貼ることが多くなってきたのである。解離は今のところ，児童福祉など虐待領域に留まっているものの，発達障害探しに至っては，学校でも施設でも盛んである。

　学校や施設は集団の場である。にもかかわらず，あまりにも臨床心理士や精神科医の助言が個別の視点が強いため，現場に混乱をもたらしていることが少なくないというのが私の率直な印象である。

2. 発達障害児および発達障害サスペクト児への対応

　児童福祉施設には発達障害の診断を受けている子も少なくないが，診断はついておらず発達障害があるのではないかと疑われる子どもはさらに多いのではないだろうか。その子たちの気になる問題は，かつては努力がたりない，親のしつけがなっていないなど，その子自身の性格や家庭のしつけの問題とされてきたものが，そういう問題ではないということが明らかになったという点で意義がある。また，近年発達障害が虐待による影響という視点から見直されてきている（杉山，2007）。

a．発達障害児への対応の基本的視点
1）　発達障害児の成長の基盤も「安心・安全」

　現在大変重要な課題となっているのが，いわゆる学習障害，アスペルガー症候群，ADHD，知的障害をはじめとする発達障害を抱えた子どもたちや発達障害のような特徴を示す子どもたちの援助である。

　どこの児童福祉施設も発達障害またはその疑いがある子どもが少なからずいて，その養育や指導に職員や教師が大変苦労しているのが現状である。発達障害については，わが国でもすでに多くの本が出版されているが，それらはいずれも個としての発達障害に注目したものがほとんどで，そのまま児童福祉施設で役立てることがむずかしい。というのは，これまで述べてきたように，多くの施設では暴力問題があり，土台としての安心・安全が実現しない限り，あらゆる働きかけは効果があがりにくいからである。

　私の主張自体は，簡明なものである。つまり**発達障害児童の成長の基盤も「安心・安全」**であるということである（田嶌，2010c）。つまり，発達障害の指導や養育においても，安心・安全の実現という土台の上に，発達障害児の特性をふまえた個別の対応や指導がなされるべきであるということである。

2)「発達障害」概念の使われ方の弊害

　発達障害という概念の意義は，先に述べたが，その一方で施設や学校現場では弊害も出てきている。施設や学校での発達障害という語の使われ方の最近の傾向として，指導が難しい子，指導が通らない子がいると，臨床心理士や精神科医が「発達障害ではないか」とか「発達障害の傾向がある」などと指摘する。そのため，指導しても通じないとか，「受容的に接しましょう」などという美しい言葉のもとに，極端に許容的な対応を行い，やりたい放題になってしまうことがある。つまり，「発達障害ではないか」という見方が濫用され，その結果，その子を特別扱いにしたり，言っても通じないからと指導しないでほったらかしにするという問題も出てきた。

　また，いわゆる専門家からの助言は，必ずしも集団全体に目配りしたものではないため，適切な指導にならないことがあるので，注意が必要である。

3）　一次障害・二次障害と一次的ニーズ・二次的ニーズ

　ここで注意すべきは，精神医学的診断や発達アセスメントも大事だが，発達障害と診断されたとしても，その「障害」の改善そのものを主な援助の対象とするのが適切であるとは限らないということである。

　たとえば学習障害（LD）と診断された子は，特定の教科と関連した能力が明らかに劣っている。それだけでなく，そのために教室でいじめられるなどの対人関係の悩みや問題をもっていることが多い。なかには不登校になっている場合もある。いわゆる「アスペルガー症候群」や「ADHD」など他の発達障害でも同様である。軽度の発達障害児がクラスで友達もできず，いじめられるなどして不登校に至っている場合が少なくないのである。

　このような場合，学習障害と診断された特徴やそこから推測される脳の障害は一次障害と言い，いじめや対人関係の悩みは二次障害と言われる。一次障害とは，「なんらかの中枢神経系の器質的・機能的な障害」を指し，二次障害とは周囲の無理解，拒否的態度，放置によって，心理的・行動的問題が発生することを指す，とされているようである。

　しかし，ここで注意すべきは，本人自身のもっとも切実なニーズはどちらにあるのかということである。それは，特定の教科の成績を伸ばすことよりも，いじめられなくなることであろう。また，障害児も障害者も，障害とそれに関連したことだけを悩んで生きているわけでは決してない。当然ながら，一次障

害にも二次障害にも属さない切実な問題を抱えていることもありえるのである。したがって、一次障害・二次障害という区分からは見えてこない重要なものがある。

ましてや、本人のもっとも切実なニーズはしばしば一次障害・二次障害という区分からはしばしば見えてこない。そこで、「一次障害」「二次障害」という語に併せて提案してきたのは、**「一次的ニーズ」**と**「二次的ニーズ」**という語である。「一次的ニーズ」とは本人自身のもっとも切実なニーズをいい、「二次的ニーズ」とはそこまでは至らないニーズを言う（田嶌, 2007b）。心理臨床の目標は本人自身のもっとも切実なニーズからというのが望ましい。むろん、それに応えることができそうにないことも少なくないだろう。そうであっても、せめて本人自身のもっとも切実なニーズに敏感でありたい。

私たちの臨床は障害の治療ではない。障害を抱えた人の援助である。

b．発達障害児への対応の原則

1） 基本ルールは一緒

たとえば、「知的障害ではないか」「発達障害かもしれない」「反応性愛着障害では」といった場合を例に述べてみる。まず、重要なことは、**発達障害児の成長の基盤も「安心・安全」である**ということである。原則は、たとえ発達障害であろうが、知的障害であろうが、反応性愛着障害だろうが、「**①基本ルールは他の子と一緒、②ただし伝え方、理解のさせ方等に工夫が必要**」（田嶌, 2010b, 2010c）ということである。発達障害、知的障害あるいは反応性愛着障害だと、他児を殴っていいなどということがあるはずがない。守るべき生活の基本ルール（グランドルール）は一緒である。すなわち、ここでいう生活の基本ルールとは、小さなルールや規則とかではなく、これが守れないと一緒には生活できないだろうといった水準のルールである。

2） 伝え方、理解のさせ方を工夫

発達障害（含.「発達障害サスペクト」）や知的障害や反応性愛着障害などの場合、きちんと伝わったかどうかわかりにくかったり、あるいはその時は心に響いたようだが持続しないとか言われたことをすぐに忘れてしまうといったことが起こりやすい。そのため、通常の厳重注意の手順に加えて、その子どもの特性に応じた工夫が必要になる。たとえばアスペルガー症候群だと、視覚的に

提示するなどの工夫がしばしば役立つことはよく知られている。以下に簡単に現場で役立つ留意点を述べておく。

わかりやすい伝え方１：視覚的提示等「構造化」の工夫

理解しやすい構造を設定して提示する**「構造化」**（ショプラーら，1985）が役立つ。視覚的提示が通じやすいことが多い。たとえば，連絡ノートに成果表の色分け提示行うなど課題の出来不出来を視覚的に提示したり，空間も視覚的色分けによる設定を行ったり，クールダウンの部屋を設けるなどがあげられる。ただし，視覚以外の提示が効果的な場合もある。なお，「構造化」の具体的やり方は（佐々木，2008）に詳しい。

わかりやすい伝え方２：変更は早めに伝える

予定変更に弱い子には，あらかじめ日課表は視覚的に提示したうえで，変更は早めに伝える。

わかりやすい伝え方３：「ワンセンテンス・ワンミーニング」

極めて具体的で短い表現を心がける。1回の表現でいろいろなことをいうのではなく，**「ワンセンテンス・ワンミーニング」**（湯汲，2003）とする。

わかりやすい伝え方４：「～してね」という表現の多用

「～してはいけない」という表現よりも「～してね」「～しなさい」という表現を多用する。ただし，「～してはいけない」は特に重要な事項には使用する。

わかりやすい伝え方５：腕一本の距離以上離れる

性暴力を繰り返しそうな子には，他児から**「腕一本の距離以上離れる」**といった具合に具体的に教えておくことが必要である。

わかりやすい伝え方６：その場で教える

トラブルになりそうな場面では，その場で介入し，周囲または本人に適切な言動を**その場で教える**。本人がパニックになるなどその場での介入が難しい適切な場合は，クールダウンした後に，なるべく早い時期に振り返りをさせて教える。

わかりやすい伝え方７：時間が経ちすぎないうちに伝える

「その場で教える」のが難しい場合も少なくない。その場合は，**クールダウン**を待ち，時間が経ちすぎないうちに伝えることを心がける。

わかりやすい伝え方８：持ち味を生かす役割を

持ち味を生かす役割を与える。たとえば，こだわりの強い，時間にきっちりした子には，消灯時間の通達等の時間通達係りをしてもらうなどがあげられる。

3) 案外通じる

また、その一方で、私が数多く経験しているのが、通常は通じない子どもたちにも安全委員会での呼び出しは**案外通じる**ということである。

職員から、「この子は知的遅れがあるから、理解できないと思います」、「この子は固まってなにも言えなくなります」「言葉で表現は無理です」「多動だから、安全委員会の場でじっと座っているなんてできるはずがない」といったふうに言われていた子が、驚くほどきちんと言えたという経験はかなり持っている。

ひとつには、職員の側が「この子には言ってもわからない」と思い込んでいて、きちんと注意してこなかったし、子どもの方もそれでいけることを学習してきているという面もあるように思われる。いまひとつは、安全委員会の呼び出しは、何を求められているのか、子どもにとってわかりやすいということがあげられよう。

4) わかりやすい提示と指導

発達障害や知的障害の子どもたちには、「**わかりやすい提示と指導**」が必要である。本人自身とって、理解しやすく、見通しが持ちやすい指導であることが重要である。その点でも、安全委員会方式のように、わかりやすいルールを提示し、ごく重要なことについては職員皆が**同じ**フレーズで**指導**していくというやり方が有効である。そして、このやり方は暴力以外の問題行動にも応用できる。

5) 問題を絞る

「わかりやすい提示と指導」のためには、まずは**問題を絞る**ことである。なにもかも一緒に指導しないことである。重点的に指導する項目は「一時期にひとつ」とする。

6) 学校と課題を共有する。

そして、学齢期の子であれば、**学校と課題を共有**し、**連絡ノート**を作り、施設と学校の両方の場で同じ課題を指導することである。

7) 関わりながら見立てる

以上のように述べてきた方針で臨めば、従来よりもずっと効果をあげることができよう。しかし、それでも改善しない場合も当然ある。ここで重要なこと

表10-1 基本ルールに関する発達障害児への対応の原則

> ①基本ルールは一緒
> ②伝え方，理解のさせ方を工夫（表10-2参照）
> ③案外通じる
> ④わかりやすい提示と指導
> ⑤問題を絞る
> ⑥学校と課題を共有する
> ⑦関わりながら見立てる

は，それでだめなら，もっと個別性の高い関わりが必要であるということである。つまり，発達障害への関わりは，性急に結論を出すのを急ぐのではなく，その子へのこのような**一定期間の関わりへの反応を見て，見立てる**ことが重要である。つまり，一般家庭の子にも言えることではあるが，少なくとも，児童福祉施設に入所の子については，ひときわそうであると言えよう。

　以上が，私がお勧めする児童福祉施設等における基本ルールに関する発達障害児またはその疑いのある子どもへの対応の基本である。それをまとめたのが，表10-1および表10-2である。

　ただし，本章で述べていることは，あくまでも基本ルールに関して私が重要と考えるアプローチの原則であり，それだけで十分と考えているわけでは決してない。安心・安全という基盤の上に，さらにそれぞれの子どもの特徴や施設の実情に応じていろいろな工夫を行い，知恵を集積していくことが必要である。

3．発達障害サスペクト児への「個と集団アプローチ」の実際

　以下に，安全委員会活動等に暴力への対応を基盤として，「個と集団」または「集団と個」という視点から行った実際の取組み例を紹介する。なお，ここで述べる対応は，「生活における体験の蓄積」という視点からのものであるが，暴力についての安全委員会活動があってはじめて有効となるものである。また，

表10-2　わかりやすい伝え方

----
1. 視覚的提示等「構造化」の工夫
2. 変更は早めに伝える
3. 「ワンセンテンス・ワンミーニング」
4. 「〜してね」という表現の多用
5. 腕一本の距離以上離れる
6. その場で教える
7. 時間が経ちすぎないうちに伝える
8. 持ち味を生かす役割を

この施設では，さまざまな成果があがったが，ここで報告するのは，そのごく一部である。

a. 多動と暴力のある小2男子M君とB園Kホームの事例

本書で述べるどの事例もそうであるが，とりわけ以下の事例は「個と集団という視点」を念頭に置きながら，お読みいただきたい。

B園の全体的状況

B園は，大舎の中に10のホームがあり，それぞれが3DKになっている。ただし，各ホーム内にはトイレ・風呂・テレビはない。1ホーム6〜8人の縦割り（幼児から高校生）に担当者がいる。2ホームに1人，担当者が休みのときに入る職員がいる。すなわち，3人で2ホームを運営する形である。

このB園では，2ヵ月に1件程度の頻度で，上級生が下級生に対して自分の言うことに従わない，生意気である等の理由で暴力事件が発生している状況であった。また，その都度，関係職員や施設長が対応してきたが，事件後の指導もなかなか通らず，暴力が再発する状況だった。

たとえば，安全委員会方式導入前の12月，中3男子が中1男子に膝蹴りをするという暴力事件が起こった。理由は，自分がプレゼントした漫画本をなくしていたからだとのことで，「プレゼントの漫画本を渡す前に，なくしたら殴る」と約束させていたのに，なくしたからだという。この時，その場にたまたまい

た中3男子も，暴力を止めるどころか，殴られている中1男子に向かって，「お前が悪い。俺だったらおまえを殺しとる」などと言う始末であった。

担当職員が対応したが，「暴力はいけない，何も解決しない」と言っても，「解決しなくてもいい」と言い張る。さらには，「職員は暴力をしてもいいのか。自分も何ヵ月か前に指導員から暴力を振るわれた。騒いでいたときに指導員に胸ぐらをつかまれ，壁に打ち付けられたことがある」と言い張る状況であった。さらに，指導を受けたばかりだというのに，殴り足りなかったためか，翌朝部屋に行き，再び殴りつけるという始末であった。園長室にて園長と加害児担当職員と被害児担当職員とが「何故暴力を振るったのか」を聞き，さらに「暴力はいけない」と話をするが，反省の色がない。最終的には謝ったが，「もう殴らん，殴らなきゃいいんだろ」と投げやりであった。

このように，指導が通じにくい状況であった。

年があけて，1月には，今度は別の暴力事件が発生した。高3男子と中3男子の2人が午後11時ごろ，中2男子の部屋に行き，「俺たちの悪口を言っていただろう」と詰問し，腹部を殴り，足を蹴ったのである。このように，弱い子が強い子のごきげんをとるために，「ご注進におよぶ」ということが事件の引き金になることも，時に見られた。

また，実習生や若手職員から，暴力があったと，後から知らされることもあった。

その他にも，深夜徘徊が多く，年長児グループによる集団万引きや窃盗事件も起こっており，職員は，「当直が嫌で嫌で仕方ない」状況だった。

このB園が非常に優れているのは，このような事態を個々の職員の処遇能力の問題ではなく，全体としての「施設全体の処遇能力が低い」とみなしたということである。これは非常に優れた理解である。そして，ホーム担当だけでは解決できない問題が生じてきているとして，**「施設全体の処遇力」**をつけるために，安全委員会方式を導入することにしたのである。

私は，このB園では，2年半以上にわたってほぼ毎月の処遇会議と安全委員会に出席して職員および安全委員会に助言を行った。

安全委員会立ち上げ後の状況

4月に安全委員会立ち上げ集会を行い，その後の聞き取り調査と事件対応についての安全委員会の審議，さらには，キーパーソンを中心とするケース会議といった取り組みで，中高生の**「計画性のある暴力」**はおさまってきた。しか

し，低学年の子どもたちや発達障害疑いの子どもたちの**「衝動的に振るう暴力」**，小学生のはじけなどの問題行動が課題として残った。その取り組み例を以下に述べる。

多動と暴力のある小2男子M君

　小学校2年生M君は，学校でも施設でもいろいろ問題を起こすことが多い子どもであった。その特徴は，

　　①多動傾向あり。
　　②教室に入らない。
　　③同級生に暴力を振るう。
　　④担任が厳しく注意すると暴れる，暴言で返す。

　施設では，年長児に生意気な言動をとり，年少児には暴力や威圧的言動がある。たとえば，本児がやってきて，年長の他児のマンガを勝手に読み出す。年長児が注意しても聞かず，取り上げようとすると，「やめーや，クソゴリラ！」「死ねや」「うざいんじゃ」などと暴言を吐いたり，悪態をつくなどして怒らせる。そのため，しばしば暴力を受けることがある。また，年上を怒らせるような態度に加え，年下に対して，手を出すそぶりをしたり，「後で殴るぞ」「ぶち殺す」などの威圧的な言動が目立つ。

　このM君への対応は，以下に述べるように一定の成果をあげたが，それは，<u>「個と集団という視点からの理解と関わり」があったからである。安全委員会活動によって年長児が暴力を振るわないという基礎があって，さらに施設と学校とが連携して初めて成果があがったものである。</u>

　施設では，同じKホームにはそれまで再三暴力や威圧が見られたある高校1年生男子I君がいた。安全委員会の立ち上げ集会以降は我慢し，小さい子に「安全委員会さえなければ，お前らボコボコにしてやる」と言いつつ，部屋の外に排除したり，威圧したりするに留まるようになった。むろん，こうした行動も，そのたびに職員が指導にあたったが，以前にくらべ，謝罪できるようになり，より指導が通るようになってきた。

　このように，年長児の暴力がおさまってくると，今度は安心した年少児，弱い子たちが，元気になり，また生意気になり，年長児のもっともな注意にも，いうことを聞かなくなってきた。

M君が暴力事件被害

　そうした中，4月に小2のM君の生意気な態度に腹を立てた小5の男子K君

にM君が殴られるという事件が起こった。K君（小5）も，日頃からM君（小2）の好き勝手・自分勝手な行動と年上に対する暴言や生意気な態度に腹が立っていた。この日の朝も，M君が配膳の手伝いをせずに遊んでいたり，勝手に食事を減らしたりすることに腹が立ち，注意したが，M君がそれを無視したり，ふざけた態度を取るため，K君が怒って殴ったのである。

殴られた場面でのやりとり

おおよそ，以下のようなやりとりだったようである。

　　K君 ── 「おまえ，ちゃんとしろや！」（と言いながら，M君の身体を押す）
　　M君 ── 「やめーや！　うざいんじゃ，お前‼」
　　K君 ── 「は？　お前殴るぞ⁉」と詰め寄る。
　　M君 ── 「おう，やってみーや！」

K君がM君の顔面を握りこぶしで2発殴り，泣かしてしまった。

指導の視点

このように，殴られたM君の方にも問題がないわけではない。というより，はっきり言って，問題がある。こういうやりとりを見れば，私は加害児であるK君に同情したくなる。しかし，ここで重要なことは，**「相手が悪くても殴ってはいけない」**ということを理解し，守れるようにならなければ，暴力はなくならないということである。

その一方で，M君だけが配膳を手伝わないのは，困ったことであり，K君がM君に注意した内容そのものは妥当なことである。ただ，殴るという手段に訴えさえしなければよかったのである。

したがって，このような視点からの指導が必要である。まず，加害児K君への指導としては，ただ叱るだけでもなく，叱らないわけでもない，意図を汲みつつ暴力は許されないということを伝えることが必要である。具体的には，M君の悪い点も聞き，その上で**「惜しかった」「殴りさえしなければよかった」「相手が悪くても殴ってはいけない」**と伝えることである。さらに，また同じようなことがあったら，殴りたくなったらどうしたらよいかを考えさせる。その際，参考になるやり方としては，殴ったりしないで，①深呼吸する，②口で言う，③その場を離れる，④職員に言う，などがある。

同時に被害児のM君にも，「悪いことをしてて，上の子に注意されたら，ちゃんと言うことを聞かないといけない」という指導を行い，そういう指導を

したことを，K君にも伝える。

中1G君がキレかかる

5月に，職員が就寝時にKホームに行くと，中1男子G君が壁やドアを蹴ったり殴ったりして，手がつけられない状況であった。ひとりで対応できる状況ではないと判断し，他の男性職員を呼び，2人で対応した。

中1のG君は「M（小2）に対してもう我慢できない。ぜんぜん直っていない」，「注意を聞かない，無視する，逆におちょくってくる」と語り，怒り心頭に達している様子。中1のG君が，M君の言動にキレかかっていたのである。

職員は，それでもG君が暴力は振るっていないことをほめた。

年長児は，職員の動きを非常によく見ている。以前であれば，「Mは血だるまにされていただろう」とは他の年長児の発言である。安全委員会活動が歯止めになり，我慢できたものと思われる。同時に，今後もきちんと対応しているかどうかが問われるものと思われる。

年長児の前でM君を叱ってみせる

このM君の普段の行動に頭にきているのは，G君やK君だけではない。そこで，M君があまりにひどい時は，職員が年長児の前であえて叱ってみせることにした。

以上が，私が助言した対応の方針である。

M君が学校で暴力

この事件の約1ヵ月後の5月には，今度は，小学校でM君（小2）が暴力事件を起こした。小4女子K子さんのエプロンをしつこくつつき，腹を立てたK子さんがやめてとエプロンをひっぱったところ，M君はK子さんの足を蹴ったとのことである。

この時，小学校では，安全委員会委員として参加している教諭が指導にあたり，安全委員会方式が推奨するやり方で，以下のように対応したとのことである。

先生　──　〈どうしたらいい？〉
M君　──　「もう殴らない」
先生　──　〈我慢できなくなったら？〉
M君　──　「先生に言う」「その場を離れる」

このように，安全委員会に学校からも参加してもらっているおかげで，学校でも施設でも同様の対応ができるようになり，連続性・一貫性のある理解しや

すい指導となった。
担任との話し合い（第1回，2006年8月）
　その後もM君は，学校でトラブルを起こし続け，8月にはベテラン教師である担任から担当職員に「こんな子は初めてです」「いったいどう育てれば，こういう子ができるんですか」と苦情を言われるまでになった。また，施設では，以前のようには殴られないことをいいことに，なんとM君は年長児の中高生の名前を呼び捨てにするようになっていた。
学校との連携：課題を共有して対応
　そこで，私はケース会議で，M君への今後の関わりの方針を助言した。
　まず，園では，①行動レベルの目標を持たせる，②年長児の前で叱ってみせる，③年長児を呼び捨てにしないようにという方針で臨み，さらに次に述べるように，担任との話し合いを行い，**学校と連携し，課題を共有して対応する**ことを助言した。
基本方針
　さらに，学校と施設とで協議し，以下のような方針で臨むこととすした。
　　①（人を叩かない等の）最重要のルールは譲らない，守らせる，止める。
　　　したがって，他児を殴る行動はすぐに止める。
　　②連絡ノートを作成し，施設と学校とで課題を共有する。
　　③（教室に入る等の）重要ルールは徐々に守らせる方向に。
　　④簡単な課題一つに絞って，当面はそれを応援する。
　学校では，まずはできそうな**課題を一つに絞る**ように助言した。その結果，学校との話し合い，学校での課題を，「登校したらランドセルを棚に入れること」に絞ることとした。
M君の暴力被害の減少
　9月頃には，M君は暴力を振るわれることが非常に少なくなってきた。M君自身も，9月の「定期的聞き取り調査」では，「K君（小5），G君（中1）は，自分に暴力をふるわなくなっている」と語っている。
弱い子のチクリの減少
　この頃，担当職員の印象では，ホームで以前は見られた，年長児への年少児からのご機嫌とりの「チクリ」は少なくなってきている（！）ようだとのことである。
学校と課題を共有：10月から学校での課題をスタート
　10月からM君の「ランドセルを棚に入れる」という課題をスタートした。

連絡ノートに，その日に課題を達成できたら花丸を書いてもらい，回数を書き込んでもらうこととした。担任は，生活ノートに「よかったこと」「守れたこと」なども記入してくれるようになった。

このため，職員は学校できた行動について，M君を誉めることが増えてきた。

担任との話し合い（第2回，11月）

2学期になって，M君は，学校では教室に入れるようになり，荒れること，キレること，暴れたりすることが少なくなり，落ち着いている。ずいぶんよくなっているとのことである。時に，暴れることがあってもまもなく自分でおさまり，自分で後始末をするようになっている。たとえば，自分のクレパスをグチャグチャにしたが，自分で掃除してかたづけたとのことである。

全体集会でも呼びかけ

11月に**全体集会**を開催。小さい子全体へ「年長児の名前の呼び捨て禁止」を伝えた。その後，大きい子たちの怒りはかなり和らいだ印象があると職員からの報告があった。

学校での変化

この頃になると，安全委員会委員の小学校教諭から，「M君は小学校では目立たなくなっている」との報告があった。

Kホーム全体が変化

<u>変化してきたのは，M君だけではない。担当職員によれば，Kホームの子が皆，「聞き取りでよく話すようになった。ケンカが多かったホームだが，みんなやさしくなった」との報告があった。</u>ちなみに，聞き取り調査でよく話すようになるというのは，落ち着いてきたホームにしばしば見られる特徴である。

「定期的聞き取り調査」（11月）から

実際，11月の聞き取り調査では，いつもの質問項目に加え，「やさしくなった人はいますか？」という質問に対して次のような感想が述べられている。

  M君（小2）　──　「優しくなった人，いっぱいおる。Kホーム全員」
  MK君（小4）　──　「Kホーム，みんな優しいよ，Mは時々口応えをする」
  MY君（小2）　──　「Gちゃん（中1，以前カベを叩いた子），変なことする人に注意してくれる」
  K君（小5，以前M君に暴力あり）　──　「Gちゃん」
  G君（中1）　──　「MYがMにやられているとき，止めている。みんなやさしくなった」

お母さんからの手紙（2007年1月）

　M君はランドセルを棚に入れるという課題が，かなりできるようになってきた。そして，M君が母親へ「ランドセルしまうことがじょうずになった」と手紙に書いた。すると，年が明けて，1月に母親からの返事の手紙に，「ランドセル入れるのをがんばっているね」と書いてあったとのことで，M君は大喜びだったそうである。

聞き取り調査（2007年1月）から

　さらに，1月の聞き取り調査では，複数の子たちから，M君（小2）の暴力は減っている，よくなっていると，発言があった。また，M君より弱いMY君（小2）は，「K君（小5）がMから守ってくれる」と述べている。

課題達成が100回を越える（2007年年5月）

　年度が変わり，小3になったM君は引き続き，この「ランドセルを棚に入れる」課題を続け，5月には課題達成が100回を越えた。

100回記念のごほうびをM君が要求

　なんとM君が自分から，100回を越えたのでごほうびが欲しいと職員に要求。7月に，施設長の立会いで100回記念のお祝いをする。ごほうびは，アイスとのことであった。

やさしくなったり，きびしくなったり

　かつてM君の態度に腹を立てて，殴ったことがあるK君は，6月初旬にはM君（小2）が学校で一つ上の学年の子からいじめられていたので，「やめろや」といって止めさせた。そのことを聞いた職員は，K君をしっかりほめた。

M君の変化（2007年6月）場面によっては我慢できるようになる

　M君自身にも以前に比べ，生意気なことを言うことは減少し，さらにはちょっかいを出されたり，挑発されたり，叩かれたりしても怒らずに対応している姿が見られるようになってきた。

次の課題へ（2007年6月）

　6月担任と本人で次の課題を決める。「掃除をすること」となる。

まとめ

　どこから手をつけていいのかわからない状況から，大きな問題は起こらない状況になった。

　課題をひとつに絞ったことで，闇雲に叱らなくても良くなった。具体的には，暴力の減少，暴言の減少，指導が通るようになった，年長児との関係がよく

なった，トラブルが減少し，担任との関係もよくなった。Kホーム全体がやさしく，おだやかで助け合う雰囲気になってきた。

　このように，M君やKホームの子どもたちへの職員や教師の関わりが効果をあげたのは，両者の連携とそれによる粘り強い関わりがあったからである。そして，その土台には，安全委員会活動によって，年長児の大きな暴力がなくなってきたことがある。その土台の上に，さまざまな関わりを行ってきたからこそ効果をあげることができたものと考えられる。

施設全体の変化

　実際，施設全体としては，安全委員会導入から約1年で，暴力状況は以下のように変化した。

暴力状況の変化

　2006年4月より2007年5月まで，厳重注意の呼び出し回数は9回あった。1年が過ぎ，年長児による深刻な暴力事件はなくなった。衝動的な暴力はなおなくなってはいないが，計画的な暴力はなくなっている。また，年長の子は，暴力をものすごく努力してなんとか我慢しているという感じから，以前より**余裕を持って我慢**できているようになってきた。キーパーソンI君（高2）は物に当たるなど，少しずつ代わりの行動を示すようになってきた。また，夜間など，職員の手薄なときに起こっていた暴力は皆無となった。

高校生の感想

　聞き取り調査時に聞いたところ，高校生は次のような感想を述べた。

　I君（キーパーソン，高校2年生）：「暴力を振るえる雰囲気ではなくなった」。

　K君（高校3年生）：「多かれ少なかれ自分たちの小さいころは暴力があった。今，暴力が無くなってよかった」。

　このように，1年間の安全委員会活動によって，B園では，大きな暴力はなくなり，安心・安全という土台ができてきたものと考えられる。M君はたくさんの問題行動があった子であったが，まずは「棚にランドセルを入れる」という課題からはじめたところ，行動が改善し，状態が安定してきたし，周囲からの目もやさしくなったのである。それは，安心・安全という土台の上に，職員や教師によるさまざまな関わりがあったため，このような効果を上げることができたものと考えられる。この**安心・安全という土台**の上に行うのでなければ，効果がないどころか，逆に子どもたちを追い詰めることもありうると考えられる。

次に，同じ施設の別のホームでのこだわりが強く教室に入れなかった子の例をあげておこう。

b．こだわりが強く教室に入れないF君（小3）

小3のF君の特徴

安全委員会導入時には，小3のF君は，施設では年長児のA君やI君らを怖がっている半面，自分より弱い子には威圧的であった。また，小3の4月の段階では，教室に入れない，入っても嫌なことを指示されると，すぐ出て行く状態であった。目立った特徴としては，いくつかのこだわりが強い面がある。たとえば，地図や駅名にこだわり，驚くほどよく記憶している。また，歩行者信号を必ず自分で押さないといけないのであり，他人が先に押してしまうと「ギャーッ」と叫び，パニックになる。高機能自閉症か，強迫的性格か。

学校での問題点とその対応

担任によれば，学校では，教室に入れないことに加えて，以下のような特徴があるとのことであった。

①他の子どもと同じペースで指示した時に，切り替えができないことが多い。担任が，〈もう止めて〉，〈おしまい〉といっても，本児は「いやだ」，「まだする」と言い張ることが多い。

②担任がしなければいけないことをやらせようとした時，やろうとしないことが多い。担任が，〈～しなさい〉，〈～の時間です〉といっても，本児は「したくない」，「俺はせん」と答えることが多い。

③担任が禁止すると，反抗的になり，わざと叱られるような行動を起こす。担任の〈だめ〉，〈やめなさい〉，〈いけない〉という言葉には過剰に反応する。

④担任が注意すると，本児は「なんで俺にだけ言うんだ」，「俺はやってない」と反発する。

⑤担任がせかせたり，繰り返し言ったりすると，「しつこい」，「うるさい」とかんしゃくを起こす。

⑥担任がきつい言い方をすると拒否されたと思い，次の言葉が入らなくなる。

安全委員会導入後の経過：
基本方針
　学校と協議し，以下のような方針で臨むこととする。
　　①連絡ノートを作成し，課題を学校と共有する。
　　②（教室に入る等の）重要ルールは徐々に守らせる方向に。
　　③こだわり行動への対応方針。当面は，こだわり行動については，禁止せずに代案を示すこととする。本児が「〜したくない」と言い張ったら，〈そう。でも，こんなこともできるよ〉，〈先生が手伝おうか〉，〈一緒にやろうか〉と応じる。

安全委員会から年少児への注意：（2006年4月下旬）
　安全委員会活動開始後，年長児は暴力を我慢する様子が伺えるようになった。その一方で，年少児が生意気になる様子が出てきたので，安全委員会から年少児全体に注意を行った。小3のF君は，年長児のA君やI君らを怖がっている半面，自分より弱い子には威圧的であった。聞き取り調査では最初は年長児が怖いと言えないでいたが，約半年後には，高校生のA君やI君が怖いと言えるようになってきた。また，それに伴って，小6の子が「何もしていないのに，いじめてくる」と訴えることができるようになった。約1年後には，年長のおとなしめの中学生に対して名前を呼び捨てで呼ぶようになってきたため，それを本児に厳しく注意し，さらに全体集会を開催し，年長児の前で小さい子への「年長児の名前の呼び捨て禁止」を伝えた。その後，大きい子たちの怒りはかなり和らいだようであった。なお，呼び捨てにしていた子たちは，その後年長児をちゃんと君づけで呼ぶようになった。

外泊からの帰省時のしぶり
　外泊からの帰省時，園に着いても母親の車からおりず，立てこもる。そのため，すぐに部屋に戻すのではなく，毎回，別室でお母さんと一緒に次回の帰省計画を立てることにしたところ，次第に短い時間で部屋に戻れるようになってきた。その後，外泊から帰園時のお話の儀式はほとんど必要がなくなってきた。

学校での変化
　また，当初学校では教室に入れなかったが，学校と連絡ノートで「教室に入る」課題を取り上げて記録して，教室に入れたら施設でもほめてもらうこととした。安全委員会導入から2ヵ月後に，担任が強引に教室に入れたところ，翌日から教室に時々入れるようになった。

約1年後には，本児は授業参観日に本読みができた。これは画期的なことであった。約1年半後には，教室に入れることが多くなっている。また，「こだわりが強いため切り替えができない」という場面が少なくなっている。集団生活になじめないことは，ほとんどなくなっている。宿題は，まとめ的なものや自主学習の類はできないが，その他は多少ごまかし（算数をしないで，本読みと漢字に変えてしまう等）があるものの，算数もできるという自信が少しずつできてきている。

　このように，こだわりもやわらぎ，集団生活になじめるようになってきた。それは，先の例と同様に，この施設では大きな暴力が急速になくなり，成長の基盤としての安心・安全ができてきたこと，そしてこの安心・安全という土台の上に，職員や教師によるさまざまな関わりがあったため，このような効果を上げることができたものと考えられる。

Ⅲ　学級崩壊への対応

1．学級崩壊とは

　学級崩壊とは，授業中にもかかわらず，児童・生徒（学校教育では，小学生を「児童」，中高生を「生徒」と呼んでいる）が勝手な行動をして，教師が注意しても従わず，授業が成立しない状態をいう。先のM君の例も，学校と連携した例であるが，ここでは，さらに特に学校での問題行動のうち，学級崩壊につながりかねない場合の対応について述べる。ここでは，児童養護施設の子どもたちの学校での問題行動に私が関わった経験から述べるが，ここでの対応もまた，**「生活における体験の蓄積」**という視点からのものである。

a．学校で問題行動が噴出した小1男子の事例
1)　学校での状態
　まず，学校で問題が噴出した，小学校1年生の男子の例を報告する。ベテランの女性教諭である担任によれば，学校では，以下のように目立った問題行動が続出している。
9月25日　　体育終了後の着替え中に，同じ組の女子Aさんを押し倒して，赤くはれるほど腹を強く踏んだ。施設に連絡。

10月1日　離席が目立ち，朝の会や授業中に担任の言葉の一言一言に大声で言い返して，授業妨害を繰り返す。

10月6日　同じ組の女子Bさんのランドセルのキーホルダーを引っ張ってこわす。はじめは自分がしたことを認めなかったが，見ていた子どもたちもいたため，話をしていくうちに認めた。施設に連絡してBさん宅に謝罪の電話をしてもらう。また，本人も翌日Bさんに謝罪することを約束したので，その結果を知らせてほしいと施設から要請の電話。

10月7日　Bさんに謝罪するという約束だったが，謝ることができなかった。
　　　　　同じ組の男子M君とつかみ合いの大げんかとなり，手がつけられない状態になる。大声で叫びながら，机やいすを押し倒して，そばに寄れない状態となる。

10月14日　学習中，勝手きままに立ち歩く。掃除はしない。掃除時間はベランダに出て穴を掘って遊び，5時間目が始まっても入ってこない。帰りの会の時にも，外に出て泥遊びを繰り返し，担任が入ってくるように言うが，わめき騒いでいうことを聞かない。

10月15日　大声で叫びながら，周りの女の子を手当たり次第殴っていく。特に，女子Cさんの頭を執拗に何度も叩く。他の子の持ち物を取り，自分の筆箱に入れる。消しゴムは持ち主の名前が書いてあるカバーの部分を破り，自分のものと言い張る。形勢が悪くなると，取った物を捨てる。
　　　　　学習中，始終おしゃべりか周囲の生徒にちょっかいを出し，担任のいうことをまったく聞かない。たまに聞くかと思えば，大きな声で野次を飛ばす。算数は始めから考えようとしないで，他の子の答えを写そうとする。
　　　　　4時間目終了時，男子M君，N君と3名で殴る蹴るの乱闘になる。支援教諭Z先生と担任の二人で止めても，止めても，すぐにまた繰り返す。

10月16日　ますます暴力的になり，常に大声を出し，教師の言葉のひとつひとつに暴言を吐き続ける。脈絡もなく突然女の子に殴りかかる。他の子の持ち物をこっそり持ってくる。

10月19日　何にいらついているのか，朝から大きな声で言いたい放題の暴言を吐き続ける。担任は授業を中断せざるをえなくなる。担任が話をしようと声をかけると，教室から飛び出す。

10月29日　連絡袋全体に油性マジックで落書きをしていた。2日前からなくなっていた男子O君のもので，名前の部分を破り，誰のものかわからなく

して持っていた。施設に連絡して，先方に謝罪の電話をして頂いた。

11月5日　　男子M君，P君と追いかけあい，殴る蹴るの乱闘が一日中続く。常に大声で思いつき放題のことを叫び続ける。制止がきかない。

11月6日　　授業中に席につけない。立ち歩き，大声で罵り続ける。手当たりしだいに殴りつける。授業ができないので，教室から出し会議室に連れて行こうとすると，廊下で抵抗する。1年3組の担任Y教諭が中に入り，1日3組で過ごす。2時間目，体育館での劇の練習では，マイクに近づき意味のない言葉を大声で叫び続ける。4時間目終了時後教室に帰ってくると，男子M君が暴れているのに刺激されたのか。突然暴れだし，机を振り上げたり，10個近くの机といすをひっくり返す。女子Dさんに倒れた机が当たり，保健室に行って手当てをしてもらい，担任からDさんの保護者と施設に連絡した。

11月9日　　朝から男子M君（服薬中），Q君（多動）と暴れ周り，取っ組み合いを繰り返すので，1時間目は3人を教室から出し，X先生が会議室で指導に当たる。4時間目の生活科で校庭に出ると，帰り際に昇降口で男子N君と取っ組み合いになり，X先生と担任で止めに入るが，手がつけられない。興奮して大声で叫びながら，N君の顔面を何度も拳で殴りつける。N君から引き離した担任にわめきながら，3度にわたり蹴る。

11月12日　　担任を蹴ったことに対して，朝，施設の先生に連れられて，謝罪をする。

　ざっと，こんな具合で，学校での問題行動はすさまじいものである。学校で指導した際に涙を見せることはなく，通じている感じがないとのことで，学校では担任としてもお手上げの状態である。

　一方，施設ではどうかと言えば，他児に横柄な態度をとり，「ムカつく」と言われているが，学校でのような特に大きな問題は見られない。しかし，学校では，担任がこの子のことで大変困っており，しかもこのままいけば，いずれは施設でも同様の状態になることが懸念されることから，施設側から相談を受けた私が学校に出かけ，担任への助言を行うこととした。

2）　よくとられている対応

　発達障害児または発達障害サスペクト児の繰り返される問題行動へのよく間

違えられる対応として，だいたい三つくらいのパターンがある。
　　パターン１：言葉で叱りつける。何度も叱りつけることに終始する。
　　パターン２：やりたいようにさせる。
　　パターン３：注目しないで無視する。
　現場でよく行われるのは，最初厳しく叱ることである。それでおさまることもあるが，それだけではおさまらない場合が多い。そして，現場でよく間違えられるのはそれで効果がないとなると，次にしばしば「やりたいようにさせる」または「無視する」という対応になることである。叱ることが，子どもにとっては「かまってもらう経験」「注目される経験」になっていて，かえってひどくなることがあるというふうに理解するわけである。これは，効果があることもあるが，やりたい放題となることも多い。悪いことをしていても無視することは，しばしば子どもの側では「許容された」「認められた」「これでいける」という経験になるからである。

3）　対応の視点
①基本ルールの提示と別室移動
　叱ることも，無視することも役に立たないとなれば，どうすればいいのだろうか。ここでの私のお勧めの対応の原則は，<u>子ども自身にわかりやすい基本ルールとそれが守れない時どういう対応をとるかというルールを提示して本人自身が見通しのもてる指導を行うこと</u>である。ここで言う基本ルールとは，細かいルールではなく，他の子を叩かないとか授業中は椅子に座っておくといった，これが守れなければ学級や授業は成立しないであろうというごく重要なルールである。そのために，私のお勧めは，基本的には，これだけは守るべきという基本ルールを決めて，子どもたちに提示することである。そして，それだけでなく，その基本ルールが守れないで目に余る場合どうするかというルールも提示する。
　ここで重要なことは，どうしても守れない場合は別室に移し，しかも別室ではかまいすぎないようにするということである。むろん，あらかじめそのことを本人に伝えておいた上で行う。なお，別室移動を行う目安は，このままでは他児の勉強ができなくなるという場合に限るべきである。
②どちらを選ぶこともできる
　このことは，「(教室にいることも，別室にいくことも）どちらを選ぶことも

できる」という言い方をするのがお勧めである。
③介入しながら見立てる
　ただし，ここでも発達障害の見立てや，安心・安全のアセスメントと同様に，「介入しながら見立てる」ということが重要である。

4)　対応の経過
基本的な対応：学校における「クールダウンと反省のための別室移動」による対応

　目標：席について，座っていること，教室を飛び出さないことを目標とする。

　対応の具体的手順は，以下の通りとする。
　①授業の邪魔になることをしたら，3回注意してもおさまらなければ，別室に移動させる。
　②別室では誰か教員が付き添い，座っているように指示する。言うことを聞かないことが予想されるが，その際は部屋から出さないこと，しかもかまいすぎないようにする。
　③退屈して，教室に戻りたいと言い出したら，教室に戻ったらどうするかの約束をする。その子の教室での行動に応じて，決めるが，たとえば「授業中は座っている」，「大声を出さない」，「叩くな口で言う」などの簡単でわかりやすい約束をする。
　④担任に対して，約束を本人自身が言葉できちんと約束させる。
　⑤約束を破ったら，①の対応を行う。
　この小1男子に，このような対応を行った。いつものように，授業中に大声で叫んだり，担任の話にいちいち言い返す，立ち歩くなどしたため，3回注意し，反省のための別室移動を行った。別室では，別の教員が付き添ったが，最初は別室でも落ち着きなく，動きまわったり，暴言を吐いたりしていた。それでも，部屋からは出さないようにしつつも，かまわないようにしていると，そのうち退屈してきたらしく，保健室に行きたいと言い出したが，授業時間中はだめだと伝えたところ，さらに暴言を吐いた。それでも，かまわずにいると，授業が終わり，休み時間に保健室に行った。次の時間は，教室に戻ったが，隣の子のものを触ったり，前の子どもにちょっかいを出すなどした。注意すると，

暴言を吐いて，教室を飛び出した。そのため，別室対応の教員が対応し，別室に連れて行った。

また同様に対応しているとしばらくすると退屈しはじめ，今度は教室に戻りたいと言い出した。しかしここで別室担当の教師は，すぐには応じず，2度目に戻りたいといった時をとらえて，「戻ったらどうする？」と投げかけた。さらに「大声を出さない，席に座っていると約束できるか」と迫り，約束させた。さらに，約束とお願いを言葉で担任の先生に言うように伝え，担任とも約束のうえで，教室に戻した。

こういう対応を数回繰り返したところ，1週間ほどで，離席も暴言もときになお見られるものの，急速におさまってきた。

5） 見立てのポイント

ここでの見立てのポイントは，別室でかまいすぎない対応を行った際の反応である。退屈しはじめるなら，この対応でいけるが，いつまで経っても退屈する様子が見られないならば，「対人交流欲求が乏しい」可能性がある。広汎性発達障害等の可能性を考えるべきである。その場合，より個別性の高い対応が必要である。また，この子がクラスで孤立している可能性も検討すべきである。

2. 学級崩壊への対応
a. 学級崩壊理解の視点

先の事例では，そのクラスでは，ここまで大変な子はこの小1男子ひとりであったため，学級崩壊にまでは至らなかった。しかし，有効な対策を講じなければ学級崩壊にまで至る可能性も否定できない。ADHD児と学級崩壊との関係が，これまで幾人かの論者によって指摘されている（福島，1999，尾木，1999，榊原，2000）。ADHD児が学級崩壊の主たる原因とする見解がある一方で，榊原（2000）はADHD児の行動とその行動に同調する子たちが出てくることで学級崩壊が起こるのではないかと見ている。つまり，ADHD児が，学級崩壊の主たる原因ではないものの，学級崩壊のきっかけとなるのではないかとされているのである。したがって，そのきっかけとなりそうな子どもへの適切な対応を行うことができれば，学級崩壊を防ぐことができるものと考えられる。

実際，先に述べたような子がいて，さらにそれに便乗する子どもまで複数いるクラスが学校現場では少なくない。もはや授業は成立せず，学級崩壊状態で

ある。なかには，そういうクラスが複数あり，学級崩壊というより，学年崩壊といった状態の学校もある。

　私は施設側から相談を受け，実際にそういう学校に関わって一定の成果をあげた経験がある。その経験から言えば，この場合の対応も，先の例と同様である。ただし，学年崩壊の場合は，学校をあげた対応が必要であるため，より周到な準備が必要である。その過程は，安全委員会方式を施設に導入する際とよく似ている。ひとりの職員や教師の理解と頑張りだけで乗り切れる事態ではないからである。

b．取り組みの経過

「対策会議」と教師集団への提案

　担任がひとりで問題を抱え込むのではなく，教師集団と（いわゆる専門家も含む）関係者全体で考えることを基本とする。そのために「対策会議」（「ネットワーク会議」，「作戦会議」）を行う。先述のように，基本方針は，<u>子ども自身にわかりやすい基本ルールとそれが守れない時どういう対応をとるかというルールを提示して見通しのもてる指導を行う</u>ことである。そのために有効な方法を検討してもらい，こちらからは「TTの活用」，「他教師からの支援」，さらには「別室移動」などの方法を具体的に提案する。なお，先述のように，別室移動を行う目安は，このままでは他児の勉強ができなくなるという場合に限るべきである。

　まずは，こういうやり方を提案し，やり方を説明する。質疑応答を行い，さらに，こうした方式を実践してみるかどうかを内部で検討してもらう。実は，こうした方式は，学校現場では簡単には受け入れられにくいという印象がある。こういう対応ではなく，「子どもに寄り添って」とか「ひとりひとりの子どもと真剣に向き合う」「ありのままを受け入れる」とか「受容的に対応すべき」などといった意見が出ることが少なくないのである。実際には提案している方式とそれらの意見とは本来は必ずしも対立するものではないと私は考えているが，しかしここで出ているこれらの意見は反対意見として出されているのである。

　また，別室移動の必要がある子の保護者から「（うちの子の）学習権の侵害」という苦情が舞い込むことがありうるので，それも覚悟しなければならないことも伝えておく必要がある。そもそも，他の多くの子どもの学習権を侵害しておきながら，学習権もあったものではないと私は思うが，現実には，少数なが

らこうした主張をする保護者もいるからである。

　学校も施設も従来の「トラディショナルなこわもて」の教師や施設職員もいる一方で，「できの悪いカウンセラー」のようなことを言う人が増えている観がある。そういう意見の人も，当面落ち着くまでは，ここで提案した対応を開始したらやり抜く覚悟がなければ，やらない方が無難である。はじめたからには，やりぬくことが肝要だからである。

役割分担を行う

　このやり方を導入することが決まったら，安全委員会方式を導入する際と同様に**起こりうる困難事態について具体的にシミュレーションを行い，誰がどう動くのか役割分担を行う**。とりわけ，重要なのは，どうしても守れない場合は，①確実に反省のための別室移動を行うこと。②別室でかまいすぎないことを強調することである。人手が足りないと言われるかもしれないが，非常事態であり短期ですむので，特別に対応できる体制をとってもらう。どうしても無理なら，保護者会を開き，保護者の支援を求めるのも一つの方法である。この場合，施設の子たちで言えば，施設職員が一時的に手助けすることになる。ただし，あくまでも教師の指示で動くことを徹底する必要がある。

子どもたちに周知して開始

　開始にあたっては，子どもたち全体に周知する。特に問題となりそうな子には，個別にも，「これまでのようなわけにはいかない」ことを伝えておく。

風通しの良い形で行う

　こうした活動は，それが行き過ぎないような**「安全弁」**ないしセーフティネットが必要である。児童福祉施設版安全委員会方式を参考にして，学校現場の実情に応じた形で活動をモニターすることが必要である。たとえば，教育委員会に定期的に報告するなど，なんらかの形で行きすぎを防ぐチェック機能が働くようにしておくことも一方法であろう。

　なお，ここでは学校については一部を論じるに留めたが，将来は学校においても，なんらかの**「モニターしつつ支援する仕組み」**が必要となるかもしれないと私は考えている。

Ⅳ 解離への対応

解離への対応：「解離は解離として対応しない」

　被虐待児童の入所が増加してきたことで，児童養護施設において近年注目されてきたのが，「解離」である。

　重篤なものでは，別の人格が出現するとされているが，解離にはさまざまな程度があり，軽度のものだと注意深く観察しないとキャッチできない。

　ケース会議で，問題行動の指導にあたって，問い詰められた子どもが，「よく覚えていない」と答えたなどという報告がなされると，必ずといってよいほど，心理士が，「この子は解離があるのではないか」と発言するのが現状である。それはそれでよいのだが，ではどうしたらいいのかということになると，途端にあいまいになる。その結果，現場では職員がそういう子に腫れ物に触るような扱いをすることとなり，事態は改善しない。解離ではなくただ言い逃れをしているだけのことを解離として扱うことはその子のためにならない。

　それだけでなく，解離が疑われる場合も，解離であるとして腫れ物に触るような対応をするとかえってよくない。

　解離について施設職員が知っておくことは大事であるが，その一方でこの解離について，少なくとも施設職員には「解離に気づきつつも，解離は解離として対応しない」ということを，私はお勧めしている。解離は，解離を疑って根掘り葉掘り聞いたりすると，余計にひどくなることがあるからである。意識を集中させることが，余計に解離をひどくするように思われる。

　また，なんらかの問題行動にも，この子は解離があるからと許容すると，さらにひどくなる。したがって，「解離があるのではないか」と感じたとしても，職員は普通に対応する。そのうえで，専門機関に診てもらうことを私はお勧めしている。

V 反抗性集団化への対応

1. 反抗性集団化とは
a. 反抗性集団化とは

「反抗性集団化」とは，私の造語だが，子どもたちが集団化して大人に対して反抗する事態を言う。ただの集団化と異なるのは，積極的に反抗するのが特徴で，集団になることで極端にやりたい放題になることである。まるで反抗することが唯一の目標であるかのごとき様相を呈する。おとな側の子どもたちの気持ちを理解しようとする努力はまるで歯が立たず，よけいに振り回されることとなる。学校や施設でこれが起こると，学校での授業妨害や授業からの逃走，教師への反抗や暴力，集団でのいじめや暴力，施設ではルール破りや無断外出・外泊，子どもから職員への暴力（対職員暴力），他児への暴力が頻発し，学校崩壊や施設崩壊の危機となる。

b. 境界性パーソナリティ障害との関係

私の経験では，高校生には少なく，小学校高学年から中学生にかけて，それも女子に多いという印象がある。この反抗性集団化では，その中心にいる子への対応がポイントとなる。その中心にいるのは，対人関係のとり方や感情が極端に不安定で，激しい怒り，衝動性，強い不安と焦りがあり，他者を振り回す子である。精神医学では子どもの場合，まだパーソナリティが固まっていないという考えから，パーソナリティ障害という診断はつかないが，大人であれば，**境界性パーソナリティ障害**や**自己愛性パーソナリティ障害**と診断される可能性が高いような特徴を示す子どもであると言えよう。

2. 対応の原則

反抗性集団化の本質は，痛々しいほどの対人希求性である。愛情欲求とも愛着（アタッチメント）欲求と言いかえてもよいだろう。それが集団反抗という形をとっているので，とりあえずは，反抗という形で表現されているものをより穏やかなものへと援助することが重要である。しかし，それは容易ではない。基本的には，不適切な行動を非暴力で抑えることがまずは必要である。さらには，集団を解体し，その後新たな穏やかな関係の形成を援助する。そのためには，その集団を解体しなければ，その実現はしばしば困難である。

対応の原則は，複数対応である。中心となっている子に対して，是々非々を突きつけ，譲らない逃がさない対応をしつつ，担当職員は気持ちを汲みつつ言葉で表現できるように援助する。しばしば，児童相談所との連携が必要になる。

3．対応の実際
a．反抗性集団化の初期の例 ── 1．児童相談所と連携した対応

　この反抗性集団化は，児童相談所と連携するなど，初期のうちに対応しておくことが重要である。まずはそういう例をあげておこう。

　ある施設では，小6女子A，小3女子B，小6女子Cの3人が集団化し，学校で教室に入らず，校内を徘徊し，注意されると暴言をはき，学校を飛び出すようになった。また，時には，登校もしないで，公園などで遊ぶ。小3女子は特別支援学級であるが，担当職員の理解では小6女子Aには逆らうことができず，本当はクラスに入りたいのに「教室に行くな」と言われているらしいとのことであった。

　まずは，「小3女子Bを小6女子Aから引き離すこと」が必要と考えたが，難しいため，児童相談所に一時保護の相談していた。その後，3人が万引きで補導されたのを期に児童相談所がこの小6女子Aを一時保護した。その結果，Aの一時保護中に，小3女子Bも小6女子Cも自分の学級に入るようになった。

　Aに対しては，施設から職員が一時保護所に面会に出かけ，何が悪かったかを言葉で表現できるように援助した。さらに，一時保護から施設に戻る際には，登校の約束と他の子の登校を邪魔しないことを約束させた。こうした関わりによって，Aが施設に戻ってからも，A自身もBもCも登校し教室に入れるようになった。

　特に，「行かなくていい」といわば命令されていた小3女子Bは，とりわけ楽しそうに元気に登校するようになった。

　これは反抗性集団化とはいっても，まだ初期の段階であり，このような手早い対応で深刻化を防ぐことができたものと考えられる。

b．反抗性集団化の初期の例 ── 2．複数の職員による緊急対応

　次に，複数の職員による緊急対応で深刻化を防ぐことができた例をあげておこう。以下は，ある施設の記録からの抜粋である。

　小学生の学習時間に遅れて学習室に来たB子が，他の小学生女子4名を誘い

手紙のような封筒を広げて遊び始めた。職員が注意したところ，集団で学習室から逃げていく。職員が子どもたちを追いかけ再度注意したところ職員の手を叩く。B子は，これまでにも他の小学生女子児童を巻き込み集団化して職員に反抗する行動があった。これに対し職員は，指導しきれないでいた。当直明けの男性職員に応援を求め，3名の子どもを会議室に連れてきて指導するが，他の2名については逃げ回る状況であった。そのため「安全委員会緊急非常召集」をかけ，休日職員4名が応援に駆けつけ事態の収拾を図った。

　この件については，「今回の事件で，もし安全委員会がなかったならば，職員はB子の行為を見過ごしていたと考えられる。また，もっと危惧されるのが，この現場を見ていた複数の子どもたちが，今度は自分たちもその行動を学習し同じ行動をとる危険性が高い点にある」と考察されている。

c. 反抗性集団化の世代間連鎖の例：複数の職員による緊急対応
1）反抗性集団化の連鎖

　次に，もっと深刻で厄介な例をあげておこう。ごく簡略化して述べることにする。ある施設では定期的にこの反抗性集団化が起こっていた。小学校高学年から中学校1，2年の7〜8名の女子が集団化し，学校や施設で反抗し，無断で飛び出す，教師への暴言・暴力が続いていた。特に，小学校では一般家庭の子どもも巻き込み，授業妨害や暴力が激化し，警察を呼ぶこともあった。その中心にいる中1女子Eは，軽いリストカットもあり，措置変更となった。

　そのため，しばらくは平穏な時期が続いたが，先の反抗集団にいた当時小学校高学年だった女子Fが中1になると，今度はこの中1女子Fを中心として反抗性集団化が再び始まった。学校でも，中1女子Fを中心に授業妨害で学級崩壊ぎみとなった。Fを指導しようとすると，一般家庭の生徒を含む5名が集まり，なぜFをいじめるのかと大騒ぎとなる始末であった。

2）行動パターンを理解する

　その頃，この施設に安全委員会方式が導入された。まず，「個と集団」という視点から行動パターン理解することから始めた。施設でも，自分の要求がとおらないと，暴言・暴力を振るう，また施設のルールを守らないことが多い。指導に対しては，暴言をはき，興奮して泣いて，認めず，シラを切りとおし，いつの間にかもともとの問題から別の問題へと移ってしまう。また，誰を呼べと

か，電話させろとか，自分に味方してくれそうな人を巻き込むのが特徴であった。暴力を振るった後の指導でも，母親や友達の両親など自分に味方してくれそうな人を巻き込む。

したがって，この子は，悪いことをしても，こうした行動で逃げ切れるという経験をつみ，学習してきたのであると考えられる。こういう行動に歯止めをかけて，認めさせて謝罪できるようにすることが当面の課題であると考えられた。

3) 保護者への対応

特に，何かあれば母親に連絡し，自分を正当化する一方的言い分をいい，それを信じた母親が職員にがなりたてるというパターンが見られた。母親としては，わが子に対しては施設に預けているという負い目があり，子どもからの訴えには，ここ一番とわが子を応援する行動に走りやすい傾向がしばしば見られる。子ども自身がもともと怒りを爆発させやすい傾向があるうえに，反抗性集団化では，保護者も同様の特徴を持っていることがある。この子の場合もそうであった。かねてから，ちょっとしたことで職員に怒りを爆発させる母親であった。

母親の元に二,三ヵ月に一度くらい外泊していたが，その頃は，母親に対しても次第に反抗的になりかけていた。そのため，主任児童指導員がチャンスと考え，母親にこの子が職員や他児に暴力を繰り返していること，このままではお母さんにも暴力を振るうようになる可能性が高いことなどを丁寧に説明し，今後の緊急対応に理解を求めた。

4) 取り組みの経過

緊急対応

そういう準備の後に，緊急対応による指導のチャンスをうかがっていたが，年少児への暴力があり，そこで緊急対応を行った。すると，この子は外に飛び出して暴れ，さらに母親に電話し，「やってないのに，先生たちが私を疑ってせめられている。信じてくれない」などと大声で訴えた。主任児童指導員が電話を代わり，今回は目撃者もいることを伝えると，母親は納得し，いつものように電話口でどなりまくるということは今回はなかった。

そのため，ひとしきり大騒ぎはしたものの，そのうちいつものように逃げ切ることができないことを理解し，やっと今回は暴力を認め謝罪まで持っていくことができた。これはこれまでにない大きな成果であった。

中学校の取り組み

　上記のような関わりと併行して，中学校でも教師たちが同様の対応を行った。授業妨害に対しては，他の教師もかけつけ，「クールダウンと反省のための別室移動」を行ったのである。それが無理な時は，施設に連絡して職員がかけつけて，施設に連れて帰ることとした。

行動の改善

　こういう対応を，繰り返していくと，施設ではもちろん学校でも変化が見られるようになってきた。施設では，暴力を振るっても，すぐに認め謝罪するようになり，さらには暴言はなお見られるものの，暴力はなくなってきた。

　学校でも，Fのグループのうちの二人が教師とやりあうのを見ても，以前だとそれに加わっていたが，加わらなくなった。また担任への暴言がなくなった。落ち着きも出てきて，授業に集中するとまではいかないものの，授業妨害はなくなった。

[文　献]

福島章 (1999) 子どもの脳が危ない　PHP研究所.
尾木直樹 (1999) 学級崩壊をどうみるか　日本放送出版協会.
榊原洋一 (2000)「多動性障害」児──「落ち着きのない子」は病気か？　講談社.
佐々木正美 (2008) 自閉症児のためのTEACCHハンドブック──自閉症療育ハンドブック（改訂新版）学習研究社.
ショプラー, オーリー＆ランシング（佐々木正美・大井英子・青山均訳 [1985] 自閉症の治療教育プログラム　ぶどう社.）
杉山登志郎 (2007) 子ども虐待という第四の発達障害　学習研究社.
田嶌誠一 (2001) 事例研究の視点──ネットワークとコミュニティ　臨床心理学, 1 (1); 67-75.
田嶌誠一 (2003) 心理援助と心理アセスメントの基本的視点　臨床心理学, 3 (4); 70-81.
田嶌誠一 (2007a) いじめ問題が臨床心理士につきつけるもの　臨床心理士報, 32; 18-20.
田嶌誠一 (2007b) 一次的ニーズ・二次的ニーズ　臨床心理学, 7 (3); 323.
田嶌誠一 (2008) 現実に介入しつつ心に関わる──「内面探求型アプローチ」「ネットワーク活用型アプローチ」「システム形成型アプローチ」コミュニティ心理学研究, pp.1-22.
田嶌誠一 (2009) 現実に介入しつつ心に関わる──多面的援助アプローチと臨床の知恵　金剛出版.
田嶌誠一（編著）(2010a) 不登校──ネットワークを生かした多面的援助の実際　金剛出版.

田嶌誠一（2010b）成長の基盤としての「安心・安全」の実現——社会的養護の場でもっとも重要な課題　社会的養護とファミリーホーム，1, pp.55-58.

田嶌誠一（2010c）発達障害と安全委員会方式　第2回児童福祉施設安全委員会全国大会抄録，pp.1-2.

湯汲英史（2003）なぜ伝わらないのか，どうしたら伝わるのか——「双方向性」のコミュニケーションを求めて　大揚社.

第11章
安全委員会方式の意義と課題と限界
―― 批判にも答えつつ

　どのような活動であれ，活動の展開の初期には，もっぱらその意義や成果だけが強調されやすいし，それはまた時期的にも必要なことでもある。しかし，ある程度活動が展開したならば，いずれはその活動の課題や限界を見据えていくことが必要である。安全委員会方式についてもそうである。自分たちの活動を当事者がいいぞ，いいぞとだけ言っているうちは，まだその活動は成熟していないのである。
　ここでは安全委員会方式の意義と今後の課題と限界について考えてみたい。それに先立って，まずは，安全委員会方式についての疑問・批判に答えることからはじめよう。本書を読まれた方や私たちの活動の実際を知る人たちは驚かれると思うが，実は，安全委員会方式には，以下のような疑問や批判があるのである。
　施設の暴力問題について言えば，本書でこそいろいろな理論や技法を批判しているものの，それまでは私はひたすらいい実践を創っていこうとしただけのことで，私の方から誰かに論争を仕掛けたり，批判したりしたことは一度もない。にもかかわらず，後に述べるように，短期間にいくつもの激しい批判が出てくること自体，驚くべきことであり，この問題が通常のレベルを超えた問題であることをうかがわせる。
　私たちから見ればむろんいずれも信じがたいほどに非常に的外れなものであるが，ここはひとつオープンな形で議論しておきたい。そのことがこの問題の

解決に向けて，いささかでも前進させることにつながるものであると思うからである。

I 疑問・批判に答える

1．「懲戒権の濫用」という批判
a．全国的な取り組みの展開

　現在，私は南は九州から北は北海道までの八つの自治体の15ヵ所の児童福祉施設で安全委員会活動を展開し，そこでは暴力が激減することは勿論のこと，それ以外にも子どもたちにさまざまな望ましい変化が起こっている。ところが，私たちから見れば不可解としか言いようがないが，私たちの活動に対して，あたかも退所という措置変更（の要請）や一時保護（の要請）を濫発しているかのような批判がある。またそのことと関係して「懲戒権の濫用」という批判（西澤，2008）がある。

　「懲戒権の濫用」とはおだやかではない。そもそも措置権は児相にあり，懲戒権は施設長にある。原則として安全委員会には児相や学校が参加することになっているにもかかわらず，このような批判が出ること自体不可解である。また，四つの基本的対応を設けていることから，「3回暴力を振るえば退所させる方式である」との批判もあるようだが，これもまったくの誤りである。暴力事件については，①「深刻度」，②「再発可能性」，③「施設全体への影響度」の三つの視点から対応を検討するのであって，何回やれば退所（の要請）などといったことは決してない。

　こうした批判に対しては，静岡県の県立情短施設「吉原林間学園」が安全委員会活動実施の全施設（当時六つの県の12ヵ所の施設）にアンケート調査を行った結果が報告されている（吉原林間学園，2008）。「吉原林間学園」のご了承をいただいて資料として末尾に掲載しておくので参照されたい（**巻末資料27．「安全委員会に関するアンケート調査」**）。そこには，現実にはこれまで安全委員会方式を導入して以降に，退所になった児童は，調査時の2008年8月12日の時点で全12施設全体で1名のみであり，退所も一時保護も極めて少ないと述べられている。

　いささかでも児童福祉施設の現場を知る人であれば，この数字がいかに並は

ずれて優良なものであるかがおわかりいただけるはずである。

　なお，付け加えておけば，11施設で退所者はゼロで，残りの1施設で1名が退所になったわけであり，しかもその子は，残念ながら退所になったが，私たちはその後もフォローをしている。そして，暴力事件を起こした子どもたちのほとんどが「厳重注意」の段階で改善しており，一時保護になった子も全12施設で合計しても数名に留まっている。また，暴力がおさまるだけでなく，それ以外にも望ましい変化が多数起こっているのである。

　また，新潟県の児童養護施設若草寮の安全委員会（**巻末資料28**）および岩手県の児童養護施設和光学園の安全委員会（**巻末資料30**）のかなり詳しい報告があるので，それもご参照いただきたい。

　さらには，すでに第8章で述べたように，児童相談所が措置変更もやむなしと判断していたが，安全委員会方式を導入したからこそ，最後のチャンスをということで施設に戻れ，その後は暴力を振るわずにすんだ例でさえ，少数ながらあるのである。

　なんとも困ったことに，吉原林間学園の調査報告が出た後にも西澤（2009）は，名指しこそしていないが，私たちの活動をさしていると思われる活動について「子どもの暴力のみを取り上げて問題とし」とまたもや批判している。しかし，安全委員会方式では，田嶌（2005）でも，「安全委員会方式は児童間暴力だけでなく同時に職員暴力をはじめあらゆる身体暴力を扱うものであり，児童間暴力のみを対象とした安全委員会の取り組みになってはいけない」と明確に述べているのであり，子ども間暴力だけを問題としているわけではないことは明らかである。

　実際，最初から，すなわち2006年1月の第1号の導入施設（第8章のA園）から子ども間の暴力だけでなく，職員から子どもへの暴力も含め2レベル三種の暴力を扱ってきている。さらには，第7章でも，職員による暴力に対応した例を述べているので，参照していただきたい。また，聞き取り調査用紙では，最初の質問項目として「最近他の人（職員や大人も含む）から暴力を受けたことはありませんか」と記されている（**巻末資料7**.「暴力問題聞き取り調査表」参照）ことからもおわかりいただけよう。したがって，西澤（2009）のこのような批判もまったくの事実誤認である。いずれも私が書いた論文をほとんど読んでいないかのような内容の批判である。批判はあってもよいが，せめて私が書いたものを少しは読んでからにしていただきたいものである。

以上のことから，「懲戒権の濫用」という批判がいかに的はずれなものであるかがおわかりいただけよう。実際，これまで私の話を聞いた弁護士さんたちの反応も，好意的なものであった。たとえば，2009年4月18日に広島弁護士会で安全委員会方式について講演したが，その場での質疑の時間にも「懲戒権の濫用」などという否定的意見は全く出ず，それどころかなぜこの方式を「懲戒権の濫用」と言う人がいるのかさっぱりわからないという意見が出された。

　私たちのこのような活動に対して，「懲戒権の濫用」などと述べるのは，心理臨床家の羽下大信氏の表現を借りれば，それこそ『「懲戒権の濫用」という言葉の濫用』（羽下，2010）である。

b．「懲戒権の濫用」への歯止め：安全弁（モニター機能）が必要

　どのようなやり方であるにせよ，暴力問題に取り組む際，もっとも注意すべきは，「懲戒権の濫用」ということである。安全委員会方式では，濫用を防ぐために，児童相談所と学校という外部の目が届く形で活動を行っている。そのため，もっとも濫用が起こりにくい方式であると言えよう。

　ところが，安全委員会方式では子どもたちに対して「退所」という語を使うので，それは「懲戒権の濫用になりはしないか」という批判がある。さすがに，最近では（西澤哲氏を除けば）そういう声はほとんどあがらなくなったようだが，重要な問題なので以下に論じておきたい。なお，この退所ということについては，第7章でも論じたので，それも参照していただきたい。

　「退所」という語を子どもたちに提示することについて，一部の児童福祉関係者の拒否反応には，驚かされる。なぜこんなことになるのだろうか。おそらくは，これまで「懲戒権の濫用」とされる痛ましい事件が数多く起こり，それが大きな問題となっていることへの過剰な反応であろうと思われる。

　まず，懲戒権についてみてみよう。

　児童福祉法では，第47条2で，「児童福祉施設の長，その住居において養育を行う第6条の2第8項に規定する厚生労働省令で定める者又は里親は，入所中又は受託中の児童で親権を行う者又は未成年後見人のあるものについても，監護，教育及び懲戒に関し，その児童の福祉のため必要な措置をとることができる」とされており，児童福祉施設では施設長に懲戒権が認められている。

　その一方で，児童福祉施設における職員（含．施設長）による体罰等があとを絶たないことから，1998年4月より施行された改正児童福祉法に伴い，児童

福祉施設最低基準の一部が改訂され新たに児童福祉施設の長に対して懲戒に関する権限の濫用を禁止する規定が設けられた。(厚生省令第15号)，

つまり，以下の条文が新設されたのである。

児童福祉施設最低基準第9条の2　児童福祉施設の長は，入所中の児童に対し法第47条第1項本文の規定により親権を行う場合であって懲戒するとき又は同条第2項の規定により懲戒に関しその児童の福祉のために必要な措置をとるときには，身体的苦痛を与え，人格を辱める等その権限を濫用してはならない。

同時に，厚生省から1998年（平成10年）に厚生省障害福祉課長，企画課長通知として，「懲戒に係る濫用禁止について」という通知が出され，濫用について次のように，より具体的に述べられた。

「懲戒に係る権限の濫用に当たる具体的な例としては，たとえば，殴る，蹴る等直接児童の身体に侵害を与える行為のほか，合理的な範囲を超えて長時間一定の姿勢をとるよう求めること，食事を与えないこと，児童の年齢及び健康状態からみて必要と考えられる睡眠時間を与えないこと，適切な休息時間を与えずに長時間作業を継続させること，施設を退所させる旨脅かすこと，性的な嫌がらせをすること，当該児童を無視すること等の行為があげられること。

なお，個別具体の行為が懲戒に係る権限の濫用に当たるかどうかについては，児童の年齢，健康及び心身の発達の状況，当該児童と職員との関係，当該行為の行われた場所及び時間的環境等の諸条件を勘案して判断すべきものであること」。

まず，「個別具体の行為が懲戒に係る権限の濫用に当たるかどうかについては，児童の年齢，健康及び心身の発達の状況，当該児童と職員との関係，当該行為の行われた場所及び時間的環境等の諸条件を勘案して判断すべきものである」という文言が入っていることに注目していただきたい。

ここにあるように「施設を退所させる旨脅かすこと」という文言が入っていることから，「退所という語を使うと懲戒権の濫用になる」という極端な反応を示す人が出てきたものと考えられる。しかし，この通知が禁止しているのは，実際にはあくまでも「退所という語を使って脅かす」ことを禁止しているのであって，「退所というルールがあることを伝える」ことまで禁止しているわけでは決してない。

「ルールを提示すること」と「ルールで脅かすこと」の混同

退所という措置があるにもかかわらず，その語を使ってはいけないとはおかしな話である。そこには，「ルールを提示すること」と「ルールを振りかざして

脅やかすこと」との混同がある。**適切にルールを教えられることで子どもたちは，社会化されていくのである。**

「知る権利」がある

　言うまでもなく，退所という措置変更は現実にあることであり，安全委員会がらみで始まったことではない。であればこそ，たとえ稀にではあれ自分たち自身に適用される可能性があるルールについて，子どもたち自身があらかじめ知らされておくことは必要なことである。また，なにも知らされないで，なんらかの深刻な事件を起こし，いきなり「退所」になることの方こそが重大な弊害であると考えられる。また，被害児を守り抜き，安心・安全を保障するためにも，ルールを教えておくことは必要であると考えられる。**「安心・安全に暮らす権利」**があるのはもちろん，退所という措置変更がありうるということを，子どもたちには**「知る権利」**があるはずである（田嶌，2009）。ルールがあるにもかかわらず，それを知らせないのは，そちらの方こそ「権利侵害」であると言えるのではないだろうか。

　さらに言えば，知らされることなしには，子ども主体も十分なものとは言えず，**「子ども主体」**という理念にも反することでもあると考えられる。

カナダにおける子どもの権利擁護

　欧米ではこの点はどうなっているのであろうか。高橋（2000）によれば，子どもの権利擁護の活動がもっとも進んでいるとされているのはカナダだそうであるが，そのカナダの子ども家庭サービス・アドボカシー事務所が，子どものために作成した「子どもの権利ハンドブック」には，<u>ルールを提示するだけでなく，ルールを破るとどうなるかを知ることも子ども自身の権利でも責任でもある</u>とされているのである。以下に，具体的に見てみよう。

8）あなたには言葉による辱めや身体的な暴力を受けない権利があります。

　誰も ── 誰ひとりとして ── あなたの悪口を言ったり，あなたをからかったり，叩いたりすることはできません。それは，お尻や顔を叩かれたり，傷つけられたりしないということです。

　これだけでなく，さらには「あなたの責任とは」の項があり，次のように述べられている。

9) ルールやしつけ，責任を理解する権利

　あなたは自分の守るべきルールがわかっていなければ，本当にかっこいいとは言えません。あなたは自分の住んでいるところの規則を理解していなければいけません。そして，その規則を破ったらどうなるかを知っておくべきです。それが公平（fair）なことなのです。

　権利を持つということは責任をもつということでもあります。あなたの行動によっては，それが他人の権利を侵害する可能性もあるのです。

23) あなたの責任とは

　自分の住んでいるところが安全で，かつそこで物事がうまくいくようにするためには，ルールに従わなければなりません。

　ルールにはいろいろなものがあり，あるところでは他より厳しいこともあります。しかし，自分の住んでいるところのルールを知っておくことは，あなたの責任です。

　ルールを破るとどうなるかを知ることも，あなたの権利です。知らなければ，自分の選択した行動に対して責任を取ることはできないからです。

（許斐有・大阪府立大学カナダ児童福祉研究ゼミ共訳［1999］子どもの権利擁護と自立支援．カナダユース招聘委員会，pp.45-48，より引用．一部加筆・補正［高橋重宏編著（2000）子どもの権利擁護——神奈川県の新しいとりくみ　中央法規］）

　このように，子どもの権利擁護の活動がもっとも進んでいるとされているカナダでは，「子どもの権利ハンドブック」に「ルールを破るとどうなるかを知ることも，あなたの権利です」とはっきりと述べられている。また，「規則を破ったらどうなるかを知っておくべきです」，「権利を持つということは責任をもつということです」とも述べられている（高橋，2000）のである。つまり，<u>ルールを提示するだけでなく，ルールを破るとどうなるかを知ることも子ども自身の権利でもあり責任でもあると明記されている</u>のである。わが国ではルールをもって脅かすのではなく，安全委員会方式でただ退所という措置があるというルールを提示することにさえ「懲戒権の濫用になりはしないか」などという主張が出てくることが，私には不可解である。

　ひょっとしたら，以前かつてあったように，関係者が「退所させるという脅

し」に使ったり，暴力的管理型（または強圧的管理型）に逆戻りするのではないかという不安をもたれたのかもしれない。しかし，ここで思い出していただきたい。安全委員会には児童相談所と学校が入っているのである。子どもを不当に脅かすことにならないような仕組みになっているのである。

「懲戒権の濫用」と「懲戒権の有効かつ適正な使用」

いまひとつ先に第4章で論じたように，2レベル三種の暴力とその連鎖，さらには施設内暴力にも，暴力的管理型だけでなく，さまざまな型の施設があることを思い出していただきたい。むろん，**「懲戒権の濫用」**に注意すべきなのは言うまでもないことである。しかし，その一方で，児童福祉施設には「職員から子どもへの暴力」だけでなく，**2レベル三種の暴力**があるという現状から言えば，「懲戒権の濫用」を言うだけでは施設の暴力はなくならないし，施設で暮らす子どもたちの安心・安全は実現できないといえよう。

被害児を守るためにも，そして加害児が暴力を振るわずに生きていけるように援助するためにも，「懲戒権の濫用」と同時に**「懲戒権の有効かつ適正な使用」**ということが論じられるべきである。

西澤哲氏のように，この領域で著名な人物が，私たちのような活動に対してさえも，「懲戒権の濫用」と言い立てていることからわかるのは，いかにこの領域で「懲戒権の濫用」ということが強調されてきたかということである。その背景には，施設長も含む職員から子どもへの虐待・暴力事件が続発したということがある。

しかし，児童福祉施設では，職員から子どもへの暴力（職員暴力）だけでなく，子ども間暴力（児童間暴力）や子どもから職員への暴力（対職員暴力）も深刻であるという実態から見れば，私たちのような活動に対してさえも「懲戒権の濫用ではないか」などと言っているようでは，施設をあげた暴力解決への有効な取組みを多くの施設で実現することができようはずがないものと考えられる。

したがって，**「懲戒権の有効かつ適正な使用」**のあり方を論じることなく，西澤哲氏のように，「懲戒権の濫用」ということだけをもっぱら強調してきたことこそが，この問題の解決を遅らせている要因のひとつであると考えられる。

単に，濫用にあたるかあたらないかといった議論だけでなく，もっと踏み込んで暴力への対応に有効かつ適正な使用のあり方ということが論じられるべきなのである。その議論なしに，「懲戒権の濫用」ということだけがもっぱら強調

第11章 安全委員会方式の意義と課題と限界 —— 523

されてきたことこそが問題であると私は考えている。

　念のために言えば，私は暴力を振るう子どもはどんどん退所させるべきだと考えているわけでもなく，かといってどんなにひどい暴力を何度も繰り返す子どもでも決して退所させてはいけないと考えているわけでもない。被害児を守りぬくことができないのなら，退所という措置変更も必要であると考えている。ただし，退所という措置変更の実態を調べ，さらにそれに基づいて今後どうあるべきなのかを論じていくことも今後必要であるとも考えている。

2. そういう施設があること自体が問題？

　私の発表を聞いたこともないのに，批判している人が何人もいるのにはひどく驚かされた。こういう人たちは論外であるが，私の取り組みの発表を聞いたいわゆる有名専門家たちの評価は，芳しいものではなかった（ただし，有名専門家ではない専門家の支持の声は少なくなかった）。現在，私たちの安全委員会方式は優良として知られた施設やいわゆる先進的な特徴のある取り組みを行ってきた施設でも導入されている。しかし，研修会などで私が講演する際は，なるべく理解してもらいやすいように，暴力が吹き荒れた施設を例にしてお話することが多い。そういう話を聞いての主な反応のひとつは，暴力が吹き荒れた施設について「そういう施設が存在すること自体が問題」というものであった。

　しかし施設現場では，そんなことを言い放つだけで済ませられる状況ではないのである。顕在化しているもの，すなわち事件として把握されているものだけ見ても，ある地域のある特定の施設だけで起こっていることではないのである。しかも，多くの施設では弱い子どもたちは訴えることができず，潜在的な暴力が相当蔓延しているものと考えられる。被害にあっている子どもたちは，確実に守ってもらえるという実感が得られない限り，訴えることができないのである。

　私たちが活動している全国15ヵ所の児童福祉施設で，程度の差はあれ潜在的暴力がなかったという施設は1ヵ所もない。非常に落ち着いているように見えた施設でも，少なからぬ潜在的暴力が発見されている。しかも，いずれの施設でも児童相談所が年1～2回は入所の子どもたち全員への個別の聞き取り調査を実施していたが，それでは発見できていなかったのである。

　また，「そういう施設が存在すること自体が問題」といっても，現に存在するのであるから，そういうだけで済ませるのは，無責任であろう。だいいち，そ

ういう状況を見過ごしてきたのは，誰なのかということにも思いをはせてほしいものである。

さらに驚くのは，有名専門家だけではなく，それぞれの地域では指導的立場にある施設長さんからも同様の意見が寄せられることがあるということである。「そもそもこんなになるまで，放っておいたのがおかしい」「そういう施設があるのがおかしい」という意見を私の発表への批判として堂々と発言されるのである。

私は外部から支援に入った人間である。しかも，日もまだ浅い。それに対して，ねぎらいの言葉ひとつなくこの領域をリードしてきた施設関係者が平気でそう言い放ってしまえるという，そういう姿勢こそが問題ではないだろうか。そこには，自分が指導的立場にあるという当事者意識の欠如がある。

それぞれの地域では指導的立場にある施設長は自分の施設が落ち着いている（本当に落ち着いているのかは疑問だが）としても，それでよしとしていてはいけないのである。先に，第6章で処遇（養育）のパラダイムが「個人の力量」という視点から「施設全体の力量へ」という視点への転換が必要であると述べた。その流れで言えば，「ひとつの施設の処遇力」を高めるという視点だけでなく，「地域の施設全体の処遇力」「全国の施設全体の処遇力」を高めるという視点から取り組むのが，指導的立場にある者の役割と責任というものであろう。

子どもの権利ノートについて，「こういう権利がある」と主張するだけで，自動的にその権利が実現するわけではない，それをどうやって実現できるようにするかが重要であると私は述べた（第5章参照）。同様に，「そういう施設が存在すること自体が問題」というだけで，そういう施設がなくなるわけではないのである。そのための方策が必要である。もっと言えば，それも大事だが，現在被害にあっている子どもたちを助けることが最優先で取り組まれるべきである。

有名専門家であれ，指導的立場にある施設長であれ，「そういう施設が存在すること自体が問題」と発言する時，自分がどこの立ち位置にいるのかを顧みていただきたい。

今現在，大変多くの施設で，子どもたちは暴力に怯えた生活を送っているのである。

第4章でも述べたように，欧米では「どんなに優れた施設でも，施設内虐待は起こりうる」という前提のもとに防止に努めているという姿勢を見習うべきであると私は思う。

3. 荒れた時期に導入するのはやむをえない?

　安全委員会方式を「荒れた施設でひと時期導入するのはやむを得ないが, 落ち着いてきたらやめるべきである」とか「安定した施設に導入するのは問題である」といった意見もある。懲戒権の濫用などという意見に比べれば, その意義を部分的であれ認めているのは前進ではあるが, しかしこれもマイルドではあるが的はずれな批判と考えてよいと思われる。

　こうした意見は, 安全委員会方式は暴力を抑えるだけの方式であるという誤解に基づいているものと考えられるからである。繰り返し述べてきたように, 安全委員会方式は, ただ暴力を抑えるだけの方式ではなく, 自分の気持ちや考えを言葉で表現できるように援助し, さらには子どもたちの成長のエネルギーを引き出す方式だからである。

　また, その施設が今どういう暴力状況にあるかを, どうやって判断するというのだろうか。「安定した施設」あるいは「荒れた施設」と簡単に言うが, いわゆる「安定した施設」でもかなりの潜在的暴力が存在する可能性があるのである。実際, 私たちはその地域で優良と言われている施設で, かなりの潜在的暴力を発見したことがある。さらには, 安全委員会方式をやめてもよいということをどうやって判断・判定するのだろうか。また, 取り組みをやめた後, 潜在的暴力が起こった場合, どうやってキャッチするというのだろうか。

　潜在的暴力をキャッチするためには, 安心・安全のアセスメントが必要であるが, それは第6章で述べたように, 暴力防止の「活動をしながら見立てる」ことが必要である。「暴力をなくす活動の一部として行う」のでなければ真に有効なアセスメントにはならないのである (第6章表6-7参照)。

　愛着療法であれ, トラウマのケアであれ, SSTであれ, 性教育であれ, その他いかなる方法によるケアや援助も安心・安全という基盤のうえで行われなければ効果的なものとはなりえないし, 有害でさえありうる。したがって, あらゆるケアや援助は, それに先立って潜在的暴力をもキャッチしうる形の安心・安全のアセスメントを行い, 安心・安全が確認された上で行うべきである。

　もう一度言おう。多くの施設では弱い子どもたちは訴えることができず, 潜在的な暴力が相当蔓延しているものと考えられるのである。第4章で述べた兵庫県児童養護連絡協議会の調査や東京都の社会福祉協議会の調査を思い出していただきたい。児童養護施設の子どもたちの日常には, 暴力や威圧があふれているのである。そして, 被害にあっている子どもたちは, 確実に守ってもらえるという

実感が得られない限り，訴えることができないのである。また，落ち着いている施設でさえ，たった一人の暴力少年・少女が入所するだけで，あっという間に暴力がはびこることもある。いったん落ち着いた施設でも，いつまたそういう状態に逆戻りするかわからないのである。それを「荒れた施設でひと時期導入するのはやむを得ない」などといっていて，どうやって対応できるというのであろうか。

　安心・安全は，供給しつづけなければならない。確実に守られているという実感をいつも提供できなければならない。子どもたちを守るのではない，守り抜くことができなければならないのである。

　なお，現実はすでにこうした批判を超えて，そのはるか先を行っている。安全委員会方式は，その地域では優良施設として知られた施設や先進的取組みをしていることで知られている施設でも導入され，成果をあげているのである。

4．なるべく早くなくなるのがよい？

　また，「暴力はあってはならないことである。暴力に対応する活動などは，できるだけ早くそういう活動をしなくてもよくなることこそが必要」「安全委員会活動などは，やむをえず導入するにしても，一刻も早くなくすようにすべきだ」という言い方をされることもある。

　一見もっともな主張に思われるが，実はそうではない。たとえば，火事や交通事故はなくなるが理想である。しかし，だからといって，消防署や救急病院がなくなった方がいいとは誰も言わないであろう。暴力とそれに対する取り組みも同様である。火事や事故はなくなるのが理想であるというのと同様の意味で私たちの安全委員会活動もなくなるのが理想であるというのなら，それはその通りである。しかし，現実には，安全委員会活動も，火事や事故の防止運動も消防車や救急病院も必要なのである。

　もう一度言っておきたい。暴力がないように見える施設は，潜在的暴力を職員がキャッチできていない施設である可能性が高いのである。

5．どうせ，暴力はなくならない？

　施設職員から，「どうせ，暴力は決してなくなるものではありませんよ」と言われることがある。まず，強調しておきたいのは，安全委員会方式の実績は，この問題が取り組み可能な問題であることを示しているということである。大きな暴力をなくすことや，暴力を激減させることはできるのである。

また，たとえば，私たちの社会で火事や事故がゼロになることはありえないとは誰しも思うところであろう。しかし，だからといって，その防止に取り組まないということは，ありえないはずである。暴力についても同様である。さらに言えば，第9章で「安全委員会方式は学びの方式である」と述べた。このことは，暴力事件そのものは残念なことであるが，暴力事件をきっかけに，暴力を振るわないで生きていくための学びを援助するということでもある。暴力がゼロにならないからといって，そういう活動に意味がないというのであれば，それは養育の放棄（ネグレクト）である。

6．対症療法である：予防が大事

　「予防が大事なのであり，安全委員会方式は，いわば対症療法であり，暴力が起こらない施設を創ることこそ大事なのである」「暴力をただ抑えさえすればいいというものではない」と批判されることもある。私たちの安全委員会方式は，単なる対症療法であるとは考えていないが，たとえそうだとしても，そういうことは，とりあえず暴力を止めてから言って頂きたいものである。被害に怯えている子たちは，きっとそう言うことだろう。

　児童福祉施設では連鎖系暴力（それも施設内での連鎖系暴力）が多いことを考えれば，もっとも効果的で確実な予防は，子どもたちを暴力被害から守り抜くことである。そのことで初めて，連鎖系暴力（それも施設内連鎖系暴力）を断ち切ることができるのである。いわゆる予防的対応では，現在起こっている暴力には対応できないのである。

　ここで必要なのは，すでに第6章で述べたように，**暴力への対応が即予防につながるという視点（対応即予防という視点）**である。安全委員会方式では，暴力への対応が即予防につながるという視点を基本として，さらにそれに加えてさまざまな予防的対応がとられることが望ましいと考えている。そこで，第7章で述べたように，<u>安全委員会方式は単に暴力を抑えるだけでなく，言葉で表現できるように援助し，さらには成長のエネルギーを引き出すことを目指すものである</u>。そして，不本意集団という視点からの対応（第6章）や「希望を引き出す応援面接」（第2章）をはじめ，さまざまな予防的対応を行っている。したがって，安全委員会方式は，暴力がある施設やあるかもしれない施設で暴力をなくし，さらに暴力が起こりにくい施設を創っていくことを目指す方式であることがおわかりいただけると思う。

7. 運用次第では危うい

　安全委員会方式の有効性は認めるものの，「運用次第では危うい方法である」という指摘も受けることがある。これは，いかにももっともな意見である。その通りである。正しいといってよいだろう。しかし，ここで指摘しておきたいのは，「運用次第では危うい」というのは，あらゆる臨床的活動や援助的活動に言えることである。それをわざわざ，安全委員会方式について特に強調したり疑問視したりするのは，私からみて不可解である。

　まして，活動が不適切なものにならないように，児童相談所や学校の関係者等に入ってもらっている方式（しかも，外部の者が委員長を務めることになっている方式）に，ことさら危ういと言わなければならない根拠を示してもらいたいものである。

8. 地元でやれていない

　「地元の施設ではやれていない」という批判がある。私たちの安全委員会方式は，十数ヵ所のうち，私の地元ではゼロ，九州全体でも1ヵ所，それ以外はすべて九州以外の施設である。これは鮮やかな対比であるといってよいだろう。このことをもって，私たちの安全委員会方式に疑問の声をあげる人もいるらしい。通常は，地元で実践し，それが徐々に拡がっていくのが普通であろう。だから，そう言いたくなる人たちの気持ちが私にもわからなくはない。

　しかし，繰り返し述べているように，この方式はいくつもの条件が整わないとできない方式である。また，中途半端な導入はしない方がよい方式でもある。地元でやれていないのは，その条件が整わないからできないでいるにすぎない。

　それにもかかわらず，なにがなんでも地元で実践することに私がこだわっていたら，現在のような成果をあげることはできなかったであろう。むろん，私たちの活動が，あくまでも間接的にではあろうが，いずれは地元の子どもたちにも，いい影響をもたらすことができるものと考えているし，またそれを願ってもいる。

　私の師であり，私の活動をこれまで終始暖かく見守って下さった成瀬悟策先生に地元でやれていないことをお話したところ，「私の時もそうだったよ。そんなもんだよ」と言っておられた。今や臨床心理学の有力な方法として定着している動作法もかつては地元ではなかなか受け入れが難しかったとのことである。また，これまた相談に乗っていただいた中井久夫先生に私たちの活動が東京・

大阪でやれていないこと，それは私のやり方がまずいからだろうかとお話しした際，中井先生は間髪を入れず，「本質的に重要な変化は，中心からは決して起こりません。周辺からしか起こらないものです」と言われた。

この問題はわが国の全国的問題である。そして，私は日本の子どもたちを援助するために日本で活動しているのである。日本の子どもたちを援助するためにと称してヨーロッパや東南アジアなどで活動しているのならまだしも，日本で活動しているのである。**日本ならば地元である**という見方もできるのではないかと思う。少なくとも，私はそう考えて活動してきたのである。

この問題は，おそらくは児童福祉の歴史始まって以来，置き去りにされてきた未曾有の問題である。通常の限度を超えた水準のことであると言ってよいだろう。通常の限度をはるかに超えた水準のことには，しばしばこれまでとは異なる水準の通常ではない取り組みこそが有効になるのではないか，と私は考えている。今回の私たちの活動はまさにそれに当たるものであろう。**「システム形成型アプローチ」**という私自身のこれまでの実践とは異なるスタイルの取り組み（取り組み内容とその展開の仕方）を行わざるをえなかったのはそのためであろうと私は考えている。システム論から私なりに考えてみるとそういうことなのではないかと思う。

なお，これら以外にも「愛着にもっと配慮すべき」「心理療法による心のケアや受容的な関わりの方が重要」との意見もあった。それについては，すでに述べたので，第5章と**巻末資料32**を参照していただきたい。

また，安全委員会方式のようなやり方ではなく「ひとりひとりの子どもに真剣に向き合えば（暴力はなくなる）」とか「研ぎ澄まされた人権感覚こそが必要」といった見解もあった。それについては，第6章を参照していただきたい。

Ⅱ　学問の基本的作法を考える

1．オープンな議論が必要：専門家の批判と当事者の支持
a．専門家の批判：批判論文の紹介

　ここで，私たちの安全委員会方式を批判する論文が複数出ているので紹介しておきたい。施設の暴力問題の解決には今後なによりもオープンな議論が必要であると私は考えているので，参考までに下記に挙げておく。いずれも著名な方々による論文であり，その内容は後に一部を紹介するが，一度も私の講演や発表を聞いたことがないのに，よくもまあ，これだけ痛烈な批判が書けるものだと思う。また，学会誌や専門誌であるにもかかわらず，名指しで批判しながら，文献さえあげていない論文も複数あるのには，驚かされる。下記の論文を，拙論と併せて，ぜひお読みいただければと思う。

> 加賀美尤祥（2008）社会的養護の担い手の課題と展望――養育論形成の序に向けて　社会福祉研究，10月号；38-46．
> 北川清一・田口美和・塩田規子（2008）児童養護施設実践の崩壊と再生の過程に関する事例研究――K園の取り組みを手がかりに　ソーシャルワーク研究，34(3)；56-66．
> 西澤哲（2008）田嶌先生の批判に応えて　臨床心理学 8(5)；706-712．
> 西澤哲（2009）社会的養護における不適切な養育――いわゆる「施設内虐待」の全体像の把握の試み　子どもの虐待とネグレクト（特集　社会的養護における不適切な養育），11(2)；145-153．
> 杉山登志郎・海野千畝子（2009）児童養護施設における施設内性的被害加害の現状と課題（特集　社会的養護における不適切な養育），子どもの虐待とネグレクト，11(2)；172-181．

b．当事者（施設生活経験者）の支持

　その一方で，下記の手記やホームページに見られるように，当事者である児童養護施設生活経験者が安全委員会方式を支持してくれている。

「一施設生活経験者の手記：児童養護施設内暴力を根絶するために～児童養護施設で暮らした体験より～」（2009）から

　　『最近ある施設での取り組みに興味をもった。施設内の暴力に対して組織

で取り組んでいる「安全委員会方式」である。初めて田嶌誠一教授の講演を聴いたとき今までの胸のつかえがとれた気分であった。まるで児童養護施設の子どもたちの苦しみを代弁しているようで共感を呼んだ。集団のなかでは弱いものが常に暴力の餌食となることが多い。子どもも大人も弱い部分にそれが出てくるのである。力のあるものの支配下に置かれることは絶対にあってはならぬことだ。虐待によって傷つけられた子どもたちの「安心・安全の場」が「生き地獄」に変わってしまうからだ。この安全委員会方式はまさに暴力の連鎖を止める役割を担っていると言えるだろう。子どもも大人もお互いが暴力の無い世界に住んでこそ、「自分は生まれてきてよかった」と言えるだろう。

　この安全委員会方式が私の中学・高校時代に取り入れられていたら，皆理不尽な「暴力」に苦しまなくてすんだのにと思うことがある。当時は誰に相談していいのかわからなかった。誰かに愚痴をこぼすこともあまりなかった。だから「自分が我慢すればいいのだ」と忍耐の連続だった。児童養護施設から高校に通うのが嫌で，中学卒業と同時に社会に飛び出した中学生仲間も少なくなかった。そして自暴自棄になりどん底に転落していった者もいた。だからこの安全委員会が発足して非常に嬉しく思う。現在，暴力問題等で困っている児童養護施設をはじめ他の施設もぜひ安全委員会方式を導入し，健全な養育環境へと立て直してほしいと願っている。そして，この安全委員会方式の設立にあたりご苦労されている大学関係者，福祉関係者の皆様に心から感謝の意を申し上げたい』

「エドワードブログ」
　　http://yogo-shisetsu.info/weblog/edward/archives/9.html.
　　　『施設内児童間暴力・性暴力については，Edwardが知る限り，日本の大学で唯一の取り組みをしている九州大学の田嶌教授の抄録を読んで欲しい．
　　　　・児童養護施設における児童間暴力　日本心理臨床学会第25回大会発表抄録，2006．
　　　　・児童養護施設における施設内暴力への包括的対応（日本心理臨床学会第26回大会発表抄録，2007』．
「Mariaの戦いと祈り」
　　http://prayermaria.blog74.fc2.com/blog-entry-158.html
　　　『Edwardブログに掲載された九州大学の田嶌教授の学会発表抄録を読んだの．ああ，この方は，養護施設における子ども同士の暴力・性暴力を正しく捉えている，と思ったわ』．

先述のように何人もの著名な専門家・研究者が私たちの安全委員会方式を批判している一方で，児童養護施設の生活を体験してきた当事者が熱く支持してくれているのは，私の誇りとするところである。とはいえ，当事者のこうした思いがこれらの専門家・研究者にも届くことを願っている。

2．学問の基本的作法
a．文献を引用する
学問の基本的作法

　ここでこのようなものを紹介しなければならないのは，私にとって大変残念なことである。これらの批判論文は，いずれも学会誌や専門誌に掲載の論文であるので，これらの論文の書かれ方を見てみると，後に紹介するようにその内容もひどいものであるが，学問や専門性のあり方という点で反面教師的な示唆に富むものである。学問の基本的作法ということを考えさせられるので，それについて少し述べておきたい。

　まず，先に述べたように，いずれも学会誌や専門誌に掲載の論文でありながら，安全委員会方式を名指しで批判しつつ，引用文献（または参考文献）さえあげていない論文が複数あるということである。具体的に言えば，加賀美（2008），杉山・海野（2008）は，「安全委員会方式」と名指しで批判しながら，引用文献も参考文献も全くあげていない。また，西澤（2008）は，名指しこそしていないが，私たちの活動をさしていると思われる批判を述べており，その活動について文献は全くあげられていない。たとえば，杉山・海野（2008）では，"いわゆる「安全委員会方式」の問題点は，子どもたちにとって決して望んで施設生活を送らされているのではないのに，その生存権を脅かされるところにある"とまで述べている。ちなみにこの論文では，安全委員会式について触れたのは，これがすべてである。驚くべきことに，どういう方式なのかという言及もそう考える根拠も全く述べられておらず，引用文献も参考文献も全くあげていないのである。

　「生存権が脅かされる」とまで言い切るからには，事実に基づく根拠を示すべきである。そして，安全委員会方式についての文献くらいはあげるべきである。

　発達障害や虐待に関する優れた研究で知られる杉山登志郎氏が第一著者となっている論文までがこうなのである。

　もうひとつあげておこう。加賀美（2008）は社会的養護の課題について論じ

ているが，その論文の中にも唐突に安全委員会方式批判が出てきている。

『今，こうした子ども間暴力が深刻な施設において，子どもの「安全」で「安心」な生活を脅かすとの理由から，こともあろうに子どもの権利擁護の<u>最後の砦</u>ともいうべき"措置権"を施設内の子どもの行動制御のための「手段」とする"子どもの安全委員会方式"なるシステムの構築を正当化しようとする動きがあると聞いている。こうした動向はまさに施設養護の場の混乱を象徴するものであるが，これが真の意味での子どもの安全・安心を保障するものではないことは明らかである。いや，それ以上に，今，社会的養護関係者が目指す，子どもの発達保障を基盤とする子ども養育の場のパラダイム転換への取り組みに大きな障害になりかねない動向である』

このように，ここでもえらい言われ方なのである。ちなみにこの論文でも，安全委員会方式について触れたのは，これがすべてである。そして，ここでも「安全委員会方式」と名指しで批判しながら，引用文献も参考文献も全くあげていないのである。

これでは，「批判」というより単なる「非難」である。

その点で，北川・田口・塩田（2008）は，それらの論文にくらべればいくらかましであると言えるかもしれない。参考文献をあげていないが，［注］に私の論文（田嶌，2008）をひとつだけ紹介してあるからである。この論文は北川氏らが関わったＫ園という児童養護施設の再生について論じたものだが，ここでも文脈からみて唐突に私への批判が出ている。また，そのトーンは驚くほど激烈である。そのためか，北川氏やＫ園と私がなにか関わりがあるのかとの質問を受けることがある。北川氏とはお会いしたこともないし，またＫ園は私とは縁もゆかりも全くない施設である。

繰り返すが，いずれも学会誌や専門誌なのである。

いろいろな考え方や<u>立場</u>があってしかるべきであるし，批判もあってよい。これまで議論の対象にならなかった問題であるだけに，議論が盛んになること自体は，とりわけ歓迎すべきことであると思う。しかし，風聞や誤解に基づく的外れな批判には正直言って，閉口している。専門家が学会誌や専門誌に書く論文というものは，いくら自分の気にいらない見解であれ，引用文献（または参考文献）をあげるのが最低限の基本的作法である。批判しているのであればなおさらである。これでは，専門家や研究者が振るう暴力であると言ってもよいのではないだろうか。そうでないと，相手に失礼であるということに留まら

ず，第三者があとで両方の見解を調べて比較検討するということができないからである。つまり，オープンな議論と知見の積み上げができようがないからである。

　なかでも，杉山・海野論文（2008）や西澤論文（2008）が掲載されている『子どもの虐待とネグレクト』誌は，日本子ども虐待防止学会の機関誌である。日本子ども虐待防止学会は，会員数が2,000名を超える大きな学会で，わが国の子ども虐待問題への重要な役割を果たしてきた学会であり，その活動に私は敬意をもっている。しかし，その機関誌がこのような論文を掲載してしまったのは大変残念である。

　今後は，ぜひ，本書も含めて，引用文献または参考文献としてあげていただくようにお願いしたい。それらの論文の著者だけではない。文献引用もなしの批判論文を掲載した学会誌・専門誌の編集委員会にもこのことは今後ぜひ気をつけていただきたい。著者はもちろんのこと，編集委員会および理事会の見識と倫理の問題でもある。とりわけ，特集担当の編集委員の責任は大きい。私たちはすでに現場でかなりの実績を積み上げてきているから，今のところなんとかつぶされずに済んでいるが，通常の活動であれば，著名な人物によるこのような論文が出ただけで，またたく間につぶされていたはずだからである。

　次に，できれば，全否定ではなく，評価できる点があるなら，それにも簡単でよいから触れていただきたい。私は安全委員会方式のセールスをしたいわけではなく，児童福祉領域における暴力問題をなんとかしたいだけである。たとえば，「田嶌が指摘しているように児童福祉施設の暴力問題は重要である。今後ぜひとも早急に取り組むべき問題である。ただし，私は田嶌のようなやり方には反対である。その理由は～」というように書いてもらえると，この問題の前進に役立つものと思う。

　この点もぜひ，よろしくお願いしたい。できればもう一歩進んで，「この問題は田嶌が指摘しているように，施設をあげた取り組みが必要である」とでも書き添えてもらえるとさらなる前進につながることと思う。

　なお，いずれも安全委員会方式について一度も直接私の話を聞いたことがない人たちから，バッシングをここまでやられれば，私としてはほとんど「まとめてかかって来なさい」という気分である。私は，年をとるにつれて，なるべくなら他人といがみあうことなく，笑顔で接していきたいとますます強く思うようになってきた。しかし，そうも言ってばかりはいられない。私も導入施設

も，誰とでも，どこででも根拠を示して議論する用意があるので，批判者の皆様にはどうぞお声をかけていただきたい。

私が望んでいるのは，オープンな議論である。

意見はいろいろあってよい。しかし，私たちの活動が，先述のように「生存権を脅かす」などとまで言われるものではないことは，本書で述べた私たちの実践をお読みいただければ（よほど変な読み方をしない限り）おわかりいただけるものと思う。

この件について，日本子ども虐待防止学会の私への良識ある対応を希望している。

b．対案を示して実践を

こうした困難な問題への取り組みについて，何も取り組んでいない者が頭のなかで考えた理想論から現実の取り組みを批判することは非常にたやすい。また，取り組んでいる人でも，自分の取り組みを脇において，他者の取り組みを批判することもたやすい。ましてや，西澤（2008，2009）の虚偽の情報（後述および**巻末資料26**を参照）を鵜呑みにして批判するだけなら，どんな批判でも可能であろう。

しかし，私たちは現場と関わっている立場の専門家である。したがって，当然ながら，ただ安全委員会方式を批判するだけではすまないだろう。

対案を出していただきたい。**対案を示して実践していただきたい。**

私たちの方式に賛同しない方々も，批判だけに終始するのではなく，この問題の深刻さと重要さに鑑みて，事態改善のためのなんらかの取り組みを開始していただきたいと願っている。そして私たちとは違うやり方であれ，比較的落ち着いた施設だけでなく，職員がボコボコにされている施設や潜在的暴力が密かに続いてきた施設でも実績を上げていただきたい。そして，そのやり方を広めていただきたい。

できれば，複数の施設で実績をあげていただきたい。そして，その実績をもって私たちと議論していただきたい。複数の施設で実績をあげることができなければ，「共有可能な臨床の知恵」「共有可能な現場の知恵」にならないからである。カリスマ施設長やカリスマ指導員・保育士がいないと落ち着かないというのでは，他の施設が参考にすることが極めて難しいからである。全国の状況が変わるためには，「共有可能な臨床の知恵」や「共有可能な現場の知恵」が必要

なのである。

　このことは，私がお願いしなくても，ぜひともやっていただきたい。

　子どもたちを守るのではない，守り抜くことが必要なのである。自分が関わっているときだけなんとかなればいいというだけの問題では決してないのである。それだけでも実現するのは大変なことであるが，さらにはあなたや私が将来いなくなっても子どもたちが守られ続けることが必要なのである。

c．明らかな虚偽の指摘

　風聞に基づくと思われる批判論文がこれだけ出ていることに大きな役割を果たしているのは，トラウマで著名な西澤哲氏である。ちなみに，加賀美氏は西澤氏と同じ山梨県立大学にお勤めで，同時に山梨県の児童養護施設の施設長をされている方であるし，全国児童養護施設協議会（全養協）の元会長，さらには現会長（平成23〜24年度）でもある。また先にあげた杉山・海野論文（2008）が掲載されている『子どもの虐待とネグレクト』誌（日本子ども虐待防止学会の機関誌）のこの時点での編集委員長は西澤哲氏である。

　安全委員会方式について，西澤氏が虚偽の情報を流したことをきっかけとして，それに私が抗議し，西澤哲氏と私との間で「論争」がある。読後感のよいものではないので，それについて詳しい紹介はここでは控えておくことにしたい。関心のある方は，**巻末資料26-1**および田嶌（2008），西澤（2008）を参照していただきたい。先にも述べたように，批判や議論はあってよい。いろいろな考え方があって当然である。西澤氏はもっぱら批判だけに終始しているが，そうではなく，対案と実績の報告を示しての議論であれば歓迎である。

　しかし，困るのは，見解の相違とか認識の違いといったレベルのことではなく，基本的な事実関係についてまでもウソを書いていることである。生産的議論になりようがないからである。参考までに巻末に資料として，西澤哲氏による「田嶌先生の批判に応えて」（臨床心理学，8(5)；706-712）に書かれている明らかに事実関係でウソを書いている部分を，根拠をあげて指摘したものを掲載しておく（**巻末資料26-1，26-2．**を参照）。なお，読み心地のよいものではないので，関心のない方は，むろんお読みいただく必要はない。

　私がこういう形で反論することに眉をしかめる方もおられよう。「当人同士が話し合いをしたらよかろう，こういう形でやるのはいかがなものか」との批判もあろう。通常はそうであろう。私もそう思う。しかし，限度を超えたものに

ついては，通常ではない方法をとらざるをえないのである。**巻末資料 26 - 1** で述べているように最低限の事実関係についてさえも西澤哲氏とは共有することが難しいのであるから，当人同士の話し合いではどうにもならないと考えざるをえないのである。読者の皆さんに，こういう形でやらざるを得ないという私の側の事情を，どうかご理解いただきたい。

d. 根拠資料

　悪評を流すのは簡単だが，それを正すのは大変なことである。ただでさえそうなのに，ましてや，この領域での名だたる有名人たちがこれだけ痛烈な書きぶりで批判しているのであれば，なおさらである。それを読んだ人たちや直接悪評を聞かされた人たちの多くは，その内容をすぐに真に受けてしまうことだろう。それはある程度はやむをえないことだろうとも思う。しかし，やられる方はたまったものではない。ひとりひとりはさしたる悪意はなくとも，それが寄せ集まると巨大な悪意となる。

　私はその対応に追われた。しかし，自分で自分の弁護をしなければならないというのはなんとも難しいものである。私が必死で打ち消そうとすれするほど，いよいよ怪しいと思われるような気がする。自分が怪しいものではないことを必死で弁明しようとするという，その構図そのものが，すでに十分に怪しいからである。

　幸い活動が多大の成果をあげており，そのうちそれをいくつもの施設がさまざまな機会に発表するようになってきた。まとまった報告書もすでにいくつか出ている。本書では，それらのうち，新潟県の児童養護施設若草寮，岩手県の児童養護施設和光学園の活動の詳しい報告（涌井，2009；和光学園，2010）を巻末資料として転載させてもらっているので，ご参照いただきたい（**巻末資料 28 および 29 を参照**）。また，静岡県の情緒障害児短期治療施設吉原林間学園が行った安全委員会方式導入の全施設（2008 年当時）へのアンケート調査（吉原林間学園，2008，**巻末資料 27**）も報告されている。さらに言えば，本書でもいくつもの施設の実践を報告している（第 8 章，第 9 章，第 10 章参照）。これらを一読していただければ，名だたる有名専門家たちの批判が，いかに根拠のないものであるかが，おわかりいただけるはずだと思う。

　暴力問題にまだまだ蓋をしておきたいという雰囲気が強い中で，施設をあげて暴力問題に取り組むのは勇気のいることである。まして，それについて発表

を行うのは，施設にとってはさらに大変な勇気のいることである。しかし，それでもそれをやっているのは，この領域での役割を自覚し，使命感を持っておられるからだと思う。自分の施設だけがよくなればいいという問題ではないことをいずれも認識していて，他施設にも参考にしていただきたいとの思いから，発表したり報告書を出したりしているのである。そのことに私は深い敬意を抱いている。

　私たちの活動のこうした実態を知る努力もせずに，私たちのように施設をあげた暴力への取組みに対して，有名専門家たちが「懲戒権の濫用」（西澤，2008），「子どもの暴力のみを取り上げて問題とし」（西澤，2009），「真の意味でのこどもの安全・安心を保障するものではないことは明らか」（加賀美，2008），「生存権を脅かす」（杉山・海野，2009）などと批判・非難しているのである。西澤哲氏だけでなく，本来なら，この子らがもっとも頼りにできるはずでなければならない有名専門家たちがこうなのだから，これでは子どもたちが救われなかったはずである。根拠なき批判をした人たち，そしてそれに加担した人たちは，私にはもちろん，施設や施設の子どもたちにどれだけひどい仕打ちをしたのかをしっかりと自覚していただきたいものである。

　あなた方が守るべきは西澤哲氏ではなく，今なお暴力被害に苦しんでいる子どもたちである。「なんで，もっと早く助けにきてくれなかったんですか!?」という子どもたちの声（第6章および第8章を参照）をあなた方はなんと聞くのだろうか。

　お願いだから，人の実践にあれこれ言う前に，取り組んで実績をあげてみせてください。

　<u>臨床実践についての批判は，虚偽の情報に基づく一方的理解を当人のいないところで流すという形で行うのではなく，公の場でお互いの実践を相互に議論することによってなされるべきである</u>。私も安全委員会方式を導入している施設側もいつでも誰とでもそれを行う用意がある。私はそう主張して，田嶌（2008）で西澤氏側に呼び掛けたが，その後なんらお誘いがない（2011年10月現在）。しかも，相変わらず，いろいろな場で安全委員会方式への的外れな批判を展開しておられるとのことである。

3. かくも激しい批判（というよりバッシング）

　これだけの批判を目にすれば，読者の中には，よほど私が攻撃的にやってきたので摩擦が起こっているのではないかと思われた方もおられよう。しかし，第1章で述べたように，私のモットーは「志は高く，腰は低く」である。先述のように，施設の暴力問題について言えば，本書でこそいろいろな理論や技法を批判しているものの，それまでは私はひたすらいい実践を創っていこうとしただけのことで，私の方から誰かに論争を仕掛けたり，批判したりしたことは実際には一度もないのである。にもかかわらず，先に述べたように，短期間にいくつもの激しい批判が出てくること自体，驚くべきことであり，この問題が通常のレベルを超えた問題であることをうかがわせる。

　しかも，先に一部紹介したように，事実に基づく批判がひとつもないこともまた，特筆すべきことである。文脈からみて唐突に安全委員会批判が登場するのも特徴と言えるのではないだろうか。ここまでくると，批判というよりバッシングと言ったほうがいいように思う。

　このような事態は，私としては大変残念なことである。とりわけ残念なのは，優れた研究と実践で知られる児童精神科医の杉山登志郎氏までがそのメンバーであるということである。杉山氏までが痛烈に批判している以上，その影響は（少なくとも精神科医や臨床心理士には）大きいものと考えられる。しかし，それ以上に残念なのは，私自身が氏の研究と実践を高く評価しているからである（ただし，児童養護施設における性暴力についての論文には私は疑問を感じており，それについてはすでに第5章で述べた）。

　先にあげた安全委員会方式の批判論文は，いずれも風聞に基づいて批判しているとしか思えない内容である。私が会ったこともなく，顔も知らない人や，あるいはちょっと会ったことがあるだけといった人たちが，ここまで確信的に批判できるのも驚きである。これらのこと自体，なんとも特異な現象であり，社会心理学等の研究対象にしてもよいくらいの興味深い現象のように思われる。

　かくも激しいバッシングといってよいだろう。いったい，なぜこういうことになってしまったのだろうか？

　読者の中には，あるいは，私の活動の展開の仕方によほど問題があったのではないかと思われる方もおられるかもしれない。私自身は，第5章でも述べたように，かなり慎重に進めてきたつもりであるし，思い当たることはない。事情をよく知る人に聞いてもそれはないと思うとのことである。

あるいは，それなら私が西澤哲氏との間でこの問題以前になにか別のことでトラブルがあったのではないかと思われる方もおられるかもしれない。実際，そういう質問を受けたことが一度ならずあるが，それも全くないのである。
　私の推測はこうである。第一には西澤哲氏というこの領域で著名な人物が，事実とは全く異なる虚偽の情報を流したこと（後述および**巻末資料 26－1，26－2** を参照），第二にそれを聞いた人たちが，おそらくは驚くほど簡単にそれを信じてしまったものと考えられるということがあげられよう。こうした個人要因に加えて，さらに，第三に暴力問題には独特の難しさがあるものと考えられる。他の問題では非常に優れた論考を書いている人たちが，この暴力問題になると，とたんにピントがはずれてしまうという印象が私にはある。うまく説明できないが，暴力問題には独特の難しさがあるようである。ひょっとしたら，いわゆる「専門家」の人たちに，身体への暴力に対応するためのそれこそ「体験の蓄積」があまりにも足りないのかもしれない。
　では，なぜ西澤哲氏が誤った情報を流し，それに幾多の専門家が簡単にそれを鵜呑みにして攻撃してきたのだろうか。実は，それについては私にはよくわからない。ひょっとしたら，研究者間や専門家間のいじめとしても見ることができるのではないかと思う。これまで自分たちが取り組んでこなかった問題に他領域からやってきて取り組み始めたことへの（心の狭い人たちの）反応なのかもしれない。いわば，学級に異文化を持ち込んだ転校生へのいじめのような側面もあるのかもしれない。
　また，うがった見方かもしれないが，この人たちは「正義の味方」を自認している人たちで，彼らは「悪の敵」を必要としているのではないだろうかという連想が私には浮かんでくる。そういう人物をひそかに待ち望んでいたのではないだろうか。そう思ってしまうのは，後に一部触れるように，その書きぶりはまるで「極悪非道の悪人に正義の鉄槌を下している」かのような論調だからである。残念ながら，私はそのご期待にお応えできない。
　そして，いまひとつさらに重要な要因があると私は考えている。それはこの時代をリードするパラダイム（時代のパラダイム）に抵触したからではないかということである。それについては，より詳しい説明が必要なので，終章（第14章）で述べることとしたい。
　種々の批判に対しては，重要な点についてはすでに反論を述べてきた。そこで，現段階で当事者である私がここでさらに先述の批判論文に対してひとつひ

とつこまごまと反論することは控え，代わって学問の基本的作法という観点から論じることとした。そして，第三者の方々が両方の見解を参照して，判断されることにゆだねることとしたい。

　先に『心の営みとしての病むこと──イメージの心理臨床』というイメージ関係の著書（田嶌，2011）を出していることからもおわかりいただけるように，私はイメージの専門家でもある。現実がどうであれ，人はしばしば見たいものを見るものである，とは承知していたつもりである。しかし，それにしても現実というものは，ここまで歪めようがあるものだと思い知った次第である。どうやら，新たな活動を切り開く時，こういうことは割りと起こるものなのであろう。通常は，もっとマイルドな形でそれが起こるのだが，私の場合，それが極端な形で起こったのだと考えられる。

Ⅲ　安全委員会方式の意義と課題と限界

1．安全委員会方式（または活動）の意義

　以上のような的はずれな批判はさておき，ここで安全委員会方式の意義と課題と限界を考えておきたい。意義については，これまでも述べてきたので，簡単に述べることにしたい。

　第7章で述べた安全委員会方式の特徴を述べたが，安全委員会方式の意義は，ほとんどそれと重なるものであるので参照していただいた。さらに，それらにいくつかの意義を付け加えておきたい。

　まず，その意義のひとつは，児童福祉施設における暴力問題が取り組み可能であることを実践を通して具体的に示した点にある。さらには，その取り組みとその背景の理論を共有可能な知恵として提示したことにある。そして，そこでは，パラダイムの転換の必要性にも触れた。心理臨床の方法という側面からいえば，「体験支援的アプローチ」と「システム形成型アプローチ」の具体例を示したという点があげられる。

　また，従来の心理臨床では，心のケアというのは，あくまでも事後対応かそうならないための予防的対応のいずれかであった。いかに過酷な体験によって引き起こされたものであっても，それが終わった後のケアである。しかし，ここでの暴力問題は，現在なお進行中の過酷な現実への介入である。しかもコ

ミュニティ心理学の危機介入（たとえば，山本，1986を参照）のような一時的なものではなく，進行中の過酷な現実を変えるための日常的な介入である。

さらに言えば，安全委員会方式は，心理臨床という領域に留まらず，「社会的問題を発見し，さらにその解決をはかるための活動のモデルと具体的な実践例をシステム形成という側面から示した」という意義があるものと考えられる。

安全委員会方式は，これまで第7～第10章で述べてきたことから，導入した多くの施設でかなりの成果をあげていると言えるだろう。少なくとも，先に述べたような，「共有可能な臨床の知恵」や「共有可能な現場の知恵」がすでにかなりの程度できているといってよいだろう。ただし，むろんそれが唯一最善なものだというつもりはない。そして，この方式にも課題と限界がある。それをきちんと見極めておくことが今後の展開に重要であろう。そこで，以下に安全委員会方式の課題と限界を論じておきたい。

2. 経営体質を改善する方式ではない

いまのところ，おおむね成功していると思うが，中には苦い経験もあった。いったんは，導入したものの，その後私が引かざるを得なくなった施設が3ヵ所あるのである。これも学ぶべき貴重なデータであると考えられるので，それについて述べ，今後の課題を考察しておきたい。いずれの施設も安全委員会方式の導入後に子どもたちの中で何か大きな問題が起こったわけでは決してない。それどころか，暴力問題については劇的効果をあげた施設もあったし，程度の差はあれ，ある程度の成果があがっていたにもかかわらず，安全委員会活動をやめざるをえなかったのである。

ごく簡単に述べると以下のような事情である。

一番目の施設と二番目の施設は，理事会の介入によって，活動の継続ができなくなった。理事会の承認を受けて導入したのだが，かなりの成果があがった後，それまではなにも言わなかった理事会が介入してきて，継続できなくなったのである。三番目の施設は導入後に最古参職員が実は導入に反対であったことがわかり，さらに施設長の断固たる継続意思が見られないことで困っていた。そこにさらに管轄の児童相談所の所長が代わったことが追い討ちをかけた。新任所長からやり方を修正しなければ，児童相談所から委員をだすことはできないと言われ，継続ができなくなったのである。前所長が協力的な方であっただけに残念なことであった。

以上の三施設で私と一緒に積極的に活動していただいた職員さんや子どもたちには申し訳ない気持ちでいっぱいである。せめて，これらの経験から汲み取れることを明らかにして，今後に生かすこととしたい。
　1番目と2番目の施設では，理事会への対応が課題であり，3番目の施設はアリバイ的導入であった可能性が高い。また，児童相談所が協力的であることがこの方式の要であるから，そうでなければ実践は不可能となる。また，1番目と2番目の施設でも，アリバイ的導入という面もあった可能性が高い。ここから，汲み取れることは，「安全委員会方式は経営体質を改善する方法ではない」ということである。このことをまったく認識していなかったわけではないが，認識が甘くその対策も甘かったように思う。

理事会への対応

　いずれの施設でも理事会には安全委員会方式の導入を報告し，承認を得ていた。しかし，それでも頓挫したのであるから，ここから得られる教訓は，導入にあたって，理事会へ通り一遍の形式的なものではなく丁寧な説明と納得のプロセスを踏むことが必要だということである。そこで，最近では，基本的には導入前の研修会に理事会からも出席してもらっている。中には，さらに理事や理事長に安全委員会委員として参加してもらっている施設もある。
　なお，この他に児童相談所が参加しない形で実践を行っている施設もある。また，似た方式で独自に取り組んでいる施設もある。それらは正式には私たちの言う安全委員会方式ではないので，ここでは触れないこととする。安全委員会方式には，やはり児童相談所の参加はとりわけ必須である。

3．児童相談所の理解と対応

　ここで，児童相談所側からみた安全委員会方式について，述べておきたい。福岡県田川児童相談所の元所長の紫牟田和男氏は，安全委員会方式について次のように述べている。私への私信に添えられていた見解であるが，よくまとまっているので，ご本人の許可をいただきここに紹介する。

どこの児童相談所も，児童養護施設などの児童福祉施設に措置権に基づき入所させた（施設に預かって貰った）子どもたちが，元気に生活しているかどうか常に気にしているものの，児童虐待を始めとする目の前の膨大な相談に追われる中では，十分にはフォローできていないのが現実であるといっても過言ではない。「安全委員会方式」による取り組みは，主として施設内での一切の暴力をなくし，安全で安心して暮らせる施設づくりを目指すものであるが，この委員会に外部委員として児童相談所職員も１名参加することになっている。このことは児童相談所にとって極めて重要であり，且つ，効果的・効率的な参加になっているということである。

　一点目は，入所措置した子どもが暴力事件を起こした場合，その責任は子どもを預かった施設ではなく，子どもを預けた県（行政）が負うという2007年（平成19年）１月の最高裁判決（愛知県の児童養護施設内での暴力事件での損害賠償訴訟）にもあるように，児童相談所も預けっ放しにはしてはならないということ。それどころか，施設と一緒になってきちんと子どもたちをフォローしていなければならないという責任論から見ても児童相談所が安全委員会に関与（参加）しているということは，極めて重要なことである。

　二点目は，多忙を極める児童相談所の職員（児童福祉司・児童心理司等）にとっては，安全委員会の協議（審議）内容を情報の共有という形で入手できることである。

　つまり，担当する子どもの施設内での生活の様子を容易に把握できる上，これからの処遇（援助）方針に生かすことができるということである。

　三点目は，施設側が，暴力を振るった子どもたちを安易に退所や一時保護を児童相談所に要請（要望）することなく，ぎりぎりまで施設内で頑張ってくれていることから，これら要請（要望）に関する施設側との協議が不要となり，一時保護所を含め職員の負担が少なくて済んでいるということである。この為，限られた勤務時間を他の相談業務に振り向けることができるということである。

　四点目は，安全委員会活動では，子どもの処遇をめぐっては「子どもにとっての最善の利益とは」の観点から施設職員とも真剣に協議しているため，施設と児童相談所間の心からの信頼関係が生まれているということである。

　このように，多少なりとも現場を知る者の一人としては，この「安全委員会方式」の取り組みを高く評価している。これからさらに改善を加え

ながら，それぞれの施設の実情に合った取り組みが進むよう願っている。
　ついでにいえば，この「安全委員会方式」を取り入れている施設では，暴力が激減し以前に比べ落ち着きを取り戻して来ている事実や実践の現場を確認もせずに批判する向きがあるが，まったく理不尽であるといわざるを得ない。　　　　　　　（2010年，紫牟田和男，田嶌宛私信より）

　以上が福岡県田川児童相談所の元所長紫牟田和男氏の安全委員会方式についての見解である。現在，「安全委員会」と名乗って私たちと一緒に活動している施設ではすべて児童相談所が委員として参加してもらい，一緒に取り組んでもらっている。なかには，児童相談所からの強い勧めがあって導入に至った施設もいくつもある。これらの児童相談所には，この問題の重要性と措置機関としての責任を理解していただいているものと大変感謝している。
　しかし，このように理解と責任感のある児童相談所ばかりではない。施設の暴力問題について，当事者意識が欠けているとしか考えられない児童相談所もある。施設がせっかくやる気になっているにもかかわらず，まったく協力してくれなかった児童相談所もあれば，さらには，非常に稀にではあるが導入に積極的に反対した児童相談所まであるのは，大変残念なことである。
　反対したからには，別の取り組みを提案し，それを支援するのが当然であろう。にもかかわらず，なんの取り組みもしていないのである。私の地元の県では「特別な支援を必要とする事例の検討」や「困難事例の検討」といった形で多少の個別対応はされているようであるが，少なくとも施設をあげた仕組みづくりを基盤とした取り組みは行われていない。子どもたちの苦悩を思えば，痛恨である。
　むろん，いろいろな意見があってよい。反対するだけでなんら取り組みをしないことが問題なのである。われわれの活動に賛成でないならば，安全委員会方式とは異なる形であれ，なんらかの施設をあげた取り組みを提案すべきである。それが措置機関としての責任というものであろう。にもかかわらず，ただ反対するだけというのはいくらなんでもあんまりなことである。
　私たちの取り組みに反対するのなら，せめてなんらかの施設をあげた取り組みをやって成果をあげてみせていただきたい。

4. 安全委員会は権限をもっていない

　先述のように3ヵ所の施設で活動を継続することができなくなってしまったのは，安全委員会がなんら権限というものを持っていないことから起こる限界である。当然ながら，懲戒権は施設長にあり，措置権は児童相談所にある。私は安全委員会が権限を持つことがよいとも思っていない。<u>安全委員会の持ち味は，透明性のある議論によって「正論」を主張していくことにある</u>と私は考えている。

行政による「改善命令」や「解散命令」

　その一方で，安全委員会がなんら権限を持っていないため，先述のような<u>経営体質の大きな問題を抱えた施設には，安全委員会方式ではどうしようもない</u>。これは安全委員会方式の限界である。

　これは本質的には，行政の課題である。

　社会福祉法では，社会福祉施設が運営に適正を欠く場合，都道府県等の所轄庁は改善の指導や**改善命令**が出せるし，さらには，**業務停止**，**解散命令**などの措置ができることになっている。しかし，よほどのことがないと「改善命令」は出されないし，まして児童福祉施設ではおそらく「解散命令」は使われたことがないのではないかと思う（間違っていたら，ご教示いただきたい）。私たちの活動が頓挫した施設も，その時には改善の指導も命令も出されていない。適切なタイミングで改善命令が出ていれば，安全委員会活動を続けることができたかもしれないと私は考えている。

　つまり，先述のように経営体質に問題を抱えた施設に対しては，安全委員会方式だけではどうにもならないが，行政が本気で「解散命令」も辞さない覚悟でもっと「改善命令」をきちんと出すといった姿勢があれば，安全委員会方式に限らず，施設内虐待・施設内暴力への取り組みが有効に機能できるようになるのではないかと考えられる。

　したがって，行政による「改善命令」等が有効に使われるようになるには，どうしたらよいのかということも，この領域の課題である。

　なお，児童相談所についても，その活動が適切かどうかをチェックする仕組みが必要であると私は感じている。都道府県によるものだけではなく，第三者機関がチェックする仕組みが必要であると思う。

5. 二種の限界

　言うまでもなく，安全委員会方式は万能ではない。暴力がおさまり，安心・安全が実現すると，望ましい変化がいろいろ起こってくる。しかし，だからといって，なんでもよくなるわけではない。したがって，それを認識しておくことが大事である。ここで重要なのは，ひとくちに「限界」と言っても，**二種の限界**を区別しておくことである。それは，①安全委員会方式の限界，②その施設またはその施設の安全委員会活動の限界である。

　この二種の限界は混同されやすいので，注意が必要である。

　ある施設が取り組んで，いろいろな限界が出てきたとしよう。それは，他の施設の安全委員会活動でも同様の傾向があるのならば，それは安全委員会方式の限界であると考えてよいだろう。しかし，他の導入施設ではうまく運んでいるのならば，それはその施設の限界あるいはその施設の安全委員会活動の限界であると考えた方がよい。施設の限界あるいはその施設の安全委員会活動の限界というのは，それはより正確に言えば，限界ではなく実は課題なのである。

どんな施設が取り組んでいるのか

　ここで，強調しておきたいのは，荒れた施設がもっぱら安全委員会方式を導入しているということでは決してないということである。本書では，わかりやすいように，一部荒れた施設の例もあげたが，それはあくまでも説明の便宜上のことである。実際には，導入施設には県内でも優良で知られた施設やもともと落ち着いていた施設もいくつもある。最近は，かなり落ち着いている施設が，「この問題は大事だから，取り組みたい」ということで導入することが非常に多くなっている。また，その一方でそういう施設でも安全委員会方式を導入した結果，潜在的暴力が発見されていることも強調しておきたい。欧米では，「どんな優れた施設でも虐待は起こりうる」として取り組んでいるということを思い出していただきたい。わが国でも，そういう意識でこの問題に施設をあげて取り組む施設が増えることを願っている。

6. システムを維持するためのシステム

　通常の活動であれば，目的を達成したら解散するということになるだろう。そういう活動であれば，目的が達成されたら解散する仕組みを創っておくことが必要であろう。しかし，安心・安全は昨日供給したから今日はいらないとい

う性質のことではない。安心・安全を維持し続けなければならない。したがって，頻度など活動の程度を調整することはあっても，基本的には解散ということはありえない。

　したがって，**システムを維持するためのシステム**が必要である。

　先に，第7章で，システムを維持するためのシステムが必要であり，そのために一周年記念集会や引き継ぎ文書の作成，施設同士の助け合い等といった工夫をしていることを述べた。そうした活動の成果はある程度あがっているものの，やはり安全委員会活動の熱心な推進者の尽力に依存しているという側面は否定できない。この点が，今後の課題である。

7. 安全委員会の形骸化

　しかし，その一方で安全委員会が施設長や職員の暴力に対して有効な対応ができなくなったり，適切に機能しなくなる場合の備えもしておく必要がある。「形骸化」と「暴走」が考えられる。それを防ぐために，安全委員会では児童相談所と学校という外部を入れておくことにしているのである。

　したがって，安全委員会が形骸化しそうな場合，あるいは適切な役割がとれない場合，私としては，児童相談所の役割を期待している。児童相談所からの委員が断固たる役割をとってくれることを期待したい。措置権を持っているのであるから，モニターしつつ警告し，場合によっては解散させるくらいの対応をとっていただきたい。同じく，学校からの委員にも期待している。現在，学校は家庭での虐待の発見の役割が期待されている。児童福祉施設についても，同様の役割を果たしていただくことをお願いしたい。

　安全委員会は子どもたちのために集まっているのであり，単なる仲良しサークルではない。そういう視点から，安全委員会の委員が相互にモニターしていくことが必要である。

　それでも形骸化することがあるとすれば，それは経営体質に深刻な問題がある場合が想定される。また，先に第10章で述べたように，安全委員会方式は，やり方を少し研修しただけでは不十分で，**実践しながら学ぶ，学びながら実践する方式**である。ましてや，本や論文を少し読んだくらいで，あるいは私の講演を1度聞いたくらいでは，とうていうまくやれる方式では決してない。このことは関係者に特に強調しておきたい。多大の努力を積み上げて初めて有効に機能する方式である。そのため，いったん導入した施設がその後，「学びながら実

践する」という姿勢を示さない場合，どう対応するかということも今後の課題である。

安全委員会方式の妙味

　安全委員会方式は第7章で述べたように，いくつかの基本条件が必要であり，それを満たしているものだけが，「安全委員会方式」であると言える。とはいえ，それらの基本条件以外の点では，それぞれの施設が独自の工夫をして活動している。その違いから，学びあうのもこの方式の妙味であると言える。

8．アリバイ的導入の危惧
a．施設長の覚悟と姿勢

　安全委員会活動にとって，なんといっても大きいのは**施設長の覚悟と姿勢**である。施設長の覚悟と姿勢さえ確固たるものであれば，「形骸化」も後に述べる「乱暴な導入」も防ぐことはできるものと考えられる。

　また，今後，問題となるのは，施設長の交代による混乱である。それを防ぐには，交代にあたっては，施設長に安全委員会活動について理解してもらい，そのうえでその施設での安全委員会活動を継続するか否かを決断してもらうことが必要かもしれない。

b．アリバイ的導入

　今後危惧されるのは，アリバイ的導入の危惧である。県や市等の自治体，そして児童相談所からの圧力から，アリバイ的に形だけ導入することがありうるということである。先に述べた三施設にはその傾向があったものと考えられる。児童福祉法の改正で，「被措置児童等の虐待の防止等」が盛り込まれた（第4章および**巻末資料33**参照）ことで，さらにそうした施設が増える可能性もある。もちろん，外圧がきっかけであっても，本気で取り組んでいただければ大歓迎であるが，本気で取り組む気がないにもかかわらず，形だけ導入するという場合への警戒が必要である。

　たとえ理事会が理解を示しても，**施設長の覚悟**が必須である。いくら「仕組みづくり」による対応であるとはいえ，最後は人である。施設長が何がなんでも形だけの導入に留めようと思えば，それを防ぐことは非常に困難である。

　先述のように，この条件を満たしていないと安全委員会方式とは言えないと

いう基本要件を明確にしていることは，一定の歯止めになるものと考えられる。また，全国大会や施設間のネットワークづくりを行っているのも，これまたある程度の歯止めにはなるものと考えられる。しかし，それでも万全とは言いがたい。

　安全委員会は施設が設けるものであり，また安全委員会委員の委嘱は施設が行うものであり，意見をいろいろ言うことはできるものの，強制力も権限もないのであり，最後のところは施設側の見識に頼らざるをえないからである。これは，現在のところ，安全委員会方式の限界である。今後のいくつかの方向を模索していくしかないであろう。

9．システムをつぶすためのシステム

　そこで，万一の歯止めとして必要となるのが，「システムをつぶすためのシステム」という視点からの対応である。アリバイ的導入に対してだけではない。安全委員会活動の形骸化など安全委員会方式が有効に機能しなくなった場合やかえって有害なものとなった場合の歯止めとしても，「システムをつぶすためのシステム」を考えておくことが今後の課題である。

　たとえば，**巻末資料15**に示したように，設置要綱に「委員長は，○○園安全委員会がその本来の役割を果たすことができておらず，さらにその改善の余地がないと判断した場合，解散をすることができる。解散にあたっては，委員長は児童相談所および関係機関に文書でその経過を報告しなければならない」という項を入れるのも一法であろう。また，安全委員会に参加している児童相談所の役割に期待するなども一法であろうし，もっと大胆なことを考えれば，安全委員会の委員を自治体が任命ないし委嘱するという道もありうるものと考えられる。

10．今後の安全委員会活動
a．乱暴な導入例

　アリバイ的導入とも関係するのが，乱暴な導入あるいは中途半端な導入の例である。先に第8章で述べた，暴力委員会ができた施設はその一例である。また，私たちの安全委員会方式以外にも，類似の活動を行っている施設もいくつか出てきた。私たちの安全委員会活動を参考にされるのはかまわないが，ずさんなやり方では困る。かねてから，そういうことがないように研修会で強調してきたが，そういう苦い経験から，私たちの活動を，他の類似の活動と区別で

きるようにしておくことがますます重要となってきたものと考えられる。

b．児童福祉施設における安全委員会活動

　施設をあげて暴力問題に取り組んでいる活動を分類すると，おおよそ以下の三つに分けることができる。

　　①施設全体で取り組んでいるが，安全委員会方式とは全く関係がないもの。
　　②安全委員会方式を参考にしているが，その施設が独自に行っているもの。
　　③私たちの助言・指導を受けながら安全委員会方式を行っているもの。

　なお，2には，「安全委員会」という語を使っているものもあれば，別の名称を使っているものもあると考えられる。実際，類似の活動が行われているようであるし，また今後も類似の活動が出てくるものと考えられる。今後は，同じく施設をあげて活動しているにしても，この三種の活動を区別しておくことが重要になってくるものと思われる。そのため，安全委員会方式を参考にしつつ，独自に取り組んでいる施設には，安全委員会方式という名称ではなく，別の名称を使っていただくようにお願いしている。

　安全委員会活動とは，第7章で述べたように，「安全委員会の基本要件」（第7章表7-3を参照）を満たしていないものは，私たちの言う安全委員会活動ではない。たとえば，子どもの暴力だけを取り上げているものや児童相談所が委員に入っていないものや，また施設長など内部の者が委員長を務めているものなどは，たとえ「安全委員会」という名称を使っていたとしても本質的には安全委員会活動ではない。

　したがって，第7章で述べた安全委員会の基本要件を満たしているかどうか，さらには私たちが継続して関わりを持っている施設かどうかを見ていただきたい。安全委員会活動ないし安全委員会方式への批判は，そういう施設での活動をもとに行っていただきたい。そうでない施設については，たとえ安全委員会方式を参考にした活動であれ，また「安全委員会」と名乗っている活動であれ，私には実情が知りようもないし，批判にお応えもできようがない。

　先にも述べたように安全委員会方式は，本や論文を少し読んだくらいで，あるいは私の講演を1度聞いたくらいでは，とうていうまくやれる方式では決してない。導入にあたっては，十分な経験者による最低でも3回以上は事前の当該施設の導入に絞った研修会が必要である。そして，その後も学びながら活動していくことが必要である。しかも，それは比較的安定した施設のことであり，

安定していない施設や荒れた施設ではその程度の研修では不十分である。

　このことは，かねてから私が強調してきたことである。実際，現在私が関わっている施設では，数ヵ月から長いところでは約3年間，毎月のスタッフ会議（キーパーソンの検討等）と安全委員会に私が参加してきたし，その後も年1回くらいは参加している。さらには，それらの施設は，いずれも全国大会に参加して研修を深めている。

　このくらい熱心にやらなければ，安全委員会方式は軌道に乗せることができない方式なのである。

　誤解のないように言えば，施設をあげてこの問題に取り組んでもらうのはうれしいことである。ただ，私たちが責任を持って関わっている施設なのかどうか明らかになるようにしておきたいのである。安全委員会方式を参考にしつつも，独自に取り組んでいる施設では，その施設が責任を持って取り組んでいただきたいというだけのことである。

11.「安心・安全という土台」の上に

　安全委員会方式は，単に暴力を抑えるだけの方式ではなく，言葉で適切に表現するように援助し，さらには成長のエネルギーを引き出す方式である。そのため，暴力を振るわなくなる，振るわれなくなるだけではなく，さまざまな望ましい変化も起こってくる。しかし，だからといって，安全委員会方式で何もかもよくなるわけではない。これは当然のことではあるが，強調しておきたい。

　安全委員会方式を導入しても解決がつかない問題があれば，それは安全委員会方式による安心・安全という土台のうえに，さらになんらかの仕組みの工夫や関わりの工夫が必要だということである。第10章で述べた活動（「さらなる連動活動」）はそうしたさらなる工夫の実例を一部紹介したものである。

さらなる成長のエネルギーを引き出す

　暴力対応だけではなく，成長のエネルギーを引き出すために，たとえばB園では安全委員会とは別に「応援委員会」を創っている（第7章参照）。また，安全委員会活動が軌道に乗った後に，学習援助に力を入れている施設が割合多い。

　安心・安全という土台に，さらにどのような活動や関わりや仕組みを積み上げていくのかを明らかにしていくのも今後の課題であると言えよう。

12. さまざまな場における安心・安全

　安心・安全の実現が必要なのは，児童福祉施設だけではない。一時保護所や里親やファミリーホームなど社会的養護のさまざまな場においても子どもの安心・安全，養育者の安心・安全が守られないといけない。児童関係だけでなく，高齢者施設や障害者施設などでも虐待や暴力が問題となっている。さらにいえば，医療・福祉・教育・矯正等の諸領域でも，安心・安全の実現は重要な課題である。それ以外でも，2007年相撲部屋に入門していた17歳の少年が死亡し，リンチによるものとして，親方と兄弟子が逮捕された事件は記憶に新しい。また，自衛隊でもいじめ自殺という訴えで裁判になっている（三宅，2009）。このように，暴力問題は子どもであれ大人であれ人が集団で生活する場では起こりやすい問題である。したがって，社会的養護でのさまざまな場ではもちろんのこと，他の領域でも今後安心・安全を守る仕組みが必要になってくるものと考えられる。

　むろん，児童福祉施設とは事情が違うので，そのままそっくり同じと言うわけにはいかないだろうが，いわば，矯正施設版安全委員会方式や学校教育版安全委員会方式といった具合に仕組みを創って活動していくということも今後ありうるかもしれない。安全委員会方式をそのまま適用することが難しいにしても，安全委員会方式のようななんらかの「モニターしつつ支援する仕組み」が必要であろう。本書で述べてきた，安全委員会方式の視点と取り組みの実際を参考にしてもらえればと願っている。

　なお，ファミリーホームなどについては第13章で述べ，医療・福祉・教育等については第14章でも述べるので，参照していただきたい。

13. システム形成型アプローチの限界

　私が本書で論じているシステム形成型アプローチは今後さまざまな領域で有用なアプローチであると考えられる。しかし，ひとくちにシステム形成型アプローチと言っても，この施設の暴力問題は，過酷な現実が現在もなお続いている，あるいはその可能性が高い事態への介入であり，その分だけ困難な介入である。このような現在進行形の困難な問題への介入にあたっては，いくつかの考慮すべき視点がある。それは，ごく大まかに言えば，①集団または組織のサイズ，②問題の深刻度，③潜在的に活用可能な資源（含. 取り組み者の力量），である。

この施設の暴力問題へのアプローチが現在までのところなんとか成果をあげることができているのは，問題は深刻ではあっても，児童福祉施設という集団のサイズが学校や地域社会のような大きな規模ではなく，また私のこれまでの臨床経験に加えて，子どもたちの成長へのニーズや児童相談所をはじめ有力な活用資源であったからである。先にあげた，①集団または組織のサイズ，②問題の深刻度，③潜在的に活用可能な資源，のうちいずれもが限度を超えたものである場合，当然ながら，取り組みには限界があるものと考えられる。

[文　献]

羽下大信（2010）書評——現実に介入しつつ心に関わる（田嶌誠一（2009），金剛出版.），学校現場に生かす精神分析（B・ヨーテル（2009）平井正三ほか訳，岩崎学術出版社.）　子どもの心と学校臨床，2；135-137.

一施設生活経験者（2009）児童養護施設内暴力を根絶するために——児童養護施設で暮らした体験より　児童養護施設生活体験者の手記.

加賀美尤祥（2008）社会的養護の担い手の課題と展望——養育論形成の序に向けて　社会福祉研究，10月号；38-46.

北川清一・田口美和・塩田規子（2008）児童養護施設実践の崩壊と再生の過程に関する事例研究——K園の取り組みを手がかりに　ソーシャルワーク研究，34(3)；56-66.

三宅勝久（2009）自衛隊という密室　高文研.

西澤哲（2008）田嶌先生の批判に応えて　臨床心理学，8(5)；706-712.

西澤哲（2009）社会的養護における不適切な養育——いわゆる「施設内虐待」の全体像の把握の試み　子どもの虐待とネグレクト（特集　社会的養護における不適切な養育），11(2)；145-153.

杉山登志郎・海野千畝子（2009）児童養護施設における施設内性的被害加害の現状と課題（特集　社会的養護における不適切な養育）子どもの虐待とネグレクト，11(2)；172-181.

田嶌誠一（2005）児童養護施設における児童間暴力問題の解決に向けて——その2．施設全体で取り組む「安全委員会」方式　1-25　心理臨床研究会.

田嶌誠一（2008）児童養護施設における施設内暴力の解決に向けて——個別対応を応援「仕組みづくり」と「臨床の知恵の集積」の必要性　臨床心理学，8(5)；694-705.

田嶌誠一（2009）児童福祉施設における施設内暴力の解決に向けて——個別対応を応援する「仕組みづくり」の必要性とその一例としての「安全委員会方式」の紹介　コミュニティ心理学研究，12(2)；95-108.

高橋重宏編著（2000）子どもの権利擁護——神奈川県の新しいとりくみ　中央法規.

山本和郎（1986）コミュニティ心理学——地域臨床の理論と実践　東京大学出版会.

吉原林間学園（2008）安全委員会に関するアンケート調査　平成20年度児童養護施設

等における暴力防止に関する研修会第1回講演抄録.
和光学園(岩手県)(2010)施設内暴力の解決に向けた安全委員会の取り組み——子どもが安心・安全な生活を送るために.
涌井裕(2009)若草寮安全委員会1年半の取り組み　手毬, 16；7-15. 新潟県福祉職員協議会.
http://yogo-shisetsu.info/weblog/edward/archives/9.html
　「エドワードブログ」
http://prayermaria.blog74.fc2.com/blog-entry-158.html
　「Mariaの戦いと祈り」

第12章
児童相談所との連携

I 連携にあたって ── 子どもが見せる姿の違い

1. 鑑別所で仰天したこと

　かつて公立の中学校で非常勤でスクールカウンセラーをしていた時のことである。事件を起こして少年鑑別所や少年院に送致された生徒の面会に行ったことがある。学校現場に身を置いた感覚から言えば，少々のことでは，少年鑑別所や少年院送致になることはない。いささか大雑把な言い方をすれば，相当な事件を繰り返すか，いきなり大変深刻な事件でもしでかさない限り，通常はそこまではいかないものである。したがって，鑑別所や少年院に送致された生徒というのは，（例外はあるが）たいてい学校ではかなりのワルで，学校での態度はすこぶる悪く，教師泣かせである。私が面会に行った子たちも，そうであった。

　最初に，鑑別所に行った時に，生徒に会って仰天した。

　まるで別人なのである。礼儀正しく，何を聞いても，はきはきと答え，「反省しています」を連発し，そこだけ見れば，なんていい子なんだろうといった風情なのである。学校では，むちゃくちゃしていた生徒が，鑑別所や少年院では「いい子」なのである。多少の変化は予想していたが，ここまで変わるとは思っていなかった。この姿からは，この子の学校での様子はとても想像することは難しい。家裁の調査官や裁判官はおそらく，この生徒の学校での姿を想像しにくいのではないだろうか。そして，こんないい子が，しかし，学校に復帰すると，まもなく元通りになることが多いのである。

2. 機関同士の連携

　この時の経験から，私は子どもは状況によってここまで著しく異なる姿を見せることがあるものだとわかるようになった。

　このような子どもが見せる姿の違いを相互に認識しておくことが連携にあたっては，重要である。すなわち，<u>機関同士の連携の重要なポイントは，子どもが見せる姿の違いを認識しておくことである</u>。そのうえで，この理解を活かして，それぞれが果たす役割を考えていくことである。

3. 児童相談所と児童養護施設での姿の違い

　学校と鑑別所で見せる姿ほど極端ではないにせよ，児童相談所と児童養護施設でもしばしば似たことが起こっているものである。児童養護施設から児童相談所に一時保護になった子どもの面会でも，私は同様の印象を持ったことがある。児童自立支援施設と児童養護施設の間でも似たことが起こっている。

　このような場合，児童相談所の児童福祉司や児童自立支援施設の職員が，自分の前での手のかからない様子を見て，「どうしてこんな子に児童養護施設の職員は手こずるのだろう」と考え，自分は関わる力が優れていて，児童養護施設の職員はよほど実力がないのだと判断すれば，これはもう最悪である。実際にそういうことが全国の児童相談所で少なからず起こっている。この場面や状況によって見せる姿に相当の違いがあることを理解することが，児童相談所と児童養護施設が連携するためのもっとも重要な基盤であると，私は考えている。

4. ある児童相談所の所長の感想

　「私は児童養護施設のことをよくわかっていなかった」。これは，ある県で児童相談所の所長を務め，その後児童養護施設の施設長になった人の感想である。児童相談所に勤務していると，児童養護施設のことはよくわかっているような気になるが，実は児童相談所側から見た姿を知っているに過ぎないことが多いのではないだろうか。

III 児童相談所と連携したサポート（連携サポート）：
一時保護を中心に

　私のこれまでの経験から言えば，児童相談所による児童養護施設への支援，児童相談所と児童養護施設との連携は，暴力問題に限って言えば，残念ながらうまくいっていないことが多いのが実情である。双方の要因があるものと思われるが，その要因の一つには，子どもが見せる姿が状況によってひどく異なることを理解できていないことがあげられる。

　またせっかく適切な対応がとられている場合でも，担当の児童福祉司が異動になると，とたんに崩れてしまうことになりがちである。連携のための原則が，児相と施設間でだけでなく，児相職員間でさえ共有困難であるように思われる。

1．児童相談所の課題

　十分な体制が整備されていない中で，どこの児童相談所も虐待対応に追われ，職員さんは実によく働いておられる。大変な労力であり，そのことに私は敬意を感じている。その内容についても，尊敬に値する仕事をしておられる児相職員もおられる。しかし，その一方で，労力を使っている割には，その内容には首をかしげることが私は多い。

　こう言えば児童相談所の方々からお叱りを受けるかもしれないが，施設現場に身を置いていると，児童相談所が施設をもう少し適切に支援してもらえると子どもたちも施設もずいぶんと助かるのになあと思わされることが多い。言いにくいことだが，驚くほど臨床的力がない人が，子どもたちの処遇に絶大な権限を持っていることに愕然とすることがある。

　私の経験では，施設職員も児相職員も臨床的な力のある人ほど，自分ができていることと十分にはできていないことを率直に語ることができ，また謙虚で聴く姿勢がある。自分たちの課題を認識している。対して，力のない人ほど，なんでもできているかのようなポーズをとり，また偉そうにして聴く姿勢がない。

　この領域ではよく知られていることでもあり，ここで言っても仕方ないことではあるが，この領域に明るくない方のために，児童相談所のもっとも重要な課題のひとつに言及しておきたい。

　わが国では都道府県と政令指定都市単位ごとに児童相談所が設置されていて，おもにその業務を担うのは，児童福祉司と児童心理司である。このうち児童心

理司は専門職であるが，児童相談所の最大の問題は，一部の例外的地域を除けば，最前線でその職務を担う児童福祉司がほとんどの場合専門職ではなく行政職での採用であり，またおおむね3年くらいで異動になってしまうということである。

これはどういうことかと言えば，つい先月まで全く別の部署にいた人が，突然，児童相談所に異動になり，児童福祉司になるということである。高齢者などの福祉関係からの異動はまだしも，たとえば水産や土木といった福祉とは全く異なる課から，全く関係のない部署に異動になるというのは，驚くべきことであり，非常に困ったことである。しかも，それが仕事にやっとなれた3年が過ぎると異動になることが多いのである。

また，配置数も欧米とはひどく差がある。たとえば，児童福祉司が英国では人口5,000人に一人配置されているのに対して，わが国では人口68,000人にひとりである（土井，2008）。欧米では，日本の児童福祉司に当たるケースワーカー一人当たりの担当数は約20件，それに対してわが国は100件以上と言われている。以前よりは増員になってはいるものの，児童福祉司の絶対数が不足している。むろん，これはシステムの問題であり，その人個人に責任があることでは決してない。それどころか当人はシステムの犠牲になっているのだと言える。しかし，子どもたちこそが真の犠牲者である。

児童相談所も児童福祉司も，保護を要する子どもたちの一生を左右する事柄に決定的な影響を及ぼす大きな権限を持っているにもかかわらず，これが実態である。第11章で，児童相談所についても，その処遇が適切かどうかを，三者機関がチェックする仕組みが必要であると述べたのは，ひとつにはこうした状況があるからでもある。

児童福祉司がそうである一方，児童心理司はどうかと言えば，専門職で採用されるが，心理検査（心理テスト）などの面接室での業務に追われ，生活場面を知らないかあまり関心を持たないことが多いという印象がある。児童養護施設の子どものことで私が児相を訪問し，「担当の先生をお願いします」と言うと，出てこられるのはほぼ間違いなく児童福祉司であり，児童心理司が出てこられることは，通常ない。少なくとも，私の訪問経験ではそうであった。もっともこの点については，地域によっては事情が大きく異なるので，すべての児童相談所がそうだとは言い切れないが，そういう児童相談所が多いとは言えると思う。

児童養護施設の方はどうかと言えば，20年30年と勤める職員がたくさんいる施設がある一方で，職員が3年くらいで次々と辞めてしまうという施設も少なくない。勤続年数の短さはこの領域の大きな問題であると述べている関係者は少なくない。このような状況では，児童相談所と児童養護施設が連携して行う活動に連続性・一貫性を保つのがますます難しいということになる。
　こうした現状から起こるもっとも深刻な問題は，この領域で共有できる現場の知恵を積み上げていくことが非常に困難になるということである。
　子どもたちのためにも，児相や施設で働く職員さんのためにも，一刻も早くこうした状況が変わることを私は願っている。しかし，現状を嘆いてばかりいても仕方がない。そこで，私はそのような現状への一助にと考え，かつて児童間暴力も含む施設内暴力ないし虐待への対応に関して，施設と児相とが連携してこの問題にあたるためにこれだけは必要という事柄を述べたことがある（田嶌，2007）ので，本章ではそれをもとに述べることにする。
　ここに述べられていることは，比較的簡単なことである。これさえ実行できれば，少なくとも最悪の事態は確実に防止できるものと私は考えている。今後，施設と児童相談所とが積み上げていく知恵の一例として見てもらえればと思う。
　安全委員会方式は現在十数ヵ所の施設で実践されている。しかし安全委員会方式は，相当にやる気があって，しかもいくつかの条件が整った施設でないと取り組むことは難しい方式である。そこで，安全委員会方式を導入している施設の子たちだけでなく，他の施設で暴力に苦しんでいる子どもたちをもっと広く援助できないかと考えて作成したものである。したがって，いわばこの領域の「底上げ」のために書いたものである。これさえ実行できれば，少なくとも最悪の事態だけは避けられるだろうと私は考えている。
　虐待対応に追われている児童相談所にさらに負担をかけることは本意ではないが，児童福祉法の改正もあって，今後は児童相談所も早晩この問題にこれまでよりも積極的に取り組まざるを得ないことになるものと考えられる。安全委員会方式を導入している施設と管轄児童相談所はもちろんのこと，そうでない児童相談所や児童養護施設にもこれを活用していただければと願っている。

2. 児童相談所と施設が連携して取り組む必要性の確認：
暴力（含性暴力）が深刻

　全国的に児童福祉施設では，暴力が深刻であり，多くの施設で子どもたちの安心・安全が守られていない状況にある。子ども間暴力だけ見ても，全国で3名の子どもが死亡しているし，また入所中に受けた暴力について裁判も起こっている（第3章参照）。報道されているだけでも，以上のようなことが起こっている。また，児童福祉施設では，この他にも職員から子どもへの暴力でも，子どもから職員への暴力でも死亡事件が起こっているし，公に報道されているだけでも暴力事件（含，性暴力事件）が数多く起こっている（第4章参照）。その背後には，そこまでは至らないにしても暴力による被害に苦しんでいる子どもたちが，現在もなお全国に多数いるものと推測される。したがって，暴力の被害児の安心・安全が守られていないことはもちろんのこと，暴力の加害児も適切な教育の機会が奪われていると言える。

　事態は，児童相談所が把握しているよりもずっと深刻である場合が多い。児童相談所へ施設から事故報告がなされるのは，現段階では少なくともほとんどの施設では，いよいよになってからだからである。当事者の子どもたちから見れば，大変なことが，それ以前にもいろいろ起こっているものである。

　その解決のためには，施設の暴力問題に関して，児相と施設が連携して子どものサポートに取り組むこと，すなわち**「連携サポート」**が必要である。その原則は，「①ひとりで抱え込まない（＝ひとつの機関で抱え込まない），②丸投げしない」，ということである。以下にその留意点を述べる。

3. 児童福祉施設は早めに児相に相談すること

　有効な支援を得るためには，まずは施設側が，児童相談所に早めに相談することが必要である。そうでなければ，児童相談所は施設の状況を理解しようがないし，ましてや支援のしようがないからである。いよいよ暴力が深刻になってから，児相に急に一時保護を要請しても，児相側としては，「施設がもっと頑張るべきだ」という反応になりかねない。とはいえ，施設側ではこれまで早めに相談をしないことにはそれなりに理由があったものと思われる。

　施設側が児童相談所に早めに相談しない背景にはおおよそ三つの要因があるように思われる。第一に，施設の側が児童相談所に施設の実情を知られたくないという気持ちが働くことがある。第二に，かつて児童相談所に相談したこと

があるが，その際施設が望むような対応をしてくれなかった経験があるという可能性もある。第三に，施設側がこういう相談は児童相談所にするものである，相談できることであるという認識がない場合もある。

　しかし，今後はそれを改める努力が施設側にも必要である。

4．児相は施設の暴力問題への支援を従来よりも積極的に行うこと

　児相側としては，施設が従来より早めに暴力問題について相談してきた場合，これまでよりも積極的に具体的対応をしてもらう必要がある。つまり，今後は施設入所後は施設におまかせということではなく，深刻な暴力等の重要な問題については積極的に支援していくことが，児相の業務であるという認識が必要である。以下に紹介する事件は，そのことを示している。

a．今後は県の責任が問われる

　愛知県のある児童養護施設において入所時にリンチを受けたとしてかつての入所児童が愛知県と施設とを訴えて裁判になっていたが，施設と県のいずれに責任があるかが争われ，最高裁は 2007 年 1 月に県に責任があるとして，約 3,400 万円を支払うように命じたのである（第 3 章参照）。

　このように，児童福祉施設内での暴力事件（含性暴力）については，今後は県の責任（「安全注意義務」）が免れない。したがって，児相は施設内の暴力事件について，施設に対して助言・指導・援助していくことが必要となる。私自身は個人的にはこうした事件では施設の責任も問われるべきであると考えているが，それでもこの種の裁判で県の責任が問われないということは今後はありえないものと考えられる。つまり「時代が変わった」のだという認識が必要である。

b．児相は措置後も施設内の暴力について支援していくことが必要

　にもかかわらず，児童相談所の児童養護施設の暴力問題に対する児童相談所の取り組み姿勢には児童相談所間でひどく差がある。児童養護施設を支援し，一緒取り組もうという姿勢がある児童相談所がある一方で，児童養護施設の暴力問題について当事者意識がないとしか考えられない児童相談所も少なくない。そういう児童相談所では，施設に対して「上から目線」であることが多い。

　もしそれが私の誤った理解であればお詫びするが，多くの児相関係者が，建

前はともかく本音のところは「措置後は施設の責任」と考えているように思われる。児相は虐待対応に追われており，その状況は過酷なものであり，多くの児相職員が疲弊している。そのため施設への支援は二の次になっていると思われる。しかしながら，今後は県の責任が問われないということはありえないため，児相は児童福祉施設内の暴力事件に積極的に役割を果たしていただくことが必要である。児相は施設内の暴力事件について，施設に対してこれまでよりももっと積極的に助言・指導・援助していくことが必要となる。

その具体的支援内容には，「コンサルテーション」「通所指導」「訪問指導」「一時保護」「措置変更」などがあるが，ここではとりわけ重要と思われる「一時保護」について主に述べることにする。

5. 振り返りと反省のための一時保護

児童相談所が施設に対して行う助言・指導・援助のうち，深刻な暴力事件の場合に，特に重要なのは児相による「一時保護」である。全国的にはこうした場合の一時保護はあまりじょうずにされているとは，私にはとても思われないが，その一方で，一時保護はやり方次第では，非常に有効だからである。むろん，例外はあるにしても，全体的に何が悪かったかを自覚させしっかり反省させるということが極めて不十分であると私は考えている。

では，どういうやり方をすればいいのだろうか。

暴力を繰り返す子，および深刻な暴力事件（含性暴力）を起こした子を一時保護し，児相と施設とが連携して，一時保護中に事件の振り返りと反省を促すことが，施設内だけでは解決困難な暴力に対する有効な支援となる。具体的には「なにが悪かったか」，「今後はどうすればよいのか」を「振り返りと反省のための一時保護」という視点が重要である。

a．措置変更と「振り返りと反省のための一時保護」

そんなことは児童相談所の業務ではないと言われるかもしれない。しかし百歩譲って，そうだとしても，措置変更の必要性を判定するにあたって，当該児童に振り返りと反省を促し，その結果どれだけ反省できているかを見るのは，措置変更を検討するにあたっての重要な視点であろう。したがって，**「振り返りと反省のための一時保護」**は，措置変更の必要性の有無の判定に，自ずから含まれていることにもなろう。

b．児童相談所運営指針から

　とはいえ，愛知県の事件の判例がなくとも，児童福祉施設の入所児童を場合によっては一時保護するのは，従来から児童相談所の業務である。残念ながら，虐待対応に追われているためか，児童相談所によっては，この問題についての当事者意識が非常に低い児童相談所もあるので，念のため述べておくが，児童相談所運営指針では，「一時保護の必要性」の項では，次のように述べられている。

　　一時保護を行う必要がある場合はおおむね次のとおりである。
　　1）緊急保護
　　　ア．棄児，家出児童等現に適当な保護者又は宿所がないために緊急に当該児童を保護する必要がある場合
　　　イ．虐待，放任等の理由により当該児童を家庭から一時引き離す必要がある場合
　　　ウ．児童の行動が自己又は他人の生命，身体，財産に危害を及ぼし若しくはそのおそれがある場合

　　2）行動観察
　　　　適切かつ具体的な処遇指針を定めるために，一時保護による十分な行動観察，生活指導等を行う必要がある場合

　　3）短期入所指導
　　　　短期間の心理療法，カウンセリング，生活指導等が有効であると判断される場合であって，地理的に遠隔又は児童の性格，環境等の条件により，他の方法による処遇が困難又は不適当であると判断される場合

　したがって，児童福祉施設の入所児童であれ，上記条件にあてはまると判断されれば，一時保護を行うのは児童相談所の業務である。愛知県の事件の判例がなくとも，一般家庭の子どもであれ，施設に入所中の子どもであれ，上記要件があてはまる場合，一時保護を行うのは児童相談所の業務だと言えよう。

　なお，児童相談所が虐待対応に追われているからといって，施設での暴力問題への取り組みをしないのは，誤りである。先に述べたように，この問題の解決なしには，虐待からの保護さえ終わったことにはならないからである。

c. 暴力が持続するあるいはエスカレートする過程：
　　口先だけの指導の危険性

　実際にしばしば起こっている，暴力が持続するあるいはエスカレートする過程は以下のような次第である。

　加害児に対して実効性のない口先だけの指導が繰り返される時，暴力は持続あるいはエスカレートしていく。たとえば，繰り返される暴力に対して，施設や児相から一時保護や退所だとか「児童自立支援施設行きだ」とか脅されながらも，しかしそれが実行されはしない。それでも暴力を繰り返し，いよいよ一時保護が実行された頃には，すっかり暴力を振るっても大丈夫という自信と度胸がついている。

　そしていよいよ一時保護になり，どうなることかと心配はするものの，一時保護の理由となった事件については，なんの振り返りも反省もうながされることもなく，施設に戻ることができる。そのため暴力はたいてい振るっても大丈夫とますます自信と度胸だけをつけて戻る。戻った後，さらに暴力を繰り返すが，次は「児童自立支援施設行きだ」などと言われるものの，なかなか実行されず，再度の一時保護。ここで，言葉だけの反省をしてみせれば，まもなく施設に戻れることを知る。そういうものかとたかをくくり，さらに暴力を振るっても大丈夫という自信をつける。

　施設に戻り，ますます安心して，施設で暴力を振い，他児童から恐れられ，施設のボスとして君臨するといった具合である。それだけでなく，ここまでくれば，子どもたちは職員が暴力から自分たちを守ってくれないことを知り，職員の言うことよりも，加害児の言うことの方をよく聞くようになる。また，職員も加害児に気をつかって，きちんと注意できなくなったり，時に職員自身が暴力や暴言の被害にあうこととなる。こうして，りっぱな暴力児ができあがり，多数の深刻な被害が続いたその末に児童自立支援施設行きとなるか，その子が卒園していくまで他児童がひたすら耐えるかのいずれかとなる。

　ここでその施設での暴力が終わるわけでは決してない。しばし平穏な時期が続くが，まもなく次の子がボスとなり，早晩同様のことが繰り返される。かつての被害児が加害児となるわけである。このように，暴力は施設内で連鎖していくわけである。

　また，卒園した加害児も社会に出て，施設にいる間に暴力を抑えることをきちんと学んでいないため，施設と社会とのギャップに苦しむこととなる。

児童相談所にどうしても対応していただきたいこと：
振り返りと反省のための一時保護

　施設における暴力の連鎖を断ち切るためには，一時保護の適切な活用が必要である。以下にその留意点を述べるので参考にしていただきたい。といっても，ごく単純なことである。暴力を繰り返す子や深刻な暴力を振るった子に対しては，「一時保護して十分な振り返りと反省させる」ということである。

　最初に，児童相談所側にどうしてもやっていただきたいこととその留意点を述べることにする。

一時保護を実行すること
　暴力を繰り返す子にはぜひとも一時保護をしていただきたい。施設だけで対応するのは，極めて困難である。

振り返りと反省とその言語化
　そして，一時保護中に，十分に振り返りと反省をさせ，その反省を言語化できるように援助することである。

一時保護所が満杯の場合：委託一時保護
　多くの一時保護所が，しばしば満杯状態になっている。そのため，一時保護が必要な場合にもなかなかすみやかに一時保護の実行が困難なことがある。そういう場合には，他の児童福祉施設や里親や医療機関等への「委託一時保護」を行っていただきたい。それが可能な体制をあらかじめ整備しておいていただきたい。わざわざこういうことをつけ加えておきたくなるのは，現場では「一時保護所が満杯だから」という理由で，一時保護を断わられることがあるからである。

6. 「振り返りと言語化のための一時保護」の考え方と留意点
a．非暴力による強い抑えと，それに続くフォローが必要：
　　優先順位を間違えない

　暴力を繰り返す子に必要なのは「非暴力による強い抑え」と，それに続くフォローである。児童相談所では子どもたちへの「受容・共感」（実際には許容）が重視されているが，暴力を繰り返す子にまず最優先で必要なのは，「（非

暴力による）強い抑え」すなわち「暴力を確実に止める」ことである。次いで振り返りと反省させること，さらには自分の気持ちや考えを言葉で表現できるように援助していくことである。

b．「本人の気持ちを汲む」のはその後に

「本人の気持ちを汲む」「受容・共感」の前に，非暴力による抑えと反省が必要で，この優先順位を間違えないことである。児童相談所は措置権という強制力をもつ機関である。したがって，深刻な暴力への「（非暴力による）強力な抑え」は児童相談所にしかできない役割である。このことをまずしっかりと意識していただきたい。一時保護の実行自体がすでに「（非暴力による）強力な抑え」であるが，さらに何が悪かったのかをつきつけることが必要である。

c．振り返りと反省とその言語化を援助する

一時保護の実行中に，以下のことを本人に考えさせ，振り返りと反省をさせ，今後同様の場面でどうしたらよいのか，等を言葉できちんと表現できるように援助する。

　①なぜ一時保護になったのか？
　②そのことをどう思っているか，何が悪かったか？
　③どうすればよかったのか，今後どうするのか。

ここで重要なポイントは，本人がきちんと言葉で表現できるように援助することである。今後どうするのかについては，具体的に，①「（暴力を振るわないで）不満を言葉で言う」，②「その場を離れる」，③「職員に言う」，④「深呼吸する」といった行動を教えることもしばしば必要である。また振り返りと反省にあたっては，「相手が悪くても暴力を振るってはいけない」ということを理解させることが重要である。

d．被害児の気持ちを考えさせる

また，加害児に被害児の気持ちを考えさせることが必要である。

e．被害児の気持ちを代弁する

　さらには，被害児の気持ちを職員が代弁し，加害児が被害児の気持ちを感じ取るのを援助する。それを通じて被害児に悪いことをしたという**「正当な罪悪感」**をきちんと育むことが重要である。

f．暴力を繰り返せばどうなるか考えさせる

　また，このまま暴力を繰り返せば，どうなるかという見通しについて，考えさせることが重要である。

g．加害児の気持ちを代弁する

　暴力を振るった本人にも，それなりに言い分がある。しかし，なにが悪かったかを突きつけ，ある程度反省できるまでは，その言い分に耳を傾けてはいけない。ある程度の反省ができたら，本人の気持ちを推測して代弁してみるなどし，気持ちの言語化を援助する。ここで重要なことは，決して本人の気持ちを聴くだけで終わってはいけないということである。本人の言い分や気持ちを聞いた後に，必ず**「暴力を振るってはいけない」「相手が悪くても暴力を振るってはいけない」**ことをしっかり釘をさす。

h．加害児の被害体験の言語化を援助し，それをじっくり聴く

　加害児はそのほとんどが，かつての被害児である。「俺もやられた。このぐらい何が悪い」といった気持ちであることが非常に多い。したがって，加害児の被害体験をじっくり聞くことが必要になる。その後，必ず，今後は暴力は許されないということを，ここでもしっかり釘をさす。

i．連携して行う

　この作業は，児童相談所と施設と両者が連携して行うことが必要である。したがって，施設側は児童相談所に丸投げしてお任せにせず，一時保護中に担当職員等が複数回訪問し，児童相談所の対応と並行して施設側も上記のことを行うことが必要である。児童相談所からも施設側にも上記の役割を果たしてもらうように要請していただきたい。

　この「振り返りと反省のための一時保護」では，安全委員会方式で活用されている「厳重注意の手順と留意点」という資料（**巻末資料12**）が参考になるの

で，参照していただきたい。

7. 一時保護における見立ての重要なポイント
a. 子どもが見せる姿の違い

　ここで重要なのは，冒頭で述べたように，子どもが状況に応じて見せる姿が著しく異なることが多いということである。このことは，児童相談所だけでなく児童自立支援施設や警察や家裁の関係者にぜひとも知っておいていただきたいことである。たとえば，少年院や鑑別所では子どもたちは皆「いい子」である。学校や施設であれほどひどいことをした子と同じ子であるとはとても思えないほど，「いい子」になる。そこまで極端ではないにせよ，一時保護所で子どもが見せる姿は多くの場合，施設での姿よりもずっと「いい子」である。逆に言えば，施設でははるかに扱いにくい子である。このことをぜひとも知っておいていただきたい。このようなことは，施設職員が専門職としての力量が下だからではないのである。

b. 見立てに役立つ「見せる姿の違い」

　そうじゃない場合もあるという反論もあるかもしれない。施設から一時保護された子どもたちのうち大多数の子どもたちは，多かれ少なかれ一時保護所では，施設よりも「いい子」になる。しかし，例外もある。そういう場合には，二つの可能性がある。
　ひとつは場面を識別したり，場面に応じて態度を変えるといった能力が著しく弱い場合である。この場合，発達障害などなんらかの障害の可能性がある。いまひとつは，一時保護にひるまない，一時保護ではすでに抑えがきかないくらい暴力性や非行性が深刻である場合である。
　このように，施設での姿と一時保護所での態度や行動の違いの有無やその程度は，その子の見立てにも大変役立つものである。また，先にも述べたが，振り返りと反省とその言語化を促し，どの程度それができるかを見るのも，見立てに役立つものである。
　ぜひとも児童相談所の判定や援助にこうした視点を生かしていただきたい。

8. 施設側に必要な対応：帰園時面接等の実施

施設側の対応の留意点は，先に述べたものと同様であるが，主なものとしては以下の2点がある。

a. 施設側の対応の留意点
「施設側が児童相談所に丸投げしない」ことが重要である。

一時保護の実行は，児童相談所にしかできないことであるが，それ以外のこと，すなわち十分に振り返りと反省をさせ，その反省を言語化できるように援助することは，施設側にもできることであるし，やるべきことでもある。施設側が一時保護所に出向き，児童相談所の対応と並行して施設側も上記のことを行うことが必要である。暴力はいけないと**「よってたかって言う」**ことにも意義があるからである。

b. 被害児の気持ちを代弁する
施設職員が被害児の気持ちを代弁することが必要である。担当職員だけでなく，できれば被害児の担当職員等も児童相談所に出向き，被害児の気持ちを代弁し，加害児が被害児の気持ちを感じ取るのを援助する。それを通じて被害児に悪いことをしたという**「正当な罪悪感」**をきちんと育むことが重要である。

c. 帰園時面接で判断する，約束させる
帰園に先立っては，児相が許可したからそれだけで自動的に帰れるという形ではなく，本人に決定を伝える前に，施設側による**帰園時面接を実施**し，これまでの反省と帰園後の決意表明をする場を設ける。実際には措置権は児相にあるのはもちろんのことであるが，少なくとも形式的にはこのような手続きをふんでおくこと。そして，その際の本人の様子次第で，帰園させてもよいか否かの判定を行うことをお勧めしたい。施設側としては，この時，暴力を振るわないということ以外に「これだけは守ってもらわないといけない」ことがあれば，それを約束させることも必要である場合がある。ただし，この際なんでもというのはよくないので，これだけはということに絞って約束させる。その際，その約束を守れなかった場合にどうするかもさらに約束しておく。

なお，児童相談所と施設の双方がそれぞれ以上のような関わりを行うのに役立ち，またその情報を整理し交換するために，「一時保護関連報告書」を作成す

ることをお勧めしている（**巻末資料25.**「一時保護関連報告書（施設用・児相用）」を参照）。

　考えたくないことであるが，児童相談所が頼りにならない場合や児童相談所では対応しきれないほどの深刻な事態ではどうしたらいいのだろうか。そういう場合に施設側ができる有効な対応にも触れておきたい。ただし，それはあくまでも手をつくした後の非常手段であり，決して安易に使ってはならないということを肝に銘じておいていただきたい。

　それは**「警察との連携」**である。

9. 警察との連携

　児童相談所や一時保護所もむろん，万能ではない。たいていの場合，一時保護所は夜勤は担当者がひとりで，あとは非専門家の非常勤が1～2名である。にもかかわらず，深刻な事件への対応はしばしば夜に起こる。この場合，児童相談所に緊急に一時保護してもらうにもほとんど不可能である。むろん，施設としては，その晩は施設で過ごさせ，翌日児童相談所に相談に行くということで差し支えがない場合は，それでよいとしても，それができない場合のことを考えておく必要がある。この点について，児童相談所，施設があらかじめ警察と相談しておくことがぜひとも必要である。

a．施設にできる対応1 ── 警察を呼ぶ

　施設の暴力対応としては，暴力が深刻で施設だけでは対応できない場合，やむをえず警察を呼ぶという対応がありうる。もっとも，それは当直職員だけでなく，緊急対応で集合した職員らによる施設内での精一杯の対応の後に，やむを得ず行うべきである。警察がかけつけてくれるだけで，暴力を振るっていたり，興奮していた子どもはおとなしくなるものである。その場合は，被害が深刻でなければ，通常，警察には丁重にお礼を言い，お引取りいただくこととする。後日，改めて警察を訪問し，その後の経過の報告とお礼と引き続きの支援をお願いする。

b．施設にできる対応2 ── 被害届けを出す

　警察がかけつけてくれるだけで，暴力を振るっていたり，興奮していた子どもはおとなしくなるものである。それでも沈静化しない場合や沈静化しても今

晩施設で過ごさせるわけにはいかないような深刻な事態では,「被害届けを出す」という対応もありうる。

c. 児童相談所にできる対応 ── 警察所への委託一時保護

あるいは,児童相談所ができる対応としては,委託一時保護という対応がある。児童相談所運営指針の「警察との関係」の「委託一時保護」の項には,「児童相談所が遠隔地にある又は夜間にわたるなどのため,児童相談所が直ちに引き取ることができないときなどにおいては,児童相談所は警察署に委託一時保護を行うことができる」「警察署における一時保護は原則として24時間を超えることができない。交通その他真にやむを得ない事情がある場合には,この時間を延長することができるが,この場合においても,できる限り早期に一時保護所において保護するよう努める」とされている。暴力が深刻な場合を想定して,児童相談所と警察と施設とが,あらかじめ協議しておくことが重要である。以上のような点をつめておくことが必要である。ただし,この「警察署への一時保護委託」については,県や市によっては警察が一時保護委託は受け入れないことになっている場合もある。

警察の力を借りる際にも,児相の一時保護に準じた対応がむろん必要である。つまり,施設と警察(さらには場合によっては家裁)とが連携して**「振り返りと反省とその言語化を援助する関わり」**が必要である。

10. 相手に要望・説得をしていただきたい

暴力問題の解決のために,連携して取り組むことが必要であるという認識が児相と施設のどちらか一方にしかない場合,以上述べたことを実現していくためには,相手方に要望していく,理解を求めていくことが必要となる。

11. 一時保護以外の児相による施設への支援

ここでは一時保護を中心に述べたが,児相による施設への支援「コンサルテーション」「通所指導」「訪問指導」「再判定」等の支援は,上記の過程で適宜実施することも必要である。

12. 安全委員会方式と組み合わせることでより有効に：
　　併用も一部導入も有効

　この手引きに基づく連携は，「安全委員会方式」を導入しなくとも単独で有効であるが，「安全委員会方式」と組み合わせて行うことで子どもたちの安心・安全にさらに有効なものとなる。たとえば，以下のような連携のあり方が考えられる。

①連携タイプ1　この手引きに基づく連携を単独で行う
②連携タイプ2　安全委員会方式を導入して行う
③連携タイプ3　安全委員会方式の一部導入。四つの基本的対応（1.「厳重注意」，2.「別室移動」，3.「一時保護（の要請）」，4.「退所（の要請）」）を導入し，行う。四つの対応を入所児童に周知させ，児相と施設が連携して実行するのである。
④連携タイプ4　安全委員会方式の一部導入。施設内安全委員会をつくり，四つの基本的対応（1.「厳重注意」，2.「別室移動」，3.「一時保護（の要請）」，4.「退所（の要請）」）を入所児童に周知させ，児相と施設内安全委員会が連携して実行する。

13.「多層連携サポートシステム」の構築

　ここでは，施設の子どもたちの安心・安全を実現するために，複数の組織・機関（ここでは施設・児相・警察［さらには家裁］といった三つの組織・機関）が層構造を持ち，問題の困難度に応じて相互に連携して有効なサポートを行うための活動について具体的に述べたものである。つまり，いわば以上は安心・安全の実現に特化した**「多層連携サポートシステム」**の構築を目指すものである。ここでは，施設・児相・警察（さらには家裁）といった三層間の連携について述べたが，実際には施設内でもさまざまなレベルでこの多層連携サポートが必要である。

14. 有効な連携を維持するために：システムを維持するためのシステム

　しかし，サポート・システムというものはしばしば形骸化してしまいがちである。さまざまな現場で必要なのは，いわば「顔の見える連携」「血の通ったシステム」である。たとえば，担当者が変わったら，連携が困難になるということが起こりがちである。そのようなことを防ぐために，**「システムを維持するためのシステム」**が必要である。そのための方策はいくつかあるが，ここでは比

較的実行しやすいことをあげておきたい。

　それは，この文書（またはその修正版）による申し送りをしていただくということである。たとえば，児相の所長，相談課長，一時保護課長，児童福祉司等のスタッフの異動・交代がある場合や，新任の方に，本文書を申し送っていただきたいのである。また施設でも職員の異動・交代がある場合，新任の方に，本文書を申し送っていただきたいのである。

　また，さらに重要なことは，児相と施設が相手の側で異動があった場合，児相は施設でこの文書が申し送られているかどうか，施設は児相でこの文書が申し送られているかどうか，相互に確認していただきたい。簡略版も作っている（巻末資料24.「児相と施設の［連携サポート］（簡略版）」参照）ので，それを活用していただくのも一法である。

　つまり，「申し送り」と「相互モニター」が，いわば「システムを維持するためのシステム」として機能するわけである。

15. 職員から子どもへの暴力にも注意

　この連携サポートは，子どもによる暴力を扱うものである。その背景に，職員（含. 施設長）から子どもへの暴力がないかどうかについては，十分に注意を払っていただきたい。職員から子どもへの暴力が存在する場合は，同時にそれへの対応が必要である。

16. 暴力以外の問題行動への活用

　また，この児相と施設の連携サポートは，暴力だけでなく他の問題行動にも同様に活用できる。ただし，暴力（含性暴力）が吹き荒れている施設では，まずは暴力への対応を最優先に行っていただきたい。

17. 児童自立支援施設からの措置変更への応用

　さらには，ここで述べたことは，児童自立支援施設から児童養護施設への措置変更についても応用できる。

　児童養護施設で暴力等の深刻な問題行動を繰り返し，児童自立支援施設へ措置変更になる子どもは少なくない。そういう子の場合，しばしば元の児童養護施設へ再び措置されることが多い。また，そうでなくとも，児童自立支援施設から児童養護施設へ措置されることもまた少なくない。

ある児童養護施設でボスになり暴力を繰り返し，児童自立支援施設へ措置変更された男子中学生の子がいた。すでに2度目の児童自立支援施設への措置であった。1年後，この子の言動がすっかりよくなったからとのことで，再度，元の児童養護施設へ措置変更されることになった。実際，児童養護施設での横柄な態度は変わり，すっかり礼儀正しく丁寧な態度になっていた。職員が迎えに行くと，神妙にしていた。児童養護施設の車に乗車して，児童自立支援施設の門を出ると，まもなく姿勢が変わった。肩をそらした感じになったのである。職員への話し方も少し横柄になってきた。児童養護施設の門をくぐると，さらにもっと横柄な感じになった。そして，二，三日で，以前いたときとまったく同じ態度になった。

　こういうことを防ぐために，私のお勧めは，児童自立支援施設にまだいるうちに，**帰園時面接**を行うことである。措置権が児童相談所にあることは言うまでもないが，子ども向けにいわば児童養護施設側による「受け入れ判定面接」とでもいうべきものを実施するのである。一時保護に際しての帰園時面接に準じた要領で行うのである。再入所であれば，振り返りと反省を言語化させることに加え，さらに「誓約書」を書かせたりすることも有効である。児童養護施設に戻ってからは，複数の職員の前で決意表明させる。場合によっては，子どもたちの前でも，この決意表明をさせた方がよい場合もある。そして，暴力事件等を起こしたら，指導の際に，それらのことを思い出させるのである。

　　本章は全国の児童福祉施設の子どもたちが暴力に繰り返しさらされる状況をなんとか改善したいと願って作成したものである。各地の児相および施設で，ぜひこれを活用していただきたいと願っている。その成果があれば，是非私にお知らせいただきますようにお願いしたい（連絡先は**巻末資料1**を参照）。本章の不備な点が見つかったら，なおのことぜひお教えいただければと思います。また，地方の事情に合わせ改変または現場のさらなる知恵を盛り込んでの改訂などされた場合にも，ぜひその変更点について教えていただきますようお願いしたい。

[文　献]

土井高徳（2008）神様からの贈り物――里親土井ホームの子どもたち　福村出版．
田嶌誠一（2007）児童福祉施設における暴力問題の解決に向けて――児相と施設の連携サポート：特に一時保護の有効な活用を中心に　pp.1-22，心理臨床研究会．

第13章
社会的養護の
さまざまな場で

　これまで児童養護施設をはじめとする児童福祉施設の取り組みについて述べてきた。しかし，それは児童福祉施設についてのみ重要なことではなく，施設以外の社会的養護のあらゆる場で必要とされていることを含んでいる。ここでは，それについて簡単に述べることにしたい。

I　わが国の社会的養護

　子どもたちは，家庭で，親の暖かい愛情のもとで育っていくことがもっとも望ましいのは言うまでもないことである。しかし，世の中には種々の事情から，家庭で暮らすことができない子どもたちが少なからずいる。本来もっとも愛情を注がれるべき母親や父親から惨い虐待を受け，殺される寸前で保護された子もいる。また，母親や父親の病気や病死あるいは経済的理由等によって，家庭で育てることができなくなってしまった子もいる。その他，いろいろな事情から，児童養護施設などの社会的養護の場に措置されている子どもの数からみれば，生まれた家庭で育つことが叶わない子どもたちがわが国には，約38,000人あまりいるのである。子の悲しみ，親の嘆きはいかばかりであろうか。

　この子たちは，生まれる先を選ぶこともできず，ただ不運にもたまたまそこに生まれ落ちた子たちである。この子たちには何の責任もありようがないことであり，私たちの社会がこの子らに適切な養育の場を用意するのは，ごく当然のことである。

　しかし，この当然であるべきことが，現実には，実現が極めて困難という実

情がある。

　家庭で育てられない子どもたちは，ほとんどの場合施設か里親に委託されるということになるが，欧米の先進国では里親養育が主であるのに対して，わが国では施設養育が主である。このことは国連の子どもの権利に関する委員会から懸念事項として，改善勧告を受けているほどである。ここでわが国の社会的養護の不備をいちいち指摘することは控えるが，このことひとつを取り上げても，わが国では国の施策が極めて不十分不適切な状態のまま放置されてきたと言えよう。

1. どんな養育にもリスクがある

　だからといって，私は単純に里親がいいとか施設がいいとかファミリーホームがいいとか，あるいは小規模施設がいいとか，簡単には言えない。本書でも，再三述べているように，**「どんな養育にもリスクがある」**からである。また，本書は暴力問題に対する具体的取り組みを中心としたもので，社会的養護のあるべき方向をさまざまな角度から論じることはできない。代わって，本書でこれまで述べてきた暴力問題の解決または安心・安全の実現という視点に絞って，社会的養護の今後のあり方を論じることにしたい。

2. 里親さんとのつながり

　「60人までは数えていましたけどね」とは，川崎市の里親，西川公明・三枝子ご夫妻の言である。その後，NHKが取材し，放映となった（NHK教育，福祉ネットワーク「子を育てる，親を育てる」，2007年12月11日放映）が，2011年2月で，ご夫妻で短期長期含めてのことだがなんと延べ委託児童数151名で重複を除いても85名の子どもを養育されたとのことであった。西川ご夫妻の優れたところは多々あるが，とりわけ印象的だったのは，子どもたちだけでなく，子どもが実親と関係を育むことも含め，親も一緒に支援していくということである。その活動ぶりを見れば，とても里親手当てでやっていけているはずがない。

　私が里親さんとのつながりができたのは，まったくの偶然だった。いやこういう活動をしていれば，必然だったのかもしれない。私はこれまで多くの施設と一緒に活動してきたが，残念なことではあるが，少ないながら退所になった子がいる。できる範囲ではあるが，私が直接関わった子については退所後もなるべくフォローすることにしている。

　ある児童養護施設を退所になった子どものフォローをしていて，知り合った

のが，里親の土井高徳・えり子ご夫妻である。驚いたのは，土井ご夫妻は，どこにも行き場のない子たちを進んで引き取っておられるということである。どこにも行き場のない子たちというのは説明が要るだろう。

　児童虐待に代表されるように，私たちの想像を絶する苦難を背負わされた子どもたちがいる。この子たちの多くは，児童養護施設・児童自立支援施設・情緒障害児短期治療施設などの児童福祉施設で養育され，また一部は里親さんの許に引き取られる。しかし，その子たちの中でも，さらに種々の深刻な事情を抱えているため，そこでの養育が困難となるような問題行動を繰り返すなどして，どこにも引き受け手がない，行き場がない子どもたちがいる。多くは二重三重に困難を抱えている子たちである。たとえば暴力事件や窃盗などの犯罪や非行を繰り返し，そのうえ発達障害や知的障害を抱えていることもあり，周囲との折り合いが著しく難しいといった具合である。

　土井ご夫妻は，そういう子たちを積極的に引き取って，高い専門性を備えた里親として養育し，大きな成果をあげておられるのである。いやもっと正確に言えば，土井ご夫妻だけでなく妹さんたちを含む土井家全体が稀有なファミリーなのである。その実践については，土井高徳さんの著書（『神様からの贈り物』土井，2008）を参照していただきたい。いわゆる専門家にも得るところが大きいはずである。

　児童養護施設の創立者たちの中には，敗戦直後，まだ福祉制度ができるあてもない頃に，戦災孤児を放っておけず，引き取って風呂に入れ，食事をさせ，養育してきた人が何人もおられたことは，すでに第4章で述べたが，このように，里親さんにもすごい人たちが何人もおられるのである。

　その一方で，大変残念なことだが，里親による虐待や暴力事件も起こっている。2002年に宇都宮市で起こった虐待死は記憶に新しい。また，2009年10月には，里子として預かっていた女児（5歳）を暴行し，6ヵ月の重傷を負わせたとして，傷害容疑で里親（35歳）が逮捕された。さらには，東京都で2010年8月に里子として養育していた3歳児を暴行を加えて死なせたとして里親が傷害致死容疑で2011年8月20日に逮捕された。また，殴打系暴力など里親家庭でひどい目にあった報告もみられる。さらには，表には出にくいが，里親による性暴力も起こっている。したがって，里親家庭への「モニターしつつ支援する仕組み」と活動が必要である。むろん，それは後に述べるようにファミリーホームにも必要なことであるので，次の述べる一部のファミリーホームが試みている仕組みが参考になるのではないかと考えられる。

3. ファミリーホーム
a. ファミリーホームの制度化

　社会的養護の場，すなわち家庭で育てられない子どもたちの行く先としては，児童福祉施設，里親，ファミリーホームがある。また，養子縁組となる場合もごく少ないながらある。第5章でも述べたように，欧米の先進国では里親養育が主であるが，わが国では施設養育が主である。

　里親と児童福祉施設についてはなじみがある方も，ファミリーホームについてはまだ知られていないことが多いと思われる。まずは，ファミリーホームとはなにかということから述べることにする。

　より多くの子どもたちを家庭的な場で養育できるファミリーホームという形で社会的養護の新たな展開を願う里親が集まり，2005年8月に「日本里親ファミリーホーム全国連絡会」が誕生した。私自身も，この協議会に創立時から顧問のひとりとして関わってきた。以来，毎年研究協議会を開催するとともに，国による制度化に向けて働きかけを行ってきたが，その結果，児童福祉法の改正によって2009年4月からファミリーホームの制度化が実現したのである。

　ファミリーホームは正式には，「小規模住居型児童養育事業」と言い，その開設は，養育里親もしくは児童福祉施設職員など児童福祉事業に従事した経験が一定程度ある人やそれに準ずると都道府県知事が認めた人であることが必要な資格条件となっている。養育里親は，同時期に2人以上の要保護児童について2年以上の経験，あるいは児童福祉事業に3年以上従事した者となっている。したがって，法的には里親という立場による養育ではなくなったが，この法律改正によって，里親は4人まで，ファミリーホームは6人までということになった。

　また，養育者は3人以上で，そのうち1人は専任養育者として子どもと同居することが求められている。

　ここに，里親でもなく施設でもない第三の選択肢として，ファミリーホームが誕生することとなったのである。そして，この制度化に伴い，「日本里親ファミリーホーム全国連絡会」は，「日本ファミリーホーム協議会」へと名称を変更することとなった。そして，日本ファミリー協議会の監修で2010年から雑誌「社会的養護とファミリーホーム」（福村出版）が創刊された。

　厚労省からの資料によれば，ファミリーホームは2010年2月1日時点で全国で53ヵ所，そして2011年4月1日時点では128ヵ所となっており，急速に増加

しつつあることがうかがえる。
　また，今後は里親だけでなく，施設職員の経歴を持つ方が開設に向かうことが期待されるし，実際すでに認可もされつつある。

b．難しい問題の増加
　ファミリーホームでは5〜6人の子どもたちを養育するということになる。そうなると，これまで以上に，さまざまな難しい問題が起こってくることが予想される。その備えが必要である。私自身は里親やファミリーホームに問題行動の多い難しい子が措置されることには基本的には反対である。しかし，現在でも，かなり難しい子が里親さんの所に措置されているという現実がある。それを考えると，ファミリーホームにかなり養育が難しい子が入ってくる可能性がある。そうならないための仕組みの検討が必要である。

4．児童養護施設の小規模化

　児童養護施設は，大舎制の施設が多いが，今後目指すべき方向性として示されているのは，「小規模化」と「地域化」である。全国児童養護施設協議会の制度検討特別委員会小委員会がまとめた「児童養護施設の近未来像Ⅱ」（2001）では，「生活の場である児童養護施設は，原則的には小規模化，地域化が望ましいことは言うまでもない。とりわけ長期間施設養護を余儀なくされるケースについては小規模施設が好ましい。」としている。国は2000年から「地域小規模児童養護施設」の名称で，児童養護施設が本園とは別に民家などを活用し，子どもの小グループ（定員6人）を一般家庭に近い生活環境で養育する形態に補助を行っている。
　小規模化は歓迎すべきことだと私は考えているが，その一方で，小規模化すれば，暴力問題は自然に解決するという意見も耳にするが，私は疑問であると考えている。いや，もっとはっきり言えば，暴力がもっと潜在化深刻化する場合もあると考えている。実際，第4章で紹介した東京都の調査では，小規模施設が必ずしも暴力が少ないとは言えないことが示されている。
　したがって，小規模化した児童養護施設でも，なんらかの仕組みが必要である。

5. 施設は家庭ではない

　ファミリーホームにせよ，児童養護施設にせよ，そこで目指されているのは，「家庭的養護」という方向であろう。施設が子どもたちにとって家庭的なものであろうとすることにも「入所している子どもたちにとって施設は家庭のようなものだ」とすることにも，一面では大きな意義があるだろうと私は考えている。しかし，大急ぎで強調しておきたいのは，「ファミリーホームも施設も家庭ではない」ということである。

　深刻な暴力事件が起こって，被害届けを出すか出さないかという議論の中で，必ずといってよいくらい出てくるのが，第5章でも述べたように，子どもたちにとって「施設は家庭だ」「家庭のようなものだ」「家庭内で起こったことを警察に届けるのか」という主張である。先に第11章で述べた「退所という語を使ってはいけない」ということについても同様の主張を聞くことがある。

　子どもたちにとって，できるだけ家庭に近いものであって欲しいという気持ちは理解できる。しかし，施設は家庭だから，あるいは家庭のようなものだから，被害届は出すべきではないとか，退所という語を使ってはならないという主張になると，誤りであると私は考えている。

　ある側面では施設が家庭のようなものであるということは大変意義があると思うが，その一方で，そうではありえない側面までも，家庭である，家庭のようなものである，と言いくるめてきたことが大きな問題である。そのことが，施設内のさまざまな暴力・虐待を覆い隠してきた要因のひとつなのではないかと私は考えている。

　そこからいかに多くの悲劇が生まれてきていることだろうかと，私は思わざるをえない。さらに言えば，児童虐待が犯罪であるとされるようになってきたように，家庭であっても許されないことがあるのだという認識も必要であろう。

　私は，ただ厳しく責任を問いさえすればよいと考えているわけでは決してない。第5章でも述べたように，罪は罪としてきちんと対応し，それだけでなくフォローはフォローとしてきちんと対応していくことこそが必要なのであると私は考えている。難しい問題であればあるほど，その両方が必要である。責任を問うこととフォローすることとは矛盾しないのである。

　いかに家庭的なものを目指そうとも，施設もファミリーホームも家庭ではない。いかに親密であろうと，他人同士が集団で暮らしている場所なのである。このことをしっかりと認識すべきである。そのうえで，起こりうる深刻な事件

を想定し，その備えをしておかなければならない。

II　あらゆる社会的養護の場で留意すべきこと

1．もっとも重要な課題：「安心・安全」

　社会的養護の場，すなわち要保護児童の育つ場としては，児童福祉施設，里親，ファミリーホーム，さらには「養子縁組」「特別養子縁組」がある。また，一時的な場ではあるが，児童相談所の一時保護所もある。私自身は，「養子縁組」「特別養子縁組」がもっと盛んになることを願っている。その点で，愛知県の乳幼児の「養子縁組」の活動（萬屋，2010a, b）や熊本県の慈恵病院の「こうのとりのゆりかご」の活動は注目に値する。しかし，その一方で，それらの活動で対応できるのは，わが国の要保護児童のうちのわずかな人数にすぎない。

　また，「いかなる養育にもリスクがある」という認識が必要である。そこで，社会的養護のあらゆる場で，せめて実現したいのは，子どもたちの安心・安全である。

2．「子どもの福祉」「最善の利益」

　「子どもの福祉」「最善の利益」という語は，児童福祉領域ではしばしば対で使われている。たとえば，「子どもの福祉・最善の利益を考慮して，～した」といった具合に使われている。現実には，子どもたちを暴力から守りぬくことさえ実現できていない。このことは，「最低限のことさえ実現できていない」ことを意味している。それを思えば，「最善の利益」という語はしらじらしい思いがするので，私にはとても使えない。

3．被虐待児に必要なこと

　あらゆる子どもの成長にとって，安心・安全な生活は必須のものであるが，たとえば，近年社会的養護の場で増加している被虐待児について，ここで考えてみよう。保護された被虐待児にとって安心・安全を実現するために重要なことは二つある。

　①他者からの暴力から守り抜くこと
　②本人の暴力を非暴力で抑えること

である。その結果,「関係の脱虐待化」が起こり,虐待的ではない人間関係がとれるようになるのである。また,この二つは,すべての子どもの育ちに必要な条件でもある。なお,ここでいう暴力とは,「力関係に差がある暴力」のことを言う。

4. 困難な子どもへの対応の原則

また,困難な子どもへの対応の原則としては,二つのポイントがある。

①基本ルールは一緒

発達障害であろうが虐待を受けた子であろうが,細かいルールはともかく,「基本ルールは一緒」ということが大事なことである。この子は発達障害だからまあこのぐらいはいいでしょう,というのではダメなのである。少なくとも,人を殴ってはいけないとか,それから殴られた時には必ず守ってみせるとか,こういう人が生きていく時の基本的なルールというのは発達障害であろうが,虐待を受けた子であろうが,同じにしないといけない。そうしないとホームそのものが成り立たない。

②伝え方,教え方,理解のさせ方に工夫が必要

しかし,同時にそういう子たちには,「理解のさせ方に工夫が必要」である。発達障害の子たちも虐待を受けた子たちもそれぞれ特徴がある。その特徴に応じて教え方の工夫が必要なのである。たとえば,アスペルガー症候群の子どもに,視覚的に提示したり,「ワンセンテンス,ワンミーニング」など,伝え方をいろいろ工夫することが大事なのである。その子たちの特性をちゃんと見た上で,それに応じた指導することが必要である。

なお,この点については第10章でより具体的に述べているので,参照していただきたい。

5. 連携の原則

また,上手に各種の専門家と連携して,その力を活用することが必要である。まず,いい専門家を探すことが大事である。いい専門家というのは,その子がどういう生活をしているかという所まで,ちゃんと見てくれて,一緒に考えてくれる。そういう専門家を上手に探していただきたい。

連携のポイントは二つある。

①一人で抱え込まない，つまりホームだけで抱え込まない
　②丸投げしない

6. 具体的に支援を要望すること
　一般に，いくら困っていても児童相談所にいきなり一時保護をお願いしても，簡単には実行してくれないことが多い。児童相談所に対しては，早いうちからまめに相談し，「こういうことが起こったら，こういう支援をして欲しい」というふうに，どういう支援をして欲しいかということまで，こちらから具体的に注文をつける，要望する必要がある。

7. 安心・安全の実現
　社会的養護のあらゆる場で起こってくるさまざまな難しい問題のなかでも，もっとも重要なのは「暴力への対応」または「安心・安全な生活の実現」ということである。暴力にどう対処するか，子どもたちの安心・安全をどう守り抜くかということはあらゆる社会的養護の場の存亡に関わる問題だと私は思う。

8. 子ども間暴力に注意
　委託の子どもがひとりの場合，①養育者から子どもへの暴力，②子どもから養育者への暴力，に注意する必要があったが，児童福祉施設やファミリーホームでは，さらに，③子ども間暴力にも注意を払う必要がある。児童養護施設ではさまざまな深刻な暴力事件が多数起こっているが，今後はファミリーホームでも，複数の子を養育している里親家庭でも同様のことが起こる可能性が高いと考えられる。したがって，ファミリーホームでもどう対応するのかということを，きちんと考えておく必要がある。
　「心の傷」のケアさえすれば暴力を振るわなくなるという理解や愛情を注ぎさえすれば暴力はおさまるという意見もあるが，それは甚だ疑問である。そうであれば幸いだが，残念ながらそうはいかないことも多いはずである。非常に安定したホームでも，ひとり暴力的な子が入ってくればあっという間に荒れる。したがって，暴力的な子たちが来た時に，どう対応したらいいのかというシミュレーションをしておく必要がある。

9. 暴力への対応

　子どもが振るう暴力に対しては，基本的には「暴力を非暴力で抑える」，さらには言葉で表現できるようにしていくということである。詳しくは，第7～9章を参照していただきたい。しかし，子どもが振るう暴力については，それでよしとしても，養育者である自分自身が子どもに暴力を振るってしまう可能性も考えておくべきである。

10. 自分だけは大丈夫と考えないこと，自分を例外としない姿勢

　言い聞かせても，言い聞かせても暴力などの問題行動を繰り返す子たちがいる。難しい子であれば，あるほど，養育者の側が殴りたくなる衝動にかられることもあるはずである。実際，施設では入所の子どもに性暴力を振るったというようなものだけではなく，熱心に関わって，関わって，指導して，指導して，でも言う事聞かないので，かーっときて二，三発殴ってしまったという事件もたくさん起こっている。したがって，児童福祉施設だけでなくファミリーホームや里親家庭でも，これからは同様のことが起こり得るのである。自分も暴力を振るってしまうことがあるかもしれない，**「自分だけは大丈夫と考えないこと」**，**「自分を例外としない姿勢」** が必要である（田嶌，2010）。

11. 子どもが外部に訴えるかもしれない

　自分では大丈夫と思っていても，実際には，ついかーっとなって暴力を振るってしまうかもしれない。それだけではない。実際には暴力を振るっていなくても，子どもが暴力を振るわれたと外部に訴えるかもしれない。たとえば子どもが暴れるので，手を握ったとする。それが女の子だったら，「セクハラだ」と言ったりすることが起こりうる。それで児相や県に訴えるということが起こり得るわけである。その際に，ほんとうに振るっていないということを外部に説明・釈明できないといけない。この両方の事態に対処できなければならないのである。どんなにりっぱな活動でも，透明性が低いところでは，リスクが大きくなるということを認識しておく必要がある。

12. モニターしながら支援する

　児童養護施設とファミリーホームと里親家庭とではそれぞれ事情が違う面があるので，全く同じにやることはないにしても，社会的養護のあらゆる場で，

基本的にはやはり「モニターしながら支援する仕組み」が今後必要であると私は考えている。児童福祉領域では,「ひとりひとりの子どもと真剣に向き合いさえすれば」,とよく言われるが,私に言わせれば,ひとりひとりの子どもと真剣に向き合うための仕組みがいるということなのである。怖い思いや心配をしながらでは,なかなか子どもと向き合えない。そういう意味では,まずは養育者の安心・安全というのが必要であり,それがあってはじめて子どもの安心・安全が守れるということである。

なお,2010年に第5回ファミリーホーム研究全国大会が大会テーマに「子どもの安心・安全をどう保障するのか」を掲げて福岡市で開催されたが,私はこの会でこれまで述べてきた視点から特別講演「子どもの安心・安全は成長のエネルギー」と題して,特別講演を行った(田嶌,2010,2011)。

13. ファミリーホームでの取り組み例
共有可能な知恵を

ファミリーホームは里親さんたちが始めたものであるが,今回の制度化で施設職員の経験者もファミリーホームを開設できることになった。したがって,おおまかに言えば,開設者のルーツから見て,いわば「里親系のファミリーホーム」と「施設職員系のファミリーホーム」があることになる。

現在は,「里親系のファミリーホーム」が多いが,これからは「施設職員系のファミリーホーム」も増えてくるものと考えられる。ファミリーホームでは,「養育と運営の知恵」の両方が必要である。あえて割り切った言い方をすれば,里親は個別性の高い養育の経験と施設職員は集団生活とその運営の経験がある。

したがって,お互いに張り合うのではなく,学び合い,磨き合うことができることを願っている。今後はこの両者が持ち味を発揮して,相互に学び合い,ファミリーホーム全体として共有可能な知恵を積み上げていくことが重要である。

赤塚ホームと佐藤ホームの取り組み

少ないながら,ファミリーホームでも,いくつかの試みがあるので,ここで簡単に紹介しておきたい。たとえば,施設に勤めた経験もある里親の赤塚睦子さんがホーム長の赤塚ホーム(横浜市)では,①スタッフを血縁のない第三者にしていること,しかも②通告義務を重要な職務として伝えてあること,③1年に1回以上児童相談所による子どもへの面接を実施してもらい,④子ども自

身にもいつでも訴えることができることを伝えてある, とのことである。
　また, 元児童養護施設職員の佐藤哲造さんがホーム長の佐藤ホーム（大分県）では, 入所にあたって, 子どもに最初に, ①ホーム長自身が暴力を振るわないこと, ②振るったら, ホームをやめる覚悟であることを宣言し, ③子どもたちの暴力も許さないことを伝え, ④外部委員を委嘱して, 子どもに面接してもらうようにしている, とのことである。
　注目すべきは, この佐藤ホームも赤塚ホームもファミリーホームが密室化しないような工夫をしているということである。佐藤ホームでは, 密室化しないように, 外部から佐藤ホームを訪問して子どもたちに聞き取りをしてくれる人を2名委嘱している。ひとりは, 児童養護施設職員であり, いまひとりは児童相談所に勤務経験がある臨床心理士の資格を持つ大学教授である。佐藤ホームでは, 入所にあたっては,「おいちゃんはな, ぜったい君たちを叩かん。叩いたら, ホームを閉じるつもりだ」と言うのだそうである。それを聞いた子が, ある日, 児童福祉司と一緒に佐藤ホームを訪問した母親に向かって,「あのな, おいちゃんはな, 僕らを絶対叩かんのやて。叩いたらホームをやめるんやと。だけん, おいちゃんは僕らを叩かんのやて」とうれしそうに語ったそうである。

暴力への毅然とした対応

　その佐藤ホームで, 暴力事件が起こった。当時佐藤ホームには4名の小学生が入所していたが, そこに小5の被虐待児が措置された。その子は暴力的傾向があり, ホームでも小さな暴力を2回起こし, 次は絶対に許さないと伝えてあった。
　ある日, 風呂場から裸で別の子どもがかけてきて, 佐藤さんに「おいちゃーん! 叩かれた!!」と叫んだ。小5の子が風呂桶で頭を叩いたのだという。すぐに, その子を呼び,「今度は許さない。ここにはもう置いておけない。明日児童相談所に連れて行く」と伝えた。それから他の子たちにこの暴力事件ともうここに置かないつもりだと伝え, 子どもたちの意見を聞いたところ, 被害児も含めて他の子たち全員が「おいちゃん, もう1回だけチャンスをやって」と頼んだ。そのことを加害児に伝えたところ, その子は涙をポロポロ流して反省したとのことである。その子は, それ以来, 全く暴力を振るわなくなったそうである。
　暴力に対しては, このようにルールをきちんと提示し本人に理解させたうえ

での毅然とした対応が，被害児を守り，さらには加害児をも行動を改めさせることにつながるのである。その結果，結局は加害児も守ることになるのである。

なお，以上の佐藤ホームと赤塚ホームの取り組みは，第5回ファミリーホーム研究全国大会（平成22年8月28〜29日，福岡市）の第4分科会「FHの今と明日を考える——子どもの安全を保障する上で，FHが密室にならないために何が必要か」（佐藤・赤塚・入江・村田・田嶌，2010）での佐藤哲造さんと赤塚睦子さんの発表に基づくものである。詳細は，「社会的養護とファミリーホーム第2号」（2011）に掲載されている佐藤（2011）および赤塚（2011）を参照していただきたい。

14. 社会的養護の場における安心・安全

本書で論じてきた施設における「暴力問題の解決」「安心・安全な生活の実現」は，児童福祉施設だけではなく，ファミリーホームや里親家庭でも，児相の一時保護所でも，もっとも重要な課題である。つまり，子どもたちの「安心・安全の実現」は，あらゆる社会的養護の場に共通したもっとも重要な課題である。その意味では，暴力問題は長年放置されてきたが，2009年に児童福祉法が改正され，被措置児童等虐待の防止が盛り込まれたことは，画期的なことである（第4章および**巻末資料33**参照）。

しかしその具体的実現は，これからである。

あらゆる社会的養護の場で，子どもたちだけでなく，養育者もまた守られなければならない。そのためには，①わかりやすいルールの提示，②子どもの暴力がひどくなった時の対応を検討しておく，③対応が行き過ぎないようにモニターする仕組みも持っておく，などが必要である。

15. 暴力に絞った入所オリエンテーション

社会的養護のあらゆる場で，暴力について，丁寧にオリエンテーションを行うことが必要である。具体的には，以下の3つの点を伝えることが重要である。

①養育者（職員）は暴力を振るわない。
②君を暴力から守る。
③君の暴力を許さない。

a.「訴えてきなさい」だけでは不十分

　ここで重要なことは,「暴力を振るわれたら,訴えてきなさい」と子どもに言っておくのは,必要ではあるが,それだけでは不十分だということである。まずは,訴えればほんとうに守ってもらえるという実感を子どもの側が感じられるようにしておくことが大事である。そのためには,なんといっても,大人の側がなにがあっても暴力は許さない,この問題は特別で本気だということが伝わることがポイントである。さらには養育者や第三者の側から,積極的に定期的に聞いていくことが必要である。

b. 入所初期は特に重要

　このことは,いつも重要であるが,とりわけ,入所初期には大変重要である。たとえば,山口県の萩児童相談所では,措置した子どもを児童福祉司が1週間後,1ヵ月後,3ヵ月後の3回訪問して様子を聞くことにしているとのことである。ぜひとも,こうしたことを全国の児童相談所で見習って欲しいものである。

　また,第7章で述べたように,安全委員会方式では,入所1週間,2週間,3週間,4週間に各1回,新入児童の聞き取り調査を行うことにしている。

16. モニターしつつ支援する仕組み

　さらには,先に述べた入所オリエンテーションの中身を実際に実現するためには,なんらかの「モニターしつつ支援する仕組み」が必要である。安全委員会方式は,その具体的な一例を示すものである。社会的養護のあらゆる場で,子どもたちの安心・安全と養育者の安心・安全の両方を実現するために,「モニターしつつ支援する」具体的取り組みを創っていくことが必要なのである。

　ここで述べたこと以外にも,本書で述べてきたことは,里親やファミリーホームでも参考にできるところが多々あるものと思うので,関係者の方々に参考にしていただければ幸いである。

17. 養育と援助の基本

　これまで述べてきたように,わが国の社会的養護の場には児童養護施設を主としながらもいくつかの場がある。そこで,どこで養育されようと基本になるのは何かということについて,私の考えを簡単に述べておきたい。

　社会的養護を必要とする子どもたちは,基本的には「丁寧に養育されるべき

存在」ではあっても「治療されるべき存在」ではないというのが私の立場である。したがって，この子たちには丁寧な養育というのが基本であり，心理療法や心理援助や投薬等の医学的治療はあくまでも補助的なものであるということになる。

　この子たちの養育と援助の基本は，やはりその土台には**「安心・安全の実現」**が必要である。さらには，それを土台として，**「希望を引き出し応援すること」**（第2章参照）である。日々の養育もトラウマ・愛着・ソーシャルスキルトレーニング（SST），性教育などのあらゆる専門的関わりも，活用するにしても，この安心・安全という土台のある中で「希望を引き出し応援すること」という基本的枠組みの中で活用されるのが望ましいというのが私の考えである。これをイメージ的に図示すると，図13-1のようになる。

図13-1　要保護児童の養育と援助の基本

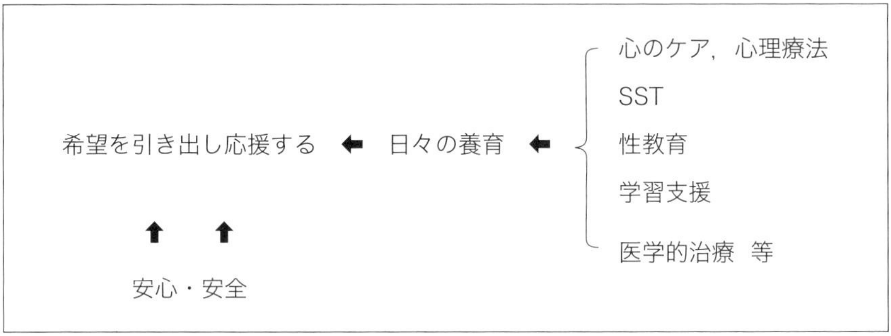

```
希望を引き出し応援する ← 日々の養育 ← ┌ 心のケア，心理療法
                                    │ SST
                                    │ 性教育
     ↑       ↑                      │ 学習支援
   安心・安全                         └ 医学的治療　等
```

18.「社会的養護研究会」または「社会的養護学会」の提案

　社会的養護にはさまざまな場があり，さまざまな立場の関係者がそれぞれに努力してこられた。しかし，ここで大変残念なことは，私の理解では関係者が一同に会して議論する場がこれまでなかったように思う。児童福祉施設はそれぞれに協議会があり，たとえば，児童養護施設には全国児童養護施設協議会（全養協）がある。他にも，里親は全国里親会，ファミリーホームは日本ファミリーホーム協議会，児童相談所は全国児童相談研究会（児相研），さらには，日本児童養護実践学会，養護問題研究会（養問研），虐待問題については日本

子ども虐待防止学会（JaSPICAN），といった具合である。それぞれに，組織を創り，研究会や研修会を開催し，機関誌や雑誌やニュースレター等を出していて，ある程度の交流はあるものの，一部に留まっている。

　関係の雑誌だけでも，私がざっと気づくだけでも「季刊児童養護」「里親と子ども」「社会的養護とファミリーホーム」「子どもと福祉」「日本の児童福祉」「そだちと臨床」「そだちの科学」など，多岐にわたっている。

　私の印象では，このようにいわば縦割りになっていることによる困難が少なくないように思う。たとえば，里親さんからいかに児童相談所に理解がないか，理不尽な目にあったかを聞かされることが少なくない。そういう話を聞くと，里親さんの言い分がもっともだと，その時は思う。ところが，別の時に児相関係者から里親さんのひどさを耳にすることがある。そうすると，今度は児相関係者の言い分がもっともだと感じるのである。

　両者ともに，いわば背を向けて罵り合っているような印象なのである。おそらく，児相関係者が適切でない場合もあるだろうし，里親が心しないといけない場合もあるものと考えられる。したがって，両者が具体例を共に検討する場を設け，率直に意見を交換することがまずは重要なのだと思われる。

　ここでは里親と児童相談所の例をあげたが，施設と里親，児相と施設，乳児院と児童養護施設，児童養護施設と児童自立支援施設などさまざまなところで同様のことがあるものと考えられる。しかし，いずれも関係者が目指すところは，子どもたちの幸せである。関係者が一同に会して具体例をもとに率直に意見交換し，交流できる場ができることを願っている。いわば，**「社会的養護研究会」**または**「社会的養護学会」**といったものができないものだろうか。そういう場で，子どもの立場に立って，根本的な改革の方向も議論していきたいものである。

[文　献]

赤塚睦子（2011）「情報開示」と「話し合いの場」で「密室化」を防ごう　社会的養護とファミリーホーム 2；77-80．
土井高徳（2008）神様からの贈り物——里親土井ホームの子どもたち　福村出版．
制度検討特別委員会小委員会（2001）児童養護施設の近未来像Ⅱ　全国児童養護施設協議会．
佐藤哲造（2011）安心，安全な生活を保障するには　社会的養護とファミリーホーム 2；81-87．
佐藤哲造・赤塚睦子・入江拓・村田和木・田嶌誠一（2010）第4分科会「FHの今と明日を考える——子どもの安全を保障する上でFHが密室にならない為にはなにがどう必要かを考える」第5回ファミリーホーム研究全国大会——子どもの安心・安全をどう保障するのか　福岡市．
社会的養護とファミリーホーム（2010）1　福村出版．
制度検討特別委員会小委員会（2001）児童養護施設の近未来像Ⅱ　全国児童養護施設協議会．
田嶌誠一（2010）成長の基盤としての「安心・安全」の実現——社会的養護の場でもっとも重要な課題　社会的養護とファミリーホーム，1；55-58．
田嶌誠一（2011）「安心・安全」は成長のエネルギー　社会的養護とファミリーホーム 2；13-18．
萬屋育子（2010a）愛知県の赤ちゃん縁組の取り組み　社会的養護とファミリーホーム，1；35-42．
萬屋育子（2010b）児童相談所現場からの報告——愛知県の赤ちゃん縁組の取り組み　子どもの虐待とネグレクト（特集．「こうのとりのゆりかご」と子どもの人権），12(2)；208-219．

第14章
何処へ
―― 施設内暴力がつきつけるもの

I　施設内暴力がつきつけるもの

　実は，近年暴力が大きな問題になってきているのは，福祉領域だけではない。医療領域でも教育領域などでも大きな問題になってきている。施設内暴力に取り組む過程で，同時にそれらの領域での同様の現象について検討することで，私たちの社会が直面している課題が見えてきたように思う。ここでは，それについて述べておきたい。

II　諸領域における暴力問題の顕在化

1．家庭における虐待・暴力

　全国の児童相談所が2007（平成19）年度中に受けた児童虐待の相談受付件数は前年度比3,316件増の40,639件に上り，初めて4万件を突破。さらに2010（平成22）年度には，55,152件となり，5万件を突破した。1990（平成2）年度には1,101件だったものが，その後急速に増え続け2010（平成22）年度には55,152件になったのである。児童虐待によって子どもが死亡した件数（心中以外）は，おおむね年間50件程度で推移している。先に，厚生労働省の専門委員会は2008（平成20）年度に虐待によって死亡したのは107件128人と発表した。心中を除くと64件67人である。つまり，家庭でこれだけの子どもたちが，虐待の犠牲になっているのである。また，親が子を殺す，逆に子が親を殺すと

いった事件がときに起こっていることは，報道から良く知られているところである。

2. 福祉・医療・教育における暴力

これまで，児童福祉施設における暴力について述べてきたが，福祉領域では，児童福祉施設だけでなく，障害者施設や高齢者施設でも施設内虐待が大きな問題となっている。また，福祉領域だけでなく，教育（学校教育）や医療の領域でも，この暴力が大きな問題となっている。後に述べるように，それぞれの領域で特徴のある取り組みや研究がなされており，それらからお互いに学び合えるのではないかと考えられる。

a．学校における暴力（校内暴力）

「学校における安心・安全」と言えば，現在のところ外部からの侵入者や事故・災害によるものが問題とされている。しかし，学校でもいずれ校内での暴力問題を中心とした「安心・安全」も大きな問題となるであろうと，私は考えている。いやもうすでに大きな問題となっているが，そこまでの注目を未だ浴びていないだけなのかもしれない。

たとえば，ある中学校では，中学2年生の不登校生徒が3年になった途端，登校するようになった。それまで，暴力を振るっていた3年生が卒業したから，登校できるようになったものと考えられるとのことである。こういう問題は，従来の不登校生徒への対応からは解決困難な問題である。

学校では，文部科学省（「生徒指導上の諸問題の現状について」）によれば，2008（平成20）年度，全国の学校が把握した子どもによる暴力は，あわせて52,700件余りで，前の年より8,100件余り，率にして18％増えて，今の形で調査を始めた1983（昭和58）年度以降，もっとも多くなったとのことである。しかも，小学校での暴力は，2003（平成15）年度1,600件，2004（平成16）年度1,890件で，2008（平成20）年度には，5,214件というように，大幅に増えている。前年度比からみて，増加率は高校が5％。中学校が20％だったのに対し，小学校は37％と大幅に増えている。さらに，2009（平成21）年度には，小・中・高等学校における暴力行為の発生件数は約61,000件と前年度（約6万件）より約1,000件増加し，小・中学校においてはまたしても過去最高の件数に上った。「対教師暴力」は8,304件で，前年度より184件増加している。

このうち児童・生徒による暴力に対して，いくつかの取り組みや提言がある（たとえば，本田，2002, 2010；大河原，2004）が，いずれも個別対応が中心となっている。
　暴力問題について言えば，学校の事情は児童福祉施設と似た側面があることは，先に指摘した（第4章，第6章参照）。従来，学校では教師から生徒への体罰だけがもっぱら社会的に問題とされてきたが，その一方で教師への暴力はさして問題にされてこなかったし，いじめ問題が社会の関心を集めるようになるまで生徒間の暴力も問題とされてこなかった。また現在でも，これら三種の暴力を包括的に扱うことが必要という捉え方はされていない（田嶌，2008）。
　学校でも，児童福祉施設と同様に，三種の暴力がある（田嶌，2007）。すなわち，「校内暴力」には，「教師から児童・生徒への暴力」，「児童・生徒から教師への暴力」，「児童・生徒間暴力」がある（さらには，近年注目されている「保護者からの無理難題」もある。）しかし，学校現場では，「教師から児童・生徒への暴力（除，性暴力）」は「体罰」，「児童・生徒から教師への暴力」は「対教師暴力」，「児童・生徒間暴力」は「いじめ」と呼んでおり，この三種の暴力は通常別々の名称で呼ばれている。
　児童福祉施設で得られた知見をそのまま学校に適用するのは慎重でなければならないだろう。しかし，学校でも三種のうち特定の暴力だけを扱おうとすると，児童福祉施設と同様に，かえって他の暴力が激化する可能性があるものと考えられる。したがって，学校でも，2レベル三種の暴力とその関連という視点からの理解と対応が将来必要になることがありうると，私は考えている。
　暴力の増加，対教師暴力の増加に伴って危惧されるのは，児童が勝手な行動をして授業が成立しない学級崩壊の増加とそこで起こるいじめや暴力である。痛ましいことに2010年に群馬県で小6女子児童が自殺したが，それは学級崩壊の中で起こったいじめを苦にしたものであると見られている。
　たとえば，神奈川県教育委員会の調査では，県内の公立小学校で2009年度に学級崩壊となったのは162学級。影響を受けた児童は約5,000人に上り，5年間で倍増したとのことである（神奈川新聞　2011年2月24日朝刊）。
　したがって，学級崩壊の増加とそれを背景に持ついじめの増加が懸念されるが，学級崩壊について，22県が実態調査を一度も行っておらず，27都道府県が対応マニュアルを備えていない。学級崩壊に特化した対応マニュアルを作成しているのは，2県に留まっているとのことである（2010年11月22日　毎日新

聞朝刊)。学級崩壊やいじめに対しては，学校を挙げた取り組み，さらには自治体や国を挙げた早急な取り組みが必要である。

そうした学校での取り組みには，なんらかの「モニターしつつ支援する仕組み」が将来必要であり，本書で述べた取り組みや視点が参考になるものと考えられる。たとえば，「2レベル三種の暴力」という視点や「攻撃性の法則」(第4章)，さらには学級崩壊への対応や発達障害への対応（第10章）などを参照していただきたい。また，いじめについては英国の取り組み（Smith & Sharp, 1994）も大変参考になると考えられる。それにしても，さらに危惧されるのは，小学校教師が生徒への性暴力等で逮捕される事件が起こっていることである。

b. 医療における暴力

精神科医療では「現に患者さんの暴力というものがあるのに，それがいわばタブーになっていた」（中井，2005）ことが指摘されているが，最近では医療においても暴力は大きな問題となっている。

朝日新聞（2010年4月15日）によれば，医療においても暴力は「院内暴力」と呼ばれ，大きな問題となっている。日本の医療機関では，相部屋が多く，長時間を狭い部屋で過ごすことから，患者間のトラブルが少なくないことは関係者には知られていたが，つい最近まで調査されてはいなかったという。

北里大学医学部の和田耕治講師（公衆衛生学）らがまとめた調査結果によれば，患者間の暴力行為を半年内に経験したことのある医療スタッフは約1割，暴言については3割もいるとのことである。この患者間の暴力調査は今年2月，東京都内であった暴言・暴力対策の講習会に参加した看護師，事務員694人に，所属する医療機関で，半年以内に暴言や暴力を1回でも経験したかどうかを尋ね，579人（83％）が回答したものである。

福岡市博多区の医療機関で2008年9月，5人部屋に入院中の男性患者二人が酒を飲んで口論となり，一人が殴られたり，蹴られたりするなどして死亡するという事件も起きた。患者同士で身体的に傷つけたり，物を投げつけたりする「暴力」を目撃や報告したことがある看護師は14％，事務職員は10％。脅しなどの「暴言」は，看護師34％，事務職員26％が確認していた。

また，ある医科大学を卒業した医師を対象に質問票による調査を2006年に行ったところ，698人（回答率41.8％）から返答がえられた。その結果，過去6ヵ月以内に一度でも患者による何らかの暴言を経験した医師は168人（24.1％），一

度でも患者による何らかの暴力を経験した医師は15人（2.1%）であった（和田，2008）。

さらには，なんといっても近年，医療従事者の間で大きな問題となっているのが，患者からの暴力やクレームで，「モンスターペイシェント」（南，2008）などと呼ばれている。

日本看護協会が2004年に，看護職員2,837人を対象に行った調査では，過去1年間に約30%が「身体的暴力を受けた」，約33%が「言葉の暴力を受けた」と回答したそうである（『医療と安全管理　総集版2007年7月号　p.18』）。

また，読売新聞によれば，全国の大学病院で，昨年1年間に医師，看護師が患者や家族から暴力を受けたケースは，少なくとも約430件，理不尽なクレームや暴言も約990件確認されたことが，読売新聞の調査で明らかになったとのことである。病気によるストレスや不安が引き金となったケースも含まれているが，待ち時間に不満を募らせて暴力に及ぶなど，患者側のモラルが問われる事例が多い。たとえば，医師が，時間外に入院を希望した緊急性のない患者を断ったところ，缶コーヒーを投げつけられ，顔を殴られた。また，「説明がわかりにくい」と腹を立てた患者から，医師が聴診器で首を絞められた，などが報告されている。回答した病院の約7割が警察OBの配置などの対策に乗り出しており，「院内暴力」の深刻さが浮かび上がったとのことである（読売新聞2007年8月19日朝刊）。

このように，医療においても「暴力」は，大きな問題になっており，専門誌でもいくつもの特集が目につく。たとえば，ざっとみただけでも，『看護管理』（2004, Vol.14 No.12）では「院内暴力にどう対処するか」，『精神看護』（2005, Vol.8 No.3）では「暴力，そのあとに。被害にあったスタッフへの，職場としての対応」，『看護』（2005, Vol.57 No.15）では「暴力に対して看護管理者ができること」，『メヂカルフレンド』（2005, Vol.30 No.15）では「院内暴力への対応」，『看護管理』（2006, Vol.16 No.10）では「患者・医療職を"暴力"から守る環境をどうつくるか」，『精神科看護』（2006, Vol.33 No.3）では「暴力事故防止ケアのこれから」，『精神科看護』（2007, Vol.34 No.11）では「"暴力"を足元から見つめなおす」，『看護』（2008, Vol.60 No.12）では「患者の暴言・暴力その実態と対処」といった具合に特集が組まれている。

また，医療においては，すでにいくつか対応するための本が出版されている（鈴木・吉浜，2005；包括的暴力防止プログラム認定委員会，2005；和田，

2008；岡田，2008）。著名な精神科医の中井久夫（2005，2007）はその経験から具体的対処とその背景に必要な考え方に言及している。患者と対応する際，「利き腕側に回り，並んで座る」といった助言をはじめ，簡明で参考になることが多く述べられている。

　ちなみに，2007年3月14日に当の中井久夫先生に，神戸の中華街でごちそうになった折にその話をうかがい，抑え方をちょっとだけ私にやってもらったことがある。見事なものであった。瞬時に手首をつかみ，肩に手を置き抑えられうると，がっちり固まり動きがとれなかった。

　なお，精神科における暴力への対処については，他にも岡田（2008）に詳しい。また，日本総合病院精神医学会からは，「身体拘束・隔離の指針」（2007）が出版されている。

　医療における暴力では，直接的身体的対応がかなり具体的かつ詳細に述べられているのが特徴である。その一方で，私が気になるのは，長期入院病棟などにおける潜在的暴力をどう発見し，対応するのかということ，さらには医療における暴力への対応の行き過ぎをどうモニターするのかということである。

c．外部からの暴力

　また，福祉・医療・教育のいずれにおいても，先に述べてきた暴力に加え，外部からの暴力がある。児童福祉施設では，保護者から職員や子どもへの暴力があるし，学校教育においてもいわゆる「モンスター・ペアレント」（本間，2007），「親の"イチャモン"」（小野田，2006，2008）が問題となっている。福祉・医療・教育における外部からの暴力には，①保護者からの暴力と，②それ以外からの暴力とがある。

d．福祉・医療・教育における暴力

　このように，福祉・医療・教育のいずれにおいても，暴力が大きな問題となっている。ここで整理しておくと，福祉・医療・教育における暴力は，表14-1のようになる。すなわち，福祉・医療・教育では，**2レベル三種の暴力と外部からの暴力**がある。2レベルとは，①潜在的暴力と，②顕在的暴力，三種の暴力とは，①「従事者」から「利用者」への暴力，②「利用者」から「従事者」への暴力，③「利用者」間の暴力，であり，さらに外部からの暴力があるということになる。

表14-1　福祉・医療・教育における暴力

```
２レベル三種の暴力＋外部からの暴力

    ２レベル
        潜在的暴力
        顕在的暴力
    三種の暴力
        「従事者」から「利用者」への暴力
        「利用者」から「従事者」への暴力
        「利用者」間の暴力
    外部からの暴力
        保護者からの暴力
        それ以外からの暴力
```

e．安心・安全社会の構築

　つまり，<u>家庭だけでなく，福祉・医療・教育のどの領域でも，暴力が大きな問題となっているのである</u>。また，行政においても利用者からの職員への暴力が大きな問題となっており，ある自治体では「暴力等防止のためのガイドライン」を策定したという（築島，2005）。このことは，私たちの社会で，**「安心・安全社会の構築」**が大きなテーマであることを示している。

　むろん，安心・安全は暴力だけでなく，災害や事故などによっても揺るがされるのだが，ここでは暴力に絞って述べることにしたい。また，外部からの暴力については，別途検討されるべきであり，今回は内部の暴力についてのみ，考えてみたい。

f．「安心・安全社会の構築」に向けて
1）　福祉・医療・教育に共通した背景

　「安心・安全社会の構築」にあたって，ぜひとも考慮しておく必要があるのは，暴力について言えば，福祉・医療・教育に共通した変化が背景にあるとい

うことである。それは，内部では利用者からの暴力が目立つようになり，さらには外部からの暴力も目立ってきているということである。児童福祉領域では，かつては子どもから職員への暴力は，ほとんど考えられなかったと思われるが，現在では大変多い。教育現場では，昔は生徒が教師に暴力を振るうなどということはほとんど考えられなかったが，最近では，対教師暴力は多くなっている。医療機関でも，患者による看護師や医師など医療従事者への暴力が大きな問題となっている。

　また，これらの領域では，児童福祉では「子どもの権利擁護」，教育では「生徒の人権」医療機関では「患者の権利」「患者中心の医療」といった具合に，「利用者」の権利や声を汲み取ろうとする動きが起こっている。私は，児童福祉領域での経験から，この動向と，どの領域でも「利用者から従事者への暴力」が目立ってきていることが関係しているのではないかと考えている。

2)　利用者の権利擁護の意義と問題点

　このことは，**安心・安全社会の構築**に向けて，従来の権利擁護の考え方に再検討が必要であることを示している。

　誤解のないように言えば，私は権利擁護を否定しているのでは，決してない。まして，以前の方がよかったので，元に戻すべきだと考えているのでもない。それどころか，こうした大人であれ，子どもであれ，従来は弱い立場に置かれてきた人たちの権利が重視されるのは，当然のことであると考えている。たとえば，医療で言えば，「インフォームド・コンセント」が当然となり，患者も自分の受ける治療に主体的に参加ないし関与できるようになってきている。福祉・医療・教育のどの領域でも，「利用者」の権利が正当に認められるのには，大きな意義があるのは間違いない。

　私が言いたいのは，そうした意義を認めつつ，このような混乱が生じてきている背景を適切に理解し，今後のあり方を考えていくべきであるということである。

　それでは，どうしてこのような混乱が生じてくるのだろうか。その目標・理念はすばらしいにしても，しかしその一方で，いいことばかりではないことも起こるものであるということなのだろうか。それもあるだろう。無条件にいいことばかりということは，世の中には，そうそうないものである。

　しかし，私はそれだけではないと考えている。目標や理念がいかにすばらし

いとしても，到達目標と到達過程（または実現過程）を区別しておくこと，それをどうやって，どういう過程を経て実現していくかということを検討しておくことが重要なのだと，私は考えている。これについては，すでに第5章で述べ，第6章で論じたことが関連しているので，参照していただきたい。

3） 暴力への包括的対応

　ここで，外部からの暴力については今回は触れることができないが，どこの現場も，今ここで問題となっている暴力への対応に追われている。しかし，現場の内部では2レベル三種の暴力があるのであり，そのどれかひとつだけに対応すると，他の暴力が激化するということもありうることも想定しておくべきである。児童福祉施設における安全委員会活動は，そのひとつの例となるものと考えられる。「2レベル三種の暴力」という視点と「攻撃性の法則」（第4章参照）という視点から，暴力への包括的に対応する仕組みとそれを基礎とした個別対応とが必要である。

Ⅲ 「子どもの権利擁護」のパラダイムの転換

　以上のことは，教育と福祉においては，さらに特別な意味を持っている。先に第6章で，児童福祉施設における暴力問題への有効な取り組みのためには，心理臨床と処遇（養育）のパラダイムの転換が必要であることを述べてきた。さらには，福祉領域においてもパラダイムの転換が必要である。特に，真の子どもの権利擁護の実現ためには，従来の「子どもの権利擁護」のパラダイムの転換が必要であると私は考えている。なお，ここで言うパラダイムの転換とは，先に第6章で述べたように，より正確に言えば，「パラダイムの包含的転換」（第6章参照）である。

　まずは，第4章で児童福祉施設における「2レベル三種の暴力の歴史的変遷とその理解」の項で述べたように，体罰が吹き荒れていた時代から，やっと子どもの権利擁護が盛んに言われるようになってきたものの，それでも暴力問題は解決しなかったということを思い起こしていただきたい。また，第5章で述べたように，先進的に「子どもの権利擁護」「子ども主体」の運営を熱心に行ってきた施設でも，暴力事件が起こっていることを思い起こしていただきたい。

このことは，真の子どもの権利擁護の実現ためには，従来の「子どもの権利擁護」のパラダイムの転換が必要であることを示している。

1．子どもの権利擁護の暗黙の前提

教育分野にせよ，児童福祉領域にせよ，学校にせよ施設にせよ，従来の子どもの権利擁護という理念の背景には二つの暗黙の前提があったように思われる。第一に，「大人は加害者，子どもは被害者」，第二に「大人が暴力を振るいさえしなければ，子どもはすくすく育つ」ということである。

しかし，現実には施設でも学校でもこれらの前提は必ずしも成立しない。

a．「大人が加害者，子どもは被害者」という図式

学校でも児童福祉施設でも，2レベル三種の暴力が大きな問題となっている。とりわけ，従来と大きく異なっているのは，子どもから大人への暴力が少なくないということである。このことは，福祉も含め，学校，施設，保育所，幼稚園，家庭などのさまざまな子育ての場で，大人と子どもの関係が問い直される必要があることを示しているものと考えられる。

従来は，暗に「大人が加害者，子どもは被害者」という施設に対しても学校に対しても共通の強固な認知の枠組みがあるように思われる（田嶌，2008）。現実には，「大人は加害者，子どもは被害者」という事態は崩れ，必ずしもいつもそうであるということではなくなっている。にもかかわらず，対応については，相変わらず「大人は加害者，子どもは被害者」という図式に基づいているのが，実情にあわなくなっているものと考えられる。

第3章，第4章で述べたように，施設内虐待と言えば，つい最近までもっぱら「職員（含．施設長）から子どもへの虐待・暴力」を意味していた。第3章で述べたように，児童養護施設の子どもたちは随所で声をあげてきたにもかかわらずである。これだけ多くの職種の専門家が施設に関わってきたにもかかわらずである。このことも，関わってきた人たちが，「大人は加害者，子どもは被害者という暗黙の図式」から抜け切れなかったためではないかと私は考えている。

b．大人が暴力を振るいさえしなければ

また，大人の側さえ暴力を振るうなどひどいことをしなければ，子どもはスクスク育つということを暗に前提にしている人が多かったのではないだろうか。

もっと言えば、大人が暴力をするから、子どもがまねて暴力を振るうようになるのだという前提があるのではないだろうか。

たとえば、延原正海氏の「施設養護における虐待の問題」（延原, 1993）という論文を見てみよう。かなり前の論文ではあるが、今なお児童福祉領域の代表的見解のひとつであると私には思われるので、ここで紹介し論じておきたい。延原氏が早くも1993年に児童養護施設における虐待について論じ、しかも子ども間暴力も含む形で施設内の虐待にも注目していることは敬意を表したい。しかし、そこでは子ども間の暴力にも触れているものの、以下のようにそれはもっぱら施設職員の子どもへの暴力が背景にあるとの見解が述べられている。

「形は施設児童から施設児童へのいじめ・虐待であっても、その背景には大人（親や教職員）の児童への体罰や力による上からの威圧的指導といういじめ・虐待が深く関わっている」と述べているのである。この理解がすべてが間違っているわけではないが、子ども間の暴力・虐待をもっぱら大人からの暴力のみに帰しているとすれば、それは誤りである。そういう理解があてはまる場合もあるだろうが、第4章で述べたように、それだけでなく、いくつものパターンがあるのである。

さらには、施設養護において体罰やいじめをなくすために何が必要かについては、延原は「自由と民主主義を尊重した実践を」と述べ、さらに「強制はできるだけ避け、子どもを信頼して、最終的には、子どもの選択を尊重し、まかせるという態度が必要である」としている。到達目標としては、その通りであろう。また、落ち着いた施設では、その通りであると私も思う。しかし、この論文は、施設内虐待について論じたものである。おそらく、こうした考えを、職員から子どもへの暴力事件が発覚した施設が到達過程（実現過程）を考慮することなく取り入れれば、早晩子どもから職員への暴力と子ども間暴力が吹き荒れる可能性が高くなるであろう。

職員からの体罰のない「自由と民主主義を尊重した実践を」という目標そのものは間違いではないし、それどころかすばらしい目標である。到達目標と到達過程を区別していない点が問題なのである。

この論で暴力が吹き荒れる施設としてどのようなものを想定しているのかと言えば、もっぱら「暴力的管理型（または強圧的管理型）」であるように思われる。しかし、実際にはそれだけでなく、私が第4章で施設内暴力の七つの類型をあげたように、施設現場ではさまざまなタイプがあるのである。学校現場で

も，もっぱら体罰が強調される時は，施設と同様に「**暴力的管理型**」が想定されているように思われる。また，暴力的管理型はしばしば**無統制型**に移行するので，それを踏まえた対応が必要である。

2.「子ども主体」と「子どもの権利」
a.「子ども主体」の意義と危うさ

　子どもの権利擁護と言えば，なんと言っても「子どもの権利条約」である。そして，児童福祉領域でそれを具体化していこうとしているのが，「子どもの権利ノート」であると言っていいだろう。そして，子どもの権利ノートの背後にある理念に「子ども主体」がある。これは，しばしば児童福祉領域で目指す目標とされている。「子ども主体」という理念は，従来の大人が一方的に保護・決定する関係から，権利主体としての子どもという観点から大人と子どもの関係を問い直したという点で意義がある。かつて暴力的管理や体罰が多かった児童福祉施設でこの理念が持つ意義は大きい。

　しかし，その一方で，この「子ども主体」という理念が運用される現場で孕む危うさもある。第5章で述べたように，「子どもの権利擁護」「子ども主体」の運営を先進的に熱心に行ってきた施設でも，暴力事件は起こっているのである。このことを私たちはきちんと受け止めるべきである。

　子どもの権利ノートについて第5章で述べたことが，ここでもあてはまる。「子ども主体」という理念・目標を言いさえすれば，それが実現するわけでは決してないということである。私の印象では，「子ども主体を施設でどう実現するのか」というプロセス論を抜きに子ども主体が語られ，実践されている観がある。ここで重要なのは，これまでも繰り返し述べてきたが，到達目標と到達過程（実現過程）を区別する視点である。

b．子ども主体の基盤：「弱い子も自分の意見が言えること」

　子ども主体の実現のためには，子どもたちの意見をよく聴くこと，話し合いと合意が重要とはしばしば強調されている。子どもの意見に耳を傾けることが重要であることは，勿論重要であると私も思う。しかし，ここで注意すべきは，児童福祉施設では，大人の側が子どもたちの意見を聴く姿勢を示せば，それだけで子どもたちは自由に自分の意見が言えるようになるというわけでは決してないということである。暴力がある施設では自分のほんとうの意見を表明でき

ない子どもが少なくないし，それどころか強い子の意向を察知して自分の意見として言い張らざるを得ない子どもたちがいるのである。

　したがって，子ども主体を実現するには，いきなり子ども主体という名目のもとに，あるいは子どもの意思を尊重するという美名のもとに，子どもの意見を聞くということから開始すればいいというものでは必ずしもない。本書で述べてきたように，暴力被害さえ訴えることができない子たちがいるのである。弱い子どもが自分のほんとうの意見を言えるようにしなければならない。そのためには何が必要かと言えば，弱い子が何を言っても，暴力から守り抜くということである。すなわち，<u>子ども主体の基盤は，安心・安全の実現である</u>。

　安心・安全な生活が実現すると，子どもたちから，意見がより出るようになる。実際，安全委員会方式による活動が軌道に乗り，安心・安全を子どもたちが実感できるようになると，それまでよりはるかに子どもたちから意見が出るようになっている（第8章参照）。

c. 「タテからヨコへ」という主張への疑問

　またそれと関連して，子どもの権利擁護について語る際，大人と子どもの関係を，従来はタテだったが，これからヨコに代えていくのだという主張がなされている（高橋，2007）。わが国の「子どもの権利擁護」の代表論者のひとりである高橋重宏氏の主張である。

　おそらく，このような主張がなされてきた背景にあるのは，伝統的なタテ関係からの転換をはかり，「子どもの権利」を確立したいという考えであろう。伝統的なタテ関係に対するアンチテーゼとしては，わからなくはない。しかし，「タテからヨコへ」というこの主張は，少なくとも施設現場では混乱を招きかねないということを私は指摘しておきたい。施設現場では，これまで見てきたように，職員への暴力もあれば，職員から子どもへの暴力もあれば，子ども間暴力もあるという多様な現実がある。そうした中で，「タテからヨコへ」という主張は混乱を招きかねないのである。

d. 見せかけの子ども主体：「強い子主体」

　ここで注意すべきは，暴力が吹き荒れた施設や暴力事件が発覚した施設で，もっぱらこのことだけが強調されると，施設はさらに荒れるということである（第8章参照）。「子ども主体」ということが強調され，具体的には子どもたちの

意見をよく聴くこと，話し合いと合意ということだけが強調されると，「子ども主体」ではなく「強い子主体」になるだけである。「真の子ども主体」ではなく「見かけ上の子ども主体」であるといってよい。第8章で述べたY園の例はそれを示している。強い子主体，見かけ上の子ども主体ではなく，真の子ども主体を実現するためには，強い子にとっても弱い子にとっても，子ども主体が発揮できるための土台を創る必要がある。

　少なくとも，顕在的暴力であれ潜在的暴力であれ，暴力が吹き荒れている施設で，通常いきなり子ども主体でやれるはずはないと考えておくべきである。それは到達目標なのであり，そこに到達するには何が必要なのか，どうやって到達できるのかを考えて取り組むことが重要なのである。

e．話し合いによる合意ができないとき

　「子ども主体」と言えば，子どもたちの意見をよく聴くこと，話し合いと合意ということが強調される。このこと自体は重要なことであると私も思う。しかし，そういう論文でいつも抜け落ちているのは，子どもたちの意見と大人側（ここでは施設側）の意見が合意できないときにどうするのかということである。せいぜい，「時間をかけて合意・納得を形成するプロセスを大切にする」（高橋，2007）「徹底的に話し合う」と述べるに留まっている。話し合って合意を得ることができる場合はよいのだが，どうしてもその合意ができない場合，どうしたらよいのかがまったく述べられていないのである。

　ここでは暴力問題について考えてみよう。

　たとえば，顕在的暴力であれ潜在的暴力であれ，暴力が吹き荒れている施設で，弱い子どもの基本的人権を守り，子ども主体を実現するには，通常話し合いだけでは無理である。時に，暴れている子どもを非暴力できちんと制止する必要がある。

　また，かつての被害児であり，今は加害児となった子たちが例外なく主張するのは，「理由のある暴力はやってもよい」「相手が悪ければ殴ってもよい」ということである。これが，暴力についての彼らの意見である。しかも，相手が悪いかどうかは，あくまでも強い子ども側の主観による。入所している子どもたち全員が，このように主張したとしよう。少なくとも，本音はどうかということはともかくとして表面上全員がそう主張することは，ありえないことではないのである。

あるいは，合意してもそれを守らない（守れない）場合にどうしたらいいかということである。暴力問題では，しばしばそういうことが起こるものである。
このことを考えるために，次の例をあげよう。

f．話し合いによる合意が絶対

「ある学校のクラスで宿題を忘れた生徒を罰するため，全員一致で決議がなされた。それは全員の前で服を脱いで謝るというものだった。そして，その罰則が実際に適用され，ひとりの子が皆の前で裸にならないといけないということになった」。

さて，宿題を忘れた子は，ほんとうに実行しなければならないのだろうか。

これは，井沢元彦（1993）が紹介している山本七平氏があげた例である。山本氏によれば，日本人は「話し合い絶対」，すなわち話し合いに基づく合意が絶対であり，話し合いで決まったことは守らなければいけないと考える（山本，1979，1980，1992）のだという。井沢（1993）はこのことは，民主主義なのではなく「話し合い至上主義」なのだと言う（井沢，1993）。これは大変重要な指摘である。

これに対して欧米の考え方では，いくら話し合いで決まったことであれ，実行する必要はないことになる。どうしてかといえば，それは基本的人権があるからである。裸にならないといけないというのは，その人の基本的人権を侵すものであるからだ。合意によるいかなる決め事より，基本的人権が優先するのである。暴力問題についても同様である。このことは，施設の暴力問題に置き換えて考えてみると，子どもたちが何と主張しようが，変えられないルールがあるということに他ならない。

g．変えようのないルールがある

にもかかわらず，わが国では子どもの権利擁護についても，この「話し合い至上主義」のもとに，あくまでも「話し合いと合意」ということがもっぱら強調されているのではないかと私は危惧している。

暴力が続いてきた施設では，「理由のある暴力はやってもよい」という主張をする子は，実は大変多い。話し合うことは大事である。しかし，「理由のある暴力はやってもよい」「相手が悪ければ殴ってもよい」などと子どもたちが全員一致で主張したとしても，当然受け入れてはいけないのである。

ここまでは比較的受け入れやすいだろう。しかし，次に考えておかなければならないことは，合意しても守らない場合どうするのかということである。
　もし，暴力を振るった場合は，非暴力によってきちんと抑えることが必要である。ここで重要なのは，極論を言えば，警察の力を借りてでも，きちんと抑え，被害者を守らなければならないということである（だからといって，決して私は安易に警察を導入すべきと主張しているわけではない）。子どもの意見がどうであれ，大人の責任としてこれだけは守らないといけない基本ルールがあることを教え，それを守らせることが必要である。
　そうすることが同時に，加害児に体験的学びの機会を与えることにもなる。ここで，加害児の学びとは，①暴力を振るっても，暴力で抑えられることはない，②暴力は許されない，という学びである。
　子どもたちは，自分たちの意見を聞いてもらえる体験をすることが必要である。しかし，さらに必要なのは，それに留まらず，集団生活では自分たちの主張次第で変えることができるルールと変えることができない基本ルールとがあることを知ることが重要なのである。
　それがあってこそ，真の子ども主体が実現するための土台ができるのである。言葉では「暴力はいけない」とは言うものの，暴力を振るっても，それをきちんと止め，さらに振り返りと反省をさせることができないのなら，弱い子を守ることにはならない。子ども主体を守る大人の責任を放棄していることになる。
　たとえば，「強制はできるだけ避け，子どもを信頼して，最終的には，子どもの選択を尊重し，まかせるという態度が必要である」（延原，1993）と考えられているが，暴力については，大人の側が断固許さないという態度，そして大人の側も暴力を振るわないことこそが必要なのである。

h．「子どもの権利」と「子どもの責任」
　「子ども主体」と関連し重要なのは，先に述べたように，子どもの活動がもっとも進んでいるとされているカナダでは，子どものために作成された「子どもの権利ハンドブック」には，ルールを提示するだけでなく，ルールを破るとどうなるかを知ることも子ども自身の権利でも責任でもあるとされているということである（高橋，2000）。なお，その詳細については，第11章を参照していただきたい。

i. 子どもの意向の尊重

　子どもの権利擁護という理念の普及で，子ども主体ということと関連して，子どもの意向を尊重するということが，重視される傾向にあることは望ましいことである。しかし，その一方で，こういうことも出てきている。

　大学の私の授業で児童虐待について議論をしていたときのことである。子どもを深刻な虐待から保護する際に，虐待されている子どもが親から離れるのが嫌だと拒否したら，どうしたらいいのだろうという話題になった。

　私は，学生に意見を出してもらった。「保護してもよいのではないか」という意見の学生もいたが，驚いたのは，「子ども自身が嫌がっているのなら，いくら虐待があっても，親から引き離してはいけないのではないか」という意見を述べた学生が少なからずいたことである。

　この場合，「保護してはいけない」でも「保護してもよい」でもなく，「保護しなければならない」というのが正しい。

　子どもの基本的人権が侵害されていて（この場合は虐待によってであるが），容易にそれが回復できる見込みがない場合，子ども自身が嫌がっても，拒否しても，強権を発動してでも保護しなければならないのである。

j. 子ども主体の基盤は「安心・安全」

　以上を要約すれば，子ども主体の実現のためには，子どもの意見をよく聴き，話し合って合意を形成する努力をすることは大事であるが，子どもの基本的人権の侵害については，子ども自身の意見が反対であっても，いざとなれば強権を発動してでも実行しなければならないことがある，ということになる。

　まずは，子どもたちの意見を聴くということが必要であろう。しかし，そのためには，強い子も弱い子もきちんと意見が表明できることが大前提であろう。したがって，子ども主体には，まずなによりも弱い子も自由に自分の意見が表明できることが必要である。しかし，それは施設現場では容易なことではない。子ども主体の基盤は，やはり「安心・安全」である。それがあってこそ，弱い子も安心して意見が表明できるようになるのである。安心・安全のアセスメントがなく，暴力への対応の具体的指針も明らかではない施設での子ども主体は危うい。子ども主体の基盤を創るためには，安全委員会活動のような施設を挙げた安心・安全を実現する活動が必要である。

Ⅳ 大人と子どもの新たな関係の構築

1.「子ども主体」のための大人の責任

「子ども主体」はすばらしい理念である。しかし,「子ども主体」も到達目標としては,すばらしいが,それをどうやって実現していくのかというプロセス論を同時に考えていくことが必要である。この暴力問題の解決にはこの到達目標と到達過程(実現過程)を区別して考えることがとりわけ重要なことである。

暴力が吹き荒れた施設や暴力事件が発覚した施設で,「子ども主体」ということが強調され,具体的には子どもたちの意見をよく聴くこと,話し合いと合意ということだけが強調されると,「子ども主体」ではなく「強い子主体」になるだけである。「真の子ども主体」ではなく「見かけ上の子ども主体」であると言ってよい(第8章Y園の例を参照)。

また,<u>いったん子ども主体が実現したとしても,いつそれが危うくなるかわからない</u>。危機を乗り切る主体性も必要であろうが,いつも危機を乗り切れるとは限らない。また,子どもの側が助けを求めるという主体性を発揮できることも重要であるが,それだけでは,乗り切れるわけではない。たとえば,暴力について言えば,大物の暴力児が入所してくれば,あっという間に施設は荒れる。したがって,子ども主体が危うくなった際に,必要に応じて大人が助ける仕組みが必要である。

つまり,<u>子ども主体を実現し,維持するために必要なのは,子どもが主体性を発揮できる条件を整えることが必要である</u>。そして,それは**大人の責任**である。**大人と子どもの新たな関係の構築**が必要であることを示している。

2. 安心・安全を基盤とした大人と子どもの関係の構築:
大人と子どもの両方の権利擁護

大人の権利は十分に保障されているように思われているが,実はそうではないことも留意すべきである。

一般社会ではある程度保障されているように思われる。しかし,特定の職場や特定の環境である種の条件が整えば,容易に人権侵害が起こりかねないし,また起こり続けかねないことは,施設内暴力の実態が教えてくれることでもある。<u>大人でもある種の条件が整えば,被害者となり,安心・安全が守られなくなるのである</u>。したがって,大人と子どもの両方の権利擁護が必要である。

つまり，大人も子どもも安心・安全に生活できる社会の構築，そしてそのための「大人と子どもの新たな関係の構築」が課題なのである。換言すれば，**安心・安全を基盤とした子どもの権利的養護，安心・安全を基盤とした大人と子どもの新たな関係の構築が必要なのである**。「従来の子どもの権利擁護」から「安心・安全を基盤とした子どもの権利擁護」へのパラダイムの転換が必要なのである。

以上をまとめると，表14-2のようになる。

表14-2 子どもの権利擁護のパラダイム転換

従来の子どもの権利擁護 ➡	安心・安全を基盤とした子どもの権利擁護
「タテからヨコへ」 ➡	大人と子どもの新たな関係の構築（安心・安全を基盤とした大人と子どもの関係の構築）
「大人が加害者，子どもは被害者」➡「どちらも被害者になりうる」	
子ども主体 ➡ 子ども主体を守る大人の責任	
子ども主体の基礎は子どもの意向の尊重 ➡	
	子ども主体の基礎は安心・安全

3. かくも激しい批判となったのは

第11章で，なぜ私たちの活動の実態に基づかない激しい批判が噴出することとなったのかについて，三つの要因をあげ，さらなる要因は終章で述べると書いた。本章の議論で，やっとそれを述べられるところまできた。

本章の議論から，すでにお気づきの読者もおられることだろう。それはいわば，安全委員会方式やその背景にある理論や理念がこれまで述べてきたような現代に優位な（あるいは流行の）パラダイムに抵触してしまったからではないだろうかというのが，私の推測である。すでに述べてきたように，それらは子どもへの暴力的強圧的管理に対するアンチテーゼとしては一定の役割を果たしたものの，その一方で大きな問題も残したのである。それを解決するためには，パラダイムの転換が必要なのであり，私たちの活動がそういう時代のパラダイ

ムに転換を迫るものだからであろう。むろん，ここでいう転換も包含的転換である。批判している人たちの個人的要因も大きいが，それだけでここまで広範囲の激しい批判にはならなかったであろうと考えられる。パラダイムの転換期だからこそ起こりやすく，また激しくなりやすいことだったのだと思う。

　念のために言えば，だからと言って，第11章で紹介したような乱暴な非難・批判が許されるわけではない。加賀美（2008）や杉山・海野（2009）のように，安全委員会方式と名指しで痛烈に批判しながら引用文献もあげないといったことや，ましてや西澤のように事実関係でウソを言って非難したりすること（田嶌［2008］および**巻末資料26-1を参照**）が許されるわけでは決してない。やり方があまりにも学問の基本的作法に大きくはずれることであり，またパラダイムの問題であるのなら，あくまでもパラダイムの問題としてきちんと議論すべきことだからである。

　パラダイムの転換期にあるのは児童福祉施設領域だけに留まらない。本書で論じてきたことやそれに関係したことが，諸領域でますます問題となってくるものと考えられる。今後これまで述べてきたように，「子どもの権利擁護」のパラダイムの転換，「大人と子どもの新たな関係の構築」が必要とされているのである。それがきちんと論議され，構築されない限り，問題は起こりつづけるであろう。

V　モニターしつつ支援する

1．モニターしつつ支援する仕組みの必要性

　福祉領域は，魅力的なスローガンを掲げはするものの，しばしばそれが抽象的なものに留まり具体的取り組みに欠けることになりがちである。したがって，パラダイムの転換とそのための具体的取り組みとを同時に考えていくことが望まれる。本書で述べる安全委員会方式の取り組みは，この課題に**「モニターしつつ支援する仕組みの必要性」**という点で具体的取り組みに重要な示唆を与えるものであると私は考えている。

　現在，学校でも，病院でも，そして一般社会でも暴力への対応がさまざまに試みられている。その中には，施設領域が学ぶべきものも含まれている。しかし，それらのほとんどは，三種の暴力のいずれかひとつの暴力に対応する方式

であり，また当該組織内部のみによる対応である。三種の暴力を包括的に取り扱うものではなく，また「モニターする仕組み」になっていないように思われる。さらには潜在的暴力への対応にも欠けている。2レベル三種の暴力に包括的に対応すること，「モニターしつつ支援する仕組みの必要性」ということが共通して重要な視点である。

　私は福祉領域だけではなく教育においても医療においても，安全委員会方式のような「モニターしつつ支援する仕組み」が将来必要になるのではないかと考えている。

　家庭における虐待への対応として，最近注目されているのが，「サイン・オブ・セイフティ・アプローチ」（ターネルら，1999）である。これは安全に焦点を合わせ続けながら，リスクのアセスメントに加え，家族の健全な力をもアセスメントして，それを引き出す支援を行うアプローチであるらしい。私からみれば，家族を「モニターしつつ支援するアプローチ」であるといってよいように思う。その点では，安全委員会方式と共通したところがあるように思われる。

　また，家庭での虐待・暴力についても，施設での虐待・暴力についても，安心・安全のアセスメントが一貫して行われるようになることが望ましいと私は考えている。

2. 外部評価，第三者評価の問題点

　モニターと言えば，2005（平成17）年3月には厚生労働省から「福祉種別の福祉サービス第三者評価基準ガイドライン」が出され，児童福祉施設でも第三者評価が始まった。その評価内容は，多岐にわたっており，その意味ではよく練られたものであると考えられる。その作成に携わった方々に敬意を表したい。しかし，問題がないわけではない。このガイドラインの課題や問題点のうち，ここでは私がもっとも重要と考えている改善要望点をひとつだけ述べておきたい。

　いずれも施設運営にとって重要な項目がたくさんあげられていると思う。その一方で，私はそれらの項目に重みづけがないことが大きな問題であると考えている。それがいずれも実現できればすばらしいことである。しかしそれが難しいとすれば，ここだけはできていなければ，児童養護施設としては，お話にならないという水準のものをきちんと評価できるように重みづけのある評価にすべきである。

　たとえば，ブログによれば，医師の国家試験では，いわゆる「爆弾問題」ま

たは「地雷問題」と言われる問題が出題されることがあるという。それは，絶対に正解でないと医師としての資質が疑われる設問で，その問題を間違えたのでは，いくら総合点がよくても不合格となると言う。このことの真偽はわからないが，「安心・安全の実現」は児童福祉施設におけるいわば「爆弾問題」「地雷問題」として位置づけられるべきである，と私は考えている。

「安心・安全な生活の実現」は，児童福祉施設の第三者評価にあたって，これができていないようでは，仮に他のことがすべて優良であったとしても児童養護施設としては不合格・不適格という判定になるようにガイドラインが修正されるべきである。さらに言えば，施設だけではなく，里親，ファミリーホーム，児相の一時保護所など社会的養護のあらゆる場で，安心・安全が実現できないようでは，他の点がいくら優良でも，不合格・不適格と評価されるべきである。

3. 暴力の実態調査と退所後の調査を

児童養護施設をはじめとする児童福祉施設の暴力は長い間放置されてきた。まずは，暴力の実態とその影響に関するきちんとした全国的な調査が必要である。また，児童養護施設を退所ないし卒園した子たちは，その後どうなっていくのだろうか。そのフォローアップ調査も行われていない。社会に出て，りっぱにやっておられる人も多くいるだろうが，その一方で，その将来が心配な子もまた多い。

本書のテーマである暴力がらみで言えば，暴力が吹き荒れている施設では，子どもたちは自分が大事にされてきたという実感が乏しく，かけがえのない自分という感覚や健全な自己愛が育まれていない。つまり，自己の確固たる存在感や自己肯定感が育まれていないと考えられる。その結果，入所時はもちろんのこと，退所後にもさまざまな問題行動が出てくる可能性が高い。それらについても，調査が必要である。暴力が吹き荒れている施設では，弱い子も強い子も当面のサバイバルに必死であり，とても落ち込んだりするゆとりさえないものと考えられる。したがって，施設を出た後にいろいろな問題が噴出する可能性がある。

実際，次のようなことがある。

ある暴力が吹き荒れた施設で長年過ごした子が，いったん就職はしたものの，無気力・うつ状態に陥り，仕事も辞め，希死念慮を訴えるようになった。このように，施設にいるうちはさしたる問題行動を示すことなく過ごした子が，うつなど精神的不調に陥る可能性がある。

さらには，児童養護施設で何度暴力を振るってもきちんと指導されることもなく，さらに問題行動を繰り返して退所となった子がいる。この子は社会に出てというか放り出されて，さらに強盗事件を起こしてしまった。面会にいった施設職員に，「施設では何をしても許されてきた。大人はいつも許してくれるものと思っていた。今度も許してもらえるとばかり思っていた」「なんで施設にいた時に，自分の暴力を止めてくれなかったのか」と語ったそうである。このように，施設内で暴力を背景にやりたい放題になり，社会でコントロールが効かなくなる可能性もある。

こうしたはっきりした兆候を示さない場合でも，他者と適切な人間関係が結べない可能性もある。他にも，危惧される可能性がいくつもある。

これまで長い間，児童福祉施設の暴力は放置されてきた。やむなくそこで過ごすしかなかった子たちは，そこを出てからどうなったのだろうか。国は責任をもって，フォローアップ調査を行う義務があると，私は思う。ぜひとも実行していただきたい。

4. 法律の制定と「安心・安全社会の構築」

2011年6月17日，議員立法による「障害者虐待防止法」が成立した。家庭や施設，勤務先で虐待を発見した人に通報を義務づけ，自治体などに調査や保護を求める内容（毎日新聞　2011年6月17日夕刊）である。2000年に児童虐待防止法，2005年に高齢者虐待防止法に続く，判断能力にハンディがあり，訴えづらい人の被害を発見し保護を図る仕組みの制度化である（毎日新聞　2011年6月17日夕刊，解説　野倉恵）。2008年の児童福祉法の改正による「被措置児童等虐待の防止等」もそうした流れのひとつであると言えよう。

これらの法律の制定は，むろん私たちの「安心・安全社会の構築」に向けた大きな前進である。しかし，それらが実効性を持つためには，まだまだ課題が少なくない。そのひとつは，法律で制定されたことを現場でいかに実現していくかということである。それについては，領域や対象の違いを超えて，相互に学びあうことが必要であると考えられる。そういう意味では，本書で論じてきた視点も一部参考になるのではないかと考えられる。領域や対象の違いがあるため，そのままとは言えないまでも，有益な視点を提供できるのではないかと考えられる。

また，現場での実践から，さらなる法律の改正の提言もしていくことが必要であろう。

Ⅳ　暴力についてオープンな議論を

　私がこの問題に取り組んできて，嫌というほど思い知らされたのは，わが国は暴力というものを扱うのが，並外れて苦手であるということである。いや，暴力に限らず，「危機」への対応が苦手であるように思われる。あらかじめ起こりうる危機を想定し，それへの対策を練っておくことさえはばかられる雰囲気があるように，私には感じられる。

　たとえば，東日本大震災とそれによる福島の原発事故についても，想定外と言われているが，その内実は危機対応の甘さにあると考えられる。過酷事故（sevier accident）とは，原発内に放射性物質の閉じ込めができず，大規模に放射性物質が環境中に拡散する事故を言うが，この過酷事故への対応の準備が甚だ不十分であったものと考えられる。

　起こりうる最悪の事態を想定して対策を考えておく，このことがわが国はきわめて苦手である。あらかじめ起こりうる危機を想定し，それへの対策を練っておくことや議論しておくことさえはばかられる雰囲気があるように，私には感じられる。あってはならないことだから想定するのは縁起でもない，不謹慎である，そして「あってはならないこと」だから，「あるはずがない」というふうにされてしまう。

　暴力について言えば，第4章で，欧米では「施設内虐待はどのようなすぐれた施設でも起こりうる」という前提のもとで，防止に努力している（津崎，2001）ということを紹介したが，それに対して，わが国ではあってはならないことであり，この問題の議論さえはばかられる雰囲気があることもそうしたことに関係しているように私には感じられる。

　いつから私たちは，こんなにも危機や暴力というものの扱いがヘタになってきたのだろうか。思い当たったのは，暴力について言えば，日清戦争，日露戦争の勝利とそれに続く第二次世界大戦の敗戦がひとつの大きな節目になっているのではないかということである。究極の暴力は戦争である。明治維新以来，国としては富国強兵政策のもと，日清戦争（1894年），日露戦争（1904年）と戦争を繰り広げ，それに勝利したことで，極東の小さな小さな島国が軍事力という暴力を使うことに手ごたえと圧倒的自信を持ってしまった。

　極限まで振り子が振れたといっていいだろう。

　ところが，その後第二次世界大戦の敗戦（1945年）である。今度は，一気に

振り子が逆の極限へと振れた。日清戦争，日露戦争の勝利からたかだか50年くらいの間での，このような急激な変化である。敗戦はわが国に多くの教訓とその後の経済的繁栄をもたらしたが，その一方で，暴力（含，戦力）についての論議をさける雰囲気をもたらし，暴力への毅然とした対応ができなくなってしまったのではないだろうか。

このことは，国家間の暴力（＝戦争）や国家の軍事力という問題をなるべく見ないようにしてきたと言うこともできよう。暴力についてのこうした影響が「子どもの権利擁護」や「子ども主体」にも影を落としてきているのではないだろうか。<u>国家間の暴力をなるべく見ないようにしてきたことと，施設における暴力をかくも長く見ないようにしてきたこととは，いわば地下水脈のようにつながっているのではないかと私は考えている。</u>

では，もっとそれ以前はどうだったのだろうか。適切に対応できていたのかと言えば，そうとも言えないように思う。しかし，社会歴史文化論的にこの問題を深めていくのは，私には荷が重過ぎる。ここでは，わが国が暴力を扱うことが並外れて苦手であること，おそらくそれは連勝に続く敗戦を機に，大きく局面が変わったことと深く関係しているのではないかということを述べるに留め，考察をさらに進めることはさし控えることにしたい。

まずは，暴力についてオープンな議論ができることから始めていきたい。

V　おわりに──さらに何処へ

私たちの社会の急激な変動は，既成の価値観をゆさぶり，価値観の多様化・相対化をもたらした。かつて絶対と思われたものの価値が根底から疑われ，私たちはほとんど何を共通の価値としていったらよいのかわからなくなってきているように思われる。そうした今こそ，これだけはというものを見定めることが必要であると思う。

私たちの誰しもが共通した価値として共有できるもの，それが「安心・安全」である。

暴力問題が私たちの社会につきつけていることを切り口として，私たちは何処へ向かっているのか，向かっていくべきかについて論じてきた。そして，安心・安全を基盤とした大人と子どもの新たな関係の構築，さらに私たちの社会

のさまざまな領域での安心・安全が重要な課題となっており，その解決のためにはパラダイムの転換が必要であることを論じてきた。

　さらに言えば，**内的安心（心理的安心感）と外的安全（物理的安全）の双方を含む安心・安全社会の構築**が今後私たちの課題であり，そのためにはさまざまな領域で**「モニターしつつ支援する仕組み」**が必要であると私は考えている。

　では，さらにそれらの先にあるのはなんだろうか。私たちはどこに向かおうとしているのだろうか。折しも，本書執筆も終わりにさしかかった頃，未曾有の巨大地震と津波という大災害がわが国を襲った。さらには原発問題が追い討ちをかけている。この事態は，被災者の試練であるだけでなく，私たちの試練でもある。それは，安心・安全社会の構築からさらに**いのちの実感を基盤とした共同体共有イメージ**（田嶌，2004，2011）の醸成こそが私たちに必要であることを示しているのではないだろうか。

　身の丈を超えた大きなことを言いすぎたように思うが，私はふとそういうことに思いを馳せている。

[文　献]

朝日新聞　2010年4月15日　朝刊．
本田恵子（2002）キレやすい子の理解と対応——学校でのアンガーマネージメントプログラム　ほんの森出版．
本田恵子（2010）キレやすい子へのアンガーマネージメント——段階を追った個別指導のためのワークとタイプ別事例集　ほんの森出版．
本間正人（2007）モンスター・ペアレント——ムチャをねじ込む親たち　中経出版．
包括的暴力防止プログラム認定委員会編（2005）医療職のための包括的暴力防止プログラム　医学書院．
医療と安全管理　総集版　2007年7月号　p.18　ニホン・ミック．
井沢元彦（1993）逆説の日本史　1.古代黎明編　封印された「倭」の謎　小学館．
神奈川新聞　2011年2月24日　朝刊．
毎日新聞　2010年11月22日　朝刊．
毎日新聞　2011年6月17日　夕刊．
南俊秀（2008）モンスターペイシェント——崩壊する医療現場　角川SSコミュニケーションズ．
文部科学省（2009）平成20年度「児童生徒の問題行動等生徒指導上の諸問題に関する調査」結果　文部科学省ホームページ．http://www.mext.go.jp
文部科学省（2010）平成21年度「児童生徒の問題行動等生徒指導上の諸問題に関する調査」結果　文部科学省ホームページ．http://www.mext.go.jp

中井久夫（2005）治療的「暴力」抑制論　精神看護，8（6）；100-109.
中井久夫（2007）こんなとき私はどうしてきたか　医学書院.
日本総合病院精神医学会（2007）身体拘束・隔離の指針　星和書店.
延原正海（1993）施設養護における虐待の問題　世界の児童と母性　34号（特集　現代の児童虐待）pp.48-52.
野倉恵（2011）毎日新聞2011年6月17日夕刊　解説.
岡田実（2008）暴力と攻撃への対処　すぴか書房.
小野田正利（2006）悲鳴をあげる学校——親の"イチャモン"から"結びあい"へ　旬報社.
小野田正利（2008）親はモンスターじゃない——イチャモンはつながるチャンスだ　学事出版.
大河原美似（2004）怒りをコントロールできない子の理解と援助——教師と親の関わり　金子書房.
Smith, P.K. & Sharp, S. Eds.（1994）School Bullying: Insights and perspectives. Routledge, London.（守屋慶子・高橋通子監訳［1996］いじめととりくんだ学校　ミネルヴァ書房.）
鈴木啓子・吉浜文洋（2005）暴力事故防止ケア——患者・看護者の安全を守るために　精神看護出版.
田嶌誠一（2004）心の営みとしての病むこと　池上良正・小田淑子・島薗進・末木文美士・関一敏・鶴岡賀雄著『講座宗教5　言語と身体』岩波書店.
田嶌誠一（2007）いじめ問題が臨床心理士につきつけるもの　臨床心理士報，pp18-20.
田嶌誠一（2008）児童養護施設における施設内暴力の解決に向けて——個別対応を応援する「仕組みづくり」と「臨床の知恵の集積」の必要性　臨床心理学，8（5）；694-705.
田嶌誠一（2011）心の営みとしての病むこと——イメージの心理臨床　岩波書店.
高橋重宏編著（2000）子どもの権利擁護——神奈川県の新しいとりくみ　中央法規出版.
高橋重宏（2007）児童養護施設における子どもの権利擁護——子ども間の権利侵害を防ぐために　第3回西日本児童養護施設職員セミナー報告書，pp.47-52.
築島健（2005）メンタルヘルスの問題をもつ住民への対応のしかた　保健師ジャーナル，61（7）；612-618.
津崎哲雄（2001）訳者あとがき（Westcott, H.（1991）Institutional Abuse of Children-from Research to Policy-a Review Nspcc.）津崎哲雄・山川宏和訳　子どもの施設内虐待を防止するために　英国ソーシャルワーク研究会.）
和田耕治編著（相澤好治監修）（2008）ストップ！　病医院の暴言・暴力対策ハンドブック——医療機関における安全・安心な医療環境づくりのために　メジカルビュー社.
山本七平（1979）日本資本主義の研究　光文社.
山本七平（1980）あたりまえの研究　ダイヤモンド社.
山本七平（1992）静かなる細き声　PHP研究所.
読売新聞　2007年8月19日　朝刊.

資料

安全委員会方式導入にあたっての留意点

　安全委員会方式の導入に際し，さしあたっての重要な留意点は以下の通りです。

1. <u>中途半端な導入はかえって施設を混乱させることになりかねない</u>ということにご注意下さい。立ち上げるからには事前の周到な準備とやりぬく決意が必要です。そして，導入にあたっては，この方式に詳しい経験者による研修会が最低でも3回以上は必要です。このことは第7章でも述べてはおりますが，再度ここでも強調しておきたいと思います。
2. 立ち上げ集会前に，研修会が必要です。職員対象の「施設内暴力に関する理解を深める」ための研修会を行います。そのうえで，スタッフ全体で話し合い，安全委員会方式を導入するかどうかを話し合っていただくのがよいと思います。施設長や主任指導員の先生方だけがやる気になっても，それだけでは困難であり，職員全体が導入にある程度関与していただくために，通常このような手続きをとっています。ただし，立ち上げがすでに決定ずみの施設なら，ここをとばして，下記の3からはじめます。

　　その際，職員に十分に理解していただきたいのは，安全委員会はあくまでもはっきりと力関係の差がある中で起こる暴力（含性暴力）だけを対象とするのであって，対等なケンカなどは対象としないということを理解していただくことです。
3. 安全委員会方式の導入が決まったら，「安全委員会活動を当該施設に合ったものにするために」という話し合いを行います。具体的には，①今後起こりうる暴力関連の困難事態を想定し，それへの対応を検討しておく，②キーパーソン（加害側・被害側）を選び，その子たちについて概要と対応の方針を検討する。このキーパーソンについては，定期的に職員によるケース会議や安全委員会で対応を検討していく。
4. 児童相談所と学校から委員として参加していただくこと。現在，多くの施設では児童相談所からは課長にご参加いただいています。また，学校からも生徒指導担当の先生か校長先生に委員としてご参加いただいています。
5. 外部の委員を委員長にすること（つまりは責任あるポストについてもらう）。
6. 施設からは施設長と主任指導員およびもう一人か二人くらいが委員としてご参加いただく。

7. 理事会への説明と承認が必要であり，さらに理事会が協力的であること。
8. 導入することが決まり，さらに委員も決まったら，「立ち上げ集会」の準備を行う。立ち上げ集会用パンフレットを作成する。よその施設ですでに使ったものがありますので，それをもとに作成する。
9. 誤解されやすいのは，事件が起こった際の職員の対応です。安全委員会にかける内容であっても，現場は現場で判断して，（きっちり叱る，被害児を守る等）とりあえずの指導はきっちりとしていただくことが必要だということです。そのうえで，安全委員会に報告してもらうということを強調しておくことが必要です。

なお，安全委員会活動に関するお問い合わせは，下記にお願い致します。

田嶌　誠一（Seiichi Tajima）
九州大学大学院人間環境学研究院
人間科学部門　心理臨床コース
〒812-8581 福岡市東区箱崎6-19-1
Phone&Fax 092-642-3135（研究室直通）
tajisafety@hes.kyushu-u.ac.jp

職員の皆さんへ
── 安全委員会活動開始初期の暴力問題対応の留意点 ──

1. ルールを提示し，実行すること

　四つの基本的対応（「厳重注意」,「別室移動」,「一時保護要請」,「退所要請」）の明示と実行

2. 暴力や激しい理不尽な反抗には（暴力を使わないで）きちんと抑えてみせること

　暴力問題は担当職員個人の力量の問題ではなく，施設全体で対応すべきことである。

　まず職員が守られないといけない→それができてこそ，子どもを守ることができる。

　施設で起こりうるいくつかの困難場面について，あらかじめ施設全体で対応していく方策を話し合っておくこと。

　　①緊急対応マニュアルの作成
　　②緊急対応チームの編成と対応　期間限定（通常3ヵ月）で施設全職員または複数の職員による対応
　　③警察との連携（暴力が深刻な施設のみ）
　　　　警察に挨拶にいっておき，いざという時の支援を依頼しておく
　　　　場合によっては被害届けを出す
　　④児相との連携「ふりかえりと反省のための一時保護」の活用の準備をしておく
　　＊緊急対応チームや職員の暴力に対する対応が行き過ぎにならないように，たとえば安全委員会のような，必要に応じて外部から支援とモニターするシステムが必要である。

3. 暴力を抑える→「言語化を援助する」→「叩くな，口で言う」「やさしく言う」の徹底，反省させる，代わりの行動を教える・考えさせる 「悪くても叩いてはいけない」「言語化を援助する，代弁する，弁護する，職員の思いを語る，謝罪してみせる」

4. 暴力事件の結果を入所児童に周知する
　暴力にきちんと対応したことを，入所児童に周知する。当事者の氏名は伏せて，暴力事件の概要とそれに対する対応を入所児童に知らせる。

5. 訴えが多くなる→きちんと対応→「叩くな，口で言う」「やさしく言う」の徹底
　ささいなことでも訴えてくるようになるので，訴えが多くなる。安全委員会にかけるようなものでないことも多い。いちいち対応するのが面倒とも感じられるが，ここを丁寧に対応しておくことが，入所児童の信頼を得るのに必要。担当職員のレベルで十分話を聞き，きちんと対応してもらうこと。

6. 小さい子・弱い子がはじける→大きい子が訴えてくる→「小さい子が悪くても叩いてはいけない」「叩かずにいってきたのはえらい」→「叩くな，口で言う」（＝言葉で表現できるように奨励・援助する）「その場を離れる」「職員に言う」→「我慢できているからえらい」→「やさしくできるようになった」→実績に伴ってほめると同時に，我慢できている年長者だからこそ許される行動を許可するシステムをつくる（「責任と自由」「成長の楽しみと喜び」）
　相手が悪くても暴力を振るってはいけない　年長児の前で小さい子を叱ってみせる
　年長児の名前を呼び捨てにさせない　全体集会で小さい子に注意する
　小グループでの話し合い　＊<u>職員の手に余れば，安全委員会等からの対応を要請する</u>

安全委員会からのお知らせ

職員のみなさんへ
立ち上げ集会後の対応の留意点

1, トラブルが起こったら、**なるべく2人以上で対応**して下さい。

2, 「**叩くな、口で言う**」「**優しく言う**」「**相手が悪くても叩いてはいけない**」を職員も口癖のように、子どもたちに指導して下さい。それができたら、必ず褒めてあげましょう。また、小さい子達が生意気になってきます。しっかり、大きい子達の前で注意して下さい。

3, その場では、**今までのように、しっかり先生方で指導**して下さい。「安全委員会に報告する」というのは、あくまでも指導が終わった後に言うようにしてください。

4, **何か起きてもがっかりしない**。チャンスだと思ってしっかり対応しましょう。3回ぐらい問題を乗り越えると、落ち着いてきます。

5, 安全委員会では取り上げませんが、同じ力同士のケンカの暴力もしっかり注意しましょう。その時の指導も「**叩くな、口で言おう**」「**優しく言おう**」です。

＊このプリントは、しばらくの間職員室のよく見えるところに張って下さい。

応援面接用シート　　年　　月　　日

| 学年 | 名前 | 担当者 |

1. 将来の希望・目標
　①仕事・進路について　　　　　　　＊**参考資料1.「フリーザ様のフリーター問題」**

　②家族について，恋愛について，性について　　＊**参考資料2.「14才の母親の現実」**

　③施設や学校での当面の希望・目標

【保護者の意向】

2. 上記希望達成にむけて何ができることが必要か
　（<u>重要な順に</u>，具体的に：例．欠席しないで登校，等）

3. 職員はどう応援していくか（なるべく具体的に），職員の思い

4. 得意なもの，好きなもの，ストレス解消法，担当からみた「ここがいいところ」

「希望を引き出す応援面接」の留意点

1. 「応援している」という：応援のための面接であるということをきちんと伝える。

2. 希望を引き出す：将来の希望　①仕事や進路についての希望について問い，さらに可能なら（＝聞く事が適切と考えられる場合）②家族とどうなりたいか，どうしたいか（「同居したい」等）について聞く。次いで，③当面の希望・目標を聞く，施設や学校でできるようになりたいこと，やりたいことを聞く。

3. 「親は応援が難しい，だから，君が力をつけていく（＝生活力をつける，働いてけっこう稼げるようになる）事が大事」ということを伝える→そのためには，とりあえず高校を卒業することが大事，「希望を実現するためには，自分自身が力をつけておくことが大事である」と伝える。

    > 例　「将来親と同居したい」→
    > 　　「それができるといいね。その為には，親御さんは経済力がないから君が働いて稼げるようにならないといけない。それさえできれば，親御さんさえOKすれば，将来一緒に暮らせるようになるよ。頑張ろう!!」
    >
    > 「親と同居したくない」→
    > 　　「それなら，自分自身が力をつけておく事が大事」「働いてちゃんと稼げるようになろう!!」

    ※親への思いを誘導せず否定せず，安易な幻想を抱かせないように……調整しながら聞くこと

4. 仕事についての社会の現実を教える→再度，高校を卒業することが重要と伝える。
    ……参考資料「フリーザ様に学ぶフリーター問題」を読ませて，以下の点を説明する。
    ①高卒と中卒では大きく給料が違う。
    ②高卒と中卒では職業選択の選択肢の幅が違う。

    ※具体的な例を挙げて説明！取得可能な資格等も紹介！大学検定は難しい！

③フリーターと常勤の違い
　→バイトでなく常勤で一長く勤めることの重要性を教える。
　　見かけは変わらないように見えるが，実は以下のように大きく違う。
　　　①健康保険と年金が支払われている。
　　　②定期昇給とボーナスがある→最初のうちは，手取り額は同じ位でも，数年後は大きく差がつく。
　　　③フリーターは10年20年勤めても，昨日入った新人と給料はほとんど同じ。
　　　④常勤は数年勤めれば，新人とは大きく給料の差がついている。
　　　⑤年金は，将来はどうなるかわからないが，かけておいた方がよい。

派遣社員についても少し話した方が良い
「ワーキングプア」
若い時しかできない

5. 女子児童には参考資料「14歳の母」を読みあげて，「早すぎる出産は女性側がとても苦労する可能性が高い」ことを伝える。

6. 本人の希望達成に向けて，何ができることが必要か，そのために本人はどういう努力をしたらいいか，等を話し合う。

　　　　例「高校を卒業できるためには，」→
　　　　　　中学と高校の違いを説明する「中学は退学がないが，高校には退学がある」
　　　　　「出席日数の不足や重大な校則違反があれば，退学になる」→従って
　　　　　　①なるべく欠席しないで登校すること，
　　　　　　②退学処分になるような違反をしないこと

児童養護施設から高校へ行くことの現実（公金を使っている，外泊不可，携帯使用等についても規則がある等）を事前に本人と話をして理解を求める。

7. 職員はどう応援したらいいかを話し合う。

8. 職員の思いを伝える。

本人の否定にならないように，でも嘘のない言葉で伝える！

9. 得意なもの，好きなもの，ストレス解消法について聞く。
　あるいは職員が気づいていることや感心している所や本人のいい所などを指摘する。

自身の目標設定の模索・補助・支援を本人と話す中で行う。
本人に届く言葉で……
柔軟な受けこたえで相手の言葉を引き出す！

10.「応援するから，希望が達成できるように一緒に頑張っていこう‼」といって。

本人に１人ではない，一緒に頑張ってくれる人がいる……と言う
思いが持てるような声かけを！　上から目線で押し付けにならないように！

終了

応援ケース会議用資料（資料4に追加して用いる）

5. 家族調整と生い立ちの整理に向けて
①入所の経緯（別紙に添付も可）　　　入所日　　年　　月　　日
②両親の消息
③本人は入所理由や両親についてどの程度知っているか，関わりをもっているか
④家族調整と生い立ちの整理に向けての方針（およびその後の経過）

調査日　平成　　年　　月　　日

聞き取り担当者　_____

暴力問題聞き取り調査表

入所児童名 _____　　　年生　　　歳

処遇担当職員名（　　　　　　　　）

最近他の人（職員や大人も含む）から暴力を受けたことはありませんか。
あなた自身が暴力を振るったこと（他人へ命令し暴力を振るわせることも含む）はありませんか。
あなたは，異性もしくは同性から，下記のことがありませんか？ 1.　身体の大事なところを触られる 2.　身体を触れと命令される（キス等も含む） 3.　身体の大事なところを見せろといわれる
その他，いやなことをされた（させられた）ことはありませんか。
そういう場面を見たり，聞いたことはありませんか。
暴力にふるわれるのではないか？　という不安はありませんか。
よく眠れていますか，悪い夢や怖い夢をみてませんか。
その他話しておきたいことはありませんか。

聞き取り調査後対応報告書（スタッフ会議用・安全委員会用）

平成（　　）年（　　）月（　　）日（　　）曜日
（　　　　　　　　　　　　　　　　　）対応

1. 加害児・被害児・目撃児

2. 聞き取り内容および状況

3. その後の調査と対応

4. 課題・今後・その他

資　料　──　633

事件概要・フォローアップ報告書（スタッフ会議用・安全委員会用）

　　　　　　　　　　　　　　　　　　　　　　　　　　年　　月　　日

学年　　　　名前	担当者

1. 事件概要

2. その後の対応，子どもの様子

3. 今後の課題

4. その他

キーパーソン用概要報告書（スタッフ会議用・安全委員会用）

　　　　　　　　　　　　　　　　　　　　　　　　　年　　月　　日

学年　　　名前　　　　　　　　　　担当者
1. 将来の希望・目標 　　家族についての希望   　　仕事・進路の希望   　　当面の希望・目標   　　【保護者の意向】
2. これまでの暴言・暴力行動（または被害），およびそれへの対応（＊別紙に添付も可）   　　暴言・暴力以外の問題行動
3. 安全委員会発足後の対応の目標と留意点（案）
4. 安全委員会導入後の子どもの状況（良くなったところ，安全委員会の効果等）
5. 現在の問題・課題と留意点

6. 得意なもの，好きなもの，担当からみた「ここがいいところ」，ストレス解消法

7. 入所の経緯（別紙に添付も可）　　　入所日　　年　　月　　日

8. 両親の消息

9. 本人は入所理由や両親についてどの程度知っているか，関わりをもっているか

10. 入所理由の受け止め及び生い立ちの整理に向けての方針

身体暴力への緊急対応マニュアル（例）

ここでいう"身体暴力"とは器物破損も含む

対応の基本

　暴力問題は担当職員個人の力量の問題ではなく，施設全体で対応すべきことである。

　まずスタッフが守られないといけない→それができてこそ，子どもを守ることができる。

　施設で起こりうるいくつかの困難場面について，あらかじめ施設全体で対応していく方策を話あっておくこと。

　　①緊急対応マニュアルの作成

　　②緊急対応チームの編成と対応　期間限定（通常3ヵ月）で施設全職員または複数の職員による対応

　　③警察との連携（暴力が深刻な施設のみ）

　　　警察に挨拶にいっておき，いざという時の支援を依頼しておく

　　　場合によっては被害届けを出す

　　④児相との連携　「反省のための一時保護」の活用の準備をしておく

＊緊急対応チームや暴力に対する職員の対応が行き過ぎにならないように，安全委員会のような外部からモニターしつつ支援するシステムが必要である。

緊急対応の基本的流れ

　　①主任に報告し，指示を受ける。

　　②他の職員の応援を要請する。

　　③子どもが興奮してさらに暴力が出そうな場合は，集合した職員全員で対応する。

　　④子どもそれぞれ（被害児・加害児）に職員がつく。

　　　周囲に他の子ども達がいる時は，その場から立ち去るように指示する。

　　⑤クールダウンのための別室移動を行う：子ども双方又はどちらかの興奮が収まらない場合は，それぞれ別室で話を聞くように促す。

　　⑥暴力が出そうな場合，集合した職員全員で対応する。クールダウンのための別室移動を拒み暴力を振るった場合も，集合した職員全員で対応する。

ねばり強い態度で阻止し，クールダウンのための別室移動を行い，行動が落ち着くまで関わる。ただし，全員対応とはいっても，状況に応じて対応形態と役割方式を柔軟に行う。対応形態としては，「終始全員で対応する」場合もあれば，「1～3名が本人に対応し，残りの職員は部屋外で待機」する場合もある。役割方式としては，「皆で言う」という全員一丸方式もあれば，役割分担方式をとることもある。役割分担方式では三つの役割が必要（指導役，共感・代弁役，[開始終了等の]判断役）。
⑦トラブル発生からの現在までの行動を振り返らせ，言葉で整理していく。
⑧謝罪が必要であると認められる場合は，必ず謝罪をさせる。
⑨（必要に応じて）入所児童への報告を行う：原則として児童名は伏せる。
⑩どうしても暴力がおさまらず，以上の対応ができない場合は警察または児相に連絡する。また，被害が深刻な場合，警察に被害届けを出す。

（事件発生）→集合をかける→本人と話す→その結果を入所児童に周知する
集合をかける
　原則としてひとりで判断しない　最低2人以上で　連絡網の活用
＊多い方がよい，女性もいた方がよい
本人と話す→反省させる→謝罪させる
　別室に移る　事実確認　何が悪かったかの指摘　反省させる　被害者に謝罪させる
　反省のポイント　　①何が悪かったか　②どうすればよかったのか
　　　　　　　　　　③今後はどうしたらいいか
　事実確認のポイント　加害児と被害児の言うことが行動レベルについては一致するまで確認すること
＊暴力はきちんと抑えてみせること。
＊相手が悪くても叩いてはいけないことを強調する→代わりの行動を教える
　　①「叩くな，口で言う」（＝言葉で表現できるように奨励・援助する）
　　②「その場を離れる」

③「職員に言う」
　　④その他，代わりの行動を自分で考えさせる
＊対象児童が複数の場合，全員同時に対応せず，各児童ひとりにつき，職員は複数で対応する。集団化している場合は，まずキーパーソンだけを別室へ移して対応する。
＊居室や廊下でやらないこと
＊やり方　一丸方式または役割分担方式かを選択
　　　　　役割分担方式では三つの役割が必要（指導役，共感・代弁役，［開始終了等の］判断役）

その結果を入所児童に周知する

　暴力にきちんと対応したことを，入所児童に周知する。当事者の氏名は伏せて，暴力事件の概要とそれに対する対応を入所児童に知らせる。

児相に報告

　児相への報告が必要か否か判断する
　判断のポイント　①被害の深刻度，②再発可能性，③全体への影響度

「厳重注意」の手順と留意点

1回目の「厳重注意」
○「厳重注意」の基本的視点
　注意・叱責は「安全委員会」で行い，担当職員は暴力を振るう児童に対して，暴力を止める方法を一緒に考えていくというスタンスをとる。ただし，事件発生時は職員もきちんと叱る。

○職員が「思いを伝えること」の重要性
　重要なポイントは，この厳重注意の場が，職員が担当児童への思いを伝える場として大変役立つということである。職員はそういう場として活用することを心がけること。

○手　順
　1. 呼び出し準備（担当職員による加害児への根回し，①なぜ呼ばれたのか？（何が悪かったか）②そのことをどう思っているか？（反省の弁とどうすればよかったのか）③今後どうするか（「二度としません」「またやりそうになったらどうするか」等）。④謝罪（「申し訳ありませんでした」））→ 2. 呼び出しと「厳重注意」の言い渡し（反省の弁：加害児の言語化，言語化を援助する，代弁する，弁護する，とりなしをする，職員の思いを伝える，謝罪）→（3. 担当職員によるフォロー：加害児の声に十分に耳を傾けつつ，再発防止を一緒に考え，取り組む，過去の被害体験を聞き，謝罪し，さらに暴力はいけないことを伝える）

　＊担当職員は次回の安全委員会に「厳重注意およびフォロー報告書」を提出

2回目の「厳重注意」

基本的には，1回目の「厳重注意」と同様であるが，以下の点に留意する。
① 厳しめに「厳重注意」を行う
② 1回目よりも反省の様子が見られるかどうかを見る
③ 口頭での「厳重注意」プラスなんらかの課題を課す（例 反省文の提出，一定期間の課題，担当職員との面接，心理士との面接，等）
④ 職員に子供の前で思いを語ってもらう
⑤ 最後に，「次回の安全委員会まで見ている」「繰り返せば，どうなる可能性があるか」を伝える。
＊担当職員は1回目の「厳重注意」と同様に，次回の安全委員会に「厳重注意およびフォロー報告書」を提出する。内容は，厳重注意時のやりとり，およびその後の加害児の生活態度を報告する。
＊さらに，課題の遂行にあたっては，「課題遂行表」を作成し，簡単な記録をつけ，それを次回の安全委員会に提出する。また課題の実行を職員が交代で「見守る」か「一緒にやる」。

厳重注意等フォローアップ報告書（スタッフ会議用・安全委員会用）

　　　　　　　　　　　　　　　　　　　　　　　　　　　年　　月　　日

学年　　　名前　　　　　　　（　　歳）　　担当者
1.「厳重注意」となった事件・経過概要（別紙に添付も可）
2.「厳重注意」の際のやりとりと子どもの反応
3.「厳重注意」以後の子どもの様子
4. 事件および「厳重注意」前後の子どもの変化，今後の課題

新入所児童聞取り調査及び対応報告書

児童氏名

入所日　平成　年　月　日	管轄児相	

【入所初日】 平成　年　月　日（　　）　　対応者（　　　　　　　　）

1. 暴力（暴言・威圧等も含み）等はないか確認。施設生活において不安等はないか？

2. 状況確認をしての対応

【入所後1週目】 平成　年　月　日（　　）　　対応者（　　　　　　　　）

1. 暴力（暴言・威圧等も含み）等はないか確認。施設生活において不安等はないか？

2. 状況確認をしての対応

【入所後2週目】 平成　年　月　日（　　）　　対応者（　　　　　　　　）

1. 暴力（暴言・威圧等も含み）等はないか確認。施設生活において不安等はないか？

2. 状況確認をしての対応

【入所後3週目】平成　　年　　月　　日（　　）　　対応者（　　　　　　　）
1. 暴力（暴言・威圧等も含み）等はないか確認。施設生活において不安等はないか？

2. 状況確認をしての対応

【入所後4週目】平成　　年　　月　　日（　　）　　対応者（　　　　　　　）
1. 暴力（暴言・威圧等も含み）等はないか確認。施設生活において不安等はないか？

2. 状況確認をしての対応

○○園　安全委員会　設置要綱（例）

1. 目　的
　○○園から暴力をなくし，入所児童が，安全で安心した生活ができることを目的に安全委員会を設置する。本委員会は，○○園における暴力の発生を予防するために最大限の努力を行なう。また不幸にして暴力事件が発生した場合は，安全・安心を保障するために必要な措置をとる。

2. 名　称
　本委員会の名称は『○○園　安全委員会』とする。

3. 委　員
（1）委員会は，内部からの委員および外部からの委員から構成し，委員長1名，副委員長1名，委員若干名，顧問により構成する。
（2）外部からの委員は，児童相談所および小中学校に必ず委嘱するものとする。また，外部有識者に委嘱することができる。
（3）内部からの委員として，必ず施設長が入るものとする。
（4）委員長は，委員の互選により選出する。副委員長は委員長が指名する。
（5）委員長は○○園職員以外の外部の者とする。
（6）委員長は，委員会を招集し，会議の議長となる。
（7）副委員長は，委員長に事故のあるときはこれを代理する。

4. 委員の任期
　委員の任期は2年とし，再任を妨げない。

5. 会　議
　会議は，定期的に開催するほか，施設内で暴力行為が発生したときなど，必要に応じ委員長が召集する。なお，当分の間，月1回開催とする。

6. 活　動
　安全委員会は，目的を達成するために，○○園の職員と連携して次の活動を行う。
　（1）聴き取り調査
　　　　①入所児童に対する調査（別途，職員等が実施する）
　　　　②暴力行為が発生した場合の加害者・被害者に対する調査
　（2）調査に基づく審議
　（3）審議結果の報告
　（4）「安全委員会だより」の発行

7. 措　置
　（1）第一段階『厳重注意』（施設長に要請）
　（2）第二段階『別室移動』（施設長に要請）
　（3）第三段階『児童相談所での一時保護』（児童相談所へ要請）
　（4）第四段階『退所』（児童相談所へ要請）

8. 解　散
　委員長は，○○園安全委員会がその本来の役割を果たすことができておらず，さらにその改善の余地がないと判断した場合，解散をすることができる。解散にあたっては，委員長は児童相談所および関係機関に文書でその経過を報告しなければならない。

（附則）
　この要綱は，平成○○年　　月　　日から施行する。

○○園『安全委員会』立ち上げ集会

☐ 施設長挨拶

☐ 委員長挨拶

　顧問挨拶

☐ 安全委員会について

☐ 委員紹介

☐ 子ども代表挨拶

　職員代表挨拶

☐ 終わりの挨拶

○○園安全委員会立ち上げ集会用進行と文言（例）

（1）○○園長挨拶

（2）○○副委員長挨拶
※司会・進行担当：○○副委員長の場合の例
　今日はみんなにとても大事な話があります。すごく大事なことなので，よく聞いて下さい。この○○園では，今後は「身体への暴力」は絶対になくしていくことになりました。そのために，外の先生たちにも入ってもらい，今日から「安全委員会」というものができました。安全委員会がみんなの安全を守り，安心してここで暮らしていけるようにします。

身体の暴力って，どんなことかわかる？
　"身体の暴力"に含まれるものに，次のようなものがあります。
〔身体暴力〕
　強い子が弱い子を叩いたり，殴ったり，蹴ったりすることです。大きい子（年長の子）が小さい子（年少の子）を殴ったり，蹴ったりすることも同じです。
〔性暴力〕
　次に，他の子の胸やお尻，性器（あそこ，大事なとこ）などを触ったり，反対に他の子に触らせたりすることです。他には未成年者に対するセックスの強要は，"性暴力・性的虐待"という"立派な性犯罪行為"で警察に捕まる大きな問題となることを知っておいて下さい。
〔その他〕
　付け加えておきますが，自分が直接そのような事をしなくても，他の人に命令してさせた場合も同じだということを忘れないで下さい。

　「身体への暴力」について話をしてきましたが，残念ながら，○○園では，以前そういうことが起こりました。だけど，そういうことはこの○○園では，今後，安全委員会が絶対許しません。
　また「身体の暴力」は子ども同士だけでなく，職員が子どもに対して暴力（体罰）を振るうことも許されないし，逆に子どもが職員に対して暴力を振るうことも絶対許しません。

では安全委員会の先生たちを紹介します。
安全委員会委員長の○○先生にお話していただきます。

(3) ○○委員長挨拶

　安全委員会はここで暮らす子どもたちみんながひどい目にあわないで安心して暮らせるように，安全委員会が責任を持ってみんなが暴力を振るわれないように守ります。

　さっき言ったような「身体への暴力（性的暴力も含まれます）」は絶対にしてはいけません。もし自分が誰かからそういうことをされたり，誰かがやられているのを見たり聞いたりしたら，必ず先生に言いましょう。安全委員会の委員の先生でも○○園の先生でも学校の先生でもいいから必ず言いましょう。そうすれば，ちゃんと安全委員会にそのことが伝わって，安全委員会がきちんと対応します。やられた人が二度とやられないように必ず守りますし，言いにきた人も必ず守ります。

(4) 委員紹介と挨拶（委員をひととおり紹介，委員はひとこと）

　　　委 員 長　○○○○（○○○○）
　　　副委員長　○○○○（○○大学大学院教授）
　　　委　　員　○○○○（○○○○児童相談所相談課長）
　　　　　　　　○○○○（○○中学校校長）
　　　　　　　　○○○○（○○小学校校長）
　　　　　　　　○○○○（○○○○民生委員）
　　　　　　　　○○○○（児童養護施設○○園施設長）
　　　　　　　　○○○○（児童養護施設○○園主任児童指導員）
　　　　　　　　○○○○（児童養護施設○○園保育士）

(5) 安全委員会についての説明
〔○○副委員長より〕

　次に，安全委員会はどんなことをするのかということを，説明します。
 1. 毎月1回，○○園で安全委員会の会議を行います。
 2. 身体への暴力（性暴力も含む）がないかどうか，ひどい目にあった子がいないかどうか，毎月1回子どもたちひとりひとりに聞き取り調査を行います。
 3. 身体への暴力（性暴力も含む）が発見されたら，会議を開き，対応を決め，実行をします。

4. 対応は
   ①厳重注意　②別室移動　③一時保護（児相へ要請）④退所（児相へ要請）の四つがあります。
   但し，性暴力については直ちに③一時保護（児相へ要請）及び④退所（児相へ要請）になる場合があります。
5. 安全委員会の会議の結果と対応をみんなに発表します。

何か質問はありませんか？

　○○園で「身体への暴力（性暴力も含む）」がなくなり，どの子も心から安心して安全に暮らせるようになるためには，安全委員会だけがいくら頑張っても難しい。みんなひとりひとりが，暴力をなくそうという決意をして，安全委員会に協力してくれることが必要です。
　そこで，次は子どもたちの代表に感想と決意を話してもらいましょう。
〔男子代表〕　　○○○○（高2）　　○○○○（高2）
〔女子代表〕　　○○○○（中3）　　○○○○（中3）

〔○○園長より〕
～年長者および強い児童へ～
　自分より小さい子や弱い子がいうことを聞かないからといって，暴力を振るってはいけません。相手が悪くても，暴力を振るってはいけません。
1. 殴ったりしないで，言葉で言ってきかせること。
2. 暴力を振るいたくなったら，その場を離れること。
3. また，小さい子や弱い子があまりにもひどかったら，安全委員会の先生や他の先生に言うこと。

～年少者および弱い児童へ～
　年長者および強い児童からのパシリは禁止します。わがままな命令や要求は実行しなくてよい。
1. 嫌だとはっきり言うこと。→それで万が一殴られたら，
2. 安全委員会の先生や指導員や保育士に言うこと。
3. だからといって，年長者または強い児童を挑発したり，刺激してはいけない。

安全委員会のしおり（例）

児童養護施設　○○○（施設名）

平成　　年　　月　　日に，「安全委員会」が誕生しました。
「安全委員会」の目的は，次のとおりです。

1. 子どもたちみんなが，安心して，安全にくらせるように，暴力のない施設をつくりましょう。
2. もしも暴力があったことがわかったら，その子の問題を含め，まわりの子の安心と安全を取り戻すために，みんなで一生懸命考え，解決を図ります。

～みんなにおねがい～
　みんなが，暴力をふるわれたときは，安全委員会の先生や，担当の先生，または他の先生に，すぐに言ってきてください。また，他の人が暴力を振るわれているのを見たり，聞いたりしたときも，すぐに言ってきてください。

安全委員会の先生方と連絡先

委員長	○○先生	□□□□□□□□□□□
副委員長	○○先生	□□□□□□□□□□□
委員	○○先生	□□□□□□□□□□□
	○○先生	□□□□□□□□□□□
	○○先生	□□□□□□□□□□□
	○○先生	□□□□□□□□□□□
	○○先生	□□□□□□□□□□□
	○○先生	□□□□□□□□□□□

平成　　年　　月　　日

第1号
平成　年　月　日　発行

◯◯◯（施設名）
安全委員会だより（例）

◯◯園のこどもたちへ
　このあいだの　　月　　日に第1回安全委員会が開かれました。
　安全委員会は「◯◯園のみんなが安全に生活していく」という目標を確かめました。
　そして第一に「からだへの暴力をなくす」ことに取り組んでいくことにします。
"からだへの暴力"には次のようなものがあります。

〔身体暴力〕

　強い子が弱い子を叩いたり，殴ったり，蹴ったりすることです。大きい子（年長の子）が小さい子（年少の子）を殴ったり，蹴ったりすることも同じです。

〔性暴力〕

　他の子の胸やお尻，性器（あそこ，大事なとこ）などを触ったり，反対に他の子に触らせたりすることです。他には未成年者に対するセックスの強要することです。これは"立派な性犯罪行為"で警察に捕まる大きな問題です。

〔その他〕

　自分が直接そのような事をしなくても，他の人に命令してさせた場合も暴力をふるったことと同じです。

もし，からだへの暴力を受けたら……まずは身近な先生に相談してください。

それでもなくならない場合は，安全委員会で話し合います。
そして，以下のように対処します。

第1段階　厳重注意：安全委員会に呼ばれ，厳しく注意を受けます。
第2段階　別室移動：みんなと一緒に生活している部屋から離します。
第3段階　児童相談所での一時保護（児童相談所への要請）。
第4段階　退所（児童相談所へ要請）

---

　①厳重注意をうけても暴力がおさまらない場合には，安全委員会で話し合って，②別室移動を行います。それでもやめることができなければ，③児童相談所に連れていきます。最終的に，どうしても止めることができない場合には④退所となることがあります。

平成　年　月　日

保護者各位

児童養護施設　○○○園
園　長　○○○○

○○園「安全委員会」立上げについてのご報告（例）

　寒冷の候，貴殿におかれましてはますますご健勝のこととお慶び申し上げます。
　さてこの度，施設において子どもたちみんなが，安心して，安全に暮らせるように，暴力（性暴力も含む）のない施設作りということで，外部の先生方も含めた"○○園「安全委員会」"というものが誕生しました。
　"○○園「安全委員会」"とは，もしも施設にて暴力が起こったことが判明したら，その子どもの問題を含め，周りの子の安心と安全を取り戻すために，皆で検討し解決を図るシステムです。詳しくは別添資料をご覧下さい。
　子どもたちが安心・安全に暮らせるための「安全委員会」です，何卒ご理解をいただきますよう宜しくお願い申し上げます。
　なお，安全委員会に関するお問い合わせにつきましては，○○園安全委員会担当○○までご連絡下さい。

```
お問い合わせ
○○○園：担当者　○○○○
TEL/FAX　○○-○○○○-○○○○
```

　　　　　　　　　　　　　　　　　　　平成　年 月　日
　　　　　　　　　　　　　　　　　　　○○園　○○○○

○○園「安全委員会」の発足について（例）

　平成　　年　　月　　日に全入所児童，全職員，安全委員会委員が一同に介しての第1回安全委員会を開催しました。
　安全委員会とは「○○園の子どもたちが安全に，安心して生活していく」ことを目標に発足しました。
　本日，子どもたちには「からだへの暴力（性暴力も含む）をなくす」「弱い立場の子どもたちを徹底的に守る」ことに取り組むことを伝えました。

　安全委員会は次のことを行います。
　1. 毎月1回，○○園で安全委員会の会議を開催する。
　2. 身体への暴力（性暴力も含む）の有無について，毎月1回子どもたち一人一人に聞き取り調査を行う。
　3. 身体への暴力（性暴力も含む）が発見されたら会議を開き，対応を決め，実行する。
　4. 対応については下記のとおり
　　　①厳重注意→②別室移動→③一時保護（児相へ要請）→
　　　④退所（児相へ要請）
　　　　※但し，性暴力については直ちに③一時保護（児相への要請）及び④退所（児相へ要請）になる場合もあります。
　5. 安全委員会の会議結果と対応については入所児童全員に伝える。

　安全委員会の委員は次の方々です。
　　委 員 長　　○○○○（○○○○）
　　副委員長　　○○○○（○○○○）
　　委　　員　　○○○○（○○児童相談所相談課長）
　　　　　　　　○○○○（学校長［中学校］）
　　　　　　　　○○○○（学校長［小学校］）
　　　　　　　　○○○○（地区民生委員）

○○○○（児童養護施設○○園園長）
　　　○○○○（児童養護施設○○園主任児童指導員）
　　　○○○○（児童養護施設○○園保育士）

　○○園を子どもたちみんなが，安心して，安全にくらせるように，暴力（性暴力も含む）のない施設とするために，外部の先生方も含めた"○○園「安全委員会」"が発足いたしました。保護者の皆様方におかれましては暴力をなくしたいという私どもの思いをご理解いただきますようお願い申し上げます。

第　　回　〇〇園安全委員会（例）

1. 施設長挨拶

2. 委員長挨拶

3. 審議
   ①聞き取り調査報告（「聞き取り調査概要」、「聞き取り調査票（記入済のもの）」）
   ②聞き取り調査後対応報告（「聞き取り調査後対応報告書」）
   ③事件概要報告（「事件概要・フォローアップ報告書」）
   ④厳重注意等その後の経過（「厳重注意等報告書」）

4. 報告事項
   ①全体的変化
   ②暴力以外の問題行動
   ③その他

5. 安全委員会から職員会議への伝言

6. 今後の開催日の検討
   次回　　　月　　日（　　）
   次々回　　月　　日（　　）

指導の通る関係づくり
基本ルールの違反への一貫した対応：「フォローし合う処遇」

基本的視点
　基本のルール違反への一貫した対応，すなわち「これだけは守らせたいという」基本ルールの違反には，どの子に対してであれ，同じ対応を行うことが重要である。これをやり抜くことが，「指導の通る関係づくり」につながるものであり，施設の安定に極めて重要である。逆に，"子どもによって対応が違う"というふうに子どもたちが感じている場合，あらゆる問題について職員の指導の通りにくさにつながっていくのである。

対応の基本
　　①最初に基本ルール違反行為に遭遇した職員がルール違反行為を指摘し，反省・謝罪を促す。ペナルティが課されている違反であれば，ペナルティを実行する必要があることを伝える役割をとる。必要に応じて別室に移して指導を行う。
　　②最初の職員の対応でこじれた場合は，別の職員がフォローにまわりながらも反省・謝罪を促し，ペナルティが課されている違反であれば，ペナルティを実行する必要があることを，「言い方はやさしく」を心がけて伝え続ける。必要に応じて別室に移して指導を行う。
　　③もし，暴力が出た場合は緊急対応を行う（緊急対応マニュアル参照）。
　　④原則として，その日のうちに終わらせる。翌日は子どもと笑顔で会えるようにする。
　担当職員は，
　　①または②の役割を行う。
　　②の役をとった職員は，①で厳しく対応した職員の気持ちや思いを子どもに伝える。

フォロー
　厳しく対応した職員のその子に対する想いや気持ちは，その子が落ち着いた後，できるだけ早い時期に，他の職員が必ず伝える。そうでないと，その後の子どもの成長につながらない。

児相と施設の「連携サポート」
～特に一時保護の有効な活用を中心に～
（簡略版）

児童福祉施設および児童相談所の皆さんへ：「連携サポート・システム」の必要性

　全国の児童福祉施設で暴力（含性暴力）が吹き荒れています。
　マスコミが問題としている職員から子どもへの暴力（「職員暴力」）だけでなく，強い子が弱い子に暴力を振るう「子ども間暴力（児童間暴力）」，さらには「子どもから職員への暴力」があります。この問題の解決には，措置権を持つ児童相談所からの支援が極めて重要です。とりわけ，暴力が深刻な状況にある施設では，どうしても児童相談所の支援が必要なのです。児相から施設への支援としては，具体的には「コンサルテーション」「通所指導」「訪問指導」「一時保護」「措置変更」などがありますが，とりわけ重要なのが一時保護です。「一時保護の有効な使い方」が，非常に重要です。しかし現実には，しばしば児童相談所で「一時保護」という措置が有効に使われていないばかりか，時には逆に暴力をかえって激化することにもなっています。そこには施設側と児童相談所側との連携の問題があります。そうした事態をさけ，被害児童を守り，同時に暴力を振るう子が暴力を振るわなくても生きていけるように援助していくために，施設と児童相談所の双方双方に留意してほしいことを述べるので，今後の参考にしていただきたい。
　その際，この文書を申し送りに活用していただきたい。
　取り組みのポイントは以下の通りです。

①施設内の暴力問題には児童相談所と施設が連携して取り組むこと（「連携サポート」）の必要性の確認。
②施設は早めに児相に相談すること。
③児相は施設の暴力問題への支援を従来よりも積極的に行うこと。たとえば，早めに加害児を一時保護する等の具体的支援を行うこと。
④「振り返りと反省のための一時保護」を行うこと。一時保護中に児相と施設の双方で何が悪かったかを反省させ，それを「言葉で表現できるように援助する」こと。施設は児相に丸投げしないで，一時保護の最中に定期的に訪問し何が悪かったかを振り返りと反省させ，それを「言葉で表現できるように援助する」こと。

⑤帰園時面接の実施。帰園にあたっては，本人に決定を伝える前に，施設側による帰園時面接を実施し，「何が悪かったか」「帰園後はどうするか」「それが守れなかった場合にはどうするか，どうなるか」等について言葉できちんと言わせておくこと。
⑥警察との連携。
⑦児相による施設への「コンサルテーション」「通所指導」「訪問指導」「再判定」等の支援も，上記の過程で適宜実施する。上記の過程以外でも必要に応じて実施すること。
⑧連携を維持するために，職員の異動に際しては<u>この文書（またはその修正版）による申し送り</u>を実施する。

以上のことさえきちんと実行できれば，少なくとも深刻な暴力がくりかえされる事態は防ぐことができるはずです。また，この手引きに基づく連携は，安全委員会方式を導入しなくとも<u>単独で有効</u>ですが，<u>「安全委員会」方式と組み合わせて行うことでさらに有効なものとなります</u>。
なお，この手引きのより詳しい説明は，詳細版（第12章）を参照していただきたい。

一時保護関連報告書（施設用・児相用）

学年　　　　　名前	施設側担当者 児相側担当者

1. 一時保護に至る経過（＊別紙添付も可，事件と経過，振り返りと反省とその言語化，一時保護決定時に記入，一時保護前歴も記入）
　　　　　　　記入日　　年　　月　　日　記入者

2. 一時保護後の本人の様子（振り返りと反省とその言語化）
　①直後（最初の訪問時の様子）
　　　　　　　記入日　　年　　月　　日　記入者

　②その後（第2回目～帰園前までの様子）
　　　　　　　記入日　　年　　月　　日　記入者
　　＊児相と施設で見せる態度等の違いがあれば，それも記入すること

3. 帰園時面接の様子，または措置変更通知後の様子（振り返りと反省とその言語化）
　　　　　　　　記入日　　年　　月　　日　　　記入者

　○帰園時の約束とそれが守れなかった場合の約束

　○本人の将来の希望，好きなこと，得意なこと

4. 帰園後の経過（帰園1ヵ月後および卒園時に記入），または措置変更後の経過
　　　　　　　　記入日　　年　　月　　日　　　記入者

5. 卒園時の様子　　　　記入日　　年　　月　　日　　　記入者

西澤哲氏「田嶌先生の批判に応えて」(2008)への反論
── 事実関係における虚偽の指摘

（＊本書にこのような資料を掲載しなければならないのは，著者としては大変残念である）

　本書でも紹介しているように，安全委員会方式には批判があるが，それにもっとも大きな役割を果たしているのが西澤哲氏である。安全委員会方式について，西澤氏が虚偽の情報を流したことをきっかけとして，それに私が抗議し，西澤哲氏と私との間で「論争」がある。

　発端は，「SBI児童福祉施設職員研修会」における西澤哲氏の発言である。私は，主催の「SBI子ども希望財団」の活動には日ごろから敬意を抱いているので，なおさら以下のような発言があったのは残念なことである。

　安全委員会方式について，西澤哲氏は「SBI児童福祉施設職員研修会」(「SBI子ども希望財団」主催，2008年5月10～12日)で，「これはケアワーカーの手に負えない子どもに対して，段階的に警告を与えてスリー・ノックダウン方式で事前に話をして実行する。措置変更をして園を追い出すという酷いやり方です」「措置変更後のケアが全く調査されていない。これは実例ですが……措置変更をして園を出してしまった後，自立支援施設に入所したのですが，そこでも手に負えずに児相はその子を家に帰しました。そして，その子は父親に殺されました！」「これは完全に懲戒権の濫用です」と述べている。また，この研修会だけでなく，西澤氏は複数の研修会で同様の発言をしているとのことである。

　そのことを伝え聞いた私は，内容のあまりのひどさに驚き，複数の参加者から間違いなく西澤氏がそう発言していることが確認できたので，臨床心理学誌上で抗議した（田嶌，2008）。それ対して西澤哲氏は，同誌に掲載の「田嶌先生の批判に応えて」(西澤，2008)の中で，父親からの暴力で死亡した事例は安全委員会方式とは無関係であると認め，「関連しているかのような印象を与えたとしたら，それはあきらかに私のミスであり，謝罪しなければならない」と述べている。なお，この発言がなされた研修会は主催者側で録画されているとのことであるから，これは西澤氏が誤りを認め謝罪したものと理解していいだろう。

　しかし，さらに困ったことには，「田嶌先生の批判に応えて」(西澤，2008)では謝罪だけでなく，同時にその論文でさらに事実関係でウソを書いているのである。それも調べればすぐにわかるウソをである。

　自論を展開するのは，むろん自由である。いろいろな考え方があって当然であ

るし，批判や議論はあってよい。西澤氏はもっぱら批判だけに終始しているが，そうではなく，対案と実績の報告を示しての議論であれば歓迎である。しかし，困るのは，見解の相違とか認識の違いと言ったレベルのことではなく，ウソを言い立てていることである。生産的議論になりようがないからである。西澤哲氏による「田嶌先生の批判に応えて」（西澤，2008）については，反論したいことはいろいろあるが，ここではそこに書かれている明らかに事実関係でウソを書いている部分を，根拠をあげて指摘しておきたい。

　現在全国の八つの自治体で15ヵ所の施設で安全委員会方式による活動を展開しているが，すべて児相に外部委員として参加してもらっている。現在，このように多くの地域で児童相談所が協力的であることを思えば，信じがたいことであるが，2004年10月6日，地元の県の中央児童相談所のある児童福祉司の方から「子どもたちに対して退所という表現を使うことは懲戒権の濫用（乱用）である」と言われたのである。しかし，事実関係だけを述べれば，いくつかのやりとりの後，2004年10月25日に当時の県中央児相の所長名で，「今回の議論の端緒となった『懲戒権の濫用』については言葉として行き過ぎであり，結果としてその後の議論の進展に支障をきたしたと考えております」とのファックスを受け取っている。

　西澤哲氏の反論では，「当時私は事は重大と考え，電話のみならず直接お会いして，田嶌先生に問題点の指摘や改善の申し入れを行った。私の記憶では直接の話し合いは2004年のことであり，児童養護施設や児童相談所の関係者を交え2～3時間に及んだと思う。また，この一件を，全国児童養護施設協議会の執行部に報告し，しかるべき対応をお願いした（私の要請を受け，当時の協議会執行部から田嶌先生に文書が送付されたはずである）。しかし，残念ながら，議論は平行線で，いわば決裂状態となった」と述べている。

　<u>しかし，現実には，私は西澤哲氏とそのような話し合いの場を持ったことはない</u>。したがって，西澤哲氏の言うような「直接の話し合いは2004年のことであり，児童養護施設や児童相談所の関係者などを交え，2～3時間にも及んだ」「残念ながら議論は平行線で」などということはありえない。児相や施設関係者をこのような低次元の争いに巻き込むことは本意ではないが，このような西澤哲氏の主張する話し合いに同席したという児相や施設関係者がいるかどうかも，調べれ

ばすぐにわかることである。そういう方がおられたら，（いるはずがないが）名乗り出ていただきたい。

　また，「私（西澤氏の）の要請を受け，当時の協議会執行部から田嶌先生に文書が送付されたはずである」とこのとだが，私は全国児童養護施設協議会（全養協）執行部から私たちの活動を問題視する文書を受け取ったことは一度もない。ある方からの勧めで，2005年7月21日付で，当時の全養協の会長・副会長に拙論「児童養護施設における児童間暴力問題の解決に向けて　その1」と「その2」を一緒に郵送したことがあり，その会長から2005年7月27日にEメールの添付ファイルという形で返信（資料26-2）をいただいたことがある。しかし，その内容は資料26-2でわかるように，私たちの方式を問題視するような文言は一切なかった。なお，副会長からもメールで返信をいただいたが，同様の内容であった。（ただし，その後，西澤哲氏から虚偽の情報が相当流されているものと考えられるので，現在ではそういう誤った情報をもとに全養協関係者が安全委員会方式を問題視するようになっている可能性はある）。こういうもの以外は，全養協が私あてに，西澤哲氏が指摘しているような文書を出していないことは，全養協に問い合わせれば，すぐに明らかになることであろう。もし，私あてにそういう文書を出したという当時の執行部役員の方がおられたら，（おられるはずはないが）名乗り出ていただき，さらに私に送付したという文書の写しを提示していただきたい。

　なお，以上のことは見解の相違とか認識の違いと言ったレベルのことではないので，ここで私が述べていることが事実ではないというのであれば，西澤哲氏がごく簡単に反証できるはずのことである。

　このことからくみ取れることは，第一にこうした活動の展開にあたっては，西澤哲氏のように，**明らかなウソをついてでも活動を妨害する人が出てくることがある**という残念な事実である。第二に，そういうことへの対策として，**なるべく文書でのやり取り**を心掛け，根拠となる資料を残しておくことが必要であるということである。幸い，私はこのことを心掛けてきたので，児童相談所とのやりとりにしても日にちまで正確にわかるし，要請があればいつでも根拠資料を提示することができる。

　かつては雑誌で，そして今回はこういう形で反論を行うこととした。それについては，眉をしかめる方もおられよう。「当人同士が話し合いをしたらよかろう，

こういう形でやるのはいかがなものか」との批判もあろう。一般論としてはそうであろう。しかし，ここで述べてきたように最低限の事実関係についてさえも西澤哲氏とは共有することが難しいのであるから，当人同士の話し合いではどうにもならないと考えざるをえないのである。読者の皆さんに，こういう形でやらざるを得ないという私の側の事情を，どうかご理解いただきたい。

　<u>臨床実践についての批判は，虚偽の情報に基づく一方的理解を当人のいないところで流すという形で行うのではなく，公の場でお互いの実践を相互に議論することによってなされるべきである。私も安全委員会方式を導入している施設側もいつでも誰とでもそれを行う用意がある。</u>私はそう主張して，田嶌（2008）で西澤氏側に呼び掛けたが，その後なんらお誘いがない（2011年10月現在）。しかも，相変わらず，いろいろな場で安全委員会方式への的はずれな批判を展開しておられるとのことである。

　さらにその詳細に関心のある方は，田嶌（2008），西澤（2008）を参照していただきたい。

参考文献

西澤哲（2008）田嶌先生の批判に応えて　臨床心理学, 8(5); 706-712.
田嶌誠一（2008）児童養護施設における施設内暴力の解決に向けて——個別対応を応援「仕組みづくり」と「臨床の知恵の集積」の必要性　臨床心理学, 8(5); 694-705.

全国児童養護施設協議会の会長（当時）からの返信の手紙
（2005年7月27日付）

田嶌誠一先生

　このたびは，貴重な論文をご恵贈たまわり誠に有難うございました。

　施設内虐待の実態が年々深刻化の一途にあります。児童間暴力もその中にふくまれ，虐待を受けたとされる児童の入所の増加とともに重篤化してきているように思います。

　児童養護施設等は，戦災孤児収容保護対策として立ち上げられたものが殆どです。その後，高度経済成長期を境として出現してきた家族問題，伴う要保護児童の抱える心的課題や，今日の虐待的環境にあった子どもたちに必要とされる援助のプログラム，システムは大きく変革されないままにあります。即ち形態においても，養育のあり方においても，収容保護のパラダイムのままにあり，今日の要保護児童の抱える課題と，大きく乖離した児童養護施設が殆どといえる現状です。

　全国児童養護施設協議会としても，こうした児童養護施設の改革をめざして，「児童養護近未来像Ⅱ」を立ち上げ，その中で個別化と小規模化を中核とする制度やシステムの改革を提起すると共に，市民と協働した運動をすすめて参りました。ご案内のように，その結果国もやっと重い腰を上げ，社会福祉審議会の下に「社会的養護のあり方委員会」を立ち上げ報告書としてまとめました。それは16年度約500億円の虐待対策や要保護児童対策として反映することになりました。しかし，福祉予算が社会保障費のうちわずか3.7％という貧困な制度を続けてきた我が国の子ども福祉問題は，改革の途についたばかりです。

　こうした実態の中で，施設内子どもへの権利侵害や，子ども内暴力が深刻化しているのだと思量されます。

　この現状から脱出するのには，膨大なエネルギーを要することと思いますが，全養協としても多くの英知を寄せて前進に向け努力してまいる所存です。

　戴いた論文を生かすべく早速機関として腐心してまいる所存です。またいずれお目にかかってご相談させていただきたく思っております。

　このたびのお申し出心より感謝申し上げます。

平成17年7月26日
〇〇　〇〇

安全委員会に関するアンケート調査

静岡県立吉原林間学園

趣　旨

　田嶌先生が講演で再三強調して注意を促されているように，安全委員会方式は指導に困った子どもに対して安易な枠組みを呈示する管理強化を目的にしていませんし，その運用に当たっては暴力防止の理念理解や施設全体での取り組みについて周到な準備が必要です。更に，施設外の第3者（外部委員）をメンバーに加えることにより，子どもへの指導の透明性を担保しようとするものです。

　しかし，安全委員会方式に対して，「一時保護（の要請）」や「退所（措置変更の要請）」という文言のみに反応していると思われたり，安全委員会が関係しない退所（措置変更）事例との混同と思われたりするような，「この方式の根本は排除の論理である」「懲戒権の濫用である」という批判が一部にあることを知りました（田嶌誠一，2008）。

　そこで，暴力防止に関する研修を受け，安全委員会の導入を検討されている施設の方々に参考となるよう，安全委員会方式を実際に実践されている施設（調査時点で把握した実施中の全施設）における貴重な体験をお聞きするアンケート調査を実施しました。項目は以下のとおりです。

　　①安全委員会立ち上げの経緯・目的
　　②外部委員
　　③安全委員会が措置変更の意見を出した数
　　④③の結果として措置変更に至った措置先
　　⑤③の結果として措置変更に至ったケースの困難点，「安全委員会方式は懲戒権の濫用」という意見へのコメント，取り組みの現況等

結果（調査対象施設12，電話による聞き取り調査で内容は表1のとおり，平成20年8月12日現在）

　①ほとんどの施設おいて，【導入の経緯】は施設内のいじめ，暴力事例への効果的な対応法を求めた結果であり，きっかけとしては田嶌先生の講演，論文，児童相談所・県庁からの助言が挙げられた。

　②【外部委員】としては，大学（院）短大教授・准教授・講師，社福法人理事

長・役員，乳児院長，他児童養護施設職員，民生委員，主任児童委員，地域理事，元園長，教諭・児相・教委・県職OB，児相職員，校長，教諭，教育相談指導主事，福祉総合相談センター職員，が挙げられた。
③【安全委員会が措置変更の意見を出した数】は，12施設のうち1施設で1ケースのみ。
④【③の結果として措置変更に至ったケースの措置先】は元児童養護施設職員の里親宅。
⑤【③の結果として措置変更に至ったケースの困難点】については次の1ケースがあった。
　　• 他児への暴力から一時保護利用した保護所でも職員，児童への暴力があり，帰園後も他児への暴力が止まなかった。

【「懲戒権の濫用」という意見へのコメントや取り組みの現況等】については以下のような意見があった。

枠組の呈示，子どもを守るもの
　（安全委員会方式は）子どもへの「脅し」ではなく，守って欲しい線を伝えるもの，と理解している。
　措置変更もありうる，ということは暴力の歯止めにもなると思うが，「脅し」ではない。
　安全委員会の存在で子どもが守られている感覚を抱いていることは，入所児童に聞いてもらえば分かってもらえる筈。
　「暴力はいけない」という枠組を明示することで，「（そんなことをすると）損するよ」とむしろ暴力を収める方向の援助ができる。
　「措置変更」の段階設定は，あくまで子どもの安心安全を守ることを意識している。

子どもと向き合い，話し合うきっかけとなる
　本質は，職員の子どもと向き合う姿勢。

月1回の聞き取りが，暴力だけでなく日常のしんどさを聞く場になる。

4つのステップのみがクローズアップされがちだが，入所時面接，毎月の定期的聞き取り，進路などの将来に関する応援面接の実施が大前提にあるシステムということと，職員が子ども達に寄り添う姿勢，子ども達の成長を引き出す関わりがあってこその安全委員会活動である。

すぐに安全委員会に依存するのではなく，職員が日常的に個々の児童に暴力が許されないことを徹底して訴えることが必要。

子どもからの反発は，目的，理由を丁寧に伝え，話し合うことで誤解，不安を払拭した。

子どもからの訴えも多くなり，成長のエネルギーを引き出す面接ができるようになった。

暴力にシステムで対応

個人では対応できない暴力をシステムで対応することで収めることができる。

委員会が精神的な後盾となり，職員のチーム対応が徹底された。

問題が生じた場合の複数職員による対応がポイントで，個人指導，行事，日常業務に組織的に取り組む姿勢が生まれる。

外部委員が入ることで支援の質が向上する

外部の人が入ることで，オープンに指導内容について話し合えることが良い。

委員会から園の状況や子どもへの対応のアドバイス等を貰えることが，指導の方向性，精神的支え，自信に繋がり，職員が逃げずに子どもと向き合い，最後まで対応できるようになった。

施設業務・児童処遇は独善に陥りやすいので，教育経験，社会経験の豊富な外部の人の協力を得ながら子どもと関わりを持つことは子どもの意識変革にも有意義。

第三者評価が求められている時代であり，施設職員が部外経験者の目と共通の認識に立ち，学びつつ，子ども達と深い関わりをもつことは，子どもの心に必ず響くものである。

職員の不適切な対応へのブレーキにもなる。

その他
　（委員会設置により）窮屈になった，という高学年児がいる反面，良かったと言う子もいる。
　施設で生活する子どもから日々問題行動が見えないからといって，何事もない，と思うのは誤りである。
　厳重注意に至る前に職員が丁寧に指導している。
　退所（措置変更）を出さないように取り組んでいる。
　委員会設置後は暴力が激減した。

まとめ
　安全委員会を導入している施設の多くは，施設内暴力問題への対応に苦慮していたことから安全委員会方式の考え方に共感して取り組みを始めていることが共通していた。
　また，暴力を抑止する（子どもを守る）枠としての4ステップの運用は，あくまでも子どもたちの成長を引き出すためのものであり，生活の中での子どもへの丁寧な関わりと第三者の目（外部委員）を取り入れた透明性のある支援，施設全体でのシステムとしての対応という点が強調されていた。また，12施設中11施設において児相が外部委員として関与していた。
　一時保護，措置変更は大変少なく，実際に措置変更の意見を出したのは1ケースのみという結果であった（正確には安全委員会が審議する前に児童相談所は措置変更を判断していた）。
　総じて，組織として暴力はいけない（守れなければそれなりのペナルティがある）という枠を示すことの有効性を支持し，その枠を単純に当てはめてペナルティを科すだけの支援は否定する回答であった。

文献
　田嶌誠一（2008）児童福祉施設における施設内暴力の解決に向けて —— 個別対応を応援する「仕組みづくり」と「臨床の知恵の集積」の必要性　臨床心理学, 8(5); 694-705.

表1　安全委員会に関するアンケート調査結果（順不同，平成20年8月12日現在）

No. 注1)	①安全委員会立ち上げの経緯・目的	②外部委員	③委員会が退所（措置変更）の意見を出した数	④③の結果として退所（措置変更）に至った措置先
1	潜在的性暴力もあり，施設内での児童間暴力が明白となり，園内にて協議し，児童相談所から改善方法の一つとして安全委員会の設置も検討してはどうかとの助言もあったので安全委員会的な組織を設置したが，先生に何の相談もせずに見切り発車であったため不備ばかりで不十分であったためトラブルが多発したため，田嶌先生に入ってもらい仕切り直した。 改善点は①委員に児相を入れた（責任の明確化）②第三者委員の参加（客観性の確保）③個々の聞き取りとキーパーソン検討の徹底（個別対応の重視）。	県市児相，他の社会福祉法人の理事長（元小学校長），民生委員	0	無
2	際立った暴力はなかったが，児相で行った田嶌先生の研修会を受け，必要と認識して立ち上げた。	元園長，小学校教頭，地域代表（元児相職員），児相職員	0	無
3	それまでは対職員暴力と児童間暴力があり，職員と子どもの力関係が逆転している面があった。	大学院教授，児相，小中学校	1（安全委員会が審議する前に児相が措置変更を決定した）里親	里親
4	地域の中学校が荒れ，その影響を受けて園も荒れ始めた。園内が落ち着かず，子ども間，子どもから職員への暴力もあった。そんな中，小学校高学年数名が学校でエスケープと窓ガラス破損（2枚）等の問題行動をおこし警察の介入があった。その後，安全委員会を立ち上げた。	児相，小中学校，地域理事	0	無

（注1）1～11は田嶌先生のSVの下に導入。
（注2）児童間暴力等で問題が起こった際，昼夜を問わず，非番も含め集まれる職員全員が施設に集合して対応する体制を組むこと。

⑤③の結果として退所（措置変更）に至った困難点， 「安全委員会方式は懲戒権の濫用」という意見へのコメント，取り組みの現況等
当初は不十分な説明を告知し内容的にも不備が多く，子どもが「監視システム」「罰」と見たり「何で今更」といった反発も示した。児童にルールの目的や理由を丁寧に伝え，話し合うことで，誤解を解いたり不安を払拭していった。職員が同じ言葉・態度で臨む効果が大きい，『暴力は許されない』というスローガンが浸透していきやすい。安全委員会があることで子どもも客観的に自分の行為に対する意見を聞くことができる。一時保護を利用したケースはない。職員の不適切な対応へのブレーキにもなる。当県で4施設安全委員会があるが，今まで措置変更は1件もない。 他方，暴力が減少したという顕在的な結果だけでなく定期的な聞き取り調査の中で，「夜中に何かしら起きてしまって眠れない」と言う児童が少なくなかったが，活動が軌道に乗り動き始めると「夜中に起きなくなった」「怖い夢を見なくなった」と言う回答が増えて来て，最近の聞き取りの中では殆どの児童が怖い夢など見なくなり，よく眠れている…との回答を寄せている。顕在的な結果にとどまらず最終目標である安心・安全のある生活に近づきつつある一つの指標ではないかと考えている。この結果に関しては田嶌教授からも大きな変化ですと評価頂いている。
予想はしていたが大変なのは職員の児童対応。すぐに安全委員会に依存するのではなく職員が日常的に個々の児童に暴力が許されないことを徹底して訴えることが必要。安全委員会ができ，精神的な後ろ盾となったり，職員のチーム対応が徹底された。職員1人が対応しても児童が指導にのらなければ，他の職員が駆けつける複数で対応した。若い職員は随分楽になったと思う。最初は3週間ごとに安全委員会を開いていたが，第1回目に反抗的な小中高生が不満を言ってきたことがヤマだったと感じる。非常召集^{注2)}は4回。「一保」「措置変更」はなし。今は落ち着いている。本質は職員の子どもと向き合う姿勢だと思う。
今は，安心して生活できていると子どもが話してくれる。安全委員会という後ろ盾があることで職員が子どもに毅然と向き合えるようになったことが大きい。暴力は連鎖を断ち切るのが難しいが，当施設では徐々に落ち着いてきた。子どもからの訴えも多くなり，成長のエネルギーを引き出す面接ができるようになってきている。他に良い方法があるのならぜひ紹介してほしい。措置変更は高校生で，暴力で他児に怪我をさせることもある子どもだった。このため一時保護し，保護所でも対職員と対児童への暴力があった。帰園時面接，全体謝罪を行ったが，2ヵ月後にも他児から暴力の訴えがあり，緊急に再度一時保護した。委員会が審議をする前に児相が措置変更と判断し，元児童養護施設職員の里親に措置変更をした。変更後もフォローはしており，今は暴力はなくなり学校にも通うようになっている。
安全委員会の内容よりも4つの対応ステップの形のみがクローズアップされがちであるが，安全委員会活動とは，むしろ入所時の面接と毎月実施する定期的な聞き取り，子ども達と職員が一緒に進路などの将来について考える応援面接が大前提にある。このシステムと，日頃から職員が子ども達に寄り添って行動している姿勢や，子ども達の成長エネルギーを引き出すための職員の関わりがあってこその安全委員会活動である。又，万が一暴力問題が生じた場合は，複数で指導することも大きなポイントとなる。複数対応を重ねることにより，個別指導や行事，その他の日常業務に組織的に取り組む姿勢が生じてくる。 安全委員に園の状況や，職員の子ども達への対応についてアドバイス等をいただくことが，職員の指導方針の精神的な支えや自信につながり，職員が逃げずに子どもと向き合い最後まで対応することができるようになった。 一時保護を2日間実施した児童が1人いる。一時保護実施の理由は，①被害児の安心安全を確保し不安を解消すること，②加害児に事件の振り返りをさせ，反省する環境がぜひ必要であった，③加害児が最年長児でもあり，他の子ども達が園（職員）がどこまで本気で自分たちを守ってくれるかを見ていて，毅然とした対応が必要であった，である。一時保護中は，園から一時保護所に面接に行き，加害児と一緒に振り返りをし，今後どのようにすればよいかを考えた。もちろん現在は，非常に落ちついて生活できている。

表1 安全委員会に関するアンケート調査結果（順不同，平成20年8月12日現在）（つづき）

No. 注1)	①安全委員会立ち上げの経緯・目的	②外部委員	③委員会が退所（措置変更）の意見を出した数	④③の結果として退所（措置変更）に至った措置先
5	社会的に暴力事案が多発しており，被虐待児が60％を超える入所児童をもつ施設の実態から，問題行動が起きることを予想するのは必然である。そこで教育的・社会的経験が豊富で，児童対応の実力を持つ外部の人材の協力を得ながら，施設児童・職員が安全で，子どもたちの願いに応え得る処遇，暴力的行動を未然に防ぐことを目的として設置したものである。	学校教職員・教育相談指導主事・教育行政の経験者，関係小中学校長・生活指導担当者，児童相談所，理事長，役員，施設個別対応・児童担当職員，民生委員	0	無
6	院内の暴力防止対策検討委員会で検討する中で県主管課からの勧めで立ち上げた。	小中学校長，児相課長，大学教授，元県職，乳児院長	0	無
7	児童間暴力への対応は個別指導だけでは効果的ではなかった。安全委員会についての研修をとおして，組織的な対応方法の在り方を知った。施設の力量アップの方法として安全委員会方式を取り入れた。	大学院教授，市県児相，小中学校，元法人理事	0	無
8	過去何年かにおいて発覚した性的問題行動について委員会立ち上げ前に検証調査を行ったところ，職員のまったく知らないことや新たな事件が判明した。児相の指導を受けながら改善に取り組んでいる中，田嶌先生の研修を受け，この問題は職員側の問題であるとの認識に至り，子どもたちの安心・安全とを保障するための取り組みとして安全委員会を立ち上げることとした。	短大教授，大学院教授，児相，小中学校，主任児童委員	0	無
9	立ち上げ前年に対職員暴力や児童間暴力など大きな暴力が3度起っていた。一人一人の児童を見れば繰り返しの指導の中での成長は見られるものの，正に暴力的傾向の伝統は引き継がれており，実際には発覚に至らないものも多いだろうと思われる状況で，個々の治療，指導だけでは解決，改善は困難であると感じていた。そのような時田嶌先生の論文を入手し，実践発表も拝聴した。安全委員会とは「暴力を許さない，しない，させない」システムであり，取り組んでみる価値がありそうだ，という思いを深めた。翌年に職員が男子間の性的暴力の現場を押さえたことを契機に，立ち上げ準備が一気に加速した。	大学准教授，短大教授，児相（次長，課長），小中学校長。委員が出席できない場合，その所属から代理出席をしてもらっている。	0	無

⑤③の結果として退所（措置変更）に至った困難点， 「安全委員会方式は懲戒権の濫用」という意見へのコメント，取り組みの現況等
独善に陥りやすい施設業務・児童処遇内容に対して，児童の権利を尊重するという視点で，教育経験・社会経験の豊富な外部の人の協力を得ながら子どもたちとの関わりをもつことは，子どもの意識変革においても有意義である。 安全委員会を立ち上げるにあたっては，施設内暴力防止の対抗で実績を挙げている他の施設の安全委員会を参考にしつつ，施設職員の総意を結集して創造し，今後とも積み上げ方式で運営していく。 安全委員会の設置は，問題を掘り出し懲戒又は措置変更することが目的ではない。平素より子どもたちに密接な関わりをもって，①問題行動が起きないように，②問題行動の早期発見・対応をすることが目的で設置したもので，その取り組みからさらに③処遇について学ぶことにある。 厳しい最低基準の中で子どもの最善の利益を保障する処遇を行うことは現状の実態から至難であり，施設で生活する子どもから，日々問題行動が見えないからといって何事もないと思うのは誤りである。特に第三者評価まで求められている時代から考えるとき，施設職員が部外経験者の目と共通の認識に立ち，学びつつ，子どもたちと深い関わりをもつことは，子どもの心にも必ず響くものである。
措置変更もありうる，ということは暴力の歯止めにもなると思うが，それを「脅し」ととられるのは本意ではない。当施設では第一段階の「厳重注意」に至る前に職員が丁寧に指導して，すぐに「厳重注意」に至ることはない。設置後は，落ち着いた。年長児には抑止になっている。職員にとって指導がシンプルでわかりやすいところが良い。
2年間の安全委員会の活動で，高齢児から年少児への暴力事件はなくなった。児童相談所による訪問調査においても子ども達から「これまで暴力に対する不安もあったが，安全委員会ができて安心している」との声が上がっている。職員全体で継続的に取り組んできたことで「施設から暴力をなくしたい」という思いが子ども達に確実に伝わり，子ども達も行動をコントロールすることができるようになった。暴力のない生活を実現したことで，職員は子どもからの信頼を得ている。
「厳重注意」のステップが数回あった程度で解決している。児相や本課からの強い指導もあり，強い決意で取り組んできた。是非，私たちの施設の子どもに意見を聞いて欲しい。安全委員会の存在で子どもが守られている感じを抱いていることがわかってもらえるはず。
①のとおり，開設前に性的暴力があり，開設後に同じ児童による性的暴力が起きたため，その児童に対して「厳重注意」「別室移動」「一時保護」で対応した。それ以外は「厳重注意」で終わっている。「厳重注意」は外部の方から注意を受けるということが，子どもたちの歯止めになっている印象。「措置変更」の段階は設定しているが，あくまで児童の安心安全を守ることを意識している。怪我をさせるような大きな暴力は開設前後では明らかに減っている。

表1 安全委員会に関するアンケート調査結果（順不同，平成20年8月12日現在）（つづき）

No.注1)	①安全委員会立ち上げの経緯・目的	②外部委員	③委員会が退所（措置変更）の意見を出した数	④③の結果として退所（措置変更）に至った措置先
10	設置前から問題行動が断続的に発生し，再発防止のためのマニュアルを作成。マニュアルに従って，再発防止に取り組んできたが，その後も問題行動が続き，児童の安全・安心のために，園長が安全委員会という新しいシステムの導入を決断する。	小中教諭，小中教諭OB，市県児相職員，民生委員，他児養護職員	0	無
11	きっかけは年長児からの性的いじめの発覚。田嶌先生を招いて，準備を進めている中で，再度新たな性的いじめが発覚し立ち上げに至った。	大学講師	0	無
12	本施設において，児童間暴力や対職員暴力が発生しており，この対応に苦慮していたところ，児相から田嶌先生の論文を紹介された。	福祉総合相談センター（児相），民生委員	0	無

⑤③の結果として退所（措置変更）に至った困難点，「安全委員会方式は懲戒権の濫用」という意見へのコメント，取り組みの現況等
「懲戒権の乱用」という声は上がっていない。退所児を出さないようにと取り組んでいる。外部の人に入ってもらうことで，実際の指導の様子を見てもらえる等，オープンに指導内容について話し合えることが良いと考えている。窮屈になったという高学年の子がいる反面，良かったという子もいる。
「安全委員会方式」を子どもへの「脅し」とは理解していない。これ以上やったら大人の世界でも許されない，守ってい欲しい線があるということを伝え，子どもと向き合い話し合うきっかけとなっている。1/Mの聞き取りを暴力のことだけでなく，自立支援に向けた日々のしんどさを聞く場にしている。
現在までは，第1段階「厳重注意」第2段階「反省日課」までであり，「一時保護」「措置変更」までを要した事例はない。「反省日課」の内容は，問題行動の内容や程度およびその児童の状態に合わせて個別にメニューを検討して実施している。本委員会設置後，暴力問題は激減した，今年度は現在まで安全委員会の対象となる問題は発生していない。

新潟県若草寮安全委員会1年半の取り組み

若草寮指導課　主任　涌井　裕

1　はじめに

　若草寮安全委員会活動は「子ども達みんなが安全で安心して，暮らせるように，暴力のない若草寮を作ることを。もしも暴力があった事がわかったら，その子の問題を含め，周りの子の安心と安全を取り戻すために，みんなで一生懸命考え，解決を図る」ことを目的として平成19年7月に立ち上がりました。

　1年半を経過し，立ち上げ以前の大きな暴力は見られず，職員も子どもたちも昔のような暴力がなくなったと実感できていると思っています。現在の成果を振り返り，安全委員会を暴力防止システムとしてきちんと機能させていくため今後の課題を検証したいと思います。

2　「安全委員会方式」の概要
(1)　安全委員会方式とは

　九州大学大学院（田嶌誠一教授）が考案された安全委員会方式を取り入れています。
　安全委員会の概要は次のとおりです。

- 平成16年頃から西日本で開始され，平成21年2月現在で，全国7県で14ヵ所の施設が取り組んでいる。
- 身体的暴力（性的暴力を含む）について施設全体で対応するシステム
- 構成メンバーは委員長，副委員長，委員の計10名程度。委員長，副委員長は一方，あるいは双方を外部に委託。委員は，児童相談所，学校，施設職員等で構成。
- 児童には，「安全委員会方式を導入すること，暴力は施設として許さないこと，定期的に暴力について聞き取りをすること，暴力があったら，委員会に呼び出し厳重注意をすること，厳重注意の上には別室移動，一時保護，退所があること」等についてあらかじめ説明しておく。
- 委員会は原則として月1回開催
- 職員は，児童から暴力についての聞きとりを行い，必要な指導，委員会への報告を行う。

- 委員会では聞き取り結果に基づいて検討の上，必要があれば児童を委員会に呼び出し，厳重注意を与える等必要な指導を実施。
- 児童が委員会から呼び出された際には，委員の質問にきちんと言葉で答えられるよう，また，暴力への反省，改善についての意欲等も見せられるよう，担当職員と児童とで話し合って準備をしておく。
- 児童が委員会で厳重注意等の指導を受ける際には担当職員が付き添って出席し，児童がうまく答えられない時には，担当職員がその思いを代弁する。
- 委員会の開催は，落ち着いてくれば多少間隔をあけても良い
- 委員会の内容については，お便りの形で児童に報告していく。

などがあげられます。

(2) 若草寮安全委員会活動の経過
①立ち上げに至る経過

平成18年　5月　高校生による対職員暴力発生
　　　　　9月　小学校高学年児による対低学年児暴力発生
　　　　　12月　高校生による対小学校高学年児暴力発生
平成19年　1月　県児童養護施設協議会主催の施設内児童間暴力，安全委員会方式についての研修会実施
　　　　　　　　講師：茨城大　當眞准教授（現委員会顧問）
　　　　　5月　中学生男子間の性的暴力発覚
　　　　　　　　被害児童は小学生も含め，数名いることが判明
　　　　　6月　立ち上げに向け寮職員研修実施
　　　　　7月　「若草寮安全委員会」導入の立ち上げ前集会，性的暴力を主眼に男子棟児童への事前指導
　　　　　　　　「若草寮安全委員会」立ち上げ

　平成18年度中に大きな暴力が3度起きており，暴力防止の対応策は早急に取り組まなくてはならない課題でした。職員研修を通じて暴力防止の意識を深めた後，「暴力防止システム」を導入するために，委員長・副委員長を外部に委託し，小中学校，児童相談所の特段の理解，協力を得てシステムができあがりました。
　立ち上げ集会において，當眞委員長より「暴力はどんなことを指すのか，今後は暴力は許さないこと，暴力があったときは安全委員会がきちんと対応すること」が全入所児童，全職員に伝えられました。
　児童代表の決意発表にて「はっきり言っていじめはあった。暴力は自分たちの

代で終わりにしよう」との児童からの言葉は，我々職員を大いに勇気づけるものであり，参加した全員が新たな始まりを感じ，気持ちが高揚したことを記憶しています。

②開催状況（資料1参照）

平成19年7月24日に「若草寮安全委員会」の立ち上げ集会を開催してスタートしました。翌月の8月30日に第1回目の安全委員会の会議を開催し，その後回を重ね，直近では平成21年1月26日に第13回を開催しました。なお途中，児童の性的暴力が発覚し，その緊急対応のための臨時安全委員会会議を1回開催したので計14回開催してきました。

会の下準備（聞き取りの内容や聞き取り結果のまとめ方）については，限られた時間の中でいかに濃密な会を進めていけるか担当者間で相談し改良を続けました。それを経て今の進行スタイル「若草寮安全委員会方式」なるものができあがったと自負しています。

3 若草寮安全委員会活動の仕組み

(1) 構成・暴力への対応

①構成メンバー（資料2参照）

・立ち上げから第12回まで

委員長を當眞千賀子助教授，副委員長を石本勝見教授，そして委員として各児童相談所課長，小中学校長，寮職員から構成されています。

児童相談所についてですが，開始当初は中央・新発田・新潟市の3児童相談所でしたが，第9回から長岡児童相談所にも措置児童数が増加してきたことが主たる要因で参加していただきました。現在，全入所児童の児童相談所から委員として参加していただいています。

・第13回から現在まで

「顧問」を新たに設置。

理由として，當眞委員長より「若草寮については安全委員会活動が軌道に乗ってきており，児童の大きな暴力は抑えられてきている。そこで安全委員会システムの次の段階である「児童が持っている成長エネルギーをいかに引き出すか」を処遇の課題として取り組む必要がある。委員長職を辞して安全委員会活動をサポートする形で児童の成長を促したい」との提案がなされたからです。

當眞顧問には，これまでにも「委員長呼び出し，委員長セッション」として，安全委員会の会議終了後にキーパーソン児童（④で説明）と面接やセッションをしていただいています。

児童はセッションを通して過去の体験やうまく表現できず抱えていた気持ちを言語化できたりしています。児童の中にはセッションを毎回楽しみにしている子もいます。さらには寮職員にとって、セッションの児童の言動・状況を解説してもらい処遇のヒントにもなっています。
②関係機関の連携
　委員会の構成メンバーは前項で説明しましたが、児童相談所、学校といったその児童にとって大きな意味を持つ者で成り立っています。寮内・学校の児童の状況や変化を寮・学校・児童相談所が共有できるシステム作りが必要とされる中、この安全委員会方式はシステムとして大きな意義があり有効であると感じています。
　性的暴力が発覚した加害児童への冬期休みへの対応（被害児童との接触を減らす必要があった）を安全委員会の会議において検討した際、児童相談所一時保護所の活用に加え、高校進学を目指していた児童であったことから学校で日中学習をさせて良いと学校から提案がありました。その提案のもと、実施した結果、加害児童、被害児童ともに大きな問題が起きることなく冬休みを終えることができました。このことは、関係機関がその児童について共有化ができ連携がとれていること、安全委員会活動がその一役を担ったことを示すエピソードです。
③対象とする暴力の定義
　「暴力」を⑦身体暴力、④性暴力、⑨その他～自分が直接そのようなことをしなくても、他の人に命令してさせた場合でも暴力を振るったことと同じである～を定義します。
　私が受けたある研修で「暴力、それも性的暴力は児童間で連鎖をする。施設の歴史である」と講師の方が言われていました。
　若草寮においても、性的暴力加害児童を詳しく聞き取っていくと、過去に被害体験を持つ児童であったことがわかりました。児童の成長に伴い、被害児童が加害児童に変化し、過去に受けた同様の暴力を今度は逆にしてしまう、暴力が被害児・加害児を入れ替えて繰り返されたわけです。施設から暴力をなくすことは、「暴力の連鎖を止める、歴史を変える」になると言えます。
④暴力への対応
　暴力が発覚した場合、安全委員会の会議で協議をし次のように対応します。
　　　　第1段階：厳重注意：安全委員会の会議の場に呼ばれ、厳しく注意を児童
　　　　　　　　とその担当が受けます
　　　　第2段階：別室移動：みんなと一緒に生活している部屋から離します
　　　　第3段階：児童相談所での一時保護（要請）

第4段階：退所（要請）
となっています。
　第1段階の厳重注意があった場合，次の安全委員会の会議ではその児童の状況報告を必ず行い協議検討します。
　さらには暴力傾向にある，今後そういった可能性を秘めている児童については「キーパーソン」に設定し，いわゆるケース概況なるものを作成（資料3参照）し委員会メンバーで児童の状態像を共有します。
　現在キーパーソンに設定されている児童は16名ですが，加害児童だけではなく，前述3-(1)-③で説明した"暴力は連鎖する"の観点から常に被害児童として名前があがる児童についても加えています。
　児童への周知については，安全委員会の会議終了後に，「児童向けお知らせ」で協議内容を掲示（資料4参照）します。また話題にあがった事や決定事項等が関係した児童の担当，各棟集会を通して児童に伝えられます。

(2) 厳重注意の意図（写真1参照）
①懲罰委員会との違い
　児童にとって厳重注意は非常にインパクトがあります。委員長をはじめとした全委員が一同に会した場に児童と担当の二人で出席し，そこで自分のした行為について振り返りを迫られます。その体験こそが暴力の抑止力になっていると思われます。
　ここで誤解しないでいただきたいのは，「安全委員会」は懲罰委員会ではなくその児童の成長エネルギーを信じ伸ばしていくこと，常に見守っているという姿勢で対応しています。
　そのため，厳重注意の際には「あなたのことを真剣に考えている，あなたはもっと成長できる可能性を秘めている」とのメッセージを伝える場面になるように心がけた言葉が児童にかけられます。児童は注意を受けながら見守られている感覚を同時に感じられるわけです。
②担当との関係を強める
　厳重注意は，児童のみでなく担当と一緒に呼ばれます。そこには児童と担当の結びつきを促し，自分がしてしまったことへの反省・そしてこれからへの頑張り，立て直しを共に考える機会として欲しいという目的があります
　委員長から担当職員に対して「この子は今後暴力はしないのですか？」と問われます。そこで，担当でなければ語れないような，児童の良いところ，頑張っている事等が語られ，さらには「今後もこの子のことを支えていくのでどうか信じ

てください。見守っていてください。」と担当児童に対する熱い思いを時には涙ながらに伝える場面となります。そのやり取りを児童は隣で聞いています。

担当職員と児童とが体験を共有することが「絆」・「関係」を深めていくきっかけになります。

(3) 職員を後押しするシステム

安全委員会がシステムとしてきちんと機能していること示すことで，児童は暴力から守られている安心感を抱くことができます。なぜなら，システムをきちんと機能させる原動力は，「職員が暴力は大なり小なり絶対に許さない」という姿勢を児童に対しきちんと示し一貫した対応を取り続けることにあります。

暴力が起きた場合，安全委員会がきちんと機能していれば，対応を職員個人のみで行わなければならない状況にはならず，システムとして再発防止に向けて取り組むことができるといった「職員への安心感」の提供，成長のエネルギーを引き出すため担当と児童の結びつけたりと処遇においての「補完的役割」をも担っていると思っています。

4　児童の行動・意識の変化
(1) 聞き取り調査

安全委員会活動を説明する上で重要な事項があります。それは「聞き取り調査」です。

安全委員会の会議開催前には，全入所児童に対して暴力の有無について調査票（資料5参照）を基に「聞き取り調査」を行います。聞き取り者は，その児童の担当者が原則です。

聞き取り作業は，児童と担当とで「日々の生活の振り返り」「児童の頑張りを承認する場」になるよう意識して欲しいとお願いしています。

この聞き取り調査がシステムの基幹であるため，より精度の高い内容の聞き取りを必要とします。担当が事前に児童の状況を確認・把握をして聞き取りに臨むなどの作業が必要になります。聞き取りに要する時間や児童の返答内容には児童と関係がきちんととれているかが現れていると言って良いでしょう。

質問内容は「その他」の項目以外は変わりません。「その他」については毎回安全委員会担当者が内容を考え設定しています。

質問する順番についても，特に決めてはいませんが，児童の個性・状況に応じて「話しやすい」ように児童担当が工夫しています。私自身は「その他」の項目から始め，学校・寮の様子を話しながら，児童が話しやすい雰囲気を作ってから

暴力について聞くようにしています。

(2) 児童の意識調査

　立ち上げから1年にあたる第9回において「その他」の項目に「若草寮内の暴力について減ったと思うか」と児童に聞いてみました。その結果,「暴力が減った」と回答した児童は42人中22人と半数の児童が「減っている」と回答しました。

　同時期に行われた「職員から見た安全委員会発足後の児童の変化」についてのアンケートで「暴力を振るう回数が減った」児童数は19名であり,児童,職員の回答には大きなズレは見られていないことから児童からの「暴力は減少した」との言葉は信用できるものであると思われます。

　回答には「自分でしないよう意識していた」と委員会が抑止力になっている言葉や加害児童からは「委員会があるおかげで寮に残れた」と感謝の表現がありました。

　他には,年長者から「小学生がはじけた」「手を出さないが物にあたる」との回答がありました。このことについては,當眞委員長は「暴力を振るわれない雰囲気が浸透することで,今まで抑えられていた年少児がはじけることがある。年長児は安全委員会が機能しているから手を出せず,物に当たることを解消手段としてあらわすことがある」との分析をされ,その上で「年少児に対して,暴力が振るわれないからといって年長児をからかい挑発する行為はきちんと指導が必要である」との助言を受けて児童担当,棟集会を通じて児童に伝えていきました。

　年少児を中心として小さなトラブルは多々ありますが,導入前の大きな暴力事件がなくなったことは,安全委員会が児童にとって「暴力の抑止力」になっていることを示していると思われます。

(3) 職員の意識（資料6参照）

　児童への質問に合わせて職員から見た安全委員会発足後の児童の変化についてアンケートを実施しました。詳細結果は資料のとおりです。

　調査結果4「安全委員会への意見」でその児童にとって有効である,あった方がよいと思われる児童数は34名であり,大半の児童にとって安全委員会が児童の暴力防止システムとして有効な手段であると考えています。他にも委員会への肯定的意見として調査結果6「その他」で児童との関係が深まったと思われる児童数は10名,会の強い抑えを必要とする児童数は19名もいるとの結果があきらかになりました。

　気になる回答としては,調査結果6「その他」の聞き取り（の技術,子どもと

の関係度）について，うまくできている児童数0名，なんとかできている児童数が16名，できているか不安を感じるときがある児童数23名にもあがっている点である。聞き取りの重要性は4-(1)で述べたとおりで，児童と担当職員の関係度を表しておりシステムの土台であるといってよいものです。今後聞き取り技術の向上・精度を高めることとともに，いかに児童との関係性を高めていくかが問われるかと思われます。

5　現在の総括と今後の課題

　安全委員会が発足してから「暴力抑止」において，職員・児童全体に意識づけ・浸透したことで一定の成果は上がってきていると思っています。ただ，暴力の連鎖を断ち切り完全に払拭されたとは言えない状況です。

　「暴力は大なり小なり絶対に許さない」「手を出さずに口で伝える」という雰囲気が施設において十分浸透，維持していくことで，今現在起こっている年少児の直接的暴力自体も徐々に減少していくと思われます。

　ただ現在，表面的な暴力は少なくなってきているが，暴力を背景にした「威嚇」「嫌がらせ」「言葉等によるいじめ」というようなハラスメントに変化していることを職員が感じており，それについては聞き取り調査において十分に聞き取れていないとも感じています。

　安全委員会方式が「身体的暴力（性的暴力を含む）について施設全体で対応するシステム」としているため，ハラスメントに対するアプローチは今後早急に委員会で検討しなくてはならない課題です。

　他にも，異動等で委員会メンバーおよび施設職員に変更があったとしても，職員の施設内暴力に対する高い意識と児童の安全委員会に対する信頼をいかに維持していくかがシステムとして問われています。

6　おわりに

　職員の日々の努力，そして各関係者からの多大な協力の下に成立している安全委員会方式という「暴力抑止システム」の後押しを受け，以前のような大きな暴力は見られなくなってきています。

　「安心・安全がきちんと保証されてこそ，児童の健全な成長のエネルギーが生まれる」との委員会趣旨について，児童養護施設職員はきちんと捉えてどう取り入れていくか考える必要があるであろう。

　「職員が暴力を絶対に許さない」という姿勢を児童に対しきちんと示し一貫した対応を取り続けることで，「施設内の暴力の連鎖」を必ず断ち切りたいと思っている。

寮職員が個の力量を高めつつ,児童に対しはあくまでも個人技でなく集団で対応できる「状態」を更に高め,後押しする「安全委員会システム」をきちんと機能させ続けることこそが,導入から関わってきた者の責務であると思っている。

新任職員の皆様へ
「新潟県若草寮安全委員会」について

平成22年3月　寮長　作成

　若草寮では，平成19年7月に「若草寮安全委員会」を立ち上げ，施設内（外）での一切の暴力を認めない取り組みをはじめました。

　児童養護施設では集団生活の弊害として種々の暴力が発生しやすく，深刻な事態を引き起こすことが多くあります。その暴力も上級生から下級生に代々引き継がれ連鎖していくことから，施設内暴力は長い年月において絶えることのない，養護施設の負の文化といわれています。

　また，児童養護施設で働く職員はこのような暴力に苦慮し，これまで児童への理解や受容を深め個別処遇や対応に努めてきましたが，暴力に対しては必ずしも効果的とならず，被虐待児童や発達障害児の増加もあって業務の質だけでなく量も増える中で，養護施設での暴力問題は職員個々の努力だけでは対応が限界となっています。

　若草寮でも深刻な暴力（含む性暴力）が後を絶たず，平成18年に初めて「安全委員会方式」が児童養護施設で導入されたのを機に，平成19年から当寮でも同方式を前寮長主導で導入し，安全委員会スタッフの全面的な協力のもと組織として全力で暴力に対応してきました。

　現在（平成22年3月），「若草寮安全委員会」が導入されてから2年7ヵ月が過ぎましたが，中高生の暴力はほとんど見られず（表面上），性的暴力は根絶できそうで，ようやく児童（含む職員）が理不尽な暴力におびえることなく生活できるようになってきていると思います。

　「安全委員会方式」は，児童の安心・安全な生活を保障するという根本的なことだけでなく，職員一人ひとりが「安全委員会というツール」を使って，担当の児童と向き合い対話や信頼関係を深めていくことで，より健全な児童の成長を促すことを目的としています。

この資料は，若草寮新任職員に「若草寮安全委員会」の目的や内容（仕組み）を早く理解してもらい，まず毎月末の「聞き取り」からはじまる安全委員会の作業を円滑にしてもらうために作成しました。

安全委員会方式とは
児童養護施設における，暴力防止システム
　九州大学大学院，田嶌誠一教授（臨床心理学）が考案し，平成18年1月に山口県の児童養護施設で初めて導入された暴力防止システム。
　（同教授は心理職としていくつかの児童養護施設に関わる中で，施設内暴力が非常に深刻で根深いものの有効な解決策がないことから，安全委員会方式を発案しいくつかの施設で実践指導する）

全国の実施状況
　現在（平成21年12月）全国8県15施設で実施されており，若草寮は平成19年7月前寮長の主導で9番目の施設として安全委員会を設置する。

安全委員会導入までと導入後の若草寮
　＊毎年3分の1の職員が転勤する中で，平成22年度は安全委員会導入前に勤務していた職員は1名しか残らない。かつての状況を知る職員がいなくなる中，安全委員会方式導入までの状況と導入のいきさつ，そしてその後の状況を書き出してみました。
　　養護施設では，深刻な課題を持つ児童が一人入所しただけで，また何かあった時対応を誤ることで，長年積み重ねてきたものが一挙に崩れるといわれています。その意味でも過去を把握しておくことは重要です。

平成14年度
　男子棟……触法行為の兄弟が入所し，学校でも暴力，恐喝，金銭窃取等地域で大きな問題となる。当寮でも暴力行為に及び荒れた状態となる。
　女子棟……命令等により，児童の半数が不登校の状況。

平成15年度
　男子棟……前記兄弟は退所し家裁送致となるが，近隣の高校の生徒が寮に入り浸ることは続いており，職員への暴言，飲酒・喫煙など依然として続いている。

女子棟……命令等により, 児童の半数が不登校の状況は続いている。

平成16年度
男子棟……前年度と大きな変化はない模様
女子棟……触法行為の児童が入所（半年ほど), 暴力や命令で女子棟のほとんどが不登校となり, 集団万引きをさせられたり児童や職員への暴力が多発し異常と言える荒れた状態となる。

平成17年度
男子棟……前年度と大きな変化はない模様。相変わらず暴言や暴力が続いている。
女子棟……前記児童が退所後別の児童が台頭。児童のほとんどが不登校で職員に対しても, 暴言や暴力が続き器物破損など荒れた状態が続く。

平成18年度
男子棟……高校生の対職員暴力, 高校生の下級生暴力, 小学生の下級生暴力などけがを負わせる重大な暴力もあった。
女子棟……前記児童が児童自立支援施設に措置変更したこともあり, 秋頃からやっと児童が登校するようになる。
　　　　　12月寮長（当時）が西日本児童養護施設職員セミナーで田嶌教授の安全委員会方式実践報告を聞き, 19年1月に「安全委員会方式」について茨城大学准教授の當眞千賀子氏を招き県養協主催の講演を開催する。

平成19年度
男子棟……5月, 中学生の性暴力発覚。被害児童は小学生も含めて数名いることが発覚する。性暴力は深刻で非常に根深いことが判明。
女子棟……昨秋から登校するようになり, 表面的には大きな暴力等は少なくなるが, 小さな暴力や暴言等は続いている。
　　　　　5月の性的暴力の発覚により安全委員会立ち上げを急ぎ, 6月に當眞准教授の職員研修を実施する。

安全委員会立ち上げ集会
平成19年7月24日　若草寮安全委員会立ち上げ
委員長以下委員と, 児童及び職員で決意を新たにする。

男子棟……性暴力再発，臨時安全委員会を開催し別室移動を含め対応する。

平成20年度

男子棟……大きな暴力はなく，児童の生活に「安全委員会」が浸透する。高校生も「手を出すな口で言え，その場を離れろ」を守り，暴力に及びそうになるとその場を離れるようになった。
　　　　頂点の高校生が暴力を控えられるようになり，中学生も暴力を控える。反面小学生が「はじけ」中高生の不満が時々聞かれる。

女子棟……小さな暴力や暴言等はあるが明らかに減少している。

　　　　　　20年7月　1周年記念集会　委員や旧職員も来て，児童の頑張りを讃える。

平成21年度

男子棟……中高校生の暴力は表面的には見られなくなる。かつて上級生から受けた暴力を下級生にすることが通らないことを実感してきていると思われる。小学生のはじけ行動にもむしろ関わろうとせず，自立に向けた自らの課題に前向きに取り組む姿勢が見られるようになる。

女子棟……小さな暴力や暴言等はあるが前年よりもさらに減少している。

　　　　　　21年7月　2周年記念集会　委員も参加し，児童の頑張りにより若草寮の暴力が確実に減ってきたことにお礼を言い，今後もみんなで頑張っていくことを確認する。

岩手県和光学園 2010
「施設内暴力の解決に向けた安全委員会の取り組み
―― 子どもが安心・安全な生活を送るために」より第 1 章～3 章を抜粋

第 1 章　児童福祉施設内の暴力問題と安全委員会システム
1　サービスの現状と課題
（1）はじめに
　社会的養護を取り巻く状況は，日々めまぐるしく変化しており，児童養護施設は，近年の児童虐待の増加により，その受け皿として満杯となり，処遇困難児童の対応で右往左往している。そんな中，現場では，人材の育成や専門的支援技術の取得に努めているところであるが，被措置児童の権利侵害は，後を絶たないのが現状である。
　国は，平成21年4月児童福祉法改正で被措置児童に対する虐待防止のガイドラインを都道府県に提示し，岩手県においても現在被措置児童虐待対応マニュアルの作成に着手し，今後の児童への権利擁護の確立に向けて取り組みを行ったところである。
　しかし，虐待を受けた子どもたちが安心できる場として入所したはずの施設において，さらに虐待される事例が無くならず，施設現場においての対策が急がれている。
　当園に入所してくる子どもも例外ではなく，過半数が被虐待児であり，日夜激しい言動や問題行動を示し，中でも施設内暴力の問題は，児童の安心，安全な生活を脅かす大きな問題となっている。
（2）和光学園の権利侵害への取り組みと課題
　当園は，平成12年度に，しつけと称し，職員から児童への体罰事件が起こっている。その後，権利侵害再発防止に向けて以下の取り組みを行った。
　　①職員倫理綱領や行動規範の遵守の徹底
　　②子ども権利ノートの作成と子どもへの権利意識の醸成
　　③福祉サービス第三者評価の受審
　　④苦情解決事業
　そして，増加する被虐待児童への対応として，平成13年度は心理療法担当職員，平成14年度は個別対応担当職員，平成16年度には，家庭支援専門相談員を

配置し，同年に地域の中に小規模グループケアを設置し支援の充実に努めて来たところである。その後，職員から児童への権利侵害は見られなくなったものの，全国的に発覚した施設内児童虐待事件が，クローズアップされたこと，また，一方で「懲戒権の濫用」を戒めるあまり，職員が暴力や問題行動を繰り返す児童に対して，どう対応したらよいかわからなくなり，いわば，まっとうな支援ができなくなった。しかし，子どもたちは，それをいいことに児童間暴力や児童から職員への暴力が後を絶たず，施設内は「成長の基盤としての安心，安全な生活」が蝕まれ，対策なしには子どもたちの成長，発達への支援はありえない状況となった経緯がある。

(3) 児童間暴力と心理ケア

平成9年の児童福祉法改正により，児童養護施設等の理念が子どもの保護から自立支援へと改められた。子どもの自立支援のためには，個々の子どものニーズに即したきめ細やかな支援が求められ，虐待による心の傷を抱えた被虐待児の多くの問題解決には，トラウマの修復に向けた心のケアが不可欠となり，厚生労働省は，平成11年度から心理療法を必要とする子どもが10人以上入所している児童養護施設に，心理療法を担当する職員を配置するなど，心のケアに向けた施策の充実に努めることとなる。

当園においても，被虐待児が増える中，「加害児童は過去の虐待体験による深い心の傷があり，それが暴力を振るわせる原因になっているのだから，その傷を心理療法で癒すことにより他児に暴力を振るわなくなる」との見解に立ち，心理療法や受容的関わりを日常的ケアの柱に据え，トラウマや愛着に焦点をあてたプレイセラピーや箱庭療法に力を入れた時期もあった。しかし，児童の問題行動や気になる兆候は改善されず，施設内暴力は助長され，エスカレートしたのである。個人心理療法だけに頼り，児童間暴力を解決しようとしたところには無理が見られたように思う。

(4) 権利擁護システムの確立

施設における援助は，子どもに対する専門的心のケアと一貫した安定的環境を提供し続けることが不可欠の要件となる。

社会福祉法の改正により，福祉サービス第三者評価や苦情解決事業を実施したが，これだけで子どもの権利を保障するためには万全とはいえない。

暴力への対応は，施設としてどう対応するかというガイドラインと，個々の職員の対応を応援する仕組みづくりが必要であり，児童相談所主催の安全委員会方式の研修に参加し，その考えを導入するに至った。

2 児童福祉施設版安全委員会システム
(1) 児童養護施設内の児童間暴力

　児童福祉施設版安全委員会システムとは，児童養護施設内での児童間暴力の問題の深刻さに着目した九州大学大学院の田嶌誠一教授がこの問題を解決すべく研究実践してきたシステム形成型アプローチの取り組みである。田嶌教授は，児童養護施設内の暴力について「施設内虐待」といえば職員による入所者への暴力ばかりが注目されていたが，児童の間でも予想をはるかに超えた深刻な暴力が存在し，それは特別荒れた施設だけではなくごく普通の施設でもかなり広く起こっている。そして，子どもの示すさまざまな問題行動については過去の虐待や過酷な育児環境への反応として理解されてきたが，それらの問題行動は児童間暴力等のその子が置かれている現在の状況への反応が大いに含まれている可能性を疑うべきであり，被虐待児への心のケアには，まず何よりも暴力のない安心で安全の生活の確保が重要であると指摘している。

(2) 施設内暴力の特徴と解決の難しさ

　田嶌教授は，児童養護施設内暴力の特徴として以下の点をあげている。暴力には明らかに職員に発見されやすい形の児童間暴力（顕在的暴力）と発見されにくい潜在化した暴力（潜在的暴力）がある。潜在的暴力は職員の目が届かないところで巧妙に行なわれ同時に周到に口止めや脅しがなされるため暴力の発見が困難である。被害児童が今度は加害児童へとなり暴力が永遠に連鎖する。学校でのいじめと違い被害児の徹底的な逃げ場のなさから被害児にとってはより深刻な問題である。

　こうした児童養護施設内の暴力に対し，従来，職員は加害児を注意したり，叱責したりして被害児童に謝らせる個別の対応をとってきたが，それだけではより暴力を潜在化させてしまう危険性がある。暴力には加害児に対する非暴力による強力な抑えと受容的な関りの両方が必要であるが，優先すべきは一貫した非暴力による強力な抑えであり，そのためには児童養護施設が児童間暴力についての十分な認識とそれへの有効な対応システムをもつ必要がある。さらに，施設内虐待といえば職員による入所者への暴力ばかりが注目されてきたが，これは職員による児童への暴力を抑制する点からは効果があったが，懲戒権の乱用を戒めるあまり職員の指導が弱腰になり児童間暴力が起こりやすく，この問題を解決するためには児童間暴力，児童から職員への暴力，職員から児童への暴力の3つの暴力を同時に扱う必要があると述べている。

（3）安全委員会システムとは
　安全委員会システムの特徴として以下の点があげられる。
①安全委員会の組織
　安全委員会の組織は，施設内部だけでなく児童相談所や学校関係者，地域の方々等の外部の関係者を入れたかたちで構成する。
②安全委員会で扱う暴力
- 基本的に力関係に差のある身体的暴力を扱う。
- 児童間暴力，児童から職員への暴力，職員から児童への暴力の3つの暴力を扱う。

③暴力への対応
　潜在的暴力に対しては毎月，職員が担当する子どもから個別に聞き取りを実施する。顕在的暴力については，暴力事件があった際にその様子を報告する。
④安全委員会での対応
　暴力の深刻性，暴力の再現性，全体への影響度により4つの措置がある。これは，子どもたち自身にも分かりやすい一貫したルールを示し，そのルールに基づいて一貫した強力な抑えを実行していくのが特徴である。また，その対応については外部委員も含めて審議し指導の透明性と一貫性が図られる。
- 厳重注意
- 特別日課
- 一時保護
- 退園

⑤暴力を非暴力で抑える。
　生活の中で子どもたちに「暴力はダメ，叩くな，口で言え」を徹底して教え暴力に替わる別な方法を教える。
⑥キーパーソン児童への対応
　学園の中でリーダーとなり暴力を振るう危険性のある児童を数名あげ対応を検討しておく。
⑦成長のエネルギーを引き出す。
　安心・安全な生活を基盤にしながら今度は子どもたちの成長のエネルギーを引き出す。

第2章　和光学園安全委員会の取り組み

　和光学園は施設内暴力を解決し子どもが安心・安全な生活を送ることを目的に平成20年4月に安全委員会を導入した。安全委員会の実践活動を報告する。

1 安全委員会の立ち上げに向けて
(1) 安全委員会立ち上げ準備期
　田嶌教授に来園していただき研修会を実施した。安全委員会システムの説明と共に暴力を振るう危険性があって児童の中でもリーダーとなっているキーパーソン2名をあげて事前にケース検討会を実施した。田嶌教授は，安全委員会を導入するにあたり3回パック方式の研修会開催を提唱している。
　安全委員会委員構成
　　　委　員　長：元和光学園長
　　　副委員長：和光学園園長補佐
　　　委　　　員：岩手県福祉総合相談センター（児童相談所）の児童福祉司
　　　委　　　員：A小学校の副校長
　　　委　　　員：地域代表
　　　顧　　　問：九州大学大学院教授田嶌誠一
　キーパーソン

氏名・学年	行動特徴
A男（中2）	小学生を引きつれ集団化して行動する。過去にも小学生へ対して暴力行為と恐喝行為あり。知的境界。
B子（小6）	小学生を引きつれ集団化して行動する。職員に対して反抗的で暴力行為がある。知的境界。

　和光学園の現状と目標
　田嶌教授によれば暴力の吹き荒れる施設は（表1）のタイプに分けられる。和光学園は，岩手県社会福祉事業団が運営する児童養護施設である。県内の14福祉施設の他，岩手県から3箇所の指定管理を受けて施設等を運営している。そのため，職員の転勤異動があるうえ非常勤職員が2分の1を占める職員体制の下で子どもとの永続的な関係の構築が難しい状況にある。そのため，児童間暴力だけでなく，児童から職員へ対しての暴力も多く確認されていた。さらに，昨今の愛着理論の影響から職員が暴力を振るう子どもに対して，まっとうな支援ができなくなり暴力の問題をより一層困難にした経緯も否めない。和光学園は，無統制型に該当すると言える。
　和光学園の当面の目標としては，児童から職員への暴力を抑制し，指導のとおる関係を形成すること，そして，児童間暴力が起こったならばきちんと指導し，暴力の抑制に努めると共に被害児童を守り抜くという基本的な取り組みから行なう必要があった。

表1 暴力の吹き荒れる施設のタイプ

暴力管理型	職員の体罰等による統制があり，職員から子どもへの暴力，子ども間暴力がある。
無統制型	生活の基本ルールがなっていない。職員と子どもとの間に指導のとおる関係ができていない。
混合型	暴力的管理型と無統制型の混合。
潜在型	職員がキャッチできないところで暴力があり，パシリが多い。
ひとときの平穏型	暴力を振るう子がいないが，間もなく暴力が吹き荒れる。

(2) 安全委員会の立ち上げ集会

4月25日に全児童と全職員を一同に会し，安全委員会の立ち上げ集会を開催した。安全委員会の委員の紹介，暴力のない誰もが安心で安全な施設生活を送ることを目標に掲げ，これから暴力は絶対に許されないこと，そして暴力をした場合の対応を予め説明した。

(3) 安全委員会立ち上げ後の子どもたちの反応

安全委員会の立ち上げ後，子どもたちの反応は以下の三つのタイプが見られた。一つは年少の子どもたちが，安全委員会へ対して期待をよせる反応，二つ目は，普段から職員の指導に応じない年長の一部の子どもたちによる反抗的な反応，三つ目は，年長の子どもたちの中で揉め事には関りたくない姿勢を示す無反応的な子どもたちと静観しながらその対応を見守る姿勢を示す子どもたちである。

(4) 安全委員会定例会議

安全委員会は毎月定例会議を開催する。そして，暴力事件を審議しその対応について必要な措置を講じる。また，深刻な暴力が発生した場合は緊急の会議を召集し迅速な対応を図る。

2 安全委員会の取り組み

(1) 事例を通して考える

Case 1 | M子（小6）への厳重注意を通して（2009.5.10）

第一回安全委員会での対応

小2の児童への遊びの強要とその児童を守るために対応した職員へ暴力を振るったM子に対し安全委員会から厳重注意を行うことになった。

2階の自居室にいたM子を呼びに行くが，いつものように無視し応じない。安全委員会からの要請もあり，これまでのようにはいかないことを話し，職員4人

で体を抱えて学習室に連れて来る。M子は，学習室に入っても手足をバタつかせ，職員を引っかいたり，頭突きをしようとしたりして椅子に座ることもできずに大暴れする。そして「何が悪かった，何で呼ばれた」と問われるが「うざい」と反抗する。男子職員4人で抑えながら30分位してどうにか落ち着き最後に「ごめんなさい」と謝罪するに至った。

　M子の対応後，中高生数名の子どもたちが集まり「やりすぎだ，職員の暴力だ，教育委員会へ訴える」等と騒ぎたて安全委員会の対応を非難し敵意を露にする。一方で「どうせM子が悪いんでしょ」と冷静に現実を受け止める子どもたちもいた。児童集会を開催し，M子のとった行動と安全委員会の対応を丁寧に説明した。また，安全委員会の目的を子どもたちへ再度説明した。ほとんどの子どもが理解を示し，被害を受けた小学2年生の子どもは，職員は守ってくれることを実感し信頼を寄せた。

　考　察

　今回の安全委員会での対応は子どもたちに暴力は絶対に許さない，これまでとは違う姿勢を示す最初の大事な機会であった。安全委員会が立ち上げってから，子どもたちにはどうせ暴力は無くならない，変らないという半信半疑の気持ちが垣間見えた。

　しかし，今回の安全委員会の対応を見て子どもたちは，職員のこれまでとは違う様子を感じたようだった。

　安全委員会の特徴の一つに暴力を非暴力で抑えていく点がある。普段の生活の中では「叩くな，口で言え」を徹底して子どもたちに話し，暴力に替わる別な方法を教えていく。また，安全委員会後に児童集会を開催し，安全委員会で扱った暴力事件の内容とその報告を行い職員と子どもたちと相互理解のもとで進めていく特徴もある。

Case 2　B子（小6）への対応を通して（2008.5.24）

安全委員会緊急非常召集による応援システム作り

　小学生の学習時間に遅れて学習室に来たB子が，他の小学生女子4名を誘い手紙のような封筒を広げて遊び始めた。職員が注意したところ，集団で学習室から逃げていく。職員が子どもたちを追いかけ再度注意したところ職員の手を叩く。B子は，これまでにも他の小学生女子児童を巻き込み集団化して職員に反抗する行動があった。これに対し職員は，指導しきれないでいた。当直明けの男子職員に応援を求め，3名の子どもを会議室に連れてきて指導するが，他の2名について

は逃げ回る状況であった。そのため「安全委員会緊急非常召集」をかけ，休日職員4名が応援に駆けつけ事態の収拾を図った。

　考　察

　今回の事件で，もし安全委員会がなかったならば，職員はB子の行為を見過ごしていたと考えられる。また，もっと危惧されるのが，この現場を見ていた複数の子どもたちが，今度は自分たちもその行動を学習し同じ行動をとる危険性が高い点にある。この結果，こうした暴力を振るう状態は永遠に続いて連鎖していく。また，今回の事件が起こった際に対応していたのは女子職員2名でそのうち1名が非常勤職員である。暴力がもっとも起こりやすい状況であったといえる。今回，こうした状況に備えて安全委員会緊急非常召集網を作成し，万が一の事態に備えて勤務職員での対応が困難な場合には休日の職員が応援に駆けつけるシステムを形成しておいたことが功を奏した。職員が支え合うシステム作りが大切である。また，安全委員会が暴力をなくするのではなく，あくまで職員が現場の第一線で対応することが大切であって，安全委員会が職員を支えていくという視点が重要である。

Case 3 ｜ I男（中3）への対応を通して（2008.8.25）

外部機関との連携

　柔道部のI男が，娯楽室で柔道着を着て他の子どもたちを相手にふざけて柔道をやろうとしたため，職員が危険なので止めるように声掛けする。これに対しI男が，柔道着を脱ぎ捨てて不快感を露わにし，職員の両腕をつかんで壁際に押し込む。また，娯楽室の仕切り戸を殴り破損させる。当日勤務していた職員だけでは対応しかねるため，非常招集をかけて休日職員4名が駆けつけた。職員間で協議の結果，きちんとI男を呼んで注意することになる。担当職員がI男の居室に行き話があるので事務室に来るように説得するが応じない。そのため，複数の職員で再度，居室に行き鍵を開けて中に入ろうとするとI男が柔道の帯を振りかざして威嚇し，居室から職員を出そうと力ずくで抵抗しはじめる。男子職員3人がかりで抑えるが抵抗が激しい。そのため，警察署に通報し出動を要請する。警察官9名が来園し沈静化を図ると共にI男から事情を聞きながら，助言，指導を行う。また，父親にも来園してもらい，夜中の0時過ぎまで話をしてようやく落ち着く。2日後，I男は自分のとった行動を反省し，自ら職員に謝罪した。

考　察

　中高校生の暴力を抑えるには，限界があり学園内だけで対応しかねる場合がある。さらに無理な対応をすることで怪我等の二次災害に及ぶ危険性も高い。田嶌教授から，安全委員会では，必要に応じ外部機関へ応援を求めることも大切であり，安全委員会の取り組みを説明し協力要請しておくことが大切である旨の助言をいただいていた。今回，警察を呼ぶにあたっては躊躇した面も否めないが，やはり万が一のリスクを考えた場合には必要な対応だったと考えられる。また，後のＩ男の反省の行動を見ても今回の対応は正しかったと判断される。

Case 4　F男（高1）への対応を通して（2008.9.14）

児童相談所との連携

　中学2年生のＹ男がボイラー室前の廊下で高校生男子4名に囲まれてうずくまっていた。職員が近寄ると高校生は逃げて居室に閉じこもる。職員がＹ男を抱えて医務室に来ると「腹を蹴られた」と話す。誰にと問うが「分からない」と言葉を濁す。再度，中高生に事情を聞くため居室にいくと「うるせー」と暴言を吐き捨て集団で部屋に閉じこもる。その後，高校生4名を一人ひとりを呼んで事情聴取を行った結果，Ｆ男が先導して行なった集団暴力であったことが分かった。事前にＦ男の状況を児童相談所へ報告し安全委員会で対応を図る旨の確認を行い厳重注意を行った。

　考　察

　Ｆ男は，今年5月に入所した。安全委員会を立ち上げてからの入所である。入所後瞬く間に子どもの中のリーダーに君臨し，学園の児童は誰も逆らえない状況があった。Ｆ男の入所前に安全委員会を立ち上げてシステム化していたため，スムーズに対応できたケースであった。また，児童相談所の児童福祉司が安全委員会の委員になることで，日々の子どもの情報の共有化が図られ連携がスムーズにできた点も功を奏した。Ｆ男は，それ以後，万引きの問題もあり警察に補導され高校も停学処分になった。生活面の課題も多く，安全委員会とは別に児童相談所での一時保護を13日間実施し，月1回児童相談所へ通所もした。Ｆ男は，小学校時代に他の児童養護施設へ入所し卒業と同時に家庭復帰したが，高校入学後に間もなく当園に入所したケースである。Ｆ男は，前の施設で虐められて暴力を振るわれていたと話す。過去に自分が受けた虐めを今度は当園で再現したことが考察される。Ｆ男は，児童相談所へ向かう車中で「安全委員会っていいですよね，俺も昔，虐められて辛い思いをしてきた，だからなんとなく分かる」と話した。

（2）平成20年度の暴力状況統計結果（和光学園安全委員会暴力状況調査票による）
表2　平成20年度暴力の件数

	4月	5月	6月	7月	8月	9月	10月	11月	12月	1月	2月	3月	合計
小学生	4	6	12	11	4	7	6	2	5	1	1	5	64
中学生		1			1			1					3
高校生						1		2			1	1	5
暴力件数	4	7	12	11	5	8	6	5	5	1	2	6	72

　平成20年度，72件の暴力行為が確認された。これは，職員が子どもたちの暴力行為を確認したり，子どもたちからの訴えにより把握した暴力行為を計上したデータである。

　暴力件数の推移を見ると安全委員会立ち上げ後に暴力行為が一時多くなり，後に漸減している。その要因として，安全委員会発足後の子どもたちの挑発行動もありすぐには効果が見られなかった点があげられる。しかし，安全委員会の緊急非常召集網を作成し，子どもが暴れ勤務職員では対応が難しい場合，休日の職員が駆けつけ一致団結して対応してきたことで次第に効果が現れてきた。その他の要因として安全委員会発足後，職員も子どもたちの様子をよく確認し，些細な暴力行為も見過ごさず根気強く指導した結果であることが考えられる。

　その他の特徴に小学生の暴力行為が全体の暴力行為72件中64件と多い点がある。これは，喧嘩等による力関係に差のない横の暴力まで計上した結果である。安全委員会の本来の目的である力関係に差のある暴力とは違うが，今後の暴力の予防的意味を考慮すれば小学生の段階から暴力を指導しておく必要があり対応した。その中でも暴力の多かった児童が3名おり全体の43%を占めた。3月に暴力行為が6件と増加しているが，その内の5件がキーパーソンのK男が不安定となり起こした暴力行為である。

表3 特に暴力が多く確認された児童

氏名・学年	暴力行為件数	全体の暴力件数に占める割合	子どもの特徴
O男（小3）	14	19%	多動傾向・対人面過干渉
K男（小5）	8	11%	多動傾向・感情コントロール困難
S男（小3）	8	11%	多動傾向・知的境界
合　計	30	43%	

3　安全委員会での対応
(1) 厳重注意

　初めて暴力を振るったり，深刻でないと判断された身体暴力についての処置が厳重注意である。

　平成20年度は，17名（延べ人数27名）の子どもたちが厳重注意を受けた。田嶌教授は，この段階でしっかりと抑えておくことが，その後に暴力がはびこらないために重要なことであると述べている。また，九州大学大学院教授で新潟県若草寮の安全委員会の元委員長として活動してきた當眞千賀子教授は，厳重注意の場について職員にとっても子どもにとっても重要な学びの場であると述べている。

　厳重注意は以下の点を留意しながら対応する。

　①安全委員会から加害児童と担当職員も一緒に呼ばれ，担当職員は，加害児童と一緒に並び指導を受ける。

　②安全委員会から暴力行為を厳しく指導し二度としないように約束させる。注意・叱責は安全委員会で行い，担当職員は加害児童の言語化を援助し暴力を止める方法を一緒に考えるスタンスをとる。

　③加害児童には，何が悪かったかきちんと自覚させ被害児童の辛さを認識させる。

　④相手に悪いところがあっても身体的暴力はいけないこと，そして今後どうすればよいかを教える。

表4 平成20年度安全委員会での厳重注意対応

開催日	対応児童	暴力行為
第1回安全委員会 平成20.5.10	M子(中1)	小2の児童への遊びの強要と指導した職員を叩く。
第2回安全委員会 平成20.5.28	K男(小5)	廊下ですれ違った職員の足を蹴る。
	B子(小6) A子(小5) T子(小4) Y子(小4) S子(小3)	B子を中心にした小学生が学習時間に遊びを始め注意した職員をB子が叩き，集団で逃げる。
	O男(小3)	職員の指導に対して癇癪を起こし叩く，蹴る。
第3回安全委員会 平成20.6.11	T男(中3)	高1の児童に悪口を言われ暴力に及ぶ。
第4回安全委員会 平成20.7.1	O男(小3)	職員の指導に対して癇癪を起こして叩く，蹴る，低学年への暴力。
	B子(小6)	自分の要求が通らず職員を叩く。
第5回安全委員会 平成20.8.26	R男(小3)	喧嘩から小3の児童を器物で傷付ける。
	T男(小2)	喧嘩から小1の児童を叩く。職員に指導されるが改善されないため。
第6回安全委員会 平成20.9.24	F男(高1) Y男(高1) M男(高2) T男(高3)	中2のY男を集団で蹴り虐める。
	A男(中2)	遊んでいる際に脅して小3の児童を蹴る。
	S男(小3)	遊んでいる際に小1の児童を棒で叩く。 職員の指導に暴れ叩く，蹴る。
	R男(小3)	生意気という理由から小3の児童を蹴る。
第7回安全委員会 平成20.10.28	Y子(小4)	小1の児童へ干渉し注意した職員を叩く。
	B子(小6)	学習時間に注意した職員を叩く。
	A子(小5)	学習時間に問題が分からないと暴れ職員を叩く。
第8回安全委員会 平成20.11.26	B男(中2)	小学生を集めてプロレスごっこをさせる。
第9回安全委員会 平成20.12.19	O男(小6)	喧嘩から小4児童を叩く。 注意するが繰り返されるため。
第10回安全委員会 平成20.1.21	対象者なし	
第11回安全委員会 平成21.3.26	O男(小3)	職員の指導に対して癇癪を起こして叩く，蹴る。
	S男(小3)	小3女子児童と喧嘩から首を絞める。

(2) 特別日課

　特別日課は，厳重注意を受けたにもかかわらず，暴力を繰り返したり，深刻な暴力を行なった児童を別室に移動させ反省を促す措置である。この措置は，被害

児を守り抜くために必要であり、人と人とが一緒に暮らすためには暴力を振るわないことこそが最低限守るべきルールであることを体験してもらうために行なう。

特別日課を行った児童は以下の4名（期間はいずれも1週間）であった。特別日課は、他の児童との生活を別にし、そこで反省の日課を行なう。和光学園では同じ建物内にあるショートステイ用の個室で学習と反省文を記入し、トイレ掃除等（他の児童から感謝される仕事）の手伝いを職員と一緒に行なう。その中で自分の行なった暴力行為を振り返り内省すると共にどうすれば暴力をしなくなるかを職員と一緒に考える。

表5　特別日課を受けた児童

安全委員会開催	対応児童	特別日課に至る暴力行為
第3回安全委員会 平成20.6.11	O男（小3）	職員の指導へ対して癇癪を起こして暴れることが多く、第1回、第2回の安全委員会で厳重注意を受けるものの改善されないため。
緊急安全委員会 平成21.1.22	A子（小5）	下校途中に、小2の児童が遠くからA子の名前を呼んだだけで、恥をかいたとTの首を絞める。
緊急安全委員会 平成21.2.23	F男（高1）	風呂場で浴槽の中に中2の児童を沈める
緊急安全委員会 平成21.2.28	K子（小4）	居室で一年生と遊んでいたが、言うことを聞かない理由から叩く。一度注意されたが、再び同じ行為を繰り返したため。

(3) 一時保護・退園

安全委員会を立ち上げてから一時保護、退園に至るケースはなかった。厳重注意の段階での暴力の歯止めと日々の一致団結した職員の関わりが功を奏した。また、安全委員会の委員には児童相談所の児童福祉司が委任されている。これまで児童相談所の児童福祉司が子どもと関わる機会は、子どもが問題行動を起こしてからの事後対応的な場面が多かった。しかし、安全委員会を立ち上げてからは、定例会議の中で日々の子どもたちの様子を報告することで情報の共有化が図られ、さらに厳重注意の場面では実際の子どもの様子を見てもらい、そして、フォローアップでは厳重注意後の職員の具体的関わりを同じ視点で検討してもらう等、一連の流れの中において予防的観点から子どもと関わってもらうことができた。さらに、厳重注意や特別日課の段階で児童福祉司の面談も交えながら支援していくことで暴力の抑制や内省を深めていくうえでの大きな効果も得られた。子どもたちにとっても学園の職員は日々の生活の世話をしてくれる人、児童相談所の職員は困ったときに責任をもって相談に乗ってくれる人という意識が芽生えてきた。

4 児童へのアンケート

(1) 対象児童：小学1年生から高校3年生までの児童38名（内訳：小学生21名　中学生5名　高校生12名）
(2) 調査期間：2009.2.4～2.8
(3) アンケート集計結果

質問内容 \ 回答項目	はい	いいえ	わからない
安全委員会ができて良かったですか	23（61％）	8（21％）	7（18％）
来年度も安全委員会を続けた方がいいですか	27（71％）	8（21％）	3（ 8％）

(4) 安全委員会への意見（自由回答）
- 小1(女) —— 安全委員会はずっとあった方がいい。
- 小1(男) —— 暴力があるし，暴力されたら守ってくれる。
- 小3(女) —— いじめる人が暴力されたと嘘をつく，本当は暴力をしていないのに，指導を受けることがある（Aさん：小5）。
- 小4(女) —— 毎月，聞かれるのが嫌，めんどうくさい，相談所がくるのが嫌。
- 小4(男) —— 暴力を受けた時，注意してくれて良かった，暴力されなくなった。
- 小5(男) —— 叱られるのが嫌だ。
- 小5(男) —— 安全委員会で注意されたけど「俺が悪かった」。
- 小5(女) —— 安全委員会で注意されるとき，囲まれるのが嫌だ，何も言えなくなる。一人がいい。
- 小6(女) —— 安全委員会で注意する人が多いと答えにくいし，パニクッたりするので少しがいい。
- 小6(女) —— ストレスがたまる。大人の中で子ども一人でいるのが嫌だ，反省は大人一人，子ども一人でやらせてほしい。
- 中2(男) —— 話がながい。
- 中2(男) —— 安全委員会がなかったら暴力をしていたかもしれない。職員がもっと悩みとか子どもの訴えをきいてくれればいい。
- 中3(女) —— K男（小4）をどうにかして欲しい。
- 高1(男) —— もっときびしく暴力ばかりではなく生活態度も見て欲しい。
- 高1(男) —— 集会とかで集まるのが面倒臭い。
- 高3(女) —— 良くなった人もいるけど，逆に反抗してやる人もでてきたと思う。

(アンケート考察)

　アンケートの集計結果23人（61%）の子どもたちが安全委員会が出来て良かった，27人（71%）の子どもたちが来年度も続けて欲しいと回答した。安全委員会に肯定的な回答をしたのは，特に年少の子どもたちであった。「安全委員会は暴力から守ってくれる，ずっとあった方が良い」という意見が出された。また，暴力をして安全委員会で指導されながらも「注意されたけど俺が悪かった」「安全委員会がなかったら暴力をもっとしていたかもしれない」という貴重な意見も聞かれた。否定的な意見を述べたのは一部の高学年の子どもたちであった。また，中高校生の子どもたちの中には，進路や部活動で忙しく興味がなかったり，集会で集まるのが面倒といった安全委員会活動そのものにあまり興味がないという子どももいた。

5　平成20年度安全委員会取り組みのまとめ

　安全委員会の取り組みは着実に効果をあげてきた。特にこれまで見られた職員への暴力が少なくなり，子どもとの間で指導のとおる関係が形成できてきた。これは，平成20年度の安全委員会の目的であり大きな成果である。

　さらに，安全委員会の取り組みのもう一つの目的に子どもたちが安心で安全な生活を基盤にしながら，成長のエネルギーを引き出すということがある。キーパーソンのB子は，その後，職員との関係も改善し，暴力や職員への反抗に向けていたエネルギーをソフトボールに向けて，その年に行われた岩手県内の児童養護施設ソフトボール大会でキャプテンを務め，チームを準優勝に導くと共に自身も敢闘賞を受賞した。この結果は，B子に限らずその他の子どもたちにも大きな影響を与えた。

　反省点としては，一つに小学生の力関係に差のない横の暴力が多かったこと。特に暴力行為が多かった3名の児童へ対しては要因を分析し対応を検討していく必要がある。

　もう一つは，顕在的暴力の抑制ばかりにエネルギーをとられ，潜在的暴力への対応がおろそかになってしまった点である。

第3章　安全委員会の定着に向けて（平成21年度）
1　平成21年度安全委員会の取り組みに向けて

　平成20年度の安全委員会の取り組みは着実に子どもたちの中に浸透してきた。しかし，田嶌教授は，通常であればこの段階で安心してしまうが，間もなくすると次の児童のリーダーがのし上がり再び暴力が蔓延する危険性があると述べてい

る。平成21年度は更なる安全委員会活動の定着と「暴力の連鎖」を断ち切ることを目標に掲げた。

2 平成21年度の新たな取り組み

平成21年度, 以下の5点を新たな対策に掲げ取り組んだ。

(1) 安全委員会定例会議を2ヵ月に1回開催とする。ただし, 深刻な暴力行為が起こった際には, 緊急の会議を招集し迅速な対応を図る。安全委員会が開催されない月は安全委員会の事務局が対応する。

(2) キーパーソンの選定とケース検討会

平成20年度のキーパーソンのA男とB子は, 暴力行為が改善され落ち着いた生活が送れるようになった。一方で平成20年度に暴力行為が多かったK男, S男, O男と職員への反抗的態度, 低学年への支配的関わりが強いR男の4名をキーパーソンに選定し毎月の業務会議で最近の動向と対応を検討する。

氏名	行動特徴
K男（小6）	多動傾向, 感情コントロール困難, 小学生のリーダー的存在。
S男（小4）	多動傾向, 知的境界, K男の弟。
O男（小4）	多動傾向, 対人面過干渉, 愛着に課題あり。
R男（小4）	職員に反抗的, 低学年への支配的関わり。

(3) 厳重注意を受けた後の児童のフォローアップ

キーパーソンの児童の状況や安全委員会で厳重注意を受けた子どもの様子を会議で報告しフォローアップを図る。

(4) 暴力聞き取り調査の周知徹底

暴力の聞き取り調査結果を職員会議で明示し職員間で子どもの状況の共有化を図る。深刻な暴力があった場合は, 直ちに安全委員会で対応する。

(5) 暴力がなかった子どもや暴力を阻止してくれた子どもへの表彰（11月から）
- 感謝状：暴力を止めてくれたり, 職員に教えにきてくれたりした児童。
- 我慢賞：厳重注意を受けた後に次の安全委員会までに暴力を我慢した児童。
- 努力賞：暴力行為が一度もない児童を安全委員会の児童集会で表彰する。

3 平成21年度の取り組み状況

(1) 平成21年度の暴力状況統計結果（和光学園安全委員会暴力状況調査票による）

暴力行為の統計結果は表6のとおりである。平成21年度の暴力行為は1月末までの段階で合計62件と平成20年度の1月末（64件）と比較し数字の上では大幅な暴力の減少には至らなかった。しかし，内容の上では以下の点で大きな効果が得られた。

①力関係に差があり安全委員会へ図る必要があると判断される暴力が大幅に減少した（H20年度29件⇒H21年度11件）。
②特別日課に至る深刻な暴力がなかった（H20年度4件⇒H21年度0件）。
③児童の集団化した暴力がなかった（H20年度6件⇒H21年度0件）。
④児童から職員への暴力が半減した（H20年度26件⇒H21年度13件）。
⑤職員の緊急非常招集がなかった（H20年度4回⇒H21年度0回）。
⑥すべての暴力行為で加害児が被害児へ謝罪までしている。

表6　平成21年度暴力の件数

	4月	5月	6月	7月	8月	9月	10月	11月	12月	1月	合計
小学生	3	5	11	4	2	2	6	3	9	4	41
中学生			3		2	2	2	3	1		21
高校生											
暴力件数	3	5	14	4	4	4	8	6	10	4	62

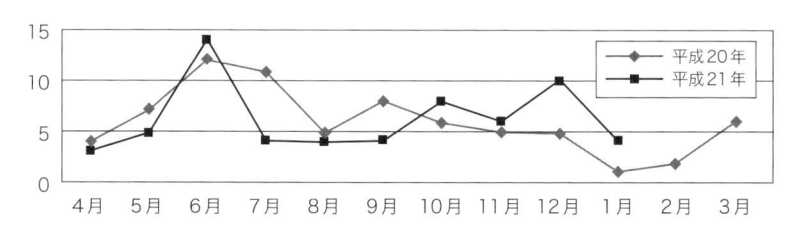

表7　平成20年度と平成21年度の暴力件数比較

表8 平成20年度と平成21年度の質的暴力の比較（各項目重複あり）

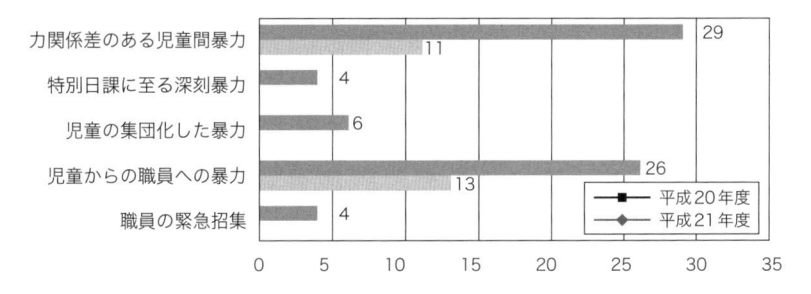

項目	平成20年度	平成21年度
力関係差のある児童間暴力	29	11
特別日課に至る深刻暴力	4	
児童の集団化した暴力	6	
児童からの職員への暴力	26	13
職員の緊急招集	4	

（2）安全委員会での対応
①厳重注意

平成21年度1月末までの段階で厳重注意を受けた児童は4名（延べ人数5名）であった。数字の上での暴力の件数は減少していないが，安全委員会の本来の目的である力関係に差があり，かつ深刻な暴力が少なかったこと，すべての暴力事件で加害児童が被害児童へ謝罪までしている点が特徴としてあげられる。安全委員会には図るまででもない暴力行為や加害児童が十分反省している場合は安全委員会の事務局（安全委員会副委員長と担当者）が対応した。

表9 平成21年度安全委員会での厳重注意対応

開催日	対応児童	暴力行為
第1回安全委員会 平成21.5.26	対象者なし	
第2回安全委員会 平成21.7.9	M子（中1）	小1の自分の妹をしつけと称して叩いていた。
第3回安全委員会 平成21.9.8	O男（小4）	職員の指導に対して癇癪を起こし叩く，蹴る暴力行為が繰り返し見られた。
第4回安全委員会 平成21.11.10	K男（小6）	小5の児童に肩車され転倒したことで暴力，止めに入った職員へも暴力をする。 ＊厳重注意：トイレ掃除＋反省文
	S男（小4）	喧嘩から暴力を振るう行為が4回確認された。職員が注意し指導し反省するも改善されないため。
第5回安全委員会 平成21.1.26	S男（小4）	喧嘩から暴力を振るう行為が4回確認された。職員が注意し指導し反省するも改善されないため。 ＊厳重注意：トイレ掃除＋反省文

②キーパーソン児童の対応

平成21年度，キーパーソン児童への対応として業務会議で暴力や生活の状況を報告しながら職員の共通認識のもとで対応を図った。また，キーパーソンの対象児童の中には多動で発達障害等の疑いのある児童もいるため，生活の中で配慮する点を確認しながら対応した。さらに，安全委員会定例会議の中でケース検討会も実施した。

(ア) K男（小6）の対応を通して

		K男の暴力行為
1	4月7日	鬼ごっこのルールを巡り小3の児童の顔を叩きズボンを下げる。
2	5月24日	小4の児童へ八つ当たり的に顔を叩く。
3	8月19日	廊下ですれ違う際に小3の児童の足を蹴る。
4	8月20日	学習室で小4の児童を嘲笑し興奮したO男の頭を叩く。
5	10月3日	小5の児童に肩車され，バランスを崩し転倒したことから暴力，止めた職員の顔も叩く。
6	11月5日	ふざけて小4の児童へ上に馬乗りになる。
7	11月29日	就寝後，ふざけて小5の児童を嘲笑し顔を叩く。
8	12月の暴力聞き取り調査で小5の児童から，入浴中に熱湯をかけられる旨の訴え。	
9	12月25日	おやつを持って食堂から出て行くため職員が注意し止めたところ蹴る。
10	1月19日	小4の児童の腕を捻り，痛いかと試す。

(安全委員会の対応)
- 5月26日：安全委員会事務局指導。
- 8月25日：安全委員会事務局指導。
- 10月5日：安全委員会事務局指導。
- 11月10日：安全委員会から厳重注意＋課題（トイレ掃除と反省文）。
- 12月暴力聞き取り調査対応，緊急の児童集会で事実確認，小学生高学年に注意，入浴時間の区別，職員の見守りの体制をとり対応。
- 12月8日：安全委員会事務局指導。
- 1月26日：安全委員会へ呼ばれ反省文を読み上げた。小学校の担任，特別支援担当教諭，中学校の副校長，特別支援担当教諭ケース検討会に参加してもらいケース検討会を実施した。

(フォローアップと対応上の留意点)
- 道具的攻撃：感情（怒り）が伴わない暴力は，感情が伴う暴力と違い悪質なもの。暴力を自分の欲求を通す道具として行使⇒より厳しく指導する。
- 暴力がエスカートするケース：遊びからの暴力がいじめに発展，集団化したならば要注意⇒早期対応，個別的アプローチと集団的アプローチの両方の視点。安全委員会の包括的なシステムアプローチでの対応し集団化するのを防止する。
- 暴力への徹底的な抑えがあっての受容的関わり，対応を間違わないこと。
- 感情のコントロール困難⇒解離症状，生活場面での配慮必要。

(ア) K男（小6）の対応を通して（つづき）

K男の暴力行為
（フォローアップと対応上の留意点） ・ ADHD様症状：闘争か逃避の交感神経系の瞬間的緊張状態，虐待を受けた多動で落ち着きのない子，刺激に対して検討せずに即座に反応する。⇒時間が経過しないと落ち着かないため，心理的抱きかかえと職員複数対応。 ・ 暴力の連鎖：被害者から加害者へ（過去のトラウマ以上に施設生活の場への反応として捉える必要）⇒被害者性と加害者性の統一，担当職員との信頼関係を基本に面接指導と作文指導。 ・ 暴力を我慢した時にはきちんと褒める。 ・ 成長のエネルギー：安定的な生活を基盤に成長のエネルギーを引き出す。マラソンや学習支援。
（考　察） 　平成20年度は突然切れて爆発し興奮したり，職員の指導へ対して興奮して暴力へ及ぶことが見られたが，平成21年度は，相手を嘲笑したり揶揄するかたちでの暴力へ変化してきた。K男は，被害者的立場から加害者へ転化していった結果，暴力行為も変化していった様子が感じられた。K男は幼児期から学園に入所しており，明らかにこれまで施設の生活の中で暴力を受けてきた存在であることを考慮しなければならない。K男と暴力の振り返りを行なったり，安全委員会から厳重注意を受けた後のフォローアップとしての面接を行なっていくうちに「俺は，昔エアガンの玩具で撃たれて遊ばれたり，プロレスごっこをさせられたりして叩かれた。だから，暴力をふるうようになった」と話した。暴力は連鎖することを改めて実感した。 　K男は，担当者との信頼関係を基本にして安全委員会での厳重注意や作文指導を通し指導する中で少しずつではあるが暴力はいけないことを認識してきた。K男が安全委員会で読み上げた作文の中で「自分は職員の顔を叩き心に傷をつけてしまった」という内容の文章を書いた。内省が深まっていることを実感した。また，もう一つ大切なポイントは，安全委員会の包括的なシステムアプローチによって暴力を集団化させなかったという点であった。 　また，暴力を我慢した時や生活の中で学習やスポーツ活動を通して頑張っている時にきちんと褒めてあげることが自己肯定感につながり成長のエネルギーへと変化していった点でもあった。K男は2学期頃から大嫌いな学校の宿題を行なうようになった，これには職員もみな驚いた。また，小学校のマラソン大会で9位に入賞し目標であった10位以内入賞を果たすことができた。暴力のない安定的な生活がどれほど成長のエネルギーにつながるのかを実感させられた。さらにK男が慕っている退園生の子どもが来園した時に「和光は変わったんだよ，暴力がなくなったんだよ」と一生懸命に教えていたのが印象的であった。

(イ) S男 (小4年) の対応を通して

		S男の暴力行為
1	4月7日	鬼ごっこのルールを巡り小3の児童の顔を叩きズボンを下げる。
2	5月9日	八つ当たり的に小4の児童の顔を叩く。
3	6月6日	小3の児童から部屋から出て行くように言われ叩く。
4	6月11日	廊下ですれ違う際に「うざい」と小3の児童を蹴る。
5	6月12日	下校時，ふざけて小4の児童を後から押し倒し逃げる。
6	6月16日	娯楽室でテレビ視聴している際に番組を巡り小3の児童と喧嘩。
7	9月7日	カードゲームをしており小5の児童と喧嘩。
8	10月1日	体育館でサッカーをしており小4の児童と喧嘩。
9	10月17日	食事時間，中1の児童に注意されたことで叩く。
10	10月22日	ゲーム機で遊んでおり小5の児童と喧嘩。
11	10月29日	小4の児童の投げたボールペンが顔に当たり殴る。
12	12月7日	就寝時に小4の児童とカードゲームから喧嘩。
13	12月11日	娯楽室でテレビ視聴，就寝時間なので部屋に戻るように指導した職員を叩く。
14	12月20日	外出中，他児童数名に嘲笑され興奮し暴れる。

(安全委員会の対応)
- 5月26日：安全委員会事務局指導。
- 7月9日：安全委員会事務局指導。
- 11月10日：安全委員会厳重注意。
- 12月8日：安全委員会事務局面談。
- 1月26日：安全委員会厳重注意＋課題（トイレ掃除，反省文）

(フォローアップと対応上の留意点)
- 知的に境界，興奮するとすぐに手が出る。⇒簡単な言葉で暴力はいけないことを説明。
- S男なりに暴力を我慢している。⇒言語化の支援。

(考　察)
　S男の暴力行為は4月から1月末の段階で14回と児童の中で一番多く確認された。S男は「俺だって我慢しているし」と話したり，安全委員会の厳重注意での場面では涙ぐみ反省する様子も見られた。しかし，生活の中に戻るとどうしても突発的に手が出てしまう状態であった。S男は，知的に境界で言語面の弱さもあり，他の児童から矢継ぎ早に暴言を言われると感情的になって暴力に及ぶ傾向が見られた。知的には境界領域にあり他の児童と言語を媒介として上手くコミュニケーションを図ることができない児童へ対しての支援はまだまだ今後の課題である。
　しかし，平成21年度は暴力に至った経緯を丁寧に聞きだし指導することで，自分の行った行為をきちんと言語化し暴力行為に及んだ事情を話し振り返りができるようになってきた。このことが安全委員会から厳重注意を受ける場面での反省の態度にもつながっているものと考えられる。また，兄のK男がふざけて他児を嘲笑している場面で，これまで兄の言うことならば何でも聞いていたS男が「兄ちゃん，それも暴力になるんだよ」と注意してくれた。暴力はいけないという意識がS男の心の中に着実に浸透してきたことを実感した。

(ウ) O男 (小4) の対応を通して

		O男の暴力行為
1	4月5日	他児の居室に入ろうとするが断られ興奮，止めた職員を叩く。
2	5月6日	食事時間，散らかした食器を片付けるよう指導した職員を叩く。
3	5月12日	小5の児童と遊びから喧嘩になる。
4	5月17日	小2の児童と遊びから喧嘩になる。
5	7月7日	ドッチボールをしており小4の児童と喧嘩，石を投げる。
6	7月14日	学習時間に勉強するよう指導した職員を叩く。
7	7月25日	外出時，職員を嘲笑し叩く。
8	7月28日	おやつ時に気持ちが高揚しており指導した職員を叩く。
9	9月20日	掃除時間，掃除をしないため注意した職員を叩く。
10	11月16日	中1の児童に注意されたことに興奮し叩く。

(安全委員会対応)
9月8日：安全委員会厳重注意。

(フォローアップと対応上の留意点)
・愛着障害：脱抑制型愛着障害は無差別的で薄い関係性を保ち，多動性の行動特徴がみられる。
・注目獲得行動：悪戯や注意を引きたい気持ちが強くトラブルに発展することが多い。
　⇒行動療法として対人希求欲求を悪戯ではなく，お手伝い等の誉められる行為を通して満たしてあげる。
・スポーツ活動を通じてのエンパワメント。キャッチボール等でマンツーマンで関わる活動を行う。
・医療機関と連携を図りながらの対応：てんかん波あり（平成21.2.5）：セレニカR⇒デパケンR（平成21.3.5）⇒デパケンR，リボトリール（平成21.3.19）⇒抑肝散（平成21.4.16）⇒抑肝散（平成21.7.16）⇒コンサータ（平成21.11.19）⇒抑肝散，コンサータ（平成21.12.3）。
・タイムアウト：興奮し暴れた場合は，特定の部屋に移動しクールダウンを図る。
・心理療法：プレイセラピーを通して落ち着ける場所の提供。

(考　察)
　平成20年度は14回の暴力行為があり児童の中で暴力行為が一番多く確認されたO男，平成21年度も10回の暴力が確認された。K男の暴力行為の特徴の一つが職員へ対しての暴力の多さである。平成21年度は10回のうち5回が職員へ対しての暴力行為であった。平成20年度は特別日課も行うが，誰かにかまって欲しくすぐに部屋から出てきてしまう状況で指導も効かない状況。O男に対しては，暴力の問題を安全委員会で対応しながらも，こうした対人への過度な干渉を担当者との信頼関係をベースにして暴力ではなくお手伝いや個別的な関わりを通して満たしてあげるように配慮した。O男は職員と一緒にトイレ掃除や風呂掃除を喜んでしてくれた。また，もう一つ入所時から落ち着かない行動があり通院したところ脳波に異常が見られ服薬治療を開始，カウンセリングも受けながら現在に至っている。こうした関わりから7月以降，興奮し暴力する回数が激減した。

(エ) R男（小4）の対応を通して

R男の暴力の状況		
1	6月27日	遊んでいた際に小3の児童が反抗したところ殴る。
2	10月1日	体育館でサッカーをしていた際に小4の児童と蹴り合いになる。
3	11月2日	娯楽室で小4の児童の投げた物が当たったことで叩く。
4	1月12日	居室で小3の児童と野球をして遊んでいた際にトラブルから叩く。

（安全委員会対応）
・7月9日：安全委員会事務局から指導。

（フォローアップと対応上の留意点）
・生活の様子をよく観察する。その時の行為にだけとらわれず、生活の流れの中で子どもをとらえて行動の背景にある要因も検討する。
・暴力をする児童は、その児童も暴力されていることを念頭に入れ暴力をされたり、苛められたりしている時にはきちんと守ってあげる。
・知的に高い子ども、言語を媒介として振り返りを行なう。暴力をした時もコミュニケーション可能。

（考　察）
　R男は4回と暴力行為事態は少ないが、職員への反抗的な態度や低学年への支配的な関わりが見られ対応に苦慮していた。しかし、行動観察する中でR男は暴力をされたり、いじめられている場面も多くあることが確認された。ある時に食事時間に上級生数名からふざけて野菜を食べろと押し付けられていた。これを見た職員が上級生を厳しく指導した。この際に平静を装っていたR男であったが、後で「あの時、職員が助けてくれて嬉しかった」と話した。何気ない関わりのようであるが、こうした丁寧な関わりが暴力の連鎖をとめていくものと考えられる。それ以外にも、廊下で鬼ごっこをしていた際にズボンを下げられたり、学習室で俺の技が痛くないか試してみるからとプロレス技をかけられたりした。そして、その都度職員が注意し対応した結果、現在、R男は、「もう暴力はしない、つまらないし」と話すようにもなった。

③暴力聞き取り調査の対応

　毎月、職員が担当児童から行なっている暴力聞き取り調査から、11月にT男（小5）が、K男（小6）から風呂場で熱湯をかけられた旨の訴えがあった。小学生男子の集会を開催し、事実の確認を行なった。結果、K男が、ふざけてテレビの真似をして何人かの児童にそのような行為をしたことが分かった。T男を職員が見守りながら小学低学年と一緒に入浴させるとともに中学生と小学高学年の入浴時間を分けて集団化した行為に発展しないように配慮した。暴力やいじめの特徴に、はじめはふざけ合いから始まるが、徐々にエスカレートしいじめに発展する危険性が高いこと、また、それが集団化すると非常に危険であることが言われている。早い段階での対応がその後の暴力の拡大に歯止めをかけた。

④子どもたちの質的変化

　平成21年度の特徴として，暴力をした後の子どもたちの様子が安全委員会導入前とはまったく違う様子が窺われた。安全委員会導入前であれば，職員の指導に応じることもままならない状況であったが，まず，暴力をした後に職員の指導に応じ全てのケースで被害児へ謝罪までしている点があげられる。また，暴力を止めてくれたり，職員に教えにきてくれる児童が多くなった。平成20年度，キーパーソンであげたA男においては，小学生へピン玉の玩具を貸す際にも「人に向けては駄目だよ」と諭してくれたり，節分の豆まきの時にも人に向けないように注意してくれたりした。また，B子も同様に小学生が喧嘩をしそうになった際に「喧嘩は駄目だよ」と仲介してくれ未然に暴力を防いでくれた。平成20年度，厳重注意2回，特別日課も経験したC子においては，暴力はほとんど見られず小学生が喧嘩した際にも果敢に止めて職員に教えにきてくれ，安全委員会から感謝状と食事券が贈られた。

(3) 職員へのアンケート

　①対象職員：平成20年度から安全委員会に関わり学童を支援している職員9名
　②調査期間：2009.10.1～10.10
　③アンケート集計結果

(質問項目)

　(ア) 安全委員会ができて良かったですか
　(イ) 平成22年度も安全委員会を続けた方が良いと思いますか

	はい	いいえ	どちらともいえない
安全委員会ができて良かったですか	9 (100%)	0	0
来年度も安全委員会を継続した方がいいですか	9 (100%)	0	0

　(ウ) 安全委員会の活動に期待することはありますか。

- 今までの活動で大分子どもたちの中でも意識付けされてきていると思います。興奮時の子どもや職員への暴力も若干加減が見られることもあり，以前と比べると変化が見られてきているので今後も継続してほしいと思います。
- 意識して暴力を我慢している子がいるので継続願いたい。
- 月1回の振り返りは中高生はマンネリ感を訴えているが，暴力をしてしまった子には自分の行動を冷静な状態で振り返させるよいきっかけになっています。

- 担当者も一緒に厳重注意を受けることで指導の通りやすい関係になり，担当を外れてからも暴力行為については関係が続いているように感じ大変よかったと思います。今後も今のシステムで続けて欲しいです。
- 今後も活動を継続することが暴力の抑制になると思います。

(エ) 安全委員会の改善点はありますか。
- 聞き取り調査実施後，もっと児童集会で議論して欲しいです。
- 暴力をとらえる基準がファジィになってきたと感じます。自分を含めて「叩いた」「蹴った」「突き飛ばした」等の行為をその場の注意，指導で済ませてしまっていることが多くなった気がします。
- 新しい職員も含めて共通認識を図る必要がある。
- 安全委員会の隔月開催は間延びする感がする。

(オ) 安全委員会の今後の活動でよい方策があれば記載願います。
- 児童集会で月の暴力状況を話題にして暴力がない時など子どもたちを誉める機会をもつのもいいのではないか。
- 児童集会で暴力について勉強する機会があればいいと思う。なぜ，暴力がいけないのか，安全委員会を立ち上げたのか，もう一度振り返る機会があればいいと思っています。
- 暴力があった際に止めてくれたり職員を呼んだりして協力してくれた人には感謝の気持ちを現せたらと思います。
- 小学1年生は，頭では分かっているが行動に移せないことがある。SSTでロールプレイなどを通じて学習する機会があってもいいと思います。

4 平成21年度安全委員会取り組みのまとめ

　平成21年度の安全委員会の取り組みの結果，数字の上では暴力行為の大幅な減少には至らなかったが，内容の上ではさまざまな効果を得ることができた。また，職員のアンケート結果からも，アンケートを実施した全職員が，安全委員会の取り組みを評価し，安全委員会が出来て良かった，継続して取り組みをして欲しい旨の回答を得た。

　また，平成21年度は，安心，安全な生活の基盤が形成されたことでソフトボール大会で初優勝する等，子どもたちの成長のエネルギーを感じると共に就寝後の夜間の子どもたちの落ち着き，学習時間や学校生活等の面での落ち着きも感じることができた。その他，キーパーソンの児童の支援を通して加害児は，過去により酷い暴力を受けてきたということ，そして，暴力は連鎖するのだということを

教えられた一年であった。加害児は過去には被害児でもあり，その連鎖を止める取り組みが非常に大切な視点であった。

5　おわりに

　安全委員会2年間の取り組みの中で，新たな問題も出始めている。1年目は，職員も子どもたちも暴力が無くなってきたという実感があった。「暴力抑止」において，職員，児童に意識づけが浸透したことで一定の成果は上がってきている。しかし，暴力の連鎖を断ち切り完全に暴力が無くなったとは言いがたい。それだけ施設内における先輩から後輩への暴力の連鎖は根深いものである。

　「暴力は，絶対に許さない」「叩くな，口で言え」が施設内に浸透し，今では暴力の場面を見ると教えに来る子ども，また，手が出てしまった後「しまった」と反省している子どもの姿が見られる。平成20年度まで厳重注意や別室移動を受けた子どもたちも落ち着いた生活ができるようになっている。そして，喧嘩や暴力が陰をひそめると子どもたちは，元気に自分のことを語れるようになっている。安全委員会のシステムが子どもと職員の信頼関係を後押ししていることを実感する。

　しかし，当園において毎年転勤等により職員が代わる体制は，子どもたちに不安を与え，職員の指導体制が揺らぐ現実もある。職員の施設内暴力に対する高い意識と児童の安全委員会に対する信頼を維持していくかことが，問われている。

　「安心と安全が保障されてこそ，児童の健全な成長エネルギーが生まれる」ことを確信しながら，「暴力は，絶対に許さない」という姿勢を児童にきちんと示し，一貫した対応を取り続けることで，施設内暴力の連鎖を断ち切って行きたい。

　過酷な状況を潜って児童養護施設に保護された子どもたちが，また暴力にさらされながら生活を送らなければならないことを見過ごしてはならない。

　安心で安全な生活は，心のケアの前提であり，子どもたちの健全な成長の基盤である。そして，それなくしては，健全な成長はありえないと思っている。

　和光学園に「安全委員会」のシステムをきちんと定着して行くことが，当園児童の権利擁護と自立支援に繋がるものと確信している。子どもたちが，自信を持って"和光学園で生活できてよかった"と実感できる施設づくりに努めたい。

参考文献

田嶌誠一 (2005) 児童養護施設における児童間暴力問題の解決に向けて　その1　児童間暴力の実態とその連鎖　心理臨床研究会.

田嶌誠一 (2005) 児童養護施設における児童間暴力問題の解決に向けて　その2　施設全体で取り組む「安全委員会」方式　心理臨床研究会.

第1回全国児童福祉施設安全委員会連絡会報告　2009.

土井高徳 (2009) 青少年の治療 ── 教育的援助と自立支援 ── 虐待.

田嶌誠一 (2009) 現実に介入しつつ心に関わる　金剛出版.

柏女霊峰・才村純編 (2001) 子ども虐待へのとりくみ　ミネルヴァ書房.

（安全委員会方式の申し送り用）

児童福祉施設における施設内暴力の解決に向けて
個別対応を応援する「仕組みづくり」の必要性とその一例としての
「安全委員会方式」の紹介

子ども間暴力（児童間暴力）の深刻さ

　児童養護施設では，入所児童の心のケアの必要性が認められ，心理職が配置されるようになってきた。私も数年間にわたって，いくつかの児童養護施設で入所児童の成長・発達のための関わりをあれこれ実践したが，それなりの成果はあったものの，どれも今ひとつの観があった。その末に，やっとわかってきたのは，入所児童たちの間で非常にしばしば予想をはるかに超えた深刻な暴力があるということ，すなわち「成長の基盤としての安心・安全な生活」が送れていないということである。したがって，この問題への取り組みなしには子どもたちへの成長・発達への援助はありえないと言えよう。

　いずれも過酷な状況を潜って児童養護施設へ保護され，本来もっとも手厚く保護され養育されるべきその子どもたちが，またさらに深刻な暴力にさらされながら日々の生活を送らなければならないことには，やりきれない思いである。近年では被虐待児の入所も多くなり，子ども虐待（児童虐待）から保護された子どもたちの受け皿としての役割が大きくなっている。したがって，この問題への取り組みなしには，子ども虐待への対策は極めて不十分なものになってしまうと言えよう。

子ども間暴力（児童間暴力）（含性暴力）は連鎖する：被害者が加害者になっていく

　そのような暴力は特定の地域や特に荒れた児童福祉施設での話ではなく，ごく普通の児童福祉施設で全国的に起こっているのだということを強調しておきたい。さらに痛ましいことには殴る蹴るといった暴力だけでなく，同性間および異性間での性暴力もあるということである。また被害児が長じて力をつけ加害児となっていく。すなわち子ども間で暴力の連鎖が見られるのである。

施設内暴力の実態とその適切な理解

　むろん，子ども間暴力（児童間暴力）だけが問題なのではない。児童福祉施設には「2レベル三種の暴力（含性暴力）」がある。2レベルとは潜在的暴力と顕在的暴力であり，三種の暴力とは，①職員から子どもへの暴力（職員暴力），②子ど

も間暴力（児童間暴力），③子どもから職員への暴力（対職員暴力），の三つである（表1）。これらの施設内暴力（含性暴力）は，いずれも深刻であり，またいずれも子どもたちの安心・安全を脅かすものである。ここで重要なことは，それらはしばしば相互に関連しており，いずれか一つの暴力だけを取り扱うのでは他の暴力が激化することがあるので注意を要するということである。したがって，現在のように職員暴力だけがもっぱら注目され問題とされていることには大きな問題がある。

表1　2レベル三種の暴力（田嶌，2005c, 2007c）

```
2レベル三種の暴力

1）2レベルの暴力
      ①顕在的暴力　　②潜在的暴力
2）三種の暴力
      ①職員から子どもへの暴力（職員暴力）
      ②子どもから職員への暴力（対職員暴力）
      ③子ども間暴力（児童間暴力）
```

職員暴力と子ども間暴力（児童間暴力）

「施設内虐待」や「施設内暴力」といえば，現在のところ施設職員による入所者への暴力（職員暴力）がもっぱら注目を浴びている。しかし，もっぱら職員暴力だけが取り上げられていることには大きな問題がある。施設では職員暴力だけが問題なのではなく，子ども間暴力（児童間暴力）もまた深刻であり，児童から職員への暴力もある。しかもそれらはしばしば相互に関連していると考えられるからである。たとえば，職員暴力だけを問題にすれば，かえって子ども間暴力（児童間暴力）がひどくなる可能性が高い。

現在の状況への反応としての問題行動

ここで，関係者にぜひとも考慮していただきたい極めて重要な可能性を指摘しておきたい。

現在，児童福祉施設の入所児童のさまざまな問題行動や気になる兆候が注目されている。それらの問題行動や気になる兆候は，過去の虐待や過酷な養育環境への反応として，反応性愛着障害あるいは発達障害の兆候としてもっぱら理解されてきたように思われる。事例検討会や研修会などでも，もっぱら「心の傷のケア」や「愛着の形成」「発達障害の発達援助」といったことに関心が向けられ，そうした視点から議論されているように思われる。

しかし，発見が困難な子ども間暴力（児童間暴力）が潜在的にかなり広く存在するかもしれないことを顧みるとき，それらの問題行動は，子ども間暴力（児童間暴力）や職員からの暴力等のその子が現在置かれている状況への反応である可能性がある。控え目に見ても，過去の虐待や過酷な養育環境への反応だけでなく，現在の状況への反応が大いに含まれている可能性がある。また，子どもの問題行動や気になる兆候がなかなか改善されない場合，それらの問題行動を維持・持続させてしまう要因が現在の状況にあるという可能性を疑ってみるべきである。そして，<u>その子が現在なんらかの暴力にさらされている可能性をまず疑うべきである</u>。児童福祉施設に関わる者は，まず最優先にその可能性を考えてほしいと私は切に願っている。

入所以前に受けた虐待が主たる要因ではない

誤解されやすいことだが，被虐待児だからそのような暴力が起こるのではない。集団内の暴力（含性暴力）は児童福祉施設に限ったことではなく，大人であれ子どもであれ，ある程度の数の人間が閉鎖性の高い空間でストレスに満ちた生活を共にする時，極めて起こりやすい性質のものであると言えよう。実際，学校寮などでも同様のことが少なからず起こっている。したがって，入所以前に受けた虐待は促進要因のひとつではあるにせよ，少なくとも主たる要因であるとは考えられない。

欧米と日本の違い：欧米のモデルの限界，「仕組みづくりの必要性」

ごく大まかに言えば，欧米では里親養育が主であり，施設養育が主ではないので，集団生活によって生じるこの問題の解決のモデルは欧米の児童福祉領域にはないと思われる。施設内の三種の暴力を同時に扱うことが必要であり，そういう方式をわが国で独自に考案していく必要がある。

施設におけるすべての暴力を同時になくしていくのに有効な包括的対応システム，暴力から子どもたちを日常的に守るシステムを創っていくこと（＝「仕組みづくり」）こそが必要なのである。

暴力をなくすには：「個と集団」という視点からのアプローチ

　では，暴力をなくすにはどうすれば良いのだろうか。「心の傷」のケアさえすれば暴力を振るわなくなるという理解があるようであるが，それは甚だ疑問である。たとえば，その子だけが止めても，次に自分がやられるかもしれない中で生きているのだから，個別対応だけでは解決困難である。「個と集団」という視点からのアプローチが必要であると言えよう。

個別対応を応援する仕組みづくり：個人の処遇力だけではなく施設全体の処遇力を

　これまで入所の子どもたちが振う暴力は，特定の職員個人の対応や処遇の問題とされてきた。それだけで済むのであれば，現在のような深刻な暴力問題は起きにくいはずである。暴力への対応は施設としてどう対応をするかというガイドラインと，個々の職員の対応を応援する仕組みが必要である。この問題は，特定の地域の特定の施設の問題ではなく，全国的な問題である。したがって，ある施設だけで有効な取り組みが行われればそれだけで済むというわけにはいかない。幸い，現在では，私たちはこの問題の解決に向けて全国的に活動を展開しつつある。

児相と連携して施設全体で取り組む「安全委員会方式」

　私は現在，児相と連携して施設全体で取り組む「安全委員会方式」を実践しているので，そうした仕組みづくりの一例としてその概要を紹介したい。「安全委員会」方式とは，簡単にいえば，外部に委嘱された委員と職員から選ばれた委員とで「安全委員会」というものをつくり，そこで暴力事件についての対応を行う方式である。その概要は，①力関係に差がある「2レベル三種の身体への暴力」を対象とする，②安全委員会には，児相と学校に参加してもらう，③委員長は外部委員が務める，④定期的に聞き取り調査と会議を行い，対応を協議し実行する，⑤事件が起こったら緊急安全委員会を開催する，⑥四つの対応を基本とする：1番目「厳重注意」，2番目「別室移動」（または「特別指導」），3番目「一時保護（児相に要請）」，そして4番目が「退所（児相に要請）」，⑦原則として，暴力事件と結果の概要を入所の子どもたちに周知する，⑧暴力を抑えるだけでなく，代わる行動の学習を援助し，「成長のエネルギー」を引き出す。そのために施設のスタッフ会議との連携し，キーパーソン等への対応をケース会議等で検討する，な

どである（表2）。この方式では,「指導の透明性」「指導の一貫性」が重要である。
なお, 懲戒権は施設長にあり, 措置権は児相にあることは言うまでもない。

表2　安全委員会方式の基本要件

①力関係に差がある「身体への暴力」を対象とする
②安全委員会には, 児相と学校に参加してもらう
③委員長は外部委員が務める
④定期的に聞き取り調査と委員会を開催し, 対応を協議し実行する
⑤事件が起こったら緊急安全委員会を開催する
⑥四つの基本的対応
⑦原則として, 暴力事件と結果の概要を入所児童に周知
⑧暴力に代わる行動の学習を援助し,「成長のエネルギー」を引き出す

表3　安全委員会活動とは

①安全委員会の審議と対応
②職員による安全委員会と連動した活動（「連動活動」）
　　日々の指導：「叩くな, 口で言う」等
　　緊急対応　事件対応　応援面接
　　ケース会議　等
　　　→成長のエネルギーを引き出す

　強調しておきたいのは, 安全委員会の審議と4つの基本的対応だけが注目され, それだけが安全委員会方式または安全委員会活動であると思われがちであるが, 実際には, それだけでなく同時に職員による安全委員会と連動した活動（「連動活動」）が必須であるということである。すなわち, 安全委員会活動とは, ①安全委員会の審議と対応, および②職員による安全委員会と連動した活動（「連動活動」）の両者を含むものであるということである（表3）。生活場面での職員による暴力

への対応や指導，ケース会議等をはじめ成長のエネルギーを引き出すための活動が同時に行われているのである。

緊急対応チームの編成と対応
　暴力が激しい施設では，緊急対応マニュアルを作成し，「緊急対応チーム」を編成して対応する。

暴力がおさまってくると
　暴力がおさまってくると，小さい子や弱い子がはじけてくる。これはとりあえず良いサインであるが，要注意でもある。ここをきちんと対応していくことが重要である。

安心・安全が実現すると
　安全委員会方式が軌道にのり，安心・安全が子どもたちに実感できるようになると，しばしば以下のような変化が起こる。
　①強い子が暴力をふるわず，言葉で言うようになる。
　②弱い子がはじけたり，自己主張するようになる
　③特定の職員に過去の被害体験や虐待体験を語るようになる。
　④愛着関係や友人関係がより育まれる。
　⑤職員が安心し，元気になる

　「安心・安全」が実現されると，自然に，それまでとは違う愛着関係が展開してくるし，またしばしば子どもたちが自発的に過去の被害体験や虐待体験を特定の職員に語るようになる。「安心・安全」が実現できてこそ，「愛着」も「トラウマ」も適切に取り扱うことが可能になるものと考えられる。「愛着」や「トラウマ」関係のどの本でも，安心・安全が重要であると述べられているものの，その安心・安全を施設で実現することがいかに大変なことか，どうやって実現したいったらよいかということがまったくといっていいほど言及されていない。このことこそが，現在この領域でもっとも重要な課題である。

全国的な取り組みの展開
　現在，全国十数ヵ所の児童福祉施設で安全委員会活動を展開し，そこでは暴力が激減することは勿論のこと，それ以外にも子どもたちにさまざまな望ましい変化が起こっている。それに対して，あたかも退所という措置変更（の要請）や一

時保護（の要請）を濫発しているかのような批判がある。またそのことと関係して「懲戒権の濫用」という批判（西澤，2008）がある。そもそも措置権は児相にあり，懲戒権は施設長にある。原則として安全委員会には児相や学校が安全委員会に参加することになっているにもかかわらず，このような批判が出ること自体不可解である。また，4つの基本的対応を設けていることから，「3回暴力を振るえば退所させる方式である」との批判もあるようだが，これもまったくの誤りである。暴力事件については，「深刻度」，「再発可能性」，「施設全体への影響度」の3つの視点から対応を検討するのであって，何回やれば退所（の要請）などといったことは決してない。

こうした批判に対しては，静岡県の県立情短施設「吉原林間学園」が安全委員会活動実施の全施設（当時六つの県の12ヵ所の施設）にアンケート調査を行った結果が報告されている（吉原林間学園 2008）。「吉原林間学園」のご了承をいただいて資料として掲載しておく（別紙資料27）ので参照されたい。そこには，現実にはこれまで安全委員会を立ち上げて以降に，退所になった児童は，2008年6月20日の時点で全12施設全体で1名のみであり，退所も一時保護も極めて少ないと述べられている。

なお，付け加えておけば，11施設で退所者はゼロで，残りの1施設で1名が退所になったわけであり，しかもその子は，残念ながら退所になったが，私たちは現在もフォローをしている。そして，暴力事件を起こした子どもたちのほとんどが「厳重注意」の段階で改善しており，一時保護になった子も全12施設で合計しても数名に留まっている。また，暴力がおさまるだけでなく，それ以外にも望ましい変化が多数起こっているのである。

「懲戒権の濫用」と「懲戒権の有効かつ適正な使用」

「懲戒権の濫用」に注意すべきなのは言うまでもないことである。しかし，その一方で，児童福祉施設には「職員から子どもへの暴力」だけでなく，2レベル三種の暴力があるという現状から言えば，「懲戒権の濫用」を言うだけでは施設の暴力はなくならないし，施設で暮らす子どもたちの安心・安全は実現できないといえよう。「懲戒権の濫用」と同時に「懲戒権の有効かつ適正な使用」ということが論じられるべきである。被害児を守るためにも，そして加害児が暴力を振るわずに生きていけるように援助するためにもそれが必要である。単に，濫用にあたるかあたらないかといった議論だけでなく，もっと踏み込んで暴力への対応に有効かつ適正な使用のあり方ということが論じられるべきなのである。その議論なしに，「懲戒権の濫用」ということだけがもっぱら強調されてきたことこそが問題である

と私は考えている。

「知る権利」がある

　言うまでもなく，退所という措置変更は現実にあることであり，安全委員会がらみで始まったことではない。であればこそ，稀にではあれ自分たち自身に適用される可能性があるルールについて，子どもたち自身があらかじめ知らされておくことは必要なことである。また，なにも知らされないで，なんらかの深刻な事件を起こし，いきなり「退所」になることの方こそが重大な弊害であると思う。また，被害児を守り抜き，安心・安全を保障するためにも，ルールを教えておくことは必要であると考えられる。退所と言う措置変更がありうるということを，子どもたちには「知る権利」があるはずである。

おわりに

　児童が安全・安心を実感できないような脅かされた状態に置いたままにしておくことは，児童福祉に著しく反するものであり，早急になんらかの有効な対応が必要である。それは子どもたちのもっとも切実なニーズである。問題なのは，これがこの領域の関係者の間で「知る人ぞ知る」問題ではあっても，共通の取り組み課題として共有されているわけでは決してないということである。私の方式に賛同しない方々にも，この問題の深刻さを重要さに鑑みて，事態改善のためのなんらかの取り組みを開始していただきたいと願っている。その際，重要なのは，どのような方法をとるのであれ，その効果を検証（チェック・モニター）しながら実践していくということである。

　この問題の解決には，先に述べたように個別対応だけでは限界がある。したがって，子どもたちを日常的に守る仕組みづくり（＝システムづくり），そして同時に個別対応を応援する仕組みづくりが必要である。

　児童福祉施設や児童相談所に対して，子ども間暴力（児童間暴力）や職員暴力を解決しろと外部からただ声高に要求するだけでは何の解決にもならないと，私は考えている。この問題を解決しうる有効な対応策や予防策を提示し，この問題に取り組む職員の方々を支援していくことこそが必要なのだと思う。この問題は，行政（児童家庭課）と児相と児童福祉施設の三者が同時にやる気にさえなれば，そして各種の専門家がそれを支援していけば，確実に解決できる問題だと，私は考えている。

参考文献

市川和彦（2000）施設内虐待——なぜ援助者が虐待に走るのか　誠信書房．
市川和彦（2002）施設内虐待——克服への新たなる挑戦　誠信書房．
西澤哲（2008）田嶌先生の批判に応えて　臨床心理学，8(5)．
杉山登志郎（2007）子ども虐待という第四の発達障害　学習研究社．
田嶌誠一（2005a）児童養護施設における児童間暴力問題の解決に向けて　その1．児童間暴力の実態とその連鎖　pp.1-11, 心理臨床研究会．
田嶌誠一（2005b）児童養護施設における児童間暴力問題の解決に向けて　その2．施設全体で取り組む「安全委員会」方式　pp.1-25, 心理臨床研究会．
田嶌誠一（2005c）児童養護施設における児童間暴力問題の解決に向けて　その3．「事件」等に関する資料からみた児童間暴力　pp.1-19, 心理臨床研究会．
田嶌誠一（2006）児童養護施設における児童間暴力——子どもたちに「成長の基盤としての安心・安全」を日本心理臨床学会25回大会発表抄録集　p.44．
田嶌誠一（2007a）子どもの夢を育む児童養護施設とは　第3回西日本児童養護施設職員セミナー報告書　pp.8-10．
田嶌誠一ほか（2007b）「子どもたちの成長の基盤としての安心・安全を育む～施設内暴力（児童間・職員から子ども・子どもから職員）への包括的対応」中国地区児童養護施設協議会セミナー実行委員会　pp.13-23．
田嶌誠一（2007c）児童養護施設における施設内暴力への包括的対応——児相と連携して施設全体で取り組む「安全委員会」方式　日本心理臨床学会26回大会発表抄録集，p.99．
田嶌誠一（2007d）児童福祉施設における暴力問題の解決に向けて——児相と施設の連携サポート：特に一時保護の有効な活用を中心に　pp.1-22, 心理臨床研究会．
田嶌誠一（2008a）児童福祉施設における施設内暴力の解決に向けて——個別対応を応援する「仕組みづくり」と「臨床の知恵の集積」の必要性　臨床心理学，8(5)；694-705．
田嶌誠一（2008b）現実に介入しつつ心に関わる——「内面探求型アプローチ」，「ネットワーク活用型アプローチ」，「システム形成型アプローチ」　コミュニティ心理学研究，12(1)；1-22．
海野千畝子・杉山登志郎（2006）分担研究：性的虐待のケアと介入に関する研究——その2　児童養護施設の施設内性的虐待への対応　平成18年度厚生労働科学研究費補助金（子ども家庭総合研究事業）「児童虐待等の子どもの被害，及び子どもの問題行動の予防・介入・ケアに関する研究　pp.591-597．
吉原林間学園（2008）平成20年度児童養護施設等における暴力防止に関する研修会第1回講演抄録．

児童養護施設における愛着（アタッチメント）と暴力

愛着を重視した養育：「乳幼児ホーム」の実践

　子どもの育ちと養育において，「愛着（アタッチメント）」が極めて重要であることは広く認められていると言っていいだろう。その重要性については私も異論はない。しかし，ここで問題なのは，愛着（アタッチメント）を重視した養育を行えば，暴力は自然になくなると考えている専門家が非常に多いということである。しかし，以下に述べるように，実際には児童福祉施設において暴力への取り組みなしに「愛着」という視点を重視した養育で暴力問題が解決するというのはとても考えられない。児童福祉施設だけでなく，児童相談所やその関係者にもこのことをしっかり知っておいていただきたい。

　わが国では，乳児院が123ヵ所（平成22年4月現在），児童養護施設575ヵ所（平成21年7月現在）ある。通常は，0〜2歳未満までの子は乳児院で養育され，2歳になると児童養護施設に措置される（＊ただし，平成16年の児童福祉法改正で，乳児院の入所期限が0〜6歳まで延長可能となった。もっともこれはあくまでも延長可能ということであって，実態は長くても3歳くらいまでというケースが多いようである）。そのため，施設や担当職員が代わることになり，関係が中断するのである。その問題性についてはこれまで多くの専門家からの指摘がある。にもかかわらず，この問題は放置されてきたと言える。この問題に，施設という制約の中でではあるが，取り組んできた施設がわずかながらある。

　なかでも長年注目すべき取り組みを行ってきたのが，広島市で乳児院と児童養護施設を併設している広島修道院という施設である。1889年に創立され，創立120年以上になるわが国でも有数の歴史ある施設である。ただ歴史があるというに留まらず，この広島修道院は乳児院と児童養護施設のあり方を問い続け，先進的に取り組んできた施設でもある。この広島修道院は，昨今のように児童福祉領域で愛着，愛着といわれるようになるはるか以前から，愛着（アタッチメント）を重視した養育を行ってきたのである。乳児院と児童養護施設において愛着関係を重視し，「応答的な養育者による継続的関わり」が重要との視点から，1987年（昭和62年）施設総合移転事業に際して，乳児院と児童養護施設が相互乗り入れし，0歳〜幼稚園年中児まで暮らせる「乳幼児ホーム」を作り，1人の職員が2〜3人の子どもを担当する持ち上がりの養育担当制（最長は5年間となる）を採用し，職員と

担当児との一対一の愛着関係（アタッチメント）の形成に力を入れてきたのである（「乳児院と児童養護施設のページ」http://www10.ocn.ne.jp/~shudoin/nyuyou/nyuyou.htm）。そこでは，養育基本方針として「家庭的処遇の充実」をあげ，具体的には「乳幼児一貫養育」「小グループ養育」「家庭的雰囲気づくり」という方針による養育を行っているのである（広島修道院，1988；金子，2004）。

さらに，広島修道院では，幼稚園年長児から同じ敷地内にある「児童ホーム」に移ることになる。児童ホームでは，10のホームに分かれていて，各ホームには台所，食堂，居間，居室が備わっており，トイレと入浴以外はすべてホームでできるようになっている。基本方針に「ホーム型養護の中で家庭的雰囲気をつくり，個別的処遇の充実を図る」を挙げ，1ホーム7名前後の児童の縦割り編成となっている。どのホームも各自の誕生日のお祝い，ゴールデンウィークや夏の施設外活動など，ホーム単位での行事が多く，担当職員のホーム担当児への思いも強くなり，また子どもたちも担当に対し，「自分の先生」という意識が高くなってくるとのことである（広島修道院，2002）。

むろん，施設という制約の中ではあるが，広島修道院は，このように家庭的雰囲気や愛着（アタッチメント）を重視した関わりを乳児院と児童養護施設とでは最大限行ってきた施設であるといって良いだろう。しかし，ここで強調しておきたい重要なことは，それでも子どもたちの暴力という問題はなくなりはしなかったということである。たとえば，平成7年度には当時14～15歳の男子児童を中心に，いじめ，暴力等のさまざまな問題が噴出したのである。しかも，自分たちよりも年少の児童を傷つけたときによく口にしたことだが，「おれ達は，上の者からもっとひどい目にあわされた」とか「先生たちはおれ達がいじめられていても見て見ぬふりをしていた」などと語っていることである（広島修道院，2002）。このことは，広島修道院で暴力の連鎖が続いていたことが伺える。

広島修道院ではその後も暴力問題が一定の周期で起こり，そのため平成18年に安全委員会方式を導入し，その成果から暴力が激減している（山根，2007）。このことは，愛着の重要性を否定するものでは決してないが，その基盤には暴力への施設をあげた取り組みが必要であることを如実に示している。広島修道院は現在，安全委員会活動をリードする施設のひとつとなっている。

また，岩手県盛岡市の児童養護施設和光学園は，「"加害児童は過去の虐待体験による深い心の傷があり，それが暴力を振るわせる原因になっているのだから，その傷を心理療法でいやすことにより他児に暴力を振るわなくなる"との見解に立ち，心理療法や受容的関わりを日常的ケアの柱に据え，トラウマや愛着に焦点をあてたプレイセラピーや箱庭療法に力を入れた時期もあった。しかし，児童の問

題行動や気になる兆候は改善されず，施設内暴力は助長され，エスカレートした」（和光学園，2010）と述べている．ちなみに，この和光学園も2008年（平成20年）から安全委員会方式を取り入れ，効果をあげている（**巻末資料30**を参照）．

　誤解のないように言えば，だからといって，被虐待の影響がないと主張しているわけでは決してない．そして，私は加害児や被害児に個人心理療法を行うことを否定しているわけでも，対立するものと見ているわけでは決してない．個人心理療法やいわゆる「受容的関わり」による日常的ケアだけで子どもたちの暴力をなくそうというのは無理があるし，場合によっては逆効果となりうると主張しているにすぎない．暴力にどう対応するかという明確な指針とその実行が土台に必要である．それなしに愛着（アタッチメント）だけが強調された施設で逆に暴力が激化した例は少なくないというのが私の印象である．したがって，本書で述べているような施設をあげた対応を行いつつ，並行して個人心理療法や受容的関わりによる日常的ケアを実施するならば，効果が期待できよう．

　愛着（アタッチメント）を育みさえすれば，暴力は自然になくなると考えている専門家は非常に多い．しかし実際はそうではない．トラウマや愛着という視点からの関わりだけでは解決がつかないのは，児童福祉施設における暴力の中心にあるのは，習慣化暴力と連鎖系暴力，それも施設内連鎖がある連鎖系暴力だからであると考えられる．また，いくら愛着を育んでも，暴力がある施設に入所すれば，暴力の加害被害の連鎖に巻き込まれ，被害者や加害者になる可能性が極めて高いからでもある．

　<u>児童福祉施設における暴力への対応の具体的指針を持っていない現在の愛着理論では，少なくとも児童福祉施設の暴力問題の解決はできないと考えられる</u>．児童福祉施設だけでなく，児童相談所などの関係者にもこのことをしっかり知っておいていただきたい．

引用文献

広島修道院百年史編集委員会（1988）広島修道院百年史　広島修道院.

広島修道院（2002）百年に引き継ぐ――十年の歩み　広島修道院.

金子龍太郎（2004）傷ついた生命を育む――虐待の連鎖を防ぐ新たな社会的養護　誠信書房.

山根英嗣（2007）広島修道院における安全委員会方式の導入　第3回西日本児童養護施設　職員セミナー報告書　pp.17-19.

和光学園（岩手県）（2010）施設内暴力の解決に向けた安全委員会の取り組み――子どもが安心・安全な生活を送るために.

http://www10.ocn.ne.jp/~shudoin/nyuyou/nyuyou.htm
　「乳児院と児童養護施設のページ」

児童福祉法　第六節

（昭和二二年一二月一二日法律第一六四号）最終改正：平成二二年一二月一〇日法律第七一号

第六節　被措置児童等虐待の防止等

第三十三条の十　この法律で，被措置児童等虐待とは，小規模住居型児童養育事業に従事する者，里親若しくはその同居人，乳児院，児童養護施設，知的障害児施設等，情緒障害児短期治療施設若しくは児童自立支援施設の長，その職員その他の従業者，指定医療機関の管理者その他の従業者，第十二条の四に規定する児童を一時保護する施設を設けている児童相談所の所長，当該施設の職員その他の従業者又は第三十三条第一項若しくは第二項の委託を受けて児童に一時保護を加える業務に従事する者（以下「施設職員等」と総称する）が，委託された児童，入所する児童又は一時保護を加え，若しくは加えることを委託された児童（以下「被措置児童等」という）について行う次に掲げる行為をいう。

一　被措置児童等の身体に外傷が生じ，又は生じるおそれのある暴行を加えること。

二　被措置児童等にわいせつな行為をすること又は被措置児童等をしてわいせつな行為をさせること。

三　被措置児童等の心身の正常な発達を妨げるような著しい減食又は長時間の放置，同居人若しくは生活を共にする他の児童による前二号又は次号に掲げる行為の放置その他の施設職員等としての養育又は業務を著しく怠ること。

四　被措置児童等に対する著しい暴言又は著しく拒絶的な対応その他の被措置児童等に著しい心理的外傷を与える言動を行うこと。

第三十三条の十一　施設職員等は，被措置児童等虐待その他被措置児童等の心身に有害な影響を及ぼす行為をしてはならない。

第三十三条の十二　被措置児童等虐待を受けたと思われる児童を発見した者は，速やかに，これを都道府県の設置する福祉事務所，児童相談所，第三十三条の十四第一項若しくは第二項に規定する措置を講ずる権限を有する都道府県の行政機関（以下この節において「都道府県の行政機関」という），都道府県児童福祉審議会若しくは市町村又は児童委員を介して，都道府県の設置する福祉事

務所，児童相談所，都道府県の行政機関，都道府県児童福祉審議会若しくは市町村に通告しなければならない。

○2　被措置児童等虐待を受けたと思われる児童を発見した者は，当該被措置児童等虐待を受けたと思われる児童が，児童虐待の防止等に関する法律第二条に規定する児童虐待を受けたと思われる児童にも該当する場合において，前項の規定による通告をしたときは，同法第六条第一項の規定による通告をすることを要しない。

○3　被措置児童等は，被措置児童等虐待を受けたときは，その旨を児童相談所，都道府県の行政機関又は都道府県児童福祉審議会に届け出ることができる。

○4　刑法の秘密漏示罪の規定その他の守秘義務に関する法律の規定は，第一項の規定による通告（虚偽であるもの及び過失によるものを除く。次項において同じ）をすることを妨げるものと解釈してはならない。

○5　施設職員等は，第一項の規定による通告をしたことを理由として，解雇その他不利益な取扱いを受けない。

第三十三条の十三　都道府県の設置する福祉事務所，児童相談所，都道府県の行政機関，都道府県児童福祉審議会又は市町村が前条第一項の規定による通告又は同条第三項の規定による届出を受けた場合においては，当該通告若しくは届出を受けた都道府県の設置する福祉事務所若しくは児童相談所の所長，所員その他の職員，都道府県の行政機関若しくは市町村の職員，都道府県児童福祉審議会の委員若しくは臨時委員又は当該通告を仲介した児童委員は，その職務上知り得た事項であつて当該通告又は届出をした者を特定させるものを漏らしてはならない。

第三十三条の十四　都道府県は，第三十三条の十二第一項の規定による通告，同条第三項の規定による届出若しくは第三項若しくは次条第一項の規定による通知を受けたとき又は相談に応じた児童について必要があると認めるときは，速やかに，当該被措置児童等の状況の把握その他当該通告，届出，通知又は相談に係る事実について確認するための措置を講ずるものとする。

○2　都道府県は，前項に規定する措置を講じた場合において，必要があると認めるときは，小規模住居型児童養育事業，里親，乳児院，児童養護施設，知的障害児施設等，情緒障害児短期治療施設，児童自立支援施設，指定医療機関，第十二条の四に規定する児童を一時保護する施設又は第三十三条第一項若しくは第二項の委託を受けて一時保護を加える者における事業若しくは業務の適正な運営又は適切な養育を確保することにより，当該通告，届出，通知又は相談に係る被措置児童等に対する被措置児童等虐待の防止並び

に当該被措置児童等及び当該被措置児童等と生活を共にする他の被措置児童等の保護を図るため，適切な措置を講ずるものとする。

○3　都道府県の設置する福祉事務所，児童相談所又は市町村が第三十三条の十二第一項の規定による通告若しくは同条第三項の規定による届出を受けたとき，又は児童虐待の防止等に関する法律に基づく措置を講じた場合において，第一項の措置が必要であると認めるときは，都道府県の設置する福祉事務所の長，児童相談所の所長又は市町村の長は，速やかに，都道府県知事に通知しなければならない。

第三十三条の十五　都道府県児童福祉審議会は，第三十三条の十二第一項の規定による通告又は同条第三項の規定による届出を受けたときは，速やかに，その旨を都道府県知事に通知しなければならない。

○2　都道府県知事は，前条第一項又は第二項に規定する措置を講じたときは，速やかに，当該措置の内容，当該被措置児童等の状況その他の厚生労働省令で定める事項を都道府県児童福祉審議会に報告しなければならない。

○3　都道府県児童福祉審議会は，前項の規定による報告を受けたときは，その報告に係る事項について，都道府県知事に対し，意見を述べることができる。

○4　都道府県児童福祉審議会は，前項に規定する事務を遂行するため特に必要があると認めるときは，施設職員等その他の関係者に対し，出席説明及び資料の提出を求めることができる。

第三十三条の十六　都道府県知事は，毎年度，被措置児童等虐待の状況，被措置児童等虐待があつた場合に講じた措置その他厚生労働省令で定める事項を公表するものとする。

第三十三条の十七　国は，被措置児童等虐待の事例の分析を行うとともに，被措置児童等虐待の予防及び早期発見のための方策並びに被措置児童等虐待があつた場合の適切な対応方法に資する事項についての調査及び研究を行うものとする。

あとがき

　学問は，人を励ますものでなければならないと思う。
　私にとって，本書はどうしても書かなければならないものであった。やっと本書を出版にこぎつけることができ，少しほっとしている。子どもたちへの責任をいささかでも果たせるのではないかと思うからである。本書がこの問題の当事者や関係者を励ますものであることを願っている。
　また，わたしのひそかなもくろみは，本書で実践的な学問のひとつのありようを具体的に描いてみせることであった。できれば，それがさまざまな形で学問に取り組んでいる人たちをも励ますことを願っている。
　本書第1章でも述べたように，私の心理臨床の仕事は，おおよそ三つに分けることができる。イメージ療法に関するもの，ネットワークを活用した多面的アプローチに関するもの，そして本書の児童養護施設等における暴力問題への対応である。そうした経過の中で，歩みはのろいものの経験と工夫を重ね，私自身は若い頃にはできなかったことが，ある程度できるようになっているという実感を持てるようになっていった。したがって，いくらかお役に立てる心理臨床ができるようになってきたと考えている。
　ところが皮肉なことに，私の仕事に対する専門家集団の大勢の反応はその真逆であった。
　私が壺イメージ法というイメージ療法の技法を考案した頃は，関係者に好評でけっこう誉めていただいた。なかには激賞して下さった方も少なくなかった。そして，壺イメージ法について書いた英文論文が，米国のイメージ療法のハンドブックに掲載されるに至っている。ところが，ネットワークを活用した多面的アプローチでは，少数ながら支持者はいたが，しばしば批判されるようになった。セラピストは面接室の構造を守ってもっぱら心の内面を扱うもので，面接室の外

に出るとはとんでもないというわけである（現在では，だいぶ事情は変わってきていると思う）。そして，今回の児童福祉施設の暴力問題に取り組み，安全委員会方式を実践するようになると，ごく少数の支持者はいたが，今度はさらに痛烈に非難・批判されるようになった。第11章で述べているように，名だたる有名専門家の人たちからものすごいバッシングを受けることとなったのである。その一方で，施設現場の支持者は少なくなかったし，また施設に入所経験がある当事者は熱く支持してくれたことが，私を大いに励ましてくれた。

　このように，皮肉なことに私の心理臨床は専門家の間ではだんだん評判が悪くなる方向をたどっていったことになる。それも，尋常な悪評ではない。なんと，この人たちの間では，この私は施設の子どもたちの生存権を脅かしている人物ということになっているのである。現実がどうであれ，人はしばしば見たいものを見るものである，とは承知していたつもりである。しかし，それにしても現実というものは，ここまで歪めようがあるものだと思い知った次第である。どうやら，新たな活動を切り開く時，こういうことは割りと起こるものなのであろう。通常は，もっとマイルドな形でそれが起こるのだが，私の場合，それが極端な形で起こったのだと考えられる。

　しかし，どう思われたとしても，これがいわば私の心理臨床の到達点である。若い頃に私がこの問題に出会っていたら，とても歯が立たなかったことは明らかだし，若い時から今日に至るまでの臨床経験と思索の積み上げがあったからこそ，やっとのことで，それこそやっとのことでやれたことだからである。その意味で，学問を続けてきてよかったとつくづく思うことである。

　さて，お読みいただいて，いかがだっただろうか。

　本書を読んで，何かしなければと思われたかもしれない。そういう方は，その思いを大事にしていただきたい。しかし，実際には，この方式は，かなりの条件が整わないとできない方式である。実際，私も地元では，その条件が整っていないため，できていないのである。だからといって，あなたに何もできないとも思わないでいただきたい。まずは，この問題への適切な理解を深めていただきたい。そして，その理解を広めていただきたい。また，この問題への施設をあげた取り組みが重要であることを，折に触れては発言していただきたい。

　この安全委員会方式が，形式的すぎると思われた方がおられるかもしれない。それは，私の感想でもある。しかし，決してある特定の一施設だけがなんとかなればよいという問題ではない。児童養護施設だけで全国に570数ヵ所あり，全国の施設で取り入れ可能なモデルを示す必要があるのである。形がしっかりしたものである分だけ，子どもにも職員にもわかりやすく，取り入れやすいのである。

また施設も児童相談所も学校も職員の異動が多いので連続性を保ち維持する仕組みとしてもわかりやすく形式的にならざるをえないという面もある．もし，このように形式を整えなくてもやれる方式ができるものなら，創っていただきたい．ただし，私としては，それがよその施設に教えることができるようなものであることを強く望みたい．
　あるいは，こんな方式はとんでもないと思われた方もおられるかもしれない．本書を読んでなお，そういう感想を持たれる方がいないことを個人的には願っている．しかし，もしそういう方がおられたとしても，私たちの方式に反対だからこの問題に取り組む必要がないなどということはありえないはずである．そういう方には，ぜひ別のやり方で実績をあげ，さらには複数の施設に広めていただきたい．ただし，どうか被害児を守り抜いていただきたい．そして，ほんとうに効果が上がっているのか，その効果をモニターしながら，実践を進めていただきたい．
　本書を読まれた方がどのような感想を持たれたにしても，この問題を解決に向けて一歩進めることになることを願っている．
　私たちの展開している児童福祉施設版安全委員会方式の意義は，この問題への注意と理解を喚起しただけでなく，この問題が取り組み可能であることを実践をもって示した点にある．どこからどう手をつけていったらよいのかということ，すなわち優先的に必要な取り組みを明らかにしている点にある．その意味では取り組みの土台を提供したものである．
　その土台に積み上げるべき知恵については，一部は述べているものの，それで十分と考えているわけでは決してない．今後，対応のさらなる知恵を積み上げていただきたいと願っている．
　本書の意義は，なんといっても児童福祉施設における暴力問題の適切な理解について述べ，さらに私たちが実践している安全委員会方式の詳細とその背景にある理論を述べたことにある．特に強調しておきたいのは，安全委員会方式の導入にあたっては，決して中途半端に取り組んでなんとかなる問題ではないということだけは肝に銘じておいていただきたいということである．そして，本書でも繰り返し述べているように，導入にあたっては，この方式に詳しい経験者による研修会が最低でも3回以上は必要である．決して本や論文を読んだだけとか，研修会で講演を1回聞いただけとかでうまくやれる方式ではない．
　それにしても，ここに至るまでの困難さは尋常ではなかった．
　新たな活動を切り開く時に壁はつきものであるとはいえ，なぜかくも困難だったのだろうか．おそらく，第14章で述べたように，この時代に流行のパラダイムとでも言うべきものとぶつかったためではないかと考えている．そのためか，仲

間がいたとはいえ，それでもひどく辛い道程であった。

その道程で，精神的にも学問的にも支えていただいた3名の長老の先生方に深く感謝したい。成瀬悟策先生，中井久夫先生，氏原寛先生，のお三方である。この三人の先生方には，折に触れて何度も励ましのお手紙やおはがきをいただいた。おかげで，どれだけ心が救われたことだろう。また，乾吉佑先生，羽下大信氏にもずいぶん励ましていただいた。同僚の宗教学者である関一敏氏には，学問領域を超えて深い理解とご支援をいただいた。そして，比較的若い人たちからは，熱い応援のメッセージを少なからずいただいた。これらの先生方および応援していただいた方々に深く感謝申し上げたい。

大学に職を得ていなければ，私がこの活動を考案し実践することは到底不可能であったと思う。また，本書を執筆できたのは，私が九州大学で教員ポストを得ることに恵まれ，しかも私の職場である九州大学から1年間サバティカル（研究専念期間）の機会を与えていただいたおかげである。そうでなければ，この時期にこのような形で本書が陽の目をみることはなかったはずである。

大学の学問には，採算や効率を度外視してでも，新たなものを「切り開く」という側面があるからこそ，活動の実践も本書の出版も可能になったことである。その意味では私たちの社会に大学という場があったことが有難いし，また私を採用していただいている九州大学に大変感謝している。それだけに，大学の学問にそういう側面がなくなってしまわないことを切に願っている。大学は今，未曾有の変革期にあり，採算や効率やすぐに目に見える貢献が重視される方向に突き進んでいるが，そういうさなかだからこそ，このことを記しておきたい。

この問題にかかりっきりになっていたため，私の職場の方々には，この数年いろいろなご迷惑をおかけした。若い頃から先輩として見守っていただいた九州大学の針塚進氏と丸野俊一氏には，今回もまたご心配をおかけしたことと思う。お詫びと感謝を申し上げたい。また，私がこの活動に専念できたのは，なんといっても家族の理解があったからであり，そのことに深く感謝している。

さらに，営業の立場から見て売れにくいと思われるこのような大部な本書の出版を，あえてお引き受けいただき，さらにこまやかなお世話いただきました金剛出版の立石正信社長に深く感謝致します。

しばしば誤解されることだが，私はこの安全委員会方式を単なる「危機管理」としてやっているわけではない。むろん，「危機管理」は重要である。しかし，私は子どもたちを育むのにお役に立ちたいと願っているのである。それにあたって，この暴力ないし安心・安全の実現という問題は，その土台として避けて通れない問題だから取り組んでいるのである。

私もいつのまにか年をとり，若い世代のためになにか貢献できないかと考えるようになってきた。私の顔も名前も知らない子どもたちまでもが，この仕組みと活動があるおかげで，今後も安心して眠れている。そしてそれは私の心安らぐことである。

2011年9月3日
田嶌　誠一

索　引

A to Z

ADHD 131, 235, 481, 484, 485, 506
CAP 218, 227-229
　　—（Child Assault Prevention） 216
　　—児童養護施設プログラム 218
　　—プログラム 218-220, 230
PTSD 184
SBI児童福祉施設職員研修会 663

あ

愛情をもって叱る 139, 322
愛着 77, 261, 692, 720
　　—（アタッチメント）
　　　.......... 77, 114, 132, 133, 204, 207, 248, 254, 273,
　　　286, 288, 318, 443, 480, 727, 729
　　—環境 288
　　—関係 443
　　—（アタッチメント）行動 435
　　—療法 297, 526
　　—（アタッチメント）理論 205
赤塚ホーム 587
アスペルガー症候群 369, 484, 485, 584
アセスメント 485
遊びの種類 402
暖かい情緒的交流 77
暖かい人間関係 215
アタッチメント（愛着）
　　............... 208, 209, 211, 228, 230, 258, 317, 322
　　—（愛着）環境 214
　　—（愛着）の形成 208
　　—（愛着）理論 211, 212
アリバイ的な導入 324, 436, 544, 550
案外通じる 369
アンケート 704, 714, 715
　　—調査 724
　　—調査結果 672, 674
安心・安全 42, 50, 132, 133, 169, 177, 182, 186,
　　202, 205, 210-213, 217, 227, 229-231, 251, 253, 255,
　　258, 260, 261, 272, 276, 283, 288, 298, 309, 319,
　　320, 322, 336, 442, 443, 445, 469, 470, 478, 484,
　　486, 526, 532, 554, 583, 587, 589, 591, 600, 610,
　　611, 615, 685, 687, 723
　　—社会の構築 600, 601, 616, 619
　　—という体験の蓄積 408, 435
　　—という土台 498, 553, 591
　　—な生活 283, 300-302, 359, 442
　　—な生活の実現 256, 257, 268
　　—のアセスメント
　　　............... 210, 261, 262, 264-266, 268, 280, 614
　　—の実現 228, 229, 231, 256, 261, 298, 554,
　　578, 585, 589, 591, 606, 615
　　日々の— 50
　　—を基盤とした子どもの権利的養護 ... 612
安全委員会 316, 325, 327, 332, 335, 340, 342,
　　344, 345, 347-349, 354, 357, 358, 360, 363-365, 367,
　　368, 370, 378, 379, 389, 391, 404, 405, 410, 411,
　　477, 492, 494, 500, 654, 655, 657, 682, 684, 690,
　　694, 698, 705
　　—委員 341, 350, 405
　　—活動 177, 324, 326, 340, 344, 353, 363,
　　370, 378, 381, 383, 394, 400, 403, 405, 408, 412,
　　438, 492, 498, 517, 527, 623
　　—全国大会 30

739

―― 便り 349, 358, 359, 384, 652
―― に関するアンケート調査 668
―― の基本要件 310, 552
―― の規約 346
―― のしおり 384, 651
―― 方式 5, 22-24, 30, 44, 177, 178, 204, 209, 217, 228, 259, 268, 287, 303, 309-311, 315, 322, 323, 325, 326, 328, 331, 333, 336, 339, 342, 347, 350, 354, 360, 365, 378, 379, 382, 389, 391, 395, 396, 399, 403, 404, 407, 412, 415, 419, 427, 477, 490, 491, 494, 516, 527, 533, 535, 540, 622, 663, 664, 668, 678, 685, 687, 688, 718, 721, 723, 734
―― 方式の意義 516, 542
―― 方式の課題と限界 516
―― 方式の基本要件 325, 326, 340, 346, 722
―― 方式の特徴 388
―― 方式の妙味 550
―― 方式への疑問・批判 517
安全感（security） 258
安全基地 212, 258
安全への欲求 258
安全弁 32, 33, 471, 508, 519
安全欲求 254
威圧関係のアセスメント 266
飯嶋秀治 5, 310, 400
委員長による注意 362
井生浩之 400
生きる力 56, 58
育成的態度 380, 453
意見書 180
意見表明権 198
石井十次 161
いじめ 39, 138, 146, 197, 200, 261, 388, 485, 510, 541, 596
石本勝見 369, 680
石本方式 369
委託一時保護 567, 573
一次障害 485
一施設生活経験者 163
一次的ニーズ 485
一時保護 83, 113, 172, 194, 325, 327, 328, 346, 359, 362, 370-373, 378, 380, 431, 457, 511, 517, 559, 564, 646, 650, 653, 655, 659, 661, 668, 681, 694, 703, 721, 724
一時保護所 126, 144, 172, 173, 554
一緒に取り組む 240, 295, 297
偽りの平穏型 149

乾吉佑 736
いのちの実感を基盤とした共同体共有イメージ 619
イメージ療法 32, 33, 41, 241, 293, 733
動きながら見立てる 266
宇治少年院 278
氏原寛 736
疑わしきは審議 379
疑わしきは待機 363
影響度 346, 359, 361, 422, 517, 724
エリクソン 258
エンパワーメント 218
生い立ちの整理 68
応援委員会 382, 553
応援会議 382
応援ケース会議 72, 74, 344, 631
応援面接
.... 60, 61, 69, 71, 74, 75, 381, 452, 528, 627, 722
横断的連鎖 155
大きな暴力なし 455
惜しかった 493
大人と子どもの新たな関係 611
―― の構築 612
思いを語る 365, 459
思いを伝えること 640
折り合い期 386
恩寵園 120-122, 163, 164, 195, 220
恩寵園事件 120, 163, 195

か

解決過程 288
解散命令 547
改善命令 547
外的安心・安全 50, 619
外部委員 341
回復的接近法 205
外部評価 614
外部評価委員会 335
解離 477, 478, 483, 509
解離探し 483
カウンセリング 55
加害児の被害体験 430, 468
学習援助 476
学習支援 591
学習障害（LD） 484, 485

学生相談 33
学問の基本的作法 531, 533
過酷事故 617
家族再統合 56
家族についての希望 62, 64
家族歴 73
課題遂行表 367
課題と限界 542
課題を共有 488, 489, 495
学級風土測定尺度 267
学級崩壊 272, 477, 480, 501, 506, 596, 597
学校 366, 373, 419, 494
　　──教育法 270
　　──における暴力（校内暴力） 595
　　──の寮 104
　　──寮 173
活動しながら見立てる 265
家庭－施設間連鎖 269
家庭的養護 416, 582
神奈川県教育委員会 596
変わるべきは個人 301
関係 27, 28
　　──における安心・安全 50
　　──における安全弁 35
　　──の脱虐待化 320, 463
観察学習 158, 269
間接的身体暴力 332
間接的性暴力 332
キーパーソン 326, 342, 344, 357, 358, 366, 419,
　　472, 553, 635, 694, 706, 709, 721
帰園時面接 372, 373, 571, 576, 660, 662
季刊児童養護 592
危機介入 543
聞き取り調査 113, 143, 195, 200, 263, 264, 266,
　　304, 323, 325, 326, 337, 340, 348, 350, 353, 355,
　　356, 358, 363, 372, 379, 405, 411, 423, 437, 448,
　　452, 467, 471, 496, 497, 655, 657, 683, 706, 713,
　　715, 721
聞き取り調査票 350-352
聞き取りのキーパーソン 357
きちんと叱る 26, 48, 322, 365
喫煙 478
記念集会 21, 22, 381, 434, 444-446, 690
希望 55, 57, 434, 436
　　──を引き出し応援する
　　 .... 53, 55, 57, 60, 77, 80, 215, 274, 315, 381, 591
　　──を引き出す 67

　　──を引き出す応援面接 628
基本的人権 608
基本的信頼感 258
基本的連動活動 452
基本ルール 329, 368, 385, 417, 419, 473, 480,
　　486, 504, 584, 609, 658
疑問・批判 517
虐待 40, 73, 184
　　──関係の再現 154, 172, 318, 320, 463
　　──児 221
逆転的連鎖 153
九州大学 736
強圧的管理型 147, 150, 233, 604
境界性パーソナリティ障害 266, 510
共感 26, 222, 314, 568
　　──性 475
　　──性の芽生え 435, 436
　　──的理解 27
教師 482
競争型遊び 402
協調型遊び 402
強迫的性格 499
共有可能な現場の知恵 536, 543
共有可能な知恵
　　............... 4, 237, 252, 280, 449, 536, 543, 587
許容 27, 386, 482
緊急安全委員会
　　............... 323, 325, 326, 340, 343, 414, 427, 721, 722
緊急対応
　　............... 420, 436, 452, 456, 457, 511, 513, 624, 722
　　──チーム 343, 637, 723
　　──マニュアル 343, 637, 723
緊急非常召集 697, 698
空間的死角 265, 337
クールダウン 345, 456, 487, 637
クールダウンの部屋 456
苦行強制系暴力 332, 333
苦情解決委員会 335
苦情処理委員会 335
汲み取る，引き出す，応える 25, 31, 228
グランドルール 418, 419, 456, 473, 486
桑本雅量 401
軍隊 173
ケア基準 270
ケアワーカー 119
経営体質 543

索引 —— 741

形骸化	549
──しないための仕組み	252
──を防ぐシステム	443, 444
経験	292
啓発的アプローチ	215, 218
ケース会議	72, 73, 75, 291, 327, 342, 344, 366, 368, 419, 432, 472, 473, 480, 721, 722
原因解決論的アプローチ	289
原因探し	38
元気になること	54
現実制約の機能	483
現実的な希望へ	58
現実に介入しつつ心に関わる	21, 31, 39, 208, 241, 262, 281, 301, 311
厳重注意	323, 325, 327, 332, 342, 346, 359, 361-363, 365, 366, 368, 372, 379, 380, 408, 422, 428, 432, 448, 452, 454, 457, 458, 473, 518, 640, 642, 646, 650, 653, 655, 657, 671, 678, 681, 682, 694, 696, 701-703, 706, 708, 711, 714, 721, 724
──以前	361, 454
──以前の対応	362
──の光景	460
──の手順	369
健全なあきらめ	29, 58
現場のニーズ	25, 31, 228
──を汲み取る，引き出す，応える	49
権利侵害	179, 180, 521, 691, 692
高機能自閉症	499
攻撃性の法則	135, 137, 139, 140, 160, 166, 597
厚生省	520
厚生労働省	56, 164, 179, 186, 250, 594
構造化	487
構造的問題	230, 248, 275, 481
校内暴力	166
こうのとりのゆりかご	583
高齢者虐待防止法	616
高齢者施設	554
個から集団へ	481
志は高く，腰は低く	24, 28, 48
心の傷（トラウマ）	114, 720
心のケア	57, 131, 132
心を見据えた外的環境づくり	268
個人の処遇力	721
個人と環境との関係	40
個人の心理や病理	41
個人の力量	299, 525
個人面接	27

個という視点	481
個と集団	43, 229, 271, 272, 479, 481, 721
──アプローチ	489
──という視点	271, 272, 301, 481
子ども会議	411
子ども間の性暴力	222, 225
子ども虐待（児童虐待）	29, 151, 222
子ども権利ノート	691
子ども主体	165, 202, 381, 416, 435, 442, 521, 605, 606, 610, 611, 618
子ども尊重	416, 417
子ども代表	445
子どもと福祉	592
子どもによる職員への暴力（対職員暴力）	379
子どもの虐待とネグレクト	178, 535, 537
子どもの意向の尊重	610
子どもの権利条約	197, 605
子どもの権利・責任ノート	201
子どもの権利ノート	100, 164, 196-204, 219, 227, 231, 262, 525, 605
子どもの権利擁護	4, 164, 165, 167, 196, 202, 204, 220, 302, 304, 521, 602, 603, 605, 606, 612, 613, 618
子どもの代表	348
個の力量	302
個別対応	43, 336, 596, 721
個別モデル	210, 254, 481
コミュニティという発想	41
コモンセンス・ペアレンティング	216, 229-231
混合型	149

さ

最善の利益	583
最低基準	249, 256
再発可能性	327, 346, 359, 361, 422, 517, 724
サイン・オブ・セイフティ・アプローチ	614
佐藤ホーム	587
里親	57, 126, 130, 139, 274, 331, 554, 578, 579
──系のファミリーホーム	587
──と子ども	592
──養育	578
さらなる連動活動	477, 553
サリヴァン	258
三種の断絶	171

三種の暴力 101, 119, 123, 128, 133, 141-144, 303, 305, 596, 613
　　── に関する調査 143
自衛隊 110
自害他害活動 158
視覚的提示 487
時間的死角 265, 337
仕組み（システム） 44, 169
仕組みづくり 44, 276, 301, 310, 720
事件対応 456
自己愛性パーソナリティ障害 510
自己肯定感 227, 258
自己実現 55
自己実現欲求 253, 254
仕事や進路についての希望 64
自称安全委員会 437
自助他害活動 158, 316
自助のための注文 69
システム 44, 459, 670, 683, 685, 691, 693, 697
　　──（仕組み） 267, 309
　　── 維持 45
　　── 改善 45
　　── 形成 45
　　── 形成型アプローチ
　　　...... 4, 31, 41, 43, 44, 49, 388, 396, 530, 542, 554
　　── 実践 45
　　── づくり 276
　　── 提案 45
　　── 普及 45
　　── 模索 45
　　── を維持するためのシステム
　　　................. 252, 280, 382, 443, 444, 450, 548, 574
　　── をつぶすためのシステム 450, 551
施設アセスメント 267
施設職員 119
施設職員系のファミリーホーム 587
施設生活経験者 96, 99, 162, 531
施設全体で取り組む 391
施設全体の処遇力（養育力） 275, 491, 721
施設全体の取り組み 309, 310
施設全体の力量 299, 302, 525
施設全体への影響度 327
施設長の覚悟 550
施設内虐待 4, 29, 41, 42, 81, 100, 114, 120, 126, 130, 134, 145, 148, 176-179, 195, 231, 232, 234-236, 238, 241, 254, 305, 525, 617, 693, 719
　　── 対応ガイドライン 203
　　── を許さない会 164, 179
施設内暴力 29, 41, 42, 100, 114, 126, 134, 147, 150, 160, 169, 177-179, 192, 195, 231, 234, 236, 238, 241, 263, 271, 334, 337, 392, 450, 561, 594, 611, 671, 687, 691-694, 716, 718, 719
　　── の類型 147
施設内連鎖 151, 215, 311, 319, 337
施設風土尺度 267
施設文化 440
施設崩壊 272, 480
施設養育 578
施設をあげた取り組み
　　　........................... 138, 204, 275, 277, 303, 305, 388
実現過程 602, 605
実践しながら学ぶ 549
児童家庭課 121
指導が通る 497
　　── 関係 148, 375, 419, 456, 658
児童虐待 36, 582, 594, 610, 691
児童虐待防止法 183, 333, 616
児童自立支援施設
　　　........... 82, 123, 124, 145, 160, 173, 195, 232, 233, 235, 317, 331, 360, 376, 558, 575, 576, 689
児童心理司 371, 559, 560
児童相談所 45, 68, 79, 83, 86, 113, 121, 126, 134, 171, 185, 195, 196, 206, 213, 220, 222, 240, 263, 265, 300, 304, 323, 327, 340, 341, 346, 353, 362, 366, 368, 370-373, 379, 383, 394, 395, 415, 419, 432, 437, 480, 544, 559, 622, 659, 664, 729
　　── 運営指針 565
　　── との連携 376, 557, 624, 637, 699, 721
　　── の参加 544
指導の一貫性 325, 335, 722
指導の透明性 325, 335, 722
児童福祉司 371, 559, 560
児童福祉施設 22, 47, 53, 79, 80, 82, 103, 110, 111, 119, 126, 133, 134, 144, 151, 159, 167, 193, 199, 202, 203, 206, 208, 211, 213, 218, 225, 228, 229, 235, 238, 248, 251, 252, 254, 255, 260, 261, 265, 268, 271, 275, 298, 309, 310, 337, 338, 360, 376, 391, 398, 535, 554, 659, 718
　　── 内 138
　　── 版安全委員会 693
　　── 版安全委員会方式 30, 735
児童福祉審議会 128
児童相談所 129

索引 ── 743

児童福祉法 4, 81, 127, 128, 180, 182, 203, 250, 333, 519, 561, 616, 691, 692, 730
児童養護施設 21-23, 41, 46, 47, 53, 57, 59, 64, 65, 69, 72, 77, 79-84, 86-89, 92, 93, 95-97, 99, 102, 103, 106, 108, 111, 113, 119, 123, 124, 131, 132, 140, 145, 156, 160, 161, 166, 167, 170, 172, 173, 177, 180, 184-186, 194, 202, 204, 206, 209-211, 219-222, 226, 232, 235, 247, 249, 251, 252, 256, 258-261, 270, 274, 295, 309, 317, 322, 341, 354, 375, 376, 378, 382, 384, 388, 389, 391, 394, 395, 399, 412, 414, 429, 446, 478, 558, 576, 616, 687, 688, 693, 718, 727, 733
　　── 内 167
　　── における性教育 224
自分を例外としない姿勢 323, 586
死亡事件 89, 101, 179
紫牟田和男 544
社会的技能 474
社会的養護 57, 130, 133, 178, 235, 268, 554, 577, 578, 583, 586, 589, 590, 615
　　── 学会 591
　　── 研究会 591
　　── とファミリーホーム 580, 592
　　── 内虐待 127, 129, 305, 334
　　── 内暴力 127
習慣化している暴力（習慣化暴力）
　　............ 156, 209, 229, 273, 314, 360, 453, 454, 729
修正的接近法 205
集団から個へ 481
集団守秘義務 342
集団と個 43, 271, 479
集団の基本ルール 480
集団の質 139, 140
集団万引き 689
修復的愛着療法 211
主体と環境との関係 40
主体と環境とのより適合的関係 281, 301, 302
主張期 385
呪縛 138
受容 26, 76, 77, 386, 482, 483, 568
　　── 的関わり 209, 692, 728, 729
　　── 的役割 483
　　── と共感 48
障害者虐待防止法 616
障害者施設 341, 554
小規模化 581
小規模住居型児童養育事業 173, 580

小舎制 383
情緒障害児短期治療施設
　　................................ 82, 160, 173, 232, 233, 331
承認欲求 254
少年院 557
少年鑑別所 557
情報免疫 64
将来の希望 55, 61, 62, 74
将来の展望 381
職員によるネグレクト 333
職員によるフォロー 460
処遇 204
処遇（養育）のパラダイムの転換 297
女子学生レイプ殺人事件 163
所属と愛情欲求 254
地雷問題 615
自立援助ホーム 377
知る権利 328, 521, 725
審議の視点 359
人権感覚 196, 220, 270, 276
　　── の欠如 196
深刻度 327, 346, 359, 361, 422, 517, 724
新入所児童聞取り調査 385
真の子ども主体 607, 609
真の子どもの権利擁護 203
深夜徘徊 491
心理教育的アプローチ 215, 216, 230
心理士 45, 47, 346, 369, 372, 373, 387, 388, 429, 468, 483
　　── との連携 387
心理療法 55, 76, 80, 184, 192, 205, 209, 248, 261, 267, 272, 283, 291, 293, 299, 469, 478, 482, 591, 728
心理臨床 55
　　── のパラダイム転換 281, 297
　　── モデル 301
人類学 401
スクールカウンセラー 36, 557
スクールカウンセリング 33
助っ人 399, 405
ストックホルム症候群 138
ストレス解消法 70, 71
ストレスマネージメント 228, 229
ストレスマネージメントプログラム
　　.. 216, 230, 231
生育歴 73, 75
生活空間内連鎖（現在の連鎖）
　　.................................... 151, 152, 154, 155, 159, 215, 268

生活という視点 28, 40, 281, 282, 479
生活における共感 27
生活における個と集団 272
生活に寄り添う 57, 60, 80
生活の基本ルール 312, 419, 456, 486
生活の構造化 233
生活の質のアセスメント 262
性虐待 177, 222, 223, 226
性教育 60, 216, 223, 224, 226, 228, 229, 235, 297, 526, 591
精神科医 ... 72, 77, 262, 266, 272, 478, 481, 483, 540
成長のエネルギー 23, 58, 249, 260, 269, 276, 311-313, 325, 326, 336, 380, 388, 436, 453, 475, 553, 683, 685, 694, 710, 721, 722
成長の基盤 42, 133, 186, 484, 486
――としての安心・安全
　.... 30, 42, 177, 252, 256, 257, 261, 280, 301, 309
　――としての安心・安全な生活の実現 ... 336
成長の力 366
性的行為強制系暴力 332
性的兆候 471
正当な罪悪感 319, 322, 330, 426, 569
死亡事件 89
性暴力 84, 85, 87, 89, 98, 103, 106, 108, 110, 119, 120, 123, 150, 163, 184, 223, 224, 226, 233, 239, 240, 251, 257, 265, 325, 330, 332, 333, 351, 352, 358, 383, 384, 399, 404, 411, 429, 430, 441, 467, 468, 471, 487, 652, 681, 690, 718
　――の前兆 352
　――の防止 411
生理的欲求 253
セーフティネット 508
セカンドステップ 216, 228-231
関一敏 736
セクハラ 271, 586
世代間連鎖（過去からの連鎖）
　.......................... 151-155, 159, 215, 268, 512
設置最低基準 167
設置要綱 346, 645
説明責任 324, 354
全国里親会 591
全国児童相談研究会 591
全国児童養護施設協議会（全養協）
　................... 165, 236, 537, 591, 664, 665, 667
全国大会 448
潜在型 149
戦争 617

全体集会 496, 500
選択的不注意 103
相互モニター 575
（送付先）特定方式 397
ソーシャルスキルトレーニング（SST）
　................... 60, 216, 297, 321, 474, 526, 591
そだちと臨床 592
育ち直り 284, 286, 292, 294, 300, 301
そだちの科学 592
育てなおし 284, 286, 288, 292, 294, 300-302
措置権 325, 342, 362, 372, 722, 724
措置変更 317, 328, 330, 331, 441, 517, 564, 668, 669, 671, 723
その場で教える 487
その他の型 150
それしか見ようとしない姿勢 228

た

退園 694, 703
対応即予防 251, 280, 528
体験 25, 292
　――の活用 284, 292-295, 301
　――の蓄積 46, 56, 67, 281, 282, 284, 290-292, 294, 295, 297, 300-302, 309, 310, 320, 477, 479, 501, 541
　――支援的アプローチ
　　................... 25, 281, 282, 291, 295, 542
　――様式 293
対策会議 507
第三者委員会 195, 263, 335
第三者評価 614, 691
大舎制 383
退所 194, 325, 327, 328, 330, 346, 362, 375, 377, 378, 380, 441, 457, 517, 519, 521, 646, 650, 653, 655, 668, 671, 682, 725
　――後の調査 615
　――という表現 377
対症療法 528
体罰 26, 36, 81, 99, 119, 120, 146, 162, 165, 166, 170, 241, 270, 271, 303, 305, 319, 388, 596
瀧本伸一 401
田嶌誠一 678, 693, 695
多層連携サポートシステム 574
叩くな、口で言う
　................. 314, 345, 434, 440, 455, 464, 625, 722

立ち上げ集会 326, 340, 342, 345, 347-349, 403, 404, 406, 420, 437, 491, 492, 647, 648
立ち上げ準備 695
タテからヨコへ 606, 612
多動 490, 492
多面的援助アプローチ 40, 733
担当職員 61, 69, 86, 97, 171, 206, 317, 333, 356, 363-366, 386, 423, 429, 458-460, 462, 463, 470, 491, 495, 658, 679, 710
担当職員の役割 364, 459
地域化 581
チーム力 275
チクリ 259, 495
知的障害 368, 484
血の通ったシステム 574
注意伝言 362
中途半端な導入 436, 529
注文をつける能力 69
懲戒権 325, 342, 362, 519, 523, 722, 724
――の使用 116
――の有効かつ適正な使用 523
――の濫用 115, 116, 164, 168, 170, 334, 345, 371, 394, 517, 519, 523, 539, 663, 664, 668, 692, 724
懲戒に係る濫用禁止 520
懲罰委員会 335, 682
通所指導 371, 564
壺イメージ療法 32, 33, 50, 733
津山二葉園 123, 195, 220
津山二葉園事件 195
強い子主体 435, 606, 607
定期的聞き取り調査 326, 437, 496
丁寧な養育 57
定例安全委員会 340
適正な懲戒 170
適切に叱る 318
徹底した逃げ場のなさ 87
手渡し方式 397
同型的連鎖 153
統合的アプローチ 281
動作発達 285
動作法 285, 293
到達過程（実現過程）............... 289, 416, 602, 605
到達目標 199, 289, 416, 602, 605
導入準備 340
導入提案 339
當眞千賀子 5, 310, 680, 701

当面の希望 55, 61, 66
どう理解するか 168
特別指導 325, 362, 370, 721
特別日課 694, 702, 714
特別養子縁組 583
トラウマ（心的外傷）.......... 43, 60, 132, 133, 172, 184, 204, 208, 228, 230, 248, 254, 261, 273, 443, 469-471, 480, 526, 692, 729
――のケア 208
杜陵学園 360, 382

な

内的安心・安全 50, 619
内部委員 341
内部委員注意 362
内面探求型アプローチ 31, 32, 49
中井久夫 529, 530, 736
中村純夫 360
成瀬悟策 4, 33, 529, 736
鳴海明敏 443
2回目の厳重注意 367
西澤哲 663
二次障害 485
二次的ニーズ 485
二重犠牲者化 130
二種の限界 548
日常生活における体験 25, 293
日常的に守るシステム 88, 227, 231, 721
2度目の厳重注意 427
日本子ども虐待防止学会（JasPICAN）
.... 178, 535-537, 591
日本児童養護実践学会 591
日本の児童福祉 592
日本ファミリーホーム協議会 580, 591
乳児院 80, 82, 206
入所オリエンテーション 384
入所前のアセスメント 331
入所理由 63
2レベル三種 119, 134
――の暴力 42, 131, 134, 141, 145, 146, 150, 160, 168, 170, 171, 177, 193, 218, 227, 238, 248, 251, 268, 271, 280, 301, 309, 331, 333, 334, 397, 518, 523, 597, 599, 602, 614, 718, 719
子どもから職員への暴力（対職員暴力）
.... 169, 333, 380, 417, 510, 719

子ども間暴力（児童間暴力）.......... 42, 81, 83,
　85-87, 89, 95-97, 99, 102, 103, 111, 114, 115, 119,
　125, 128, 131, 134, 141, 143, 144, 163, 165, 168,
　169, 171, 173, 176, 178, 179, 182, 185, 194, 202,
　220, 236, 278, 324, 327, 379, 380, 396, 416, 585,
　718, 719
職員から子どもへの暴力（職員暴力）
　................................ 120, 176, 178, 322, 718, 719
人間環境臨床心理学 267
人間関係 28
人間的死角 265, 337
ネットワーク会議 507
ネットワーク活用型アプローチ 31, 33, 49, 279
ネットワーク活用型援助 37, 39, 40, 54, 479
ネットワークの見立て 41

は

敗戦 617
爆弾問題 614
羽下大信 736
箱庭療法 32, 47, 209, 240, 241, 692, 728
はじける 370, 409, 410, 424, 439, 464, 470
パシリ 149, 259, 266, 321, 338
発生過程 288
発達援助 131, 297
発達障害 43, 60, 131, 204, 220, 266, 277, 288,
　294, 328, 368, 386, 436, 440, 448, 477, 478, 483,
　486, 584, 597, 720
　——探し 483
　——サスペクト 368
　——サスペクト児 ... 315, 374, 484, 486, 489, 503
　——児 315, 374, 460, 484, 486, 503
話し合い至上主義 608
話し合いによる合意 607
パラダイム 4, 541, 612, 613, 735
　時代の—— 541
　——転換 4, 30, 280, 534, 602, 612
　——の包含的転換 302
反抗性集団化 477, 510, 511
反応性愛着障害（反応性アタッチメント障害）
　................................ 60, 131, 132, 220, 261, 368, 486, 720
反応性愛着障害児 43
被害児 173, 607
被害体験の想起 370, 425, 440, 464, 469, 470
被害届 196, 426, 572, 582

東日本大震災 617
被虐待 173
　——児 43, 56, 80, 110, 156, 161, 166-168,
　　204, 208, 210, 260, 320, 321, 583, 691-693, 720
　——児のケア 208
　——モデル 60, 204, 210, 215, 229, 301, 317
　——モデルによるケア 214, 231, 320
火消し的対応 237, 251
被措置児童虐待対応マニュアル 691
被措置児童等虐待 129, 333
　——の防止
　................................ 4, 41, 81, 127, 180, 250, 589, 616, 730
非体罰主義 161
ひとときの平穏型 149
否認 103
批判 516, 540, 612, 663
批判論文 540
非暴力で抑える 313, 336
非暴力的危機介入法（NCI） 217, 229
開かれた処遇（養育） 300-302
広島修道院 206, 207, 287
広島少年院事件 277
ファーストステップ 216
ファミリーソーシャルワーカー 56
ファミリーホーム
　............. 57, 139, 173, 177, 274, 331, 554, 579, 580
ファミリーホーム研究全国大会 587, 589
フィールドワーク 401
フォローしあう処遇（養育） ... 390, 424, 476, 658
福岡育児院 163
複数対応 511
不登校 37, 40, 54, 434, 688, 689
不本意集団 111, 140, 273, 274, 528
プライバシー 337
プライベートゾーン 226, 351
フラッシュバック 425, 436, 469, 470
フランク・ベック事件 130
振り返りと言語化 456
振り返りと反省のための一時保護 564, 659
振り返り日誌 367
プレイセラピー 47, 221, 241, 692
別室移動 325, 327, 346, 359, 362, 370, 380,
　504, 507, 637, 646, 650, 653, 655, 681, 721
包括的対応 268, 271
暴言 21, 497
放置（ネグレクト） 79, 111, 116, 119, 181, 317
訪問指導 564

索引 ——— 747

訪問面接 371
暴力 21
　——委員会 437
　医療における—— 597
　殴打系—— 150, 223, 332, 351, 403, 404, 468
　外部からの—— 599
　教師への—— 167
　計画性—— 157, 315
　計画性のある—— 491, 498
　計画的な—— 498
　顕在的——
　　.... 42, 87, 134, 141, 146, 250, 607, 693, 718, 719
　国家間の—— 618
　言葉の—— 332, 358
　このくらいならいいだろう—— 438, 455
　ささいな理由からの—— 438, 455
　——事件 355, 403, 426-428, 435, 442, 452,
　　491, 528, 562, 579, 605
　児童・生徒間—— 323, 596, 692
　——状況調査票 360
　衝動性—— 157, 315, 492, 498
　職員—— 42, 97, 101, 114, 115, 120, 125, 134,
　　142, 149, 169, 171, 182, 185, 195, 269, 324, 379
　職員からの——（職員——）
　　.. 114, 161, 168, 278
　身体—— 103, 339, 346, 356, 358, 359, 364,
　　365, 377, 379, 383, 652, 681
　身体への——（身体——）
　　.. 331, 333, 334, 348, 722
　性的—— 689
　潜在的—— 42, 87, 102, 134, 141, 146, 201,
　　218, 238, 250, 262, 264, 268, 303, 305, 337, 338,
　　354, 355, 381, 388, 436, 526, 607, 693, 718, 719
　潜在的子ども間—— 163, 265, 338
　潜在的性—— 225
　創発性—— 159
　対教師—— 146, 596
　対職員—— 42, 81, 124, 129, 134, 141, 166,
　　171, 278, 324, 327, 333, 689
　単発系——（非連鎖系暴力）
　　.. 156, 229, 273, 314, 360
　直接的身体—— 332
　——的管理型 147, 150, 233, 334, 604, 605
　——的職員 415
　——に関する調査 101
　——の質 438
　——の実態調査 615

　——の嗜癖性 136, 318
　——の呪縛性 137
　——の連鎖
　　....... 151, 152, 154, 157, 159, 172, 230, 269, 728
　非連鎖系——（単発系——）
　　.. 156, 229, 273, 314, 360
　——への対応 311, 313, 315, 453
　——防止プログラム 222, 236
　——問題 247, 249, 305, 594, 596, 607, 608,
　　687, 691, 734
　——問題聞き取り調査表 632
　八つ当たりの—— 438, 455
　理由なき—— 438, 455, 464
　理由のある—— 438, 455, 464, 607
　——を非暴力で抑える 269
ボウルビー 258

ま

マズロー 55, 253, 258, 296
学びながら実践する 549
学びにつなげる仕組み 454
学びの方式 528
守り抜く 537
満足への欲求 258
万引き 478
見捨てられ絶望 329, 330
見捨てられ不安 329
見せる姿の違い 570
見立て 506
密室型援助 40
三つの死角 265, 337, 339, 402
ミラーニューロン 158
無差別的愛着 132
無視する 504
無統制型 148, 150
面接における体験 25
申し送り 575
持ち味を生かす 71, 286, 487
もっとも切実なニーズ
　........ 25, 30, 78, 116, 181, 186, 230, 254, 388, 485
モニターしつつ支援する
　.................................... 309, 335, 554, 586, 590, 613
モニターしつつ支援する仕組み 147, 279,
　280, 309, 508, 579, 587, 590, 597, 613, 614, 619
モニターする仕組み 278, 288

| 問題行動 501, 503
| 問題を絞る 488, 489

や

やさしく言う 345, 434, 455, 625
やってみせる 240, 295, 297
やっと我慢 438, 466
やりたい放題期 386
優先順位 65, 159, 215, 256
優良施設 354
ユニット制 383
夢のような希望 58
養育 133, 204
養育という営み 139, 297
養護問題研究会 591
養子縁組 133, 583
様子見期（模索期） 385
要保護児童 221, 399
吉原林間学園
 .... 18, 328, 375, 517, 518, 538, 668, 724, 726
欲求階層 253, 296
よってたかってほめる 76, 380, 475
呼びかけ方式 397
予防的対応 237, 251
余裕を持って我慢 438, 466, 498
寄り添う態度 337
弱い子のはじけ 424

ら

ライフサイクル理論 258
乱暴な導入 551
濫用 523
理事 346
理事会 340, 543, 544
利用者の権利擁護 601
臨床心理 72
 ――学誌 663
 ――士 77, 262, 272, 294, 297, 478, 481, 540
リンチ 90, 91
ルール破り 510
歴史的変遷 160
連携 569, 574, 584
 外部機関との―― 698

外部との―― 279
顔の見える―― 574
機関同士の―― 558
警察との―― 344, 572, 624, 637, 660
――サポート 562, 659
連鎖 85, 87, 89, 139, 151-155, 159, 160, 171,
 185, 193, 225-227, 248, 261, 268, 334, 375, 376, 389,
 426, 430, 467, 682, 718
 思いやりの―― 435
 過去からの―― 152-154, 269, 301
 重なり合う―― 155, 268, 273, 301, 360
 ――系暴力
  .... 156, 209, 229, 273, 314, 360, 528, 729
 現在の―― 154, 215, 269, 301
 ――している暴力（連鎖系暴力） 453, 454
 二つの場にまたがる―― 155
 ポジティブな―― 269
 歴史的―― 152, 153
連続性のある自己 335
連動活動 304, 326, 340, 342, 363, 452,
 455, 457, 459, 477, 722
連絡ノート 488, 495, 500

わ

若草寮 368, 369, 449, 518, 538, 678-681,
 684, 687-690, 701
和光学園 142, 147, 209, 397, 449, 518,
 538, 691, 694, 695, 700, 703, 707, 716, 728, 729
和田耕治 597
悪くても殴ってはいけない 493

索引 ―― 749

[著者略歴] 田嶌 誠一（たじま せいいち）

1951年生まれ。九州大学教育学部（心理学専攻）で心理学を学び，広島修道大学，京都教育大学等を経て，現在，九州大学大学院人間環境学研究院教授（臨床心理学）。博士（教育心理学）。認定臨床心理士。日本ファミリーホーム協議会顧問。NPO法人九州大学こころとそだちの相談室「こだち」理事長。

専門は臨床心理学（心理療法・カウンセリング）で，「現場のニーズを汲み取る，引き出す，応える」を目標として，さまざまな臨床活動を展開している。「壺イメージ法」と称するユニークなイメージ療法を考案し，さらには不登校やいじめをはじめ青少年のさまざまな心の問題の相談活動や居場所づくりとネットワークを活用した心理的援助を行っている。非常勤でスクールカウンセラーとして中学校にも勤務経験がある。現在は，児童養護施設にも関わっており，その経験から施設内暴力の深刻さに気づき，それを解決する取り組みとして安全委員会活動を行っている。また，里親とファミリーホームへの支援も行っている。

『心の営みとしての病むこと』岩波書店，『現実に介入しつつ心に関わる』『不登校』金剛出版，『イメージ体験の心理学』講談社現代新書，『学校教育の心理学』川島書店，『日本の心理療法』朱鷺書房，『壺イメージ療法』『臨床心理行為』創元社，『臨床心理面接技法2』『イメージ療法ハンドブック』誠信書房，『心理療法の奥行き』新曜社，をはじめいくつかの著書があるが，売れず絶版になったものが多い。本人は「幻の名著だ」と述べている。

児童福祉施設における暴力問題の理解と対応
続・現実に介入しつつ心に関わる

2011年10月20日　発行
2018年7月30日　3刷

著　者　田嶌 誠一
発行者　立石 正信

印刷・製本　三報社印刷

発行所　株式会社 金剛出版
　　　　〒112-0005　東京都文京区水道1-5-16
　　　　電話 03-3815-6661

振　替　00120-6-34848

ISBN 978-4-7724-1217-9 C3011　　Printed in Japan©2011

田嶌誠一の本

現実に介入しつつ心に関わる
展開編 多面的援助アプローチの実際

不登校やいじめ、青少年との心の相談活動や居場所づくりとネットワークを活用した独創的な田嶌誠一の心理的援助。

● A5判　● 上製　● 400頁　● 本体 4,400円＋税

現実に介入しつつ心に関わる
多面的援助アプローチと臨床の知恵

あらゆる臨床現場で、クライエントのニーズに応えるべく、心理療法を実践してきた著者が、効果的な面接のコツをわかりやすく解説。

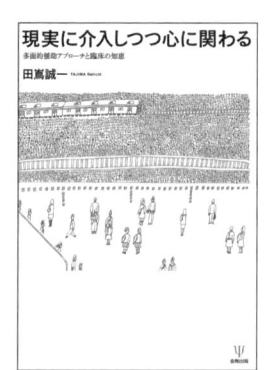

● A5判　● 上製　● 280頁　● 本体 3,800円＋税